Gottscheds

Stellung im deutschen Bildungsleben.

Von

Eugen Wolff.

Erster Band.

Kiel und Leipzig,

Verlag von Lipsius & Tischer.

1895.

Vorwort.

Das erste Kapitel dieses Bandes erschien zuerst in der „Festschrift zum siebzigsten Geburtstage Rudolf Hildebrands", die eine Ergänzung zur „Zeitschrift für den deutschen Unterricht" bildet. In der Zeitschrift selbst (8. Jahrgang, 10.—12. Heft) schloß sich daran das zweite Kapitel. — Der zweite Band wird Gottscheds Eingreifen in die litterarische Entwicklung sowie seinen Einfluß auf das Bildungsleben deutscher Städte und Höfe darstellen, auch eine Würdigung seiner Persönlichkeit unternehmen.

Diese Gliederung ist ebenso wie die Erscheinungsweise zum teil durch äußere Umstände veranlaßt. Von ihnen wird auch die Zeit der Veröffentlichung des zweiten Bandes abhängen, der, wenn die Verhältnisse es gestatten würden, bald zum Abschluß gebracht werden könnte. —

Allen, die durch Überlassung von Handschriften diese Arbeit gefördert haben, sage ich auch an dieser Stelle herzlichen Dank.

Der Verfasser.

Inhaltsverzeichnis.

Erstes Kapitel.

Zweites Kapitel.

Über Gottscheds Stellung
in der Geschichte der deutschen Sprache.

Die Betrachtung Gottscheds unter einseitig litteraturgeschichtlichem Gesichtswinkel mußte notwendig irregehen: nicht nur weil Gottsched als Dichter gar nicht in Betracht kommen kann, sondern weil schon der Ausgangspunkt seiner Interessen auf anderm Gebiete lag. Danzel suchte die Philosophie als den Boden hinzustellen, in welchem Gottscheds Geist wurzelt. So gewiß der Mann nun auch in der Geschichte der deutschen Aufklärung eine bemerkenswerte Stellung einnimmt, ist es doch in erster Linie sein Eingreifen in die Entwicklung der deutschen Sprache, was ihm eine führende Rolle in der geistigen Bewegung während des zweiten Viertels seines Jahrhunderts anwies. Nur auf der Grundlage seiner sprachlichen Bestrebungen läßt sich die litterarische Richtung Gott= scheds verstehen, nur so auch die enge Schranke seines litterarischen Be= griffsvermögens würdigen.

Gottscheds sprachlicher Gesichtskreis war verhältnismäßig desto weiter und seine Thätigkeit auf diesem Gebiete vielverzweigt. Mit patriotischem Eifer trat Gottsched zunächst für die Ausübung der deutschen Sprache überhaupt ein; aber er forderte nicht nur (1) Deutsch, er forderte un= mittelbar (2) Hochdeutsch, die Gemeinsprache. Darüber hinaus blieb der betriebsame Mann unablässig bemüht, (3) ein korrektes Deutsch zu lehren und verbreiten; hierher fallen insbesondere seine grammatischen Leistungen. Seine sprachlichen Bestrebungen stellten sich noch in den Dienst einer letzten Aufgabe, die nun freilich bereits in das engere Gebiet der Litteratur hinübergreift; durch eignes Beispiel wie nicht minder durch endlose Regeln und wirksame Polemik förderte Gottsched (4) ein elegantes Deutsch, das sich gleich frei von Niedrigkeit wie von Schwulst hält. Eine fünfte Stufe seiner Wirksamkeit bietet sich nun in der folgenschweren Übertragung dieser rein sprachlichen Gesichts= punkte von der Prosarede auf poetisches Gebiet dar; Gottscheds

Bedeutung und Verhängnis für die deutsche Dichtung — wenn man vom Theaterwesen absieht — ist darin beschlossen, daß er Deutsch, Hochdeutsch, Korrektdeutsch und Elegantdeutsch, jedoch nichts als dies, auch für poetische Schöpfungen fordert. Das Verständnis für Gottscheds Stellung in der Litteraturfehde ist uns damit erleichtert.

So wird es wünschenswert, die sprachliche Thätigkeit Gottscheds nach all ihren Verzweigungen hin eingehender zu verfolgen. Um ein volles lebendiges Bild von den sprachlichen Zuständen jener Zeit zu entwerfen, mußten namentlich die umfangreichen Briefwechsel aus dem Kreise Gottscheds wie seiner Gegner zugrunde gelegt werden. Auch deshalb schien es geboten, aus diesen bisher der Öffentlichkeit unbekannten, nach der Handschrift benutzten Quellen besonders umfassend zu schöpfen, weil die nach mancher Hinsicht thatsächlich geringeren gedruckten Unterlagen, soweit sie nicht auch dem Wortlaut nach charakteristisch sind, durch kürzeren Hinweis zur Genüge bezeichnet sind.[1])

1. Deutsch.

Zwei Feinde waren es vornehmlich, mit denen die deutsche Sprache auf eigenem Boden bis tief ins zweite Viertel des 18. Jahrhunderts um die Herrschaft ringen mußte. Noch war die Sprache der Gelehrten vorwiegend (a) Latein, die der Vornehmen fast durchaus (b) Französisch. Verharrten danach die führenden Stände auf geistigem wie politischem Gebiete in Mißtrauen gegen die Muttersprache, so war deren Dasein desto gefährdeter, als selbst das allmählich aufstrebende Bürgertum sich (c) in Einmischung von Fremdwörtern gefiel, um sich damit die bekannte falsch verstandene Bildung und Vornehmheit beizulegen. Für jemand, der den Beruf als Führer auf sprachlichem Gebiete in sich fühlte, galt es somit in erster Linie nach allen Seiten, in alle Schichten hinein umsichtig polemisch zu wirken. Wie aber hätte ein bloßer Angriffskrieg hingereicht, wo die Gegner ihr Besitzrecht durch die Beschaffenheit oder doch den dermaligen Zustand der heimischen Sprache zu behaupten suchten? Die Abwehr durch (d) positive Verherrlichung der deutschen Sprache wird deshalb zum wesentlichsten Kampfmittel der Vorkämpfer unserer nationalen Sprache.

---

1) Die Handschriften sind in heutiger Schreibung wiedergegeben, wo nicht die ursprüngliche charakteristisch ist, — wie alsdann ausdrücklich bemerkt wird. — Wo weder ein Druckort noch die Fundstätte der Handschrift angegeben ist, entstammen die Briefe von und an Gottsched und Frau handschriftlich der Leipziger Universitätsbibliothek, die Briefe an Bodmer und Breitinger handschriftlich der Züricher Stadtbibliothek.

a) Wie epochemachend die That des Thomasius und die stilleren Mahnungen von Leibniz auch erscheinen, noch 1733 konnte der Rektor der Universität Leipzig unter das von Gottsched am 8. Mai eingereichte Gesuch um Besoldung die Note setzen, Gottscheds Versuch, die Studierenden in deutscher Sprache zu unterweisen, sei „nicht gänzlich zu mißbilligen."[1] Nicht besser als an Universitäten war es an den Gelehrtenschulen bestellt. So schreibt M. Johannes Opitz aus Hirschberg an Gottsched unterm 2. Mai 1735: „Ich weiß mich noch gar wohl zu besinnen, wie ungerne es meine Lehrer allhier zu Hirschberg und Breslau sahen, wenn ich manchmal eine deutsche Rede statt der lateinischen hielt, ich ließ mich aber nicht abschrecken ... Meinen Eifer vor die Muttersprache, sonderlich den letzten, habe, wenn ich die Wahrheit sagen soll, der so vortrefflich schön blühenden Gesellschaft in Leipzig[2] zuzuschreiben, diese hat mich auch in der Ferne weit feuriger gemacht, als ich zuvor gewesen". Über ähnliche Erfahrungen berichtet ein anderer Korrespondent Gottscheds, M. Karl Heinrich Lange aus Lübeck am 12. April 1744: „Unsere Musen finden hier noch immer ihre Mißgönner. Der Herr v. Seelen[3] ist das Haupt davon und der vorige Subrektor Behrendt, ein bloßer lateinischer Sprachmeister, der nunmehr nach Berlin gegangen, war darin sein getreuer Gefährte. Diese beiden ehrlichen Leute hatten nicht genug, mir den Verfall der lateinischen Dichtkunst beizulegen, einmal weil ich die Leute zu deutschen Reimern machete, und dann, weil ich sie schon auf Schulen zu gottlosen Weltweisen machen wollte; sie mußten mich auch noch öffentlich, jedoch ohne Namen angreifen". Schon hier zeigen sich die deutschen Sprachbestrebungen mit den weiteren Bildungsinteressen verknüpft. In der That wurde damals, wie in den Tagen Luthers, die deutsche Sprache zum Gefäß und Symbol der Aufklärung oder sagen wir besser des geistigen Fortschrittes. So hängt denn selbst Gottscheds Stellung im deutschen Bildungsleben eng mit seiner sprachgeschichtlichen Bedeutung zusammen.

Solcher Zustände, über die sich Zeugnisse natürlich häufen ließen, müssen wir uns erinnern, wenn wir den Eifer würdigen wollen, mit welchem Gottsched den einseitig Lateingelehrten entgegentrat. Es zeugt für die wirkliche Tiefe seiner Auffassung auf diesem Gebiete, daß er die deutsche Sprache als Trägerin der Bildung, und ihre Gegner als lichtscheu hinstellt: „Man dürfte sich ja nur auf die alten Sprachen befleißen,

1) Handschriftlich aus den Akten der philosophischen Fakultät in Leipzig.
2) Natürlich ist die „Deutsche Gesellschaft" gemeint.
3) Der Rektor, der übrigens ebenfalls Briefe mit Gottsched wechselt. Über ihn s. Beiträge zur critischen Historie der deutschen Sprache, Poesie und Beredsamkeit (Krit. Beiträge) Bd. III, S. 639 flg., von ihm ebd. Bd. V, S. 383 flg.

... so könnte man aller Stribenten in seiner Muttersprache gänzlich ent=
behren. So lauten ungefähr die Worte gewisser Liebhaber der Finsternis,
oder, daß ich sie bei ihrem rechten Namen nenne, wahrer Feinde ihres
Vaterlandes ... Dieses sind die Gedanken derer, die uns überreden
wollen, nach Art der alten Egyptier, aus der Gelehrsamkeit und Wissen=
schaft ein Geheimnis zu machen; ... und die Unstudierten, das ist, den
größten und edelsten Teil eines Volkes, fast zu der Unwissenheit der
Bestien hinunter zu stoßen".[1]

Unter den Gelehrten sah sich die katholische Geistlichkeit doppelt an
das Latein gefesselt. Schon unter diesem Gesichtspunkte erscheinen die
Beziehungen Gottscheds in solchen Kreisen bedeutungsvoll. Wie er be=
sonders auch mit einigen Ordensgeistlichen korrespondierte[2]), so wurde er,
der unablässige Förderer, zum Ehrenmitglied der unter den Benediktinern
aufgerichteten deutschen Gesellschaft erwählt. Auch hier sahen die Zeit=
genossen in den deutschsprachlichen Bestrebungen ein Vorschreiten auf
Bildungspfaden. In diesem Sinne dürfte die Art aufzufassen sein, in
welcher der bekannte Abt Jerusalem am 1. Juli 1753 in einem
Briefe an Gottsched von dessen Ernennung Kenntnis nimmt: „Von der
Societate Litteraria Germano-Benedictina kann, bei den illustern Mit=
gliedern, die sie sich erwehlet, oder Teutschland eine neue Erleuchtung
hoffen."

b) Weit größere Gefahr noch drohte unserer Muttersprache von
seiten des Französischen. Latein blieb immer eine tote Sprache und von
vornherein auf die engeren Kreise der Gelehrten beschränkt, so daß es
sich schlimmstenfalls um Wahrung des lateinischen Besitzstandes handeln
konnte. Dem Französischen aber wohnte werbende Kraft inne; es war
die Sprache der allmächtigen Höfe und des privilegierten Adels; alles
was vornehm heißen wollte, drängte dieser Sprache zu.

Selbst Thomasius hatte nur gegen die lateinische als eine tote
Sprache gewirkt, die französische dagegen zugelassen[3]). Mit desto größerem
Nachdruck wies nun freilich Leibniz in seinen beiden deutschsprachlichen Ab=
handlungen die Überhandnahme der französischen Rede als unwürdig zurück
und forderte auch die Anwendung der Muttersprache in Schriftwerken, ohne
selbst diesen Grundsatz in größeren Schriften oder den meisten Briefen zu

---

1) Gottsched: Lob= und Gedächtnißrede auf den Vater der deutschen Dichtkunst,
Martin Opitzen, S. 21 flg.

2) Siehe besonders Rud. Schachinger: Die Bemühungen des Benedictiners
P. Placid Amon um die deutsche Sprache u. Litt. (Studien u. Mittheilungen aus
b. Benedictiner= u. b. Cistercienser=Orden, Bd. IX u. X).

3) „Welcher Gestalt man denen Franzosen im gemeinen Leben und Wandel
nachahmen solle?" — vgl. Danzel: Gottsched u. seine Zeit, S. 330 flg.

bethätigen. Wie weit zu Gottscheds Zeiten die Gallomanie gediehen war, zeigt Hallers Geständnis, daß in Bern Französisch die Schriftsprache wie die Sprache des feinen Umgangs war[1]). Gleiches bezeugt Anton Klein für die Pfalz noch während des dritten Jahrhundertviertels[2]). Ja, selbst die nachmalige Frau Gottsched schreibt als Braut ihrem Leipziger „Freunde": „Aber warum wollen Sie mir nicht erlauben, daß ich französisch schreibe? ... Sie sagen, es sei unverantwortlich, in einer fremden Sprache besser als in seiner eigenen zu schreiben, und meine Lehrmeister haben mich versichert, es sei nichts gemeiner als deutsche Briefe, alle wohlgesitteten Leute schrieben französisch"[3]).

In solchem Zusammenhang werden wir das Herumwittern Gott=scheds an den verschiedensten deutschen Höfen gewiß nicht als bloßes Kennzeichen des zeitgemäßen Strebertums hinstellen. Wiederum viel=mehr greifen Gottscheds sprachliche Bestrebungen tief in die deutsche Bildungs= und Sozialgeschichte ein: seine engen Beziehungen zu mehreren Höfen und umfassender noch seine zahlreichen Freundschaftsbande in Kreisen des hohen Adels kommen in erster Linie der Ausbreitung unserer deutschen Sprache und Bildungsschätze zu gute, bahnen aber auch weiterhin die Emanzipation des dritten Standes, einen auf Gleichberechtigung beruhenden Verkehr zwischen Adel und Bürgertum an.

Hören wir einige neue Stimmen aus Gottscheds Kreis. Frau von Runkel in Dresden schreibt ihm am 20. Juli 1753: „Ew. Hochedl. ist die Ehre aufgehoben gewesen, die Reformation der deutschen Sprache vorzunehmen und Ihren Namen dadurch zu verewigen... Denn bis auf Ihre Zeit hat man nur die Schriften der Ausländer hochgeschätzt und ich besinne mich, von vielen das Vorurteil gekannt zu haben, daß sie kein deutsches Buch lesen mögten."

Durch dieselbe Dame läßt der Kunstschriftsteller Hagedorn, der Bruder des Dichters, am 6. Februar 1756 sein Bedauern ausdrücken, „daß ihm der Vater, der Verbesserer der deutschen Sprache, französisch geschrieben hätte, vermutlich weil sein Werkgen in dieser Sprache in der großen Welt erschienen wäre. Allein dieses sei blos aus der Ursache geschehen, weil er sich nicht getraut hätte, seine Muttersprache so rein und zierlich zu schreiben, als diejenige, so er mit vieler Mühe nach allen Regeln gelernt hätte." — Auch sonst muß sich Gottsched oft genug in die Situation schicken und namentlich gegenüber hohen Würdenträgern zur französischen Sprache greifen.

---

1) Vergl. Adolf Socin: Schriftsprache u. Dialekte im Deutschen, S. 391.
2) Schriften der Kurfürstl. deutschen Gesellschaft in Mannheim Bd. I, S. 3 flg.
3) Briefe der Frau Gottsched, I. Teil (Dresden 1771) S. 6 flg.

Einmal rät ihm Graf Rostworowsky (24. Februar 1744) aus=
drücklich, sich an den Grafen Wackerbarth in französischem Brief zu
wenden. Graf Manteuffel dagegen fühlte bald mit seinem eifrigen
Korrespondenten Erbarmen und gestattete ihm den Gebrauch der Mutter=
sprache, während er selbst im Französischen verharrt.

Ihm gegenüber kann Gottsched denn wenigstens sein Herz aus=
schütten. „Wenn nur in Deutschland“, ruft der betriebsame Sprachmeister
(28. Dezember 1737), „eine solche Gesellschaft entstünde, als in England
seit kurzem entstanden ist, die den Druck guter Bücher beförderte! Doch
daran ist wohl nicht zu denken. Unsre reichen Leute haben so viel
Geschmack und Liebe zu den Wissenschaften nicht. Wir erziehen auch
unsre große Herrn nicht so, daß sie die freien Künste hernach schützen
könnten. Die Liebe zu dem Ausländischen herrscht bei den Höfen auch
noch gar zu sehr. Noch mehr: Unsre Fürsten verstehen ja kaum ihre
Muttersprache!“ — Mit einem diplomatischen Geschick, das seinen Korre=
spondenten, den alten Diplomaten Manteuffel doppelt beschämt haben mag,
weiß Gottsched auch da noch in seinem Sinne zu predigen, wo der Graf
selbst sich in französischer Sprache litterarisch versündigte. Am 15. März
1738 schreibt er ihm: „Der höchstrühmliche Vorsatz, den Ew. Exc. gefasset
haben, die Franzosen durch eine bessere Übersetzung der Horatianischen
Gedichte zu beschämen, hat meinen Eifer für einen so Deutschgesinnten (!)
Mäcenas auf das höchste getrieben. Die Eitelkeit dieses Volkes ist blos
durch die übermäßige Geduld und Nachsicht der Deutschen so hoch
gestiegen“ u. s. w. „Zu allem Glück leben wir in einer Zeit, da unsre
Nation selbst zu denken angefangen . . . .“

Besonders interessieren müssen wohl Äußerungen, die im Hinblick auf
Friedrich den Großen geschehen. Am 23. März 1740 schreibt Gottsched
an Manteuffel nach Berlin: „Daß Künste und Wissenschaften unter des
Kronprinzen Hoheit viel Gutes zu hoffen haben sollen, ist eine vortreffliche
Nachricht für die Musen und ihre Freunde. Daß aber unsre Muttersprache
ihre Rechnung dabei nicht finden soll, das ist ihr gemeines Schicksal bei
allen unsern Großen; und zeigt von der unmäßigen Liebe der Deutschen
zu allem was ausländisch ist. Doch wer weiß, ob nicht noch eine Zeit
kömmt, da auch dieses Vorurtheil noch einen Stoß bekommen wird, und unsre
Fürsten sich schämen werden, Affen ihrer Nachbarn zu sein, von denen sie zur
Dankbarkeit nur für Dummköpfe gehalten werden.“ — Wenigstens beschenkte
Friedrich das Schoßkind Gottscheds, die Königsberger Deutsche Gesellschaft
mit einem königlichen Privileg und wiederholten Zeichen seiner Teilnahme[1],

---

1) Vergl. nunmehr die soeben erschienene Schrift von G. Krause: Gottsched
u. Flottwell, S. 28 flg. u. 34 flg.

und vor allem durfte sich der selbstgefällige Diktator mehrerer Unterredungen mit dem heldenmütigen Roi Philosophe laut rühmen. Daß er im Verlauf derselben den König auf die Fähigkeit der deutschen Sprache zu sanften und zarten Tönen hinweist und ihm in der Antwort auf das von Friedrich an den „Cygne Saxon" gerichtete Gedicht eine poetisch-historische Vorlesung über die deutschen Geistesthaten hält, gereicht unserm Gottscheb gleicherweise zur Ehre.[1]) Er ließ denn auch nicht ab, auf eine Bekehrung des Königs zu hoffen. So dankt der frühere Sekretär der Königsberger Deutschen Gesellschaft, Reifstein[2]) in Cassel am 22. Januar 1753 für Gottscheds Berlinische Neuigkeiten, mit dem Zusatz: „Und ich hoffe, daß Deroselben Vermutung von dem bevorstehenden Ende der französischen Sucht um so viel gewisser eintreffen, da nicht allein die gegenwärtigen Uneinigkeiten starke Vorboten davon sind, sondern auch u. a. die Geschichte des H. Arckenholtz T. 1, S. 252 franz. Ausgabe bezeiget, daß sich die französische Rotte an Christinens Hofe damals auf eben diese Art zerschlagen."

Solche Sprache wurde in Gottscheds Kreis geführt. Indessen gelang wirklich da und dort eine ganze oder halbe Eroberung. Derselbe Reifstein äußert sich z. B. gegen Gottsched über den Kammerpräsidenten Geheimrath v. Borcke in Kassel folgendermaßen (16. Januar 1752): „Er ist ein Kenner und Liebhaber der Wissenschaften. Allein er ist einer unserer vornehmen Anti-Deutschen, der zu den erträglichen Werken der Deutschen blos die Übersetzungen rechnet. Doch hat derselbe öfters Ew. Magnif. Bemühungen und Werke öffentliche rühmliche Erwehnung gethan. E. M. werden nunmehro die beste Gelegenheit haben, ihn durch Erwehnung und Vorzeigung deutscher Originalstücke auf billigere Gedanken zu bringen." — Zu den größten Triumphen Gottscheds mußte es unter diesen Umständen gehören, selbst geborene Franzosen zur litterarischen Ausübung der deutschen Sprache bekehrt zu haben. Am 1. Oktober 1750 schreibt ihm der Stettiner Alethophile Pérard gelegentlich einer Einsendung für den „Neuen Büchersaal": „C'est pour la première fois de ma vie que je me suis hazardé à parler votre langue en public: je m'en suis tiré comme j'ai pu, et si j'ai votre indulgente approbation, je ne me croirai pas un petit personnage, je vous en répons." Welche geschichtliche Ironie liegt darin, daß dieser Franzose hinzusetzt, er habe auf einer Reise die Königl. Deutsche Gesellschaft in Greifswald aus der mehr als fünfjährigen Lethargie geweckt! — Ein ähnliches Zeugnis

---

1) Siehe im „Neuesten aus der anmuthigen Gelehrsamkeit" besonders VIII, 124 u. 147 flg.

2) Vergl. den Artikel Reifenstein in der Allgemeinen deutschen Biographie. Der Mann selbst schrieb sich Reiffstein. — Siehe auch Krause S. 118.

liefert ein Militär Gaillard von Görlitz aus, am 12. März 1753: „Bis dahin hatte ich nur in meiner Muttersprache gedichtet: d'Argent hatte mir gesagt, die Teutschen könnten nicht Dichter werden; Mauvillon hatte ihnen gar allen Witz abgesprochen ... E. H. E. brachten mir bald die vorteilhaftesten Begriffe von einem Volke bei, an das ich, seitdem ich Dero Schriften gelesen, nur mit Ehrfurcht denken kann. Sie lehrten mich teutsch denken, teutsch reden, ja auch teutsch dichten, und ein Mensch, der bis dahin nur Virgil, Horaz und Ovid geliebet, dem nur Boileau und Molière geschmecket hatten, las anjetzt mit Vergnügen Opitz, Buchner, Neukirch, Günther, Pietsch und Gottsched." Diesem Schreiben fügt Gaillard eigene deutsche Gedichte bei. — Ja, Ende 1758 wird ein französischer Hauptmann Pierre de Pascal in Gottscheds „Gesellschaft der freien Künste" aufgenommen und hält in aller Form seine deutsche Antrittsrede.[1]

Der verhängnisvolle Zwiespalt, den wir trotzalledem in Gottscheds Verhalten gegen die Franzosen finden, ist nur zu begreiflich. Wenn insbesondre Pater Dornblüth unseren Grammatiker ganz als Gallomanen abkanzelt, so werden wir gewiß nicht vergessen, daß Gottsched die Nachahmung der Franzosen nur insoweit empfahl, als sie uns zum litterarischen Vorbild dienen und zum Wetteifer anspornen konnten. Daß sich die deutsche Dichtung, das deutsche Geistesleben an fremden Mustern zur Selbständigkeit erziehen mußte, hat auch die zweite Hälfte des 18. Jahrhunderts kaum verleugnen können; nur war Gottscheds Zeit noch nicht für die Engländer reif, sie mußte noch durch die Schule der französischen Korrektheit gehen, ehe ihre Sprache und Dichtung geschmeidig genug war, um sich von englischer Ungebundenheit beflügeln zu lassen. Nur in diesem Sinne einer Verselbständigung der deutschen Sprache und Litteratur halten sich alle Äußerungen Gottscheds, welche zunächst auf Nachahmung französischer Einrichtungen hinzielen. Eine deutsche Dichtung, der französischen ebenbürtig, das hieß ihm im Stile der französischen, schwebte ihm vor. Den schon von Leibniz gehegten Gedanken einer deutschen Akademie sucht er nach gleichem Vorbilde zu verwirklichen, und es klingt tragikomisch, wie sich solche Lebensregungen deutschen Selbstbewußtseins auf Schritt und Tritt nur immer am französischen Gängelbande hervorwagten. Eine deutsche Akademie ist nötig — in Art der französischen; ein Staatsmann sollte sie begründen — ein deutscher Richelieu; auch die deutschen Höfe regen wohl hie und da die Dichtung zu Gelegenheitschöpfungen an, — aber was werden die Franzosen zu solchen Geschmacklosigkeiten sagen? In dieser Tonart geht es immer

---

1) Gedruckt im „Neuesten aus der anmuthigen Gelehrsamkeit" VIII, 885 flg.

fort. Doch hören wir Gottsched selbst. An Manteuffel schreibt er den
31. Mai 1738: „Unsere Deutsche Gesellschaft, ja vielmehr unser ganzes
Vaterland wird es demjenigen Mäcenas einmal ewig verdanken, der ein
solches Werk, als die Errichtung einer solchen Gesellschaft der deutschen
Sprache und freien Künste sein würde, glücklich ausführen wird. Hier
ist noch ein Ruhm für einen deutschen Richelieu übrig; der aber gewiß
so viel Einsicht, Geschmack und Eifer für das gemeine Beste und für die
Ehre seines Vaterlandes haben müßte, als E. E. besitzen. Mit einem
Worte, es wäre Schade, wenn die Ehre einer solchen Stiftung einmal
jemanden anders zu teil würde. Wie nützlich eine solche Gesellschaft
einem Lande sein könnte, das erhellet aus der letzlich bei unsern So-
lemnitäten in Dresden geprägten Medaille. Was würde nicht die
Académie des belles Lettres an deren Erfindung auszusetzen haben?
Und was müssen doch die Ausländer denken, wenn aus dem von Gelehrten wimmelnden, und wegen seiner Wissenschaft so berühmten Sachsen,
solche schlechte Proben des guten Geschmackes mit Genehmhaltung des
Hofes zum Vorschein kommen?“

c) Gottscheds Verdienste um Säuberung der deutschen Sprache von
Fremdwörtern wurden noch in später Zeit selbst von Gegnern zugestanden.
So rühmt ihm „Edward Grandisons Geschichte in Görlitz“[1] durch den
Mund des Titelhelden mit saursüßer Miene nach: „Er hatte die Einmischung der lateinischen und der französischen Wörter unter das Deutsche
aus der Sprache verbannt.“ — Die Sprachgesellschaften des 17. Jahrhunderts wirkten wohl segensreich genug, wenigstens als ein Damm
gegen die Hochflut, die sich unter dem verstärkenden Einflusse des
dreißigjährigen Krieges in die deutsche Sprache ergoß. Wie bedenklich
trotzdem die Lage der deutschen Sprache um die Wende des 17. und
18. Jahrhunderts war, ersehen wir besonders eindringlich aus den
ernsten Klagen von Leibniz: nie sei in Deutschland undeutscher geredet
worden,[2] ja es drohe die Gefahr, daß Deutsch in Deutschland nicht
weniger verloren gehe als Angelsächsisch in England.[3] Grundsätzlich
stellt sich Gottsched auf den Standpunkt des großen Philosophen, indem
er zugesteht, daß die Sprachgesellschaften des 17. Jahrhunderts zu weit
gegangen und gewissen fremden, aber bequemen Wörtern das Bürger-

1) S. 89. Es handelt sich um eine von Bodmer verfaßte Streitschrift in
der Klopstock-Schönaichschen Episode des Litteraturkrieges. — Berlin, bei Christian
Friedr. Voß, 1755.
2) Ermahnung an die Teutsche, ihren Verstand und Sprache beßer zu üben,
hg. v. Grotefend, S. 15.
3) Unvorgreifliche Gedanken, betreffend die Ausübung und Verbesserung der
teutschen Sprache, § 20.

recht zu verstatten sei;[1] „wo aber", eifert unser Sprachmeister,[2] „im Deutschen gute Wörter vorhanden sind, da ist es lächerlich, sich der fremden zu bedienen". Den zugelassenen Fremdlingen will er wenigstens heimisches Ansehen gegeben wissen, sei es durch deutsche Endungen oder wenigstens durch deutsches orthographisches Gewand.[3] In der Praxis geht Gottsched indes weiter, als es Leibniz wohl gutgeheißen hätte; namentlich die durchgeführte Verdeutschung von technischen Ausdrücken, wie in der Musik und Tanzkunst,[4] so in der Grammatik („Sprachkunst") selbst hat dem betriebsamen Eiferer reichlich Spott eingetragen. In welchem Maße jedoch die verschiedenartigen Organe seiner Wirksamkeit, und unter den litterarischen auch die moralischen Wochenschriften,[5] für Erhaltung der Sprachreinheit im deutschen Bürgertum gewirkt haben, dürfen wir über den lächerlichen Übertreibungen, denen Sprachreiniger gar zu leicht verfallen, nicht vergessen.

d) Gleich unhistorisch wäre es, das Pathos zu bespötteln, mit dem die Sprachforscher des 17. und der ersten Hälfte des 18. Jahrhunderts unsere Muttersprache als „uralte deutsche Haupt= und Heldensprache" ausriefen. Solcher überstolzen, phantastischen Hinweise bedurfte es, um der herrschenden Verachtung unserer Muttersprache das Gegengewicht zu halten. So stellte man sie nur dem Hebräischen an Alter nach; das Griechische und Lateinische glaubte man vom Deutschen ableiten zu können;[6] auch sei unsere Sprache keineswegs härter als diese beiden antiken Kultur= sprachen.[7] In verwandter Richtung bewegt sich eine gelegentliche Äußerung Gottscheds,[8] der überhaupt gern und ziemlich skrupellos sein geliebtes Deutsch über fremde Sprachen erhob: „Doch läugne ich nicht, daß ich überhaupt dafür halte, die deutsche Sprache sei geschickt, zwo lateinische Zeilen in wenigern Silben und Worten vollkommen aus= zudrücken, dahingegen die lateinische und französische nicht fähig sind,

---

1) Vergl. Leibniz: Unvorgreifliche Gedanken §§ 15—19.

2) Vollständigere und neuerläuterte deutsche Sprachkunst, 5. Auflage (1762), S. 198.

3) Ebb. S. 199.

4) Ebb. S 200.

5) In den „Vernünftigen Tadlerinnen" s. besonders S. 11 flg. u. S. 179 flg.

6) Z. B. Morhof an der Spitze seines „Unterrichtes von der teutschen Sprache und Poesie" (1682). Vergl. Rudolf Hildebrand: Gesammelte Aufsätze und Vorträge zur deutschen Philologie und zum deutschen Unterricht (1890) S. 2 flg. und K. Burdach: Die Einigung der neuhochdeutschen Schriftsprache (Habilitationsschrift Halle 1884) S. 27 flg.

7) Morhof S. 447 flg.

8) An Hofrat A. v. Leyser 17. Juli 1742. Abschrift auf der Königl. öffentl. Bibliothek in Dresden, Original fehlt unter den Leipziger Hss.

alles, was zwo deutsche Zeilen sagen, in eben solcher Kürze zu geben." Überhaupt sieht Gottsched die französische Sprache, nach ihrer Blütezeit unter Ludwig XIV., zu seiner Zeit in Verfall, wohingegen „die Hoch= achtung unserer deutschen Sprache zusehends" wachse: in Dänemark, Schweden, Rußland werde sie „vor eine galante Hofsprache gehalten", auch in England und Polen wegen ihrer deutschen Fürsten viel geredet. „Wenn uns also diese Zeiten nicht zur Liebe unserer Muttersprache auf= muntern: so kann man nicht absehen, was man noch für vorteilhaftere Umstände dazu erwarten wolle".[1]) Dieser Patriotismus ist der Grund= zug von Gottscheds sprachlichen Bestrebungen;[2]) die Echtheit desselben an= zuzweifeln, wie es Schlosser gethan,[3]) liegt keine Veranlassung vor.

Zahlreich sind die freiwilligen Äußerungen von Zeitgenossen, welche die führende Stellung Gottscheds in der Sprachbewegung während seines Lebens hervorheben. Daß an ihm „unsere Muttersprache zu unserer Zeit den größten Lehrmeister hat", erkennt der Rektor M. Joh. Martin Prechtlein aus Marckbreit am Main den 20. Juni 1743 im Brief an Gottsched an. „Es bleibt wohl dabei", schreibt der Weißenfelser Alethophile Dr. Springsfeld am 18. April 1748, „daß E. H. E. unter allen Deutschen sich doch am meisten um die deutsche Sprache verdient gemacht haben, und noch machen: so sehr auch Mißgünstige und Neider auf eine recht niederträchtige Art öfters Ihnen Ihren wohlverdienten Ruhm zu rauben suchen. Die Nachwelt und Ausländer werden Richter davon sein". — Bezeichnend genug stellen gerade Gottscheds getreueste Anhänger aus seiner Spätzeit, Schönaich und Reichel, die sprachlich=philologische Seite seiner Verdienste voran. Ersterer äußert sich gegen Gottsched über den Kurator der preußischen Universitäten Geheimrat v. Bielefeld[4]) am 6. Brachmond 1752: „Ich habe mitten unter dem Lobe, das er Ihnen ertheilt, den klaren und lautern Berliner erkannt. Es ist doch wohl noch niemanden eingekommen, Dero Verdienste um unsere Sprache in Zweifel zu ziehen? Wenn in Berlin hiervon die Rede ist: so räumet man dieses gerne ein. Aber warum? Um Dero Verdienste um die Dicht= kunst zu vergeringern (so!); gerade als wäre es widersprechend, ein Sprachlehrer und Dichter zu sein." Und Schönaichs Mentor Reichel gesteht dem Leipziger Erdiktator noch am 8. April 1755 zu: „Sie haben

---

1) Schlußworte seiner „Nachricht von der Deutschen Gesellschaft zu Leipzig" (1731), S. 84.

2) Vergl. Heinr. Rückert: Geschichte der neuhochdeutschen Schriftsprache II, 372.

3) Geschichte des 18. Jahrhunderts Bd. I (1836), S. 578.

4) Später unterhält dieser von seinen Gütern im Altenburgischen aus einen brieflichen und persönlichen Verkehr mit Gottsched bis in dessen letzte Lebensjahre hinein. Vgl. über ihn Allg dtsch. Biographie, Artikel Bielfeld, u. Krause S. 123 flg.

für Deutschland und für die schönen Wissenschaften mehr gearbeitet, als
alle ihre Widersacher zusammengenommen: man müßte in der ge=
lehrten Geschichte ganz und gar ein Frembling sein, wenn man E. M.
nicht für einen wahrhaftigen Reformator der deutschen Philologie halten
wollte."

Nahm Gottsched auch unzweifelhaft in seinen Äußerungen über die
deutsche Sprache den Mund etwas zu voll, so war er doch bemüht, ihr
diejenige Vollkommenheit wenigstens zu verschaffen, welche er ihr beilegte.

2. Gemeindeutsch.

Vervollkommnung der deutschen Sprache hieß für Gottsched in erster
Linie (A) Stärkung der Gemeinsprache und (B) Reinigung derselben von
allen dialektischen Eigenheiten.

A.

a) Als Grundlage der Gemeinsprache galt der meißnische oder ober=
sächsische Dialekt. Schon seit dem 16. Jahrhundert bis tief ins 18.
hinein lassen sich Stimmen vernehmen, welche diese Auffassung kundgeben.
Die Sprachforscher dachten bei einem solchen Zugeständnis in erster Linie
an Luthers tonangebende Bedeutung für die Entwicklung der Gemein=
sprache, nächstdem an die mittlere, für Sprachaustausch und Bildung
günstige Lage Obersachsens. Die sprachgeschichtliche Sachlage war aber
mit diesem konventionellen Kompliment für das Andenken des religiösen
Reformators und für sein höfisch feines Vaterland nicht mit voller Prä=
cision gekennzeichnet. Wir wissen heute, daß in der Norm der kaiser=
lichen Kanzlei der Urquell unserer Gemeinsprache ruht; daß sich ihr die
kursächsische Kanzleisprache durch glückliche äußere Umstände anähnelte;
daß dann allerdings auf dieser gemeinsamen Grundlage Luthers Eingreifen
die obersächsische Ader der Gemeinsprache wesentlich kräftigte, — ohne
doch damit ihre Entwicklung abzuschließen. Die Halbwahrheit eines
solchen Zugeständnisses an das Meißnische wurde nur dadurch weniger
offenbar, daß die Sprache der im 17. Jahrhundert führenden Provinz
Schlesien sich nicht allzuweit von dem verwandten mitteldeutschen Dialekt
Obersachsens entfernte. Aber man kann nicht sagen, daß die schlesischen
Dichter obersächsisch geschrieben haben, wie immer sie eine Angleichung
gesucht haben mögen. Ähnliches gilt im gewissen Sinne von Gottsched
selbst: wäre er nicht einer Provinz entsprossen, deren Sprache auf künst=
lichem Wege trotz der äußersten nördlichen Lage einen dem Mitteldeutschen
verwandten Charakter gewonnen[1]), so würde es ihm an der inneren wie

---

1) Vergl. Franz Pfeiffer: Die Deutschordenschronik des Nicolaus von Jeroschin,
Einleitung.

äußeren Möglichkeit gefehlt haben, sich als Vorkämpfer der obersäch=
sischen Mundart aufzuwerfen. Wenigstens bewahrt ihn seine sprachliche
Provenienz vor manchen Einseitigkeiten, denen geborene Mitteldeutsche
erlagen.

Es war allmählich zu einer Art πρῶτον ψεῦδος sprachgeschichtlicher
Betrachtungen geworden, einen bestimmten Dialekt nahezu als Inbegriff
der Gemeinsprache hinzustellen. Gottsched hält sich wenigstens soweit in
den alten Bahnen, als er das Obersächsische umfassend als „beste Mund=
art" zu stützen sucht. Die beste Mundart sei insgemein diejenige, „die
an dem Hofe, oder in den Hauptstädten eines Landes gesprochen wird".
„Hat aber ein Volk mehr als einen Hof: so ist die Sprache des größten
Hofes, der in der Mitte des Landes liegt, für die beste Mundart zu
halten".[1]) Auch hier erklärt er nicht den „Pöbel", sondern „vornehme
und gelehrte Leute" maßgebend.[2]) So werde man bei uns Dresden,
„zumal des Hofes angenehme Mundart, mit den Sprachregeln und
kritischen Beobachtungen verbinden müssen, die seit vielen Jahren" —
soll heißen: seit seinem eigenen Eintritte in die Leipziger Kreise — „in
Leipzig gemachet, und im Schreiben eingeführet worden".[3]) Auch durch
Hinweis auf die „Glaubensreinigung", auf die Bedeutung der Universi=
täten Wittenberg, Jena, Halle und Leipzig, auf den Leipziger Büchermarkt
und auf die Thätigkeit des Palmenordens sucht Gottsched das Recht
obersächsischer Vorherrschaft zu behaupten.[4]) Aber schon dadurch erweist
er seinen weiteren Blick, daß er die „beste Mundart" nicht auf Meißen
beschränkt, sondern er nennt darüber hinaus das ganze Voigtland,
Thüringen, Mansfeld, Anhalt, die Lausitz, Niederschlesien; in all diesen
Landschaften werde „in Städten, unter vornehmen, gelehrten und wohl=
gesitteten Leuten ein recht gutes Hochdeutsch gesprochen".[5])

Grundsätzlich bedeutsamer noch ist es, wenn Gottsched den Dialekten
der verschiedenen deutschen Landschaften „eine gewisse eklektische oder aus=
gesuchte und auserlesene Art zu reden" anfügt, „die in keiner Provinz
völlig im Schwange geht", welche man „die Mundart der Gelehrten,
oder auch wohl der Höfe" zu nennen pflege. „Diese hat jederzeit den
rechten Kern einer Sprache ausgemacht"; auf griechischem Gebiete sei sie
durch den Atticismus repräsentiert, auf römischem heiße sie Urbanitas;
bei uns „kann man sie die wahre Hochdeutsche nennen.[6])

---

1) Vollständigere Sprachkunst⁵, S. 3
2) Ebd. a. a. O. Vergl. ebb. S. 68.
3) Ebd. S. 402. Vergl. dort besonders auch die Anmerkung.
4) Ebd. S. 401 flg. und S. 67.
5) Ebd. S. 68.
6) Ebd. S 2 flg.

Von diesem Gesichtspunkte aus schwebt unserm Sprachmeister — der vielleicht durch eben diese Vorstellung aufhört, ein bloßer Sprachmeister alten Stils zu sein — schon früh[1]) eine zutreffende Anschauung von der andauernden Förderung der Gemeinsprache vor: In Leipzig findet sich die vorzüglichste Hochschule; aber nicht nur Gelehrte aus allen deutschen Provinzen träfen hier zusammen: des Handels wegen sei hier der stärkste Zusammenfluß von allerlei Landeskindern. Und nun fährt er fort: „Durch die Vermischung so vieler verschiedenen Mundarten aller deutschen Nationen, entstehet allmählich die allerbeste Art des deutschen Ausdrucks sowohl was die Redensarten, als auch, was die Aussprache anlanget. Ein jeder lernet durch den täglichen Umgang mit so vielerlei andern die Fehler seiner Provinzialsprache erkennen, und vermeidet sie auch hernachmals im Reden und Schreiben mit Fleiß, damit er nicht dadurch unverständlich oder gar lächerlich werde."[2])

So tritt Gottsched gegen rein provinzielle Idiotismen Obersachsens auf. Auch der eifrigste Leipziger Korrespondent Bodmers, Johann Christoph Clauder, hält in Sachsen größere Gleichförmigkeit der Sprache wünschenswert. „Obgleich solche", meldet er am 6. Dezember 1731 nach Zürich, „bei Hofe, unter Leuten von Stande und andern, die sich vom gemeinen Pöbel absondern, größtentheils eingeführet, so ist doch die reine Mundart noch nicht so allgemein, daß man überhaupt die Redensarten vornehmer Leute vor Regeln annehmen könnte." Gottscheds Herkunft aus einer entlegenen Provinz befähigte ihn zu einer kritischen Stellung auch gegenüber der Meißner Mundart.[3]) Seiner „geschickten Helferin" Nachspiel „Herr Witzling"[4]) ist eine interessante Urkunde der Kluft, welche Gottsched zwischen seiner Gemeinsprache und dem Sprachstand seiner obersächsischen Schüler empfand. Und fortgesetzt wacht er über der Mundart, die um ihn herum erklang, und wehrt neu einreißender Verderbnis. 1762 schreibt er[5]): „Seit dem letzten Kriege, da soviel Brandenburger, Westphäler, Magdeburger und Pommern sechs Jahre in Sachsen gelegen, haben diese auch noch falscher sprechen gelernt und es heißt fast bei uns, wie Cicero von Rom saget: Omnis peregrinitas in urbem effusa est." Diejenigen, welche sich gegen die obersächsische Sprachoberhoheit auflehnen, halten Gottsched höhnisch entgegen, er selbst table ja manche Meißner Eigenheiten, wie besonders das viel besprochene

---

1) Nachricht von der Deutschen Gesellschaft (1731), S. 31.
2) Man vergl. die Jugenderinnerung Goethes in Dichtung und Wahrheit, — Weimarer Ausgabe der Werke, 1. Abt., Bd. XXVII, S. 57 flg.
3) Vergl. vollständigere Sprachkunst⁵, S. 403. „Neuestes" I, 597; IV, 55 flg.
4) Deutsche Schaubühne Bd. VI, S. 509 flg.
5) Vollst. Sprachkunst⁵, S. 516.

Endungs-e wenigstens im Neutrum Singularis der Substantiva;[1]) nur übersah man, daß Gottsched die obersächsische Mundart wohl als relativ beste, nicht aber als die schlechthin maßgebende hinge-stellt hatte.

Gottscheds Auffassung der Gemeinsprache zerstört auch insofern alte fromme, aber allmählich unhaltbar gewordene Tradition, als er beherzt mit der einseitigen Berufung auf Luther bricht. Schon auf dem Titelblatt verweist seine „Sprachkunst" auf die besten Schriftsteller des 17. und 18. Jahrhunderts als Muster. Die neueren sprachgeschichtlichen Forschungen von K. Burdach[2]) haben mit besonderm Nachdruck bewiesen, wie weit sich in der That die Gemeinsprache in zwei Jahrhunderten von dem Brauch des Reformators entfernt hatte und wie bedeutsam Gottscheds That der Ehrlichkeit uns erscheinen muß. Die Art, in welcher Gottsched überall von Luther spricht, läßt keinen Zweifel, daß ihm nie auch nur die Erwägung nahe trat, den Reformator als fortwirkend lebendige Sprach-macht anzuerkennen.[3]) Selbst seine historische Würdigung der Sprach-bedeutung Luthers hält sich frei von Überschätzung.[4]) Schließlich war durch Normierung der Sprache nach den besten Schriftstellern des 17. und des beginnenden 18. Jahrhunderts wiederum einem einseitigen ober-sächsischen Charakter der Gemeinsprache wirksam begegnet.

Gleich ablehnend verhält sich unser Grammatiker zu der Fortdauer jenes anderen Einflusses, der zur Begründung des Neuhochdeutschen einst in erster Linie mächtig war. Die Kanzleisprache ist ihm in dem Maße abgethan, daß er selbst ihre geschichtliche Bedeutung nicht mehr oder noch nicht erkennt. In seinen Zeitschriften und seiner Sprachkunst, mit ganz besonderer Schärfe und Beharrlichkeit aber in späten „Beobachtungen über den Gebrauch und Mißbrauch vieler deutscher Wörter und Redens-arten" (1758) hat Gottsched siegreich den Kampf gegen die Kanzlei-sprache geführt, die auf weitesten Gebieten der Prosa noch geherrscht

---

1) Dornblüth: Observationes S. 269.

2) Die Einigung der neuhochdeutschen Schriftsprache (1884) und die Sprache des jungen Goethe (in den Verhandlungen der 37. Versammlung deutscher Philo-logen, 1885); s. hier besonders S. 167.

3) In der „vollständigeren Sprachkunst" wird Luther meist abweisend erwähnt. In der „ausführlichen Redekunst" (1736) S. 22 erscheint er neben Melanchthon nahezu sekundär auf rhetorischem Gebiete.

4) Schon „die vernünftigen Tadlerinnen"², II. Teil S. 26 kennzeichnen Luthers Sprache als veraltet. — „Krit. Bltrge." VI, 371 wird auf Elemente seiner Sprache verwiesen, die nicht gemeindeutsch. — Ebb. S. 335 heißt es lakonisch: „Doch wird niemand fordern, daß man die Rechtschreibung seiner Übersetzung (der Bibel) schlechterdings mit eben so vieler Ehrerbietung annehmen solle, als das Buch, welches er übersetzt hat."

hatte.[1]) Äußere Zeugniſſe über ihr Fortwirken treten uns nicht nur auf oberdeutſchem Gebiete, beſonders in Dornblüths „Observationes"[2]) entgegen, auch in Norddeutſchland gab es noch Kreiſe, welche Hof und Kanzlei zu Wien als ſprachlich muſtergiltig zu bezeichnen wagten.[3]) Konnte ſich doch ſelbſt im Hauptquartier der reinen Schriftſprache noch 1731 eine keineswegs vereinzelte Stimme wenigſtens alſo vernehmen laſſen:[4]) „Wir geben den Preußiſchen und Chur-Sächſiſchen Kanzeleien vornehmlich den Vorzug, daß ſelbige, für andern in Teutſchland, eine gute, reine und beſchnittene Feder haben".

b) Mit 24 Jahren betrat der Oſtpreuße, der Königsberger Gott=ſched oberſächſiſchen Boden. So feſte Wurzeln er hier ſchlug, berechtigt doch nichts zu der Annahme, daß ſein Herz und Geiſt dem alten engern Vaterlande untreu ward. Im Gegenteil gehörte eine ehrenvolle Rück=berufung zu ſeinen dauernden Wünſchen. Sprachlich zumal mußte ihm der heimatliche Dialekt unverwiſchbare oder jedenfalls nicht ſo leicht ab=zuſtreifende Spuren aufgedrückt haben. Durch den bloßen theoretiſchen Willen konnte ein Fremder nicht mit einem Schlage meißniſch ſchreiben, geſchweige denn ſprechen. Noch kurz vor ſeinem Lebensende, vier Jahr=zehnte nach ſeinem Einzug in Leipzig ſpricht Gottſched mit Stolz über die preußiſche Mundart, ſogar mit einer gelegentlichen Herabſetzung des Oberſächſiſchen: Am 22. Auguſt 1764 ſchreibt er ſeiner Nichte und Pflegetochter Viktorine Grohmann geb. Gottſched in Zwickau:[5]) „Auf ihre Anfrage: ob man in Preußen ſage: es giebt Örter, oder Orte, oder es ſind Orte? das iſt eine wunderliche Beſchuldigung. Man darf ja nur Achtung geben, wie Sie, liebe Frau Muhme ſprechen: ſo wird man das erſte hören, und nicht das letzte. Es kann aber wohl ſein, daß einige Magdeburger, Märker, Pommern oder Schleſier unter den preußiſchen Offizieren, die in Sachſen geweſen, ſo geſprochen haben; die man fälſch=lich für Preußen gehalten hat. Denn wir erkennen alle dieſe für unſre Landsleute nicht. Sie reden viel kauderwälſches Zeug, das wir Preußen nicht ſagen; ſo wenig als wir nach Art der Meißner ſagen: Es hat Örter, es hat Städte u. dergl. Wir würden viel lieber ſagen: Man findet Städte; man trifft Örter an, u. dgl. m." Daß Gottſched dabei

---

1) Vergl. Burdach: Die Sprache des j. Goethe a. a. O. S. 170 flg. — Edw. Schröder i. Göttingiſchen Gel. Anzeigen 1888 S. 284 flg.

2) Grundſätzlich verfochten S. 355.

3) Vergl. Adolf Socin: Schriftſprache und Dialekte im Deutſchen, S. 430 flg.

4) Im I. Bd. des Univerſal-Lexikon von Zedler zu Leipzig, Vorrede des Kanzler v. Ludewig zu Halle, S 3.

5) Hſ. — Gottſcheds Briefe an dieſe Verwandte bewahrt die Leipziger Uni=verſitätsbibliothek geſondert von der hier viel angezogenen gelehrten Korreſpon=denz des Mannes.

fortgesetzt gegen die Schwächen seiner Mundart nicht blind war, zeigt eine ungefähr gleichzeitige Mahnung unterm 21. Heumond 1764 an dieselbe Adresse: „Glauben Sie mir doch endlich einmal, daß Ihnen an der guten Aussprache viel Annehmlichkeit im Umgange entgeht; und üben Sie sich noch immer langsam und deutlich, zumal das s, z und tz, auszusprechen."

Die eigentümliche Beschaffenheit der Sprachverhältnisse im früheren Deutschordensland und so besonders auch in Königsberg[1]) befähigte Gottsched ohne weiteres in eine Entwicklung einzugreifen, die sich aus andern Voraussetzungen herausgebildet. Die Germanisierung Ostpreußens geschah durch Krieger und Kolonisten aus verschiedenen deutschen Gauen, namentlich wissen wir von mitteldeutschen Einwanderern, so daß, wenn auch nicht so allgemein, wie das Franz Pfeiffer voraussetzt, doch stellen= weise eine vermittelnde Sprachbewegung anzunehmen sein wird. Jeden= falls waren nicht nur Ordensritter, sondern vor allem die Hochmeister und — ihre Schreiber hochdeutscher Zunge, so daß die Kanzlei zur Zeit der Reformation auch hier bereits in grundsätzlicher Übereinstimmung mit den spracheinigenden Bestrebungen der damaligen kaiserlichen und kursächsischen Kanzlei arbeitete. Aus der Verwaltung gelangte Hochdeutsch nun in die Kirche, in der Folge an die neue Universität, und durch= drang das litterarische Leben Königsbergs. Da die Bevölkerung keinen einheitlich stammhaften, ur= und erdgeborenen Dialekt sprach, wird der fast dialektfreie Einfluß der hochdeutschen Schriftsprache auf ostpreußischem Boden begreiflich. Wenn der Süddeutsche vom Ostpreußen aussagt, er rede wie es in Büchern steht, so wird der gemeindeutsche Charakter der ostpreußischen Litteratursprache noch verständlicher bezeugt.

Es wäre danach nicht korrekt, unserm Grammatiker die meißnische Mundart beizulegen, auch wenn er nicht überhaupt von der Engherzigkeit einer allein herrschenden Mundart frei gewesen wäre. Im wesentlichen aber trug Gottscheds Sprache wirklich mitteldeutschen Charakter. Sein Abstand, seine ursprüngliche Fremdschaft gegenüber dem Meißnischen be= kundet sich danach nur gelinde nach zwei Richtungen: wie er zur Ab= wehr bloßer Provinzialismen Meißens gerüstet ist, so brechen ander= seits hie und da, allerdings fast unmerklich, leise Anklänge und Unarten seiner heimatlichen Eigenart durch. Die Mundart bekundet sich in der Schrift besonders augenfällig durch den Reim. Wie wenig nun auch im Deutschen einzelnen unreinen Reimen für dialektische Störungen ohne

---

1) Vergl. außer Franz Pfeiffers schon erwähnter Einleitung zu Nicolaus v. Jeroschin noch G. Th. Hoffheinz: Über den ostpreußischen hochdeutschen Dialekt (Altpreußische Monatsschrift N. F. IX, 447 flg.), auch F. Kluge: Von Luther bis Lessing S. 102.

weiteres Beweiskraft zugesprochen werden dürfte, so muß es doch wohl als Anzeichen und Ausfluß ostpreußischer Mundart, die freilich auch hierin dem Meißnischen nahestand, gelten, wenn Gottsched auffällig und überwiegend[1]) ei mit eu und äu, lang ä mit lang e, lang ö mit lang e, kurz ä mit kurz e, kurz ü mit kurz i, und besonders häufig lang ü mit lang i, ie, ieh reimt. Die saloppe ostpreußische Aussprache bekundet sich schon hierbei, doch auch sonst in der Schreibung. Manches der Art hat Gottsched auf obersächsischem Boden allmählich abgestreift; so steht in der ersten Auflage der „Vernünftigen Tadlerinnen" (1725/6) männersichtig gegen männersüchtig der zweiten Auflage (1738), ebenso sind in ihr ä, ö und e meist richtig abgegrenzt, während die erste Fassung Schreibungen führt, in denen Gottsched durch seine heimische Mundart wenigstens bestärkt sein dürfte. Neben Eigenarten und Schwankungen, die das ostpreußische Hochdeutsch mit dem meißnischen gemein hat, stehen Abweichungen wie Fehlen des „sächsischen e": Geschicht in der 1. Auflage der „Vernünftigen Tadlerinnen" hat die 2. Auflage in Geschichte, ja auch geschah der 1. in geschahe umgewandelt. Ferner bietet die 2. Auflage die durchgedrungenen und korrekten Formen gegen die teils inkorrekten, teils hinter dem Leipziger Sprachstand zurückgebliebenen, z. B. gegen die in 1. Fassung schwachen Genitive: z. B. des Monden, eines Herolden, Tonnen Golden; desgleichen eines Lehrjungens, diese Zierrathen u. a. m. Schließlich dürfte sein eigensinniges Festhalten an den berüchtigten Schreibungen und Etymologien von Schmäucheln, Knäbelbart u. dergl. mit dem ostpreußischen Schwanken in der Aussprache zusammenhängen. Sicherer aber als in gelegentlichen Spuren werden wir principielle Einflüsse des Ostpreußischen in Gottscheds grammatischen Regeln nachweisen können[2]). So wenig merklich sich danach Gottscheds Sprache vom Obersächsischen scheidet, war er doch in eine ähnlich glückliche Lage wie diejenigen versetzt, welche nach einem alten Ausspruch das beste Deutsch nicht nur schrieben, sondern auch redeten:[3]) „Meichsner — hieß es — wenn sie untern leuten gewesen und ihres Landsmans vergessen, reden ein gut deutsch"; so gelangte auch er, mit einer der Gemeinsprache nahestehenden Mundart ausgerüstet, auf fremden Boden, wo er das Provinzielle bald abstreifen konnte, um so wirklich zu annähernder Reinheit der Schriftsprache allmählich durchzubringen.

---

1) In seiner Übersetzung der Dichtkunst des Horaz an der Spitze der „Critischen Dichtkunst" (1730) z. B. sind die einschlägigen Reime fast zu vier Fünfteln unrein.

2) Siehe Abschnitt 3 Cb.

3) Joh. Mathesius 1570, — vergl. Hildebrand S. 333.

B.

Provinzialismen, dialektische Spuren, selbst (a) der mittel= und niederdeutschen Mundarten, verfolgt Gottsched mit Feuereifer. Um wieviel mehr mußte er gegen die auf oberdeutschem Boden: (b) im Rheinland, in der Pfalz, Bayern und Schwaben, (c) in Österreich und (d) in der Schweiz üppig wuchernden, von der Gemeinsprache noch kaum eingeengten Dialekte in Harnisch geraten! Die Erwägung lag seiner Nivellierungswut fern, daß man die „naive“ Schreibart nicht „erwischen“ könne,[1]) wenn man statt der heimischen Mundart eine kunstmäßig erlernte Gemeinsprache schrieb. Aber vergessen wir nicht, daß geschichtliche Entwicklungen sich stets in einseitigen Vorstößen, in Ansatz und Gegensatz vollziehen, die sich allmählich erst selbst vermitteln und ausgleichen. Vorerst galt es, die Herrschaft der Gemeinsprache über ganz Deutschland zu verbreiten; dieser Prozeß vollzog sich unter Gottscheds wesentlicher Mitwirkung — wie jeder Eroberungszug — zunächst mit Härte und despotischer Unterdrückung. Nachdem die Oberherrschaft des Hochdeutschen unerschütterlich begründet war, konnte es sich als milder Herrscher erweisen und den Dialekten von Fall zu Fall Gehör, ja nach Umständen auch Erhörung gewähren. Ein philosophischer Geist wie Leibniz[2]) mußte von vornherein dies Verhältnis allseitig überschauen und das Recht der Dialekte auf Anteil am Leben der Gemeinsprache betonen, — einem praktischen Werkzeuge der Sprachgeschichte wie Gottsched werden wir einseitig beschränkte Erfassung der ihm gestellten Aufgabe des Augenblicks nachsehen dürfen.

a) Auf mittel= und niederdeutschem Sprachgebiete war der Anschluß an die hochdeutsche Gemeinsprache lange vor Gottscheds Eingreifen dem Grundsatze nach erreicht.[3]) Aus allen Gegenden Nord= und Mitteldeutschlands wenden sich schon Ende der zwanziger Jahre nach Erweiterung der Ziele der „Deutschen Gesellschaft“ in Leipzig Gelehrte mit Aufnahmegesuchen an dieselbe[4]), so daß auf diesem Boden weithin verstreut freiwillige Mitarbeiter für Gottscheds sprachlich=litterarische Bestrebungen erstanden. Daneben ward aus fast jedem von ihm ausgebildeten Jünger ein Apostel. Von Hamburg schreibt Lamprecht einmal (am 30. Juli 1735) geradezu — und an ähnlichen Äußerungen ist Gottscheds

---

1) Worte Bodmers im „Mahler der Sitten“ II, 628, — vergl. R. Hildebrand S. 323 flg.

2) Siehe Unvorgreifliche Gedanken § 32.

3) Den vereinzelten Widerspruch eines Obersachsen in des Prof. Michaelis Göttinger Antrittsrede (1750) fertigt Gottsched höflich ab im „Neuesten“ I, 582 flg.

4) Nachricht von der Deutschen Gesellschaft S. 57 flg.

Briefwechsel reich: „Ich eifere hier für den guten Geschmack und predige denselben allenthalben als ein getreuer Apostel."

Wir dürfen also festſtellen: die einen ſandte Gottſched aus, die anderen ſuchten aus eignem Antriebe ſeinen Rat. Nach welcher Richtung auf mittel- und niederdeutſchem Boden ein ſolcher noch erforderlich war, zeigt der Briefwechſel mit voller Klarheit. Die Rechtſchreibung iſt es, die hier noch der Regelung, der Übereinkunft bedurfte. Vernehmen wir zunächſt einige charakteriſtiſche Einzelſtimmen.

Aus Hirſchberg in Schleſ. ſchreibt Daniel Stoppe am 22. September 1734: „Unſer Buchdrucker hier iſt ein wunderlicher Mann, ich würde zu viel zu zanken mit ihm haben, wenn ich alle Carmina laut den ortho= graphiſchen Regeln der Geſellſchaft gedruckt haben wollte." Nun aber, für ſeine dritte Fabelſammlung, die in Leipzig gedruckt werden ſollte, bitte er um Nachweis eines entſprechend geſchulten Korrektors, gegen „ehrliche Bezahlung".

Ein Jahr ſpäter, am 30. September 1735, ſchreibt der Inſpektor des Waiſenhauſes in Züllichau, Johann Chriſtian Steinbart: „Ich habe, da mir in hieſigen Anſtalten die Aufſicht über das Schulweſen oblieget, mit denen Herren Praeceptoribus oft konferiret, wie man die unterhabenden Kinder unter andern zu einer grundrichtigen Deutſchen Orthographie am leichteſten anführen möchte... Vielmehr will die Sache Dero hochgeneigtem Urteil völlig übergeben und um Dero und einer Hochlöbl. Deutſchen Geſellſchaft entweder Beſtärkung in dieſer und jener Wahrheit, oder Zurechtweiſung und Belehrung eines beſſern in einem und anderm Punkt aufs inſtändigſte Anſuchung gethan haben. Es genießet unſere deutſche Sprache anitzt das Glück, daß ſie von vielen gelehrten und geſchickten Männern immer mehr ausgeübet wird. Wem iſt unbekannt, wie viel man hierin der Hochlöbl. Deutſchen Geſellſchaft zu danken habe? Aller Augen ſind auf dieſelbe gerichtet."

In gleicher Richtung iſt eine, um ein weiteres Jahr ſpätere Brief= äußerung von H. C. Lemcker in Lüneburg bemerkenswert; dieſer überſendet am 19. September 1736 einen Aufſatz zur Prüfung auf Druckreiſe durch die „Deutſche Geſellſchaft", dabei bemerkt er: „In der Rechtſchreibung dürfte vielleicht ein und das andere von dem Gebräuchlichen abgehen. Ich bin noch nicht zur vollkommenen Feſtigkeit in derſelben, ſondern wünſche nebſt vielen dieſes Orts, daß die Hochlöbl. Geſellſchaft ihre längſt verſprochene Gedanken von dieſer Sache bald gemein machen mögen."

Etwas weiter greift die gelegentliche Bitte Quandts, des Präſidenten der Königsberger Deutſchen Geſellſchaft, wenn er am 18. Auguſt 1747 eine „Übereinkunft der Ausdrücke" in den von verſchiedenen Mitgliedern ſeiner Geſellſchaft überſetzten Reden des Fléchier hergeſtellt wiſſen will.

Als dann 1748 Gottscheds „Sprachkunst" erschienen war, empfand man in seiner Heimat den spracheinigenden Charakter derselben besonders wohlgefällig. Am 7. November dankt Gottscheds Schildknappe Flottwell seinem Meister für „diese so glücklich und fast mit allgemeiner Übereinstimmung der Provinzen ausgeführte Sprachkunst."

Bereits in seiner „Nachricht von der Deutschen Gesellschaft zu Leipzig" von 1731 erwähnt Gottsched S. 68 seinen Briefwechsel mit dem Sekretär der Berliner Akademie, Geheimrat Daniel Jablonski behufs Verständigung über eine „grundrichtige Rechtschreibung". Nachdem Gottsched eben zum Mitglied der Berliner Akademie ernannt war, wendet sich Jablonski unterm 24. April 1730 an ihn mit folgenden Zeilen, die wir wegen der behandelten Materie orthographisch getreu wiedergeben: „E. H. E. wollen aus beikommender so betitelter Kurzen Erzehlung[1]) hin und wieder anzumerken belieben, wie unter denen der Societaet zur Bearbeitung aufgegebenen Wissenschaften auch das Aufnehmen der vaterländischen Geschichte und Sprache begriffen, da denn, was absonderlich die letztere betrifft, von Anfang her unterschiedliche Vorschläge, wie man hierzu ersprießlichen eingang finden möge, ins mittel gebracht und bei fortgesetzter Uberleguug vor gut befunden worden, daß zu solchem Zweck zu gelangen, vornemlich mit der Bestsezung einer richtigen und beständigen Rechtschreibung der anfang gemacht, und die zum grund geleget werden müsse. Und weil dergleichen zu erhalten, anderst als durch einen allgemeinen Beifall aller der Deutschen Sprache verständiger, nicht wol möglich, dieweil in Dingen von dieser art das Ansehen allein oder ein bloßer Macht Spruch wenig gelten, und schwerlich jemand von dem andern ein gesez annehmen, oder sich vorschreiben lassen dörfte, und es überhaupt auf eine vernünftige überzeugung und freiwillige Zustimmung ankommen wird, so ist davor gehalten worden, daß wenn einige allgemeine regeln und grundsäze könnten erfunden und angegeben werden, die als unbeweglich und unstreitig von allen und jeden beliebt und angenommen werden wollten, nach welchen so dann die vorkommenden zweifel und unrichtigkeiten, als nach einer beständigen richtschnur geprüfet und entschieden werden möchten, eine solche durchgehende zustimmung und übereinkommung zu wege gebracht werden könnte." Jablonski erwähnt alsbann, wie früher ein Fortschreiten in Ausführung eines solchen Entwurfs auf Hindernisse gestoßen sei, um fortzufahren: „Da aber der rühmliche fleiß der Deutschen Gesellschaft zu Leipzig sich offentlich zu

---

1) Jablonski hatte schon 1719 einen Versuch über die Rechtschreibung verfaßt. Vergl. seinen Entwurf eines deutschen Wörterbuchs, — Krit. Btrge. V, 480 flg. — Sonst s. über den Mann Allg. Dtsch. Biogr.

erkennen gegeben, hat man alsobald geurteilet, wenn diese löbl. Gesell=
schaft solchem vorhaben beizufallen bewogen werden könnte, und dasselbe
mit zusammengesezten recht zu fördern sich gefallen lassen wollte, daß
durch derselben schon erworbenen und immer mehr wachsenden Ruhm
und Ansehen der sachen ein starkes Gewicht zufallen würde. Wie nun
hiezu durch E. H. E. Beitritt zu unser Societaet gleichsam die Bahn
gebrochen und die tühr geöffnet, mit jener löbl. Gesellschaft in ein näheres
Vernehmen zu gerahten, so habe E. H. E. diese etwaß lange Anzeige
von der ganzen sache zu tuhn mir die freiheit genommen, mit angefügter
bitte, wenn es ohne Dero beschwerde geschehen kan, Dero gedanken
darüber mir nicht zu verhalten."

Die Leipziger Deutsche Gesellschaft beauftragt neben Gottsched den
M. Johann Heinrich Winkler mit Aufstellung von Anmerkungen zu Jablonskis
Anweisung und ändert sodann einzelnes[1]). Gleichzeitig sucht sie die Schwester=
gesellschaft zu Jena in diese orthographischen Einigungsbestrebungen hinein=
zuziehen. Bereits am 8. Juni 1730 schreibt Hermann Adolf le Fèvre aus
Jena, zugleich im Auftrage des Seniors Prof. Stolle, an Gottsched: „daß
sie nicht nur den gethanen Vorschlag wegen der Rechtschreibung den Mit=
gliedern der hiesigen Gesellschaft angerühmet, sondern sich auch jederzeit eine
sonderbare Freude daraus machen würden, zu allgemeinem Nutzen eine be=
ständige Einigkeit beider Gesellschaften zu unterhalten." Gottlieb Stolle
selbst schreibt am 25. Oktober desselben Jahres: „Wir freuen uns recht=
schaffen, daß sich alles so harmonisch anläßt, und glaube ich gar nicht, daß
über den Punkten der Rechtschreibung, so Sie gemeldet, eine Zwiespaltung
entstehen werde, nachdem man darin bereits geschickte Vorgänger gehabt."
Indessen zeigt sich Stolle selbst zurückhaltend gegen die von der Leipziger
Gesellschaft aufgestellten Regeln[2]); noch am 23. September 1734 äußert
er sich gegen Gottsched: „Was E. H. E. von der Rechtschreibung melden,
das will ich künftigen Sonnabend der teutschen Gesellschaft zur Über=
legung übergeben. Ich vor mich gestehe, daß ich die Zeit nicht habe,
die Regeln der Gesellschaft selbst recht zu beobachten; ich schreibe, wie
ich gewohnt bin; ja ich stehe in der persuasion, daß ich wenigstens in
ein und anderm Punkt mehr Grund vor mir habe, als alle teutsche
Gesellschaften, wenn ich z. E. schreibe: schlüße und genüße, weil es
heißt Schluß, Genuß. Es kann aber doch wohl sein, daß Sie mehr
Grund haben, nur daß ich ihn noch nicht einsehe." — Selbst den ab=
weichenden Namen „Teutsche Gesellschaft" behielten die Jenenser zum

---

1) Siehe „Nachricht von der Deutschen Ges." a. a. O.

2) Die „Nachricht von der Deutsch. Ges." brachte 1731 einen Anhang „von
ihrer deutschen Rechtschreibung." — Spätere Versuche s. Krause S. 111 flg.

Spott der gemeinsamen Neider bei. Unter den weit verstreuten Mit=
gliedern und Anhängern der „Deutschen Gesellschaft" in Leipzig wirkten
deren Bemühungen trotz solchen vereinzelten Eigensinns klärend und
spracheinigend.

b) Der Niederrhein, obgleich katholisch, hatte seinen Anschluß an
die Gemeinsprache längst gesucht.[1]) Anders der katholische Süden. Wie
sich Oberdeutschland überhaupt noch der Spracheinigung auf wesentlich
mitteldeutscher Grundlage nach Möglichkeit entzog, so stand seine katholische
Bevölkerung mit doppeltem Mißtrauen dem „obersächsischen", dem
„lutherischen" Bildungsleben gegenüber.[2]) Jetzt streckten von Mittel=
deutschland, insbesondere Obersachsen, geistige Führer ihre Hände den
Katholiken freundlich tolerierend entgegen. Von Luther als lebendiger,
fortwirkender Sprachautorität war nicht länger die Rede. Die Männer
der Aufklärung waren trotz größerer religiöser Ferne vom Katholizismus
doch nicht dogmatisch lutherisch genug, um die christliche Schwester=
konfession zu verfolgen. Anderseits regte sich in der katholischen Geist=
lichkeit fortgesetzt hie und da ein wirklich deutsches Bildungsstreben, so
daß sich einzelne Anknüpfungen boten, wie feindlich auch die fremd ein=
gewanderten Jesuiten jeder nationalen Regung gegenüberstanden. Immer=
hin wissen wir von zahlreichen deutschen Jesuiten, welche sogar für die
Christian Wolffsche Philosophie Interesse bekunden. Auch Gottsched rühmt
sich,[3]) er habe „viel katholische Kavalier in Privatstunden gehabt", ohne
mit ihnen von Religion zu reden. Stand er doch auch mit dem
Kardinal Quirini und anderen katholischen Geistlichen in gelehrtem
Briefwechsel.

Als das in Benediktinerkreisen entfachte deutschsprachliche Interesse zur
Bildung einer eigenen gelehrten Gesellschaft mit dem Sitz in Kempten führte,
ernannte diese, wie wir sahen, denn auch alsbald Gottsched zum Ehren=
mitgliede. Am 4. Mai 1753 meldet dies der Promotor und Sekretarius
in folgender Weise: „Societas Germano-Benedictina Te Virum de bonis
artibus et solidioribus disciplinis optime meritum in Collegarum suorum
album tamquam Membrum honorarium referre statuit." Am Ende
seines Lebens konnte Gottsched mit Befriedigung auf die Früchte seines
sprachlichen Hinüberwirkens nach Oberdeutschland schauen. Seiner Nichte
sendet er den 30. Januar 1765 ein Buch, das ihm „bediciret worden",
„als eine Probe, wie man auch im Oberdeutschlande schon ziemlich gut

---

1) Vergl. Edward Schröder in den Göttingischen Gelehrten Anzeigen 1888,
S. 283.

2) Vergl. Burdach: Einigung S. 9. — Kluge a. a. O. S. 128 flg.: „Oberdeutsch=
land und die Katholiken."

3) Im Brief an Graf Manteuffel den 2. November 1745.

zu schreiben anfängt."¹) Ziemlich gut, das hieß ihm ziemlich dialektfreie Gemeinsprache.

Welche Zustände fand Gottsched auf oberdeutschem Boden vor? und wie bekundet sich allerorten sein Eingreifen?

Im Oberrheingebiet war noch um die Mitte des Jahrhunderts deutsche Sprache und Bildung weit im Rückstande. Während sich der Niederrhein dem norddeutschen Geistesleben und so auch der „Sprache des Protestantismus" nicht entziehen konnte, begünstigte der oberdeutsche Sprachstand das katholische Fernhalten²) und Mißtrauen gegenüber der zuerst von Luther in weitere Kreise getragenen Gemeinsprache. So klagt Joseph Anton von Bandel aus Konstanz am Bodensee den 24. April 1750 unserm sprachlichen Diktator das Leid seiner süddeutschen Glaubensgenossen: „In was elenden Stand die Wissenschaften und Teutsche Sprache bei uns Katholiken verfallen, darf ich Selben nicht lang klagen. Doch wird mein Trieb vielleicht auch nicht mißfallen, wenn ich mich einem Wunder der Zeit, dem großen Gottsched, nahe, und von einem so unschätzbaren Lehrer Hilfe und Gnad erwarte?"

Namentlich aus Straßburg ertönen — doppelt begreiflich — fortgesetzt Klagelieder über den Sprachstand, meist durch den Mund ehemaliger Gottschedscher Schüler. Ch. G. Wolff, ein Mitglied der Leipziger Deutschen Gesellschaft, schreibt von dort am 29. Dezember 1730 unter anderem parodistisch: „Die Stroßburger Sproch schickt sich nit recht zur Tragödie, besser zur Komödie"; bei der Privataufführung einer übersetzten Tragödie habe er sich „bald krank gelacht". Ebendaher berichtet Gottscheds Schüler M. Steinauer am 13. September 1738: „Die deutsche Sprache ist hier ärmer als man glaubt". Besonders fehle es an gedruckten Anweisungen; und überdies glaubten die Einwohner, sie sprächen gutes Deutsch. Wie Gottscheds Einfluß hier eine Umgestaltung anbahnt, zeigen schlecht und recht die Verse, mit welchen D. G. H. Behr am 6. Mai 1743 den Leipziger Gelehrten ansingt. Er mahnt diesen an sein Versprechen, ihm für sein deutsches Lehrbuch der Medizin³) eine Vorrede zu schreiben:

---

1) Hs. Leipziger Universitätsbibliothek in dem Sonder-Briefwechsel mit der Nichte.

2) Schon daß Luthers Bibel und Schriften nicht wie in protestantischen Kreisen zu Volksbüchern werden, entzog der neuen Gemeinsprache im 16. und 17. Jahrhundert das wichtigste Werkzeug in katholischen Kreisen.

3) „Zwei Bücher von der Materia Medica" ließ Behr 1748 in Straßburg erscheinen. Den Einfluß Gottscheds bekundet schon die 1739 veröffentlichte Abhandlung: „Die Nothwendigkeit und Nutzbarkeit der teutsch geschriebenen ArzneiBücher." Vergl. seinen Brief an Gottsched vom 29. August 1742.

„Indem die deutsche Welt alsdann daraus erkennt,
Wie auch in meiner Brust noch deutsches Feuer brennt;
Und wie ich mich bemüh, ein gutes Deutsch zu schreiben,
Ob ich im Elsaß gleich hab müssen sitzen bleiben …
… Wir suchen uns zu bessern
Und unsern schwachen Ruhm bestmöglichst zu vergrößern.
Daß dies nun ehestens mit Nutzen werd vollbracht,
So hab ich mir mit Müh und auch mit Wohlbedacht,
Sechs solche Freund erwehlt, die gutes Deutsch verstehen,
Und die nun wöchentlich nebst mir zusammengehen.
Da wird dann weder Fleiß, noch Müh, noch Kunst gespart,
Zu schreiben rein und gut in deutscher Redensart,
In Versen ebenso, als wie auch ungebunden.
Ja, würde ungefehr ein Schnitzer noch gefunden,
So zeigt es einer an, entdecket seinen Sinn;
Drauf schreibt man alsobald ein besser Wörtchen hin,
Das man gefunden hat in Deinen reinen Schriften;
Denn diese können hier den besten Nutzen stiften:
Sie dienen uns zum Ziel, wir folgen ihnen nach,
Wir wissen, daß darin die schönste deutsche Sprach
Nicht nur zu finden sei. Nein! Neue Stärk und Leben
Kann jedem Weisheitsfreund Gottscheds Gedanke geben.“

Wir lernen damit also in Straßburg eine Art Gottschedianischer Sprach=
gesellschaft kennen. Lehrreich ist die Beschreibung der Art, wie man sich auf
reines Deutsch gleichsam einschult. Auch der deutsch=patriotische Grundzug
dieser sprachlichen Bestrebungen verdient Beachtung. Später tritt der Straß=
burger Buchhändler König in enge Beziehung zu Gottsched; er verlegt die
französische Übersetzung von Gottscheds „Sprachkunst“, sowie dessen „Be=
obachtungen über den Gebrauch und Mißbrauch vieler deutscher Wörter
und Redensarten“. In dem erstgedachten Vorhaben wurde der Verleger
durch keinen Geringeren als Schöpflin beraten.[1]

Durch Friedrich Melchior Grimm knüpfen sich schon 1745 Bezieh=
ungen Gottscheds zu Frankfurt am Main an. Die dortigen vornehmen
Kreise, welche bisher durchaus in französischem Geschmack verharrt
und deutsche Bücher mißachtet hatten, bekunden nun Teilnahme für die
Schriften von Gottsched und seiner Frau: so das gräflich Schönbergsche
Haus, der Fürst von Taxis, der kurmainzische Gesandte und viele andere
Herrschaften.[2] Von Interesse ist auch im Hinblick auf Goethes Jugend=
geschichte eine Äußerung Grimms vom 1. Juni 1745: „Herr Hofrath
Olenschlager läßt Ew. Magnificenz von seiner Ergebenheit versichern.“
— Anfang der fünfziger Jahre unterhält Gottsched Beziehungen zum dortigen
Buchhändler Varrentrapp, wie er denn die Bedeutung der Drucker und

---

1) Siehe Danzel: Gottsched S. 246.
2) Siehe besonders Grimms Brief vom 5. August 1745.

Verleger für seine gemeinsprachlichen Bestrebungen klar erkannte. Überdies gab Barrentrapp die damalige Frankfurter gelehrte Zeitung heraus; er ladt Gottsched und dessen Freunde unter Zusicherung von Verschwiegenheit zur Mitarbeit ein und läßt sich auch sonst als ein Organ gegen die Züricher verwenden.[1]) Indessen wagt sich sein Blatt schon 1754 an Gottscheds eigenen Ruhm.[2])

Immerhin stand Frankfurt, schon vermöge seiner Lage und der Konfession seiner Bewohner, dem weiteren Süden in Sprache und Bildung voran.[3]) Kam doch aus dem oberdeutschen Rheinland einer der letzten und heftigsten Vorstöße gegen die von Gottsched vertretene Gemeinsprache: die „Observationes" des badischen Pater Augustin Dornblüth zu Gengenbach (1755), die schon im Titel ihre Tendenz andeuten, eine „Critic über Herrn Gottschedens sogenannte Redekunst, und teutsche Grammatic, oder (wie er sie nennt) Grundlegung zur teutschen Sprache" zu liefern. Gerade die Fehde, welche sich im Anschluß an Dornblüths Schrift zwischen katholischen Geistlichen für und wider Gottsched entspann[4]), wirkte klärend und für den Fortschritt der Gemeinsprache günstig. In Dornblüths Munde doppelt bedeutsam ist das Zugeständnis der Vorrede, er wende sich gegen Gottsched namentlich deshalb, „weilen alle, sonderbar die Ordens-Geistliche insgemein, dem Herrn Gottsched und denen heutigen Sachsen, durchaus nachamen." Als Sprachmuster empfiehlt der grobe Gengenbacher — wie ihn Gottsched alsbald taufte — „gute ältere Canzley-Gerichts- und Proceß-Schrifften", unter welchen er „die von Annis 1670, da das Cammer-Gericht noch zu Speyer ware, 1680 und 1690 reiner, zierlicher und natürlicher als die jüngere" gefunden hat.[5]) So verteidigt er denn ausdrücklich den Kanzleistil gegen Gottsched mit dem Hinweis, daß verschiedene Materien und Personen auch verschiedene Schreibart erfordern.[6]) Der offensive Teil des Buches gipfelt in einer „Untersuchung der Grundlegung einer deutschen Sprachkunst Herrn Gottscheds."[7]) Auf eine unmittelbare Polemik im einzelnen läßt sich unser Leipziger Diktator nicht ein;[8]) diese war ja überall weniger seine Sache

1) 15. August 1751.
2) Vergl. den Brief von Stiehl, Jbstein den 26. April 1755.
3) Vergl. Burdach: Sprache d. j. Goethe a. a. O. S. 171.
4) Vergl. Kluge S. 136 flg.
5) A. a. O. S. 6 flg.
6) A. a. O. S. 355.
7) A. a. O. S. 326 flg.
8) Nur mit einer Art Parodie in Kritik des Titels antwortet „ein Ungenannter", aber uns natürlich Wohlbekannter im „Neuesten" V, 527 flg. Schon hier und noch nachdrücklicher V, 612 flg. wird dem Pater religiöser Eifer als alleiniger Beweggrund untergeschoben. Ebb. VI, 126 flg. wird mit Behagen eine Inhaltsangabe der „Vier Sendschreiben wider Dornblüth" vom P. Benastasius Liares geboten.

als die Durchführung bestimmter allgemeiner Grundsätze. Die folgenden
Auflagen der „Sprachkunst", seine Zeitschriften und sein Briefwechsel
führen zwar manche gelegentliche Hiebe nach jener Seite; mit einer ge=
wissen Konsequenz ging aber Gottsched dem Gengenbacher höchstens in
den „Beobachtungen über den Gebrauch und Mißbrauch vieler deutscher
Wörter und Redensarten" zu Leibe, wie sich ja diese Beobachtungen be=
sonders gegen die Kanzleisprache richten. Doch selbst hier reserviert er
sich in der Vorrede: dem P. Dornblüth wolle er nicht antworten, denn
dieser lege ihm Wörter und Redensarten zur Last, die — wie er fort=
fährt — „seit hundert und mehr Jahren, ehe ich geboren worden, in
den besten Büchern gestanden; ja nicht nur in Sachsen, sondern auch in
Bayern und Schwaben längst geschrieben worden."

Der sprachliche Zustand der Pfalz und ihre Stellung zu Gottscheds
gemeinsprachlichen Bestrebungen charakterisiert sich am grellsten in den
Streitschriften, die an Gottscheds persönliche Eindrücke während seiner
berühmten Reise nach Wien (1749) anknüpfen. Schon unmittelbar
darauf schüttete Gottsched das Füllhorn seines Zornes über das „rauhe"
Pfälzerland aus. Mit der Beschränktheit des Einheitsfanatikers sang er
sein Klagelied über das rauhe Pfälzerland in die Welt hinaus.[1]) Der
Mangel an Verständnis für die stammhafte Mundart wird durch den
Mangel an Naturgefühl womöglich noch übertroffen; aber teilt Gottsched
letzteren mit seiner Zeit, so war ihm ersterer fast notwendig: denn hätte
wohl ein versöhnlicherer Charakter den Sieg des Hochdeutschen über die
Dialekte vollendet? Am schroffsten und anstößigsten lautete die dritte Strophe:

> „So weit mein Auge trägt, erblick ich Stein und Wald,
> Ein wüstes, rauhes Land, der Faunen Aufenthalt;
> Wo kein gesittet Volk in schönen Städten hauset,
> Wo, statt der Musen, Pan auf heischern Röhren brauset.
> Apollo wich mit Fleiß aus dieser frechen Flur,
> Warum? sie wies ihm nicht die Schönheit der Natur.
> Sie ist der Schreibart gleich, die von den Alpen stammet,
> Rauh, höckricht, hart und steif; wie er sie stets verdammet."

Die poetischen Entgegnungen bewiesen nur zu sehr, daß Gottsched
von seinem Standpunkte Grund zur Unzufriedenheit genug selbst mit der
Pfälzer Schriftsprache hatte. In der „Bemühung der Obern Pfalz, den
Zorn des Herrn Prof. Gottscheds zu besänfftigen. Anno 1750" (von
Aichinger)[2]) finden wir noch: ich gieb, ich nimm, versprich ich;
ferner: Begrief; schließlich Fehlen des Umlauts von o u: Rohren,

---

1) In den „Neuesten Gedichten auf verschiedene Vorfälle".
2) Dieses Aichinger „Versuch einer deutschen Sprachlehre" (1754) mit stark
Oberpfälzer Färbung und grundsätzlichen, in Komplimente eingehüllten Angriffen
auf Gottsched weist dieser ab im „Neuesten" IV, 47 flg.

zurück, Stuck; konsonantisch noch Tichter. Mancherlei dialektische Ausbeute liefert auch „Herrn Tobias Köhlers aus Altdorf Vertheidigung der Ober=Pfalz gegen die Verunglimpfungen des Herrn Professor Gottscheds in dessen neuesten Gedichten auf verschiedene Vorfälle. Anno 1750"; so Getraide (:Gebäude), (die Donau) lauft; verbotten, Blumme, bund; Teutschland u. a.; en als Flexionssilbe im Dat. Sing. masc. und neutr. der starken Deklination. Dennoch heißt es hier bereits in grundsätzlicher Annäherung an Gottsched:

> „Die Meißner Mundart gilt ihm mehr als Wissenschafften.
> Denn Er bleibt, wie ein Kind an blanken Schellen hafften.
> Gewährt uns, Musen, einst ein göttliches Gedicht,
> Wo, wenn ein Schweizer denkt, ein feiner Meißner spricht." [1]

Bezeichnend für den Sprachstand der Pfalz ist das Geständnis des Exjesuiten Anton Klein aus dem Jahre 1787.[2] „Es wird schwer sein, vor dem Jahre 1760, ich will nicht sagen, ein in unserer Muttersprache richtig und mit Geschmack geschriebenes Werk, sondern auch nur ein einziges erträgliches Gedichtchen, ein einziges Blatt mit reiner und der Sache angemessener Schreibart ausfindig zu machen, das in der Pfalz wäre gedruckt worden." Eine auch dort in Mannheim später gestiftete Deutsche Gesellschaft „schwung die Standarte der Aufklärung in der Vaterlandssprache."

Frühe fand sich ein Angriffspunkt in Bayern. Unter dem Titel „Parnassus Boicus" gaben die Münchener Jesuiten eine Monatsschrift heraus, die es bei offener Anklage der lateinischen Kirchensprache und bei aller Anerkennung für die sprachlichen Verdienste der Lutheraner doch fertig brachte zu behaupten, niemals sei ein ärgerer Sprachverderber aufgestanden als — Luther! In Gottscheds kritischen Beiträgen erhob sich gegen diese Invektive der Lüneburger Konrektor Lemcker;[3] aber auch auf oberdeutschem Sprachgebiete rief die horrende Verunglimpfung Entrüstung hervor.[4] —

---

1) S. 12 flg. — Exemplar der Königl. Bibliothek in Berlin, ebenso das vorher erwähnte Gegengedicht. — Gottscheds Maßstab für Naturbetrachtung trifft Köhler wohl getreu in folgenden Versen (S. 15):
> „Der wenn er die Natur nach seiner Wollust mißt,
> So Thal, als Berg verwünscht, daß lauter ebne Flächen
> Nicht die Gemächlichkeit des Trägen unterbrechen".
Gottsched antwortet dem „Kohlenbrenner" im „Neuen Büchersaal" X, 192 durch ein derbes Sinngedicht.

2) Rede „Vom Ursprunge der Aufklärung der Pfalz in der Vaterlandssprache", — in den „Schriften der Kurfürstl. deutschen Gesellschaft in Mannheim", I. Bd., S. 7 flg. u. S. 29. — Vgl. auch Kluge S. 142 flg.

3) Krit. Beiträge IV, 74 flg. — Vergl. Kluge S. 134 flg. u. 144.

4) Siehe z. B. Schreiben von Joh. Gg. Schelhorn in Memmingen an Gottsched, den 31. August 1733.

„Daß die Bayern zu der Poesie, was das Wesentliche betrifft, nicht ungeschickt sind, beweisen ihre vortrefflichen lateinischen Poeten, unter welchen Balde überall, in lyrischen Gedichten, wohl bekannt ist." So äußert sich der evangelische Pfarrer Brucker, von Geburt ein Schwabe,[1]) den 1. Januar 1744 von Kaufbeuren aus. Aber noch zehn Jahre später, am 14. Dezember 1753, seufzt derselbe Mann von Augsburg aus: „Mit unsern Katholiken ist übrigens wenig anzufangen; die meisten bleiben dumm und grob." Die lateinische Kirchensprache, wie die angestammte Mundart erweisen sich gleichermaßen als Hemmnisse des Anschlusses an die hochdeutsche Spracheinigung. Gottscheds Einwirkung bezeugt Brucker mit Nachdruck am 15. April 1749 von Augsburg: „Die Sprachlehre hat auch bei uns einen großen Beifall gehabt, mit welchem sie selbst einige unserer Regenten gelesen haben." So ist es denn auch offenbar der Kurfürst von Bayern, in dessen Auftrag Gottsched bezw. seine Frau am 4. November 1748 von Grimm angegangen wird, die germanisierten Formen der in Deutschland üblichsten Fremdwörter nebst ihrer deutschen Übertragung einzusenden.[2]) Grimm schließt seinen Brief an Frau Gottsched von genanntem Datum: „Ich überlasse nun E. H. E. Muße und Gutbefinden, was dieselben in dieser Sache zu des Kurfürsten Vergnügen beitragen können und mögen. In der Eile habe ich ein paar Seiten dergleichen ausländischer Wörter, wie sie gemeiniglich in gemeinen Reden und in buntscheckigen Briefen gebrauchet werden, zusammengeraffet und mit der deutschen Übersetzung, so wie ich sie sowohl aus Dero eigenen Schriften als aus Sr. Magnificenz des Herrn Rectors und andern guten deutschen Büchern erlernet, nach München geschickt." — In gleicher Weise wird Gottsched von süddeutschen Behörden wiederholt um Rat, Empfehlung von Lehrern u. dergl. angegangen.[3])

Gottsched war mehr Organisator als Gelehrter und Lehrer, auch darin ein getreuer Sohn seiner Zeit. Jedes Zusammenschließen seiner

---

1) Vergl. seinen Brief an Gottsched aus Augsburg den 21. Dezember 1748.

2) Danzel S. 286 flg. setzt irrtümlich Gottsched selbst statt dessen Frau als Adressaten voraus, giebt auch als Datum fälschlich den 24. November. Wichtiger ist jedenfalls, daß er den Kurfürsten von Mainz als anscheinenden Auftraggeber bezeichnet. Grimm schreibt aber, daß sich der Mittelsmann „dermalen in öffentlichen Angelegenheiten seines Hofes in München befindet", und zitiert dessen Worte: „C'est un grand objet de nos entretiens avec l'Electeur, qui aime ces sortes de discussions. Je vous prie donc de m'en envoyer avec la première poste tant que vous pourrez." — Der oben gegebene Schluß ungedruckt.

3) Vergl. z. B. Schreiben des Pastor Riders in Enzweihingen bei Stuttgart vom 18. Januar 1746, des Konsistorialrat Ler in Trarbach vom 3. Februar 1753 u. a.

südbeutſchen Freunde unter einander und mit ihm ſelbſt hieß für ihn in der That ein Sieg, wenigſtens die Anbahnung eines Sieges der Ge=meinſprache, auch dann, wenn zunächſt rein poetiſche oder wiſſenſchaftliche Zwecke im Vordergrund ſtanden. Die Brücke zum mittel= und nord=deutſchen Bildungsleben war alsdann geſchlagen, und als ſelbſtverſtänd=liches Organ eines ſolchen allbeutſchen Bildungslebens ergab ſich die Gemeinſprache. Schon am 11. Dezember 1743 kündigt Kaspar Jakob Huth in ſeinem Bericht über die Gründung der Univerſität Erlangen Mitteilungen an, die allerdings nicht erfolgen, über „die Einrichtung einer Akademie der teutſchen Litteratur, die“ — wie er ſchreibt — „wir nun bald eröffnen werden: und ich bin gewiß, die Anſtalten werden Ihnen gefallen.“ Und Huth ſchließt: „Dörfte ich es nur alsdann auch wagen, einen ſo großen Teutſchen als E. H. E. ſind, um Dero Beitritt zu erſuchen.“ Erſt 1757 kann Gottſched im „Neueſten aus der anmuthigen Gelehrſamkeit“ die Stiftung einer Erlanger Deutſchen Geſellſchaft unter Huths Leitung und die einer zweiten fränkiſchen in Altdorf mit Genugthuung verkünden.[1]) Vorher ſchon meldet Lem aus Tübingen (am 8. März 1753) die dort erfolgte Gründung einer Geſellſchaft zur „Verbeſſerung der ſchönen Wiſſenſchaften“ und beſonders zur „Aufnahme der Dichtkunſt“. Seit 1755 ſteht eine Augsburger Geſellſchaft durch J. D. Herz mit Gottſched in brieflicher Verbindung. Am 26. Dezember 1755 meldet dieſer Herz, Gottſched ſei nunmehr zum Ehrenmitglied ihrer Geſellſchaft der freien Künſte gewählt; am 12. Mai des folgenden Jahres drückte er ſich ſo aus: Gottſched ſei von der „Kaiſerlichen Akademie“ zu „einem Conſiliarius“ ernannt und dürfe folglich für die Mitgliedſchaft beliebige Perſonen vorſchlagen, die ſämtlich rezipiert werden ſollen. Schon am 22. Dezember 1755 hatte Reifſtein in Kaſſel der Bemühungen von Herz in Zuſammenhang mit der Bemerkung rühmend gedacht: „Das Kaiſerliche Diploma für die franziscijche Geſellſchaft iſt vortrefflich.“ Es handelt ſich nämlich in all dieſen Fällen um die „Kaiſerliche Franciscijche Akademie der freien Künſte“ in Augsburg.[2]) Schließlich kommt es 1758 zum wiſſenſchaftlichen Zuſammenſchluß eines kleinen Kreiſes in München, der indes alsbald im Frühjahr des folgenden Jahres als obrigkeitlich

1) VII, 487 flg. Vergl. ferner X, 837 flg. u. XI, 122 flg. über die Schriften der Altdorfer. — Auch die Erlangiſchen gelehrten Nachrichten ſtehen zu Gottſched. Huth iſt es auch, der 1749 als Dekan der theologiſchen Fakultät das Gottſchedſche Paar auf der Durchreiſe nach Wien in eine Disputation führt, wo er Frau Luiſe Adelgunde Viktoria durch eine öffentliche lateiniſche Anrede ehrt, — ſ. J. Ch. Gottſcheds Leben der Frau Gottſched in der Ausgabe ihrer „Kleineren Gedichte“ (Leipzig 1763).

2) Im VII Bd. des „Neueſten aus der anmuthigen Gelehrſamkeit“ (1757) S. 750 flg. und 827 flg. gedenkt Gottſched ihrer.

bestätigte „churbayerische Akademie der Wissenschaften" in die Öffent=
lichkeit tritt. Auch diese Akademie, wie vorher die churmainzische,
ernennt Gottsched noch 1759 zum Mitglied.[1]) Verhältnismäßig frühe
bildete sich anscheinend eine Gottschedisch gesinnte Vereinigung in Nürn=
berg, die um so einflußreicher zu werden versprach, als sie sofort eine
eigene Zeitschrift herausgab: die Gedanken der Stillen im Lande. In=
dessen bediente sich einer solchen Genossenschaft nur ein einzelner unserm
litterarischen Diktator ergebener Mann als Aushängeschild für seine Zeit=
schrift.

Am 23. Oktober 1742 schreiben nämlich angeblich diese „Stillen im
Lande" an Gottsched: „E. H. E. danken die Wissenschaften und deren
Kenner sowohl die Erweiterung, als das vortreffliche Exempel in Dero
Person mit vielem Vergnügen. — Die Gesellschaft der Stillen im Lande,
so hiesigen Orts zum Nutzen ihrer Mitbürger arbeitet, haben (so!) mir,
dem Verfasser ihrer Schriften, das angenehmste aufgetragen, den Anfang
unserer Bemühungen in angeschlossenen sieben Stücken E. H. E. zu über=
senden, und uns Dero Geneigtheit gehorsamst zu empfehlen. — Eine
geneigteste Aufnahme, das erfolgende gründliche Urteil und eine gütige
Antwort wird uns versichern, ob wir unsere Kräfte nicht vergebens an=
gewendet. Wir werden nicht unterlassen, was nur vorgeschrieben werden
möchte, genau zu bemerken. Wir bitten zugleich gehorsamst, ein er=
folgendes hochgeneigtestes Schreiben an uns mit der Überschrift an den
hiesigen Buchhändler Christoph Konrad Zell zu versehen, der uns das=
selbe zu Handen richtig liefern wird. — E. H. E. versichern wir die
vollkommenste Hochachtung, die man nur immer für die Verdienste eines
großen Mannes haben kann 2c." — Indessen giebt sich am 23. März
1743 der cand. jur. Christoph Gottlieb Richter als alleiniger Verfasser
der „Gedanken" zu erkennen. „Dieselben", äußert er sich, „haben ein
gütiges Urteil über die Erstlinge meines Fleißes, die Gedanken der
Stillen im Lande, gefällt." Indem er nun den Schluß des ersten
Bandes einsende, danke er im voraus für die versprochene Empfehlung
in Gottscheds „Beiträgen". Er werde „niemalen die Regeln vergessen,
so Dero gründlichen Schriften Deutschland vorgeschrieben". Gottsched
habe er vor drei Jahren in Leipzig auf der Durchreise kennen gelernt.
Schließlich bezeichnet er sich als alleinigen Verfasser der „Gedanken",
er habe es aber — wie er wörtlich sagt — „für ein sicherer Mittel
geachtet, in der Stille meine Gedanken mit gründlicher Schriften Ur=
hebern zu vereinigen, und weil man doch leichter sich an einen, als
mehrere waget, mich der mehrern Namen zu bedienen."

---

[1]) Vergl. Neuestes IX, 514 flg. u. 928 flg.

Soweit nicht süddeutsche Gesellschaften sich mit ihm in Verbindung setzten, sorgte übrigens Gottsched seinerseits für engeren Anschluß dortiger Gelehrten an das hochdeutsche Sprach= und Bildungsleben. Namentlich bei Begründung seiner „Gesellschaft der freien Künste" war er bedacht, das oberdeutsche Sprachgebiet mit einem Netz von hilfreich zusammen= stehenden Klienten zu überziehen.

c) Merkwürdig genug, wirkt schon früh Gottschedscher Einfluß über Süddeutschland nach Österreich. So meldet M. Kornelius Lindner aus Regensburg unserem Sprachmeister am 12. April 1736, die von ihm seit Anfang des vorhergehenden Jahres herausgegebene Wochenschrift habe nach Wien „den größten Abzug".

Andererseits hebt Gottscheds späteres Ansehen in den höchsten Wiener Kreisen seine Stellung auch im übrigen oberdeutschen Gebiet. Gewiß ein giltiger Zeuge, der Sprachforscher Johann Nast in Stuttgart[1]), wendet sich am 9. Januar 1753 in wissenschaftlichem Interesse an den Leipziger Gelehrten um Auskunft über Wiener Zustände und zwar in folgender charakteristischer Form: „Ich weiß unter allen protestan= tischen Gelehrten vom ersten Rang (einen solchen aber muß ich haben) keinen, dessen Name und Ansehen in den österreichischen Ländern und selbst bei der großen Kaiserin so groß wäre, als der Ruhm E. W., daß ich also durch niemand die Nachrichten, die ich von Wien gerne hätte, so gut erlangen kann, als durch Hochdieselben."

Daß sich nach Wien als der Residenz des Reichsoberhauptes auch für sprachliche Reformen Gottscheds Blick richtete, ist bei dem Charakter seiner Zeit selbstverständlich.

Aber schon Leibniz hatte es ausgesprochen, daß Wien auch deshalb nicht sprachlich maßgebend sein könne, weil Österreich am Ende Deutsch= lands liege[2]). In der ersten Hälfte des 18. Jahrhunderts werden zahl= reiche Stimmen des Angriffs gegen die Wiener Sprache laut[3]). Religiöse, politische und ethnische Ursachen hatten den Anschluß der habsburgischen Lande an die Gemeinsprache gleicherweise erschwert. Zwar sollte uns schon ein Hinblick auf den empfänglichen Boden, den Gottscheds Saat alsbald in manchen Kreisen Wiens fand, vor allzu weit gehender Schwarz= seherei bewahren; indessen wird es gut sein, unmittelbare Zeugnisse an= zurufen, welche uns Einblick in die Sachlage gewähren. Hören wir zwei

1) Verfasser von sprachlichen Aufsätzen in Haugs „Schwäbischem Magazin" und (mit Fulda) vom „Teutschen Sprachforscher" (1777).
2) Unvorgreifliche Gedanken § 104.
3) Vergl. Kluge S. 132 flg. — Gottsched selbst ruft Krit. Btrge. VIII, 433: „Wer wird die Zierlichkeit und Anmut der deutschen Sprache am Wienerischen Hofe suchen?"

Brüder, die aus Gottscheds Schule hervorgegangen, nach Wien verpflanzt werden. Der junge evangelische Prediger C. G. Suke dankt von Wien aus am 1. März 1738 für die bei Gottsched erlangte Unterweisung in der Beredsamkeit, um daran eine Schilderung der Wiener Bildungszustände zu knüpfen: „Der Geschmack ist hier, zum wenigsten unter den Evangelischen, nicht so gar verderbt. E. H. E. Kritische Dichtkunst und Ausführliche Redekunst stehet auch hier in großem Ansehen und wird an manchen Orten angetroffen. Man hält Günthers und Opitzens Gedichte hoch. Ich habe hier Leute von beiderlei Geschlechte gefunden, die ganze Stücke aus den Schweizer=Gedichten auswendig wußten, und sich das schöne Gedicht des Herrn D. Hallers auf den Tod seiner Liebsten als ein Meisterstück aus den Zeitungen abgeschrieben hatten[1]). Man liest ferner die Reden des Saurin und Bourdaloue... Aus allen diesen werden E. H. E. von dem hiesigen Geschmack urtheilen können. Wiewohl ich nicht dafür gut sein will, daß er auch bei den Katholiken ebenso beschaffen sei. Zum wenigsten sind die Titel ihrer Bücher oft lächerlich und abgeschmackt genug... Die Musik ist hier in ganz ungemeinem Flore. Man liebt dasjenige am meisten, was melodisch und singbar ist. Daher weder Bach noch Horlebusch Beifall finden... Wie weit sich die Wolfische Philosophie ausbreite, das können E. H. E. daraus abnehmen, daß ich hier einen Mann gesprochen habe, der sich in Rom des Herrn Wolfs Metaphysik gekauft hatte. Die Jesuiten halten viel auf diese Philosophie, nur mit der natürlichen Gottesgelahrtheit sind sie nicht zufrieden".

Viel abfälliger klingt das Urteil des anderen Bruders, L. H. Suke, welcher seit 1740 als Erzieher der Kinder des sächsischen Gesandten in Wien weilte; und doch giebt auch er die Möglichkeit eines schnellen Umschwungs zu, wenn der Einfluß der Jesuiten gemindert würde. „Die Gelehrsamkeit", schreibt er am 31. Dezember 1740 an Gottsched, „scheint ganz und gar verbannt zu sein. Es herrscht hier ein perpetuum medium seculum in diesem Stücke... Ich glaube, wenn es möglich wäre, die Barbarei in den Wissenschaften zu vertreiben, die Universität den Jesuiten zu nehmen, und sie mit Wolfianern (!) zu besetzen, so würde es hier ein ganz anders Ansehn gewinnen... Die Pfaffen sind Österreichs Verderb. Gott behüte das edle Sachsen vor dieser Pest, die sich schwerlich tilgen läßt, wo sie einmal eingeschlichen ist."

Noch bevor so ergebene Schüler Gottscheds in die Wiener Kreise eintraten, noch kurz bevor ein Mann wie Johann Christoph Clauder,

---

1) Solche Äußerungen über Haller galten unserm Gottsched 1738 noch nicht als Ketzerei, — wie wir im Verlauf unserer Untersuchungen des nähern erfahren werden.

der oberſächſiſche Sprachkorrektor Bodmers,[1]) welcher mit Gottſched freund=
ſchaftliche Beziehungen unterhielt, von Leipzig ebendahin überſiedelte,
hatte unſer Diktator einen ſprachwiſſenſchaftlichen Verkehr nach der
Kaiſerſtadt eröffnen können — und zwar auf eine Weiſe, die ihm be=
ſonders ſympathiſch, ja in gewiſſem Sinne die natürlich gegebene er=
ſcheinen mußte: nämlich indem ein öſterreichiſcher Sprachlehrer ſich Eine
Hohe Oberſächſiſche Cenſur und Korrektur ausbat. Am 4. Auguſt 1734
ſchreibt ihm Johann Balthaſar von Anteſperg, der in der Folge (1747,
zweite Ausgabe 1749) eine „Kayſerliche deutſche Grammatik" ver=
öffentlichte, folgende Zeilen, die wir zur Kennzeichnung des Sprach=
ſtandes dieſes Mannes orthographiſch getreu wiedergeben: „Dero und
einer anſehnlichen Deutſchen Geſellſchaft in Leipzig Reichs=berühmte
Lieb' und Eifer in der Unterſuch= und Ausübung der deutſchen Sprach
haben mich veranlaſſet, E. H. E. gegenwärtige Sprachtabell zu Dero,
und der anſehnlich=Deutſchen Geſellſchaft in Leipzig hoher Ermeſſung,
Gutachten und correction unterwürfig zu übergeben: Dero Sächſiſche
Leutſeeligkeit laſſet mich hoffen, daß ſie dieſe bei nächſter Verſammlung
vortragen, und ſo ein, als anderes mit dieſer Tabell (wie ſie auch immer
ausſehen mögte) nächſter tägen directè an mich durch Überbringer dieſes
remittiren werden, um ſolche bey der vorhabenden letzten correctur, und
bevor ſolche Jhr. K. K. May. alleruntertänigſt überreiche, annoch ein=
bringen zu können". — Das nächſte Schreiben des Mannes läßt uns
klarer in ſeine Abſichten blicken; es datiert vom 3. Oktober desſelben
Jahres: „E. H. E. unter dem 5. abgewichenen Monats Namens einer
anſehnlichen Deutſchen Geſellſchaft in Leipzig an mich Abgelaſſenes habe
mit einem beſonders empfindlichen Vergnügen erhalten, und eben ſo
viel in dem Werke, als in dem Reichskundigen Lob erfahren, daß eine
anſehnliche Deutſche Geſellſchaft in Leipzig recht ein Heiliger Ort, alwo
man alle Gelegenheiten mit Freuden ergreifet, wodurch die Aufnahme
unſerer allerliebſten Mutter=Sprach kan befördert werden, beſonders an
ſolchen Orten, alwo man die Hülfe und einen Eifer, um dieſelbe empor=
zubringen, gar wohl von nöthen hat. — Um aber näher zu der Sache
zu gelangen, ſo iſt meine Abſicht hauptſächlich dahin, daß dieſe Tafel
ſomit den darzugehörigen kurzen Fragen in die deutſche Schulen und zu
ſälbiger Weis auch in die deutſche Kanzleyen möge eingeführet werden."
— Er bittet um weitere Beurteilung der Korrekturbogen, „damit das
Werk ſeinem zuverläßlichen Stande haben möge, ſo lange Deutſchland
ſtehet". — Es werde ihm — fährt er fort — eine „große Freud" ſein,

---

1) Wir werden auf ihre Beziehungen an der Hand von Clauders Briefen
an Bodmer noch zurückkommen.

„wan ein Deutſche Geſellſchaft in Leipzig die zu dieſer Tabelle gehörige
kurze Fragen auf ſich nehmen, und unter Dero Aufſicht rein aus=
arbeiten und für meine Bezahlung daſelbſten drucken laſſen wolte". —
Schließlich dankt er für ſeine Ernennung zum Mitglied der Deutſchen
Geſellſchaft, — denn natürlich hatte man ſich beeilt, den Faden zur An=
knüpfung mit Öſterreich an ſich zu feſſeln. So kann Anteſperg drei
Tage ſpäter als Titel jener Fragen vorſchlagen: „Der Deutſchen Geſell=
ſchaft in Leipzig kurze Frag aus der deutſchen Schreib= und Studir-
Richtigkeit". „Auch in der Tabelle bey Jhro Kayſerl. May." verſpricht
er ſich „als ein Mitglied der Deutſchen Geſellſchaft in Leipzig" zu
unterſchreiben. „Mithin der anſehnlichen Geſellſchaft Ehre und Vorzug,
welche in Deutſchland ſich bereits ausgebreitet, und durch mich nicht ſolle
geſchmälert werden, erfordern, daß dieſes Werke allerdings vollkommen,
regelmäßig, und bis zu Ende der Welt beſtändig ſeye". — „So lange
Deutſchland ſtehet" — wie er früher gefordert — iſt ihm alſo nicht mehr genug.
Man mag hieraus das Maß geſchichtlicher Einſicht jener Zeit abſchätzen.

Wenn Anteſpergs Grammatik ſich der Gemeinſprache grundſätzlich
zu nähern ſucht,[1] ſo dürfen wir immerhin Gottſcheds Einfluß dafür
mit in Anſchlag bringen; namentlich faſſen beide die Stellung der Schrift=
ſprache über den Dialekten übereinſtimmend auf.

Ein zweiter öſterreichiſcher Grammatiker, der ſchon früh in Be=
ziehungen zu Gottſched ſteht, tritt uns in Johann Siegmund Popowitſch
entgegen. Hier ergreift der Leipziger Sprachlehrer durch Vermittelung
des Grafen von Seckendorf die Initiative. Durch einen Brief dieſes Feld=
herrn an Gottſched vom 8. September 1740 aus Graz,[2] wo Popo=
witſch damals weilte, erfahren wir nicht nur, worum es Gottſched zu=
nächſt zu thun war, ſondern lernen auch Popowitſch, eine jedenfalls
intereſſante Erſcheinung der deutſchen Sprachgeſchichte, genau kennen.
„Dieſen Popowitſch" — ſchreibt unter anderem der fränkiſche Graf, oder
vielmehr läßt er von Schreibershand berichten, deren Verſtöße, ſoweit
ſie rein äußerlich, wir hier verwiſchen — „dieſen Popowitſch habe ich
E. H. E. Willfährigkeit, um ſich wegen Verbeſſerung der Schreibart von
der Teutſchen Sprach mit ihm zu unterhalten, eröffnet, und nimmt er
mit großer Dankſagung das gütige Offertum an, wird auch mit ſeiner
Verzeichnüß von denen ſteiermärkiſchen Wörtern, welche von der ge=

---

1) Gottſched im Neuen Bücherſaal IV, 569; ebb. S. 573 findet er zwar
viel zu erinnern, geſteht aber zu, daß A. „alles gethan, was man von einem
Oberländer forden kann". Vergl. Adolf Socin: Schriftſprache und Dialekte im
Deutſchen, S. 431 flg.
2) Auf dieſe Weiſe führt ſich Gottſched gleichzeitig zuerſt bei dem Feld=
marſchall ein, zu welchem er bald in enge Beziehungen tritt.

wöhnlichen Teutschen Sprache abgehen, sich einfinden ..... Indeß E. H. E. so viel von diesem Menschen sagen muß, daß er ein ganz besonders Subjectum, welcher als eines armen Bauern Sohn" — an anderer Stelle des Schreibens wird erwähnt, daß er „ein Wend von Geburt" — „zwar die rudimenta in den jesuitischen Schulen erlernet, jedoch alle seine Wissenschaften, in französischer, welscher und lateinischer Sprach, die er insgesammt ex fundamento innen hat, seinen natürlichen Gaben zuzuschreiben hat, welche ihm auch in Mechanicis und Potanicis, sonder= lich in den letztern, so vieles Licht gegeben, daß er verschiedenen Ge= lehrten, so Profession von beiden machen, auf zu rathen geben kann." — Schon damals trägt sich der 32jährige Popowitsch mit dem Plan seiner Grammatik. Graf Seckendorf erwähnt denselben am 24. gleichen Monats: „Der jüngst abgeschilderte Herr P. hat bei seiner Beurlaubung seine Gedanken wegen Aufsetzung einer Teutschen Grommatik auf eine solche Art entdeckt, daß ich allerdings der Teutschen Nation selbsten damit genutzet zu sein glaube, wann solche zum stand kommt. Mir ist zwar nicht bekannt, ob dergleichen rudimenta schon ehedessen ans Licht kommen, seine Meinung aber gehet dahin, alles nach den Elementis von der lateinischen und andern Grammatiken einzurichten, folglich alle die Teutschen Wörter unter 5 declinationes zu bringen,[1]) welche ich als ein in Sachsen erzogener Teutscher zu rangiren würde Mühe haben." — Gottsched regt ihn alsbald zu etymologischen Studien an, vorerst zu einem Versuch, durch den er zeigen will, „daß zur Ausübung der Teutschen Sprache nicht nur die Steiermärkische Teutsche, sondern auch Wendische Mundart nicht wenig beitragen könnten."[2])

Zu dieser Zeit erscheint Popowitsch durchaus als untergeordnetes Werkzeug, das zufrieden ist, wenn ein Gelehrter seine Sammlungen aus= nutzt und seiner „dabei eingedenk" ist, „welche Erinnerung" — wie er hofft — „zu meiner künftigen Beförderung Anlaß geben dörfte." Als ein anderer, ein Mündiger, ja Gleichwertiger stellt er sich später Gottsched gegenüber.[3]) Bereits 1750 teilt er in seinen „Untersuchungen vom Meere" zahlreiche Seitenhiebe gegen Gottsched als Sprachlehrer aus, ohne daß es zum Bruche kam.[4]) Auch der Briefwechsel zwischen seinen

---

1) Merkwürdig genug, ganz wie später in Gottscheds „Sprachkunst"!
2) Nach seinem Schreiben an Seckendorf vom 10. Juni 1741, das dieser Gottsched übermittelt.
3) Über seine sprachwissenschaftliche Thätigkeit s. Danzel S. 302 flg.
4) Wenigstens dankt J. G. Lori in München, der sich als Schüler von Gottscheds Schriften bekennt, seinem Meister noch am 20. April 1753 für die sorgfältige Bestellung seines Briefes an Popowitsch. Vergl. Brief von Heyde (Gera) 4. Februar 1753.

Glaubensgenossen und Landsleuten P. Placidus Amon und Graser von Mitte bis Ende 1753[1]) zeichnet Popowitsch als einen tadelsüchtigen Splitterrichter und besonders einen „unverschämten Beschnarcher" Gott=schedischer Schriften. Aber erst als der steiermärkisch redende Wende sich unterfängt, der Grammatik Sr. Magnificenz noch eine eigene „Sprachkunst" folgen zu lassen, tritt offene Feindschaft ein, zumal sich Gottsched darin persönlich persifliert glaubte. Inzwischen war Popowitsch Professor der Deutschen Sprache an der Theresianischen Akademie in Wien geworden. Wie sich Eitelkeit immer mit kindlicher Empfindlichkeit gattet, fürchtete Gottsched für sein Ansehen in Wien, wenn ein Mann in so einflußreicher sprachlicher Stellung sich gegen ihn einen geringfügigen Scherz erlaubte. Als Paradigma für die Deklination der Eigennamen hatte Popowitsch nämlich just den Namen des Leipziger Sprachlehrers gewählt. Während des Druckes verbreitet sich in Wien bereits das Gerücht von dieser „satirischen" Deklination des geheiligten Namens. In blinder Erregung veranlaßt Gottsched seinen Wiener Klienten Scheyb, welcher das Gerücht sofort Ende 1753 nach Leipzig gemeldet hatte, beim Präsidenten der Kaiserlichen Zensur=Kommission die Unterdrückung der Stelle zu fordern, ja nötigenfalls durch einen Notar Klage einreichen zu lassen.[2]) Der Präsident antwortet aber, über das Buch lachend, daß diese Deklination Gottsched zur Ehre gereiche; und der Notar meint, eine gerichtliche Klage würde das Übel nur ärger machen. Was blieb zu thun übrig? Ein wie gelehriger Schüler Gottscheds dieser Scheyb war, zeigt der Ausweg, auf den er verfällt. „Nun kömmt's darauf an", rät er dem verehrten Meister, „daß E. H. E. dieses Werk mit Beihülfe aller gelehrten Zeitungen, nebst der Abhandlung vom Meere, auf eine ironische, normannische, pikante, saftige, lustige und angenehme Art heruntermachen." Als Zweck dieses Verfahrens bezeichnet er unverfroren, die Einführung des Buchs in staatliche Lehranstalten zu verhindern. Auch empfiehlt er, an die „Pythia" — d. i. die Fürstin Trautson — zu schreiben, damit diese in gleicher Richtung der Kaiserin Vorstellungen mache! — Wir lesen denn auch bereits unterm 16. Februar und 4. März 1754 Absagebriefe von Bari=sien in Erlangen, worin dieser bedauert, den eingesandten Angriff auf Popowitsch nicht abdrucken zu dürfen, weil der Verleger diesem einige Verbindlichkeit schuldig sei. Zum Glück beruhigt Scheyb schon Ende Januar den Gekränkten durch die Versicherung, daß man in Wien selbst dem „Narren" Popowitsch zum Trotz es nun erst recht mit Gottsched halten wolle; ja jener erkläre selbst Gottsched für den besten Sprachlehrer,

---

1) Schachinger a. a. O. Bd. X, S. 656 flg.
2) Vergl. Scheybs Antwort an Gottsched vom 9. Januar 1754.

nur wolle er sich nicht zumuten lassen, ihm in allen Stücken zu folgen. Auch Friedrich von Hagedorn meldet an Bodmer, es werde ihm aus Wien geschrieben, daß Popowitsch auf Gottscheds Beschwerde bei der Kaiserin in öffentlichem Hörsaal eine befriedigende Erklärung abgegeben habe: er halte Gottsched für so berühmt, daß man seinen Namen zum Exempel in der Grammatik anführen könne. „Ohne immer mit ihm einig zu sein, erkenne er gerne dessen Verdienste um die deutsche Sprache und er bedaure nur, daß er (Gottsched) keine andre Sprache als Deutsch könne."[1]

Gottscheds Korrespondenten trösten ihn, indem sie ihm allerhand Histör=chen über den Gegner zutragen. Bald wird über die Ursache von Popowitschs Verabschiedung aus der Akademie geklatscht,[2] bald gejammert, daß er viel verderbe und so der Eifer für die deutsche Sprache wieder erlösche.[3] Mit gutem Grund spotten sie über die Willkür in dem neuen Alphabet und der neuen Orthographie, die jener einführen wollte. Ja, noch 1756, am 16. April, verrät der Anti=Neologist J. G. Reichel von Gera aus dem Leipziger Meister ein Geheimnis von Popowitschs Forschungsweise, das in anderm Sinne, als jener wohl meinte, für uns interessant ist. „Wie Popowitsch im stande sein kann, eine deutsche Sprachkunst zu schreiben, solches ist mir ein wahres Geheimnis. Da er sich in dem Hoppischen Hause in Gera einige Wochen aufgehalten, so sind, nach Herrn Hoppens Geständnisse, die Ladenjungen und Diener seine deutschen Sprachmeister gewesen. Er hat beständig eine Schreibtafel bei sich geführt, und sich von der Köchin und den Kindern sein steiermärkisches Deutsch korrigieren lassen, und die Redensarten und Verbesserungen der Jungen und Diener fleißig aufgezeichnet." Ein solches lebendiges Sprachstudium nach Luthers Muster konnte den Vertretern des Gelehrtenstandpunktes nur lächerlich erscheinen. Aber allerdings werden wir der Schranken eingedenk bleiben müssen, welche die Herkunft dieses fähigen Sprachforschers seiner Ent=wicklung von vornherein gezogen hatte.

Auch hier also ist es wieder bezeichnend, wie leidenschaftlich Gottsched und sein Kreis die persönliche Seite der Fehde verfolgen, während sie an den sachlichen Differenzen vorübergehen. „Allein, ich liebe das Zanken, zumal von grammatischen Kleinigkeiten (!), nicht", erklärt Gottsched in der Vor=rede zur fünften Auflage seiner „Vollständigen Sprachkunst". Und doch gab es der Streitpunkte mancherlei, trotzdem auch hier Gottscheds indirekter Einfluß mitspielte. Selbst an unmittelbaren Herausforderungen fehlte es nicht. So hieß es doch wohl Rede und Antwort stehen, wenn Popowitsch be=

---

1) 22. April 1754.
2) Von Scheyb unterm 20. Juli 1754.
3) Von Johann Gottfried Quand unterm 2. November 1754.

hauptete,[1]) keine Grammatik gebe die „Lehre der Teutschen Biegungs=
arten richtig"; ja, in Gottscheds „Grundlegung einer deutschen Sprach=
kunst" sei sie „undeutlich, verworren und mangelhaft". Ferner konnte er
scheinbar mit einigem Recht betonen, Gottscheds „Sprachkunst" sei für
Sachsen brauchbarer als für andre Provinzen: Österreicher brauche man
nicht vor Verwechselung von wagen mit wachen, gar mit Jahr und
dergleichen zu warnen. Doch hätten sich auch gute Gegengründe geltend
machen lassen, wie: daß Gottsched eben für alle Provinzen geschrieben
habe und daß positiv die Österreicher unvergleichlich mehr als die Ober=
sachsen von ihm lernen konnten, nur daß er dialektische Eigentümlich=
keiten und Sprachunarten Meißens einesteils am unmittelbarsten beob=
achten konnte, anderenteils sie mit Vorliebe anführte, um die Stellung
der Gemeinsprache auch über der obersächsischen Mundart festzuhalten. —
Nicht ohne weiteres von der Hand zu weisen war schließlich ein Tadel
gegen Gottscheds Prätension, die deutsche Sprache müsse den Stand seines
goldenen Zeitalters konservieren. Schon in der Vorrede seiner „Unter=
suchungen vom Meere" hatte jener dagegen protestiert. Freilich steht
Popowitsch — ganz seiner anmaßenden Tonart zu geschweigen — der
geschichtlichen Auffassung des Sprachlebens genau so fern wie sein Gegner;
denn er fragt nur: welche Schreibart die Nachkommen denn beibehalten
sollten? In Göttingen schreibe man anders als in Leipzig, wieder anders
in Berlin; und Gottsched selbst ändere ja seine Schreibart ständig![2])
Natürlich meinte Gottsched die Gemeinsprache; aber richtig war hier da=
rauf hingewiesen, daß diese noch immer mehr Ideal als Wirklichkeit sei;
und Gottscheds eigne Schwankungen, so sehr sie seiner Entwicklungs=
fähigkeit nach dieser Seite Ehre machen, erschütterten in der That das
Dogma seiner Unfehlbarkeit.

Indem wir dem Wandel in Gottscheds Verhältnis zu Popowitsch
folgten, sind wir bereits größeren Ereignissen in der Geschichte von Gott=
scheds Einfluß auf Österreich vorausgeeilt. Genug, der Vorkämpfer der
hochdeutschen Schriftsprache stand mit österreichischen Sprachlehrern wie
Antesperg und Popowitsch Ende der vierziger Jahre noch in durchaus
ungetrübten Beziehungen; mit einem österreichischen Dichter wie Scheyb,
dem Verfasser der Theresiade,[3]) war er soeben in einen zutraulichen

---

1) Joh. Siegm. Val. Popowitsch, ö. Lehrer der Teutschen Beredsamkeit auf
der Wiennerischen hohen Schule, wie auch in der Savoyisch=Liechtensteinischen
Akademie: Die nothwendigsten Anfangsgründe der Teutschen Sprachkunst zum Ge=
brauche der österreichischen Schulen auf allerhöchsten Befehl ausgefertiget (Wienn
1754), Vorrede S. 19 flg.

2) A. a. O. S. 464.

3) Von Gottsched angepriesen im „Neuen Büchersaal" IV, 195 flg.

Briefwechsel geraten, dem er entnahm, daß seine „Sprachkunst" in Wien
„haufenweis" abgehe.[1]) Überdies hatte er fortgesetzt eine Anzahl Schüler,
Österreicher wie Sachsen, nach Wien entlassen, die hie und da in
seinem Sinne zu wirken suchten. Offenbar dachten viele wie Löschenkohl,
der Herausgeber einer Sammlung aus Gottscheds Redner = Gesellschaft,
welcher ihm von Wien aus am 10. Juli 1747 bekennt: „Ich habe es
jederzeit vor meine Pflichtschuldigkeit gehalten, Ew. Magnif. in der
ganzen gelehrten Welt bereits erworbenen Ruhm auch in meinem Vater=
lande auszubreiten". Auch sonst warben Gottscheds Schriften, die sprach=
lichen und in noch höherem Grade die schöngeistigen, ihm und seiner
Schriftsprache Anhänger in Österreich. So geringfügig es z. B. an sich
scheinen mag, ist es doch vielleicht auch ein bescheidenes Zeichen von
seiner Wirkung in die habsburgischen Lande, wenn am 28. Mai 1747
ein Advokat Pamer aus Niederungarn eine versifizierte Huldigung an
„Germaniens Horaz" richtet, um — dessen Autogramm zu erbitten. —
Verheißungsvoller ließ sich die Stiftung einer gelehrten mährischen Ge=
sellschaft in Olmütz (Ende 1746) an, um so mehr als sie gleich 1747
Gottsched zum Ehrenmitglied ernannte[2]); indessen hielt sie sich nur
wenige Jahre, freilich länger als der hierin schwarzsehende Scheyb ver=
mutete.[3]) Den Stifter der Olmützer Gesellschaft, Baron von Petrasch,
und ein anderes Mitglied, den Benediktinerpater Ziegelbauer, lernte
Gottsched 1749 in Wien kennen.[4]) — Weiterhin gelang es unserm betrieb=
samen Litterator, mit theatralischen Kreisen Österreichs Fühlung zu ge=
winnen, — Fühlung, das hieß ihm immer: Einfluß. Auf seine An=
knüpfung mit dem Wiener Schauspieler Weißkern folgte alsbald die
Aufführung des „Sterbenden Cato" in der Hauptstadt.[5]) Ein anderer
Gottschedscher Korrespondent, Kettler, mißt sich durch Schreiben vom
22. Juni 1748 aus Schönbrunn mit Genugthuung das Verdienst bei,

---

1) Durch Scheybs Brief vom 1. Februar 1749, Danzel S. 293.

2) Vergl. ihre Monatsberichte von 1747 sowie den Brief des Alethophilen
Pérard in Stettin an Gottsched vom 10. Mai 1748.

3) Vergl. Scheybs Brief vom 1. Februar 1749 (Danzel S. 292) und eine
Äußerung von Stief in Breslau, der erst unterm 28. Februar 1751 aus dem
langen Ausbleiben der „sogen. Olmützer Monatlichen Auszüge" „eine selige Auf=
lösung und stilles Ende dieser Gesellschaft" folgern zu müssen glaubt. — Im
„Neuen Büchersaal" erwähnt Gottsched Lebensregungen dieser namenlosen Gesell=
schaft IV, 84 flg., V, 91 flg. u. 384, VII, 188 flg. — b. i. 1747 u. 48. Im Druck (zu
Wien) erschienen von ihr außer der Stiftungsurkunde (s. Gottsched an erstgenannter
Stelle) noch „Reden und Gedichte, welche den 15. des Weinmonats im Jahre 1747
in der gelehrten Gesellschaft der Unbekannten abgelesen worden".

4) Gottsched: Singularia Vindobonensia S. XXXIII.

5) Vergl. Danzel S. 290 flg.

„Gelegenheit (soll heißen Veranlassung) zu der Vorstellung dieses vor=
trefflichen Stückes gegeben" zu haben, welches „den Anfang zu regel=
mäßigen Schauspielen allhier gemacht."[1]) — Auch damit ist die Fülle
Gottschedscher Anknüpfungspunkte in Österreich nicht erschöpft. Nicht nur
durch die Gelehrten, Schriftsteller und Schauspieler, auch durch die
Buchdrucker und Verleger konnte er für den Anschluß Österreichs an das
gemeindeutsche Bildungsleben wirken. Wie willkommen mußte ihm des=
halb das Anerbieten des Buchhändlers Krauß in Wien (vom 26. Juni 1748)
sein, den Verlag Gottschedscher Schriften zu übernehmen! Gleichzeitig
durfte er es als neues Zeichen begrüßen, daß er dort ein Faktor zu
werden anfing, mit dem man rechnete.

Zudem hatte er über seiner Beschäftigung mit dem deutschen Alter=
tum den Reichtum österreichischer Bibliotheken an handschriftlichen Schätzen
genugsam erfahren. Schon hatte ihm Weißkern von Wiener Handschriften
Auszüge vermittelt; allein er dürstete nach mehr. Insgeheim lockte ihn
vielleicht noch stärker die Hoffnung, seine Anhängerschar auch dort zu
organisieren und damit seinen Einfluß zu befestigen. Scheyb hatte die
Stiftung einer Deutschen Gesellschaft für undurchführbar erklärt, weil die
Jesuiten von einer Schwächung des Lateinischen eine Abnahme des Be=
suchs ihrer Schulen fürchten und deshalb dergleichen Unternehmen als
atheistisch ausschreien würden.[2]) Unter diesen Umständen hielt Gottsched
im Sommer·1749 den Augenblick gekommen, persönlich in die so entfachte
Bewegung einzugreifen. Auch zu dem Hofe hatte er eine Brücke geschlagen,
indem er wie seine Frau die Erzieherin der Erzherzoginnen, die Fürstin
Trautson, wiederholt mit eigenen Schriften und Briefen bedacht hatten.
Wovon Gottscheds unternehmender Geist träumte, als er eine Reise nach
Wien beschloß, läßt sich unschwer erraten. Nicht weniger als Durch=
setzung der Gemeinsprache vermittelst kaiserlichen Machtspruches wird es
gewesen sein. Zum mindesten ließ sich wohl irgend ein Einfluß auf das
Erziehungs= und Bildungsleben der Hauptstadt selbst gewinnen. So
kündigt er getrost seinen und seiner Frau Besuch den Freunden an.

„Alle Liebhaber der deutschen Gelehrsamkeit erfreuen sich auf Dero
Ankunft", meldet Scheyb am 12. Juli 1749 zurück. Gleichzeitig ließ
durch ihn der Landuntermarschall v. Moser Gottsched ersuchen, seinen
ergebenen Schüler Schwabe,[3]) den einstigen Herausgeber der „Belusti=
gungen" mitzubringen, welcher an der 1746 gestifteten (Theresianischen)

---

1) Über den Wandel im theatralischen Geschmack zu Wien s. N. Bücherfaal
IX, 91 flg.
2) Danzel S. 292. Vergl. für das Folgende überhaupt Danzel S. 290—313.
3) Vergl. über ihn G. Waniek in der Allgemeinen deutschen Biographie.

Fürstlich Liechtensteinschen Akademie[1]) als Lehrer der deutschen Sprache und Wohlredenheit in Aussicht genommen sei: „In dieser Absicht" — heißt es über Moser — „hat er schon dreimal an Herrn Schwabe schreiben lassen und noch niemals etwas Verläßliches erfahren können". Indessen wird es Scheyb bald klar, daß Moser bei der Akademie nicht viel zu befehlen habe und auch nichts von dergleichen verstehe, weshalb sich Scheyb denn nicht mehr mit der Sache abgeben will.[2]) Danach scheint es, als ob es der ablehnenden Haltung Schwabes kaum bedurft, sondern sich von vornherein um das vage Projekt eines einzelnen Nicht-zuständigen gehandelt habe. Schwabe selbst schreibt aus Leipzig an seinen bereits in Karlsbad weilenden Meister unterm 23. August: Daß Baron v. Spaun nicht in der Angelegenheit geschrieben, führe er darauf zurück, daß „die Herren Christlichen" überall die Aufsicht führen wollen und jener seinem protestantischen Freunde eine Unterordnung unter die Jesuiten nicht werde zumuten mögen. Wenn also ein Antrag geschähe, werde er dankend ablehnen.[3])

Den wissenschaftlichen Ertrag seiner Reise nach Wien beschrieb Gottsched schon 1750 in einem Universitätsprogramm unter dem Titel „Singularia Vindobonensia. Praemittitur Prolusio Academica ... aliquam nuperi itineris litterarii rationem reddens." Die persönlichen Erlebnisse schildert er später zusammenhängend im Leben der Gottschedin.[4]) Die wirksamsten Glanzpunkte verabsäumte er nicht alsbald überallhin zu verbreiten. — Zunächst ging das gelehrte Paar über Altenburg und Zwickau zur Kur nach Karlsbad; auf dem weiteren Wege nach Wien verweilte es namentlich zu Bayreuth, Erlangen, Nürnberg und Regensburg in wissenschaftlichem Interesse oder, wie Frau Gottsched hübsch schreibt,[5]) um die „Freunde und Handwerksgenossen nach Handwerksgebrauch zu sehen und zu grüßen." Zu Schiff langte man in der Hauptstadt des Kaisers und — der in diesem Falle wichtigeren Person — der Kaiserin an. Spectatum veniunt, veniunt spectentur ut ipsi. Sie reisten nicht nur um dies und das kennen zu lernen, sondern mehr noch, um anderen Gelegenheit zu geben, das berühmte Schriftstellerpaar kennen zu lernen. Mag persönliche Eitelkeit mitspielen, der Endzweck einer solchen Schau-stellung ging doch auf geistigen und insbesondere sprachlichen Fortschritt Österreichs.

---

1) Die Stiftungsurkunde druckt Gottsched im Neuen Büchersaal IX, 268 flg. ab.

2) Nach seinem Brief an Gottsched vom 31. Juli 1749.

3) Schwabes Brief schon von Waniek in der Allgemeinen deutschen Bio-graphie (Bd. XXXIII, S. 169) in gleichem Sinne zitiert.

4) In der Ausgabe ihrer „Kleineren Gedichte".

5) Briefe der Frau Gottsched, II. Teil S. 17.

In Wien schenkte das Gottschedsche Ehepaar neben der Kaiserlichen Bibliothek auch den übrigen wissenschaftlichen und künstlerischen Samm= lungen Aufmerksamkeit. Zu beiden „Schauplätzen" gewährte man diesen berühmten Gästen für die ganze Dauer ihres Aufenthaltes Freikarten zur „Galerie" — dem „abligen Platz", unserm heutigen I. Rang entsprechend. Der Verkehr blieb nicht auf den litterarischen Freundeskreis beschränkt, sondern unsere Fremden sahen sich zu großen Tafeln beim Fürsten Liechten= stein, Grafen Esterhasi und anderen Magnaten gezogen. Die vom Grafen Esterhasi erwirkte[1]) gemeinsame Audienz beim Kaiserpaar am 28. September 1749, die ³/₄ Stunde währte und überaus huldvoll ver= lief, bildete den Gipfel dieser Wiener Ehrungen. Bezeichnend für die Mission, als deren Träger sich Gottsched hatte einführen lassen, ist das erste Wort von Maria Theresia: „Ich sollte mich scheuen, mit dem Meister der deutschen Sprache deutsch zu reden. Wir Österreicher haben eine sehr schlechte Sprache."[2]) — Dazwischen geschah zum ersten Mal im Dienste der germanischen Philologie eine systematische Musterung von österreichischen Klosterbibliotheken, so zu Melk, wo sich ein Freundschafts= band mit P. Placidus Amon knüpft, und zu Neuburg, wohin ebenfalls Weißkern die Wege ebnet. Ein Brief an letzteren vom Dechant des Klosters Neuburg[3]) führt uns lebendig in die Freuden und Leiden dieser gelehrten Reise ein. Hatte die Anwesenheit der „geschickten Helferin" die Mission Gottscheds in Wiener Hofkreisen entschieden gefördert, so mußte sie im Kloster anstößig sein. „Der in Deutschland seiner Schriften halber so berühmte Herr Professor zu Leipzig" — hieß es hier — werde mit Freuden zur Besichtigung der Bibliothek erwartet, der „ge= lehrten Frau Victoria" sei es „ihres Geschlechts halber" nicht erlaubt, „in unserer geistlichen Klausur, folglich auch nicht in unserer Bibliothek" zu erscheinen. Dennoch werde man beflissen sein, „ihr indessen auf mögliche Weis eine angenehme Unterhaltung zu verschaffen und von ihrer Gelehrsamkeit etwas zu profitiren."

Man darf wohl sagen, daß die glänzende Aufnahme Gottscheds in der höheren Gesellschaft Wiens von verheißungsvoller Bedeutung für die deutschen Bildungsinteressen war. Die Anhänger des Leipziger Führers durften triumphieren: denn wie lächerlich es uns klingen mag, wenn sie durch die kaiserliche und fürstliche Anerkennung alle litterarischen Gegner Gottscheds aus dem Felde geschlagen ansahen, — so wie er selbst seine

---

1) Vergl. Briefe der Frau Gottsched, II. Teil S. 20.

2) Nach Mitteilung der Gottschedin an Frl. Thomasius in Nürnberg noch vom 28. September 1749; s. Leben der Frau Gottsched in ihren „Kleineren Ge= dichten".

3) Vom 25. September. In der Gottschedschen Briefsammlung.

Thätigkeit meinte und sich seine Aufgabe stellte, war thatsächlich durch Begünstigung seiner Bestrebungen von oben mehr gewonnen als durch Ablehnung vieler einzelner noch so gelehrter Schriftsteller verloren gehen konnte. In Scheybs „Beurlaubung der deutschen Musen zu Wien an den Herrn Prof. Gottsched" heißt es von diesem Standpunkte folgerecht:[1]

> „Auf! macht es, wie es Gottsched machte,
> Da Land und Volk ihm abhold war;
> Ihr wißt, daß er darüber lachte,
> Nun ist sein Siegen offenbar.
> Er ließ die Gänse immer schnabern,
> Sein Geist floß doch in stillen Adern
> Und bot die schönsten Regeln dar."

Gleicherweise spricht er es am 12. November mit kompromittierender Offenheit, aber zutreffend aus, daß für ihn die Kaiserin größer als Apoll sei — wir werden, die darin liegende erbärmliche Kriecherei ablehnend, doch zugestehen: zur Durchführung der Gottschedschen Reformpläne, die eben nicht von poetischem Geiste, sondern von Eifer und organisatorischem Geschick für deutsche Spracheinigung und Sprachreinigung diktiert sind, war die Gunst der Kaiserin wichtiger als die Gunst der Musen. Die Äußerung ist auch in ihrem Wortlaut charakteristisch: „Alle Musenfreunde" — also steht er nicht allein — „laufen sich fast die Füße weg, eine so außerordentliche Geburt der Großmut zu bewundern, dergleichen weder der Wohlgeschmack des Parnassus noch der Fleiß der Musen in 5753 Jahren bewirken können . . . Was ist vortrefflicher? wenn uns ein verdrießlicher Schulfuchs einen Kranz von Epheu oder Lorbeerblättern auf den Schädel setzt und uns die Erlaubnis erteilt, uns gekrönte Poeten zu nennen? oder, wenn uns eine solche Kaiserin, die nicht einmal ein Gottsched genugsam loben kann, die Stirne mit dem herrlichsten Schmucke auszieret?

> Apollo ist zwar groß; die Kaiserin doch größer;
> So ist der Lorbeerkranz der Kaiserin auch besser.
> Wohlan, so haben wir an unserer Dichterin
> Ein Haupt, das Krone trägt, kurz: eine Königin."

Welchen Eindruck Gottsched in den höchsten Kreisen zurückließ, verrät ein Schreiben seines Schülers Löschenkohl vom 8. Oktober 1749: „Ich hoffe inzwischen, daß diejenige Nachricht, welche Ihro Exzellenz mein Graf[2] Ihnen von unserm Kaiserlichen Hofe noch vor Dero Abreise hinterbracht, nicht anders als höchst angenehm hat fallen müssen; wenigstens müssen Sie dadurch von derjenigen Hochachtung, welche Sie

---

1) Nach der Handschrift vom 6. Oktober 1749.
2) Löschenkohl war Sekretär des Grafen Esterhazi.

sich besonders allhier bei den allerhöchsten Kaiserlichen Herrschaften er=
worben, neuerdingen sein versichert worden; die würkliche Erfüllung
davon wird auch gewiß nicht fehlen."

Weit über Wien hinaus wurde thatsächlich das Ansehen Gottscheds
und damit die Aussicht seiner Reformen durch diese Ereignisse bedeutend
gestärkt. Es war die höchste Zeit. Jerusalem, der einflußreiche Braun=
schweiger Geistliche, schreibt ihm am 30. Januar 1750: „So große
Verehrer finden Sie zwar in der Welt nicht mehr, als Sie in Wien
gefunden; wir wollen hier aber dennoch unter die aufrichtigsten alle
Zeit mit gehören." Auf die neben der kaiserlichen Gunst wohl bedeut=
samste Seite des errungenen Erfolges weist ein Schreiben vom folgenden
Tage hin, das aus Nürnberg von Groß einlief: „Was mich unter allem,
das E. H. E. auf Dero Reise Rühmliches gestiftet, am meisten erfreut,
ist dieses, daß unsere Herren Catholici eine Hochachtung für den Gott=
schedischen Namen, Geist und Geschmack bekommen, und daß man E. H. E.
poetische und rhetorische Grundsätze in dem Theresiano eingeführt. Diese
Thüre lassen sich E. H. E. ja nicht wieder versperren. Vielleicht kommen
wir im kurzen weiter. Vielleicht finden sie auch einen Geschmack an
der Gottschedschen Weltweisheit; und vielleicht ist dieses der gesegnete
Anfang, dem Volk, das im Finsteren sitzet, ein Licht anzuzünden und
von einer Wahrheit in die andere zu leiten." Wir werden bald er=
fahren, wie sich nach all diesen Seiten wirklich etwas Verheißungsvolles
anspinnt.

Kostbare Geschenke werden vom Kaiserpaar dem „Meister der
deutschen Sprache" und seiner „geschickten Freundin" nachgesandt, ja,
o Wunder! die für Wertstücke fälligen Steuern werden den beglückten Ehe=
genossen wiedererstattet. Auch das Gerücht von dieser neuen Gunst wußte
Se. Magnificenz unter die Leute zu bringen. Den tiefen Eindruck, den so
außergewöhnliche Gnadenbezeugungen damals hervorriefen, ersehen wir aus
einem Brief von Pastor Rosenberg in Mertschütz, der unterm 17. April
1750 ausruft: „Ich bewundere die sonderbare Begebenheit mit der
Wiedererstattung der öffentlichen Abgaben, so auf die kaiserlichen Geschenke
gefallen. Bei solchen Umständen wundern sich E. H. E. nicht, wenn
Dero Reise das Augenmerk der Welt gewesen und bleiben wird, so weit
nur immer Gelehrte wohnen. Es reiset freilich manch großer Fürst und
Herr, und man redet und schreibt selbst nicht die Helfte soviel davon,
als schon von Dero merkwürdiger Reise geschehen."

Im Augenblick mochte unserm Sprachmeister schwindeln, und die
ungeheuersten Pläne wälzte er während des auf die Reise folgenden
Winters in seinem Haupte. Da sollte eine kaiserliche Staatsdruckerei
gegründet werden, natürlich um sie in den Dienst der hochdeutschen Ge=

meinſprache zu ſtellen; da tauchte der alte, ſeit ſeinem halb unfreiwilligen
Austritt aus der „Deutſchen Geſellſchaft" in Leipzig zurückgeſchobene
Plan einer deutſchen Akademie der Wiſſenſchaften wieder auf. Diesmal
handelte es ſich um eine wirklich kaiſerlich zu privilegierende Anſtalt,
wie ſie auch Leibniz ſchon vorgeſchwebt hatte, welche ebenfalls zur
Normierung der Gemeinſprache in erſter Linie dienen ſollte. Sich ſelbſt
dachte der ja nichts weniger als beſcheidene Mann an der Spitze dieſer
Akademie, von der Reichshauptſtadt aus gleichſam das deutſche Volk auf
dem Gebiete der Sprache regierend. Kaum erklärt man dieſen Plan für
undurchführbar, als er, der Proteſtant, auf die ſchwindelhafte Idee
gerät, ſich als Erzieher der kaiſerlichen Kinder zu empfehlen, wohl um
ſo der Zukunft vorzubauen. Genug, ſo ſehr ſich einige hochadelige
Gönner bemühten, eine Stellung auszuwittern, in die man Gottſched
hätte nach Wien berufen können, immer ſtanden konfeſſionelle Bedenken
und beſonders die Rückſicht auf die Jeſuiten entgegen. Schon am
1. März 1750 ſchreibt Gottſched denn reſigniert an den Wolfianiſch
geſinnten Prediger Formey in Berlin:[1]) „Ich muß geſtehen, daß mir
in Wien, ſowohl von den Höchſten Herrſchaften, als ſehr vielen Großen
daſelbſt mehr Ehre wiederfahren, als ich verdiene. Es iſt ſchade, daß
an katholiſchen Orten die Gelehrſamkeit blos in den Händen der Pfaffen
iſt. Dieſes hindert die Aufnahme der Wiſſenſchaften ſehr. Und obgleich
in Wien alles, was witzig iſt, ihren Mangel an vernünftiger und nutz=
barer Wiſſenſchaft einſieht: ſo weiß man ſich doch nicht zu helfen: weil
die Pfaffen keine weltliche Gelehrte neben ſich aufkommen laſſen, ſelbſt
aber immer bei ihrer ſcholaſtiſchen Philoſophie und alten Leier bleiben.
Sonſt wäre der Boden in dieſer großen Stadt für die Gelehrſamkeit
ziemlich vorteilhaft."

Bald indes jagt unſer betriebſamer Mann neuen Projekten nach,
wohl auf eine gelegentliche Bemerkung von Weißkern hin. Indeſſen
raubt ihm Scheyb am 1. Auguſt 1750 alle Hoffnung. „Was das
Weißkerniſche Projekt einer neuen Akademie betrifft, ſo iſt mir dieſes
alles faſt ſo viel, als ſchwäbiſche Walfiſche: ich weiß kein Wort davon,
und wie es zugeht, ſo ſind nirgends keine Aſpekten für ſolche Begeben=
heiten, außer es entſtehe ein ſolches Phaenomenon, welches durch ſich
ſelbſt beſtehe." Er hält aber mit ſeiner Meinung nicht zurück, daß ſich
ohne fürſtliche Hilfe nichts Dauerndes ſchaffen laſſe.

Wenigſtens durfte ſich Gottſched damit tröſten, daß die neubegründete
Profeſſur der deutſchen Sprache am Thereſianum in ſeinem Sinne ver=

---

1) Hſ. In der Autographenſammlung des Herrn Alexander Meyer=Cohn
zu Berlin.

waltet wurde. Über ihren erſten Inhaber Joh. Heinr. Juſti berichtet
der getreue Scheyb, der ſich unermüdlich Gottſcheds Intereſſen, und ge-
rade beſonders den ſprachlichen,[1]) dienſtbar erweiſt, am 11. Mai 1751:
„Prof. Juſti ſagte mir, daß er bisher nichts anderes gethan, als Dero
Sprachlehre zu erklären und ſeine Anmerkungen darüber zu machen ...
Es ſeien aber nur Bagatellen.“ Am 1. Juli beſtätigt es Juſti ſelbſt.
Voreilig macht Scheyb am 1. Dezember desſelben Jahres ſeinen Meiſter
glauben, daß Juſti eine eigene Grammatik ſchon in Druck habe — ein
Unterfangen, das Gottſched ſtets, wie ſo viele Gelehrte, als Konkurrenz
und Auflehnung gegen ſeine Autorität auslegte. Indeſſen erſchien
in Juſtis Wiener Zeit (1750—53) nur eine „Abhandlung von dem
Zuſammenhange der Vollkommenheit der Sprache mit dem blühenden
Zuſtande der Wiſſenſchaften“, — eine Gottſched wahrlich willkommene
Darlegung. Erſt 1755 gab Juſti eine „Anweiſung zu einer guten
deutſchen Schreibart“ heraus, die grundſätzlich des Lobes voll für Gottſcheds Sprachkunſt war, ohne doch ſtarke Kritik an ihr zu unterlaſſen.
Ausnahmsweiſe geht der Leipziger Diktator im „Neueſten aus der anmuthigen Gelehrſamkeit“ auf einige Einzelheiten ein[2]). Die Beziehungen
zu Popowitſch gingen daneben bald in offene Gegnerſchaft über, wie wir
ſchon erfuhren. Aber auf kaiſerlichen Befehl wurde Gottſcheds „Sprachkunſt“ „bei der vornehmſten adeligen Jugend“ eingeführt,[3]) auf deren
ſprachliche Erziehung er ſomit einen Einfluß ausübte, der ihm angeſichts
des Ranges dieſer ſeiner mittelbaren Zöglinge doppelt wertvoll ſein
mußte.

Weiterhin müſſen wir hier eingehender ſeines Briefwechſels mit dem
Benediktiner P. Placidus Amon gedenken, weil es ſich in dieſem Geiſtes-
austauſch thatſächlich um gemeinſame deutſchſprachliche Intereſſen handelt.[4])
Schon am 30. Juli 1750 erwähnt Amon von Melk aus gegen Gottſched deſſen „Sprachkunſt“ in bezeichnender Wendung als „Grammatica
tua Germanica, quae me suadente plurium commilitonum meorum
manibus versatur.“[5]) In der Folge bewegt ſich ihre Korreſpondenz
einerſeits um Gottſcheds altdeutſche Intereſſen, anderſeits beſonders
um ein von dem Pater geplantes deutſches Wörterbuch, für das ihm
Gottſched uneigennützige Unterſtützung zuſichert. Mit welcher Spannung

---

1) Vergl. ſchon den Brief vom 4. Juni 1749 bei Danzel S. 300 flg.

2) II, 860 flg. — Über Juſti ſ. Allgemeine deutſche Biographie.

3) Vollſtändigere ... Sprachkunſt“, S. 12. Es iſt damit auf das Thereſianum hingedeutet, das ja zur Bildung der adeligen Jugend geſtiftet war.

4) Der Briefwechſel beider Männer iſt 1888 flg. von Rudolf Schachinger
a. a. O. herausgegeben.

5) A. a. O. Bd. X, S. 96 flg.

die Kundgebungen des Leipziger Sprachmeisters im Kloster erwartet
werden, zeigen auch gelegentliche Äußerungen des gemeinsamen Korrespondenten v. Scheyb in Wien; so berichtet dieser am 12. Mai 1752
nach Leipzig, daß Amon lamentiere, weil Gottsched ihn ohne Antwort
lasse. Amons Vorarbeiten für ein deutsches Wörterbuch scheinen nach dem
Tode des Pater in Gottscheds Hände gelangt zu sein, ähnlich wie Amon
bei Lebzeiten die von ihm kopierten altdeutschen Handschriften dem verehrten Meister zu voller Verfügung stellt. Noch ein anderer österreichischer Ordensgeistlicher, Rudolf Graser in Kremsmünster, bekennt sich
durch Gottscheds Schriften, in erster Linie durch dessen „Sprachkunst"
und „Redekunst", in seiner Vorliebe und Neigung für die deutsche
Sprache bestärkt und gefördert.[1]

Mit der Stiftung seiner Gesellschaft der freien Künste (1752) verband sich Gottsched die österreichischen Freunde, denen er freigebig die
Mitgliedschaft antrug, aufs neue. Allerdings hielten sich die Kloster-
geistlichen Amon und Graser gegenüber der aufbringlichen Ehrung bescheiden zurück.[2] — Auch journalistische Vertretung fand der Leipziger
Sprachmeister in Wien. Auf seinen Rat und mit seiner Unterstützung
treten daselbst 1756 „Nachrichten" ins Leben, welche von seinen Anhängern
Johann Gottfried Quand und Heyde gemeinsam herausgegeben werden.[3]
Derselbe Quand läßt 1756 eigens für Wien seine französische Übersetzung der
Gottschedschen „Sprachkunst" (ursprünglich Paris 1753) neudrucken. Namentlich Damen des höchsten Adels bleiben zahlreich in Briefwechsel mit Gottsched. Vor allem weiß er sich die Gunst der am Hofe so einflußreichen Fürstin
Trautson durch poetische Gaben — teils auch zur Mitteilung an ihre
prinzlichen Zöglinge und die Kaiserin — und auch wohl durch Schmeicheleien
für ihre eigene dilettantische Neigung zur Poesie zu erhalten. So faßt
er den Entschluß, ihr die neue Ausgabe seiner Gedichte zu widmen. Aber
alsbald meldet sein Agent Scheyb der Fürstin,[4] „es sei in dem ersten
Bande ein überaus schönes, jedoch erzlutherisches Gedicht."[5] Die Fürstin
antwortet unbefangen: „Ein vernünftiger Mensch wisse wohl, daß ein
Lutheraner lutherisch denke, es folglich ihr nicht mißfällig sein könne;
allein wenn es nur ihm, dem Herrn Gottsched — sagte sie — nicht
selbst hier und bei Hof schädlich ist." Ihr Sekretär bedeutet Scheyb

---

1) Siehe den Briefwechsel Grasers mit Amon bei Schachinger a. a. O.
2) Vergl. Schachinger a. a. O. Bd. X, S. 654 flg.
3) Nach Quands Brief vom 12. März 1756.
4) Vergl. Scheybs Brief an Gottsched vom 17. Februar 1751.
5) Es handelt sich um die Ode: „Auf das andere Protestantische Jubelfest,
welches wegen des zu Augspurg übergebenen Bekenntnisses im Jahre 1730
gefeiert worden". Vergl. Nachricht von Gottscheds Schriften 1730 (Weltweisheit ⁷ II).

später, die Fürstin fürchte, sie werde das ihr dedizierte Buch keinem anderen, besonders nicht den Erzherzoginnen in die Hand geben können. Scheyb schlägt diplomatisch vor, „diese babylonische H..." in einigen Exemplaren wegzulassen; indessen begnügt sich Gottsched, noch findiger, unter so bewandten Verhältnissen der Fürstin nur den zweiten Teil zu widmen.[1]

Im Hinblick auf die religiösen Verhältnisse Österreichs gewinnt es auch an Interesse, daß die Gräfin Keyserlingk geb. von Truchseß=Waldburg in Puchkirchen Gottscheds „Weltweisheit" übersetzte, „et cela" — wie der erfreute Autor ihr am 2. Februar 1754 schreibt — „dans un temps où tant de personnes du grand monde ne s'occupent que de la lecture frivole des romans et des nouvelles." Als Wirkung seiner Philosophie auf sie schildert die Gräfin bezeichnend ein erwachendes Interesse für die Wissenschaften überhaupt. Am 23. April 1754 schreibt sie ihm: „Je me crus placée dans un nouveau monde, tout m'y parut beau et merveilleux; saisie d'étonnement j'envisageais d'un œil attentif jusqu'au moindre reptile, et je contemplais remplie d'admiration tout l'Univers. Ne vous étonnez donc pas, Monsieur, de me trouver du goût pour les sciences . . . C'est vous qui m'avez mise en cette carrière."

Unmittelbarer von sprachlicher Bedeutung war schließlich die Verbreitung der Gottschedschen „Redekunst" in Österreich. „Was werde ich für eine Freude haben", ruft Scheyb schon am 27. Dezember 1749, „wenn die Gottschedsche Redekunst auch dörfe von unsern Nonnen und Klosterfrauen gelesen werden. Wäre es nicht möglich, etwas Geistliches, so alle Christen angeht, darein zu flicken?" Graser gesteht, daß ihm Gottscheds Redekunst zur Vorbereitung fürs Predigtamt sehr gute Dienste gethan habe; ja er verspürt Lust, den von Gottsched verfaßten,[2] angeblich Reinbeckschen „Grundriß einer Lehrart ordentlich und erbaulich zu predigen" für katholische Leser verkürzt, unter Fortlassung anstößiger Stellen, herauszugeben, selbst ohne den wahren Autor zu kennen![3] Wie ehrend erscheinen diese Zeugnisse für den in katholischen Kreisen Österreichs entfachten wissenschaftlichen, insbesondere deutschsprachlichen Eifer, wenn wir bedenken, daß beide Schriften den norddeutschen evan-

<hr/>

1) Nach Scheybs Brief an Gottsched vom 6. März 1751 — 1754 wurde das Februar=Stück des „Neuesten aus der anmuthigen Gelehrsamkeit" aus religiösen Bedenken in Wien verboten, ebenso Gottscheds Ausgabe des „Reineke Fuchs" wegen einiger Zeilen in Gottscheds Bemerkungen, — vergl. Scheybs Brief vom 13. April 1754.

2) Vergl. Danzel S. 41 flg.

3) Vergl. Schachinger a. a. O. Bd. X, S. 655 und 659.

gelifdjen Orthodoxen verhaßt waren! Jebes Exemplar der „Rebelunft" wurde in der Hand eines österreichischen Katholiken, zumal eines Geist= lichen, zur Waffe für die heimifche Sprache, für den hochdeutfchen, Gottfchedfchen Stil und nicht in letter Linie für die Aufklärung.

So kann es nicht Wunder nehmen, daß es endlich 1760 auch in Wien zu der fo lange von Gottfched erfehnten Stiftung einer „Deutfchen Gefellfchaft" kam, zu deren Stamm, unter Borfiß von Jofeph von Sonnenfels, alte Freunde wie Scheyb, Quand und Wächtler gehörten. Die fprachlichen Beftrebungen wurden ftark betont: im Sinne Gottfcheds wurden Deutfch, Reinbeutfch und Korreftbeutfch zu Leitfternen erhoben.[1]

d) Ließ Gottfched überall feinen Blick an die Grenzen des deutfchen Sprachgebietes fchweifen, fo mußte er auf die Schweiz mit befonderem Ernft blicken. Wie in Öfterreich die religiöfe, hatte hier die politifche Sonderung den Anfchluß an die ftark mittelbeutfch gefärbte Gemein= fprache hintenangehalten.[2] Den Schweizer Sprachftand am Beginn von Gottfcheds Wirffamfeit kennzeichnen die „Difcourfe der Mahlern" und Hallers „Berfuch Schweizerifcher Gedichten" in erfter Auflage zur Genüge; fchon die Titel find charakteriftifch. Gewiß vollzieht fich nun im Laufe des 18. Jahrhunderts der fprachliche Ausgleich nicht durch die Thätig= keit eines Einzigen; aber wie Gottfched im zweiten und dritten Viertel des Jahrhunderts als bedeutendfter Vorfämpfer des Hochdeutfchen in Öfterreich wirkt, fo ift es in erfter Linie feine Thätigkeit, welche im Laufe des zweiten Jahrhundertviertels die Annäherung der Schweiz an die gemeinbeutfche Schriftfprache befchleunigt. Hier befonders gereichte fein Charafterfehler dem Einigungsprozeß zum Segen, daß Gottfched nicht fine ira et studio verfuhr. Klar vor Augen liegt, wie er zuerft als Freund, fpäter als Feind anftachelnd auf die fchweizer Schriftfteller wirfte.[3]

In der Hiße des fpäteren Kampfes zwifchen Zürich und Leipzig, der allmählich beide Teile zu „betrogenen Betrügern" werden ließ, hat Bodmer fich zwar von der „oberfächfifchen" Sprachherrfchaft los= gefagt;[4] wie weit er fich derfelben aber urfprünglich unterordnete, be= weift fein Briefwechfel mit Johann Chriftoph Clauber in Leipzig. Schon 1730 wandte fich Bodmer nach Leipzig an Mascou mit der Bitte, daß diefer jemand veranlaffe, feine, Bodmers, deutfche Schriften durchzulefen und

---

1) Bergl. Neuestes XI, 262 flg., befonders 266, 272, 275 und 280.

2) Bergl. Kluge a. a. O. S. 60 flg.: „Schriftfprache und Mundart in der Schweiz".

3) Auch die Sprachmengerei in den „Difcourfen" rügt er fchon in den „Bernünftigen Tablerinnen"[2] I, 177, ihre Abweichung vom Hochdeutfchen ebb. II, 134 flg. — Bergl. Bernays über Gottfched in der Allg. Dtfch. Biographie IX, 501.

4) Befonders im „Mahler der Sitten" Bl. 97. — Bergl. Socin S. 376 flg.

dabei anzumerken, was ihm etwa in der Schreibart bedenklich scheinen
möchte.[1]) Er läßt seinen Wunsch durch Prof. Johann Erhard Kapp
in Leipzig wiederholen.[2]) So übernimmt Clauber, cand. jur. und Hof=
meister beim Baron von Zech, die sprachliche Kritik der Bodmerschen
Schriften, bis er 1735 Leipzig verläßt. Dabei begnügt er sich nicht
mit bloßen Korrekturen, sondern erstattet nach Erfordern oft ausführliche
Gutachten. Als sprachliche Hauptfehler der Schweizer bezeichnet Clauber
Verstöße gegen zwei Regeln: 1. „Alle Substantiva, die in nominativo
singulari (so!) sich nicht auf ein e endigen, nehmen im plurali das n
anders nicht als in dativo und ablativo an", — wir brauchen nur an
die eben erwähnten schweizerischen Büchertitel zu denken. 2. „Alle
monosyllaba, die den genetivum durch zwei Silben formieren, nehmen
in dativo und ablativo singulari ein e an. Hingegen vice versa, wo
der genetivus auch ein monosyllabum bleibt, müssen der dativus und
ablativus nothwendig auch monosyllaba bleiben."[3]) Öfters antwortet
Clauber auf bestimmte Fragen, so schon am 6. Dezember 1731: 1. Die
„ernsthafte" Hofsprache sei „durchgehends zierlich", doch böten der Wiener,
der bayrische und etliche andre Höfe wegen ihrer verderbten Mundart
kein Muster dar. Bodmers Frage meinte eigentlich, ob Hof=Ausdrücke,
die wider die Vernunft, Analogie u. dergl. eingeführt, in reiner Schreib=
art brauchbar seien. Clauber antwortet aber im Stile Gottscheds mit
einer grundsätzlichen Verbeugung vor der Hofsprache, um doch sofort die
Mundart der bedeutendsten oberdeutschen Höfe auszuschließen. 2. Neue
Wörter könnten gebildet werden, wenn sie a) „nicht contra analogiam et
indolem linguae", b) „der Idee, so dadurch ausgedrückt werden soll,
gemäß", c) „nicht allzu fremd, anstößig oder lächerlich" seien. Ebenso
gesteht er zu, daß mit Belebung guter alter Wörter der Sprache ein
Dienst erwiesen werden könne. Ursprünglich war das auch der Stand=
punkt Gottscheds. 3. Das Gleiche gilt von Claubers Zugeständnis, daß
neue Metaphern die Zierlichkeit und den Reichtum der Sprache ver=
mehren. Setzt doch Bodmers junger Mentor ausdrücklich hinzu: „Ob
von diesen Dingen außer den Bödiker, König und Gottscheb jemand
weiter geschrieben, ist mir unbekannt. Wie viel aber diese Herren ge=
leistet, werden E. H. aus ihren Schriften bereits ersehen haben." So
bespricht Clauber denn auch häufig die in betracht kommenden Fragen
mit Gottsched, den er wiederholt seinen Freund nennt, oder überläßt
ihm geradezu die Antwort. Unter anderm schreibt er am 4. Januar 1733:
„Die reflexiones, die E. H. neulich einem Dero Briefe inseriret und wider die

---

1) Nach Mascous Brief an Bodmer vom 14. Januar 1731.
2) Ebb. — Vergl. Kapps Brief an Bodmer vom 1. Februar 1731.
3) 19. Oktober 1732.

4 *

Schönheit unserer Sprache gerichtet waren, habe Herrn Gottsched mit=
geteilt, welcher die Beantwortung zu besorgen versprochen." Erst im V. Band
der „Beiträge" finden sich Angriff und Verteidigung. Freilich steht
Clauder dem Schweizerdeutsch etwas verbindlicher gegenüber. Am 6. De=
zember 1731 äußert er: „Die Sachsen müssen zu ihrer Beschämung
gestehen, daß sie sich wenig oder garnicht bekümmern, wie ihre Sprache
in den entlegenen Provinzen beschaffen sei... Der vortreffliche Fleiß,
den die Herren Schweizer bishero in diesem Stück erwiesen haben, be=
nimmt uns die Sorge, daß die Zierlichkeit unserer Sprache an dieser
Gränze Schaden leiden werde."[1]) Es ist aber nicht etwa Bodmers Ver=
dienst, daß seine Schriften nicht einem völlig abhängigen Anhänger Gott=
scheds anheimfielen; denn Kapp, der auch sonst als Gottscheds Gegner
erscheint,[2]) meldet seiner Zeit dem · Züricher die Bereitwilligkeit Clauders
zur Übernahme der Sprachkritik mit dem Zusatz: „Einige Mitglieder der
hiesigen sogenannten Deutschen Gesellschaft wären zwar im stand, etwas
dergleichen zu verfertigen. Allein ich habe ihnen nicht die Freude
machen wollen, daß sie E. H. Schriften kritisiren könnten."[3]) Kapp scheint
demnach den damals unserm Gottsched wohlgesinnten Mascou von An=
rufung der „Deutschen Gesellschaft" abgeraten zu haben.

Bei dieser Sachlage kann es nicht Wunder nehmen, daß die Schweizer
sich die zahlreichen sprachlichen Erörterungen zunutze machen, welche
Gottsched von den „Vernünftigen Tadlerinnen" an in seine Schriften
verflocht. Die neuen Auflagen ihrer früheren Schriften bekunden eine
solche Annäherung durchgehends. Auch gesteht Bodmer die Notwendigkeit
sprachlicher Verbesserung seiner Schriften gegen Gottsched selbst zu. „Ich
wollte gerne", schreibt er buchstäblich dem nachmaligen Erzfeinde unterm
30. Juli 1738,[4]) „eine solche Verbesserung mit der Übersetzung des Ver=
lustes des paradises vornehmen, worinn ich selbst viele rauhthönende
Wörter und Wortfügungen erblike, alleine die Mühe der Arbeit schrecket
mich davon ab, und zum theil auch der Zweifel, der noch in ansehn
vieler übrig bleibet, da einige lehren, daß sie weh in den Ohren thun,
andere behaupten wollen, daß sie sanft flißen." Sehr fein setzt Bodmer
nun hinzu: „Wenn ich unter andern betrachte, was für ein unterschied
selbst benachbarte Nationen in dem Wohl= oder Übelklang ihrer eigenen
und anderer Mundarten finden, da den Italiänern die Französische, den

1) Vergl. Clauders Brief vom 27. Februar 1733 in J. Crügers Ausgabe:
Gottsched und die Schweizer (Deutsche National=Litteratur Bd. 42) S. LVIII.
2) Vergl. Danzel S. 26.
3) Am 1. Februar 1731.
4) Gerade diese Stelle blieb in Danzels Auszug aus dem Brief (S. 193)
ungedruckt.

Franzosen die Englische, den Engelländern die Deutsche, den Sachsen die
Fränkische als hart und rauh vorkommen, so muß ich gedenken daß die
Werkzeuge der Ohren bey diesen verschiedenen Nationen ganz verschiedene
Faltungen und Biegungen gewonnen haben, welches macht, daß jede die
Mundart, an welche sie gewöhnt ist, für die sanfteste hält. Zu entscheiden,
welche ihre fibras rc., die zu dem gehöre bienen, in der ersten und
natürlichsten Conformation behalten habe, würde schwer fallen". Trotz
dieses Vorbehalts geht er vernünftigerweise zu dem Zugeständnis über:
„Ich wünschte dennoch daß ein geschickter mann sich die müh nehmen
wollte, dem Ohre zum besten dergl. Verbesserung mit dem verlohrnen
parabiß zu unternehmen."

Auch Haller sucht sprachliche Schulung in Leipzig. Zunächst ist
interessant, daß Bodmer ihm die Briefe Clauders zur Kenntnisnahme über=
mittelt.¹) Indessen steht Haller mit Gottsched direkt in Beziehung. Am
15. Januar 1735 schreibt er von Bern aus an den Leipziger Sprach=
diktator²): „Neben dem, daß ich billig wegen Dero gewogenem Urteil
und nützlichen Critik meiner Gedichte meine Dankbezeugung abstatte, so
nehme hiermit die Freiheit, ein Paar Exemplaria der neuen Auflage
Denenselben zuzusenden und auch diese Arbeit Ihrer Untersuchung zu
unterwerfen. Wenn die Zeit es Denenselben vergönnen möchte, sich bei
diesen Kleinigkeiten aufzuhalten: so würden Sie zweifelsohne in Wahr=
heit befinden, daß ich denen von Leipzig und insbesondere von Denen=
selben empfangenen Correctionen willigst gefolget; wiewohl eine und die
andere Stelle, aus Übersehung möchte unverbessert geblieben sein." Clauder
hatte manche private Korrekturen Gottscheds an Bodmer gesandt, der sie
an Haller weiterbeförderte. So meldet Clauder am 19. Oktober 1732
über ein Gespräch mit Gottsched: „Die Schweizerischen Gedichte haben
ihm sehr gefallen, so daß er wünschte, solche gemacht zu haben. Wir
lasen das V. über die Ehre mit einander durch, und er merkte folgende
Fehler wider unsere Sprache an rc." Noch am 9. Mai 1738 äußert
Gottsched gegen Bodmer³), er höre von der Absicht einer neuen ver=
besserten Auflage der Hallerschen Gedichte — um mit nicht mißzuverstehendem
Wink hinzuzusetzen, er zweifele nicht, daß diese Verbesserung einer
Linderung der Mundart gelte.

1) Nach Hallers Schreiben an Bodmer vom 26. August 1733.
2) Nach der Abschrift von Frau Gottsched. Dresden, Königl. öffentliche
Bibliothek. Fehlt unter den Originalen in Leipzig. — Gottscheds Antwort s.
Ludw. Eckardt: Wander=Vorträge (1868) S. 239 flg.
3) In Bodmers Briefwechsel, also auf der Züricher Stadtbibliothek. Ent=
gegenkommende öffentliche Urteile Gottscheds über Haller s. Krit. Bitrge. III, 366 flg.
und IV, 168.

Wie weit ein Haller unsern Gottsched an poetischer Herzenswärme,
wie weit ihn ein Bodmer an kritischer Intuition überragte, wie vorge=
schritten selbst die Auffassung sprachlicher Prinzipienfragen seitens der
Schweizer ist[1]) — ursprünglich haben sie zu ihrem Heile an der hoch=
deutschen Gemeinsprache Gottschedscher Observanz Schulung gesucht.

Nach Ausbruch der Fehde zwischen Gottsched und den litterarischen
Führern der Schweiz sah sich unser unerschütterlicher Sprachmeister mit
doppeltem Eifer nach neuen Verbindungen in der Schweiz um. In
Bern und Basel glückte es ihm wirklich, eine Anzahl Anhänger zu
sammeln. Wie er sich trefflich auf Taktik verstand, so ergreift er alsbald
bei Ausbruch der Litteraturfehde die erste Gelegenheit zur Bekundung,
daß trotz Absage der Züricher noch ein Fähnlein in der Schweiz zu ihm
hält: er widmet nämlich 1741 den VII. Band der Kritischen Beiträge
der Deutschen Gesellschaft in Bern, um sowohl in der Zuschrift wie
(S. 170 flg.) in der Besprechung ihrer Zeitschrift „Der Brachmann“
(d. i. Brahmane) Bern gegen Zürich auszuspielen. Noch 1758 renommiert
er mit seiner Schweizer Gefolgschaft, indem er die „Beobachtungen über
den Gebrauch und Mißbrauch vieler deutscher Wörter“ dem Herausgeber
des Helvetischen Patrioten in Basel widmet[2]). In Bern bestand die
Deutsche Gesellschaft aus „Staatsmitgliedern, Predigern und Professoren“[3]).
Überhaupt hatte Gottsched dort ein weites Publikum; wenigstens schreibt
Altmann, der Herausgeber des „Brachmann“ von dort unterm 1. Winter=
mond 1741: „Unsere Schweiz wird immer Ihre Verdienste verehren, und
die Verleger Ihrer Schriften werden bezeugen, daß Bern ... so viel
von Ihren Werken sich anschaffet, als vielleicht in keiner Stadt von
Deutschland verkaufet werden.“

Engere Beziehungen zu den Bernern bestanden indes nur in der
ersten Hälfte der vierziger Jahre. Im Verlauf derselben ist Gottscheds
Plan merkwürdig, einen eigenen Missionar des Hochdeutschen dorthin
zu entsenden. M. Steinauer war derjenige unter seinen Schülern, dem
er diese Mission als Versorgung übertragen wollte. Die Berner dachten
sich Steinauers Stellung als Privatlehrer der deutschen Sprache[4]); als
solcher sollte er seinen Unterhalt verdienen; Wohnung, in ungewisserer
Form auch „Tisch“, wurde ihm aus dem Kreise der „Deutschen Gesell=
schaft“ zugesagt. Unter diesen wenig verlockenden und noch weniger ehren=
vollen Umständen ging der auserkorene Jünger auf Gottscheds Rat nicht ein.

1) Vergl. Burdach: Sprache d. j. Goethe a. a. O. S. 168.
2) Eingelobt ist der „Patriot“ im Neuesten V, 783 flg. und VII, 209 flg.
3) Nach dem Briefe des Diakonus Gabriel Hürner an Gottsched vom
3. November 1741. — Vergl. außer dieser Handschrift übrigens Danzel S. 237 flg.
4) Nach Hürners und Altmanns Briefen, s. Danzel S. 239 flg.

Er vermißte die Zusicherung von Geldeinkünften und fürchtet kaum ohne Grund, man verstehe vielleicht unter „Tisch" einen Unterhalt, „welcher nach verschiedenen Tagen bald in diesem, bald in einem andern Hause muß gesuchet werden." Erbetteln möchte er aber natürlich nichts von der Freigebigkeit der Herren von Bern.[1]) Als ihm Anfang 1743 gar aus der ihm zugedachten Wirkungsstätte berichtet wird, daß die Freundschaft zwischen Gottsched und dem ja in der That unzuverlässigen Altmann auf schwachen Füßen stehe, fühlt er sich in seiner ablehnenden Haltung bestärkt.[2]) Indessen scheint Gottsched die Hoffnung nicht aufgegeben zu haben: noch im Februar des nächsten Jahres will Altmann den Missionar des Hochdeutschen von Tag zu Tag erwartet haben.[3]) Es ist ein Irrtum Bodmers, wenn er später annahm, die Mission sei wirklich zustande gekommen; darin geht er aber nicht fehl, daß die bedeutenderen Mitglieder der „Deutschen Gesellschaft" in Bern, wie der unglückliche Henzi und Samuel König, der Lehrer der Marquise von Châtelet in der Wolffschen Philosophie, sich über die ganze Komödie lustig gemacht hätten.[4]) Unsern betriebsamen Mann traf ja auf mehr als einem Gebiete seiner vielverzweigten Thätigkeit das Schicksal, daß sein ernst begonnenes Werk in ein Satyrspiel auslief.

Mochte Bodmer immerhin spotten. Wie in dem litterarischen Kampfe gegen die Schweizer in erster Linie Gottscheds sprachlicher Eifer rege und wirksam war, wird umfassend hervortreten, sobald es sich darum handelt, die wesentlich sprachlichen Voraussetzungen für Gottscheds litterarische Urteile überhaupt festzustellen.[5])

3. Korrektdeutsch.

A.

Dialektfreies Deutsch schreiben, hieß für Gottsched die wichtigste Anforderung eines korrekten Stils erfüllen. In der Auffassung grammatischer Verhältnisse bietet er fast gar nichts neues. Er verwahrt sich gegen die Unterstellung, als ob er der Sprache Gesetze geben oder — wie er natürlich sagt — Regeln vorschreiben wolle. „Die Sprachen

---

1) Brief von Steinauer an Gottsched, Schweighausen 7. März 1742.
2) Vergl. seinen Brief vom 22. Januar 1743.
3) Vergl. Danzel S. 240.
4) Nach Bodmers Brief an Hagedorn von Mitte Dezember 1749. Hs. Kestner-Archiv (in Dresden bei Georg Kestner † benutzt, jetzt Leipziger Universitätsbibliothek). — Vergl. Baechtold: Gesch. d. dtsch. Litt. i. d. Schweiz S. 567 flg. u. 574. — Nach Drollingers, Königs und Freudenbergers Briefen an Bodmer stand ein Teil der Baseler wie der Berner Gesellschaft von vornherein zu den Zürichern.
5) Im letzten Abschnitt dieser sprachgeschichtlichen Abhandlung.

sind älter als die Regeln derselben,"[1] erkennt er vernünftigerweise an; aber auch dagegen wehrt er sich mit Entschiedenheit, daß man ihm Selbständigkeit in Formulierung dieser Regeln zuspreche. Seinen Vorgängern will er das meiste zu danken haben, er habe nur „eines und das andere hinzugesetzet", auch dies ausschließlich auf Grund langwieriger Beobachtung der besten Schriftsteller, auf Grund einer Prüfung der Mundarten und unter Vergleichung der vielen kritischen Anmerkungen, die „seit 30 Jahren" über die Sprache gemacht worden.[2] Ja, „ich weiß nicht," ruft er unwirsch aus, „was jemand meiner Sprachlehre für ein Lob beigeleget: daß sie nämlich in einer neuen Schreibart geschrieben sei. Ich mag kein Neuling sein."[3] Das alles klingt ja merkwürdig bescheiden und trifft wohl im wesentlichen auf die meisten Grammatiker zu; aber daß Gottsched dergleichen besonders erwähnt, ist charakteristisch, um so mehr als alle seine Lehrbücher mit einer ähnlichen Verwahrung anheben. Seine Unselbständigkeit beruht auf Grundsatz, und seine Schriften sind thatsächlich zum guten Teil Kompilationen seiner Vorgänger. Wenn trotzdem, also halb gegen seinen eigenen Willen, Gottscheds „Sprachkunst" mitten unter konventionell übernommenen Abschnitten eine Reihe selbständiger Gedanken nicht nur ausspricht, sondern durchführt, so ist auch damit die in erster Linie sprachliche Mission unseres Mannes festgestellt. Die „Kritische Dichtkunst" beispielsweise ist in viel geringerem Grade ihrer französischen Vorlagen durch selbständige Bearbeitung Herr geworden.

In der grundsätzlichen und philosophischen Auffassung der deutschen Sprachverhältnisse schließt sich Gottsched an Leibniz an. Des Philosophen „Unvorgreifliche Gedanken, betreffend die Ausübung und Verbesserung der teutschen Sprache," die Gottsched gleich im ersten Bande seiner Kritischen Beiträge[4] wiederabdruckt, handelten im Stile der Zeit über Würde, Alter und Ursprünglichkeit der deutschen Sprache, stellten Reichtum, Reinigkeit und Glanz als wichtigste Eigenschaften einer Sprache hin, eiferten gegen „unzeitig angebrachte Provinzialien," „von welcher Art auch die Meißner selbst nicht wenig haben"; sie endlich warnten schon vor veralteten Wörtern, die Luther in der Bibel beibehalten habe, die aber nach ihm vollends verblichen seien, und stellten die Schriftsteller des 17. Jahrhunderts, besonders Opitz, als Muster in die erste Reihe.[5] All diese Anregungen hat Gottsched durchgeführt. Daß über-

---

1) Vollständigere Sprachkunst[5] (Spk.) S. 7.
2) Spk. S. 10 flg.
3) Ebb. S. 21.
4) S. 369 flg.
5) Unvorgr. Gd. s. besonders §§ 43—46, 56, 84, 83, 65.

dies für ihn das principium indiscernibilium der Leibnizischen Philosophie verführerisch geworden, hat schon Joh. Mich. Heinze in seinen „Anmerkungen über des Hn. Prof. Gottscheds deutsche Sprachlehre" sarkastisch betont.[1]) Der Lehrvortrag der „Sprachkunst" kleidet sich in den Mantel der Zeitphilosophie.

Fernerhin zeigt sich in Auffassung der grammatischen Einzelheiten weitgehende Übereinstimmung mit Gottscheds Vorgängern. Erst 1746 waren „Joh. Bödikers Grundsäze der Teutschen Sprache mit dessen eigenen und Joh. Leonhard Frischens vollständigen Anmerkungen. Durch neue Zusäze vermehret von Joh. Jacob Wippel" in Berlin erschienen, worin die sprachlichen Forschungen der letzten Jahrzehnte berücksichtigt waren, obgleich noch an der Schreibung „teutsch" festgehalten und der Lutherischen Bibelübersetzung der konventionell erste Platz unter den Sprachmustern belassen war; doch neben derselben marschiert bereits die Schriftstellerschar von Opitz an hier auf.[2])

Wozu nun ein neues Lehrbuch der deutschen Sprache? wozu ein philosophisch angelegtes, nach wissenschaftlicher Grundlegung strebendes Werk?

Es handelte sich nicht in erster Linie um einen Zweck der Schule, für den Gottsched später einen Auszug, nicht besonders geschickt, herstellte.[3]) Selbst Schriftsteller hielten sich von Inkorrektheit nicht frei. Zutreffend beklagt Gottsched, daß viele deutsche Gelehrte in ihrer Muttersprache Fehler begehen, „die sie sich im Lateine nimmermehr vergeben würden", und daß insbesondere gerade unsere Sprachlehrer mehrentheils das allerschlechteste Deutsch geschrieben.[4]) An vertraulichen Geständnissen dieser Art fehlt es nicht. Der Rektor Joh. Martin Prechtlein schreibt z. B. aus Marckbreit den 25. September 1743 an Gottsched: „In der Reinigkeit unserer Sprache und Rechtschreibung gestehe ich, daß ich als ein in der Jugend Versäumter erst alle Tage lerne." Über das sprachliche Schwanken und Experimentieren belehren uns selbst Äußerungen Gellerts, zum teil aus später Zeit. Im Februar 1756 schreibt er an Joh. Adolf Schlegel: „Das e, das ich den Imperativis der regularen Verborum so oft entrissen habe, macht leider manchen Vers sehr hart. Es ist Gärtners stärkste Kritik." Demselben Freunde gesteht er noch am 18. Oktober 1768, er wünsche die Orthographie in seinen Schriften auszugleichen; allerorten, auch in Gottscheds Grammatik, habe er Rat

---

1) Göttingen und Leipzig 1759. S. 21 u. 29.
2) Vergl. S. 113 flg.
3) Den „Kern der deutschen Sprachkunst". — Vergl. über ihn die erwähnten „Anmerkungen" von Heinze.
4) Spk. S. 25 u. 27.

gesucht, ohne noch fest zu werden.[1]) Gewichtig ist auch die Zuschrift des Historikers Grafen Heinrich von Bünau, den Gottsched selbst den klassischen Autoren zurechnete: „Da inzwischen Dero Sprachkunst selbst einigermaßen durchzugehen Zeit gehabt, habe daraus ersehen, wie solche zu Verbesserung meiner eigenen Schreibart anwenden könne" (17. Juni 1752). Böbikers „Grundsätzen" fehlte es gerade an dem, wonach jene Zeit verzweifelt auf allen geistigen Gebieten suchte: an Gewißheit, Sicherheit, einem Anschein von Unfehlbarkeit. Wie die Anmerkungen von Böbiker, Frisch und Wippel hier bunt, teils sich ergänzend, teils sich gar widersprechend, durch einander gehen, empfand man das Buch als „unordentlich".[2])

Mit um so größerer Erwartung sahen weite Kreise der Gottschedschen Sprachkunst entgegen, als er seit 24 Jahren sprachliche Einzelforschungen verbreitet hatte. In diesem Sinne, aber auch nur in diesem, durfte er 1748 allerdings mit der Prätension hervortreten, er habe an seiner „Sprachkunst" 24 Jahre gearbeitet; wie er seinen Ausspruch aufgefaßt wissen wollte, war dieser ein Falsiloquium. Die Arbeit zeigte und bewahrte genug Spuren der Flüchtigkeit. Widersprüche sind nicht selten. Schon P. Dornblüths „Observationes" enthalten einen Abschnitt „Contradictiones Gottschedii";[3]) mit grausamer Geschicklichkeit hat insbesondere Heinze den „Kern der deutschen Sprachkunst" zerpflückt. Höchst bedenklich mutet namentlich oft die Einreihung derselben Wörter unter verschiedene Kategorien der Abwandlung an.[4]) Als Nebenwörter (Adverbia) werden seit, laut, vermöge, kraft, ja Weh! und Wohl! (auch von Gottsched mit großem Anfangsbuchstaben geschrieben) in den Verbindungen: Weh mir! Wohl euch! aufgefaßt.[5]) Nach fordert hier „die vierte Endung", „wenn eine Sache nach einem Orte zu geht" z. B. nach Rom, nach England sollen den Akkusativ bieten; wer nun meint, es müsse deshalb auch nach Haus heißen, „weil nicht eine Ruhe, sondern eine Bewegung angedeutet wird", den tröstet unser Grammatiker also: „Hernach kömmt der, so nach Hause kömmt, auch zur Ruhe. Es heißt gleichsam: nach dem Hause zu."[6]) Schief ist die Regel: „Wenn das Hülfswort bin

---

1) Beide Briefe Gellerts Hff. im Kestner=Archiv. — Vergl. Brief an Gott=sched von Karl Ernst Klein, dem Herausgeber des „Stockholmer Magazins" (29. Nov. 1754) u. s. f.

2) Vergl. Trillers Schreiben an Gottsched, 8. Juli 1747.

3) S. 353 flg. besonders.

4) Vergl. z. B. Spk. S. 340 und S. 346 flg. mit einander; doch fast überall Ähnliches.

5) Spk. S. 507.

6) Ebb. S. 425 flg.

ober sein eine Meinung, Zuneigung oder Abneigung bedeutet (!), so
fodert es die zweite Endung", z. B. ich bin der Meinung, oder gar
sie sind der Arbeit müde![1]) Wie mechanisch ist die Auffassung,
welche aus folgender Regel herausklingt: „Wenn zwei oder mehr Haupt=
wörter zusammenkommen, die weder ein und, noch ein oder verbindet,
so stehen eines oder mehrere allemal in der zweiten Endung!"[2]) —
Dergleichen Beispiele ließen sich zu vielen Dutzenden häufen, wenn die
heutige Wissenschaft noch Veranlassung hätte, in eine Auseinandersetzung
mit den einzelnen „Regeln" Gottscheds einzutreten. Uns kann es nur
darauf ankommen, zu zeigen, daß seine „Sprachkunst" mit Kritik auf=
genommen werden muß,[3]) und daß ihre Bedeutung mehr in Einführung
bestimmter allgemeiner Ideen als in wissenschaftlicher Zuverlässigkeit
beruht.

Einen wirklichen Fortschritt bedeutet die Scheidung der Deklinationen,
während die früheren Grammatiker nur die Geschlechter auseinander
gehalten hatten. Selbst Haller hat „die Regeln der Beugung der Wörter"
„mit Vergnügen gelesen"; nur tadelt er mit Recht die Vorführung eines
Volativs und Ablativs,[4]) in welcher sich die mechanische Nachbildung der
Kategorien der lateinischen Grammatik besonders auffällig bekundet. Von
Gottscheds Korrespondenten äußert sich z. B. Pastor Rosenberg aus Mert=
schütz (20. April 1749): „Besonders kann ich die Einrichtung der deutschen
Deklination nicht genug rühmen. E. H. E. haben derselben einen so
deutlichen Unterscheidungsgrund gegeben, daß dieser sonst so rauhe Teil
im Deutschen recht leicht begreiflich wird." Eine Vereinfachung regt Prof.
Justi in Wien an, indem er zugesteht, daß ihm Gottscheds „neu=
erfundene Regeln von der Beugung der Hauptwörter Anlaß gegeben,
dieser Sache, die noch am allerrohsten in unserer Sprachlehre aussehe,
weiter nachzusinnen."[5]) Ablehnend verhalten sich gegen Gottscheds
Deklinationsarten sowohl Popowitsch,[6]) von dessen Widerspruch wir schon
erfuhren, als Heinze.[7]) Dagegen erinnert Kunze[8]) treffend, daß Popowitsch

---

1) Spk. S. 448.

2) Ebb. S. 417.

3) Vergl. das Ergebnis der Untersuchung von Heinze, S. 205 flg., das durch
die Gegenschrift von Gg. Chstph. Kunze: „Beleuchtung einiger Anmerkungen über
d. H. Prof. Gottscheds deutsche Sprachlehre" (Brandenburg 1760) im ganzen nicht
umgestoßen wird.

4) In seiner nach mancher Richtung abweisenden Kritik der „Sprachkunst"
(Göttinger Gel. Z. 1749, S. 29 flg.). Vergl. Danzel S. 231 flg.

5) Schreiben vom 1. Juli 1751.

6) Anfangsgründe der deutschen Sprachkunst, s. schon Vorrede S. 19 flg.

7) Anmerkungen S. 72 flg.

8) Beleuchtung einiger Anmerkungen S. 111 flg.

und andere Gegner Gottscheds ebenfalls fünf Deklinationen angenommen und sie nur ein wenig anders eingerichtet haben.

Charakteristisch sind, ohne irgendwie epochemachend zu wirken, die grammatischen Grundsätze unseres Sprachmeisters. Echt scholastisch sieht er die Schönheit einer Sprache in ihrer „Richtigkeit" und die Richtigkeit in der Regelmäßigkeit. Bezeichnend übersetzt er irregularis mit unrichtig. Ja, er gesteht geradezu: „Meinesteils wünschte ich, daß alle Sprachen nach einerlei und übereinstimmenden Regeln geschrieben und gesprochen würden."[1] Trotz seines herablassenden Zugeständnisses, daß die Sprache vor den Regeln gewesen sei, scheint es bei ihm oft, als ob die Sprache der Sprachlehrer wegen da sei oder doch auf deren Bequemlichkeit Rücksicht nehmen müsse. Naiv genug erklärt er unter Umständen: „Allein um so weniger abweichenden Exempel halben eine Ausnahme von der Regel zu machen, das belohnet die Mühe nicht."[2] Daß unter den deutschen Zeitwörtern die „unrichtigen nicht den siebenten oder achten Teil ausmachen, ist ihm „ein deutlicher Beweis von der Schönheit unserer Sprache."[3] So nennt er denn auch unsere Sprache rühmend „viel richtiger als die französische, die sehr oft, um des bloßen Wohlklangs halber, den unrechten Artikel zum Hauptworte füget."[4] Es schweben unserm Grammatiker eben überall rein praktische Zwecke vor. — Vom rein logischen Standpunkt nörgelt er an den Synonymen wie den Homonymen und wünscht möglichst eindeutige Wörter[5]; gegenüber solcher „Dunkelheit" fordere unsere Muttersprache „Deutlichkeit" und überlasse „gern der französischen solche Zwitter, die unter einerlei Gestalt zwei-, ja drei- und mehrerlei bedeuten können."[6] Gottscheds ganzes Wesen zeigt eine Wendung wie, daß es, „logisch zu reden, sehr heilsam ist, wenn die Wörter, so viel möglich, bestimmte Bedeutungen haben."[7] Triumphierend verweist er auch auf den Reichtum des Deutschen, namentlich an Kern- und Gleichnisreden bezw. Sprichwörtern, sowie an Zusammensetzungen.[8]

---

1) Spk. S. 404.
2) Spk. S. 830.
3) Ebd. S. 320.
4) Ebd. S. 405.
5) Besonders in den „Beobachtungen über den Gebrauch und Mißbrauch vieler deutscher Wörter und Redensarten."
6) Beobachtungen S. 52.
7) Spk. S. 512.
8) Spk. S. 540, 297 u. 178 flg. Reichtum und Deutlichkeit ebb. S. 14. — P. Dornblüth fährt die „Sachsen" (Observationes S. 6) heftig an, weil sie „behaupten, die teutsche Sprach setze sich, ohne einiges Wort von andern zu entlehnen, über alles zu erklären reich genug."

B.

a) Was der Gottschedschen Grammatik eine Stellung in der Ge=
schichte der deutschen Sprache erwirbt, ist in erster Linie der von unserm
Manne treffend fixierte und angewandte Begriff der klassischen Autoren.
Die Anregung von Leibniz blieb, wie all sein sprachliches Mühen, ein
gelegentlich hingeworfener Gedanke. Gottsched macht Ernst mit der Ab=
rechnung zwischen der lebendigen Sprache und derjenigen der Vergangen=
heit. Wenn wir berücksichtigen, daß es ihm wesentlich um die Schrift=
sprache und die gebildete Umgangssprache zu thun ist, so können wir seine
Auffassung nach keiner Richtung beanstanden: „Die guten Schriftsteller
setzen die Sprache eines Volkes fest, ungeachtet sich in dem Munde des
Volkes die Sprachen von Zeit zu Zeit ändern."[1] Freilich erinnert er
in diesem Zusammenhange an das Beispiel des Cicero und äußert den
Wunsch, „daß unsere Sprache bei der itzigen Art, sie zu reden und zu
schreiben, erhalten werden könnte." Dergleichen Hinweise und Wünsche
lassen es schon begreiflich erscheinen, daß Gottsched nicht mit seiner Zeit
fortschreiten, sondern die unter seinen Augen heranwachsende Jugend auf
seinen eigenen Sprachstand festzulegen versuchen wird, wie er es dann
besonders Klopstock gegenüber unternahm. Aber für sein Geschlecht, seine
Zeitgenossen im engeren Sinne bedeutete es einen nicht zu unterschätzenden
Fortschritt, wenn er auf den Index der Muster nur solche Schriftsteller
setzte, mit denen die lebendige Sprache die Fühlung noch nicht verloren
hatte; und einen Fortschritt in der Entwickelung der deutschen Sprache
dürfen wir es nennen, wenn nun endgiltig das 16. Jahrhundert —
sowohl Luther wie die Kanzlei — als abgethan fallen gelassen wurde, um
modernen Elementen Geltung zu verschaffen.

Gottsched giebt zu, „daß die alte Rauhigkeit unserer Schriftsteller
vor Opitzen etwas nachdrücklicher klingt; aber an Lieblichkeit und Wohl=
klange muß sie der heutigen Schreibart ein vieles nachgeben."[2] Doch
ist es diese mehr ästhetische Rücksicht nicht allein, die ihn seinen Kanon
mit Opitz beginnen läßt. Wiederholt weist er darauf hin, daß manche
Wortformen, die vor 200, ja nur vor 100 Jahren noch im Schwange
gingen, veraltet und abgeschafft worden sind." So stellt er in Gegensatz
zu jenen „altväterischen", „altfränkischen" Litteraturdenkmälern „die
Menge guter Schriften, die unser Vaterland seit Opitzen hervorgebracht
und womit sonderlich dieses 18. Jahrhundert fast alle Künste und Wissen=
schaften bereichert hat."[3]

---

1) Spk. S. 19 flg.
2) Spk. S. 18.
3) Ebd. S. 400.

In näherer Bestimmung der für seine Zeit grundlegenden Sprach=
muster führt Gottsched alsbald aus, es brauchten „diese Scribenten nicht
eben alle aus derselben Landschaft gebürtig" zu sein, da man die „Fehler"
seiner Mundart überwinden könne.[1]) Bezeichnend genug nennt er nächst
Opitz und Fleming nur Schriftsteller seit der Jahrhundertwende: Canitz,
Besser, Neukirch, Amthor, dann Pietsch, Günther, Hagedorn, schließlich
Mosheim, Mascou und Bünau;[2]) die zweite schlesische Schule bleibt
wegen ihres Schwulstes ausgeschlossen. Auf Opitz beruft er sich zwar
im einzelnen am häufigsten, wo er nicht allgemein „die besten Schrift=
steller" ins Feld führt; blind war er auch dessen Autorität nicht ergeben:
nicht nur stellt er mehrfach nur die Schriftsteller seit der Jahrhundert=
wende zusammen, sondern er polemisiert auch gelegentlich gegen jenen
Mann, der ihm doch als Vater der deutschen Dichtkunst galt, sobald
nämlich ein Verstoß gegen die über den Autoren schwebenden Sprach=
prinzipien, wie die Deutlichkeit, vorliegt.[3]) Ja, auf Vorhaltung giebt
er selbst Opitz halb als veraltet preis, indem er zugesteht, man müsse
dessen „Zeiten" viel zu gute halten.[4]) Überhaupt erweckt es den An=
schein, daß seine Berufung auf Opitz mehr konventionell ist, mehr dem
„Vater unserer neuern Dichtkunst", den überdies Leibniz genannt hatte,
als dem Sprachmuster gilt. Rechter Ernst war es ihm wohl ganz zu=
treffend nur mit den Schriftstellern, die in seine eigenen Tage hinein=
ragen. Wo er dialektische Spuren oder dergleichen Eigenheiten wittert,
finden aber auch sie keine Gnade.[5])

b) Es ist wahr, auch auf Luther beruft sich Gottsched hie und da,
nicht aber um auf Luthers Autorität hin eine Regel zu formulieren,
vielmehr um eine aus dem lebendigen Gebrauch entnommene Regel
womöglich auch durch diese von religiösem Schimmer umkleidete Autorität
nachträglich zu stützen. Völlig unzweideutig setzt er einer solchen Be=
rufung, daß Luther das persönliche Fürwort beim Hilfszeitwort in der
Bibel nirgends, in seinen andern Schriften selten ausgelassen habe,
alsbald hinzu: „Und gesetzet, er hätte es auch ausgelassen: so gilt doch
bei mir Quintilians Ausspruch: Neque id statim legenti persuasum
sit, omnia, quae magni autores dixerint, utique esse perfecta."[6])

1) Spk. S. 4.
2) Ebb. S. 19, 21, 489 u. a. O.
3) Siehe z. B. Spk. S. 283.
4) Ebb. S. 440.
5) „Mosheim und andere Niedersachsen fehlen hier oft", heißt es bündig
Spk. S. 511.
6) Spk. S. 492.

Mit welchem Recht sich Gottsched von seinem Standpunkt der lebendigen
Sprache aus noch auf Luther berufen kann, erschließen uns Äußerungen,
in welchen unser Grammatiker die Bibelübersetzung des Reformators
unter den sprachlich zum teil veralteten Büchern aufzählt, die doch noch
nicht „aus dem Gebrauche gekommen."[1]) Ist doch eine bedingte und
beschränkte sprachliche Wirkung so lange ermöglicht, als das Buch fort
und fort in Millionen Händen liegt. Wie es um Gottscheds Auffassung
von Luthers sprachlicher Autorität bestellt war, ersehen wir unmittelbar,
sobald eine seiner Regeln durch Hinweis auf die Bibel bestritten wird.
„Das weiß ich wohl", lautet seine Antwort, „und lese es selbst in
Hans Lufts Ausgabe von 1545 nicht anders. Allein das machet noch
nicht, daß es auch gut sei, denn in eben den Bibeln steht noch viel
mehr, das wir heute zu Tage nicht billigen ... Dies sind Überreste
des Altertums, die man zwar an Luthern und unsern andern Vorfahren
entschuldigen, aber nicht nachahmen muß."[2]) Daß er Luther keineswegs
ignoriert, aber sich doch durchaus kritisch — man darf hier nahezu ein=
mal sagen: historisch=kritisch — zu demselben stellt, resumiert er dahin:
„Vieles ist durch die Folgen der Zeit bei ihm und andern zeit=
verwandten Schriftstellern veraltet: vieles aber ist auch bis auf diese
Stunde gut, brauchbar und nachahmungswürdig geblieben."[3]) Die
Wiedererweckung guter, vergessener Wörter aus Luther läßt Gottsched
denn auch ganz im Sinne von Leibniz[4]) zu. Wie weit er bei einer
derartigen Stellung zu dem Reformator über seine Vorgänger auf
grammatischem Gebiete hinausschreitet, ergiebt ein Hinblick auf die
Wippelsche Erneuerung von Böbikers „Grundsätzen", deren prinzipielle
Stellung wir bereits kennen lernten. Hier hieß es: „Es ist kein besser
Buch, das die Teutschen haben, als die heilige teutsche Bibel aus der
Übersetzung des Mannes Gottes, Luthers." Nächstdem werden hier die
Dichter von beiden schlesischen Schulen bis zu Weise und Morhof als
solche Schriftsteller aufgezählt, die sich „noch ziemlich des Rechtschreibens
beflissen". Schließlich gelangt durch Wippel die inzwischen eingetretene
Änderung der Orthographie zur Anerkennung, mit dem Zugeständnis:
„Daher muß man nebst ihnen auch neuere und sonderlich diejenigen
lesen, welche die Rechtschreibung der Leipziger teutschen Gesellschaft an=
genommen haben."[5]) Selbst ein so geflissentlicher Gegner der Gottsched=

---

1) Vergl. Spk. S. 458.
2) Ebb. S. 308.
3) In der Vorrede zu den „Beobachtungen über den Gebrauch und Mis=
brauch".
4) Unvorgr. Gedanken § 66.
5) S. 113 flg.

ſchen Sprachkunſt wie Joh. Mich. Heinze geſteht im Hinblick auf dieſelbe die Fortſchritte der deutſchen Sprache ſeit Luther zu.[1]

Gottſcheds Abwendung von Luthers unbedingter ſprachlicher Vor=herrſchaft förderte — wie wir ſahen — die Entwicklung der Sprache, erleichterte ferner dem katholiſchen Oberdeutſchland ſehr erheblich einen Anſchluß an die Gemeinſprache. Im übrigen charakteriſiert ſich dieſer Schritt unſeres Sprachmeiſters dahin, daß er zwar lebendigere Sprach=elemente gegen tote ausſpielt, dabei aber ſich von der volkstümlichen Lutherſprache zu einer rein litterariſchen Gelehrtenſprache hingedrängt ſieht.[2]

c) Volkstümlich muß uns jedoch Gottſcheds Kampf gegen die Kanzleiſprache anmuten. Sein eigentümlicher, fortgeſchritten=konſervativer Standpunkt bekundet ſich nach dieſer Richtung beſonders deutlich, denn ſeine Angriffe auf die Kanzleiſprache gelten ſowohl den altfränkiſchen wie den neologiſchen Elementen derſelben.

Unſere Sprache iſt noch heute nicht frei von Schnörkeln, umſtänd=lichen Konſtruktionen und pedantiſchen Wortbildungen. Aber was wir Gottſcheds befreiendem Wirken auf dieſem Gebiete verdanken, können wir annähernd aus dem Gefühl des leichteren Aufatmens erſchließen, mit welchem wir ſelbſt bei der neuen deutſchen Juſtizorganiſation zahlreiche Schnörkel der Juriſtenſprache ſchwinden ſahen. Auch hier hat der rück=ſichtsloſe Eifer unſeres Sprachmeiſters Gutes gewirkt. „Lauter unnütze Umſchweife“, ruft er unter Umſtänden kategoriſch, „welche die Schreibart nur langweilig und wortreich machen: daher ſie auch ſchon zum Spotte geworden.“[3] Er ſpricht kurzweg von den „Barbareien“ dieſer Schreib=art[4] und wird nicht müde, von Fall zu Fall die „Schnörkel“ und „Blümchen“ der „Staatsgrammatik“, die „ungehobelte Rauhigkeit“ unſerer deutſchen „Kanzlei=, Reichs= und Kreisſchriften“ aufzumutzen.[5] Solcher Unbeholfenheit in der Wortbildung wie im Satzbau ſchreibt er die Schuld an den Vorurteilen der deutſchen Fürſten gegen unſere Mutterſprache zu: ſie irrten nur darin, daß ſie das „fürchterliche Zeug“ ihrer „Konzipienten“ als Fehler anſähen, welche der deutſchen Sprache überhaupt unbedingt eigen ſeien.[6] Sobald es gilt, der Kanzleiſprache eins auszuwiſchen, rafft ſich ein Gottſched ſogar zur Vertretung des

1) Anmerkungen über des H. Prof. Gottſcheds Deutſche Sprachlehre S. 86 flg. Heinze ſpielt hier Gottſched gegen Chriſt aus.

2) Vergl. Burdach: Einigung S. 11, Sprache d. j. Goethe a. a. O. S. 167.

3) Spk. S. 528.

4) Ebb. S. 512.

5) Neben der „Sprachkunſt“, ja ausſchließlicher kommen, wie wir ſchon erfuhren, für dieſen Kampf die „Beobachtungen“ in betracht.

6) Vergl. beſonders Spk. S. 182, Beobachtungen S. 223 flg.

freien „Männerstolzes vor Königsthronen" auf: der (leider noch heute
nicht verschwundene, sondern eher in Ausdehnung begriffene) Pluralis
majestatis sei „ein handgreiflicher Solœcismus", „und man sollte ihn
desto mehr abschaffen, da er nach einer für freie Deutsche ganz un=
anständigen Niederträchtigkeit schmecket."[1]

Namentlich die willkürlichen Neubildungen der Kanzlisten und
Reichspublizisten forderten die verstärkte Gegenwehr unseres Sprachwartes
heraus. Schon im Interesse der Gemeinsprache mußte er Einsprache er=
heben. „Was will daraus werden, wenn jede Klasse von Menschen sich
ein eigenes Rotwälsch machen will? Eine babylonische Verwirrung, da
keiner den andern versteht."[2] Alsdann gerieten die gestrengen Regeln
in Gefahr, sobald weitgehende Ausnahmen für die Amtsschreiber zugelassen
wurden. Auch litt die elegante Kürze durch das Eingreifen „gewisser
Leute", welche „die Wörter nicht lang genug kriegen; weswegen sie gern
so viel Silben anflicken, als sie nur können."[3] Schließlich müssen wir
uns seine Zurückhaltung gegen Neubildungen überhaupt gegenwärtig
halten, um den ganzen Umfang seines Widerspruches zu ermessen.
Was er den Wortbildungen der Kanzlisten besonders vorwirft, ist
zunächst die unnötige Zusammensetzung von Wörtern, die schon in ein=
facher Gestalt den Begriff erschöpfen, wie alldieweil, ja sogar ver=
doppelt sintemal und alldieweil, oder Bildungen mit Flicksilben, wie
ansonst, anbei u. s. f.[4] Auch von anderen Zusammensetzungen mit
Partikeln und Adverbien wimmelt der Reichsstil, die nach Gottscheds
Befürchtung „jeder Schreiber daselbst nach seinem eigenen Dünkel aus=
hecket,[5] wie Obsorge, Außenstand, Vereigenschaftung, Aus=
gleichung, Berichtigung u. dgl., von denen wir ja nur zu viele beibehalten
haben. Seltsame Mißbildungen von Adjektiven aus Adverbien weist Gott=
sched gleichfalls zurück: wie sonstig, mehrig, kaumig.[6] Nicht in
letzter Linie ist es aber auch der Gebrauch eingeführter Wörter und
Redensarten in neuer oder besonderer Bedeutung, wodurch sich jener
herausgefordert sah. „Warum sollen doch die bekanntesten Wörter in
ihrem Munde und in ihren Federn ihre ganze Natur ändern, und
etwas sagen, daß sie gar nicht bedeuten können?"[7] Solche Verschiebung
ist auch darum nicht gut, weil jedes davon betroffene Wort alsdann

---

1) Spk. S. 281.
2) Beobachtungen S. 371 flg.
3) Ebd. S. 79.
4) Spk. S. 528, 381 u. a. O.
5) Ebd. S. 182.
6) Ebd. S. 249.
7) Beobachtungen S. 371 flg.

„vielerlei heißen kann, und also eine Dunkelheit und Verwirrung bei sich führet", welche der Regel der Deutlichkeit widerspricht.[1])

d) Sahen wir somit einige Funken von historischem Verständnis in Gottscheds Hirn aufblitzen, so bleibt doch seine schnelle Verknöcherung unverkennbar. Allerdings macht seine eigene Sprache Fortschritte, doch wesentlich immer in der Tendenz größerer Gleichförmigkeit und Regel= mäßigkeit. Nicht einmal dieses Recht der eigenmächtigen Selbstvervoll= kommnung will er dabei jedem Schriftsteller zugestehen. Seine eigentliche Sprachlehre[2]) klingt in einen Protest aus: „da itzo jedermann sich ein= bildet, das hieße die deutsche Sprache verbessern, wenn er sie so zerzerret und zermartert, daß kein Glied eines Satzes auf der ihm gehörigen Stelle bleibt. Hier mag es genug sein, daß ich vor allen Neuerungen dieses oder jenes, auch sonst großen und scharfsinnigen Schriftstellers gewarnet habe." Auch in den „Beobachtungen über den Gebrauch und Misbrauch vieler deutscher Wörter und Redensarten" dekretiert unser Sprachlehrer allgemein: „Man muß nicht unnütze Neuerungen machen."[3])

Aus Gottscheds Streben nach Einigung und Festsetzung der deutschen Sprache wird es verständlich, daß er sich denn durch die Sprachneue= rungen der Züricher und Klopstocks wie ihrer Schule in die Schranken gerufen fühlt. Genug Überbietung ihrer schwungvolleren Sprachmittel lief seitens dieser Erneuerer des deutschen Geschmackes mit unter. Um so leidenschaftlicher nahm der Leipziger Diktator den Kampf grundsätzlich auf. Nach zwei Richtungen führen seine grammatischen Schriften die Fehde: sowohl die philosophische Vergeistigung wie die malerische Bildlich= keit der neuen Litteratursprache dünkt ihn gefährlich. Wenn er und seine Schüler auch den Kampf gegen die Neologie wesentlich auf anderm Boden ausfechten, so warnt doch schon die „Sprachkunst" vor Bildung der Abstrakta das Große, Schöne, Edle,[4]) — „gewiß eine neue Metaphysik der Witzlinge". Ebenso klingt es ihm höchst schnitzerhaft, wenn einige Neulinge auch in der einfachen Zahl das Geschlechtswort ersparen wollen",[5]) er meint die Wendungen Natur gebeut das, Tugend ist liebenswürdig u. dergl. Beides scheint ihm undeutsch, nach fremden Mustern übertragen. Direkt den englischen Geschmack macht er wiederholt für den Ausruf Heil dir! verantwortlich,[6]) sowie für das Einreißen von Schöpfung statt Welt, schließlich für den Gebrauch des Beiwortes ge=

---

1) Beobachtungen S. 51 flg.
2) Spk. S. 531.
3) Beobachtungen S. 55.
4) Spk. S. 256 u. 419.
5) Ebb. S. 407.
6) Ebb. S. 3, 398 u. 539.

segnet zur Verherrlichung des Heilands, wo er das englische blessed durch teuerster oder dergleichen umschreiben möchte.[1]) Die Neuerungen einer malerischen Schreibart andererseits gelten ihm schlechtweg als Schwulst.[2])

Man kann danach ermessen, was es mit den Zugeständnissen auf sich hat, die Gottsched der Fortbildungsfähigkeit unserer Sprache macht. In erster Linie denkt er dabei noch an Zusammensetzungen. Im übrigen ist sein Standpunkt auch hier nicht der des schöpferischen Schriftstellers, sondern der des Sprachlehrers, des Grammatikers. Bei Darlegung der Sprachprinzipien giebt er nicht sowohl ein Maß für die Bildung neuer Wörter und Wendungen oder für sonstige Änderungen, als vielmehr eine Richtschnur für den „Sprachlehrer", nämlich „daß er nichts zu einer Regel mache, was noch nicht von sehr vielen und den besten Schriftstellern gebilliget und angenommen ist."[3]) Jedenfalls läßt er nur solche Neubildungen zu, welche sich nach der Analogie schon bestehender Wörter und Wendungen richten, im übrigen setzt er an Schriftstellern, die sich eine derartige sprachschöpferische Thätigkeit erlauben wollten, — nach einer gelegentlichen Bemerkung zu schließen — Witz, Geschmack und Stärke im Deutschen voraus.[4])

C.

Selbständige Bedeutung wohnt der Gottschedschen „Sprachkunst" schließlich dadurch inne, daß die agitatorischen Sprachbestrebungen des Mannes auch hier zur Durchführung gelangen. Auch seine Grammatik spielt unablässig (a) Deutsch gegen undeutsche, fremdsprachliche Spuren, ebenso (b) Gemeindeutsch gegen dialektische Eigenheiten aus.

a) Von vornherein beklagt Gottsched, daß die fremden Sprachen, die jemand am meisten treibt, ihn oft auf gewisse Abwege geleiten, so daß er sich in seiner eigenen Muttersprache fremd und ausländisch ausdrückt. Richtig erkennt er, daß die Hofleute durch französische Redensarten, die Gelehrten, sonderlich die Schulmänner durch lateinische und griechische Konstruktionen unsere Sprache verderben. Daneben will er griechische und selbst hebräische Wendungen in Luthers Bibelübersetzung finden. Namentlich jammert er schließlich ob der einreißenden englischen Verderbnis.[5])

---

1) Spk. S. 539.
2) Beobachtungen S. 87 flg.
3) Spk. S. 8.
4) Ebd. S. 429 flg.
5) Ebd. S. 5.

Unter den Merkwürdigkeiten der Gottschedschen Grammatik ist es sein Haß gegen die Mittelwörter, die Partizipien, der auf diese nationale Quelle zurückgeht. Auch diese Parteinahme wirkte weiter. Nicht nur als Neologisten, sondern auch als Partizipianer verschrie der Gottschedsche Heerhaufen die Gegner in der Litteraturfehde. Die theoretische Grundlage dieses Verhaltens entnehmen wir der „Sprachkunst."[1]) Sein Vorgehen entbehrt im allgemeinen nicht der Berechtigung. Schon die Mittelwörter der künftigen Zeit (z. B. in ein zu schreibender Brief) behandelt er skeptisch: „Wen diese Redensarten schön bedünken, der brauche sie meinetwegen!" Schärfer wendet sich Gottsched gegen die Stellung des Mittelwortes, gleichviel ob der gegenwärtigen oder vergangenen Zeit, an den Beginn eines Satzes. „Eine altväterische Nachahmung des Griechischen und Lateinischen, die wider den natürlichen Schwung unserer Sprache läuft", nennt er die derartige Verwendung des ersteren, „eine ungeschickte Nachäffung des Französischen" die des letzteren. Was Gottsched meinte, verdiente Billigung; sein Widerspruch richtet sich im wesentlichen gegen die thatsächlich undeutschen Konstruktionen in Art von: Dieses sehend, sprach er ... und Erschrecket durch deine Worte, kann ich dir nichts antworten, schließlich unter Auslassung des Partizips: Zu schwach, eine Schlacht zu liefern, zog er sich zurück. Sein Tadel war indes aus Ungeschick in zu weiter Fassung ausgesprochen. Auf Einwürfe giebt er denn zu, daß er gegen Sätze des Baues wie: Sterbend ging er hin, lebend kam er wieder, nichts einzuwenden habe. Die richtige Form des Widerspruches wäre demnach gewesen, ihn auf Konstruktionen zu beschränken, in denen das Partizip noch als Verbum eines besonderen Nebensatzes dient, während es in rein adjektivischer Verwendung zugelassen sein muß. Mag man auch dann noch den Gesichtskreis Gottscheds namentlich für die Poesie zu eng finden, so wird man doch grundsätzlich ihm nicht widersprechen können und sein Wirken nach dieser Richtung als heilsames Gegengewicht gegen die anbrängenden fremdsprachigen Einflüsse anerkennen müssen. In den späteren Auflagen der „Sprachkunst" ergreift Gottsched denn auch mit Eifer die Gelegenheit, den neuen Dichtern solche „Barbarismen" zu verweisen.

Daß er sich während des Kampfes allmählich in Mißtrauen gegen die Partizipien überhaupt verbohrte, nimmt bei der blinden Leidenschaft, mit der man hüben und drüben focht, kaum Wunder. Immerhin behielt Gottsched ein Recht zu betonen, daß er die Mittelwörter an sich gar nicht verwerfe. Leider hatte er seine Regeln auch darin ungeschickt mechanisch abgefaßt, daß er nur von den Mittelwörtern am Anfang des

---

1) Spk. S. 374 flg. u. 483 flg.

Satzes spricht, während er offenbar die gleichen Konstruktionen inmitten oder am Ende des Satzes mit ebensoviel Recht treffen will. So kam es, daß Haller ihn doppelt mißversteht und in seiner Rezension der „Sprachkunst"[1]) sich für den Gebrauch der Mittelwörter auf Opitz und fast alle Dichter der eigenen Zeit beruft, den Ausschluß derselben vom Anfange der Perioden aber als eine reine Frage der Wortordnung und des Unterschiedes zwischen gebundener und ungebundener Rede bezeichnet.

Mit größerer Berechtigung weist Heinze[2]) darauf hin, daß Gott= scheds Paradigmata in mechanischer Wiedergabe des Schemas der latei= nischen Grammatik deutsche Supina und Gerundia aufweisen, ja sogar mehr Participia, als sonst bekannt wären, denn unser Grammatiker hatte aufgestellt: zu sein, im sein, vom sein, zum sein, und dann: ein Wesender, ein Gewesener, einer der da sein wird.

Wie er trotzdem bemüht bleibt, die deutsche Sprachforschung von fremden Stützen zu emanzipieren, bekundet er auch gegen den P. Amon, als dieser sich mit dem Plan eines Wörterbuchs trägt. Er rät dem unternehmenden Ordensgeistlichen ab, „die Redensarten allemal mit dem Lateine zu erklären." „Es wäre einmal Zeit, ein Wörterbuch, wie das von der Académie Française zu machen: darin gar keine fremde Sprache ist."[3]) Daß auch für diese Loslösung von römischen Fesseln auf das Beispiel eines romanischen Volkes verwiesen wird, gehört nach allem, was wir früher erfuhren, zur geistigen Physiognomie der Zeit.

b) Die Überwindung der Dialekte durch die Gemeinsprache erweist sich in „Gottscheds „Sprachkunst" von doppelter Bedeutung. Nicht nur die sprachliche und damit geistige Einheit des deutschen Volkes wurde gefördert. Hätte Gottsched den frisch quellenden, aber bunt mannig= faltigen Mundarten nichts als das übereinstimmende Muster der besten neueren Schriftsteller entgegenzusetzen gehabt, so wäre unsere Sprache völlig unlebendiger, rein litterarischer Verknöcherung überantwortet gewesen. Wie er sich indes die Gegenüberstellung dachte, setzte er die besten neueren Schriftsteller an den Platz der veralteten; als Gegensatz zu der Abweichung der Dialekte nannte er die Sprache der besten Provinzen. Also doch eine gesprochene Mundart, nur die beste, dachte sich unser Grammatiker als Herrscherin über die andern. Ohne daß er sich wohl darüber völlig klar wurde, bedeutete ihm die beste Mundart diejenige, in welcher die übrigen am unmittelbarsten zur Vermittelung, zum Ausgleich gelangen,

---

1) Göttinger Gelehrte Zeitungen 1749, S. 30.
2) Anmerkungen S. 134 flg.
3) Siehe Schachinger a. a. O. X, 105.

die also zur Einigung am geeignetsten war. So wird denn in dieser Grammatik zum wiederkehrenden Grundsatz: „Der Gebrauch guter Provinzen und der besten Scribenten muß solches lehren."[1])

Wir wissen bereits, daß Gottsched unter „guten Provinzen" im Grunde nichts anderes als das obersächsische Sprachgebiet versteht. Doch ruft er, wo der Gebrauch mit der Gemeinsprache übereinstimmte, als unschädliche Muster auch andere wesentlich mitteldeutsche Landstriche an, besonders Schlesien, den litterarischen Mittelpunkt des 17. Jahrhunderts. Gottsched hat denn auch sich selbst an der Meißner Mundart noch da und dort abgeschliffen, bisweilen wenigstens unter halber Preisgabe alter Liebhabereien den Meißnischen Sprachgebrauch mit Achtung angeführt. So giebt er zu, daß man in Meißen fließt, fliegt spricht, und nennt des= halb seine Regel, die eu fordert, etwas Ungewisses."[2])

Dementsprechend warnt er bei passender Gelegenheit vor dialektischen Abweichungen. Seine „Beobachtungen über den Gebrauch und Mißbrauch vieler deutscher Wörter und Redensarten" hat er sogar besonders aus Anmerkungen über Unrichtigkeiten, d. h. mundartliche Störungen in fränkischen, schwäbischen, bayrischen und österreichischen Schriftstellern zusammengesetzt. Seine Zeitschriften und seine gelehrten Vereinigungen, besonders die Deutschen Gesellschaften, förderten dieses Streben andauernd.

Wie schon Leibniz tritt aber auch Gottsched in seiner Grammatik rein dialektischen Spuren und Unarten des Meißnischen entgegen. Er verspottet grammatische Inkorrektheiten der meißnischen Umgangssprache unter direktem Hinweis auf das parodistische Nachspiel, welches seine Frau unter dem Titel: „Herr Witzling" in die „Deutsche Schaubühne" gesetzt hatte: „damit die Herren Obersachsen nicht stolz werden möchten, so sind auch ihre Blümchen in diesem Stücke nicht vergessen worden."[3]) Namentlich mutzt er daneben nicht ohne Grund die übermäßigen provinziellen Interjektionen den Obersachsen auf.[4])

Umgekehrt entzieht sich Gottsched manchem Zwiespalt durch einseitigen Anschluß an den obersächsischen Sprachgebrauch, welcher keineswegs in all solchen Fällen durchgedrungen ist. Von Gottscheds Standpunkt war es eine Selbstbloßstellung zu verkünden: „Da Deutschland sehr groß ist, und verschiedene Landschaften bisweilen in den Geschlechtern der Wörter von einander abgehen: so muß man nicht fodern, daß diese Regeln nach dem Sinne aller Provinzen sein sollen. Man wird dieselben nach der

---

1) So ausgesprochen Spk. S. 379.
2) Spk. S. 332.
3) Spk. S. 455.
4) Ebd. S. 530 flg

hier zu Lande herrschenden hochdeutschen oder meißnischen Mundart ein=
richten; allen übrigen Landsleuten aber die Wahl lassen, ob sie sich der=
selben bequemen oder bei ihrer alten Art bleiben wollen."[1] Es war
denn doch bedenklich, das Hochdeutsche ohne weiteres mit dem Meißnischen
gleichzusetzen, und nicht minder bedenklich, den Provinzen die Wahl zu
überlassen.

Wie in den eigenen Sprachgebrauch konnte es nicht ausbleiben,
daß sich in Gottscheds theoretische Erörterungen manche Spuren seiner
heimatlichen Mundart eindrängen. Ostpreußische Aussprache leitet ihn
offenbar, wenn er wiederholt die Schreibung bässer, Fässel, Bätter,
ergätzen u. s. f. fordert, ebenso bei verhöhlen.[2] Auf Heinzes An=
griff[3] muß selbst Gottscheds freiwilliger Verteidiger Kunze zugestehen,[4]
das möge „wohl etwas wider die Gewohnheit" sein, er halte es mit
Frisch, dessen Wörterbuch ergötzen vorschreibe. Aus gleicher Quelle
entspringt wohl der Tadel, die Obersachsen sprächen in Gruß, Fuß
das u lang: „ob sie recht daran thun, will ich nicht sagen"; auch
husten will er mit kurzem Vokal gesprochen wissen.[5] Durch ostpreußische
Aussprache bestärkt wurde Gottsched wenigstens in der breiten Aussprache
des s vor Konsonanten am Anfang des Stammwortes, selbst vor c und
überhaupt in Fremdwörtern: Schclaven, Schcapular setzt er an.[6]
Ostpreußisch im Gegensatz zum Obersächsischen war Gottscheds Wider=
spruch gegen das Endungs=e in männlichen und sächlichen Wörtern,
zum guten Teil mit Recht, wie in der Herre, der Poete, das
Gesichte; doch verlangt er auch der Frank, der Franzos, der
Sachs, der Pohl.[7] In der Deklination fiel den Zeitgenossen, ins=
besondere auch den Recensenten Haller und Heinze, die in Ostpreußen
gebräuchliche Pluralbildung Hälmer, Flecker als provinzialisch auf.
Vergebens suchte Kunze seinen Meister nach dieser Richtung zu entlasten.[8]

Von sonstigen Provinzialismen, deren Gebrauch freilich nicht auf
Ostpreußen beschränkt ist, fallen viele Zeitwörter auf, wie:[9] aus=
fenstern, eisen, kalmäusern, trappeln, krebsen, prachern, schweimeln,
sömmern, zannen u. s. f. Ohne den gemeindeutschen Grundcharakter der

---

1) Spl. S. 203.
2) Ebd. S. 72.
3) Anmerkungen S. 24 u. 47.
4) Beleuchtung S. 92 flg.
5) Spl. S. 89 u. 35.
6) Ebd. S. 35.
7) Ebd. S. 212.
8) Beleuchtung S. 128 flg.
9) Im Verzeichnis Spl. S. 321 flg.

Gottſchedſchen Grammatik aufzuheben, beweiſen dieſe Einflüſſe doch, wie
unbewußt nötigend die Mundart der Heimat oder Umgebung damals
noch ſelbſt das eifrigſte Streben nach Spracheinigung durchbrach. Deshalb
bilden ſie eine Stütze mehr für die Notwendigkeit des prinzipiellen Vor=
gehens unſeres Gottſched.

c) Die zahlreichen, im Druck und in der Handſchrift vorliegenden
Urteile über Gottſcheds „Sprachkunſt“ dürfen hier wohl kaum beſonderen
Raum beanſpruchen, nachdem wir die grundſätzlich wichtigen Angriffe
und Verteidigungen bereits im einzelnen, der ſachlichen Stellungnahme
nach, kennen gelernt haben. Nur ein Schriftwechſel über das Werk iſt
bemerkenswert. Zu den Regeln der Bücheranfertigung gehörte in jener
Zeit „last, not least“ die geſchickte Auswahl eines vielvermögenden
Gönners, dem man das Buch widmete. Gottſched wußte, was er that,
als er ſeine „Sprachkunſt“ neben der Königsberger — auch der Göttinger
Deutſchen Geſellſchaft und damit dem Direktor, einem gelehrten und an=
geſehenen Forſcher wie Joh. Mathias Geſner in Göttingen zueignete: es
war auf eine captatio benevolentiae dieſes faſt zuſtändigſten Beurteilers
und des einflußreichſten kritiſchen Organs, der Göttinger Gelehrten Zei=
tungen abgeſehen. Unſer diplomatiſcher Litterat ſcheint ziemlich geradezu
auf ſein Ziel losgeſteuert zu ſein, ohne doch den in letzter Linie er=
wünſchten Erfolg zu erzielen. Denn Geſner dankt ihm zwar privatim
am 17. Oktober 1748 ſehr verbindlich für die Zueignung, zumal „auch
bei einer gar kurzen Einſicht dieſer Sprachkunſt zu erſehen, daß dieſelbe
bald unter die Klaſſik=Bücher aufgenommen werden und den erſten
Rang in ihrer Art behaupten werde;“ aber er kann nur hinzuſetzen:
„Ich will ſehen, wie weit es in der Gelehrten Zeitung, deren Direktor
H. Prof. Haller iſt, zu bringen ſein wird.“ Weder Geſner noch der
Gottſchedianer Wedekind richteten jedoch etwas Weſentliches aus,[1] Hallers
Kritik war bei aller Reſerve nichts weniger als rühmlich.

Der äußere Erfolg der „Sprachkunſt“ war deſto nachhaltiger: nach
wenigen Monaten war die erſte Auflage vergriffen; zu Gottſcheds Leb=
zeiten erſchienen fünf Auflagen der „Vollſtändigen Sprachkunſt“, die
6. Auflage 1776 und in demſelben Jahre die 8. Auflage des „Kerns
der Sprachkunſt“ — wie er den Auszug für Schulzwecke betitelt hatte.
Aber noch 1780 kam in Wien ein Abdruck des „Kerns“ heraus, und
überhaupt ging die Schar der Bearbeitungen von fremder Hand über

---

1) Siehe Danzel S. 229 flg. Später holte ſich Gottſched auf eine Über=
ſetzung aus der Feder ſeiner Frau von Geſner ſelbſt eine Abſage; ſ. ebb. S. 184.
Gottſched glaubte ſchon als Mitglied der Deutſchen Geſellſchaft in Göttingen
ein Anrecht auf wohlwollende Behandlung in den Gött. Gel. Z. zu haben. —
Vergl. Das Neueſte a. d. anmut. Gel. IX, 551 flg.

seinen Tod hinaus. Französische Überarbeitungen und Auszüge erschienen bis in unser Jahrhundert hinein.[1]) Groß war von Anfang an
die Zahl der Übersetzungen. Namentlich melden sich viele Übersetzer für
das Französische.[2]) Sowohl die Straßburger wie die von Quand besorgte Pariser, nachmals Wiener Übersetzung erlebte mehrere Auflagen.
Die unter Gottscheds Mitwirkung zustande gekommene Straßburger Ausgabe wird für den Verleger Amand König zum Anlaß, Gottsched mit
einem deutschen Seitenstück zu Girards „Synonymes Français" zu be-
auftragen;[3]) dieser Anregung verdanken die mehrfach erwähnten, zahlreiche Synonyma wie Homonyma besprechenden „Beobachtungen über
den Gebrauch und Mißbrauch vieler deutscher Wörter und Redensarten"
(1758) ihre Entstehung.[4]) — Auch in Italien findet die „Sprachkunst"
alsbald freundliche Aufnahme,[5]) später übersetzt sie Abam de Giorgio,
der zu Hamburg lebt, ins Italienische.[6]) Lateinische Übertragungen
blieben nicht aus.[7]) Für Zwecke der polnischen Jugend erschien eine
lateinische Ausgabe in Warschau 1767, weitere Ausgaben in Frankfurt a. M. 1770 und in München 1774. Auch ins Holländische,
Ungarische und Russische wurde das Werk übersetzt.

Gottsched trug sich mit den weitausschauenden Plänen einer Ge-
schichte der deutschen Sprache und eines deutschen Wörterbuches. Seine
Zeitschriften enthalten zahlreiche Beiträge zu diesen Unternehmungen.
Selbstlos förderte er aber auch die sprachlichen Arbeiten anderer.[8]) Wie
viel Eifer für Sprachforschung entfachte er allein in seinen gelehrten
Gesellschaften! Mit Recht rühmt ihm Abraham Kästners Gedächtnisrede
in der Deutschen Gesellschaft zu Göttingen nach:[9]) „Um die deutsche
Sprache und Litteratur hat er unleugbare und große Verdienste, nicht

---

1) Vergl. Heinsius: Bücher-Lexikon, Kayser: Bücher-Lexikon und Jördens:
Lexikon deutscher Dichter und Prosaisten.

2) Friedr. Benedikt v. Wolff aus Hamburg 18. Juni 1750, der Hofsprach-
meister de la Chapelle in Kassel durch Reifenstein am 8. Juli, 1. und 31. Oktober
1750.

3) Nach Königs Briefen vom 1. September 1752 und 30. März 1753.

4) In der Vorrede nennt Gottsched seinen Schüler Kölner als anfänglichen
Mitarbeiter. Zunächst hatte er J. G. Reichel herangezogen (nach dessen Briefen
vom 7. Juli und 17. September 1756).

5) Nach Schreiben von Leonardo Spessolti, Rom den 3. Januar 1751.

6) Vergl. seine Briefe vom 9. Februar und 13. April 1754.

7) Vergl. schon Bericht darüber von Dr. Seip, Marburg den 12. Juli 1752.

8) Man denke an sein Verhalten gegen P. Amon, — s. Schachinger
a. a. O. X, 106 u. 283.

9) Betrachtungen über Gottscheds Charakter (Neue Bibliothek d. schön. Wiss.
VI, 208 flg., s. S. 217).

nur durch eigene Arbeiten, sondern auch durch solche, die er veran=
staltet, unterstützt, dazu angetrieben hat. Ich kenne keinen Gelehrten,
der anderer Fleiß zu befördern so eifrig gewesen wäre, und dieser Eifer
schien mir, so viel ich ihn habe beurteilen können, keine uneblen Be=
wegungsgründe zu haben."

4. Elegantdeutsch.

Die Lehren Gottscheds von der Sprachrichtigkeit greifen durch Aus=
einandersetzungen betreffs der Wortfügung in das Gebiet der Syntax
über. Der Kampf gegen die Kanzlei richtete sich nicht nur gegen deren
willkürliche und verschnörkelte Wortbildung, sondern auch gegen den
Kanzleistil mit seinem ungetümen Satzbau. Ebenso gehörten die fremd=
sprachigen Konstruktionen, die Gottsched mit Spürsinn verfolgte, auf
dieses Gebiet, das somit ein wesentlicher Tummelplatz der Litteraturfehde
wird. Auf syntaktischem Boden spielt sich danach ja auch der Streit mit
den Partizipianern ursprünglich ab.

Mit der bloß formellen Korrektheit des Satzbaues schien es nicht
gethan. Ein Urteil kann statt vieler stehen, wenn wir die Mahnung
heranziehen, welche Friedrich der Große 1757 an Gottsched richtete: die
deutsche Sprache „zu putzen und gelinder zu machen."[1] Eine eigentliche
Stilistik hat dieser nun zwar nicht geschrieben; doch können wir aus
seiner Rhetorik im Zusammenhang mit gelegentlichen sonstigen Äuße=
rungen seine theoretischen Anschauungen über Stilistik erschließen, ganz ab=
gesehen davon, daß der Stil seiner eigenen Schriften beredt für seine
Auffassung desselben spricht. Schon die Zeitgenossen entnahmen auf diese
Weise seine stilistischen Lehren und Muster, die in gleichem Maße frucht=
bar geworden sind wie Gottscheds übrige sprachliche Bestrebungen.

In historischem Spiegel bietet sich ein zusammengedrängtes Bild
von Gottscheds stilistischen Anforderungen, wenn wir seine „Lob= und
Gedächtnißrede auf den Vater der deutschen Dichtkunst, Martin Opitzen,"[2]
nach dieser Richtung durchmustern. In Opitz erst sah Gottsched den
„von Melanchthon ausgestreuten Samen der freien Künste aufgehen",
und er empfand, daß der Schlesier nicht nur in gebundener, sondern
„auch in ungebundener Schreibart einen ganz neuen Geschmack eingeführet"
habe.[3] Was Gottsched diesem seinem höchsten Vorbilde im einzelnen
nachrühmt, ist nun außer einer „reinen Schreibart, die er, so viel mög=

---

1) Vergl. Vorrede zu Gottscheds „Beobachtungen" und den Bericht im
„Neuesten" VIII, 122 flg. u. 141 flg.
2) Leipzig 1739.
3) Ausführliche Redekunst (Leipzig 1736) S. 23.

lich, von allem Mischmasche fremder Sprachen gesäubert hat", insbesondere „seine natürliche und vernünftige Art zu denken, dadurch er
uns allen ein Muster des guten Geschmacks nachgelassen hat"; alsdann
werden noch seine „scharfsinnigen Einfälle", seine „artigen Scherzreden",
seine „angenehmen und nachdrücklichen Gleichnisse", schließlich seine „lehrreichen Sprüche" gerühmt.[1]) Durchaus bezeichnend steht die Forderung
der Natürlichkeit und Vernünftigkeit voran: alles was sich anschließt, ist
eine Art Lieblichkeit, die aus der natürlichen Vernunft folgt.

Durchaus von gleichem Geiste waren schon 1728 sein „Grundriß
zu einer vernunftmäßigen Redekunst" und 1736 seine „Ausführliche
Redekunst" beseelt, welche zwar zunächst die „Beredsamkeit" in Regeln
fassen wollen, aber — um in Gottscheds Terminologie zu reden —
doch gleichzeitig genügende Fingerzeige für die „Wohlredenheit" geben,
also überhaupt für die „Geschicklichkeit, wohl und angenehm zu reden
und zu schreiben."[2]) Nach allem, was wir schon von unserm Mann erfuhren, wird es uns nicht irre machen oder auch nur Wunder nehmen,
der Versicherung wiederum in dieser „Redekunst" zu begegnen: „daß
alles Gute, so sie in sich hält, nicht aus meinem Kopfe entsprungen,
sondern von den Alten, und nächst ihnen von den itzterwähnten Aus-
ländern" — er nennt eine große Zahl Franzosen — „entlehnet ist."[3])
Wir können schon erwarten, daß sich mit dieser kompilatorischen Bescheidenheit, welche bereits mittelbar eine Prätension auf allgemeine,
unumstößliche Geltung in sich schließen soll, ein gut Stück unmittelbarer
Anmaßung gatten wird. Nachdem der Verfasser betont hat, daß er
1720 auf diesem Gebiete „selbst die Augen aufzuthun begonnen" habe,
fährt er denn auch alsbald aufdringlich fort, daß die Beredsamkeit „seit
1720 ohngefähr ein ganz andres Ansehen gewonnen hat."[4]) Was ist
während dieser 16 Jahre geschehen? Die Antwort ist ein neuer Beweis
von Gottscheds Auffassung in stilistischen Dingen, zugleich von der Ein-
heitlichkeit, mit welcher seine weitschichtigen Bestrebungen doch auf sprachlichem Gebiete zusammenlaufen. Er rühmt die Fortschritte „sowohl in
der philosophischen als oratorischen und historischen Schreibart", um ergänzend fortzufahren: „Und es ist kein Zweifel, daß die gereinigte Weltweisheit und die dadurch sehr beförderte Art natürlich zu denken,
mancherlei wöchentliche Schriften, die nicht minder die Verbesserung des
Geschmackes und der Schreibart als der Sitten zur Absicht gehabt, nebst

---

1) Lob- und Gedächtnißrede S. 32 flg.
2) Vergl. Beobachtungen S. 253.
3) Ausf. Redekunst S. 46.
4) Redekunst S. 29 flg.

den verschiedenen Gesellschaften, die zur Ausübung unsrer Sprache in
Hamburg, Leipzig und Jena aufgerichtet worden, nicht ein vieles dazu
sollten beigetragen haben." Hier haben wir alle Zweige der Gottsched=
schen Thätigkeit vor uns: in der Philosophie, in der Beredsamkeit, durch
Herausgabe von moralischen Wochenschriften, deren gleichmäßig sprachliche
Interessen hier ausdrücklich betont werden, wie durch Wirksamkeit in
den „Deutschen Gesellschaften" hatte er sich zwar nicht zum Allein=
herrscher, jedenfalls zu einem bedeutsamen Vorkämpfer auf all
diesen Gebieten erhoben, und insgesamt stellte er sie zugleich in den
Dienst seiner stilistischen Bestrebungen.

Unlöslich verweben sich in seinem Geiste Kern und Schale: die
falsche Beredsamkeit hat seiner Meinung nach auch die Ausbreitung von
Unwahrheiten zur Absicht, „da hergegen die wahre Beredsamkeit bloß
allein die Wahrheit und ihre Ausbreitung und Fortpflanzung zum Zwecke
hat."[1] Für die Beweisgründe fußt Gottscheds Darstellung denn auch
durchaus auf der Vernunftlehre, d. i. ihm die Leibniz=Wolffsche Philo=
sophie, operiert mit dem „zulänglichen Grunde" u. s. f.[2] Auch bei sinn=
reichen Gedanken ist „vor allen Dingen auf die Wahrheit der Sachen
zu sehen; die Schönheit muß man „nicht in weitgesuchten Spitzfindig=
keiten" suchen.[3]

Dazu gesellt sich „Ungezwungenheit und Natürlichkeit."[4] Wie die
besten Beweise selbst in dogmatischen Wahrheiten „aus den Erklärungen
der Sachen und Wörter" fließen,[5] so fordert Gottsched mit Cicero, daß
besonders die historischen Erklärungen „kurz, deutlich und wahrschein=
lich" seien.[6]

Gehörte danach Deutlichkeit und Verständlichkeit zu den Haupt=
erfordernissen eines guten Stils, so ergeben sich auch aus diesem höhern
Gesichtspunkte eine Reihe von Forderungen,[7] die wir schon in anderer
Weise unter den sprachlichen Idealen Gottscheds kennen lernten. Zunächst
sind zu vermeiden: 1. Provinzialwörter, 2. „die gar zu alten Wörter,
dergleichen in der Bibel noch einige vorkommen," 3. Fremdwörter,
4. die „neugemachten" Wörter, 5. die nur für Eingeweihte verständlichen
Kunstwörter.[8] Auch sonst bediene man sich überall bekannter, üblicher

---

1) Redekunst S. 38 flg.
2) Ebd. S. 107 flg.
3) Ebd. S 152 flg
4) Ebd. S. 89 u. a. O.
5) Ebd. S. 94.
6) Ebd. S. 96.
7) Vergl. auch Neuen Büchersaal I, 367 flg.
8) Redekunst S. 232 flg.

und nicht zweideutiger Wörter, nehme sie dabei in ihrem gewöhnlichsten Sinne oder erinnere gleich anfangs, wie man dieses unbekannte oder doppelsinnige Wort genommen haben wolle.[1])

Als syntaktische Forderung reiht sich daran die Abteilung in Perioden,[2]) die übersichtlich gegliedert sein sollen, möglichst ohne die Sätze in einander zu schachteln.[3]) Architektonisch wohlgegliederte Satz=gebäude sind ein wesentlicher Bestandteil Gottschedscher Art von Eleganz.

Als gewisseste Zierate der Perioden bezeichnet er die Figuren. Diese sind ihm nichts anderes als lebhafte Arten des Ausdruckes; man könnte sie aber auch die Sprache der Leidenschaften nennen.[4]) Damit ließ er wenigstens einen äußerlichen rhetorischen Apparat zu. Tändelnde Spielereien und Verstiegenheit aber sind dabei zu vermeiden. Überhaupt warnt Gott=sched wiederholt vor schwülstiger und hochtrabender Ausdrucksweise.[5])

Aus diesen Prinzipien ergab sich ihm zunächst ein Kampf gegen zwei Fronten: einmal gegen die „galante" Schreibart der Hofleute, welche halb französisch, italienisch und lateinisch reden, andererseits gegen die labyrinthischen Verschränkungen, lateinischen Wortfügungen, Einschaltungen und Wortversetzungen der Gelehrten, besonders der Juristen, doch auch der Kunstrichter[6]) — mit einem Worte gegen den Hof= und Kanzleistil.[7]) Namentlich aber auch die schematische Methode der geistlichen Beredsamkeit befehdete er mit Leidenschaft und Beharr=lichkeit.[8]) Die homiletischen Methodenkünstler und ihre gekünstelte Predigermethode werden zu Zielscheiben seiner wohl rücksichtslosesten An=griffe. Ihre allegorischen oder schematischen Sätze,[9]) ihre mechanischen Fächer und Register, die man bei den Alten nur zu durchlaufen brauchte, um auf gute Gedanken gebracht zu werden,[10]) wie nicht minder die spitz=findige Ordnung und Einteilung ihrer Gedanken[11]) weist er zurück. Aber der ganze Eifer des Rationalisten erfüllt ihn gegen die dunkle, mehr umschreibende als beweisende Homiletik. Ihr gegenüber will er zeigen, daß auch geistliche Redner keiner anderen Regeln bedürfen, als „die uns

---

1) Redekunst S. 327.
2) Ebd. S. 260 flg.
3) Vergl. Spk. S. 475 flg.
4) Redekunst S. 273 flg. Hierbei denkt er wohl mehr an Reden als an gewöhnliche Prosalitteratur.
5) Ebd. S. 156.
6) Ebd. S. 260 flg.
7) Ebd. S. 262.
8) Ebd. vergl. auch S. 607 flg. u. 672 flg.
9) Ebd. S. 77.
10) Ebd. S. 107.
11) Ebd. S. 83 flg.

die Natur und gesunde Vernunft in der politischen Beredsamkeit vor=
schreibet."[1] Und mit ehrlichem Pathos ruft er: „Wollen wir die letzten
sein, die der vernünftigen und natürlichen Lehrart folgen, und uns von
der Sklaverei des methodischen Joches befreien?"[2]

Die rationalistische Einseitigkeit von Gottscheds Standpunkt liegt auf
der Hand. Dennoch wurde dies Auftreten von einschneidender Bedeutung
für weite Gebiete der Prosalitteratur und für so ziemlich alle Zweige
der Beredsamkeit. Namentlich auch hier wirkte sein Kampf gegen die
Kanzlei wie nicht minder gegen die Homiletik befreiend. Befreit und
bewahrt hat er dadurch den deutschen Stil in Schrift und Rede von
einem guten Stück Formalismus und Ungeschlachtheit. So eng der Spiel=
raum war, welchen Gottscheds Stilistik der Bethätigung von Gemüts=
kräften ließ, er hat wenigstens zunächst unsere Prosa klarer und über=
sichtlicher, dann doch auch gelenkiger und geschmackvoller gestaltet.

Die Wirkung blieb nicht aus. Gottscheds eigner Stil spiegelt sie
am anschaulichsten nach jeder Richtung. Philosophische Durchbildung und
Glätte muß man demselben zugestehen. Trotz der Zurückweisung fremder
Konstruktionen erinnert die äußere Eleganz, die kunstvoll abgemessene
Gliederung des Satzbaus an das Muster des lateinischen und französischen
Stils. Zahlreiche Hilfsverba schwemmen schon an sich den Satz auf, in
architektonischer Übersichtlichkeit eingeordnete oder angegliederte Nebensätze
vermehren die Weitläufigkeit des Baus, der doch fast immer einen kunstvollen
Eindruck erweckt und jedenfalls in allen Teilen deutlich hervortritt. Die
Abstufung der Sätze geschieht weiterhin durch großen Aufwand an Partikeln.
Innerhalb des Satzes aber ordnet sich im allgemeinen jeder Teil in ein
regelrechtes Schema ein, das wenig Freiheit für unwillkürlich lebendigen
Wechsel, aber wenigstens äußere Abwechselung nach bestimmten Normen
gewährt. Gottscheds Stil ist breit und ziemlich platt, dafür indes auch
klar und logisch überzeugend. Gegen die Prosa des 17. Jahrhunderts
gehalten, erscheint derselbe sowohl gewandter wie geschmackvoller.[3]

Man kann sagen, daß Gottsched von seinem ersten schönwissenschaft=
lichen Auftreten an durch seinen Stil Aufsehen erregt hat. Schon eine
Reihe von Flugschriften, die sich an die „Vernünftigen Tadlerinnen" an=
schließen, bekunden in Für und Wider den außergewöhnlichen Eindruck

---

1) Redekunst S. 610.

2) Ebb. S. 618. — Wie sich die Geistlichkeit zur Wehr setzt, s. Danzel
S. 20 flg. und Gottscheds Nachricht von seinen Schriften in der Vorrede zur
7. Auflage des II. Teils der „Weltweisheit" unter den Jahren 1736 und 1739.

3) Vergl. meine Nachweise über den Stil von Gottscheds „Reineke Fuchs"
in meiner Ausgabe „Reinke de vos und satirisch=didaktische Dichtung" (Deutsche
National=Litteratur Bd. XIX), S. 6 flg.

feiner ſprachlichen Wirkſamkeit. „Oratorum novorum Pica cum remedio"[1]) ruft die (urſprünglich in Halle erſcheinenden) „Vernünftigen Tadlerinnen" als „elegantissimae feminae halenses" an; „Zweyer guter Freunde Geſpräch über Das Tractätgen Oratorum novorum Pica cum remedio (1726)[2]) nennt den Herausgeber der Wochenſchrift ſpöttiſch „ſo einen Sprachrichter und grammatikaliſchen Finkenritter wie Philipp von Zeſen."

Früh beginnt auch die Reihe der brieflichen Huldigungen für Gott- ſcheds eleganten Stil. Schon am 2. Januar 1731 ſchreibt ihm C. L. von Hagedorn aus Hamburg: „Das Angenehme und Reizende, welches vor nicht gar langer Zeit andere Nationen vor unſerer vorausgehabt zu haben ſcheinen, rühren mich noch weit mehr, da ich ſolches von unſern Landesleuten und inſonderheit in Ihren Schriften wahrnehme, die mich lehren, wie ungemein glücklich Sie ſind, die weſentlichen Teile der Gelehrſamkeit mit den brillierenden, wiewohl wahrhaften Schönheiten genau zu verknüpfen. Ich verſtehe nicht das Scheinbare, womit die Ausländer nicht ſelten den blinden Haufen zur Bewunderung an ſich gelocket, ſondern das Lebendige, welches dem Leſer nicht nur zur Auf- merkſamkeit, ſondern auch zur Aufmunterung und Nachahmung Anlaß giebet."

Rektor Overbeck aus Lübeck äußert ſich am 25. April 1748: „Die vortreffliche Rede habe ich mit dem größten Vergnügen geleſen. Sie hat alles das Schöne an ſich, was eine philoſophiſche Gründlichkeit, ein gelehrter Vorrath von Sachen und Gedanken, eine von den Alten bis auf uns bewährte Kunſt und das durch dieſe drei Dinge nicht erſtickte, ſondern ernährte, edle natürliche Feuer dem Geſchmacke darbieten und liefern kann... E. M. erlauben mir bei dieſer Gelegenheit zu bekennen, daß Dero Reden und Schriften von mir ſtets in die Klaſſe derjenigen deutſchen Arbeiten geſetzet werden, worin der Geſchmack der Alten ſich auf das deutlichſte äußert. Faſt alles, was ich von andern unſerer Landes- leute leſe, ſcheinet mir damit nicht in Vergleichung zu kommen. Viele bleiben zu grob und ungeübt." — Für dieſelbe Rede dankt Jeruſalem am 8. Juni 1748: „Ich habe ſie mit dem größten Vergnügen durch- geleſen und überall die ſtarken und freien Züge ſogleich erkannt, die mir den größten Redner unſerer Zeit auch ohne vorgeſetzten Namen keinen Augenblick würde haben unbekannt ſein laſſen." — Flottwell meldet aus Königsberg wiederholt, daß der Generalſuperintendent Profeſſor

---

1) Schediasma ad vindicandam vetustae eloquentiae dignitatem ac praestantiam publicavit Scipio Gratidianus. Vitembergae 1726. — Exemplar der Königl. Bibliothek zu Berlin. — Vergl. S. 24.

2) Ebenfalls in der Königl. Bibliothek zu Berlin. — Vergl. S. 9.

Joh. Jakob Quandt, der Präsident der Deutschen Gesellschaft, den Leip=
ziger Meister als seinen autorem classicum lese. — Goetten in Hildes=
heim beklagt am 1. Mai 1732 den Mangel an Gewandtheit in deutschen
Briefen: „Wir, die wir Gelehrte heißen, haben uns sonst von Frauens=
personen, die einige Anweisung gehabt, oft müssen beschämen lassen.
Es wäre also zu wünschen, daß E. H. E. sich die Mühe geben, dann
und wann einen Brief von Ihrer Art zu entwerfen und durch
kritische Anmerkungen zu erläutern.“

Besonders überschwengliche Verehrer erhoben Gottsched zum deutschen
Cicero,[1] andere ließen es an dem Ehrennamen eines deutschen Fontenelle
genug sein,[2] der auch deshalb nahe lag, weil Gottsched bereits 1726
Fontenelles „Gespräche von mehr als einer Welt“ und als Zugabe in
Versen auch dessen Drama „Endymion“, 1727 dessen „Gespräche der
Toten“, 1730 die „Historie der heidnischen Orakel“ übersetzt hatte,[3]
auch in brieflichem Verkehr mit dem Franzosen stand.

Wie nachhaltig die „Redekunst“ bis in die katholische Geistlichkeit
Österreichs hinein wirkte, erfuhren wir früher aus dem Briefwechsel
zwischen Graser und P. Amon. Die Zahl von Gottscheds Schülern in
dem jungen Nachwuchs der evangelischen Geistlichkeit war sehr groß. —
Auch im Kreise Bodmers wagen sich fortdauernd Worte der Anerkennung
für diese Seite der Gottschedschen Thätigkeit hervor. Gölblin, früher in
Luzern, nun in Büren, schreibt an Bodmer den 5. Juni 1747: Gott=
scheds „Redekunst“ stehe bei ihnen in großem Renommee; die Nachwelt
werde anerkennen, Gottsched sei doch auch ein Mann von Verstand
und Erfahrenheit gewesen. — Ebenfalls an Bodmer richtet Franz von
Steinen[4] aus Langentreer unterm 20. Ostermond 1753 das Geständnis:
„Dero Schriften haben meinen Geschmack erst gebildet, nachdem ich von
dem Herrn Prof. Gottsched gelernet hatte, so ziemlich rein deutsch schreiben
und eine gebundne Prosa zu verehren. Ich gestehe es, die Schriften
dieses Mannes, als welchem ich keineswegs alle seine Verdienste sonder=
lich um die deutsche Sprache abspreche, sind meine ersten Führerinnen
gewesen. Aber nicht länger als bis mir Dero und des H. Breitinger
Schriften bekannter wurden.“ In Wahrheit spiegelt dieser Bildungsgang

1) Z. B. Scheyb in Wien am 4. Juni 1749.

2) Z. B. M. Carl Heinrich Lange, Jena, 18. Dezember 1727. — Vergl.
Gottscheds Schreiben an Frau Dr. Heck (in Dresden) vom 15. August 1765 („Der
Gesellschafter“ 1821, Bl. 23 flg.).

3) Gesammelt 1751 als „Auserlesene Schriften.“

4) Theologe und Forscher über westfälische Geschichte, Mitglied der Deutschen
Gesellschaft in Göttingen. Vergl. Allg. D. Biogr.

des einzelnen die Entwicklung der litterarischen Verhältnisse Deutschlands im zweiten Viertel des 18. Jahrhunderts typisch wieder. — Selbst in Soroe, wo damals Johann Elias Schlegel lehrte, bekennt sich am 7. September 1748 F. von Bardenfleth durch Gottscheds „Redekunst" wie „Dichtkunst" angefeuert und bittet „den größten Redner und Dichter" flehentlich um weitere Anleitung.

Außer den „Deutschen Gesellschaften" wirkten Gottscheds studentische Redner=Gesellschaften in seinem Sinne.[1]) Gütthers „Freie Gesellschaft", eine Redner=Gesellschaft in Königsberg, die sich später mit der dortigen „Deutschen Gesellschaft" vereinte, unterhielt von Anfang an Beziehungen zu Gottsched. Ausdrücklich auf seine „Redekunst" spricht ihn auch die „Gesellschaft der Bestrebenden" in Thorn an, anscheinend ein Kreis von Gymnasiasten unter Aufsicht eines jüngeren Lehrers, übrigens auf allen Gebieten Gottscheds Schüler. Am 16. Mai 1740 schreiben sie ihm unter anderem: „Es erkannten die Stifter unserer Gesellschaft aus Dero Redekunst, wie behülflich die Übersetzung zur Erlangung einer guten Schreibart ist und beschlossen unter einander in dieser Art von Vorbereitungen zu der Beredsamkeit sich fleißig zu üben. Und also richteten etliche gute Freunde nebst dem obgedachten Mitgliede (dem Lehrer) eine Gesellschaft auf, welche sich in der deutschen Sprache, Beredsamkeit und Dichtkunst üben sollte." Auch hier sehen wir die „Redekunst" ganz als Stilistik wirken; überhaupt schließt die typische Zusammenordnung von Sprache, Poesie und Beredsamkeit — man vergleiche Gottscheds „Beiträge" — immer den Prosastil in sich. — Daß Gottsched auch sonst agitatorisch im Sinne seiner „Redekunst" wirkte, begreift sich. So bestimmt er Engelbert Heinrich Schwartze in Dresden, „die alten juristischen barbarischen Formula in rein Deutsch zu bringen.[2])

1739, 43, 50, 59 erschienen neue Auflagen der „Ausführlichen Redekunst". Ein Auszug „zum Gebrauche der Vorlesungen auf hohen Schulen" kam 1759 unter dem Titel „Akademische Redekunst" heraus. Schon 1754 veröffentlichte Gottsched „Vorübungen der Beredsamkeit"[3]) (4. Auflage 1775). Dazu kommt sein anonymer „Grundriß einer Lehr= art ordentlich und erbaulich zu predigen" (1740).

---

1) Vergl. „Proben der Beredsamkeit, welche in einer Gesellschaft guter Freunde, unter der Aufsicht Sr. Hochedl. Hrn. Prof. Gottscheds sind abgelegt worden" (Leipzig 1738), namentlich auch die Vorrede ganz in Gottscheds Geist; „Neue Proben..." (Leipzig 1749); beide aus der nachmittägigen Gf. Ferner: „Samm= lung einiger Übungsreden, welche unter Gottscheds Aufsicht in der vormittägigen Gesellschaft zu Leipzig sind gehalten worden" (Leipzig 1743), hsg. von Löschenkohl.

2) Siehe Schwartzes Antwort v. 13. des Weinmonats 1749.

3) Vergl. Neuestes IV, 921 flg.

Unserer klaſſiſchen Litteraturperiode fehlte die nötige hiſtoriſche Ge=
ſichtsweite zur Würdigung dieſer Wirkſamkeit Gottſcheds. So ſahen
unſere Klaſſiker nur den Abſtand ihrer ſprachlichen Geſchmeidigkeit von
der ſteifen Gravität des einſtigen Sprachdiktators.[1]) Sie wußten nicht,
daß die ihnen vorausgehende Generation unter ſchwerer Mühe und Be=
drängnis das Inſtrument abſtimmen mußte, auf denen die glücklichen
Nachkommen mit Meiſterſchaft ſpielen ſollten.

5. Poeſie und Proſa.

A.

Wir wiſſen nunmehr, welche Anforderungen Gottſched an die Proſa=
ſprache ſtellte. Wer Gottſcheds Auffaſſung der Dichterſprache wiedergeben
will, findet leider wenig hinzuzufügen. Zwar kann ſich auch unſer
Sprachmeiſter nicht dem Zugeſtändnis entziehen, welches ſchon Morhof
in nachdrückliche Worte kleidete: daß die Syntax in Carmine und in
Proſa verſchieden ſei, wie es ſchon in der griechiſchen und lateiniſchen
Sprache der Fall; und daß es ein Vitium, wenn die Rede in Carmine
allzu proſaiſch ſei.[2]) Die Freiheiten indeſſen, welche Gottſched dem
Dichter einräumt, entfernen die poetiſche Redeweiſe im Wortgebrauch und
Satzbau wohl merklich, doch nach keiner Richtung grundſätzlich von der
Proſa. Was er mit der einen Hand gegeben, nimmt er überdies meiſt
mit der andern zurück.

So bewilligt er dem Dichter im Wortgebrauch ſcheinbar „gewiſſe
Freiheiten, die in andern Schriften nicht erlaubt ſein würden"[3]), um
ſofort vor veralteten wie neugebildeten Wörtern zu warnen. Für zu=
läſſig erklärt er Wörter, die „ſeit 50 oder 100 Jahren aus der Mode",
ohne durch beſſere erſetzt zu ſein,[4]) — das war nicht mehr als in der
Proſa. Nichtsſagend erſcheint auch die halbe Einſchränkung, mit welcher
er neugebildete Wörter verwirft. Nach der Behauptung: „Man kann
alle ſeine Gedanken gar leicht mit üblichen und gewöhnlichen Redens=
arten zu verſtehen geben",[5]) fährt Gottſched einleitend fort: „Doch kann
man einem deutſchen Poeten freilich nicht alle neue Wörter verbieten.
Das hieße" — wie ſelbſt ein Gottſched fühlt — „ſeinem Pegaſus die

---

1) Über die herben Urteile Herders und Wielands vergl. Socin, S. 418
und 422. — Siehe auch Bernays i. d. Allg. D. Biogr. IX, 497.

2) Morhof: Unterricht von der teutſchen Sprache und Poeſie (Kiel 1682)
S. 511 flg.

3) Verſuch einer critiſchen Dichtkunſt (4. Auflage 1751) S. 226.

4) Ebd. S. 228.

5) Ebd. (M.) S. 240.

Flügel gar zu kurz verschneiden ... Eine edle Kühnheit steht uns zu=
weilen sehr wohl an." Aber dann meint er wieder, nicht ein jeder habe
ein so zärtliches Gehör, das Leibliche von dem Unerträglichen zu unter=
scheiden.[1]) Aus der Erörterung der gebräuchlichen Wörter kommt eben=
falls nichts Wesentliches, nichts Einschneidendes heraus. Gottsched will
allerdings, daß der Poet von den üblichen Wörtern „nicht die aller=
gemeinsten, sondern die ungemeinsten" verwende, „zumal wenn er in
seinem eigenen Namen schreibt". In Schäfergedichten, Briefen, zärt=
lichen oder lustigen Liebesliedern, Satiren und Komödien erklärt er aber
die „gemeinen", „gewöhnlichsten" Wörter für die besten; und auch sonst
warnt er vor einem „hochtrabenden und auf Stelzen gehenden Wesen".[2])
Schon daraus wird verständlich, wie sich Johann Adolf Schlegel zur
Parodie der Plattheit in Gottschedianischen Schäfergedichten[3]) und
Lessing[4]) zum Kopfschütteln über die gemeinen Redensarten in Frau
Gottscheds Lustspielen veranlaßt fühlte.

Nicht besser sieht es auf syntaktischem Gebiete aus. Periodenbau
verlangt Gottsched auch in der Poesie; ja er wendet sich ausdrücklich gegen
die in unseren alten kurzen Reimpaaren übliche Manier, die Sätze hinter
einander zu hängen.[5]) Wenn er Kürze der Perioden fordert, so geschieht
es der Deutlichkeit wegen.[6]) Von entscheidender Bedeutung ist alsdann
die Vorschrift: „Die andere gute Eigenschaft einer Periode ist, wenn
darinnen die ordentliche Wortfügung unserer Muttersprache ebensowohl
als in ungebundener Rede beobachtet wird." Und alsbald folgt die Ab=
wehr: „Einige meinen gar, es bestehe die Schönheit der poetischen
Schreibart in solchen Verkehrungen der Wörter; indem man sich dadurch
von der prosaischen Rede sehr entfernen könnte. Siehe die Vorrede zu
dem zürcherischen Milton.[7]) Unter den erlaubten Wortversetzungen[8])
nennt er zunächst allgemein diejenigen, welche auch in unserer Prosa zu=
lässig sind, im einzelnen noch solche zum Zweck des Nachdrucks oder der
Erregung von Erwartung, um dabei zuzugeben, daß „das Feuer der
Gemütsbewegungen" oft den Satz „in der Mitten" anfange.

Was bleibt unter solchen Umständen von eigentlich poetischer Rede=
weise übrig? Im Wortgebrauch figurieren „verblümte Redensarten",[9])

---

1) Dl. S. 242.
2) Ebd. S. 229 flg.
3) Vom Natürlichen in Schäfergedichten.
4) Hamburgische Dramaturgie, Stück 26.
5) Dl. S. 289.
6) Ebd. S. 290.
7) Ebd. S. 291, vergl. S. 294 u. Koberstein: Grundriß[5] III, 181 flg.
8) Ebd. S. 308 flg.
9) Ebd. S. 261 u. 354.

das sind Bilder und besonders die in Gottscheds eignem Stil unver=
hältnismäßig häufigeren Vergleiche. In deren Verwendung zunächst be=
steht unserm Manne „die Sprache der Poeten, dadurch sie sich von der
magern prosaischen Schreibart unterscheiden“. Aber nicht allein in solchen
Worten, sondern „hauptsächlich in der Art zu denken“ unterscheiden sich
beide Redeweisen.[1]) Nicht auf dem Gebiete der Vernunft, des vernünftigen
Denkens gesteht er eine Abweichung zu, sondern „in dem Witz oder dem
Geist“. „Und in der That macht diese Gemüthskraft“ — heißt es er=
läuternd — „nachdem sie bei einem stärker als bei dem andern ist, einen
großen Unterschied in den Gedanken . . . Gewisse Geister haben viel Scharf=
sinnigkeit, wodurch sie gleichsam in einem Augenblicke hundert Eigen=
schaften von einer Sache, die ihnen vorkömmt, wahrnehmen.“[2]) Angesichts
dieser Art von Definition des Dichtergeistes gewinnen wir zur
Genüge Verständnis für jene Zeit der „Belustigung des Verstandes und
Witzes“.

Zum Überfluß nahm Gottsched in der „Sprachkunst“ bei Erörterung
der grammatischen Figuren Veranlassung, die freiere poetische Schreib=
art verständnislos zu verunglimpfen:[3]) Weil man an Homer und andern
alten Dichtern nichts Tadelhaftes finden wollte, habe man deren Un=
richtigkeiten in Wörtern und Redensarten mit schönen Namen belegt und
als Tugenden ausgegeben, „wie etwa die hitzigen Liebhaber auch die
Mäler und Narben ihrer Schönen sich als Schönheiten derselben vor=
zustellen und einzubilden pflegen;“ — so denkt er sich die Entstehung der
grammatischen Figuren! Gegenüber solcher Gesinnung kann es nicht
Wunder nehmen, wenn die Vertreter der Leipziger Schule als Weißianer
verschrieen werden[4]), obgleich Gottsched den Stil des Zittauer Dichters
zurückgewiesen[5]) und sich wirklich, besonders in der Prosa, über dessen
platte Schreibweise erhoben hatte[6]).

B.

Ein so nüchterner, einseitig sprachkorrekter Standpunkt Gottscheds
mußte sich auf jeden Fall in den litterarischen Kämpfen scharf ausprägen;
um wieviel mehr zu einer Zeit, welche die Poesie in erster Linie aus

---

1) Dk. S. 347 flg.
2) Ebb. S. 351.
3) Spk. S. 532.
4) Selbst in den sonst befreundeten Kreisen von Jena; vergl. ein Schreiben von
Jakob Wilhelm Blaufuß (17. Weinmond 1748) an Breitinger.
5) Redekunst S. 25 flg.
6) Vergl Heinrich Rückert: Geschichte der neuhochdeutschen Schriftsprache II, 374.
— Über Gottscheds eignen poetischen Stil s. Bernays i. d. Allg. D. Biogr. S. 499.

dem sprachlichen Gesichtswinkel betrachtete! So mancher berufene und un=
berufene Dichter sandte seine Gedichte zur sprachlichen Korrektur nach
Leipzig;[1]) so mancher stöhnte über die sprachlichen Mühen, welche die
poetische Arbeit ihm verursache;[2]) poetische Gesellschaften legen ihren
Übungen eine Grammatik als Kanon zu Grunde;[3]) selbst ein Breitinger
faßt die Bestrebungen der „Deutschen Gesellschaften" dahin zusammen,
daß sie bestrebt seien, „die Eloquenz zu verbessern."[4])

Von Anfang an stehen sprachliche Kriterien in Gottscheds Urteilen
über Poesie voran, doch zunächst nicht in derartiger Ausschließlichkeit, daß
er sich um sprachlicher Bedenken willen dem unmittelbaren poetischen
Eindruck eines Werkes entzogen hätte. Diese ursprüngliche Duldsamkeit
offenbart sich am augenfälligsten in seinem Verhältnis zu Haller. Über
den „Versuch Schweizerischer Gedichten" lernten wir schon gelegentlich
die freundlichen Urteile Gottscheds in den „Kritischen Beiträgen" und
im Privatgespräch mit Clauder kennen. Ja, wiederholt[5]) betont dieser
Bodmer gegenüber, daß Gottsched nicht übel Lust hätte, die Hallerschen
Gedichte in Leipzig nachdrucken zu lassen, wenn nicht mehr Exemplare
dorthin versandt würden. Ist es nicht eine Ironie der Litteratur=
geschichte, daß Gottsched dem Verleger und Bruder Hallers beim Vertrieb
der beiden ersten Auflagen der „Schweizerischen Gedichte" zur Hand
geht? Am 2. September 1733 schreibt Albrecht von Haller an Bodmer:
„Si D. P. Gottsched curare vellet distributionem Poematum nostrorum,
esset perhonorificum mihique et fratri gratum. Si ergo Virum eum
non renuere onus hocce paulo magis musamicum putaveris, ad eum
quaeso rescribere, mittemus exemplaria forte octoginta." Gegen
Gottsched selbst äußert er sich am 15. Januar 1735[6]): „. . . Ich weiß
nicht, ob ich noch eine andere Gnade von Denenselben erhalten könnte.
Mein Bruder, als der Verleger, möchte gern von der neuen Auflage
eine Anzahl in Leipzig, als dem Sitze der Musen, ablegen; weiß aber,
als ein Anfänger, noch keine Adresse. Dieselben, als ein bekannter

---

1) Oft gegen Honorar. — Wie einseitig sprachliche Anforderungen man
stellte, zeigt z. B. ein Brief von Joh. Konrad Hantelmann (Striegau 28. Mai 1732)
an Gottsched.

2) Vergl. z. B. ein Schreiben von Joh. Christoph Schwarz, dem Aeneïs=
Übersetzer, an Gottsched (Regensburg 1. März 1742).

3) So der Kreis von Benj. Ephr. Krüger in Wittenberg (s. seinen Brief an
Gottsched, den 28. Juli 1746).

4) Breitinger an Bodmer, undatiertes Blatt (1739).

5) Am 12. Dezember 1732 und 4. Januar 1733.

6) Nach der Abschrift von Frau Gottsched (Dresden, Königl. öffentliche
Bibliothek).

Kenner, könnten hierin meinem Bruder am kräftigsten Ihre Protektion erweisen, wenn Sie geruhen wollten, ihm einen Mann an die Hand zu geben, mit dem er seinen Verlag auf billige Vorschläge verkehren könnte."[1] — Überdies war Haller der Lieblingsdichter von Frau Gottsched.

Erst eine mittelbare Folge der Züricher Angriffe gegen die ästhetischen Anschauungen Gottscheds und eine unmittelbare Folge des Auftretens von Klopstock ist es, daß unser Mann sich in fanatischer Engherzigkeit auf die sprachlichen Sünden und Kühnheiten der Schweizer Partei stürzte. In den Streitschriften Gottscheds und seiner Schule nimmt nach und nach die sprachliche Kritik eine so ausschlaggebende Stellung ein, daß sonstige Angriffspunkte oft nur zur Ergänzung herangezogen scheinen, um auch auf diejenigen einen Eindruck zu erzielen, welche ausschließlich sprachlichen Gründen nicht zugänglich gewesen wären. Wie nun aus Gottscheds Mund das Urteil über Haller lautete, ist recht glücklich in dem Bodmerschen Pamphlet „Gottsched, ein Trauerspiel, oder Der parodirte Cato" zusammengefaßt:

„Welch unverständlich Zeug! wie undeutsch! — — Hm! — ei dich
Versteh der Henker! — Hm! — — nein, dafür lob' ich mich.
Mich kann ich doch verstehn; mein holdes fließend Wesen,
Mein reines Deutsch — — ich bin recht angenehm zu lesen."

Freilich urteilt dafür in dieser Parodie eine andre Person über Gottsched nicht minder treffend:

„Er ist so schwer und hart, und kriecht stets auf der Erde,
Und schimpft der Adler Flug! Kein Schönes nimmt ihn ein.
Weil er kein Feuer hat, soll jeder Wasser sein."[2]

C.

Klopstocks Messiade bildete von poetischen Werken den Hauptangriffs= punkt der Gottschedianer. Ihr Meister selbst eröffnete im „Neuesten aus der anmuthigen Gelehrsamkeit" eine förmliche Jagd auf diese Bethätigung des Miltonschen Einflusses und der Schweizerischen Kunstlehren. Eigne „Bemerkungen, warum das Gedicht der Messias nicht allgemeinen Bei= fall erhalten hat", gingen dem jungen Adler derb, aber nicht ungeschickt zu Leibe.[3] Doch rein sachlich ließ sich nicht ausreichend wirken. Wo sich unser Sprachmeister selbst nicht vorwagt, auf dem Gebiet des Pamphlets, das kein Boden für eine Magnificenz ist, schwirrte ein Schwarm dreister Schüler ins Feuer. Das „griechische und lateinische

---

1) Gottsched empfiehlt Breitkopf, — s. L. Eckardt: Wander=Vorträge S. 240.
2) S. 35 u. 39.
3) Vergl. Schlosser: Geschichte des 18. Jahrhunderts I, 594.

Deutsch in der Messiade" wird treffend in einer Bodmerschen Schrift[1]) als Ziel=
scheibe der Angriffe hingestellt. Gottsched beruft sich in der „Sprachkunst"[2])
auf die Parodie der von seinen Gegnern gebrauchten französischen Wendungen
durch den „scharfsinnigen" Verfasser des „Volleingeschanckten Tintenfäßls".
Des weiteren wird die Verstiegenheit Klopstockscher Neubildungen mit dem
marinistischen Stil Lohensteins verglichen[3]). Namentlich Schönaichs „Neo=
logisches Wörterbuch"[4]) und dessen Folgeschriften gehen Klopstock, Haller
und der ganzen Schweizer Schule mit sprachlichen Angriffen zu Leibe.

Unter Mitwirkung von J. G. Reichel verfaßte der Dichter des Epos
„Hermann", Freiherr von Schönaich, eine Parodie unter dem Titel: „Die
ganze Aesthetik in einer Nuß, oder Neologisches Wörterbuch" (1754),
worin er in Form eines wirklichen Wörterbuches die Neologismen der
Schweizer Schule zerpflückte. Schon die Vorrede ist für den ausschließ=
lich sprachlichen Gesichtswinkel der Betrachtung bezeichnend. Der Ver=
fasser giebt sich als „ein Mitglied der vortrefflichen Sprachschnitzer=
gesellschaft" und läßt seine Schüler allezeit ein Stück aus der Messiade
„in die gemeine Sprache übersetzen". Er tröstet sich über Angriffe
damit, daß nach Behauptung der „göttlichen Dichter" Aristoteles lehre:
„Ein Dichter herrsche mit unumschränkter Macht über die Gesetze der
Sprache". Dann fällt er aus dem parodistischen Tone: „Einer nehme
die neuen Wörter im Messias; der andere die verdrehten Ausdrücke; der
dritte die Lügen, die er uns von Gott und Himmel vorschwatzet: Was
wird doch bleiben?" In neuem Anlauf der Parodie heißt es schließlich:
„Wenn ich ein Wort, das ganz nagelneu ist, eine seltene Verbindung
oder nie erhörte Figur bewundere, so gehe ich oft noch weiter". Genug,
hier ist auf 471 Seiten mit großem Spürsinn alles zusammengetragen,
was in den Dichtungen von Klopstock, Haller, Bodmer und Genossen
gegen Gottscheds sprachlichen Standpunkt verstieß. Es handelt sich nicht
nur um Neubildungen von Wörtern und Wendungen, sondern um Ge=
brauch eingeführter Wörter in neuer Bedeutung ebenso, ja namentlich auch
um alte Ausdrücke, die aus der Mundart in die Schrift übernommen
waren. Sind zahllose Artikel ein Ausfluß dummdreister Nüchternheit,
so kennzeichnen doch auch manche die Willkür, Schiefheit und namentlich
die Verstiegenheit der Gegner recht treffend.

---

1) Edward Grandisons Geschichte in Görlitz S. 39.
2) Spk. S. 539. — Im „Tintenfäßl" von J. Chph. Schwarz f. S. 71. In
gleichem Sinne ein Anhang von Frau Gottsched. Vergl. Krause, Gottsched und
Flottwell S. 242 u. 273 flg.
3) Siehe das hf. Schreiben von Joh. Friedr. Diener (Hamburg 16. März
1753) an Gottsched. — Vergl. auch Danzel S. 368.
4) Über dasselbe vergl. Danzel S. 381 flg. und Burdach, D. Spr. b. j.
Goethe S. 169.

In ihren Beurteilungen des „Neologischen Wörterbuches" hielt sich die Gegenpartei — nicht eben tapfer — mit Vorliebe an die eingeflossenen Unflätigkeiten. Man irrte sich denn doch über die Tragweite dieses Pamphlets. Gleim schreibt den 10. März 1755 an Wieland[1]) in Selbsttäuschung: „Die ästhetische Nuß ist eine charta cacata, die, wie mich dünkt, auch bei den schlechtesten Lesern keinen Beifall finden kann. Wer sie angreift, besudelt sich".

Das folgende Jahr (1755) weist eine ganze Kette von Anhängen zum „Neologischen Wörterbuch" auf. Zunächst ließ sich eine unparteiische Stimme vernehmen: „Ragout à la mode oder des Neologischen Wörter= Buchs erste Zugabe von Mir Selbst. 1755".[2]) Zunächst wird hier ein „Schul=Examen über einige zur Dichtkunst gehörige Sachen" abgehalten. Auf die Frage: „Was ist ein Antiparticipianer?" erfolgt die Antwort: „Ein sogenannter witziger Kopf, der keinen Unterschied unter Poesie und Prosa machen kann". Der Verfasser giebt „viel Non Sense" in den Schriften der Schweizer zu, doch hätten sie bei großen Fehlern auch große Schönheiten.[3]) Die Gottschedianer dagegen möchten am liebsten „gereimte Prosa vor Verse ausgeben". Nachdem somit treffend der Standpunkt Gottscheds gekennzeichnet ist, wird mit großer Sicherheit und Sachkenntnis erklärt: „Daß Gottsched als Poet nie genug bedauret werden könne", aber „daß eben derselbe ein verdienter und brauch= barer Mann, sonderlich in Absicht der Verbesserung der deutschen Sprache sei".[4])

Alsbald erschien J. G. Reichel, der soeben auch in seiner „Bodmerias" die neologischen Verse der Schweizer Schule parodiert hatte,[5]) mit einer anonymen Gegenschrift auf dem Plane: „Der ganzen Aesthetik in einer Nuß; oder des neologischen Wörterbuches erster Anhang. 1755."[6]) Hier wird der von Reichel auch in Briefen an Gottsched gerügte[7]) Mangel des Neologischen Wörterbuches an Bescheidenheit und Gründlichkeit zugegeben, von Gottsched die Verantwortung für dasselbe abgewälzt, dann der „Ragout=Macher", der Ästhetiker G. F. Meier und andere neuere Gegner des Leipziger Diktators befehdet. Uns interessiert hier besonders, daß Reichel

---

1) Hs. Züricher Stadtbibliothek.
2) Von G. F. Meier? Nach dem Exemplar im Besitz von Georg Witkowski (Leipzig).
3) S. 4, 5, 7.
4) S. 8.
5) Immer wiederholte Betonung des sprachlichen Standpunktes s. S. 12, 33, 47, 52, 70, 82, 85, 88, 90, 91 (letztere Stelle die Mittelwörter betreffend).
6) Auch diese Flugschrift im Besitz von G. Witkowski.
7) Besonders am 27. Oktober und 9. November 1754.

in dieser Schrift unter Berufung auf Hagedorn[1]) wiederholt, was er schon in der parodistischen „Probe der Schreibart, in welcher man einen Versuch eines Lobgedichtes, auf die ungereimten epischen Dichter 2c. abfassen wird",[2]) ausgesprochen, indem er Gottsched den „Leipziger Horaz" nennt;[3]) noch mehr das in seiner Adresse unverkennbare ceterum censeo: Gottscheds Schriften würden „Deutschland alsdann noch Ehre machen, wann man einen undeutschen Dichter und einen tändelhaften Erzähler endlich einmal auf ihren wahren Wert wird gesetzet haben."[4])

Schönaich und Reichel blieben unermüdlich; offenbar wollten sie Lärm schlagen. In ihren weiteren Schmähschriften steht die Unverschämtheit des Tones in umgekehrtem Verhältnis zur Reichhaltigkeit des sachlichen Materials. Der poeta laureatus Gottschedschen Angedenkens ließ seiner „Nuß" ein „Nüßchen" folgen, sein Helfershelfer Reiche schrieb noch „Erläuterungen" in Briefen.[5]) Inzwischen hatte sich der junge Lessing in den Streit verwickelt, dem man nun seine schneidigen Hiebe wutentbrannt heimzahlen wollte. Wir können an disem Orte nicht die Episode der Litteraturfehde als solche verfolgen, sondern müssen uns auf Heraushebung derjenigen Stellen beschränken, welche für die einseitig sprachliche Auffassung des Kampfobjektes durch die Gottschedianer beweiskräftig sind.

Schönaichs Opusculum führte den umständlichen Titel: „Die ganze Aesthetik in einer Nuß, in ein Nüßchen gebracht; oder Nachlese der Neologie. 1755. (2. Titelblatt:) Die Nuß, oder Gnißel, ein Heldengedicht; mit des Verfassers eigenen Lesearten von ihm selber fleißig vermehret: Siebente Auflage;[6]) dem großen Rellah zugeeignet." Ganz in der Maske des Neologen äußert der Verfasser hier: „Diejenigen Fehler, die man mir, als einem uneigentlichen Dichter vorgerücket hat, sind mehrentheils Sprachfehler. Da hätte ich nun wohl freilich Ursache, mich zu schämen, weil auch Schulknaben roth zu werden pflegen, wenn man sie ihnen anstreicht. Aber ich bin ein Sorbe; die teutsche Sprache ist mir fremd..."[7]) Das im Ton namentlich gegen Lessing unqualifizierbare Pamphlet endet mit einer Spiegelung des litterarischen Krieges in der

---

1) Vergl. Danzel S. 116.
2) Neuestes IV, 124 flg.
3) S. 24.
4) S. 31.
5) Die Autorschaft beider ist durch einen Brief von Reichel an Gottsched (9. Januar 1755) belegt. — Diese Schriften besitzt die Königl. Bibliothek in Berlin.
6) Natürlich fingiert!
7) S. 6.

Unterwelt. Auf Plutos Frage, was die Parteien wollen und woher der Krieg komme, antwortet Merkur bezeichnend:[1] „Daher! Die eine Partei spricht wie Du, ich und Jupiter seit so manchem Jahrhunderte gesprochen haben. Die andere kann das nicht leiden und hat sich darum eine neue Sprache ersonnen."

In gleicher Tendenz halten sich Reichels „Erläuterungen über die ganze Ästhetik in einer Nuß. Frey=Singen. 1755." Nur schreibt der Autor im eigenen Namen, ohne sich parodistisch zu drapieren. In dieser völlig geistlosen und seichten Schrift jammert Reichel, daß sich „die ungereimten Auswürfe der undeutschen Sänger, Posauner, Trompeter und Jauchzer" mit jedem Tage vermehren.[2] Der Züricher Partei mangele „Reinigkeit der Sprache", in „Sprachschnitzern" suche sie vielmehr poetische Schönheiten.[3] Wir sehen, Reichel ist ein getreues Sprachrohr des Leipziger Meisters. In Gottscheds Sinne wird denn auch vom „Hermann" gerühmt: „Der Verfasser dieses schönen Heldengedichtes hat sich alle Mühe gegeben, deutsch, und reines Deutsch zu schreiben: daß man ihn auch ohne Schmäuchelei zu einem klassischen Dichter in unserer Muttersprache machen kann."[4] Deutlicher kann kaum ausgesprochen werden, welche Anforderungen die Gottschedsche Schule an vollendete Poesie stellte! — Schließlich wird noch die Feindschaft der „Göttinger Gelehrten Zeitungen" gegen Gottsched damit erklärt, daß ihr Oberaufseher Haller gegen die Reinigkeit der Sprache selbst sündige,[5] und zum Überfluß werden sogar den Fabeln Gellerts, denen Reichel herablassend „ihre Schönheiten und lehrreiche Anwendungen" zugesteht, „französierendes Deutsch und die oft ohne Not ausgedehnten Erzählungen" vorgerückt.[6]

Es liegt auf der Hand, daß sich bei dieser Stellungnahme die Parteien gar nicht verstehen konnten. Unpoetisch! tönte es von Zürich nach Leipzig; undeutsch! scholl es von dort nach der Schweiz und ihren litterarischen Dependenzen zurück. Aber die Zeit der sprachlichen Zustutzung war erfüllt, die Einheit und Korrektheit war für unsere Muttersprache, in letzter Linie durch Gottscheds Eingreifen, wesentlich errungen; und es war die Stunde für poetische Beflügelung gekommen. Der Schulzucht entwachsen, strebte die deutsche Sprache freierer Bewegung, kühnerem Flug entgegen; und so war Gottsched abgethan.

---

1) S. 82.
2) S. 26.
3) S. 37 flg, vergl. S. 59.
4) S. 47.
5) S. 86.
6) S. 93 flg.

Gottsched im Kampf um die Aufklärung.

Fragt man nach dem führenden Geist auf dem Gebiete der deutschen Sprache im zweiten Viertel des achtzehnten Jahrhunderts und darüber hinaus, so ist unbedingt Gottscheds Name zu nennen. Ebenso zweifellos steht in der philosophischen Bewegung Christian Wolf voran; er ist es, der (1) dem Geist der Zeit in erster Linie seinen Stempel aufdrückt. Unserm Gottsched würde noch nicht einmal unbestritten der zweite Platz gebühren, solange es sich nur um (2) die Ausgestaltung und Fort= entwickelung des philosophischen Systems handelt: zum mindesten sind neben ihm eine Reihe von fähigen Männern in gleicher Richtung thätig. Was Gottscheds wahres Verdienst und eigentliche Bedeutung hier wie gewöhnlich ausmacht, ist (3) sein agitatorisches Eingreifen in die philosophischen und theologischen Zeitkämpfe. Wie er immer, ein echter Agitator, nicht sowohl auf die siegende Macht des bahnweisenden Gedankens als vielmehr auf die werbende Betriebsamkeit von Parteien und Koterien vertraute, so suchte er auch hier durch Zusammenschluß mit dem Grafen Manteuffel und (4) der von diesem gestifteten Gesellschaft der Alethophilen eine Rückendeckung und Hilfstruppe zu gewinnen.

Gewiß wird man im allgemeinen geneigt sein, in der philosophischen Entwickelung eine praktische Propaganda nicht besonders hoch anzuschlagen. Anders in der Zeit, welcher Gottsched angehörte. So arm sie an neuen Ideen und jeglicher Produktionskraft war, hat die deutsche Philosophie in der ersten Hälfte des achtzehnten Jahrhunderts doch unserm Volke redlich, ja unermeßlich gedient, indem sie gerade die bisherigen Errungenschaften bevorzugter Geister zum Gemeingut aller Bevölkerungsschichten zu machen suchte. Besonders im deutschen Bürgertum, im Mittelstande, hat sie Bildung und Kultur verbreitet und dadurch sowohl die litterarische Ent= wickelung aus den engen Banden des Gelehrtentums in die weite Arena des Volkstums hinübergeführt wie nicht minder die soziale Emanzipation des dritten Standes in unserm Vaterlande friedlich vorbereitet. Auch aus diesem Gesichtspunkt charakterisiert sich demnach Gottscheds litterarische Stellung weit anders als es etwa durch bloßes Abwägen seiner ästhetisch= kritischen Doktrin an den verwandten Leistungen der Schweizer oder gar durch Betrachtung seiner unmöglich ernst zu nehmenden eigenen poetischen Versuche geschähe.

1. Vom Geist der Zeit.

Wollen wir Gottscheds philosophische Entwickelung verstehen, so dürfen wir uns nicht begnügen, (a) sein Ausgehen von der Modephilosophie an sich zu charakterisieren. Noch war die geistige Einheit Deutschlands nicht vorgeschritten genug, als daß die Erscheinungen im Zentrum des deutschen Bildungslebens sich unbedingt und ohne weiteres an der Peripherie bemerkbar gemacht hätten. Ja, wenn wir die Schwankungen verfolgen, denen die geistige Bewegung jener Zeit von Ort zu Ort, wie z. B. namentlich auch zwischen Halle und Leipzig, und selbst innerhalb desselben Ortes in oft jähem Wechsel von Zeit zu Zeit ausgesetzt war, dann werden wir die Nötigung empfinden, den Entwickelungsgang unseres Mannes (b) von den heimatlichen Lehrjahren bis (c) zur Stätte und Zeit seiner Reife zu begleiten, mit ihm von Königsberg nach Leipzig zu wandern, um die geistigen Strömungen zu erkennen, von denen er sich, trotz einzelner Versuche selbständiger Lenkung seines Weges, im allgemeinen willig tragen läßt.

a) „Nous sommes dans un siècle où la raison commence à prendre plus d'empire", schreibt Fontenelle den 16. Oktober 1732 an Gottsched.[1]) Der gemeinsame Grundzug der geistigen Bewegung im damaligen Europa ist hier treffend gekennzeichnet. Bis zum Überdruß variieren deutsche Stimmen im zweiten Jahrhundertviertel diesen selben Gedanken, daß nun der Verstand, der „gesunde Menschenverstand" seine Herrschaft über die Geister angetreten habe. Die naturwissenschaftlichen Entdeckungen eines Copernicus, Kepler und Galilei speisten den Geistesstrom, der groß und mächtig in den Philosophien eines Bacon und Descartes — ganz von Spinoza zu geschweigen — einsetzt, um sich schließlich in tausend seichten, aber noch immer erfrischenden und befruchtenden Armen über das Leben des geistigen Mittelstandes zu ergießen. Es ist wahr, die Engländer und Franzosen, Locke wie Bayle, überragen an folgerechter Klarheit und Kühnheit unsern Leibniz unvergleichlich; während aber ihr einseitiger Realismus in Skeptizismus und Materialismus ausmündete, hat die idealistische Halbheit der deutschen Philosophie den unverlierbaren metaphysischen Besitz unseres Volkes in bessere Tage hinübergerettet.

So viel auch Christian Wolf und gar Gottsched von den idealistischen Elementen der Leibnizschen Philosophie über Bord warfen, das ganze Wesen des Meisters wirkt vorbildlich fort: war es doch das getreue, notgedrungene Abbild des deutschen Geisteslebens um die Jahrhundertwende. Das war nicht der einseitige Gelehrte, der im ruhigen, unbeirrten Denkprozeß sein System ausgestaltet; — vorwiegend auf praktische Zwecke ge-

---

1) Vergl. Danzel: Gottsched, S. 342.

wandt, sucht Leibniz in der Philosophie nicht bloß den nötigenden, interesse=
losen Ausdruck einer Weltanschauung: angewandte Wissenschaft ist sein vor=
nehmster Zweck, die Theorie ihm oft nur ein Mittel. Die ruhelose
Vielseitigkeit seiner Interessen bedingte eine Zerfahrenheit[1]), die dem
Zusammenhang, der Tiefe und Überzeugungskraft seiner Ideen nur zu
sehr Eintrag gethan hat. Eine starke Aber agitatorischen Blutes, wie es
mit Gottsched zur lebhaftesten Aufwallung gelangte, macht sich im
philosophischen Organismus bemerkbar. Wie kühn, wie unbedingt indes
sich nun der Verstand und die Erfahrung zu tummeln schienen, vor dem
religiösen Dogma machten sie Halt, ja, die philosophische Spekulation
stellte sich gar in seinen Dienst. Die Philosophie opfert Leibniz, besonders
in der „Theodicee", schließlich doch der Theologie, wie er sich von der
Induktion bald zur Spekulation zurückwandte. Diese Halbheit haben
seine Nachfolger nie völlig zu überwinden vermocht. Und doch, die
Schranken waren eröffnet, in denen die Theologie an der Philosophie
und auch die Spekulation an der Erfahrung sich messen mußte, sei es
zunächst selbst nur, um von ihr eine Bestätigung zu erhalten — eine
bedeutsame Wendung.

Ihre bedenkliche Seite hatte gewiß auch jene optimistische, um
nicht zu sagen opportunistische Lehre, daß unsere vorhandene Welt die
beste aller möglichen Welten sei; verführt diese Anschauung doch gar
leicht zu einer faulen Abfindung mit allem Bestehenden. Ging deshalb
Leibniz auch an manchen Schäden blind und selbstgenügsam vorüber,
so erstickte jene Anschauung doch keineswegs seinen Reformdrang, weckte
vielmehr Lebensmut und Thatkraft auf Generationen hinaus, sodaß
sie vorwiegend unberechenbar heilsam wirkte. Nicht länger galt die
Erde als Jammerthal; selbst die Pforten der Hölle durchbrach dieser
weltfrohe Optimismus: indem er das Übel als nicht von Gott gewollt,
wesentlich als bloßen Mangel an Vollkommenheit hinstellte, beschwor er
das Bild eines grundgütigen Gottes, der uns mit milden Vaterarmen
lenkt. So schüchtern sich selbst diese Gesinnung bei Leibniz hervorwagte,
seine Nachfolger, und auch Gottsched, waren damit in eine Bewegung
hineingestellt, die — es muß hier daran erinnert werden — in Goethes
Poesie und Weltanschauung gipfelte, welche das Reich der Schönheit und
Verklärung in dieser Welt suchte. Es entsprach durchaus der praktischen
Gesamtrichtung von Leibniz, daß er nicht direkt, sondern durch die Fürsten
auf das Volk zu wirken suchte. Auch hierin bleibt sein Vorbild lebendig:
die Zeit des aufgeklärten Despotismus hat er damit wesentlich vor=
bereitet.

---

1) Vergl. Benno Erdmann: Martin Knutzen und seine Zeit, S. 56.

Nicht ganz so unumschränkt bildete die erste Hälfte des 18. Jahr=
hunderts das System des Meisters fort. Rein philosophisch machte Leib=
niz vor allem durch seine encyklopädische Umspannung der Wissenschaften
Epoche. Wie er in den verschiedensten Wissenszweigen, namentlich auch
in der Mathematik, bedeutsame Entdeckungen zu Tage förderte, stellte
Leibniz in sich selbst die Einheit der Wissenschaft dar. Die Philosophie
ward zum Inbegriff der Natur= und Geisteswissenschaften, und der
organische Zusammenhang, in welchen sie dieselben setzte, kettete die
Spekulation, so souverän diese herrschen mochte, doch jedenfalls für alle Zeit
an das Regulativ der Erfahrungswissenschaften. Indem Leibniz ferner
— unter Überwindung des Dualismus von Ausdehnung und Denken —
den Begriff der Kraft einführte und sie als entscheidendes Merkmal der
Körper und der Seelen nachwies, als einheitliches Wesen aller Dinge hinstellte,
hat er abermals der modernen Philosophie die Bahn gewiesen.[1] Mit
der Kraft als dem Wesen der Dinge operiert nun die ganze Folgezeit.
Von den sonstigen Grundelementen der Leibnizschen Philosophie waren
es nur die Sätze des „zureichenden Grundes“ und des „nicht zu Unter=
scheidenden“ (principium rationis sufficientis und principium indiscernibilium), die Christian Wolf neben dem von Aristoteles entlehnten
„Grund des Widerspruches“ als Grundsätze in sein System hinübernahm.

Mit Staunen müssen wir wahrnehmen, daß die eigentlich idealistischen
Züge des Meisters teils verwischt, teils geradezu eliminiert erscheinen. Die
Monaden und die prästabilierte Harmonie sind von Wolf noch nicht
eigentlich fallen gelassen, aber schon ihres zentralen Charakters entkleidet,
und somit in ihrer Geltung lahmgelegt. Wolf gesteht mit verblüffender
Selbstbloßstellung[2]: „Ich hatte mir zwar anfangs vorgenommen, die
Frage von der Gemeinschaft des Leibes mit der Seele und der Seele
mit dem Leibe ganz unentschieden zu lassen: allein da ich ... wider
Vermuten ganz natürlich auf die vorher bestimmte Harmonie des Herrn
von Leibniz geführet ward, so habe ich auch dieselbe beibehalten.“
Später[3] setzt er hinzu: „Weil ... nicht mein Hauptvorsatz ist, dieselbe
zu bestätigen, sondern ich nur fast unvermutet darauf kommen bin, so
habe mich auch dessen nicht anzunehmen, was man wider den Herrn
von Leibniz vorbringet.“ Ja, im zweiten, ergänzenden Teil der „Ver=
nünftigen Gedanken von Gott“ erklärt das Schulhaupt unbekümmert[4]:

---

1) Vergl. Christian Wolf: Vernünftige Gedanken von Gott, der Welt und
der Seele des Menschen, 5. Aufl. S. 60 flg. u. 464 flg., sowie Kuno Fischer: Geschichte
der neuern Philosophie II², 328 flg.

2) A. a. O. Vorrede zur ersten Auflage.

3) A. a. O. Vorrede zur zweiten Auflage.

4) 3. Auflage S. 487. — Dieser Ergänzungsband erschien zuerst 1724.

„Es ist mir nichts daran gelegen, daß man dieses Systema für wahr=
scheinlicher als ein anderes hält, ... und bin nicht allein zufrieden,
sondern rate es auch sogar, daß einer bei einem von den übrigen beiden
verbleibe oder auch sich zu gar keinem bekenne, wenn er vermeinet, daß
er an dem Systemate Harmoniae praestabilitae etwas Anstößiges findet!"

Ähnlich läßt Wolf das Wesen der Monade thatsächlich unentschieden
und begnügt sich, Leibniz' Meinung vorzutragen;[1]) da heißt es: „Der Herr
von Leibniz stehet in dem Gedanken, daß in einem jeden einfachen Dinge
die ganze Welt vorgestellet werde... Allein ich trage noch Bedenken,
dieses anzunehmen." Auch ahnt Wolf nicht einmal den Zusammenhang,
der zwischen der Monadenlehre und dem Prinzip der prästabilierten
Harmonie besteht: wonach eben die Vorgänge in all jenen letzten unteil=
baren Einheiten einander entsprechen, deshalb also auch die Bewegungen
in Körper und Seele harmonieren müssen. In Wolfs mechanischer Auf=
fassung sind Körper und Seele verschiedene, nur äußerlich verbundene
Substanzen; ihre Einheit und Immanenz, das Prinzip der Monade, ist
einem neuen Dualismus gewichen. Gottsched geht in beiden Streitfragen
noch weiter von Leibniz ab, indem er in seiner ersten Schrift Zweifel
an den Monaden vorträgt und bald zur Theorie des physischen Einflusses
in der Wechselwirkung zwischen Körper und Seele zurückkehrt. Was das
idealistische System dadurch an innerem Halt verlor, gewann es freilich
an Wirkungsfähigkeit im Bereich des „gesunden Menschenverstandes."

Einen wirklichen Fortschritt nach dieser Richtung bezeichnet Wolfs
Stellung zur Theologie. Er verzichtet auf philosophische Begründung
christlicher Dogmen[2]), nur das Dasein Gottes und die Unsterblichkeit der
Seele verteidigt er systematisch; im übrigen verkündet er den Grundsatz[3]):
„Es ist vor die geoffenbarte Religion gnug, wenn die Vernunft nichts
behauptet, was ihr entgegen ist. Wie viel sind Dinge, die auf den
bloßen Glauben ankommen und davon die Vernunft schweiget! Deswegen
aber kann man nicht sagen, daß sie nach ihr müßte geleugnet werden."
Indes, trotz aller Verwahrungen, beginnt nun jene Dogmenkritik, die
im „Wolfenbüttelschen Ungenannten" Reimarus gipfelt.

War diese Wendung von eminenter praktischer Bedeutung, so wirkte
noch unvergleichlich epochemachender die Ausgestaltung, welche Wolf dem
encyklopädischen Gedanken von Leibniz zuteil werden ließ. Er entwarf ein
systematisches Lehrgebäude von architektonischer Gliederung, von lückenlosem
logischen Zusammenhang und freilich auch von seichter Breite. Gerade durch
diese unbedingte Gemeinverständlichkeit eroberte er seinem System eine

---

1) A. a. O. 5. Auflage S. 368 flg.
2) Vergl. Karl Biedermann: Deutschland im 18. Jahrhundert II, 1, S. 421 flg.
3) Bern. Ged. v. Gott, Teil II, 3. Aufl. S. 309 flg.

Herrschaft ohnegleichen. Und nicht nur seinem System: der philosophischen Methode, dem streng logischen Denken gewann er Boden in weiten Schichten der Bevölkerung[1]). Nicht am wenigsten sagte diese nüchterne Verständlichkeit der Wolfschen Schlußketten den damaligen Gelehrten selbst zu: sowohl über Lehrer der Philosophie, wie über Mathematiker, Physiker und Vertreter verwandter Disziplinen an fast allen deutschen Universitäten erstreckte sich das Netz der Wolfschen Schule, und mehr: fast alle Wissensgebiete befruchtete diese Philosophie.

Leibniz war zu sehr Strudelkopf und zu sehr Schöngeist, um sich für das ruhige Ausreifen und Ausbauen seiner Eingebungen Zeit zu lassen. Namentlich in seiner schwächsten, aber verbreitetsten Schrift, der „Theodicee", spricht er oft mehr als Dichter denn als Denker. „Ein geschickter Romanschreiber könnte vielleicht einen solchen außerordentlichen Fall erfinden", heißt es an einer Stelle geradezu; an einer andern: „und weil es hier einmal nach Möglichkeiten zu dichten erlaubt ist: so wollen wir uns einbilden . . ."[2]). Es ist kein Zufall, daß dieses Werk so nachhaltig auf die Dichtung wirkte und daß ein Gottsched wie ein Haller aus ihm die Stoffe philosophischer Gedichte entnahmen.[3]) Wolf ist im Grunde gewiß kein systematischerer Geist, aber doch in höherem Grade Lehrer der Weisheit. Er war sich seines Gegensatzes zu Leibniz in der Darstellungsart, die doch nicht nur äußere Form blieb, voll bewußt. Dem Grafen Manteuffel schreibt er am 13. Dezember 1743 über den Wittenberger Professor der Physik Bose: „Daß er die belles lettres überall einmengen will, hat mir nicht gefallen, und ist heutzutage nirgends mehr der Geschmack davon, als in Holland. Daher nehme mir nicht die Geduld, was dahin gehört, zu lesen, sondern übergehe es: wie ich auch aus dieser Ursache des Herrn von Leibniz Theodicee nicht ganz durchlesen können, sondern vielmehr nur oculo fugitivo durchblättert habe, ob ich gleich davon die recensionem in die Acta[4]) gemacht, indem nur das herausgenommen, was zur Sache gehöret: worinnen ich ihm auch selbst ein Genügen gethan."[5]) — Ein gut Stück von Gottscheds Eindruck beruht darauf, daß er Wolfs nüchterne Logik mit den „belles lettres" des Leibniz zu vereinen mußte. Wolfs Methode ist nicht schöngeistig, einschmeichelnd und anregend, sondern mathematisch nötigend.

---

1) Vergl. Max Koch: Gottsched (Sammlung gemeinverständlicher wissenschaft= licher Vorträge, N. F. I. Serie, Heft 21) S. 8 flg.

2) Fünfte Auflage der deutschen Übersetzung, herausgegeben von Gottsched, S. 41 und 45.

3) Vergl. K. Biedermann a. a. O. II, 1, S. 266.

4) Acta Eruditorum 1711, S. 110 flg. u. 159 flg.

5) Vergl. schon Wuttke: Wolfs eigene Lebensbeschreibung, S. 83.

Zu Zeiten trug sich Wolf allerdings mit dem Gedanken, ein philo=
sophisches Lehrbuch für Damen zu schreiben, zumal ihn Manteuffel dazu
mit dem Hinweis ermutigte, daß auch für Fürsten eine solche populäre
Darstellung des Wolffschen Systems nötig wäre, um sie zu bilden und zu
bessern.[1]) Später nimmt der Philosoph Formeys „Belle Wolfienne"
zwar mit Zustimmung auf, indes nicht ohne den charakteristischen Zusatz:[2])
„Ich halte freilich bei meiner Philosophie für das Beste, was vom methodo
herrühret, nämlich daß man von der Wahrheit überzeuget wird und die
Verknüpfung einer mit der andern einsiehet, auch zu recht vollständigen
Begriffen unvermerkt gelanget, und dadurch eine Scharffinnigkeit erhält,
die auf keine andere Weise zu erreichen stehet."

Eine Fortwirkung Leibnizscher Ideen haben wir des weiteren in
Wolfs Formulierung seines Endzweckes zu sehen. „Ich suche nichts in
der Welt", erklärt er,[3]) „als die Wahrheit auszubreiten, ohne welche die
Glückseligkeit des menschlichen Geschlechtes nicht bestehen kann, sondern
alles zu deren Nachteil in die größte Verwirrung gesetzet wird, und die
Menschen selbst bei dem größten Glücke keine wahre Vergnügung finden."
So stimmte er lebhaft zu, als man seinen praktischen Teil der Philosophie —
seine eigenste Erfindung — „scientiam felicitatis" nennen wollte.[4]) Das
waren Klänge, die Gottsched wie kein zweiter seiner Zeit gierig auffing
und weitergab. Nicht anders faßt unser Mann selbst sein Urteil über
Wolf zusammen:[5]) alle Absichten desselben seien „auf die Beförderung der
menschlichen Glückseligkeit gerichtet" gewesen. Ja, Gottsched geht hierin
einen Schritt weiter, über Wolf und womöglich über Leibniz hinaus.
Wolf hatte zwar die Glückseligkeit als Endzweck festgehalten, aber im
Ausgangspunkt die Philosophie rein sachlich als „Wissenschaft aller mög=
lichen Dinge c." definiert, während unser Mann unmittelbar einsetzt:
„Die Weisheit überhaupt ist eine Wissenschaft der Glückseligkeit; wie
Leibniz dieselbe zuerst beschrieben hat".[6]) Noch in der zweiten Hälfte
des 18. Jahrhunderts hat die deutsche Aufklärung diesen eudämonistischen
Zug bewahrt und bethätigt.

Schließlich hat Wolf mit Leibnizens ebenso patriotischer wie praktischer
Forderung, die Muttersprache auch in den Wissenschaften anzuwenden,

---

1) Wolf an Manteuffel 28. Mai 1738, dessen Antwort 16. Juni 1738, und
die der Zeit nach folgenden Briefe, — Handschriften im gelehrten Briefwechsel des
Grafen Manteuffel (drei Bände umfassend), gleich der Gottschedschen Korrespondenz
auf der Leipziger Universitäts=Bibliothek.
2) An Manteuffel 27. Januar 1741.
3) An Manteuffel 10. Januar 1745.
4) Wuttke: Wolfs eigene Lebensbeschreibung, S. 79 flg.
5) Gottsched: Historische Lobschrift des Freiherrn v. Wolf, S. 151.
6) Weltweisheit I, § 1.

Ernst gemacht. Die besondere Biegsamkeit der deutschen Sprache für philosophische Begriffsbildungen trat nun überraschend zutage. Jedes seiner deutschen Werke, namentlich sein metaphysisches Hauptwerk, die „Vernünftigen Gedanken von Gott, der Welt und der Seele des Menschen", trug durch dieses bequeme äußere Gewand die neue Philosophie, ja das Interesse für die Weltweisheit überhaupt über den Kreis der klassisch Gebildeten hinaus. Der deutsche Geist hatte mit Leibniz seinen Einzug in die Philosophie gehalten; nun wurde auch die deutsche Denkform systematisch ausgebildet.[1] Gerade für dieses Verdienst Wolfs darf man Gottscheds Zeugnis als besonders zuständig anrufen:[2] „Auch mir", lautet es, „der ich in die schönen Wissenschaften ein reines Deutsch einzuführen gesuchet, hat seine Metaphysik zum Muster gedienet, ja mich dazu geschickt gemachet". Nicht nur dem Publikum wollten es diese Männer bequem machen, auch sich selbst! Zur Charakteristik des Standes klassischer Bildung in jener Zeit dürfen wir wohl in diesem Zusammenhang eine gelegentliche Äußerung Wolfs gegen Manteuffel vom 25. März 1748 anführen: „Die Fehler, welche Herr Formey in der Übersetzung des Sallustii begangen, sind so offenbar, daß er sie unmöglich rechtfertigen kann ... Es ist nun schon ein halbes Säkulum verflossen, daß ich keinen griechischen (!) Autorem gelesen: gleichwohl würde ich nimmermehr auf eine solche Übersetzung gefallen sein, die so augenscheinlich den Sinn des Autoris verändert und seine Gedanken so erniedriget." —

Wir kennen Wolfs leitende Ideen, kennen damit auch die Ursachen seiner breiten Wirkung. Um die agitatorische und polemische Stellung seiner Schule zu verstehen, werden wir gut thun, die Art dieser Wirkung nach drei Seiten besonders zu fixieren. Bürgertum, Geistlichkeit und Fürsten bildeten drei nach Bildung und Interessen so grundverschiedene Mächte, daß sie naturgemäß auf die neue, reformierende Lehre abweichend reagieren mußten.

Im Bürgertum regte sich ein Bildungsstreben, dem der gesunde Menschenverstand und die eudämonistische Durchschnittsmoral Wolfs recht behagte. Statt vieler Beispiele seines Einflusses stehe hier eine eigene Feststellung des Mannes. Manteuffel hatte ihm am 24. Juli 1747 gemeldet, daß einige Leipziger Chirurgen (chirurgiens)[3] sich von Professor Bel ein Kolleg über Wolfs deutsche Logik halten ließen. Drei Tage später antwortet der Philosoph: „Mir ist noch erinnerlich, daß, da ich die kleine deutsche Logik zuerst herausgegeben hatte, selbst Bauern (von einem Hamburgischen Kaufmann will ich nichts sagen) dieselbe gelesen und

---

1) Vergl. Kuno Fischer a. a. O. II¹, 522.
2) Lobschrift des Freiherrn v. Wolf, S. 48.
3) Man kenne die ältere Bedeutung des Wortes.

sich zu nutze gemacht: wie ich mich denn auch erinnere, daß, als ich die Anfangsgründe herausgegeben von der Mathematik, ein Schuhknecht in Augsburg bei müßigen Stunden es so weit gebracht, daß er selbst in calculo differentiali und integrali zurechte kommen können, ohne sonst einigen Lehrmeister zu haben".[1]

Wurde dem Bürgertum die verstandesklare Wolffsche Philosophie eine Führerin zur Bildung und Aufklärung, so benutzte — merkwürdig genug — die intelligentere katholische Geistlichkeit, besonders der Orden Jesu, diese scharfe, überzeugende Form der Schlüsse und Beweise, nicht nur gerade um die Freidenker zu bestreiten, sondern überhaupt um durch Formalschlüsse, durch Dialektik, den Verstand zu fesseln, wo der Glaube nicht mehr blind geblieben. Auch darin lag ein Zugeständnis der Theologie an die Philosophie, freilich eines von sehr zweifelhaftem Wert. Betont doch Wolf am 27. Januar 1741 im Brief an den Grafen Manteuffel, daß die Bedeutung seiner Methode, „bisher fast niemand begreifen will, außer verschiedenen Katholiken", von denen er „absonderlich jetzt aus vielen Orten und Klöstern Briefe erhalte". Schon am 7. Juni 1739 meldet er demselben Korrespondenten, ein guter Freund habe von dem portugiesischen Minister in Rom, P. Evora, die Ursache erfahren, „warum insonderheit bei der hohen Geistlichkeit und andern gelehrten Theologis" — wie er schreibt — „meine Philosophie in Italien in so großes Ansehen komme ... Es wäre nämlich durch die principia der heutigen berühmten Engländer der Materialismus und Skeptizismus in Italien überall gewaltig eingerissen. Man hätte sich nicht im stande gefunden, aus der scholastischen Philosophie demselben zu begegnen. Daher hätte man sich mit Macht auf meine Philosophie legen müssen, weil man darinnen die Waffen gefunden, dadurch man diese Monstra bestreiten und besiegen kann."[2] Gottscheds sprachregelnde Bemühungen hatten ihm auch in katholischen Kreisen einigen Einfluß verschafft, der unter diesen Umständen zugleich für die Ausbreitung der Wolffschen Philosophie fruchtbar werden mußte. So wird er unter anderm zum Vermittler eines neuen lateinischen Lehrbuchs der Logik, das ein Benediktinermönch in Kempten wesentlich nach Wolfs Grundsätzen verfaßt hatte, an den Meister.[3] Nicht überall war man, besonders im niedern katholischen Klerus, schlau

---

1) Ähnliches über einen holländischen Schuhmacher s Wuttke S. 184 flg. Eine Satire gegen die Wolfianer führt denn auch den Titel: „Der nach mathematischer Methode, als der allerbesten, neuesten und natürlichsten, getreulich unterrichtete Schustergeselle", verfaßt von Chr. Hecht.

2) Vergl. schon Wuttke S. 177.

3) Siehe Manteuffels Brief an Wolf vom 24. Oktober 1747.

genug, die furchtbare Waffe, welche der klügelnde Verstand geschmiedet, wider ihn selbst behutsam zu verwenden, ohne dem Waffenmeister plump ins Gesicht zu schlagen und dadurch sich des Scheins zu begeben, als kämpfe man im Namen der Vernunft gegen den Unsinn und die Raserei. Solche Verhältnisse an einer für Gottsched entscheidenden Stelle spiegelt Manteuffels Äußerung an Wolf vom 10. Mai 1746: der Bischof von Krakau scheine zu beabsichtigen, „de faire goûter votre philosophie au barbare clergé polonais. Ces idiots n'oseront plus grouiller contre ce dessein, dès qu'il pourra les convaincre par les exemplaires de Vérone (der dortigen Ausgabe, die Wolf dem Bischof übermittelt) que ceux-ci ont été imprimés avec l'approbation des P. P. Inquisiteurs."

Wie feindlich sich die evangelische Geistlichkeit, besonders die pietistische, zu Wolf stellte, beweisen zur Genüge die Vorgänge, welche mit seiner Vertreibung aus Halle zusammenhängen. Entfernten sich doch die Hallenser Theologen wesentlich nach der entgegengesetzten Seite von der „reinen und unverfälschten Lehre". Mit höchst bezeichnenden Worten bittet ein= mal (6. März 1731) der Ostpreuße D. M. Georgi, stud. phil. et theol. daselbst, Gottsched als seinen Oheim um Rat zur Wahl einer anderen Universität, da die Hallenser Lehrer meist „mit Enthusiasten und aller= hand Schwärmern eine genaue Verbindung" hätten. Auch nach Wolfs Rückberufung wollen die Verdächtigungen nicht schweigen. Hallenser Studenten streuten an anderen Universitäten aus, Wolf spotte in jeder Vorlesung über die Religion und die Bibel.[1] Und doch wußte die ganze Wolfsche Schule ihre absprechende „Aufklärung", ihre vornehme Verachtung aller theologischen Beschränktheit mit konventionellem Entsetzen vor „Natu= ralisten, Atheisten und Spinozisten" in widerlicher Aufdringlichkeit zu ver= einen![2] Wir treffen in dieser Zeit und auch in diesem Kreise alles eher als Charaktergröße. Im Gottschedschen Briefwechsel wird als Grundsatz der Theologen oft genug bezeichnet: „Schreibst, schreibst, daß Du bei der Pfarre bleibst!" Wie selten freilich mögen die Zeiten sein, wo die Vor= sicht nicht als besserer Teil der Tapferkeit gilt!

Wenigstens fühlte Wolf, was not that. „Mit Konfiszieren, Wider= legen, Verbannen", meint er sarkastisch,[3] wird dem Übel wohl nicht gesteuert werden. Wenn nicht die Jugend in Schulen und auf Universi= täten gründlicher unterrichtet wird, und die Alten den Jungen, insonderheit auch die Herren Geistlichen mit besserem Exempel der Gemeinde vorgehen, als meistenteils geschiehet, wird das andre wohl alles vergeblich sein.

---

1) Manteuffel an Wolf 10. Mai 1748.
2) Vergl. K. Biedermann a. a. O. II, 1, S. 428.
3) An Manteuffel 2. Januar 1748.

Die alten Sinesen[1]) hielten das Exempel der Großen und Gewaltigen
vor das kräftigste Mittel, die Unterthanen zum Guten zu verbinden,
und das gemeine Sprichwort: Wie der Wirt, so bescheret Gott die Gäste,
führet wohl ein gleiches im Munde. Wer will aber die reformieren?"
Nun fehlte es Wolf nicht an fürstlichen Gönnern; indessen blieb zunächst,
im Gegensatz zur zweiten Jahrhunderthälfte, ihr Interesse — wenn man
etwa von Friedrich dem Großen absieht — eine bloße Liebhaberei ohne
ernste Vertiefung oder gar praktische Konsequenzen für ihre Regierungshandlungen. „Es herrschet noch immer die alte Meinung unter den Großen
dieser Welt, die zu den Zeiten des Euclidis dieselbe hatten, daß sie wohl gerne
Wissenschaft erlangen möchten, wenn nur ein besonderer Weg dazu zu
gelangen wäre, der ihnen nicht Mühe kostete. Allein es bleibet auch die
Antwort wahr, die Euclides dem Ptolomaeo gab: Non datur via regia
ad scientiam."[2]) Graf Manteuffel, selbst früher Minister, ist denn auch
Philosoph genug, freiere Verfassungszustände zu fordern:[3]) „Je crois
même avoir trouvé la source de tant de maux, et je suis persuadé,
à mon tour, que vous me donnerez raison. C'est que la plupart des
souverains d'aujourd'hui prétendent de gouverner leurs états arbitraire-
ment et sans conseils. C'est ce qui leur fait ignorer et mépriser
la Vérité et les règles du bon-sens. Hinc illae lacrimae." Doch das
waren vertraute Geständnisse; in der Öffentlichkeit gab man sich, namentlich gerade gegenüber den eigenen fürstlichen Gönnern, devot bis zum
Ersterben und war es ganz zufrieden, wenn die gekrönten Freunde gegen
die Feinde der Vernunft jene Toleranz außer acht ließen, welche die
Bekenner des „gesunden Menschenverstandes" doch selbst so ausgiebig
forderten. Auf welche unschöne Verfolgungssucht des selbst einst so
hart Verfolgten, und gleichzeitig auf welchen rohen Humor des Roi-
Philosophe lassen uns Wolfs Äußerungen über ein Gewitter schließen,
das sich über des jüngeren Francke[4]) Haupt zu entladen drohte. Am
8. März 1745 schreibt Wolf an Manteuffel: „Daß Se. Königl. Maj.
an die Universität allergnädigst (!!) rescribieret, der Prof. Francke solle
in die Komödie gehen und von den Komödianten sich ein Attestatum
geben lassen, wie er solches verrichtet, und dasselbe an hohem Orte
einzusenden (so!), wird Ihres Orts vielleicht schon bekannt sein". Und

---

1) D. i. Chinesen. — Wolfs Rede bei Ablegung des Prorektorats „De Sina-
rum philosophia practica" (1721) bildete bekanntlich den wesentlichsten Stein
des Anstoßes für die Hallenser Pietisten.

2) Wolf an Manteuffel 14. September 1748.

3) An Wolf 10. Februar 1745.

4) Schon als Kronprinz hatte Friedrich ihm seine Abneigung unzweideutig
kundgegeben. — Vergl. Allgem. Deutsche Biographie: Gotthelf August Francke.

nun setzt er nach sechs Tagen hinzu, des Königs Befehl geschehe „zum besten der Vernünftigen Welt, und zum Exempel der Pharisäischen Pfaffen ... Die Prediger lassen ihren Eifer allzu weit gehen und lermen auf der Kanzel über Sachen, von denen sie wohl mit mehrer Moderation reden könnten, wenn sie ja vermeinten, im Gewissen verbunden zu sein, davon zu reden." Francke verlange, daß die Universität sich seiner annehme. „Ich glaube aber nicht, daß solches geschehen wird; wenigstens werde ich nicht darein williigen, sondern vielmehr dagegen protestieren." Sein gräflicher Korrespondent beschämt hier den Philosophen (am 25.) durch die Gegenäußerung, daß in einer großen Leipziger Gesellschaft viele verlangt hätten, die Universität Halle müsse sich Franckes annehmen, und — wenn dies Vorgehen erfolglos bliebe — „l'aller accompagner en corps à ce spectacle, plutôt que d'abandonner un confrère si indignement ridiculisé." Zum Glück meldet Wolf noch am gleichen Tage von einem neuen Reskript, wonach Francke mit einer Buße von 20 Thalern in die Armenkasse davonkommen solle. —

Überhaupt fühlte sich Christian Wolf mehr in der Rolle eines „Lehrers des Menschengeschlechts" — als „professor universi generis humani" gelobte er bei seiner Rückberufung nach Halle künftig wirken zu wollen —, eines Verkünders der Wahrheit und praktischen Glückseligkeits= lehre, als daß er für deren Bethätigung und Verbreitung im einzelnen fähig gewesen wäre. An werbender Kraft, an agitatorischer Wirkung für die Auf= klärung muß man ihm einen Mann wie Thomasius voranstellen. Auch verzichtet dieser auf das Medium fürstlicher Machtmittel zur Verbreitung der freieren Ideen; er wendet sich an die Individuen, an jeden einzelnen im gebildeten Bürgertum, namentlich durch seine Zeitschriften, um den Aber= glauben und die scholastische Wissenschaft zu stürzen und einer innigen Fühlung des Gelehrtentums mit dem Leben Bahn zu brechen.[1]) So thut er den folgenschweren Schritt, die Muttersprache nicht nur an der Universität, sondern auch in die Zeitschriften einzuführen, wodurch er eine Entwickelung eröffnet, in welcher als eins der bedeutsamsten Glieder unser Gottsched zu nennen ist. Bekämpfte Thomasius doch auch in der Lateinsprache zugleich die Scholastik der Wissenschaft zu Gunsten enger Fühlung der Gelehrten mit dem Volke und dessen Bildungsbedürfnissen! „Die Re= formation ist begonnen, aber noch nicht vollendet, und ist standhaft fort= zusetzen" — diese Überzeugung hat er in weiten Kreisen zu wecken gewußt.[2]) Dadurch kam Fluß in die geistige Bewegung, die sonst leicht in Wolfs Formalismus erstickt wäre. Man sah ein festes Ziel, oder doch einen

---

1) Vergl. K. Biedermann a. a. O. II, 1, S. 383 flg. u. 360 flg.
2) Vergl. Richard Treitschke: Burkhard Mende, S. 8.

feſten Anknüpfungspunkt; mit doppelter Kampfluſt und Siegeszuverſicht richtete die neu entfachte philoſophiſche Bewegung ihren Anſturm gegen religiöſe und wiſſenſchaftliche Verknöcherung.

So erweiterte die Vernunft unwiderſtehlich nach allen Seiten ihr Reich. Verſtand! und Wahrheit! werden zu Schlagworten, über alle geiſtigen Gebiete übt der Intellekt nun eine rigoroſe Herrſchaft aus. Die arme Muſe der Dichtkunſt mußte ſich zu ſprunghaften Beluſtigungen des Verſtandes und Witzes bequemen, die Hoheprieſterin ſollte der Göttin der Vernunft opfern. Nur rang neben dieſem Rationalismus unbeirrt der Pietismus um die Geiſter. Nachdem dieſer im Kampf gegen die Orthodoxie ſeine reformatoriſche Miſſion erfüllt, wandte er ſich im einmal entfachten Eifer und Herrſchgelüſt gegen den Rationalismus: nicht nur die Glaubens= innigkeit ſtritt mit der Verſtandesaufklärung, auch die Idee des Jammer= thals mit der der beſten Welt, die Weltflucht mit der Weltfreude. Wie ſie ſich an einander maßen, gewann da der eine, dort der andere Teil einen Vorſprung. Die eigentliche Phyſiognomie drückte der Zeit aber doch entſchieden der Rationalismus auf.

Beherrſchte dieſer nun auch noch während der zweiten Jahr= hunderthälfte und ſelbſt über ſie hinaus weite Gebiete, ſo meldet ſich doch im Laufe der vierziger Jahre immer ungeſtümer ein neuer Gaſt, der, zunächſt als Kranker um Schonung flehend, ſich in das Haus der weiſen Mutter Aufklärung ſelbſt einſchlich, um alsbald ſeine anſteckende Krankheit weithin zu verbreiten. Der arme Kranke nannte ſich „Herr Hypochonder“,[1) — und die Aufklärung, die ſonſt für alles Irdiſche und Überirdiſche ihre Formel und ihr Rezept bereit hielt, wußte keinen Rat: denn das Übel ſteckte nicht im Verſtande. Und als die Zeit um ein Menſchenalter vorgerückt war, nannte man die Krankheit Empfind= ſamkeit, und der große Doktor Goethe fand die rechte Medizin: keines= wegs in Vernichtung, ſondern in Ergänzung der Empfindungsfülle durch ein Leben der That. Verſtand — Empfindung — That: dieſe drei Stationen hat das deutſche Leben in den letzten beiden Jahrhunderten durchlaufen. Herrliches haben alle drei auf ihrem Boden unſerem Volke neu errungen; und ſo einſeitig es wäre, heute in unſerem Leben nichts als Materialismus ſehen zu wollen, ſo unhiſtoriſch wäre es, dem vorigen Jahrhundert erſt ſeinen Verſtandesdünkel, dann ſeine Sentimentalität vor= zurücken.

So ſpinnt ſich denn auch die Macht des Herzens ſchon vor der Mitte des Jahrhunderts an, ſo bricht das lange verhaltene Gefühl des

---

1) Man geſtatte mir, den von Anaſtaſius Grün geprägten Ausdruck hier zu verwenden.

deutſchen Volkes in ungeregelter Gewalt hervor.[1]) Wir müßten uns nur
erinnern, wie noch im Laufe der vierziger Jahre Gellert über ſeinen
Lehrer Gottſched hinauswächſt, um zu verſtehen, zwiſchen welche Bewegungen
dieſer unſer Mann eingeteilt war. Man weiß, daß dem guten Gellert
die Klage über ſein malum hypochondriacum faſt wie ein ſtereotyper
Briefſchluß anhaftete. Aber — um von zahlreichen anderen Beiſpielen
zu ſchweigen — es gab im Heerlager der Aufklärung noch einen anderen
Mann, deſſen ähnliche Qualen uns ſchlaglichtartig den Weg in die
empfindungsſchwangere Geniezeit erhellen. Wer in den Briefmaſſen, die
an Gottſched, Manteuffel oder Wolf gerichtet werden, weitaus am meiſten
über das neue Mode=Übel klagt, iſt kein geringerer als — der nachmalige
Abt Johann Friedrich Wilhelm Jeruſalem, der Vater von Werthers
Urbild. Übrigens gipfeln ſeine Leiden um die Zeit von Karl Wilhelm
Jeruſalems Geburt. — Auch iſt der Abt über Geſpenſterfurcht nicht ganz
erhaben.[2]) Schon früher ſogar war Wolfs eigenes Haus „infiziert“.
Am 3. Februar 1745 klagt er dem gräflichen Korreſpondenten ſein Leid:
ſein Sohn habe einen Anſtoß vom malo hypochondriaco und ſei „des=
wegen ganz melancholiſch“. Gellerts Kur wird bereits hier angewandt;
„er hat ſich“ — ſchreibt der Vater unterm 8. März ebenfalls an Man=
teuffel — „auch ein Reitpferd angekauft, um [ſich die] nötige Bewegung
zu verſchaffen, als woburch der Herr Cramer, der einen ſtarken Anfall
von dem malo hypochondriaco hatte, ſich am meiſten conſerviert.“

Mit einem Worte: das jüngere Geſchlecht — auch der Abt Jeruſalem
war ſchon aus Gottſcheds Schülerkreis hervorgegangen — bahnt den
Übergang aus der ſelbſtgenügſamen Verſtandeswelt in eine melancholiſche
Gefühlswelt. All jene Leipziger Studenten, welche ſich in den vierziger
Jahren zur Herausgabe der „Bremer Beiträge“ vereinten, pflegten ſich
ſchwärmeriſch mit Umarmung und Kuß zu begrüßen. — Neben den

---

1) „Wir wiſſen gar nicht, wieviel des Großen in der erſten Hälfte des
18. Jahrhunderts wurzelt!“ ſagte mir oft unſerer Wiſſenſchaft alter Waffenmeiſter
Hildebrand, der auch mich das Fechten gelehrt hat. Und nachbrücklich ſetzte er
einmal hinzu: „Auch Bernays hat mir geſtanden, daß er ſtets eine beſondre
Vorliebe für dieſe Zeit gehabt“.

2) Wolf meldet an Manteuffel 7. September 1747, der Herzog von Braun=
ſchweig habe ihm erzählt, daß Jeruſalem „von dem malo hypochondriaco ſehr
inkommodiert würde.“ Jeruſalem ſelbſt an Gottſched wiederholt 1746 und 1747
ähnlich; am 12. Januar 1747 jammert er über Hypochondrie und Zittern; am
10. April 1747 — gleichzeitig mit der Anzeige von Geburt ſeines Sohnes — über
ſeinen „alten Feind“, die Hypochondrie, ſowie über Geſpenſterfurcht. Man denke
an ſein ſchwankendes Verhalten, als der Profeſſor der Mathematik und Phyſik
Johann Ludwig Oeder im Braunſchweiger Carolinum ein Geſpenſt geſehen haben
wollte. Manteuffel macht deshalb dem Abt wiederholt ernſte Vorhaltungen,
beſonders am 18. Mai 1747.

Jünglingen waren es die Frauen, welche aus dem nüchternen Reich des Verstandes und Witzes herausdrängten. Mußte doch Gottsched kopfschüttelnd beobachten, wie merkwürdig seine eigene „geschickte Freundin" den Mondschein liebte, welcher „ihr viel reizender, als das gar zu helle Sonnenlicht vorkam";[1] und als sie sich gar auf der Fahrt nach Dresden einst von der lieblichen Meißener Landschaft zu einem Entzückensruf hinreißen ließ – sie meinte nur: „Mit welcher Ruhe und Vergnügen muß man hier arbeiten können!" — da hielt es Se. Magnifizenz, der eben durch die Landtagsverhandlung aus der Studierstube gerissen war, denn doch für angezeigt, nachdrücklich zu betonen, wieviel Behinderungen man bei so vielen Gegenständen, die das Auge reizen, auch ausgesetzt sei! Und die Gute sah ein, daß es sich in Leipzig auf dem Sperlingsberge — in dessen Nähe ein und dasselbe Haus Gottscheds Schreib- und Druckfabrik barg — ruhiger und ungestörter arbeiten läßt, als auf irgend einem der geringsten Weinberge in jener reizenden Gegend.[2] Frau Gottsched weinte in ihren letzten Lebensjahren nicht nur über die Niederlagen ihres Mannes im Reiche Apolls und über seine Siege in Venus' Reich, sondern hauptsächlich über die allgemeine Not und die Kriegsdrangsale so vieler Unschuldigen „unzählige Thränen sonder Zeugen, die Gott allein hat fließen sehen".[3] Vergebens verordneten die Ärzte zur Heilung ihrer „Hypochondrie", daß sie ihren Mann ins Bad begleite.[4] Gottsched selbst mußte „das Karlsbad" aufsuchen. Schalkhaft bemerkt seine Frau, sie habe ihn niemals frömmer gesehen, als da er das Podagra hatte[5]. — Gleichen Kummer wie an seiner Frau erlebte Gottsched nach dieser Richtung an seiner Lieblingsnichte und Pflegetochter Victorine Grohmann: „Daß Ihre Freude", schreibt er ihr am 6. März 1765[6], „sich immer mit Thränen ausdrücket, ist eine neue Mode. Lachen muß man dabei!" Ja, eine neue Mode war es, mochten die Vertreter der Vernunft noch so eindringlich predigen, daß es unvernünftig sei, vor Freude zu weinen, statt zu lachen, wie es der Logik entsprach!

Von ganz andern Leiden, als sie das junge Geschlecht heimsuchten, senden einen Posttag um den andern Christian Wolf und Graf Manteuffel einander Bulletins zu. Auch sie plagt die Krankheit der Männer von

---

1) Leben der Frau Gottsched von ihrem Manne, in ihren „Kleineren Gedichten".
2) Briefe der Frau Gottsched I, 272 flg.
3) Ebd. II, 167 flg.
4) Ebd. I, 349.
5) Ebd. II, 152.
6) Handschriftlich im Sonderbriefwechsel mit dieser Nichte (Leipziger Universitäts-Bibliothek).

Welt: das Podagra, in Verbindung mit Kolik. Dies Stöhnen der alten Lebemänner, welche ihre Tage mit Weltklugheit genossen hatten, mischt sich mit den Seufzern des jungen Geschlechts, dessen Gefühlsaufschwung sich an den Schranken der nüchternen Verstandeswelt brach, um die Mitte des Jahrhunderts zu einem gar eigenartigen Klang.

b) 1714 wurde der vierzehnjährige Johann Christoph Gottsched an der Universität Königsberg immatrikuliert. Der Vater, ein milder, ver= ständiger Mann, hatte ihn im nahen Pfarrhause Judittin in allen Wissenschaften vorgebildet. Er bestimmte ihn zum Studium der Theologie, unsern Johann Christoph zog es indes mehr zu den philosophischen Fächern.[1]) Dieses Hinstreben von der ältesten zur jüngsten Fakultät ist typisch für seine Lebensrichtung geworden. Er entwuchs dem Banne der Tradition. Der rohe Backsteinbau der heimatlichen Kirche, einer der ältesten des Landes, gemahnte an die blutige Einführung des Christen= tums in Preußen, an die Zeiten, da den ersten Christen des Ordens= landes ihre Kirche zugleich als Schutzwall gegen feindliche Überfälle dienen mußte. Sie mag thatsächlich bis ins 13. Jahrhundert zurückgehen, war wohl der heiligen Jutta geweiht, die ungefähr gleichzeitig mit dem Deutschen Orden nach Preußen gekommen sein soll. „Juditten=Kirch" war lange ein beliebter Wallfahrtsort.[2]) Aber nicht zu historischer Beschaulichkeit neigt dieser Stamm. In dem Ostpreußen ist jener Trieb zu rein verstandesklarer Auffassung und zu praktischer Thätigkeit, wie wir ihn an unserer platten Seeküste finden, besonders scharf ausgeprägt. Für die Reformation war hier ein guter Boden; ja, die theologischen Kämpfe des 16. Jahrhunderts fanden überhaupt hier in den weitesten Kreisen einen leidenschaftlichen Widerhall. Als der damalige Königs= berger Gottesgelehrte Tilemann Heßhusius die Meinung verfocht, daß Christi Fleisch in abstracto anzubeten sei, während der Bischof Wigand von Pomesan an der konkreten Anbetung festgehalten wissen wollte, erregte der sich entspinnende Streit dermaßen die Gemüter, daß auch die Ungelehrten daran teilnahmen und selbst die Mägde auf dem Fischmarkte, wenn sie einander schelten und schimpfen wollten, sich wechselsweise kon= kretische und abstraktische Huren riefen.[3]) An der Universität gab es fortgesetzt philosophisch=theologische Kämpfe. Leibniz nennt noch in der „Theodicee" den Königsberger Philosophen Dreyer (1610—1688) in Ehren: es war dies ein starker Peripatetiker, der als die wahre Meta=

---

1) Vergl. Johannes Reicke: Zu Gottscheds Lehrjahren auf der Königsberger Universität, S. 4 flg.

2) Vergl. Hartknoch: Preußische Kirchen=Historia, S. 192 flg.

3) Siehe Hartknoch: Preußische Kirchen=Historia, S. 458 flg., und Gottscheds Anmerkungen in der deutschen Ausgabe von Bayles Wörterbuch II, 805 u. IV, 54.

physik, die Aristoteles gesucht, die Theologie bezeichnet,[1]) aber in der synkretistischen Bewegung eine Rolle gespielt hat. Um, die Mitte des 17. Jahrhunderts standen sich in Königsberg die schroffen Lutheraner unter Myslentas Führung und die vom Großen Kurfürsten wohlgelittenen Anhänger der vermittelnden Lehre Calixts in scharfer Fehde gegenüber.

Doch aus den Banden des Aristoteles galt es nunmehr die deutsche Philosophie zu emanzipieren. Der Stagirit herrschte im Verein mit den Scholastikern auf den lutherischen Universitäten. Unter ihrem Einfluß stand zunächst der junge Leibniz, um bald durch Descartes, Bacon, Kepler, Galilei für eine empirischere Forschungsweise gewonnen zu werden.[2]) Unter ihrem, des Aristoteles und der Scholastiker, Einfluß stand nun auch Studiosus Gottsched; waltete doch diese Art Eklektizismus in Königsberg 1714 noch immer vor.[3]) Als Aristoteliker sind besonders bekannt Prof. Rohde, dessen collegium poeticum Gottsched gleich am Beginn seines Studiums hörte; Prof. Böse, sein Lehrer in der alten Philosophie; sowie Dr. Gregorovius, an dessen Vorlesungen über praktische Philosophie er teilnahm; auch der Physiker Prof. Chr. Gabriel Fischer war während Gottscheds Studienzeit (bis 1721) noch entschiedener Gegner Wolfs; erst nachher bekundete er sich als leidenschaftlicher Parteigänger des neuen Philosophen.[4]) Indessen kann der Aristotelismus in Königsberg um diese Zeit keinen eigentlichen Terrorismus ausgeübt haben. Rühmt doch Gott=
sched selbst, im Gegensatz zu dem Zwang philosophischer Schulen, seiner heimatlichen Hochschule nach:[5]) „Mich hat in meinen akademischen Jahren die große Freiheit zu philosophieren, die auf der Königsbergischen Uni=
versität damals herrschete, vor einer so sklavischen Art zu denken und zu lehren in Sicherheit gesetzet. Nachdem ich im Jahre 1714 und 1715 die Aristotelische Philosophie nach allen ihren Teilen durchgehört hatte, fing ich die Cartesianische an zu hören und die Mathematik damit zu verbinden. Diese gab mir nun, sonderlich in der Physik, anfänglich ein völliges Vergnügen, und ich dachte Wunder wieviel ich von der Natur

---

1) Siehe deutsche Übersetzung, 5. Auflage, herausgegeben von Gottsched, S. 361, mit Gottscheds Fußnote. — Vergl. Allgemeine Deutsche Biographie und Hartknoch S. 603 flg.

2) Vergl. K. Biedermann a. a. O. II, 1, S. 246 flg.

3) Siehe Gottscheds Vorreden zur 1. Auflage des I. Teils, sowie zur 6. und 7. Auflage des II. Teils der „Weltweisheit", ferner seine Lobschrift des Freiherrn v. Wolf, S. 85. — Vergl. B. Erdmann a. a. O., S. 13 flg. und J. Reicke a. a. O., S. 5 flg. — Auf die Vorrede zur Weltweisheit II[7] als Quellenschrift verweise ich bereits Vierteljahrschrift für Litteraturgeschichte IV, 393; später J. Reicke a. a. O.

4) Siehe Gottsched: Vindiciarum systematis influxus physici sectio posterior philosophica, cap. I, S. 30 flg. — Vergl auch B. Erdmann a. a. O. S. 19.

5) In der Vorrede zur Weltweisheit I[1].

müßte: bis ich aus des P. Daniels Voyage du Monde de Descartes[1]) und aus Clerici philosophischen Werken[2]) unzählige Schwierigkeiten einsehen lernte, die man aus dieses Weltweisen Grundsätzen nicht auflösen konnte.[3]) Ich suchte darauf in Sturms[4]) und Scheuchzers[5]) Schriften Trost zu finden; sahe aber, daß ich nirgends sattsame Gewißheit fand." Nachdem er so in charakteristischer Weise ausgesprochen, was er und mit ihm seine Zeit in der Philosophie suchte — sattsame Gewißheit! — fährt Gottsched fort: „Dabei lernte ich unzählige Schriften berühmter Weltweisen aus Frankreich, Holland und Engelland kennen, die mir meine peripatetische und Cartesianische Lehrer niemals gennet hatten. Ich geriet auch über Lockes Werk vom menschlichen Verstande, nach der lateinischen Übersetzung, und setzte nachmals in der praktischen Philosophie mein Vertrauen auf die Thomasischen Schriften, darüber ich größtenteils ordentliche Collegia gehöret.[6]) Daß ich auch außer denen Puffendorfs, Grotii, Geulings, Philarets[7]) und andere dahin gehörige Sachen gelesen, will ich nicht einmal gedenken. Und bei aller dieser Vermengung so verschiedener Ideen und Grundsätze wußte ich endlich selbst nicht, wohin ich gehörte; konnte mich auch vielmals nicht entschließen, mit wessen Meinungen ich es halten sollte." Das Bild, das sich uns mit alledem von der geistigen Physiognomie des jungen Gottsched darbietet, ist — wenn wir den Dingen unbefangen auf den Grund sehen — doch vorwiegend recht erfreulich. Gewiß dürfen wir nicht verkennen, daß sich schon hier jene unhistorische Voraussetzung kundgiebt, die sich auf diesem wie allen anderen Thätigkeitsfeldern des betriebsamen Mannes bitter gerächt hat, daß nämlich die Wahrheit nur eine, daß sie mit mathe=

---

1) Travestie des als romanhaft gekennzeichneten Cartesianischen Weltsystems.

2) Johannes Clericus (1657—1736), Professor der Philosophie in Amsterdam, hatte besonders stark betont, daß die Spekulation über Dinge, die jenseits der menschlichen Erkenntnis liegen, unentrinnbar in Irrtümer verstrickt. Er hatte am Streit gegen Bayles Skeptizismus indes teilgenommen. Thomasius gab einige Abhandlungen von ihm deutsch heraus.

3) Ebenso Dubia circa Monades Leibnitianas § 4.

4) Joh. Chph. Sturm 1635—1703. — Er hörte die Mathematik über Sturms Tabellen und Mathesin Juvenilem, — s. Lobschrift des Freiherrn v. Wolf S. 85.

5) Joh. Jak. Scheuchzer, Mathematiker, Philosoph und Mediziner, Schüler Sturms, 1672—1733.

6) Die Sittenlehre und das Recht der Natur von Thomasius hörte er erklären, — s. Lobschrift des Freiherrn v. Wolf S. 85.

7) Also die vorgeschrittensten Geister auf dem Gebiete des Staatsrechts wie der systematischen Philosophie. — Philaret pseud. häufig, hier wohl für Joachim Moersius. Vergl. Lexikon der hamburgischen Schriftsteller von Schröder und Klose, V, 319 flg.

matischer Gewißheit nachweisbar und daß sie zu einer bestimmten Zeit im Schwange, zu allen Zeiten vorher dagegen verfehlt sei. Aber in welch ehrendem Maße erweist sich der junge Gottsched als ein Suchender und Ringender! Es klingt ja freilich wie Blasphemie, einen Gottsched zum Inbegriff des höchsten Strebens in Beziehung zu setzen; und doch, wenn wir gar noch das Geständnis lesen[1]), daß er neben all diesen philosophischen, mathematischen, naturwissenschaftlichen und juristischen Schriften auch die Theologie „mit allem Fleiße studiret", könnten wir uns fast versucht fühlen, von einem gewissen Faustischen Ringen, von einem heißen Bemühn auf allen Wissensgebieten, in Verbindung mit dem verzweifelten Gefühl der Unzulänglichkeit, zu sprechen. Die Art, wie sich ihm der damalige Aristotelismus darbot, war für Gottsched nicht deutlich genug: ging diese Richtung doch an Problemen der neueren Philosophie teils achtlos vorüber, teils suchte sie dieselben sophistisch zu lösen. Descartes begann wenigstens aus deutlichen Begriffen zu philosophieren und meinte dadurch die Weltweisheit auf den Fuß der mathematischen Wissenschaften zu setzen. Jedoch hielt er sich für Gottsched nicht umfassend genug innerhalb der reinen Vernunft; die unaufhörlichen Wunderwerke Gottes, ohne die Descartes nirgends recht auskam, störten unsern jungen Ostpreußen. Da hatte der Franzose die Wahrheit der Sinnesempfindung aus der Güte Gottes hergeleitet, die uns — wie Gottsched diese Auffassung wiedergiebt —, nimmermehr in solche Irrtümer durch unsere Empfindungen stürzen würde, daraus wir uns nicht würden helfen können. Da war der Willen Gottes als Urheber der jedesmaligen Wechselwirkung der seelischen Gedanken und körperlichen Bewegungen hingestellt.[2]) Genug, die gesuchte Gewißheit, die Nötigung für den Verstand, hatte Gottsched auch im Descartes nicht gefunden.

Endlich trat das große Ereignis in Gottscheds Leben ein: die Bekanntschaft mit der Leibniz-Wolffschen Philosophie. Hören wir zunächst Gottsched selbst darüber, obgleich wir an seiner Überlieferung werden Kritik üben müssen. 1733 schreibt er:[3]) „Endlich bekam ich durch des sel. Prof. Rasten in Königsberg Explicationem Leibnitianam mutationum Barometri in tempestatibus pluviis, contra Desagulieri dubitationes assertam, welche Dissertation ich 1719 verteidigen half, eine unverhoffte Gelegenheit, auf dieses großen Mannes Schriften zu geraten. Ich las dessen Theodicee mit unbeschreiblichem Vergnügen, weil ich hundert Skrupel darin aufgelöset fand, die mich in allerlei Materien beunruhiget hatten. Ich

---

1) Vorrede zur Weltweisheit II[7].
2) Weltweisheit I[1], 305 flg. u. 58 flg.
3) Vorrede zur Weltweisheit I[1].

lernte aber zu gleicher Zeit auch Herrn Hofrat Wolfs Gedanken von Gott, der Welt und der Seele des Menschen kennen. Hier ging mirs nun wie einem, der aus einem wilden Meere widerwärtiger Meinungen in einen sichern Hafen einläuft und nach vielem Wallen und Schweben endlich auf ein festes Land zu stehen kommt. Hier fand ich diejenige Gewißheit, so ich vorhin allenthalben vergeblich gesucht hatte. Und un= geachtet ich niemanden hatte, der mir darüber gelesen hätte: so begriff ich doch durch meinen Fleiß und eigenes Nachsinnen sehr wohl, wie große Vorzüge diese Art, die Weltweisheit abzuhandeln, vor allen andern hätte, die mir bis dahin bekannt geworden." Auch später, schließt Gottsched dieses Bekenntnis, habe er in Schriften anderer Philosophen nirgends eine gleiche Ordnung und Gründlichkeit wie bei Wolf gefunden. — Mancherlei Ergänzungen, anscheinend nicht ohne Abweichungen, bietet ein um ganze 22 Jahre späteres Selbstgeständnis unseres philosophisch so lebhaft interessierten Mannes.[1]) Nun erwähnt er, daß er die Mathe= matik nicht nur über Sturm, sondern „auch Herrn Wolfs Anfangs= gründe zweimal gehöret", um dann fortzufahren: „Auf Veranlassung des sel. Prof. Rasts aber, unter welchem ich 1719 de mutationibus baro= metri in tempestatibus pluviis disputiert hatte, las ich 1720 die Ver= nünftigen Gedanken von Gott, der Welt und der Seele des Menschen; zu einer Zeit, da ich eben mit Leibnizens Theodicee beschäftiget war, der zu Liebe ich französisch gelernet hatte. So voll aber mein Kopf schon von philosophischen Meinungen war, so ein starkes Licht ging mir aus diesen beiden letzten Büchern auf einmal auf. Alle meine Zweifel, womit ich mich vorhin gequälet hatte, löseten sich allmählich auf. Ich hub an, Ordnung und Wahrheit in der Welt zu sehen, die mir vorhin wie ein Labyrinth und Traum vorgekommen war. Es war also kein Wunder, daß ich auch in denen Abhandlungen, womit ich mir sowohl in Königs= berg 1723 als hier in Leipzig 1724 das Recht, Vorlesungen zu halten, erwarb, mich als einen Lehrling des Herrn Hofrat Wolfs zeigte; un= geachtet ich weder ihn selbst, noch einen seiner Schüler jemals gehöret hatte." — Nehmen wir hinzu, daß schon vor 1719 oder gar 1720 zwei akademische Lehrer, M. Michael Lilienthal und M. Johann Heinrich Kreuschner, an der Universität wirkten, denen Gottsched besonders nahetrat, und deren erster in persönliche Beziehung zu Leibniz gekommen war, während der letztere direkt als Wolfianer bezeichnet werden darf, so wird der Knäuel von Widersprüchen schier unentwirrbar.

Eine wesentliche Handhabe zur Auflösung bietet eine Elegie, welche Gottsched 1730 „Über den frühzeitigen Hintritt Herr M. Joh. Heinr.

---

1) Lobschrift des Freiherrn v. Wolf a. a. O.

Kreuschners, Predigers zu Königsberg," verfertigte.[1]) Darin rühmt er den Verstorbenen, den er seinen Lehrer nennt, als fortreißenden Prediger und charakterisiert ihn folgendermaßen:

> „Da war kein frostig Spiel weit hergesuchter Sprüche,
> Da war kein leerer Schall, dem Geist und Nachdruck fehlt;
> Kein thörichter Gebrauch vermeinter Rednerschliche...
> Nein! lauter Geist und Kraft, ein philosophisch Wesen...
> Das macht, er hatte sich in allen Weisheitslehren
> Der richtigsten Vernunft bei Zeiten festgesetzt;
> Und wußte Gottes Wort, als Priester, so zu ehren,
> Daß Glauben und Natur einander nie verletzt.
> Komm wieder, schöne Zeit! kommt wieder, süße Stunden!
> Da meine Jugend noch zu seinen Füßen saß;
> Da ich in Kreuschners Mund die Süßigkeit gefunden,
> Darüber ich entzückt mich selber oft vergaß.
> Komm wieder, schöne Zeit! da ich zu halben Tagen
> Besonders bei ihm war und seine Huld gewann;
> Ihm oft mein ganzes Herz vertraulich vorgetragen,
> Dergleichen sich von mir sonst niemand rühmen kann.
> Er selber hat sich oft auch gegen mich erkläret,
> Mir seine Wissenschaft und Einsicht mitgeteilt...
> Zehn Jahre sind es ißt, da solches angefangen;
> Vier ganzer Jahre lang hat dies mein Glück gewährt."

Hieraus ist zunächst festgestellt, daß Kreuschner, obgleich er gerade nur 1717—1720 an der Universität dozierte, erst zehn Jahre vor 1730 und vier Jahre vor Gottscheds Flucht aus Königsberg, was beides auf das Jahr 1720 deutet, unsern Jüngling näher an sich zog, eben zu der Zeit, als Kreuschner an der Domkirche Diakonus wurde. Auffallend genug, gruppieren sich nun die Thatsachen in folgender Reihe: Gottsched gehört zu den „auf dem Collegio logierenden Studiosis",[2]) welche bis 1715 als Subinspektor M. Michael Lilienthal beaufsichtigt; obgleich dieser 1711 in die Berliner Akademie aufgenommen und sogar von Leibniz „besonders distinguiert wurde",[3]) vermittelt er dem jungen Gottsched nicht die Bekanntschaft mit der Leibnizschen Philosophie. 1717—1720 trägt Kreuschner als erster in Königsberg die Wolffsche Philosophie vor;[4]) aber erst 1720 schließt sich Gottsched an ihn an. Vor diesem Jahre hat unser Student schon Vorlesungen über Wolfs „Anfangsgründe aller mathematischen Wissenschaften" gehört, ebenfalls ohne auf das Leibniz-Wolffsche System

---

1) Gottscheds Gedichte, herausgegeben von Schwabe, S. 448 flg.
2) Belegt durch handschriftlichen Brief von J. Birckholtze (Arnswalde i. Neumark, 17. Mai 1741) an Gottsched: „Anno 1718—1720 logierte ich auf dem Collegio sub Lit. L und Ew. Hochedeln sub Lit. K."
3) Vergl. J Reicke S. 9
4) Vergl. B. Erdmann S. 16.

tiefer hingelenkt zu werden. Erst gegen Ende seiner Studienzeit ver=
mittelt ihm der Mathematiker Prof. Bläsing[1]) die Bekanntschaft mit
Leibniz' Theodicee; fast gleichzeitig weist ihn George Heinrich Rast, durch
den schon nach anderer Hinsicht Leibniz in seinen Interessenkreis geführt
war, auf Wolfs Metaphysik hin; und nun ist der Jüngling mit einem
Schlage durch die bloße Lektüre, ohne nun noch Vorlesungen über das
neue System zu hören, für dasselbe gewonnen.

George Heinrich Rast[2]) war als Sohn des Professors der Medizin
George Rast 1695 in Königsberg geboren. Er bildete sich für die
mathematischen Fächer besonders unter Professor Bläsing, unter dessen Prä=
sidium er 1716 „De linea meridiana" disputiert. Noch im gleichen
Jahre begann Rast nach der vom 17. Jahrhundert überkommenen Sitte
eine längere wissenschaftliche Reise durch Deutschland, die Schweiz, Frank=
reich, England und Holland. Er verweilte besonders in Frankfurt a. O.,
Berlin, Wittenberg, Halle — wo er sich an Wolf anschloß —, Erfurt,
Jena, Weimar, Leipzig, Nürnberg, Altorf, Basel, Straßburg, Paris,
Oxford, London, Leyden ꝛc. Außer Wolf wirkten auf ihn die Mathe=
matiker Reyneau und be l'Jsle in Paris, Halley und Desaguliers in
London — welch' letzterem er trotz seines abweichenden Standpunktes
seine Dissertation über das Barometer widmete — sowie Johann und
Daniel Bernoulli in Basel. Um Gaupp kennen zu lernen, reiste er
siebzig Meilen bis nach Lindau. 1718 promoviert er in Halle unter
Wolf zum Magister, nachdem er noch eine Dissertation „De infinitis
sectionibus conicis nova methodo geometrice delineandis" (Leipzig 1717)
veröffentlicht hatte. Im folgenden Jahre gelangt er in seiner Vaterstadt
zu einer außerordentlichen Professur der Mathematik (24. November) —
seine Antrittsschrift über das Barometer kennen wir — und fünf Tage später
wird er zum Mitglied der K. Preußischen Sozietät der Wissenschaften er=
nannt. Noch läßt er 1720 zwei Abhandlungen ausgehen: „Specimen
Method. ad summas specierum analytice demonstratum" und „Occultatio
pallilicii a Luna e specula Regia Berolinensi Astronomica observata".
Andere Schriften hielt er zurück. — Schwach an Körper, erlag er einem
hektischen Fieber schon am 29. Juni 1726, im 31. Lebensjahre. Sein Um=
gang wird als leutselig und angenehm geschildert — so zog er denn auch
den jungen Gottsched an, umsomehr als Rast von durchbringendem, scharfem
Verstande war und damit eine ungeheuchelte religiöse Gesinnung vereinte. —

Wie auf dem Gebiete der Philosophie ist wohl auch in der Theologie
für den jungen Gottsched eine gewisse Entwickelung anzunehmen. Er

---

1) Vergl. Gottscheds Bayle=Ausgabe, III. Teil, Vorrede.
2) Vergl. Neue Zeitungen von gelehrten Sachen (Leipzig) 1727, S. 853 flg.

genoß der vorzüglichsten Schulung. Neben Orthodoxen gehörte zu seinen Lehrern zunächst ein Mann wie Lysius, der außer einer theologischen Professur die Direktion des Collegium Fridericianum, der berühmten königlichen Schule, innehatte. Lysius erscheint nicht nur nächst Francke als hervorragendster Pädagog seiner Zeit,[1] er nimmt überhaupt in der Geschichte des Pietismus einen ehrenvollen Platz ein. Wie in mancher anderen Beziehung war das entlegene Königsberg auch in der religiösen Bewegung, für den Augenblick nicht zum Schaden, ein wenig zurückgeblieben. So übt Lysius in den ersten drei Jahrzehnten des 18. Jahrhunderts eine tolerante und dabei reformierende Thätigkeit aus; besonders ist es sein Verdienst, die Patristik in Königsberg ausgerottet zu haben. Schon dieser Lehrer Gottscheds in der Exegese sah klar: „Patristik macht den Kopf voll Wind und das Herz voll Hochmut.“ Solch Wort hat Gottsched beherzigt. — Auch der bereits als Subinspektor des Alumnats erwähnte M. Michael Lilienthal, von dem Gottsched vorübergehend homiletische Unterweisung erhielt,[2] war ein vielseitig gebildeter, fähiger Mann, der sich namentlich auch durch die Zeitschriften „Acta Borussica“ und „Erläutertes Preußen“ große Verdienste um die Provinzialgeschichte erwarb. — Dazu gesellte sich nun Johann Jakob Quandt, der unter Friedrich Wilhelm I. und Friedrich II. — wenigstens was äußere Eleganz betrifft — als hervorragendster Kanzelredner des Königreichs galt. Seit 1716 außerordentlicher Professor, seit 1721 Ordinarius und Oberhofprediger, gab er dem jungen Gottsched treffliche Schulung in der Theologia thetica. Noch 1736 rühmt ihm dieser nach:[3]

> „Wo seid ihr, süße Stunden!
> In welchen vormals ich die Kraft davon empfunden,
> Wenn seiner Lippen Strom mit Zentnerworten floß
> Und lauter Honigseim in Ohr und Herzen goß.
> Ich hab euch längst vermißt! doch itzt, nach so viel Jahren,
> . . . . . itzt, sag ich, stellt mein Ohr
> Das Glücke jener Zeit sich lebhaft wieder vor.“

Schon hier bezeichnet ihn Gottsched, den er ja in den religiösen Geboten unterrichtet hatte, als seinen Gamaliel, und als solcher figuriert er später auch in dem Briefwechsel Gottscheds mit der Deutschen Gesellschaft in Königsberg, deren Präsident er wurde. Auch philosophisch steht er Gottscheds Standpunkt nahe. So geriet er später andauernd in Reibereien

---

1) Vergl. B Erdmann S. 15.
2) Vergl. J. Reicke S. 9. flg. u. 58.
3) Schreiben „An Joh. Jak. Quandten, als er 1736 im Juli durch Leipzig ging“, — Gedichte S. 577 flg.

mit den Pietiſten, namentlich rivaliſierte er mit Franz Albert Schulz,[1] der als Nachfolger von Lyſius in pietiſtiſchem Sinne, wenn auch ſogar ſchon in Ausſöhnung mit den Formen der Wolfſchen Philoſophie, wirkte.

Vor allem aber war es Johann Heinrich Kreuſchner, als deſſen eifrigen Schüler wir Gottſched kennen lernten. Die Elegie, welche dieſer dem ſo früh Heimgegangenen widmet, ſucht ihresgleichen in unſeres Verſifex Gedichten; ſpricht doch aus ihnen wirklich einmal Herz; wenn auch nicht das Herz eines Dichters, ſo doch das eines dankbaren Jüngers. Was dieſer ihm nachrühmt, ſind im weſentlichen alle Anforderungen, die Gottſched ſein Lebelang an eine „vernünftige" Predigtweiſe ſtellte.[2] In der That war Kreuſchner einer der erſten, welche den logiſchen Geiſt, die nötigenden Schlüſſe und die vorwärtsweiſende Aufklärung der Wolf= ſchen Philoſophie auf die Kanzel verpflanzten.[3] Dazu brang der ſeltene Mann mit Nachdruck auf ein Chriſtentum der That.[4] Was Wunder, daß Gottſched noch am Ende ſeines Lebens ſich mit Rührung der reformatoriſchen Zuverſicht dieſes Mannes erinnerte? Am 18. November 1764 ſchreibt er dem Feldprediger Borowski in Bartenſtein:[5] „Hoch= wohlehrwürdiger ꝛc. . . . Die gelehrten Erſcheinungen in der theologiſchen Welt, die Ew. H. ſo ſeltſam vorkommen, ſind Vorboten von einer großen Änderung, die unſer orthodoxes Syſtem noch in dieſem Jahrhundert zu gewarten hat. Der Chriſt in der Einſamkeit, Teller, Heumann und ſonderlich Baſedow mit ſeinem doppelten Katechismus, ſind Vorläufer eines neuen Luthers, den unſere Kirche gewiß ſehr nötig hat, und den mein ſel. Kreuſchner, wenn er im Vertrauen mit mir redete, längſt geweiſſaget hat."[6]

Bezeichnend ſahen wir Kreuſchners Einfluß auf Gottſcheds theologiſche Richtung erſt hinter ſeine Bekanntſchaft mit der Wolfſchen Philoſophie fallen. Was unſer Jüngling nunmehr auch in der Theologie ſuchte,

---

1) Vergl. Gottlieb Krauſe: Gottſched und Flottwell, S. 6 flg., ſowie B. Erd= mann S. 36.

2) Siehe Gottſcheds anonyme Homiletik: Grund=Riß einer Lehr=Arth ordent= lich und erbaulich zu predigen (1740).

3) Vergl. B. Erdmann S 16.

4) Vergl. J. Reicke S. 23.

5) Handſchriftlich Keſtner=Archiv. — Der Adreſſat ergiebt ſich aus Gottſcheds handſchriftlichen Briefen an Victorine Grohmann vom 17. und 28. November 1764 (im Sonderbriefwechſel mit dieſer Nichte): a) „Der Feldprediger Borowski hat mir beiliegenden Brief geſchrieben. Ich ſende ihn zu leſen, weil er einige preußiſche Neuigkeiten enthält." — Nach b) will er Borowski ermuntern, ein Reiſebuch über Königsberg und Preußen zu ſchreiben. Der oben citierte Brief ſelbſt enthält überdies Hinweiſe auf einen Adreſſaten in Bartenſtein.

6) Welche Geſichtsweite eröffnet dieſer Brief! Der Adreſſat Ludwig Ernſt Borowski, geb. in Königsberg 1740, ſtarb daſelbſt erſt 1831 als evangeliſcher Erzbiſchof in Preußen. Zu Quandt hatte er früh enge Beziehungen gewonnen.

gesteht er selbst:[1] „Die philosophische Art zu denken, die ich mir aus
der cartesianischen, thomasischen und wolfischen Art zu philosophieren ge=
läufig gemachet hatte, machete mich begieriger nach deutlichen Begriffen
in theologischen Materien, als es manchmal meinen Lehrern lieb sein
mochte. Ich disputierte gern und oft; und wenn ich opponierte, trug
ich immer wahre, nicht aber verstellte Zweifel vor. Daher trieb ich sie
bisweilen schärfer als andere und bemerkte manchmal, daß mir ihre
Knoten mit unwilligen Antworten mehr durchschnitten als aufgelöset
wurden." Auch über göttliche Dinge strebte Gottsched also nach deutlichen
Vorstellungen; auch hier beginnt er echt und rein philosophisch mit dem
Zweifel; auch hier sucht er nicht scholastische Wort= und Scheingefechte,
sondern Ausgleich seiner ernsten inneren Kämpfe.

Wir dürfen nach alledem unbedingt feststellen, daß sich Gottsched
schon damals in der später sogenannten „Stadt der reinen Vernunft" nach
der rationalistischen Seite hin bildet, zwei Menschenalter bevor Kants
„Kritik der reinen Vernunft" die Einseitigkeit dieser reinen, bloßen Ver=
nunft überwindet. Jetzt verstehen wir auch Gottscheds spätere Behauptung
recht, es habe in Königsberg eine große Freiheit zu philosophieren ge=
herrscht; faßte er 1733 das Gesamtbild seiner Königsberger Lehrjahre
zusammen, so mußte er sich besonders lebhaft entsinnen, daß trotz dem
herrschenden Aristotelismus und selbst trotz dem die Orthodoxie über=
windenden Pietismus von verschiedenen Seiten neue Keime eines frischen
geistigen Lebens emporschossen, sodaß gegen Ende seiner Lehrjahre schon
recht verschiedene Richtungen nebeneinander wirkten.

In einer jungen Bewegung, die kühn aus der Vergangenheit in
die Zukunft vorschreitet, kann es nicht Wunder nehmen, wenn sich die

---

Schon als Student war er in freundschaftlichen Verkehr mit Kant getreten, dessen
Biograph er wird. 1762 und 1763 steht Borowski mit seinem Regiment in Sachsen,
wo er denn Gottsched nahe tritt. Bekannt ist der aufrichtende Einfluß, den Borowski
als beliebtester Königsberger Geistlicher 1807—1809 auf das preußische Königs=
paar persönlich, wie später noch brieflich, ausübte. Und dies war doch ein
theologischer Geistesverwandter Gottscheds! — „Der Christ in der Einsamkeit"
war soeben 1764 erschienen und rief alsbald eine Menge Streitschriften hervor.
Wilh. Abr. Teller (1734—1804), bis 1761 in Leipzig, dann auf Jerusalems und
Ernestis Empfehlung Professor in Helmstädt, hatte soeben 1764 sein „Lehrbuch
des christlichen Glaubens" erscheinen lassen, dessen rein menschlicher, freier und
optimistischer Gehalt ungeheueres Aufsehen erregte. Seine aufklärerische Wirk=
samkeit in Berlin (seit 1767) beweist, wie wenig sich Gottsched in ihm getäuscht!
— Chph. Aug. Heumann (1681—1763) war 1758 auf eigenen Wunsch seiner
theologischen Professur in Göttingen enthoben, weil er zu der Überzeugung ge=
kommen, daß nicht die lutherische Lehre vom Abendmahl, sondern die re=
formierte zutreffend.

1) Vorrede zur Weltweisheit II [7].

Kämpfer schnell verbrauchen und jede akademische Generation über die vorhergehende hinausstrebt. So wuchs auch unser Jüngling seinen Lehrern bald über den Kopf, oder wenigstens meinte er über sie hinausgelangt zu sein. Denn das ist ebenfalls eine wiederkehrende Erscheinung, daß die Schüler die Lehren des Meisters nicht nur hier und da fortbilden, sondern auch oft ihren eigenen Mangel an zulänglichem Verständnis als Zeichen ihrer Selbständigkeit ansehen.

Schon dem jungen Gottsched fehlte es nicht an Selbstbewußtsein; doch fühlen sich angehende Gelehrte beim Übergang von der Studienzeit zur selbständigen Forschung wohl allemal am gewaltigsten. Wie Gottsched in ernstem Ringen eine eigene, seinem einseitig vorherrschenden Verstandes= wesen entsprechende Weltanschauung suchte, quälten ihn sonderlich die Lehren von der Gnade Gottes in Bekehrung des Menschen.[1]) „De con- versione hominis, et gratia Dei in eadem efficaci, et sufficiente" arbeitete er deshalb eine Abhandlung aus, die er in öffentlicher Dispu= tation verteidigen wollte. Er übergab sie Quandt, dem er mehr als anderen Theologen der Königsberger Universität zutraute, zur Durchsicht und erbat dessen Präsidium bei der Disputation. Es war darin von der mittelbaren und unmittelbaren Bekehrung gehandelt. Während Gott= sched um die Mitte der dreißiger Jahre unter Nennung Quandts öffent= lich nur mitteilen läßt,[2]) die viele Arbeit des erwählten Präsiden habe die Disputation verhindert, behauptet er 1755, indem er allerdings nur einen „berühmten Theologen" andeutet, geradezu[3]): „Meine Meinung schien ihm nicht orthodox genug zu sein; und ich bekam meine Abschrift nicht einmal wieder."

Klarer können wir in den veröffentlichten Schriften die Selb= ständigkeit Gottscheds abwägen. Eifersüchtig strebt er sie zu wahren:[4]) „Conatus sum et ego pro ingenii modulo ingenuam hanc in rebus rationis forum agnoscentibus sentiendi libertatem et aliis concedere et mihi illibatam semper illaesamque servare". Und er bezeichnet sich im Hinblick auf seine beiden ersten, noch in Königsberg gedruckten Ab= handlungen „nullius in verba jurans, libereque in subjecto difficillimo versatus." So läßt der neubackene Anhänger der Leibniz=Wolffschen Schule mit einer an sich gewinnenden Unternehmungslust als erste Ver=

---

1) Vorrede zur Weltweisheit II[7].

2) Gottlieb Stolle: Ganz neue Zusätze und Ausbesserungen der Historie der philosophischen Gelahrtheit (1736), S. 173 flg. — Vergl. J. Reicke, S. 19 flg.

3) Vorrede zur Weltweisheit II[6], ebenso II[7].

4) Vindiciarum systematis influxus physici sectio posterior philosophica, caput primum, p. 30.

öffentlichung 1721 ausgehen: „Dubia circa Monades Leibnitianas, quatenus ipsae pro elementis corporum venditantur."[1]

Er bekennt, neulich mit großem Vergnügen die Theodicee gelesen zu haben. Für viele theologische und philosophische Zweifel habe er in diesem Buche die Auflösung gefunden. Besonders sei die Verteidigung der wahren Religion gegen den Manichäismus oder gar Atheismus rühmlich. Auch billige er die meisten und wichtigsten Lehren von Leibniz — d. h. die ihm die wichtigsten erschienen; und er zählt als Beispiele auf: zunächst die Art, in der Leibniz den Ursprung der menschlichen Seele und ihre Vereinigung mit dem Körper erklärt — Gottsched bekennt sich also damals noch als Anhänger der prästabilierten Harmonie —; ferner die Weise, in der Leibniz die menschliche Freiheit mit dem unfehlbaren Vorwissen Gottes vereint — woran Gottsched allzeit festhielt —; wie er denn ebenso die Meinung bewahrte, wonach diese Welt die beste aller möglichen Welten und in sich so vortrefflich sei, daß sie der verbessernd eingreifenden Hand Gottes nicht bedürfe. Dennoch will Gottsched einiges nicht zugestehen, insbesondere die Monaden, soweit sie von Leibniz als Elemente auch der Körper angepriesen würden. Die Existenz von Monaden bestreitet er nicht: ohne Zweifel sei auch Gott eine solche unendliche, unsere Seele eine endliche Monade. Das aber wage er „noch nicht" sich anzueignen („asserere nondum audeo"), daß auch die körperlichen Dinge aus Monaden zusammengesetzt seien. Bisher nämlich vermöge er noch nicht zu fassen („capere enim hactenus non potui"), wie aus gar nicht ausgedehnten Substanzen, die der Teile entbehren und unteilbar sind, irgend ein Körper bestehen könne.

Das klingt ja in der That bescheidener als die starke Behauptung seiner Selbständigkeit. Das ist ja eher wohl der Ton des ehrlichen Schülers, der die Lehren des Meisters „noch nicht" überall „fassen" kann und zunächst bescheidene Einwände wagt. Später läßt Gottsched denn auch diese Zweifel fahren[2] und gesteht schließlich,[3] daß er die Monaden „damals" nur „nicht mit den mathematischen Ideen vom Stetigen der körperlichen Ausdehnungen zusammenreimen konnte." Er hatte überdies vergeblich Auflösung seiner Zweifel bei seinen philosophischen und mathematischen Lehrern Prof. Rast, Prof. Fischer und M. Kreuschner gesucht.[4]

So weist denn der jugendliche Autor auch den ihm ursprünglich aufgestoßenen Einwurf zurück, daß die Monaden, da sie selbst keine

---

1) Exemplar der Königl. und Universitäts-Bibliothek Königsberg.
2) Weltweisheit I[1], 188 flg.
3) Vorrede zur Weltweisheit II[6] und II[7].
4) Ebenda.

Ausdehnung hätten, den Körpern ebenfalls keine geben könnten. Leibniz habe nur gelehrt, daß die Monaden durch ihre verschiedene Verbindung einen ausgedehnten Körper darstellen. Auch den Einwand läßt Gottsched nicht gelten, daß sich die unteilbare Monade zum Körper wie ein mathe= matischer Punkt zur Linie verhalte. Vielmehr ist doch jede Monade von der anderen verschieden.

Dagegen stützt Gottsched seine fortdauernden Zweifel an der Zusammen= setzung der Körper aus Monaden auf viererlei Weise. Rein logisch schließt er: 1. Was ins Unendliche teilbar ist — wie die Körper — , kann nicht aus unteilbaren Substanzen — wie den Monaden — zusammengesetzt sein. 2. Was in Teile zerlegbar ist, das ist keine einfache Substanz. Man stelle sich nun an der ebenen Oberfläche eines aus Monaden be= stehenden Körpers zwei Punkte vor: so bilden die dazwischenliegenden und diese Richtung innehaltenden Monaden eine gerade Linie, die auch aus einer ungeraden Zahl von Monaden, z. B. aus neun zustande= gebracht sein kann. Wie jede Gerade kann aber auch diese in zwei gleiche Teile zerlegt werden: deshalb wird die Schneidelinie die mittlere d. i. fünfte Monade durchschneiden und in zwei gleiche Teile zerlegen. Was der Unteilbarkeit der Monade widerspräche. 3. Wenn es Monaden giebt, die einen Körper bilden, dann giebt es kein vollkommen dichtes Teilchen Materie. Da nun der Nachsatz absurd ist, muß es auch der Vordersatz sein. 4. Es sei ein aus Monaden bestehender Körper mit quadratischer Basis gegeben. Entweder ist es dann falsch — was in der Geometrie gelehrt wird —, daß die Seite des Quadrats der Diagonale inkommensurabel ist, oder es giebt keine Monaden. — Es ist hier überall klar, wie Gottsched — für seine mechanische, um nicht zu sagen: materialistische Auffassung bezeichnend genug — einen rein geometrischen Maßstab an philosophische Begriffe legt. Zum Überfluß gesteht er später[1]) selbst: er habe nur bewiesen, daß ein geometrischer Körper nicht aus unteilbaren Monaden bestehen kann; ein geometrischer Körper sei ja aber nur ein „eingebildeter vollkommen dichter Körper" und mit dem natür= lichen Körper nicht identisch.

Nicht sowohl angreifend als ergänzend trat die zweite Veröffentlichung Gottscheds an die Leibniz=Wolffsche Philosophie heran: „Genuinam omnipraesentiae divinae notionem distincte explicatam et observationibus illustratam defendent pro receptione in facul= tatem phil. Praeses Jo. Chrph. Gottsched, philos. mag , et Respondens Jo. Frider. Gottsched, phil. et med. cult."[2]) (1723, d. 12. Mai).[3]) Die so

---

1) Vorrede zur Weltweisheit II[7].
2) Ein Bruder Gottscheds.
3) Exemplar der Königl. und Universitäts=Bibliothek Königsberg.

betitelte Habilitationsschrift sucht also einen deutlichen Begriff von der göttlichen Allgegenwart zu geben. In theologischen Lehrbüchern erschien diese so, als ob Gott, wie die feinste Himmelsluft, alle kleinsten Zwischen= räume der Körper ausfüllte und durchdränge.[1]) Dagegen hatte sie Wolfs Metaphysik gar nicht erwähnt. Wiederum sucht sich unser junger Rationalist nach logischen Regeln in Anknüpfung an Leibnizsche Vorstellungen einen deutlichen Begriff von der Allgegenwart Gottes zu bilden.

Aus dem Satz des zureichenden Grundes leitet er zunächst das Dasein Gottes ab. Ebenso stellt er die Allwissenheit und — aus der Möglichkeit zahlloser Welten — die Allmacht Gottes fest. Nachdem er damit zunächst das positive Fundament seiner Erläuterung der göttlichen Allgegenwart gelegt, weist er die umlaufende gemeine Ansicht zurück, die er hier noch nicht offen den theologischen Lehrbüchern zuzuschieben wagt, sondern als Meinung vieler aus dem Pöbel („ex plebe") hinstellt. Das lasse er, durch die gesunde Vernunft („sana ratione") unterstützt, sich nicht weismachen. Er nennt jene grobsinnliche Auffassung geradezu des Philo= sophen unwürdig. — Selbständig erläutert Gottsched schließlich die All= gegenwart Gottes als eine Zusammensetzung der Allmacht und Allwissenheit: Gott kennt alle in Bewegung auftretenden Dinge und übt in alle dauernde Wirkung aus. Das sei der eigentliche — und wir werden zugestehen dürfen: der tiefere — Sinn der göttlichen Allgegenwart. Gottsched erlangte denn auch die Genugthuung, daß berühmte Theologen seine Erklärung annahmen, freilich ohne ihn zu nennen.[2])

Auch mündlich bethätigte sich Gottscheds philosophischer Eifer. Wir erfuhren schon gelegentlich von seiner Vorliebe für Disputationen. Auf theologischem, philosophischem und historischem Gebiete hat er sich hier versucht. Wir hatten bereits der Dissertation von Rast gedacht; außerdem wissen wir von folgenden Thematen, über die er als Respondent disputierte:[3]) „De sanctificatione et glorificatione fidelium per spiritum sanctum, caput I: de sanctificatione et glorificatione in genere" (von B. v. Sanden, 1718); „Schediasma historicum de Linda Mariana, Rastenburgum inter et Resselium sita, cum amputatis miserae superstitionis Roma- nensium ramis, praemissamque in praesentiarum (so!) commentationem praeliminarem, de idololatria gentilium sylvestri et lucis religiosis" (von C. C. Neufeldt, 1720); schließlich „De dispositione ex lumine naturae ad supernaturalia disputatio XXIII; in specie ad credendam animae immortalitatem in revelatione divina exhibitam" (von Ch. Masecov, 1721).

---

1) Vorrede zur Weltweisheit II⁷.
2) Vorrede zur Weltweisheit II⁷·
3) Siehe J. Reicke, S 60 flg.

Besonders versuchte sich der junge Magister, der ja von Haus aus Theologe war, auch häufig als Prediger. „Man weiß in Königsberg wohl“, betont er noch 1740,[1]) „daß ich daselbst zehn Jahre lang ein eifriger Theologus gewesen“. Da übte er nun praktisch, was ihm von Kreuschner überkommen war. Seinem verständigen Wesen, das naturgemäß von den dunkeln Künsteleien der orthodoxen Predigerschule wie von der Tiefsinnigkeit oder Verstiegenheit der Pietisten erheblich abstach, scheint der Beifall nicht gefehlt zu haben. Wie hoch mochte dem selbstbewußten Jüngling das Herz schlagen, als ihn gar der Prinz von Holstein, der als Generalfeldmarschall Friedrich Wilhelms I. in Königsberg residierte, vor sich und den anderen Fürstlichkeiten predigen hieß! Indes wie grausam wurde er enttäuscht! Die wiederholten Warnungen besorgter Freunde vor den Werbern erwiesen sich als nur zu begründet.[2])

Die soziale Reformthätigkeit und militärische Schulungsgabe des Königs in Ehren, — wenn es aber noch eines Beweises für die rohe und frivole Gewaltthätigkeit bedürfte, die er ausüben ließ, sobald es sich um Nahrung für seine fixe Idee, um einen Fang für seine „langen Kerle“ handelte, dann würde unseres Gottsched Schicksal den nötigen Beleg bieten. Wie sich die Ereignisse bei Gottscheds Flucht abgespielt haben und wie der fürstliche Werbeoffizier selbst nicht vor einem Mißbrauch des Gottesdienstes zurückschreckte, zeigt ein Bericht, den der Dr. med. Tilling aus Leipzig von Karlsbad aus am 27. Juli 1752 an Gottsched sendet: „Der Herr General=Lieutenant von Schwerin Exc. von Ihro Maj. dem König in Preußen, so sich der hiesigen Brunnenkur dieses Jahr bedienet, haben mir anbefohlen, eine besondere Achtung vor Dero Verdienste zu versichern. Gedachter Herr General war zu der Zeit in Königsberg, da Ihro Fürstliche Durchlaucht der Prinz von Holstein Dieselben vor Sich predigen zu lassen Gefallen hatten und, Dero Größe zu wissen, einen großen Kronleuchter so hängen befahlen, daß es oben 10 Zoll[3]) austrug. Da nun Dieselben oben an denselben anstießen, so hatte dieser Prinz Befehl an gewitzten Unteroffizier gegeben, Dieselben zu fangen. Die Prinzessin Albertine erklärte sich: ˈSchweringe, denke, was mein Bruder thun will! er gedenkt den Prediger, so uns so schön durch seine Predigt erbaut, anzuwerben.ˈ Dieser giebt den Rat, der im Bett liegenden fürstlichen Frau Mutter die Sache zu entdecken, die denn Ew. Magnifizenz vors Bett gefordert, die Sache zu verstehen gegeben und durch eine ander Thüre und Garten entfliehen lassen, so daß der beorderte Unteroffizier

---

1) 20. Februar an Manteuffel, — vergl. Danzel S. 22.
2) Siehe Elegie: „Als er aus seinem Vaterlande ging“, — Gedichte S. 429.
3) Sc. 5 Fuß, — wie noch heute der Sprachgebrauch.

lange vergebens gepaßt. Auf solche Art hat sich Höchstgedachter Herr
General der Begebenheit mit vielem Vergnügen erinnert und herzlich
gefreuet, zu der Rettung eines solchen verdienstvollen Mannes etwas
beigetragen zu haben." — Kein geringerer als „Vater Schwerin" ist es
danach, dem das deutsche Bildungsleben den Gewinn Gottscheds verdankt.
Auch nach Gottscheds eigenen Angaben brach die Gefahr herein, als er
zwei Sonntage hinter einander im Zimmer des Prinzen predigte.[1]

So ist denn unser hochaufgeschossener Magister zur Flucht aus
Königsberg, aus seinem preußischen Vaterlande im engern und weitern
Sinne, genötigt. Es war Mitte Januar 1724. Gerade um diese Zeit[2]
hatte die Leibniz-Wolffsche Philosophie den sogenannten Aristotelismus
im wesentlichen überwunden. Freilich wurde ihr die Herrschaft alsbald
vom Pietismus erfolgreich streitig gemacht, der soeben auch hier die
Orthodoxie zurückgedrängt hatte. Doch hat sich mitten in dem angesponnenen Kampfe der Königsberger Pietismus den Formen der Wolffschen
Philosophie anbequemt. Gottscheds Eintritt in die Wissenschaft fällt also
in die Jahre des Aufstrebens der Wolffschen Schule. Und er ist wesentlich im Bann der Zeit geblieben. Seine Anstrengungen, selbständig die
Schwingen zu regen, charakterisieren sich doch auch nur als Versuche, sich
vom günstigen Winde treiben zu lassen. Eigene Bahnen hat er nicht
recht gefunden.

Nun hat die Tyrannei in Gottscheds Leben mit rauher Hand
eingegriffen. Der sein ostpreußisches Vaterland über alles liebte, muß
sich ins „Ausland", nach Sachsen, retten. Ob dies Schicksal auf seine
Weltanschauung, auf seine Staatsphilosophie, eingewirkt? Mochte er sich
mit seinen Zeitgenossen fortgesetzt noch so tief vor den Mächtigen der
Erde bücken, besonders weil er sie für seine Bildungszwecke gewinnen
wollte, — er stellt doch seine Freiheit stolz der Sklaverei, die ihm gedroht,
gegenüber,[3] und die Staatslehre seiner praktischen Weltweisheit findet
entschiedene Worte gegen die unbeschränkte Despotie.

c) Am 18. Februar 1724 traf Gottsched mit seinem Bruder Johann
Heinrich, den gleiche Gefahr vertrieben, in Leipzig ein. Was ihn gerade
hierher geführt, läßt sich mit großer Wahrscheinlichkeit annehmen. Mochte
auch die Aussicht auf eine dort bestehende preußische Kollegiatur winken,
mochte er auch Empfehlungsschreiben nach Leipzig mitnehmen, — dergleichen hätte sich doch wohl auch für manchen andern Ort finden lassen.
Es lockte aber neben diesen annehmbaren Vorteilen die bekannte, für

1) Vergl. Stolle a. a O.
2) Vergl. B. Erdmann S. 20 flg. und 34.
3) In der Elegie: „Als er aus seinem Vaterlande ging", — Gedichte S. 430.

geistige Wirksamkeit besonders günstige Lage Leipzigs: der Zusammenstrom von Studenten nach dieser in der Mitte Deutschlands gelegenen alt=berühmten Universität, die Buchhändlermesse und Fülle von Druckereien, der Ruf Leipzigs als einer gebildeten Stadt, nicht zum wenigsten schließ=lich die Zugehörigkeit zu einem mächtigen, von kunstliebenden Herrschern regierten Lande, das gegen gewaltthätige Übergriffe preußischer Werber sicheren Schutz bot.

Wie eng war Leipzig mit den neueren deutschen Geistesthaten im guten und schlimmen Sinne verknüpft! Hier waren Leibniz und Thomasius geboren, aber die Universität veranlaßte den einen durch Ränke und Zurücksetzung, seiner Vaterstadt den Rücken zu kehren, während sie den anderen wegen seiner freien wissenschaftlichen Überzeugung, wegen seiner modernen antischolastischen Gesinnung in seiner Thätigkeit lahmlegte und sogar zur Flucht nötigte. Hier hatte auch Christian Wolfs akademische Lehrthätigkeit begonnen, doch auch ihn hatte man an Halle verloren, an dasselbe Halle, dessen Hochschule ihre Entstehung den in Leipzig konstri=bierten Thomasius und Francke verdankte — denn auch die Pietisten waren durch Verfolgungen zu Leipzigs Thoren hinausgedrängt.

Aber da war noch ein anderer Kämpfer gegen Vorurteile, der treu in Leipzig ausgehalten, der im dortigen Geistesleben tiefe Wurzeln ge=schlagen: der Professor der Geschichte Burkhard Mencke.[1]) Sein Vater Otto Mencke hatte Christian Wolfs Dissertation zensiert und dadurch, daß er sie an Leibniz gesandt, die persönlichen Beziehungen beider Philo=sophen geknüpft, auch Wolf zum Mitarbeiter der von ihm herausgegebenen Zeitschrift „Acta Eruditorum" angeworben, so daß auch Burkhard Mencke als Nachfolger des Vaters ständig in freundschaftlichem Briefwechsel mit dem Haupt der neuen Schule verblieb. Enger noch als mit Wolf war die innere Verwandtschaft des polyhistorisch angelegten Gelehrten mit dem anderen Bahnweiser der deutschen Aufklärung. Wie ein Statthalter des Thomasius in Leipzig tritt uns Burkhard Mencke entgegen. Immer bemüht, zur Lösung der Zeitfragen mitzuwirken, jedenfalls immer den Blick fest auf die Gegenwart gerichtet haltend, ein schonungsloser Gegner aller scholastischen Pedanterie, dazu begabt mit Witz und Geistesschärfe, ein entschiedener ·Vorkämpfer des Deutschtums —· so hat er Anspruch auf einen Ehrenplatz in der Geschichte der deutschen Aufklärung erworben. Europäische Berühmtheit erwarben seine zwei Reden „De charlataneria eruditorum" (1713 und 1715); mußte Mencke doch mit sicherem Stift

---

1) Vergl. Richard Treitschke: Burkhard Mencke, Professor der Geschichte zu Leipzig und Herausgeber der Acta Eruditorum (Leipzig 1842). — Gottsched: Lobschrift des Frhrn. v. Wolf, S. 72 flg. — Wolfs eigene Lebensbeschreibung, herausgegeben von Wuttke, S. 133. — Allgemeine Deutsche Biographie.

alle jene charakteristischen Züge der gespreizten Aftergelehrten, der Ver=
treter des scholastischen Sports zu zeichnen. Eine außerordentliche Be=
lesenheit hat hier unermüdlich Anekdote auf Anekdote gehäuft, um eine
erschöpfende Bloßstellung aller Arten von scheingelehrtem Schwindel zu
bieten. Der eine legt sich unerhörte Titel bei, andere Autoren suchen
sich in geschmackloser Übertreibung gegenseitig emporzuloben. Auch an
Selbstlob und Renommisterei läßt man es nicht fehlen. Ferner verspottet
Mencke die Altertumskrämerei, „illorum insaniam, qui nihil admirantur,
nisi quod vetustatem redolet". Die mutwilligen, kleinlichen Zänkereien
müssen nicht minder herhalten. Sucht ferner der Redner seinen
Gegner durch gravitätischen Pomp niederzuschmettern, hat man darin
gleichfalls ein Zeichen der Charlatanerie zu sehen, u. dergl. m. Die
zweite Rede ist noch bedeutsamer. Mit Schärfe wendet sie sich gegen
diejenigen Grammatiker, die in Schulen hyperkritisch nichts vom Text
ungeschont lassen, statt ihn angemessen zu erklären. Die Kleinlichkeit
mancher philologischen Probleme erfährt Zurückweisung: z. B. die Unter=
suchung, wieviel Ruderer Ulysses gehabt; aber auch „priorne esset
scripta Ilias an Odyssaea? et similes quaestiunculas alias miro conatu
agitabant"; desgleichen mißfällt ihm die Frage, ob Homer oder Hesiod
älter sei. Den Historikern hält Mencke ihre Fälschungen und Erfindungen,
ihren falschen Schmuck u. a. m., namentlich auch die Vergötterung ihrer
Fürsten vor. Die Aufgeblasenheit und Großsprecherei der Poeten wird
nicht vergessen. Anschaulich persifliert er, in wie unnützen, leeren
Streitigkeiten über formale Dinge sich die Philosophen herumschlagen.
Die Astronomen als Charlatane prophezeien, die Physiker wollen das
Verborgene sehen und lenken. Besonders suchen sich die Ärzte markt=
schrierisch ein Ansehen zu geben. Die Juristen verdrehen die Gesetze.
Viele Theologen endlich heucheln, viele erschrecken das Volk durch
schlimme Auslegung von Himmelserscheinungen, wodurch sie doch eher
Atheismus als Sittenverbesserung herbeiführen. — Genug, nirgends
ist die Berührung mit Thomasius so eng wie hier. — „De gravitate
eruditorum" hatte Mencke 1717 gehandelt; eben, am 17. Juni 1724, hielt
er eine Rede „De praecipuis rei litterariae hoc tempore impedimentis",
worin er besonders auch den Mangel Europas an kunstsinnigen Fürsten
beklagte. Im nächsten Jahre folgte die Rede „De origine et causis
bellorum inter eruditos", welche mit schonungslosem Reformeifer sechs
hauptsächliche Veranlassungen zu gelehrten Streitigkeiten bloßlegte: Neid,
Dünkel, falschen Ehrgeiz, Religionshaß, Gegnerschaft der Schulen, Ab=
weichung der Sekten. Auch seine Rede „De variis eximiisque commodis
e bonarum litterarum instauratione in puriorem Evangelii doctrinam
derivatis" dient dem lebendigen Fortschritt der Wissenschaft. Er gedenkt

darin auch der Begründung der Litteraturgeschichte, die er „novum, et majoribus nostris vix tentatum, Historiae genus" nennt. Mencke haßte die Franzosen, ohne sich doch dem Einflusse ihrer kritischen Philosophie zu entziehen. Obgleich Herausgeber der lateinischen Acta Eruditorum, begünstigt er das Erscheinen der deutschen Zeitschrift gleiches Namens. Außerdem begründet er die „Leipziger neuen Zeitungen von gelehrten Sachen". Selbst als Dichter war er aufgetreten[1]); doch er leistete der Poesie einen schöneren Dienst: einst bethätigte Burkhard Mencke seine einsichtige, vorurteilslose Gesinnung durch väterliche Unterstützung Christian Günthers, der ersten, einsamen Lerche des neuen Dichterfrühlings. Hatte ihn doch auch die „Görlitzische poetische Gesellschaft" in Leipzig zum lebenslänglichen Präsidenten gewählt.

1674 war Burkhard Mencke in Leipzig geboren, auf seinen Reisen durch Holland, Frankreich und England ward er namentlich von dem praktisch thatkräftigen englischen Geiste mächtig beeinflußt. Seit 1699 wirkte er in seiner Vaterstadt als Professor der Geschichte; 1701 erlangte er in Halle den juristischen Doktortitel. In der Folge wurde er zum kurfürstlich sächsischen Historiographen und zum Hofrat ernannt; auch vertrat er die Universität im sächsischen Landtag. So vereinte er in seiner Person litterarische, akademische und staatliche Ehren.

Und an diesen als Geisteskämpen mehr noch denn als Gelehrten ausgezeichneten Mann erlangte Gottsched Empfehlungen, besonders wohl von Kreuschners Freund M. Gottlieb Siegfried Bayer in Königsberg, dem hervorragenden Orientalisten[2]), der an den „Acta Eruditorum" mitarbeitete; er hatte dem Flüchtling zunächst den Zutritt zu dem anderen Leipziger Historiker, dem ausgezeichneten Mascou, geebnet. Denn Bayer schreibt an seinen Schützling (XVI Kal. Sept. 1724): „A Mascovio epistolam accipio, in qua erat scriptum his verbis: "Venerunt nuper Lipsiam Gottschedii duo, quos, cum tuo nomine salutem dixissent, cupide excepi..." Nihilominus ad Menckenium epistolam misi, in qua te plurimum commendavi et Mascovio ipsi iterum de te amplissime scripsi. Quamquam tibi praedixeram, satis esse, si Mascovio amico utaris, per quem ad omnes aditus tibi parari possit... Amicissime Gottschedi... Tua te virtus, tua eruditio satis commendat omnibus." Allem Anschein nach hat ihn denn auch Mascou sogleich bei Mencke

---

1) Die litteraturgeschichtliche Betrachtung Gottscheds wird auf die dichterischen und namentlich die ästhetischen Leistungen Menckes näher eingehen.

2) 1694 in Königsberg geboren, wo er bis 1716 studiert. In Leipzig hatte er 1717 den Magistergrad erworben. Seit 1718 wirkt er als Lehrer an der Königsberger Domschule. 1726 wird er an die Akademie zu Petersburg berufen, wo er 1738 stirbt. — Vergl. Allgemeine Deutsche Biographie.

eingeführt: schon Anfang März finden wir den Ankömmling als Mitglied der „Deutschübenden (früher Görlitzischen) poetischen Gesellschaft", und. schon im vierten Monat seines Aufenthaltes wählte Mencke den Königs= berger Magister zum Aufseher seiner Bibliothek und Privatlehrer seines ältesten Sohnes. Gottsched vermutet selbst[1]) als Grund dieser schnellen Annäherung, aus seinen Reden habe Mencke bald gemerkt, daß er ein Liebhaber der Wolffschen Philosophie und Schriften wäre. Thatsächlich mußte er dem jungen Mencke Vorlesungen über die Wolffsche Logik und Metaphysik halten[2]), ferner einige juristische Privatlektionen mit ihm be= suchen; auch wurde ihm in Menckes Haus eine Stube überwiesen. Im Jahre 1727 übersetzte Gottsched auf seines ständigen Gönners Begehren für die lateinische Ausgabe der Reden „Von der Charlatanerie der Gelehrten" die neuen Anmerkungen aus der letzten französischen Ausgabe.[3]) Da er für die Acta Eruditorum verschiedene Bücherauszüge zu liefern hatte, wohnte er den Zusammenkünften Menckes mit seinen Gehilfen fleißig bei.[4])

Gottscheds Eintritt in die Leipziger Gelehrtenkreise fiel gerade in die Zeit der vielleicht größten Aufregung innerhalb der wissenschaftlichen Welt Deutschlands. Vom 8. November 1723 datiert die berüchtigte Kabinettsordre Friedrich Wilhelms I., welche Wolf seiner Hallenser Pro= fessur verlustig erklärte und ihn außerdem anwies, „die sämtlichen könig= lichen Lande binnen 48 Stunden bei Strafe des Stranges zu räumen." So mußte ungefähr gleichzeitig mit Gottsched sein höchster Meister aus Preußen entfliehen. Kurios genug, hing auch Wolfs Austreibung mit des Königs Vorliebe für „lange Kerle" zusammen.[5]) Als Wolf auf der Flucht sich naturgemäß zuvörderst nach dem nahen Sachsen wandte, suchte ihn die sächsische Regierung für Leipzig zu gewinnen. Gehörte doch gerade Graf Manteuffel, der wärmste Freund der Wolffschen Philosophie, dem Kabinett als Minister an. Schon oft hatte dieser mit dem Minister von Seebach besprochen, wie man Wolf für Leipzig gewinnen könne. Nun fügte es ein glücklicher Zufall, daß Manteuffel eben am selben Tage, als die Hiobspost von Wolfs Vertreibung in Dresden einlief, beim König speiste: unverzüglich erwirkte er den Beifall des Monarchen. Ebenso

---

1) Lobschrift des Frhrn v. Wolf, S. 72 flg.

2) Manteuffel nennt unterm 16. Februar 1744 im Brief an Wolf den jungen (Hofrat und Ratsherrn) Mencke unter den besonderen Freunden der Wolf= schen Philosophie.

3) Vorrede zur Weltweisheit II⁷.

4) Ebenda.

5) Man hatte dem König bekanntlich eingeredet, Wolf lehre: „wenn einige seiner langen Grenadiere desertierten, so hätte es das Fatum so haben wollen!"

drang sein Plan im Ministerium durch, besonders noch auf Betreiben des Grafen Flemming. Man wollte die Fehler gut machen, durch die man Halle hatte emporkommen lassen.[1]) Indessen ging Wolf weiter nach Marburg. Die orthodoxen und scholastischen Herren von der Leipziger Universität konnten erleichtert aufatmen.

Aber da kam ein junger unbekannter Eindringling, der allen Ernstes Anstalt machte, die Wolfsche Philosophie auf das Leipziger Katheder zu bringen! Am 18. Oktober 1724 habilitiert sich Gottsched zum zweiten Male, damit er sich um die gerade erledigte preußische Kollegiatur als ein „Magister noster" bewerben könne. Seine Dissertation war über=schrieben: „Hamartigenia, sive de fonte vitiorum humanorum quaestio philosophice soluta."[2]) Das gleichnamige Gedicht des Prudentius[3]) be=antwortete die Frage nach dem Ursprung des Übels nicht in zulänglicher Weise. Ebenso suchten in Königsberg Gottscheds ursprüngliche Lehrer — die Aristo=teliker — auch hier den Knoten mehr zu durchschneiden als aufzulösen.[4]) Bayle konnte ihn natürlich nur noch zweifelhafter machen. Auch in dieser Frage erleuchtete ihn erst die Leibnizsche Theodicee, sie erleuchtete und befestigte ihn — wie Gottsched sich bezeichnend genug ausdrückt — „in der evangelischen Lehre." Diese war es denn auch, die Gottscheds Disser=tation zu seiner und anderer Gelehrten „Bestätigung" „auf eine philo=sophische, kurz und bündige Art" vortragen wollte.

Die Laster werden als freie menschliche Handlungen hingestellt, die dem Naturgesetz zuwider und deshalb moralisch schlecht sind. Scheinbar ganz aus dem Geiste der Leibnizschen Theodicee heraus gelangt Gottscheds Untersuchung zu dem Ergebnis, daß die Laster aus der Unvollkommenheit der menschlichen Erkenntnis fließen („vitia ipsa, non nisi in limitata mentis humanae essentia, fontem suum agnoscunt"). Das klingt nicht viel anders denn wie eine paragraphenmäßige Ausführung des Leibnizschen Gedankens, wonach das Böse von einem Mangel, einer Unvollständigkeit herrühre, nicht eine wirkende, sondern eine fehlende Ursache habe.[5]) Auf den großen Bahnbrecher verweisen denn auch die Anmerkungen häufig genug. Und doch hatte Leibniz wohlweislich zwischen metaphysischem, physikalischem und moralischem Bösen unterschieden; offenbar hatte er den Ursprung jeder Seite des Bösen in ihr selbst gesucht, dergestalt, daß die

---

1) Nach Manteuffels Brief an Wolf vom 19. Oktober 1739. — Vergl. auch Wuttke, S. 152 flg.

2) Später auch dem IV. Bande des verdeutschten Bayle angehängt.

3) Aurelius Prudentius Clemens, der bedeutendste christliche Dichter latei=nischer Zunge, um 350 in Spanien geboren, 410 †. Leibniz zieht sein Gedicht mehrfach an.

4) Vorrede zur Weltweisheit II[7].

5) Theodicee § 20 flg. und § 33.

Laſter als Mangel an Tugenden erſcheinen. Dagegen nun die Sünde, die
Laſter, aus der Unvollkommenheit des Verſtandes herzuleiten, war, zunächſt
in beſcheidenem Maße, erſt Wolf, war grundlegend erſt unſerm Gottſched vor=
behalten!¹) Verkennen wir nicht die tief einſchneidende Bedeutung dieſer
Umbiegung für das geſamte Geiſtesleben! Leibniz nimmt an: Das Böſe
entſpringt einem Mangel an Gutem, das Laſter einem Mangel an Tugend
— wogegen Wolf andeutet und Gottſched definiert: Das Böſe entſpringt
einem Mangel der Erkenntnis, die Unwiſſenheit oder doch Einſichts=
loſigkeit iſt die Mutter der Sünde.²) So gewiß unſerm Gottſched —
wie er ja betont — die „evangeliſche Lehre“ von der Unzulänglichkeit
der menſchlichen Vernunft vorgeſchwebt haben mag, — iſt das noch
evangeliſche Lehre, die Sünde aus einer Unvollkommenheit des Verſtandes
herzuleiten und demgemäß — was vom religiöſen Standpunkt noch be=
denklicher — die Vergöttlichung nur in eine Vervollkommnung des Ver=
ſtandes zu verlegen?! Nein, das iſt reiner Rationalismus, Gipfel und
letzte Konſequenz desſelben. Keine Frage, dieſe einſeitige Auffaſſung der
Triebfedern unſerer Handlungen birgt eine Halbwahrheit, aber doch
alſo eine halbe Wahrheit, und die Überzeugung, daß Bildung verſittlicht,
iſt doch auch eine Errungenſchaft.

Ohne Wolfſches Medium ſteht dem Leibnizſchen Geiſte näher die Auf=
faſſung, welche Albrecht von Haller in ſeinem Gedicht „Über den Urſprung
des Übels“ kundgiebt. Auch er geht von der Vorſtellung der beſten Welt aus:

„Der Welten würdigſte gewann die Wirklichkeit.“

Auch ihm gehört das Laſter zur Tugend wie der Schatten zur Sonne: Gott
ſah, daß

„. . . keine Tugend bleibt, wo Macht zum Laſter fehlt.
Gott wollte, daß wir ihn aus Kenntnis ſollten lieben
Und nicht aus blinder Kraft von ungewählten Trieben.“

Aber dieſe Kenntnis Gottes verſteht ein Haller nicht rein intellektuell;
Gott legte vielmehr in jeden Menſchen zwei Triebe:

„Die Liebe für ſich ſelbſt und ſeines Nächſten Liebe.“ —
„Noch weiter wollte Gott für unſre Schwachheit ſorgen:
Ein wachſames Gefühl liegt in uns ſelbſt verborgen,
Das nie dem Übel ſchweigt und immer leicht verſehrt,
Zur Rache ſeiner Not den ganzen Leib empört . . .
Kein Menſch verwildert ſo, dem eingebornes Licht
Nicht, wann er ſich vergeht, ſein erſtes Urteil ſpricht.“

---

1) Vergl. Wolf: Vernünftige Gedanken von der Menſchen Thun, S. 3 flg.
und S. 21 flg., beſonders S. 25 flg. und S. 28 flg.
2) Ganz in gleichem Sinne wie oben leitete Gottſched in der „Welt=
weisheit“ I¹, 580 flg., in Übereinſtimmung mit Thümmigs „Inſtitutiones philosophiae Wolfianae“ I, p. 235, die moraliſche Übertretung aus der Unvollkommen=
heit des Verſtandes her.

Damit ist denn doch statt der Vernunft wieder das Gewissen in seine Rechte eingesetzt. — Schließlich wird in übereinstimmendem Sinne von Leibniz und Wolf das Übel als notwendiger Ausfluß der menschlichen Endlichkeit hingestellt:

„Zudem, was endlich ist, kann nicht unfehlbar sein.“ —

Seine Dissertation hatte Gottsched als fremder Magister ohne Respondenten wider fünf Gegner zu verteidigen, unter benen sich außer Mencke auch Prof. Dr. Joh. Phil. Olearius befand. Dieser[1]) sah nichts Bedenkliches in der Abhandlung selbst, allein desto hitziger hatte ihn ein Exkurs der Anmerkungen über die prästabilierte Harmonie gemacht. Anmerkung v besagte: „...Nec ulla ratione in praesenti tractatione mutatur quisquam, sive vulgarem influxus physici, sive Cartesianam caussarum occasionalium, sive Leibnitianam harmoniae praestabilitae hypothesin quisquam probaverit. Praesertim in disciplina morali nihil prorsus impedit, nihil innovat, immo adeo parvi usus est, ut vel ipse Chr. Wolfius in den vernünftigen Gedanken von der Menschen Thun und Lassen nullam ejus mentionem fecerit. Quo minus metuendum est, ut vel libertas hominum eadem tollatur, vel alia incommoda ex memorata hypothesi oriantur.“ Allerdings setzte er dieser wesentlich neutralen Er= wähnung einen Hinweis auf Freund Kreuschner hinzu: „Interim qui de origine idearum elaboratum quid exactove judicio conscriptum legere desiderat, conferre poterit M. Jo. Henr. Kreuschneri V. D. M. apud Regiomontanos eloquentissimi Diss. de origine idearum in mente humana habita 1717 Regiom. Pruss., qui Leibnitii sententiam ita pro- posuit, ut a veritatis amico vix quicquam desiderari queat.“ Damit war freilich eine mittelbare Billigung der prästabilierten Harmonie aus= gesprochen, ja wohl der bewußte Versuch unternommen, sie als etwas gar nicht so Unerhörtes hinzustellen. Das brachte Olearius in Harnisch. „Er ereiferte sich“ — nach Gottscheds Bericht — „sehr darüber, daß solche schädliche Meinungen auf die Leipziger Katheder gebracht würden, und redete so ängstlich davon, als ob die ganze Kirche und Universität dabei in Gefahr wäre: so daß er auch endlich Thränen vergoß, die bei der studierenden Jugend großen Eindruck macheten.“ Auf Gottscheds verlegene Einrede, die Dissertation sei nebst allen Anmerkungen mit Be= willigung des Dekans Mencke gedruckt, erwiderte Olearius: „Das wäre eben um so viel mehr zu bedauern, daß solche schädliche Paradoxa gebuldet würden“, u. f. w. Als die Disputation nachmittags fortgesetzt wurde, zeigte Mencke den Ungrund solcher Klagen und erzielte durch sein Ein= treten für Gottsched sowie für den am Ende des vorhergehenden Jahres

---

1) Siehe Vorrede zur Weltweisheit II[7].

aus Halle vertriebenen Wolf eine gewaltige Wirkung auf das „wegen des vormittäglichen Lärmens überaus volle" Auditorium. Nachmittags war dem hartbedrängten Magister sein brüderlicher Begleiter Johann Heinrich Gottsched als Respondent beigegeben. Die Disputation dauerte bei einbrechender Dunkelheit fort, erst um 6 Uhr fand sie ihr Ende.

Unter solchen Stürmen eroberte sich Gottsched als erster Wolfianer einen philosophischen Lehrstuhl an der Universität Leipzig.[1]) Als in der Ostermesse des folgenden Jahres ein bequemes Handbuch der Wolffschen Philosophie, die „Institutiones Philosophiae Wolfianae" von Thümmig[2]), der sich gleich dem Meister Wolf von Halle entfernen mußte, erschienen, begann der junge, betriebsame, doch der Anlehnung recht bedürftige Dozent sofort darüber zu lesen und fuhr damit jährlich fort, wobei sich die Zahl seiner Zuhörer allmählich vermehrte.[3]) So bedeutete der Eintritt Gott-scheds in den Lehrkörper einen entschiedenen Fortschritt gegenüber den Sophismen jener wissenschaftlich und religiös orthodoxen Scholastiker, welche bis dahin das Terrain ausschließlich beherrscht hatten.[4])

Bald machte sich Gottsched in den tonangebenden Kreisen der Uni-versität neue Feinde durch die Veröffentlichung deutscher Schriften; zwar war Christian Thomasius hierin vorangegangen, aber — um Gottscheds eigene Erfahrung[5]) mitzuteilen — „die meisten Handwerksgelehrten glaubten damals, wie noch itzo, was nicht latein ist, sei nicht gelehrt." Wer aber in Leipzig gefürchtet hatte, der wolfianische Neuling werde die Welt aus den Angeln heben, sah sich angenehm enttäuscht. Gottsched zeigte sich bemüht, „einige unserer Gelehrten, sonderlich Theologen", bald zu überzeugen, daß er „kein so geschworener Leibnizianer, als sie vorher geglaubt hatten." Selbst Olearius fing an, ihn „lieb zu ge-winnen."[6]) Um welchen Preis? Nun, es kostete die Wolfianer wenig Mühe und Überwindung, die idealistischen Grundpfeiler der Leibnizschen Philosophie über Bord zu werfen. Wenn Gottsched soeben die drei im Widerstreit liegenden Meinungen über das Verhältnis von Seele und Körper als indifferent zur Lösung einer der wichtigsten Prinzipienfragen hingestellt und nur schüchtern verba magistri als unschädlich und in ge-

---

1) J. A. Ernesti: Memoria J. Ch. Gottschedii, — Opusculorum orator-iorum novum volumen, p. 117: „Primus noster huic academiae Wolfianam illam rationem intulit, imitatorem mox nactus Joecherum."

2) Gottsched hatte schon von Königsberg aus 1722 eine briefliche Berührung mit ihm gehabt.

3) Vorrede zur Weltweisheit II[7].

4) Vergl. Max Koch: Gottsched, S. 7.

5) Vorrede zur Weltweisheit II[7].

6) Vorrede zur Weltweisheit II[7].

wisser Ausbeutung nicht abweisbar bezeichnet hatte, so lag die Möglichkeit nur zu nahe, den Accent innerhalb der Indifferenz zu verschieben, der= gestalt, daß andererseits die alte Meinung durch die neue Hypothese jedenfalls noch keineswegs widerlegt sei. Dann wandelte man nicht nur die beliebte, in jedem Sinne goldene Mittelstraße, verwischte also durch seinen Eklektizismus den üblen Verdacht, ein wirklicher Parteigänger des verhaßten Schulhauptes zu sein, sondern erntete noch den wohlfeilen Ruhm der Selbständigkeit. Womit Wolf begonnen, damit fuhren seine Schüler fort. War aber einmal der einheitliche Zusammenhang der Leibnizschen Philosophie verkannt und gesprengt, so war dem Eklektizismus von Fall zu Fall Thür und Thor geöffnet. Ja, ein solches Philosophieren von Fall zu Fall entsprach durchaus dem Prinzip der reinen Vernunft, der nichts als die jedesmalige logische Schlußkette heilig oder doch beweis= kräftig ist. So gelangte jeder dieser Männer zu einem eigenen System, das freilich fast allerorten Wolf nachgebildet war, an der einen oder anderen Stelle aber doch Spuren selbständigen Nachdenkens aufwies — so hoch, aber auch nicht höher wird man das Verdienst der einzelnen Wolfianer schätzen dürfen.

2. Gottscheds System.

a) Es kann nicht die Aufgabe geschichtlicher Würdigung sein, den jedesmaligen Gegenstand der Darstellung unter allen Umständen zu „retten" oder gar zum Helden zu erheben. Wer Gottscheds System objektiv charakterisieren will, muß eingestehen, daß gar wenig Staat damit zu machen sei, obschon er in dieser unproduktiven Zeit noch immer eine der unabhängigsten Naturen ist. Führt doch unser Autor selbst in der Nachricht von seinen eigenen Schriften[1]) die Erwähnung seiner ersten ernst zu nehmenden Regung von Selbständigkeit mit der Begründung ein, daß er die davon erfüllten Dissertationen zur Erlangung einer Beförderung geschrieben habe! Weiter äußert er bezeichnend, bei der ersten Leipziger Disputation habe er die vorherbestimmte Harmonie zwischen Leib und Seele gelten lassen, allein — fährt er wörtlich fort — „im Herzen hatte ich sie niemals für eine festerwiesene Wahrheit gehalten." Da haben wir die Selbstauflösung der reinen Vernunftlehre: denn natürlich, wie läßt sich Metaphysisches logisch „fest erweisen"? Zweifellos haben wir dieses Geständnis als so ehrlich anzusehen, daß wir es sogar als unbe= wußten Selbstverrat werden bezeichnen dürfen. Die anstößige Erwähnung in der „Hamartigenia" klang auch in der That nicht wie ein Bekenntnis= ruf, es war das Tasten der Unentschlossenheit. Nach Verlauf eines akade=

---

1) Vorrede zur Weltweisheit II[7].

mifchen Trienniums, 1727, hielt es denn Gottfched an der Zeit, feine
Zweifel vorzutragen, rein aus Wahrheitsliebe, nicht aus Feindfchaft gegen
die Leibniz=Wolffche Philofophie — wie er für nötig hält hervorzuheben!
Er entwirft drei Differtationen: 1727 giebt er eine Hiftorie der Lehre
von Vereinigung der Seele und des Leibes, 1728 feine Zweifel und
Einwürfe gegen die tartefianifche Meinung der „gelegentheitlichen Urfachen" —
fo verdeutfcht Gottfched causarum occasionalium, fchließlich Ende 1729
bringt er Einwürfe und Gegengründe wider die vorherbeftimmte Har=
monie vor. Während er die beiden erften Differtationen nach Leipziger
Gewohnheit allein verteidigte, verfocht die letzte, von ihm ebenfalls ver=
faßte, unter feinem Präfidium ein junger Danziger, J. Chn. Buchy.

Chriftian Wolf hatte fich, wie wir fahen, in den „Vernünftigen
Gedanken von Gott" 2c. 1720 nur zögernd entfchloffen, auf die präfta=
bilierte Harmonie einzugehen. Trotzdem er ihre grundlegende Bedeutung
im Leibnizfchen Syftem verkennt und trotzdem er fie mit jener der Zeit
gemäßen, von Gottfched vier Jahre fpäter nachgeahmten Leifetreterei als
wahrfcheinlich, aber hypothetifch, einführt, wird fie die wefentlichfte
Zielfcheibe der Angriffe von orthodoxer und pietiftifcher Seite.[1] Das
mußte zu erneuter Prüfung innerhalb der Schule Veranlaffung geben.
Man hatte die Vorherbeftimmung mit anderen Lehrfätzen von Leibniz
übernommen, weil man nicht Selbftändigkeit genug befaß, zu einer eigenen
Meinung vorzudringen. Nun hatte aber Leibniz felbft die verfchiedenen
Theorien über Verhältnis von Seele und Körper zufammengerückt[2]:
da hatte man eine Mufterkarte bequem zur Hand; und wurde man noch
einmal durch leidenfchaftliche Verfolger vor die Wahl geftellt, fo mußte
man fich geftehen, daß die Ehre oder die Schmach der Angriffe im Grunde
ziemlich unverdient komme. Die alte herrfchende Auffaffung der fcholaftifchen
Philofophie, welche, die Tiefe des Problems nicht einmal erkennend, ohne
weiteres einen wechfelfeitigen phyfifchen Einfluß von Leib und Seele
annahm, entfprach dem unbekümmerten Lavieren, dem ftaubgeborenen
Mechanismus der Wolffchen Philofophie eigentlich ja am beften. War
doch die Harmonielehre in ihrem Halt erfchüttert, feitdem Wolf die
pfychifche Gleichartigkeit der Monaden verkannt[3] und damit den Dualis=
mus zwifchen Körper und Seele wiederhergeftellt hatte.

So war die Zeit für einen offenen Bruch mit der verfemten
Theorie reif. In den Jahren 1724 bis 1735 löft fich ein Wortführer
der Wolffchen Schule nach dem anderen von der Harmonieformel los, die

---

1) Vergl. B. Erdmann, S. 57 flg.
2) Theodicee a. a. O. S. 170 flg.
3) Vgl. Max Deffoir, Gefchichte der neueren deutfchen Pfychologie, I (1894), 28.

einen durch positive Begründung des physischen Einflusses, Gottscheb als erster durch Zurückweisung der entgegenstehenden Hypothesen.

„Vindiciarum systematis influxus physici sectio prior historica" betitelt er die erste dem Gegenstande gewidmete Dissertation.[1]) Nicht ausbauen, nur aufrechterhalten will Gottscheb die alte Lehre durch Verteidigung gegen die neueren Theorien.[2]) Als Grundlage bietet dieser erste Teil eine geschichtliche Entwickelung der drei Hypothesen und ihrer Variationen. Diese Darlegung ist korrekt und klar, nur basiert sie natür= lich auf Wolfs dualistischer Auffassung der Monadenlehre. Den physischen Einfluß faßt unser Autor so: „Tribuunt defensores ejus et animae vim corporum motricem et corpori vim impressiones in organa sensoria factas, mediante cerebro, cum mente communicandi" (S. 8). Ent= sprechend der Zusammenstellung in Leibnizens Theodicee, geht er alsbann zu dem System von Descartes und dessen Fortbildungen über, wonach in Gottes steter Vermittelung die Ursache jeder Korrespondenz zwischen Körper und Seele liegen sollte: „Quia nec vestigia per sensuum organa cerebro impressa ideas in mente efficiebant, sed occasionem tantum earum excitandarum Deo suppeditabant: hinc idem alio nomine caussa= rum occasionalium systema audire solet" (S. 8). Demgegenüber wird schon hier mit Recht angedeutet, Descartes habe den Knoten des Streites nicht gelöst, sondern durchschnitten: denn einmütig gestehen die Theologen und fast alle Philosophen, daß Gott nichts wolle noch bewirke, was nicht seinem Willen und seiner Macht unterworfen sein könne (S. 12). Zu= treffend weist Gottscheb auf die zwei Wege hin, die Descartes' Lehre eröffnete, um bei Malebranches Auslegung zu verharren: wonach der Körper in keiner Weise auf die Seele, der Geist in keiner Weise auf den Körper wirke, sondern allein Gott die Körper bewege und die Ideen im Geist hervorrufe (S. 15). Schließlich gelangt die erste Dissertation zur prästabilierten Harmonie: es folge banach — wie Gottscheb sich schief ausdrückt — die Seele in ihren Veränderungen den logisch= moralischen Gesetzen, der Körper dagegen den physisch = mechanischen Bewegungsgesetzen, wie sie ihren Wesen und Naturen angepaßt seien, und es bestehe zwischen ihnen keine andere Verbindung als eine ganz genaue Harmonie der in beiden aufeinanderfolgenden Bewegungen, die vorher bestimmte Harmonie (S. 22). Dies System sei in Deutsch= land nicht viel erwähnt worden, bevor Wolf in seinen „Gedanken von Gott" 2c. es zu dem seinen gemacht habe — eine Wendung, die

---

1) Exemplar der Königlichen öffentlichen Bibliothek Dresden.
2) In der dritten Dissertation S. 69 betont er diesen Sinn des Titels noch= mals ausdrücklich.

Gottscheb geflissentlich wiederholte[1]), um seine Unabhängigkeit auch von Wolf glauben zu machen, während wir wissen, daß Wolf der Hypothese mit nicht allzu viel weniger Zurückhaltung als ursprünglich Gottscheb selbst gegenüberstand. Ein charakteristisches Zugeständnis, daß die Harmonie bei Wolf ihre zentrale Stellung verloren, liegt doch schon in Gottschebs Zusatz, dieser habe es zwischen sein übriges metaphysisches System ein=
gewoben („intertexeret“, S. 23). Er verzichtet darauf, die Geschichte der Kontroverse weiter zu verfolgen. Köstlich und für den eklektischen, tastenden Geist einer Zeit, wo dergleichen Rückhalt als ehrenvoll galt, bezeichnend ist Gottschebs schließliches Geständnis: er erachte es hier nicht für seine Pflicht, einen Streit zwischen so bedeutenden Männern zu entscheiden; denn es sei billig, daß wir jeden vollauf seiner Denkart genießen ließen („ut quemlibet suo sensu abundare sinamus“)! Noch weniger fiele es ihm ein, sich gegen dies System durch irgend ein Gemengsel von Ein=
wänden aufzulehnen! Er habe sich mehr vorgesetzt, die alte Lehre zu verteidigen, als die neue zu befehden.

Trotz solcher übermäßigen Zahmheit erregte schon diese erste von Gott=
schebs drei Dissertationen Aufsehen. Während viele Gegner Wolfs frohlockten, fehlte es bei Freund und Feind doch nicht an Einwendungen, auf die der Autor in der Vorrede zur zweiten Dissertation zurückkommt. Diese über=
schreibt er: „Vindiciarum systematis influxus physici sectio posterior philosophica Caput primum Anti-Cartesianum.“ Zunächst geht er auf diejenigen ein, die sich übertriebene Erwartungen von seiner Wenigkeit („a mediocritate mea“) gemacht hätten: es seien dies Mediziner, besonders Anhänger von Stahl[2]), die dessen Meinung von der Einwirkung des menschlichen Geistes auf den Körper billigen. Diese hatten offenbar erwartet, Gottscheb werde ihre Theorie des psychischen Einflusses näher begründen. Gottscheb verweist (S. 29)[3]) auf einen ihm zugekommenen Brief des Dr. med. Johann George Kulmus in Danzig[4]), seines späteren Schwiegervaters, der schon auf diese Beziehung zu Stahl hindeutete: „Posito influxu physico, wie er in Dero Dissertation höchst deutlich und auf das beste ausgeführet worden, hat man weder die spiritus animales Cartesii, noch die harmoniam praestabilitam Leibnitii nötig, sondern

---

1) In seiner Ausgabe der Theodicee S. 60 flg. merkt er hochfahrend an, das System der vorherbestimmten Harmonie habe „zwar an dem Hrn. Wolf einen ge=
treuen Versechter bekommen: allein dessen ungeachtet nicht die Oberhand erhalten können.“ Folgt Hinweis auf seine drei Dissertationen.

2) Georg Ernst Stahl, 1660 bis 1734, Vater des Animismus, wonach die Seele sowohl die Denkthätigkeit ausübt wie die Thätigkeit des Körpers bewirkt.

3) Die Seitenzahlen gehen durch die drei Dissertationen hindurch.

4) Vom 10. Januar 1728, — vergl. Danzel S. 13.

kann in physicis et medicina methodo Stahliana aller phaenomenorum rationes ganz klar und deutlich anführen." — Wie die Ärzte hier eine naturwissenschaftliche Auffassung begrüßen wollten, freuten sich die Gegner der neueren Philosophie in der nach Gottscheds eklektischer Auffassung falschen Voraussetzung, daß dieser ganzen neueren Philosophie Grundlage und Gipfel in selbiger vorherbestimmter Harmonie beruhe. Jedenfalls glaubt Gottsched durch seine wissenschaftliche Thätigkeit seine Unbefangenheit und Unabhängigkeit genügend bekundet zu haben. Er giebt den schon angezogenen Rückblick auf seine Königsberger Veröffentlichungen. Auf seine Hamartigenia hin habe man ihn dann den Leibnizianern zugerechnet. Inzwischen hätten nun sein neues Beginnen gerade manche aus der Leibniz=Wolffschen Schule übel vermerkt. Namentlich der Professor der Physik Gabriel Fischer, ein früherer Gegner Wolfs, der jetzt wegen seiner leidenschaftlichen Parteinahme für das Schulhaupt Königsberg räumen mußte[1]), habe auf der Durchreise im Gespräch (!) deutlich genug zu erkennen gegeben, daß ihm Gottscheds Vorhaben mißfalle (S. 30 flg.). Ebenso habe Joh. Friedrich Schreiber, ein hoffnungsvoller junger Gelehrter, dem er schon 1726 seine Meinung auseinandergesetzt, in einem offenen Brief an Hollmann[2]), mit der Offenheit, die er, Gottsched, immer lobend anerkenne, zu verstehen gegeben, daß sie ihm nicht zusage. Endlich erwähnt der Autor, daß ihm auch von idealistischer Seite Widerspruch zugekommen sei; er zitiert einen Brief des französischen Predigers Le Maître in Baireuth, worin der Idealismus Berkeleys verteidigt wird.[3]) Gottsched will sich aber durch nichts beirren lassen.

In der Untersuchung selbst wirft er gegenüber Descartes die Fragen auf, ob wir die eigentliche Natur des Geistes genugsam erforscht hätten und ob für uns wirklich das Wesen des Geistes im Denken besteht. Beides leugnet Gottsched (S. 37). Wir brauchten nicht daran zu verzweifeln, den Zusammenhang zwischen der Fähigkeit des Denkens und Bewegens zu finden. Es fehlen vielleicht nur gewisse vermittelnde Wahrheiten, ohne deren vorherige Kenntnis wir noch nicht zur Klarheit kommen können (S. 38). Aber noch auf andere Weise bekämpft Descartes den physischen Einfluß. Es war zu seiner Zeit ein Naturgesetz von der

---

1) Vergl. B. Erdmann, S. 19 flg.

2) Samuel Chstn. Hollmann, damals Professor in Wittenberg; seine ersten Schriften sind gegen die Monadologie und die prästabilierte Harmonie gerichtet. — Schreiber ist ein junger Königsberger, der 1726 über Leipzig nach Leyden gegangen. 1729 bis 1731 doziert er an der Leipziger Universität, bekannter ist seine Wirksamkeit in Petersburg. Wie gar manche Zeitgenossen umspannt er die Philosophie, Mathematik und Medizin. Schreiber trat später aus gleichem Grunde gegen Knutzen auf, — vergl. B. Erdmann S. 80.

3) Vergl. Danzel S. 13.

Bewegung in Geltung gekommen, wonach im Universum immer dieselbe Menge an Bewegung bewahrt werde. Dies sagte dem Descartes umso= mehr zu, je gewisser er überzeugt war, daß aus dem Körper, den er sich als ausgedehnte Substanz vorstellte, keine Bewegung als notwendiges Attribut folgen könne, wenn anders jeder Körper zur Bewegung und Ruhe indifferent wäre (S. 39). Dabei habe aber Descartes zunächst fälschlich angenommen, daß alle Geschöpfe eine bewegende Kraft entbehrten und daß aus der Natur der Körper keinerlei Bewegung hergeleitet werden könne. Gottsched giebt wiederholt zu, daß diese bewegende Kraft nicht erklärt werden kann, wenn der Körper nur als ausgedehnte Substanz angesehen werde (S. 40). Aber er wiederholt auch seinen Einwand, daß die Descartessche Definition nicht hinreiche, das Wesen des Körpers zu erklären, da sie einen leeren Raum mit dem Körper verwechselt. Über= dies sei das Naturgesetz von der Bewahrung derselben Menge Bewegung nach Descartes' Zeit als falsch erwiesen. Durch Experimente könne als festgestellt gelten, daß sich die Bewegung in der Natur der Dinge vermehre und vermindere (S. 41). Unser Autor verweist auf das von Leibniz anstelle des cartesianischen eingeführte Bewegungsgesetz, wo= nach nicht dieselbe Menge Bewegung, sondern dieselbe Menge bewegender Kräfte im Universum bewahrt bleibe (S. 42). Nachdem Gottsched schließ= lich betont, daß er nicht von mechanischen Kräften, sondern von den ursächlichen Kräften der geschaffenen Substanzen gesprochen, die meta= physischer Art seien, beruft er sich auf Wolfs Metaphysik, welche diese bewegenden Kräfte in den Elementen der Körper als einfachen Substanzen aufzusuchen gewiesen habe; er verspricht später zu zeigen, daß von diesen Kräften vorzugsweise das öfter erwähnte Bewegungsgesetz verstanden werden müsse (S. 45). — Von den Cartesianern sei nach alledem das System des physischen Einflusses nicht über den Haufen geworfen. Denn die Grundsätze, aus denen sie sich gegen dasselbe auflehnten, waren zu ungewiß. Pomphaft schließt Gottsched: Wenn es erlaubt ist, Definitionen von den Dingen zu bilden und zu überliefern, wenn es freisteht, beliebige Naturgesetze auszusinnen: dann wird es wahrlich sehr leicht sein, ich weiß nicht welche philosophische Dogmen zu demonstrieren oder zu wider= legen.

So hat unser Autor den Descartes in letzter Linie durch Berufung auf Leibniz und Wolf zurückgeschlagen — und nicht nur in letzter Linie: war doch schon von Leibniz durchgehends die Gegenüberstellung des Denkens und der Ausdehnung als der einseitigen Attribute des Geistes beziehungsweise des Körpers überwunden. Sowohl auf das Irrige des cartesianischen Bewegungsgesetzes als auf die falsche Voraussetzung, daß die Körper keine Bewegung hervorbrächten, kommt Leibniz wiederholt

zurück.¹) Man muß deshalb boppelt gespannt sein, welchen Weg Gott=
scheb in der britten Dissertation einschlagen wird, wo er endlich auf sich
selbst gestellt ist und gerade die Männer befehdet, deren Stütze er bis
dahin so ausgiebig benutzt hat.

„Vindiciarum systematis influxus physici sectio posterior philosophica. Caput secundum Anti-Leibnitianum.“
Diese endgiltige Abrechnung Gottscheds nimmt den § 762 von Wolfs
deutscher Metaphysik zum Ausgangspunkt, da nirgends klarer als hier
gezeigt sei, auf welche Weise von den Leibnizischen Prinzipien aus gegen
ben physischen Einfluß angekämpft werden könne. Wenn nämlich —
entsprechend der Leibniz=Wolffschen Auffassung — immer einerlei bewegende
Kraft in der Welt erhalten werde, wäre eine Wirkung des Leibes und
der Seele in einander unmöglich: sollte einerseits die Seele die Bewegung
im Leibe bloß durch ihren Willen hervorbringen, so wäre eine Bewegung
ohne eine vorhergehende Bewegung hervorgebracht; brächte andererseits
die Bewegung des Körpers einen Gedanken der Seele hervor, so würde
eine Bewegung aufhören, ohne daß eine neue Bewegung nachfolgte.
Dem gegenüber — meint Gottscheb nun — müssen wir uns verständigen:
1. was unter bewegenden Kräften in der angeführten Bewegungsregel
zu verstehen sei? 2. ob überhaupt auf keine Weise unsere Seele oder
ein anderer Geist mit einer Kraft dieser Art begabt sein könne? In
der Aufwerfung dieser zweiten Frage kommt Gottscheb also auf sein gegen
Ende (S. 45) der zweiten Dissertation gegebenes Versprechen zurück, und
auf dem Nachweis einer bewegenden Kraft in der Seele ruht überhaupt
der Schwerpunkt dieser Gottschedschen Untersuchung. Folgerecht meint
unser Autor: wenn er jene bewegende Kraft im Sinne von Leibniz und
Wolf definiere und sie in allen Geistern insgemein nachweise, dann werde
unanfechtbar offenbar sein, daß entweder der physische Einfluß vor jenem
Bewegungsgesetz bestehen könne oder es überhaupt keinen Austausch
(„communicatio“) der Bewegung im Universum, nicht einmal zwischen
Körpern, gebe (S. 61)

Getreu dieser Vornahme, stützt sich Gottscheb zur Lösung der ersten
Frage noch einmal auf Wolf. In § 697 der deutschen Metaphysik nebst
ben Anmerkungen zu diesem Paragraphen im II. Teil weist das Schul=
haupt nach, daß die bewegende Kraft als ursprünglich in den Elementen
der Körper sein muß, woraus Gottscheb alsbald folgert, daß wir in der
gegenwärtigen metaphysischen Frage über die Beziehungen von Geist und
Körper nicht bei dem mechanischen Begriff der Kräfte stehen bleiben

1) Man vergl. Theodicee mit Gottscheds Anmerkungen S. 172 flg , 551 flg.,
612, 616.

dürfen, der nur den in thätiger Bewegung dargestellten Körpern entspricht, sondern zu den ersten Quellen der Kräfte vordringen müßten,
die gerade in den einfachen Dingen hervortreten (S. 64 flg.). In der
folgenden Prüfung der zweiten Frage unterscheidet der Autor denn auch
zwischen dem mechanischen und metaphysischen Begriff der bewegenden
Kräfte, zwischen dem was in der Bewegung imaginär ist und dem was
real unter ihr begriffen wird, zwischen abgeleiteten und ursprünglichen
Kräften. Auch hierfür beruft er sich auf Leibniz und Wolf (S. 65 flg.).
Nicht genug damit, er nimmt Leibniz auch für die Folgerung in Anspruch,
daß unseren Seelen bewegende Kräfte zukommen: im metaphysischen Sinne,
nicht im mechanischen; ursprüngliche Kräfte, nicht abgeleitete; genau gesagt:
das was in der Bewegung real ist, jenes unmittelbar Wirkende nämlich
in der Kraft, die sich bestrebt, eine Bewegung herzustellen (S. 66 flg.).
Namentlich Leibnizens Gleichsetzung der Kräfte mit den Entelechien
konnte Gottsched hier heranziehen; gestand der große Idealist doch, daß
nichts geeigneter sei als die Kraft in den Erscheinungen der Körper, den
Eingang für die Betrachtung der geistigen („spirituelles") Ursachen zu
bilden. Leibniz meinte damit ausdrücklich, der Religion einen Dienst
geleistet, die materialistische Philosophie aufgehalten zu haben, indem er
zeigte, daß die Gründe der Regeln über die Kraft von etwas Höherem
(„de quelquechose de supérieur") herrühren (S. 68). Also die Entelechien
der Alten, denen einst alle Thätigkeit zugeschrieben wurde, überträgt Leibniz
vornehmlich auf die Seelen! Auch in mechanischen Dingen lehrt derselbe
Philosoph zu dem metaphysischen Ursprung der Kräfte vorschreiten! Wer
sieht nicht, daß Leibniz der Meinung war, wir müßten auch im Begriff
der Kräfte bis zum Geistigen als etwas Höherem zurückgreifen? (S. 68 flg.)

Des näheren erläutert Gottsched die von ihm vorausgesetzte seelische
Bewegungskraft nicht nur — wie man gemutmaßt und ja auch Wolf
noch unterstellt hatte — als einen Willen, sondern auch als eine merk-
liche Anstrengung („conatum insignem"), bisweilen im Körper freiwillige
Bewegungen hervorzubringen. Diese Anstrengung und Bemühung („qui
nisus atque conatus") tritt unter dem Namen der Kräfte auf und ward
von Leibniz „das was in der Bewegung real ist" genannt (S. 70).
Die Leibnizianer mochten nun freilich nach Wolfs Vorgang einwerfen,
daß eine einfache Substanz nur eine einzige Kraft haben könne, und es
deshalb widersprechend erachten, dem einfachsten Wesen des Geistes eine
doppelte Kraft zuzuschreiben, eine vorstellende und eine bewegende. Aber
auch Gottsched denkt nur an eine einheitliche Kraft, nämlich die ständige
Bemühung, seinen Zustand zu verändern („conatum, statam suum mutandi,
perpetuum"). Diese Anstrengung ist die Quelle und der Born („fons et
scaturigo") sowohl der Wahrnehmungen als der übrigen Handlungen im

einfachen Dinge. Erklärten denn die neueren Philosophen nicht das Vor=
stellen und Wollen aus ein und derselben Kraft? (S. 71.)

Nach alledem glaubt unser Autor der Anforderung Wolfs an die
Verteidiger des physischen Einflusses entsprochen, er glaubt nachgewiesen
zu haben, daß trotz dieser Wirkung der Seele auf den Körper die Ord=
nung der Natur erhalten bleibt (S. 72). Ja, wie Gottsched dauernd
diesen Standpunkt festhält, betont er noch in seiner Ausgabe der Theodicee[1]
von 1763, er habe in der dritten Dissertation „eine gewisse Art des
natürlichen Einflusses, die sich mit dem übrigen Leibnizianischen System
zusammenreimet, vorgetragen." So läßt er denn auch im Sinne von
Leibniz die Abhandlung in eine schwungvolle Huldigung für die Harmonie
des Alls austönen, freilich indem er nur die Stoiker als Gewährsmänner
nennt. Fern habe es seinen Erörterungen gelegen, die Einheit der Geister=
und Körperwelt zu zerreißen.

Halten wir den Gesamteindruck der dritten Dissertation und damit
das wesentlichste Ergebnis dieser ganzen Reihe von Abhandlungen fest,
so müssen wir zugestehen, daß sich nirgends ein direkter Angriff gegen
die prästabilierte Harmonie richtet: vielmehr ist nur der Nachweis ver=
sucht, daß es eines so durchaus metaphysischen Prinzips gar nicht bedürfe,
da nicht bloß Descartes, sondern auch Leibniz und Wolf den physischen
Einfluß mit Unrecht zurückgewiesen hätten. Indem aber Gottsched das
Irrige der gegen den physischen Einfluß erhobenen Einwände darthun
will, sieht er sich doch genötigt, wenigstens in einem Punkte das Prinzip
des physischen Einflusses positiv zu erläutern; so wird in seiner dritten
Dissertation der Gedanke nicht nur betont, sondern bis zu einem gewissen
Grade entwickelt und durchgeführt, daß auch der Seele bewegende Kraft,
eine Anstrengung ihren Zustand zu verändern, innewohne.

Alle Vorsicht, die unsern Gottsched so weit wie möglich mit Leibniz
und Wolf gehen hieß, konnte nicht hindern, daß Wolf vorübergehend
eine gewisse „Kaltsinnigkeit" gegen den Abtrünnigen blicken ließ.[2] Das
Schulhaupt faßte sein Urteil in folgende prägnante Sätze zusammen[3]:
„Herr Gottsched hat mir aus Leipzig seine Disputation zugeschickt, darinnen
er den influxum physicum feststellen will; allein, wie ich sehe, so hat
er nicht recht eingesehen, was die modificationes virium sind, was der
influxus physicus haben will, und führet noch schlimmere occultas quali=
tates ein, als die scholastici gehabt, maßen er causas phaenomenorum
fictorum fingieret, da die scholastici bloß causas phaenomenorum verorum
als bekannt annehmen, davon sie keinen Begriff hatten." Dieses Urteil

---

1) Anmerkung zu § 55 (S. 62).
2) Vorrede zur Weltweisheit II[7].
3) Vergl. Danzel S. 14.

klingt ziemlich wegwerfend im Munde eines Mannes, der die vorher=
bestimmte Harmonie selbst nur zur Lösung der Einzelfrage über Beziehung
von Leib und Seele, noch dazu mit Vorsicht, angenommen hatte. In
der That war es Gottsched ja gerade nur mit Hilfe eines Leibnizianischen
metaphysischen Prinzips gelungen, den physischen Einfluß zu retten. Ein
Anstrengen und Anstemmen des Geistes, seinen Zustand zu verändern
und eine Bewegung im Körper hervorzubringen — und gar aus=
drücklich als „physischer Einfluß" gefaßt — legte dagegen eine rein
materielle, mechanische Thätigkeit der Seele nahe. Diese unklare Ver=
mischung von mechanischen — um nicht zu sagen materialistischen — mit
metaphysischen — um nicht zu sagen spiritualistischen — Vorstellungen
ist in der That der Grundmangel von Gottscheds System. In einer
philosophischen Bewegung jedoch, die überall zum Mechanismus hindrängte,
ohne ihre metaphysische Provenienz verleugnen zu wollen und zu können, —
unter der Führung eines Mannes, der auch das Übersinnliche so weit
wie möglich mechanisch oder doch logisch vorstellen wollte, — in einer
solchen philosophischen Gruppe braucht der Verfasser der „Vindiciae
systematis influxus physici" keineswegs beschämt zurückzutreten: er ordnet
sich ihr vielmehr gerade durch diese Schrift als typischer Vorkämpfer ein.
Was ihn seinen Zeitgenossen vorübergehend als Gegner Wolfs erscheinen
ließ, das macht ihn für uns gerade zu einem charakteristischen Schüler
Wolfs, — allerdings zu einem charakteristischen, also zu einem, der
nicht blindlings in verba magistri schwört, sondern im Geiste des Meisters,
unter Umständen auch gegen dessen eigene Einzelmeinung zu den schweben=
den Problemen Stellung zu nehmen sucht.

Thatsächlich gelangt denn auch die Theorie des physischen Einflusses
in der Wolfschen Schule während der dreißiger Jahre zum Siege.[1]
Mehr positive Begründung als in Gottscheds vorwiegend — wenn auch
nicht ausschließlich — defensiven Abhandlungen erfährt dies alte Prinzip
besonders durch seinen ostpreußischen Landsmann Martin Knutzen, der,
1713 in Königsberg geboren, 1728 die dortige Universität bezieht[2] und
dann 1735 eine „Commentatio philosophica de commercio mentis et
corporis per influxum physicum explicando" veröffentlicht. Als er sie
zehn Jahre später mit einer zweiten Abhandlung unter dem gemeinsamen
Titel „Systema causarum efficientium" von neuem herausgiebt, ver=
mittelt Gottsched, mit dem er seit 1740 in Briefwechsel steht, ihm — wie
so vielen Gelehrten — in Leipzig einen geeigneten Verleger.[3] Eine
leise Eifersüchtelei zwischen beiden Männern machte sich bei ihrem persön=

---

1) Vergl. B. Erdmann S. 55.
2) Ebenda S. 48 flg.
3) Vergl. B. Erdmann S. 52.

lichen Zusammentreffen, als Gottscheb 1744 die Heimat besuchte, geltend[1]),
ohne die Fortdauer ihres Briefwechsels zu verhindern. Wenn Benno Erd=
mann[2]) „aus historischen Gründen" eine Abhängigkeit Knutzens von Gott=
scheb leugnet, so enthielte zwar schon die dritte Dissertation, deren positiven
Gehalt B. Erdmann unterschätzt, genug Stoff zur Anregung; aber auch
die Fortführung der Untersuchung im theoretischen Teile von Gottschebs
„Weltweisheit" war Mitte 1734 bei Vollendung von Knutzens Abhandlung
längst in Königsberg, da jenes Lehrbuch nicht Anfang 1734, sondern 1733
fertiggestellt war: so lautet die Jahreszahl, und die Widmung trägt das
Datum: 1. Mai 1733; wir werden sogar erfahren, daß der Text privatim
schon Ende 1732 in Danzig vorlag; damals war der Druck schon ab=
geschlossen.[3]) Jedenfalls nennt Knutzen (Commentatio S. 4 flg.) Gottschebs
Vindiciae unter den Schriften, die, „ut profundius hoc argumentum
rimarer, mihi exsistebant auctores." Hat nun zweifellos Knutzen, der
spätere Lehrer Kants, die Theorie des physischen Einflusses positiver und
tiefer begründet, so lassen sich doch bestimmte Berührungen mit Gottscheb
nicht verkennen, die einer Anregung durch den Vorgänger entsprungen sein
mögen. Interessant ist zunächst, daß beide Philosophen ihre Stellung in
gleicher Weise historisch entwickeln: auch Knutzen bekennt sich als ursprüng=
lichen Anhänger der prästabilierten Harmonie, bis er zu der Überzeugung
gelangt: daß der physische Einfluß noch keineswegs genügend widerlegt sei.[4])
Das war ja gerade der charakteristische Ausgangspunkt von Gottschebs
Untersuchung; dieser Nachweis, daß der physische Einfluß noch nicht wider=
legt sei, bildete doch den eigentlichen Inhalt seiner Dissertationen. Durch
sie, namentlich durch die letzte, wird Knutzen zu seiner neuen Überzeugung
angeleitet worden sein. Wie weit noch immer die Verwandtschaft zwischen
einem Gottscheb und dem philosophischeren Geiste Knutzen geht, zeigt ferner
die starke Betonung der dualistischen Auffassung von Leibnizens System.
Im übrigen wird auch hier nicht nur der Seele das Bestreben beigelegt,
im Körper Bewegungen hervorzubringen, sondern es wird dieser Versuch
sogar unmittelbar der Wechselwirkung der einfachen Elemente zugeschrieben.
Dabei führt Knutzen in das Gesetz von Erhaltung der gleichen Bewegungs=
kräfte anstelle der lebendigen, bewegenden Kräfte die primitiven, sub=
stantiellen ein, aus deren Modifikationen die lebendigen Kräfte entständen,
— hatte doch schon Gottschebs Auffassung dieser modificationes virium
das besondere Mißfallen Christian Wolfs gefunden. All das stand bereits
in Gottschebs Dissertationen; wenn man bedenkt, wie Knutzen solche

---

1) Vergl. Gottlieb Krause: Gottscheb und Flottwell, S. 161, 165, 260.
2) „Martin Knutzen", S. 82.
3) Vorrede zur Weltweisheit II[7].
4) Vergl. B. Erdmann S. 84 flg.

Elemente zu einem geschlossenen System ausgestaltete, können einzelne Berührungen freilich kaum sein Verdienst wesentlich vermindern.

In Gottscheds „Ersten Gründen der gesamten Weltweisheit“[1]) wurde über die Vereinigung der Seele und des Leibes prinzipiell wenig Neues vorgetragen. Auch hier legt der Verfasser zunächst die drei Theorien dar, welche er schon in den Dissertationen gegenübergestellt, um noch immer einen gewissen Eklektizismus selbst hierin nicht zu verleugnen: „Keine derselben ist vollkommen erkläret oder demonstrieret. Eine jede davon hat noch ihre Schwierigkeiten: es kann sich also ein jeder an diejenige halten, die ihm am besten gefällt!“ Allerdings fährt er natürlich fort: „Mir ist es indessen allemal vorgekommen, daß man nicht eher Ursache habe, die alleralteste und gemeineste Meinung vom natürlichen Einflusse zu verwerfen, bis man sie vollkommen widerleget und ihre Unmöglichkeit erwiesen haben wird: welches aber noch zur Zeit nicht geschehen ist.“[2]) Indem Gottsched schließlich seine Auffassung dieses physischen Einflusses darlegt[3]), verharrt er meist bei den positiven Ansätzen der dritten Dissertation. Nur zwei Punkte sind deutlicher bezeichnet. Gottsched leitet nunmehr die Nötigung der Seele zu einer Wirkung in den Körper mittelbarer ab: „Die Seele hat nämlich eine Bemühung, neue Empfindungen hervorzubringen. Diese kann sie nicht haben, wenn ihr Körper nicht eine solche Lage und Stellung in der Welt hat, daß vermittelst der sinnlichen Gliedmaßen die materialischen Bilder im Gehirne erwecket werden können. Also strebt sie denn zu gleicher Zeit nach dieser veränderten Stellung oder Lage des Körpers.“ Das ist in der That eine unverkennbare Materialisierung der Seelenfunktion, jedenfalls ein Fortschritt nach der naturwissenschaftlichen Seite. Außerdem erläutert unser Autor den Anstoß der Seele zu körperlichen Bewegungen durch die ergänzende Bemerkung: „Es darf ja auch die Seele nicht die ganze Kraft, womit der Körper bewegt wird, allein besitzen. Es sind schon in den flüssigen Teilen des Leibes so viele Kräfte vorhanden, daß selbige gleichsam nur einer Aufweckung und Bestimmung bedürfen, wenn sie wirken sollen.“ Die Seele bringt also nur „den Nervensaft in Bewegung.“ — Knutzen hat diese Wechselwirkung zwischen den Vorstellungen und den Bewegungen der „Nervenflüssigkeit“ dann näher ausgeführt. — Zum Schluß noch einmal eine reservatio unseres „tapfern“ Streiters: „Doch ich gebe dieses alles nur vor bloße Mutmaßungen aus, und lasse es dahin gestellt sein, welche Meinung bei einem reifern Erkenntnisse der Seele und des Leibes mit der Zeit die Oberhand behalten wird.“

---

1) 1¹, 304 flg.
2) Ebenda S. 310.
3) Ebenda S. 311 flg.

Neben solchem unsicher tastenden Eklektizismus ist es also eine weiter=
gehende Einführung materialistischer Elemente, die, zunächst für diese
wichtige Einzelfrage, in dem Lehrgebäude unseres Philosophen hervor=
tritt. Sehen wir zu, wie sich nun das philosophische System Gott=
scheds im ganzen charakterisiert: überblicken wir seine „Ersten Gründe
der gesamten Weltweisheit"!

b) In welchem Geiste ist Gottscheds Lehrbuch der Weltweisheit gehalten?
Was unser Philosoph über Ursache und Endzweck seines Buches verlauten
läßt, erweckt nicht gerade ein günstiges Vorurteil. Wie nach Gottscheds
Eingeständnis seine Trilogie über den physischen Einfluß seine Beförderung
zum außerordentlichen Professor bewirken sollte, so nimmt er in seiner
„Weltweisheit" den Anlauf zum Ordinariat: „Seiner Lust nach", schreibt
Clauber aus Leipzig den 2. September 1733 an Bodmer, „blieb er
freilich lieber bei der Poesie, allein er muß das utile dem dulci vorziehen,
indem er bloß von Lesung seiner Collegiorum leben muß." Und Gott=
sched selbst entblödet sich nicht, gegenüber demselben Züricher Korre=
spondenten am 3. Juni des folgenden Jahres über den Erfolg seines
„Strebens" zu quittieren. Auf Bodmers Mahnung, lieber bei der Dichtkunst
zu bleiben als sich in die Philosophie zu vertiefen, antwortet der Bieder=
mann nämlich mit folgendem Herzenserguß: „Ein Poet und weiter nichts
zu sein, nährt bei uns seinen Mann nicht. Wir können nicht alle
Professoren der Poesie werden; und der Ausgang hat es letzlich gewiesen,
daß ich die Logik und Metaphysik zu lehren bestimmet gewesen. Ich
habe also nicht vergeblich mein philosophisches Buch herausgegeben: denn
hält es gleich viel Besondres in sich, so hat es doch bei Hofe seine
Wirkung gehabt, wo man auf solche Proben sieht. Doch kann ich nicht
leugnen, daß die freien Künste mir allezeit sehr nahe am Herzen liegen
werden, weswegen ich denn auch den Titel eines Prof. Poeseos nicht habe
fahren lassen, wie ich wohl hätte thun können."[1] Seinen Lieblings=
wunsch, die ordentliche Professur der Poesie in Leipzig zu erlangen,
sah er infolge von allerlei Kabalen zeitlebens nicht in Erfüllung gehen:
so ermüdete er nicht, sich als ord. Prof. der Logik und Metaphysik wie
außerord. Prof. der Poesie zu bezeichnen.

Etwas anders stellt Gottsched die Veranlassung in der Vorrede und
später in der uns bekannten Nachricht von seinen Schriften dar. Seit
1731 sei er es überdrüssig geworden, die dunkle Schreibart in Thümmigs
lateinischem Handbuch der Wolfschen Philosophie zu erklären, das er
bisher seinen Vorlesungen zugrunde gelegt hatte: so habe er sein deutsches

---

1) Einige Stellen dieses Briefes bereits bei Bernays in der Allg. Deutsch.
Biographie, Artikel Gottsched.

Lehrbuch der Weltweisheit in Angriff genommen. Gottsched will wahr=
genommen haben, daß die in etwas undeutliche und an vielen Orten
sehr verworrene lateinische Schreibart, deren sich jener Autor bedient
hat, den Anfängern „mehr Schwierigkeiten verursachet hat, als die
Wahrheiten selbst, so er vorgetragen." Nun muß man eingestehen,
daß Thümmigs „Institutiones Philosophiae Wolfianae" im allgemeinen
klar und präzis sind, — es sei denn daß einer „die lateinischen Buch=
staben nicht leiden" kann, wie man ja Gottsched vorwarf. Wenn man
ferner bedenkt, daß Gottscheds Anlehnung an Thümmig weit genug ging,
um ihm die Beschuldigung zuzuziehen, sein Buch sei eine bloße Übersetzung
der lateinischen Vorlage[1]), so wird man zum mindesten geneigt sein, den
ursprünglich betonten äußeren Anlaß für maßgebender anzusehen als die
später vorgeschobene innere Ursache.

Wir müssen indes weiter gehen und den Vorwurf des Plagiates
ernstlich auf seine Berechtigung prüfen. Der Gengenbachische Benediktiner
P. Dornblüth, den wir als leidenschaftlichen Gegner Gottscheds auf
sprachlichem Gebiete kennen, hat diesen Verdacht ganz gelegentlich und
auf fremde Autorität hin 1755 ausgesprochen; er beruft sich nur un=
bestimmt auf „einen Gelehrten, der beide gegen einander gehalten hat."
Wiederholt man die Manipulation dieses ungenannten Gelehrten, so
zeigt sich allerdings in den meisten Abschnitten eine auf den ersten Blick
verblüffende Übereinstimmung. Ludwig Philipp Thümmigs Werk war
in zwei Bänden 1725 und 26 erschienen; der Verfasser wirkte damals
in Kassel, vorher hatte er Wolf in Amt und Verbannung zur Seite
gestanden; inzwischen war er 1728 gestorben. Sollte Gottsched sich
wirklich erdreistet haben, ein so verbreitetes Buch ohne weiteres auszu=
schreiben? Vergleichen wir zunächst im einzelnen.

Gottscheds Logik beginnt nach einer „Einleitung zu der Weltweisheit
überhaupt" § 17 des „Theoretischen Teils" seiner „Weltweisheit".

Thümmig.	**Gottsched.**
Institutiones Logicae.	§ 17. „Die Vernunftlehre ist eine
§ 1. „Philosophia rationalis seu	Wissenschaft, die Kräfte seines Verstan=
Logica est habitus utendi facultate	des in Untersuchung und Beurteilung
cognoscitiva in veritate investiganda	der Wahrheit recht zu gebrauchen."...
et dijudicanda."...	
	§ 19. „Gleichwohl beobachtet auch
§ 2. „Mens dum cognoscit, ad	diese sich selbst gelassene natürliche Ver=
certas regulas se attemperat, quas	nunft in ihren Urteilen und Schlüssen
naturaliter confuse tantum percipit,	gewisse Regeln, die ein Scharffsinniger
atque in istarum regularum confusa	

---

1) Dornblüth: Observationes S. 46 flg.

perceptione consistit Logica naturalis docens, quemadmodum in illarum executione Logica naturalis utens.

Distincta earundem regularum cognitio Logicam artificialem docentem, distincta denique earundem applicatio Logicam artificialem utentem absolvit."

§ 3. „Usus Logicae consistit 1. in inveniendo et quidem vel a posteriori seu per experientiam beneficio sensuum, vel a priori seu per rationem beneficio intellectus stricte sic dicti; 2. in dijudicando et quidem vel veritates, vel vires ad istas cognoscendum requisitas; 3. in discendo, nempe in legendis et dijudicandis libris; 4. in docendo, scilicet in convincendo, refutando et disputando."

§ 5. „Notandum itaque notionem vel esse claram vel obscuram. Clara dicitur, quae habet unde rem re-

auch in den Reden der Allereinfältigsten wahrnimmt. Alle diese Regeln zusammengenommen, können wir die natürliche Vernunftlehre nennen; die aber denen, so sich darnach richten, nur ganz undeutlich vor Augen schweben. Ja weil sie dieselbe nur aus der Nachahmung gelernt haben: so wissen sie gar keine Rechenschaft davon zu geben, wenn man sie darüber befraget. Daher kommt es denn, daß sie bei dem besten Mutterwitze, dessen sie sich rühmen, gar leicht wider die wahren Regeln der Vernunftschlüsse verstoßen können."

§ 20. „Weil nun die natürliche Vernunftlehre uns vor Irrtümern nicht sicher genug macht, so muß man sich ihre Regeln deutlicher vorstellen lernen, damit man sie desto besser beobachten könne. Der Inbegriff derselben heißet nachmals die künstliche Vernunftlehre, und man siehet leichtlich, daß dieselbe allen Gelehrten unentbehrlich ist. Denn da die Irrtümer derselben viel gefährlichere Folgen nach sich ziehen, als anderer Leute Fehltritte, so haben sie Ursache, sich desto mehr dafür in acht zu nehmen."

§ 23. „Die Vernunftlehre hat einen vierfachen Nutzen. Vors erste lehret sie uns Wahrheiten erfinden; und zwar entweder aus der Erfahrung oder durch lauter Vernunftschlüsse. Zum anderen lehret sie uns die bereits erfundenen Wahrheiten, imgleichen die zur Entdeckung und Erkenntnis derselben gehörigen Kräfte prüfen und beurteilen. Zum britten lehret sie uns mit Nutzen Bücher lesen und von der Lehrart lebendiger Lehrer vernünftige Urteile fällen. Endlich zum vierten lehrt sie uns andre von Wahrheiten überzeugen, ihre Irrtümer widerlegen, und mit unsern Gegnern ordentlich disputieren: weswegen sie allen Lehrern überhaupt unentbehrlich ist."

§ 25. „Die Begriffe sind entweder klar oder dunkel. Ein klarer Begriff ist so beschaffen, daß man ihn gleich er-

praesentatam agnoscere possimus, veluti cum novimus, eandem esse, cui hoc vel istud nominis tribuatur, quam hoc vel in isto loco antea vidimus: obscura vero, quae ad rem repraesentatam agnoscendam insufficiens deprehenditur, veluti si utcunque meminerim alicujus termini technici, nec quantum satis rem denotatam agnoscere valeo."

kennen und nennen kann, sobald er uns vorkommet. Z. B. kann ein Berg dienen, den man sogleich erkennet und mit seinen Namen zu benennen weiß, sobald man ihn siehet. Ein dunkler Begriff hergegen ist nicht gleich zu erkennen, sobald man ihn gewahr wird. Z. B. Wenn man im Dunkeln was Weißes sieht: so kann man nicht gleich sagen, ob es ein Mensch, ein Tier, ein Tuch oder ein Stein sei."

In ähnlicher Weise entsprechen einander besonders Thümmigs §§ 7, 8, 9, 10, 11 flg., 14 flg. und Gottscheds §§ 27, 30, 31 flg., 33, 34 flg., 42 flg.; ebenso in der Ontologie Thümmigs §§ 5, 6, 7, 8, 9 und Gottscheds (durch das ganze Buch fortlaufend numerierte) §§ 219, 221, 220, 223, 222, also mit einigen Umstellungen. So geht es fast überall fort. Noch einige markante Beispiele:

Thümmigs

Institutiones Cosmologiae.

§ 22. „Etsi autem hoc in universo seu praesenti rerum ordine non omnia contingentia actum consequantur, nondum tamen exinde cum Spinosa aliisque fatalis necessitatis defensoribus inferre licet, nullum alium possibilem esse ordinem rerum, quo et ipsa ad actum perducantur: quin attendenti contrarium patet. Etenim contingentia, iis quae existunt, opposita, perinde ac eadem, quae existunt contradictionem minime involvunt, adeoque intrinsecam possibilitatem habent: quod nec Spinosa nec Fatalistae negant. Concipi autem possunt causae, a quibus perinde ac ea, quae existunt, in actu suo determinari possunt: unde possibilitas extrinseca pendet. V. gr. Dum pluit, quia ventus ab occidente spirans nubes advehit in aëre rariori resolubiles in pluviam, concipere licet, fore coelum serenum, si aër ab oriente spiret nullos vapores in nubes collectos secum trahens"...

Gottscheds

Weltweisheit I⁷.

§ 337. „Es ist also falsch was Spinosa u. a. Fatalisten vorgeben: als ob nur blos dasjenige möglich wäre, was wirklich vorhanden ist oder geschieht, alles übrige aber, was noch nicht geschehen ist, auch in dieser Welt nicht geschehen wird, schlechterdings unmöglich sei. Denn entweder leugnen diese Leute die innerliche Möglichkeit eines solchen Dinges: so müssen sie beweisen, daß dasjenige, was nicht geschieht, einen Widerspruch in sich halte. Z. B. Sie müßten zeigen, daß das Regenwetter einen Widerspruch in sich halte: welches aber ganz ungereimt wäre; weil es zu andern Zeiten unzähligemal geregnet hat, auch vielleicht itzo an andern Orten regnet."

[§ 338.] „Oder sie müssen behaupten, daß diese innerliche und an sich selbst mögliche Sache nur aus Mangel der dazu erforderten Ursachen nicht äußerlich möglich werden oder zustande kommen könne. Allein auch dieses läßt sich nicht mit Grunde sagen. Denn man kann ja Ursachen genug erdenken, daraus ein Regenwetter entstehen kann: z. E. eine Menge von Dünsten, die in den abendländischen Meeren aufgestiegen; einen Westwind, der sie hergetrieben; eine leichtere Luft, die selbige nicht ertragen können, und also fallen lassen 2c. Alle diese Dinge sind zulänglich genug, ein Regenwetter zu verursachen; haben es auch schon oftmals verursachet."

Man vergleiche auch unter andern Beispielen, wie sich § 9 von Thümmigs Psychologie mit Gottsched I⁷, § 871 deckt, ebenda § 16 flg. mit dem Gottschedschen § 875. Dasselbe Verhältnis waltet auf weiten Strecken der „praktischen Weltweisheit" ob: So entspricht in der allgemeinen Sittenlehre § 9 bei Thümmig dem § 14 bei Gottsched, § 10 dem § 19, § 12 dem § 21 u. s. f. Zum Überfluß halte man Thümmigs Ökonomik §§ 12, 14 und 15 mit Gottscheds §§ 715 und 717 zusammen — zugleich ein Beispiel, was man damals mit breiter Lehrhaftigkeit logisch abzuleiten fertig brachte:

Thümmig.	Gottsched.
§ 12. „Salus societatis consistit in non impedita promotione boni communis conjunctis viribus obtinendi. Quamobrem cum in societate nuptiali omnia ad liberorum procreationem et educationem tendunt, ut salus societatis nuptialis obtineatur, ob utroque conjuge danda est opera, ut liberi cum corporis habitu, tum animi dotibus atque virtutibus valentes Reip. sistantur cives."	§ 715. „Da die Absicht des Ehestandes vornehmlich die Erzeugung und Auferziehung der Kinder, sodann aber auch die gemeinschaftliche Beförderung der Glückseligkeit ist: so ist wohl die erste Forderung aus dieser oben gegebenen Lehre: daß man sich zur Ehe eine Person zu erwählen habe, durch welche beides, so gut als möglich ist, erhalten werden kann. Zur Erzeugung der Kinder gehören gesunde und von Natur dazu tüchtige Leute, die auch weder zu jung noch zu alt sind. Zur guten Erziehung gehören teils verständige und tugendhafte Personen, teils solche, die allen dazu nötigen Vorschub thun können" 2c. . . .
§ 14. „Quoniam juri naturali non convenit nisi coitus sobolis procreandae gratia susceptus (§ 285, 286 Jur. nat.), conjugibus quoque convenit temperare appetitum circa venerem, consequenter castitas (§ 329 Eth.)." [1]	§ 717. „Weil nun der Beischlaf nur um des Kindererzeugens halber geschehen soll, wie das Recht der Natur (320. §) befiehlt: so sollen auch verehelichte Personen ihre Wollust mäßigen und selbst im Ehestande keusch sein."

[1] Man sieht, Mephistos Spott:

> „Dann lehret man euch manchen Tag,
> Daß, was ihr sonst auf einen Schlag
> Getrieben, wie Essen und Trinken frei,
> Eins! Zwei! Drei! dazu nötig sei" —

ist alles eher als übertrieben.

§ 15. „Quamobrem et conjuges a verbis, gestibus aliisque actionibus lascivis abstinere jubentur."

Hieraus fließt denn, daß sie sich auch aller unzüchtigen Worte, Geberden und Kleidungen zu enthalten haben, woburch die böse Lust gereizet und aufgebracht werden kann."

Offenbar hat Gottscheb vieles breiter ausgeführt, um die klare Faßlichkeit zu erhöhen. Diese Absicht ist ihm denn auch thatsächlich gelungen, wennschon sich manches nun noch seichter ausnimmt. Zugrunde liegt aber ganz unverkennbar in den meisten Kapiteln die Thümmigsche Fassung, so daß wir zwar nicht — wie Dornblüth — von einer bloßen Übersetzung, jedoch von einer Überarbeitung des lateinischen Handbuchs sprechen müssen.

Ein Verdienst Gottscheds besteht hier also immerhin schon darin, daß er die deutsche Sprache, und zwar auf geschickte, leicht lesbare Weise, verwendet. Das Fernbleiben von aller Tiefe beförderte wenigstens die Klarheit und Gemeinverständlichkeit. Ein lateinisches Handbuch beschränkte die Weltweisheit von vornherein in alter Weise auf den Kreis der Gelehrten und Studenten. Nun war zwar Wolf in der deutschen Abfassung philosophischer Schriften vorangegangen. Aber war es den Laien zuzumuten, für jedes Gebiet der Philosophie zu einem besondern Lehrbuch zu greifen? Gottscheds „Erste Gründe der gesammten Weltweisheit, darin alle philosophische Wissenschaften in ihrer natürlichen Verknüpfung abgehandelt werden" — denn so lautet der vollständige Titel — bot eine Zusammenfassung der Grundlagen des Gesamtgebietes, und dazu traten die einzelnen Teile in ihren Beziehungen geordnet hervor.

Freilich, diese innere Verknüpfung geht im wesentlichen wieder auf Thümmig zurück und ist somit im Sinne seines Gewährsmannes Wolf gehalten. Gesteht doch Gottscheb selbst zu[1]), daß er die Philosophie in eben der Ordnung wie Thümmig abgehandelt habe! Auch er läßt zunächst Logik, Ontologie und Kosmologie auf einander folgen, nur daß er sie deutsch Vernunftlehre, Grundlehre und Weltbetrachtung nennt. Daran schließt Gottscheb die Geisterlehre, die Naturlehre und die natürliche Gottesgelahrtheit. Thümmig hatte das letztgenannte Kapitel gleich hinter der Psychologie abgehandelt und die Naturlehre noch in zwei Teile auseinandergezogen: Experimentalphilosophie und eigentliche Physik. Von der zweiten Auflage an verselbständigt Gottscheb sein Lehrbuch noch weiter durch Konzentration, indem er nun Ontologie und Kosmologie als Metaphysik zusammenfaßt, die natürliche Theologie der Geisterlehre eingliedert und diese hinter die Naturlehre stellt. Doch zeigt die Anordnung bis

---

1) Vorrede zur Weltweisheit II[7], Nachricht von des Verfassers eigenen Schriften, unter dem Jahre 1733.

in die Unterabteilungen hinein weite Übereinstimmung mit der Quelle.
— In dem praktischen Teile entsprechen einander nach Inhalt und
Reihenfolge:

Thümmig.			Gottsched.	
Institutiones Philosophiae Practicae universalis.			Allgemeine Sittenlehre.	
Inst. Juris naturalis	a) Ethici	Das Recht der Natur	a) Von den Pflichten des Menschen im Zustande der natürlichen Gleichheit.	
	b) Politici		b) Von den Pflichten eines rechtschaffenen Bürgers.	
Inst. Phil. moralis seu Ethicae.			Tugendlehre.	
Inst. Politicae seu Phil. civilis	a) partis oeconomicae	Staatslehre	a) Von der Haushaltungskunst.	
	b) partis politicae		b) Von der Herrschaft.	

Unter diesen Umständen sind wir jedenfalls nicht genötigt, einen
Abriß des ganzen Gottschedschen Systems zu geben: es genügt die selb=
ständigen Partien herauszuheben und die Stellung unseres Kompilators
zu den innerhalb der Wolffschen Schule schwebenden Streitfragen zu
charakterisieren.

Wenn wir Gottsched einen Kompilator nennen, so sprechen wir
damit seine eigene Meinung aus, während uns selbst nahezu die Be=
zeichnung Plagiator angebracht erscheinen könnte. Allerdings meint Gott=
sched in der Nachricht von seinen Schriften bis zu einem gewissen Grade
nicht mit Unrecht, die Ähnlichkeit beider Handbücher rühre daher, weil
beide Wolfs Lehrsätzen gefolgt seien. Ja, echt aus dem Geiste seiner
Zeit beugt er schon in der Vorrede zur ersten Auflage seiner Weltweis=
heit im Hinblick auf Thümmig allen Anklagen vor: „Bin ich auch in
vielen Stücken der von ihm beliebten Lehrart gefolget: so kann dieses
mir nicht übel gedeutet werden ... Ja, wenn zweene oder mehrere
Verfasser solcher Auszüge in vielen Stücken übereingekommen: so hat man
doch deswegen keinen einer gelehrten Dieberei beschuldiget. — Die Wahr=
heit nämlich ist keinem Schriftsteller eigen. Sie gehört allen Geistern,
die sie einsehen, gleich eigentümlich zu." Es ist aber etwas andres, ob
man in der Auffassung mit einem Vorgänger übereinstimmt oder ob man
hunderte von Seiten hindurch dessen Text zugrunde legt, mag man diesen
dann auch vervollkommnen. Thümmig hatte wenigstens mit umfassender
Arbeit aus dem vielbändigen Wolffschen Lehrgebäude ein Handbuch heraus=
geschält; Gottsched macht sich die Mühe leichter, indem er aus einem
Handbuch ein anderes herstellt. Nun, seinen Zweck „bei Hofe", und

damit feinen nächften Zweck überhaupt, hat das Buch ja erreicht: fchon auf dem Titelblatt und in der Vorrede zum zweiten, praktifchen Teil diefer „Weltweisheit" kann er als ordentlicher Profeffor parabieren.

Schüchtern noch betont Gottfched in der Vorrede der erften Auflage des erften Bandes, daß er auch „vielleicht in einem oder dem andern Stücke von feinen Vorgängern abgegangen". 22 Jahre fpäter, in der Nachricht von feinen Schriften, behauptet er kühner Abweichungen von Thümmig in Ausführung, Exempeln, Erläuterungen, „unzähligen" Zufätzen und Vermehrungen. Beidemal aber pocht er befonders darauf, daß er fchon in der Definition der Philofophie von Chriftian Wolf und Thümmig abgewichen fei. Ihre Erklärung der Philofophie als „Wiffenfchaft aller möglichen Dinge, wie und warum fie möglich find", erfchien unferm Manne mit Recht nicht praktifch genug für weitere, ungelehrte Kreife. Dagegen „die Begierde, glücklich zu werden, ift allen Menfchen angeboren"; und fchon Leibniz hatte, nach dem Mufter vieler Alten, die Weisheit fchlechtweg als eine Wiffenfchaft der Glückfeligkeit befchrieben. So verdeutfcht Gottfched Philofophie in Weltweisheit und kehrt zu der Leibnizifchen Definition zurück, bringt fie aber, was Leibniz nicht gethan, zu folgerechter Durchführung — allein fchon ein bedeutfamer Schritt. Von diefer eudämoniftifchen Definition geht Gottfched alfo aus, leitet alle philofophifchen Wiffenfchaften von ihr her und fozufagen auf fie hin: die Beförderung der Glückfeligkeit wird zum Endziel alles Spekulierens und Handelns. Unfer geborener Agitator fpürte treffficher voraus, daß „ein jeder begierig wird, die Weltweisheit zu faffen, wenn er höret, daß diefelbe die Mittel, fich glücklich zu machen, anweift."[1] So hat denn Gottfched trotz feiner bedenklichen Anlehnung unermeßlich für die Ausbreitung der Philofophie, d. h. im wefentlichen der Wolffchen Philofophie, gewirkt. Neben dem gewandten Gebrauch der Mutterfprache in einem handlichen Lehrbuch ift diefer eudämoniftifche Zug die Urfache der weiten Wirkung. Sieben Auflagen der „Weltweisheit" erfchienen zu Lebzeiten des Verfaffers, eine achte nach feinem Tode.

Doch bleibt Gottfched keineswegs bei der Berechnung auf die äußere Anziehungskraft feines Prinzips ftehen: ihm ift die Philofophie nicht bloß „ein müßiges Erkenntnis", fondern „eine ganz gefchäftige und thätige Wiffenfchaft", indem fie „billig auf Anwendung der Mittel bringt, wodurch man fich glücklich machen kann, d. i. auf gute Handlungen."[2] Namentlich die praktifche Weltweisheit vermag er fich gar nicht anders vorzuftellen: er hält es für eine Thorheit, „wenn man moralifche Bücher

---

1) Vergl. Nachricht von feinen Schriften unter d. J. 1733.
2) Weltweisheit [= Ww.] I[7], S. 102 (§ 5).

schreiben wollte, seine Leser nur gelehrt, nicht aber tugendhaft und fromm zu machen."[1]

Damit hört die Philosophie in der That auf, bloße interesselose Spekulation zu sein, und wird zu einem unmittelbar kulturgeschichtlichen Faktor. Wir wissen bereits, daß schon Wolf dieses Ziel ins Auge faßte: für Gottsched wird es zum *A* und *Ω* seiner philosophischen Bestrebungen. Ein praktischer Einfluß auf die Sitten und Handlungen, ein vernunft= und naturgemäßes Leben schwebt ihm als Endzweck vor: die Weltweisheit ist ihm hierfür nur das Mittel. Er lehrt insbesondere auch die Gesetze der Vernunftlehre zu dem Zwecke, damit die Menschen — wie wir über= tragen sprechen — Vernunft annehmen.

In der Logik gelangt noch ein andres Prinzip zu einer neuen Ausgestaltung. Die Kritik fand Gottsched in seiner Quelle zwar berück= sichtigt, aber erst er hat unter Bayles Einfluß[2] die historische und litterarische Kritik ins philosophische System eingegliedert: „Will man als ein Krititus", sagt er, „die Geschichte lesen und die Wahrschein= lichkeit derselben beurteilen", so muß man „sich vornehmlich die Zeit und den Ort, da der Geschichtschreiber gelebt, und seine übrigen Umstände bekannt machen, und daraus schließen, ob er die Wahrheit recht habe wissen können und ob er sie so, wie er sie gewußt, habe mitteilen wollen?" Später schließt er daran den Grundsatz litterarischer Kritik: „Wenn man Schriften anderer Leute erklären soll", muß man auch „ver= sichert sein, daß solche Schriften nicht verstümmelt, verderbt oder sonst mangelhaft sind; welches durch Hilfe der Kritik beurteilet werden muß."

In der Ontologie interessiert vor allem Gottscheds Stellung zur Monadenlehre. Die in Königsberg geäußerten Bedenken hat er, wie wir alsbald erfuhren, nicht lange aufrecht erhalten. Wie völlig er die Segel gestrichen und auf selbständige Formulierung selbst eines solchen Lehrsatzes verzichtet hat, über den er früher eigenen Forschungen nach= gegangen, zeigt eine Gegenüberstellung mit Thümmig.

Thümmig.	**Gottsched.**
Instit. Ontologiae § 75.	I¹, S. 146 flg. (§ 285).
„Quamobrem simplex aut est necessarium, aut si ortum, detur necesse est ens, quod illud in instanti produxit ob indivisibilitatem, cum antea ejus nihil esset. Suo loco ostendemus, ens simplex ne-	„Derowegen muß nun ein einfaches Ding, wenn dergleichen vorhanden ist, entweder aus nichts, durch die Kraft eines andern bereits vorhandenen Dinges, hervorgebracht, oder von aller Ewigkeit her notwendigerweise da gewesen sein.

---

1) Ww. II¹, Vorrede; s. auch II⁷, S. 37 flg., 256 u. a. O.
2) Er weist selbst auf Bayle hin. — Siehe die Stellen (I¹, S. 103) I⁷, S. 193 u. 198.

cessarium esse Deum et ab eo animas atque elementa rerum corporearum ex nihilo producta esse."

An dem gehörigen Orte soll gründlich erwiesen werden, daß das erstere wirklich stattfinde; das letztere aber nur im Absehen auf das allervollkommenste Wesen, so wir Gott nennen, zuzugeben sei: durch dessen Kraft die Elemente, Seelen und Geister hervorgebracht worden."

Die Reihenfolge der Glieder ist verschoben, sonst ist alles übernommen, selbst die Form des Hinweises: suo loco ostendemus. In der Folge hält es Gottsched in dieser Frage doch für angezeigt, wiederholt einzuschieben, daß er „des Herrn von Leibniz Meinung" wiedergebe: mit solchem Rückhalt leitet er den Kraftbegriff ab und definiert die Substanz; ähnlich spricht er auch Leibnizens Lehre nach, daß die Körper nur Phänomena seien, — ohne daß eine Ahnung von der idealistischen Tragweite dieser Auffassung durchblickt.[1]

Im Gegenteil, die Kosmologie schließt sich, in Übereinstimmung mit Thümmig, völlig der Wolffschen Auffassung an, daß die Welt eine Maschine sei, und fährt in gleichem Sinne fort:[2] „Wer nun die Welt als eine solche Maschine ansieht und alle Begebenheiten in derselben aus der Art der Zusammensetzung ihrer Teile und nach den Gesetzen der Bewegung zu erklären suchet, der philosophieret mechanisch." Über seine Quelle hinaus fügt Gottsched an: „Man sieht daher, was zu einem mechanischen Weltweisen in der Naturlehre gehöret: und wie viele sich diesen Titel vergebens anmaßen, wenn sie die natürlichen Dinge aus lauter verborgenen Kräften der Geister oder von einem allgemeinen Weltgeiste, wonicht gar unmittelbar von Gott herleiten wollen."

Ebendahin ist die Entscheidung zu rechnen, welche Gottsched in einer zwischen Leibniz und Wolf schwebenden Streitfrage von grundlegender Bedeutung trifft. Bezeichnend genug führt er[3] schon wie eine gleichgültige Nebensache ein, Leibniz und Wolf seien uneins, was die innerliche Kraft der Elemente für eine Kraft sei. Gottsched entscheidet sich denn natürlich — wie es uns schon aus seiner Stellungnahme zur prästabilierten Harmonie geläufig ist — für die bewegende Kraft: Leibnizens vorstellende Kraft sei nicht „gewiß", aber — „überlegungswürdig". Auch Wolf habe diese letztere nicht schlechterdings verworfen, sondern „zu weiterer Untersuchung ausgestellet". Sich selbst zu solcher weiteren Untersuchung anzuschicken, findet unser strebsamer Extraordinarius natürlich

1) Ww. I¹, S. 152 flg. = I⁷, S. 236.
2) Ww. I¹, S. 173 = I⁷, S. 249.
3) Ebd. (I¹, S. 149 flg.) I⁷, 263 flg.

keine Zeit! Soweit er vielmehr die Möglichkeit einer vorstellenden Kraft der
„Elemente" zugiebt, glaubt er sie von der bewegenden Kraft nicht erheblich
unterschieden, ja aus dieser „ganz bequem" herleitbar. Die Psychologie führt
dann thatsächlich die vorstellende Kraft auf mechanische Vorgänge zurück;
in Ausführung von Thümmigs Darstellung erklärt Gottsched[1]): Wir
sähen „zum wenigsten in unsern sinnlichen Empfindungen, daß die Seele
sich diejenigen Körper, so in ihre Gliedmaßen der Sinne wirken, inner=
lich vorstellet." Unsre Seele stelle sich „in allen ihren Empfindungen die
Welt vor, insoweit die Teile derselben in ihre Gliedmaßen der Sinne
wirken können."

Der Leibnizsche Idealismus ist damit völlig preisgegeben, ohne
daß man sich dessen bewußt war. Bleibt diese Halbheit, dieses unklare
Lavieren unter allen Umständen bedenklich, so werden wir dennoch nicht
außer acht lassen dürfen, welchen verheißungsvollen Schritt die Philosophie
damit zur naturwissenschaftlichen Auffassung der Gegenwart gethan hat.
Gottscheds Naturlehre (Physik) spricht es, über ihre Quelle hinausgehend
geradezu aus:[2]) „Wir müssen uns genügen lassen, daß wir so weit gehen,
als uns die bisherigen Entdeckungen der Naturforscher führen können,
das übrige aber unsern Nachkommen überlassen." Und mehr, die kultur=
geschichtliche Bedeutung dieser Betrachtungsweise kommt zu sofortiger Aus=
sprache: „eine solche Naturlehre befreiet uns von vieler unnötigen Furcht,
womit sich die Abergläubigen plagen, wenn sie die Ursachen natürlicher
Begebenheiten nicht wissen."

Zwei Fragen müssen uns indes angesichts dieser mechanisch=empirischen
Auffassung noch interessieren: nämlich wie Gottsched die Kunst und wie
er die Religion philosophisch begründet. Die erstere Frage ist überdies
angesichts der litterarisch=kritischen Wirksamkeit unseres Autors von doppelter
Bedeutung. Nun, man darf sagen, aus seinem System tritt klar hervor,
wie er auch die Kunst nicht metaphysisch faßt, wie er auch sie vielmehr
mechanisch zu erklären sucht. „Es ist", definiert er[3]), „in uns oder in
unseren Seelen eine Kraft, sich auch die Bilder abwesender Dinge vor=
zustellen: diese Kraft nennet man die Einbildungskraft oder die Phantasie"...
„Vermöge derselben", fährt er fort[4]) „muß uns bei einem ähnlichen
Dinge das andre, und bei einem Teile einer vormaligen Empfindung
die ganze damalige Vorstellung einfallen." Den Gebrauch der Phantasie
scheidet er einfach nach dem logischen Hauptsatz der Schule:[5]) „Die eine

1) Ww. I¹, S. 279 flg. — Thümmig: Inst. Psych. rationalis § 179 flg.
2) Ww. I⁷, S. 280 = I¹, S. 324.
3) Ww. I¹, S. 221.
4) Ebd. S. 223.
5) Ebd. S. 224.

Art, sich etwas ohne Beobachtung eines zureichenden Grundes einzubilden,
heißt eigentlich träumen oder phantasieren"; dahin rechnet er Einfälle,
wie sie im Schlafe oder hitzigen Fieber kommen, und gleicherweise die
Grotesken ungeschickter Maler wie die ungereimten Fabeln ungeschickter
Poeten und Opernkomponisten. Aus Beobachtung des Satzes vom zu=
reichenden Grunde dagegen entsteht eine „vernünftige Dichtkunst": „So
pflegen geschickte Poeten die wahrscheinlichsten Fabeln, nach dem Muster
der Natur . . . zu erfinden." Hier haben wir Gottscheds „Critische Dicht=
kunst" in nuce!

Eigentümlich bestimmt er das Verhältnis der Phantasie zum Ge=
dächtnis. Er folgt darin seiner Quelle[1]), die er des übrigen in dieser
Partie teils erweitert, teils umbiegt, doch immer so, daß sie stellenweise
unverkennbar durchscheint.[2]) Das Gedächtnis nämlich ist ihm[3]) nur das
Vermögen, „in uns die wiederhervorgebrachten Begriffe zu erkennen und
uns zu versichern, daß es dieselben sind, die wir sonst empfunden haben". . .
„Da nun die Einbildungskraft schon bei Gelegenheit gegenwärtiger Dinge
die vergangenen hervorbringt: so bleibt dem Gedächtnisse nur die Ver=
sicherung übrig, daß es dieselben sind." Das Gedächtnis dient damit zur
Kontrolle der Einbildungskraft, ist aber nicht ohne weiteres mit ihr
identisch.[4]) Bei alledem bleibt die Phantasie auf eine rein reproduktive
Thätigkeit beschränkt.

Was wird in solcher mechanischen Erklärungsweise aus der Schön=
heit? Sie ist wenigstens von dem logischen Gebiete merklich geschieden:
„Wenn vieles an einem Dinge wohl übereinstimmet, so daß es nach
einerlei allgemeinen Regeln eingerichtet worden: so nennt man solch ein
Ding vollkommen . . . Wenn eine solche Vollkommenheit in die Sinne
fällt, und ohne deutlich eingesehen zu werden, klar empfunden wird: so
heißt sie eine Schönheit."[5]) Damit ist die Kunst, im Sinne der Leibniz=
Wolffschen Schule, bereits vor Baumgarten, wennschon ohne direkte Aus=
sprache, prinzipiell der „sinnlichen Erkenntnis" zugewiesen: denn diese wird
als das definiert, „was wir ohne die Einsicht in die ersten Gründe, und
bloß aus der Erfahrung haben."[6])

---

1) Thümmig: Inst. Psychologiae § 46.

2) Man vergl. namentlich Thümmig a. a. O. § 45 mit Ww. I¹, § 460.

3) Ww. I¹, S 225 flg.

4) Eine neuere empirische Poetik, die von Wilhelm Scherer, geht in der
Identifizierung noch weiter (S. 161).

5) Ww. I¹, S. 132 flg. Bergl. ebb. S. 239 (= I⁷, S. 495). Leider gelangt
selbst die trefflichste moderne Poetik, das Werk von Wilhelm Wackernagel, nicht
wesentlich über diese Erklärung hinaus. (Poetik, Rhetorik und Stilistik S. 2.)

6) Ww. I¹, S. 245 flg. (= I⁷, S. 500).

Noch weniger vermag Gottscheb über die Unsterblichkeit und die Gottheit etwas Originelles beizubringen. Wiederum prägt sich die betastende Auffassung der Wolffschen Schule aus.[1]) Von Leibniz geht man aus, um seine Monaden trotz aller Ableugnung doch immer wieder materialisch aufzufassen. So erhalten wir ein geschmackloses Durcheinander von metaphysischen Vorstellungen und grobsinnlichen Auslegungen.[2]) Die Unverweslichkeit der Seele wird zunächst aus dem Begriff der Monade hergeleitet. Indem dann aber das fernere Postulat der Unsterblichkeit, das Bewußtsein seiner selbst, nachgewiesen werden soll, verbrämt sich die Darstellung mit naturwissenschaftlichen Phrasen: „Die Naturlehre zeiget, daß alle vollkommenere große Tiere aus kleinen und den bloßen Augen unsichtbaren Samentierchen entstehen . . . Wie nun der Körper eines solchen Samentierchens an Vollkommenheit zunimmt: also wächst auch die vorstellende Kraft seiner Seele, und die vorigen dunkeln Empfindungen verwandeln sich in klare und deutliche." Mit der Menschenbildung soll demnach die erste große Veränderung dieser „Samentierchen" geschehen. „Der Tod unsers Körpers ist die andre merkwürdige Veränderung, die mit uns vorgehen kann, und da ist es nicht wahrscheinlich(!), daß unsre Seele alles, was sie bereits erlangt hat, verlieren und wieder in einen ewigwährenden Zustand dunkler Vorstellungen geraten sollte . . . Vermutlich" (!— in spätern Auflagen: „allem Ansehen nach") „wird also unsre Seele nach dem Tode, im Absehen auf die Deutlichkeit ihrer Gedanken, in einen bessern Zustand geraten." Diese Voraussetzungen und Vermutungen sind alles eher als philosophische Spekulation oder wissenschaftliche Beweise.

Für das Dasein Gottes bedient sich Gottscheb des kosmologischen Beweises;[3]) ja, er lehnt die übrigen Beweise als mangelhaft ab. — Was unser Philosoph über die vorherbestimmte Harmonie in seinem Lehrbuch vorbringt, haben wir bereits erfahren. Ebenso führt er hier die schon beim Eintritt in die Leipziger akademischen Kreise vorgetragene Ansicht durch, das Böse sei nur die Einschränkung der Dinge, ein Mangel an Vollkommenheit. So dürfe man es nicht als von Gott geschaffen ansehen, es fließe vielmehr aus den notwendigen Schranken der Kreaturen.[4])

Auch in dem zweiten Bande seines Lehrbuchs, in der „praktischen Weltweisheit" verwahrt sich Gottscheb nahezu vor dem ihm ungeheuerlichen Gedanken einer Selbständigkeit. Man werde die Spuren der Alten in diesem Buche „an unzähligen Orten" finden; er folgt darin aber nur Wolf, der nach Gottschebs Meinung die zerstreuten Lehren jener in ein

---

1) Vergl. Thümmig: Inst. Psych. §§ 265 flg.
2) Ww. I¹, S. 313 flg. — I⁷, S. 553 flg.
3) Ww. I¹, S. 554; I⁷, S. 562.
4) Ww. I¹, S. 580; I⁷, S. 585.

Syftem gebracht.[1]) Natürlich ift wiederum der verfchwiegene Haupt=
mitarbeiter in Thümmig zu fuchen. Defto entfchiedener nimmt Gottfched
für feine Vortragsart Originalität in Anfpruch. Im Gegenfatz zu andern
Philofophen fucht er „nach dem Exempel der Arzneiverftändigen die
bitterften Arzneien zu übergülden, d. i. bie ftrengeften Tugendlehren auf
eine angenehme Art einzuflößen.“[2]) Mit Bedacht hat er fich „vor Trocken=
heit und Magerkeit“ in der Schreibart gehütet, damit die fittlichen Wahr=
heiten „nicht nur ins Gehirn, fondern auch ins Herz bringen“. Schon
in diefer Äußerlichkeit tritt der fchroffe Gegenfatz zu Kants kategorifchem
Imperativ im fchlimmen und guten Sinne ftark hervor. Das große
kulturgefchichtliche Verdienft, durch die anziehende, einfchmeichelnbe Schreib=
art feiner „praktifchen Weltweisheit“ eine fittliche Wirkung auf breite
Maffen des deutfchen Volkes ausgeübt zu haben, darf Gottfched unbebingt
für fich in Anfpruch nehmen.

Die Definition der praktifchen Philofophie hält uns denfelben
Widerftreit der beiden Jahrhunderthälften lebendig. Wie wir die
theoretifche Weltweisheit als Wiffenfchaft der Vollkommenheiten kennen
lernten, deren Erkenntnis zur Glückfeligkeit nötig ift, fo tritt nun die
praktifche Weltweisheit ergänzend hinzu als „Wiffenfchaft von den Mitteln
der Glückfeligkeit, oder von dem Thun und Laffen der Menfchen, dadurch
fie fich glücklich machen können.“[3]) Ganz abgefehen von dem Gegenfatz
zwifchen diefer Glückfeligkeitslehre und dem Kantfchen Pflichtgebot, wird
hier „praktifch“ in ganz anderm Sinne als etwa in Kants „Kritik der
praktifchen Vernunft“, nämlich im Sinne von angewandter Wiffenfchaft
gebraucht, nicht felten in recht hausbackener Auffaffung. Chriftian Wolf
hat diefes Gebiet, infonderheit die Sittenlehre, zuerft fyftematifch als
philofophifche Disziplin angebaut.

Als grundlegendes „Gefetz der Natur“ erfcheint jener Auffaffung
entfprechend: „Thue alles das, was die Vollkommenheit bei dir und bei
andern beförbert, und unterlaß hingegen alles basjenige, was dir oder
andern zur Unvollkommenheit gereichet.“[4]) Man verkenne nicht die Trag=
weite diefes Sittengefetzes: die Ethik hört damit auf, metaphyfifch zu fein.
Das religiöfe Gebot wird denn auch erft nachträglich als beftärkend
herangezogen und fchon unmittelbar nach Ausfprache jenes „Gefetzes der
Natur“ die Verbindlichkeit desfelben auch für jeden Atheiften mit Nach=

---

1) Vorrede zur Ww. II[1].
2) Ebb.
3) Ww. II[1] wie II[7], S. 3 flg.
4) Ww. II[1], S. 24 — II[7], S. 21. — Vergl. Thümmig: Inst. Phil. pract.
univ. § 24.

druck betont:[1] „Will er das aber kein Gesetz nennen, wo er keinen Gesetzgeber sieht: so mag ers immerhin eine Pflicht, eine Regel der Vernunft und Klugheit nennen, oder wie er sonst will. Genug, daß er allemal verbunden ist, das Gute zu thun und das Böse zu laffen, wo er nicht seine eigene Glückseligkeit haffen und verlieren will." Nun erst folgt der Zusatz, daß allerdings das Gesetz einen Urheber habe, nämlich Gott. „Folglich ist man, auch (!) durch diese willkürliche göttliche Verbindlichkeit, verbunden, das Gesetz der Natur zu beobachten."[2] Gottscheb steht hierin auf einem besonders exponierten Standpunkt; Thümmig insbesondere betont von vornherein, die natürliche Moral der Atheisten beruhe auf einer falschen Voraussetzung, „quod nulla daretur natura rerum, si Deus esset nullus."[3]

Selbst die scheinbare Abschwächung, die Gottscheb in der Schlußerklärung der allgemeinen Sittenlehre anfügt, hält sich genau im selben Geiste: „Schließlich merken wir noch an, daß alle bisher gegebene Lehren und vorgeschlagene Mittel, tugendhaft zu werden, noch weiter zu nichts als zu einer philosophischen Tugend verhelfen werden. Die Absicht der philosophischen Sittenlehre ist nur, durch den natürlichen Gebrauch der Vernunft die vernünftigen Einwohner der Welt zu rechten Menschen zu machen ... Obgleich ein christlicher Weltweiser die Offenbarung und ihren großen Wert sehr wohl kennet: so hütet er sich doch billig vor der Vermengung zweier unterschiedener Lichter, und überläßt die höheren Tugendlehren denen, die aus der Heil. Schrift selbige zu lehren berufen sind."[4] Er „hütet" sich — das ist der treffende Ausdruck für Gottschebs Gesinnung gegenüber der Offenbarung.

Im Naturrecht macht sich zunächst eine arge Philistermoral breit. Man lese nur Banalitäten wie: „Bei einem Tugendhaften soll alles übereinstimmen, folglich muß auch die Gattung der Speisen und des Getränkes mit dem Stand und Vermögen eines Menschen übereinstimmen. Nun giebt es allerdings Speisen, die so selten zu finden oder so teuer sind, daß ein gemeiner oder armer Mensch sie weder haben noch bezahlen kann. Es ist also eine Pflicht der Vornehmern und Reichern, sich dieselben auf ihre Tafeln zu verschaffen rc."[5] Noblesse oblige! Eine Seite weiter wird allen Ernstes philosophisch hergeleitet: „So sind wir auch zum Schlafe verbunden"! Es kommt aber noch besser: auch die Notwendigkeit von Notlügen wird mit dem berüchtigten 1, 2, 3 bewiesen:

---

1) Ww. II[7], S. 23 (ähnlich II[1], S. 25 flg.).
2) Ww. II[7], S. 24 flg. (II[1], S. 28 flg.).
3) Inst. Phil. pract. univ. §§ 21 flg.
4) Ww. II[1], S. 112 = II[7], S. 88.
5) Ww. II[1], S. 139 = II[7], S. 109.

„Zuweilen schaden sie niemanden; ja sie können bisweilen wohl gar uns und andern nützlich sein. Nun sind wir verbunden, unser eigenes und andrer Leute Bestes auf alle Weise zu befördern: folglich sind wir auch verbunden, in gewissen Fällen die Unwahrheit zu sagen."[1]

Selbständiger oder doch vorgeschrittener erweist sich Gottscheds Staats=philosophie. Wohl war die Auffassung allgemein, das Staatswesen auf Vertragsverhältnis zu basieren. Die Konsequenzen dieser Auffassung trägt Gottsched erst in die deutsche Philosophie hinein. Er steht hier nament=lich unter dem Einfluß von Miltons „Defensio pro populo Anglicano". Es wollte im Jahre 1734 immerhin etwas bedeuten, unbeirrt zu folgern: „Wenn der eine Teil sein Versprechen nicht erfüllet, so ist auch der andre nicht gehalten, das seinige zu beobachten."[2] Ebenso unbefangen richtet diese Philosophie gegen die unbeschränkte Monarchie ihre Pfeile: weil die Regenten „doch auch Menschen" seien.[3] „Aber selbst gesetzt" — fährt Gottsched fort — „daß sich ein Staat einem unumschränkten Herrn unterworfen hätte: so wäre er gleichwohl nicht gehalten, denselben länger für sein Oberhaupt zu erkennen, als derselbe seiner Pflicht nach=käme und das natürliche Grundgesetz aller Republiken vor Augen hätte" — natürlich: salus publica suprema lex; Republik ist hier im damals vorherrschenden Sinne von Staatswesen überhaupt zu nehmen. Weiter noch[4]: „So darf man es auch kein Laster der beleidigten Majestät nennen, wenn ein ganzes Volk diejenige Macht und Gewalt, die es einem Regenten gegeben hat, bei verspürtem Mißbrauche derselben, wieder zurücknimmt." Ja, bei beschränkter Gewalt könne sogar der Regent „ein Verbrechen der beleidigten Majestät begehen, wann er in die Rechte des Volkes Ein=griffe thut."

Ebenso giebt Gottsched im kirchlichen Teil der Staatslehre sehr vorgeschrittene Ansichten kund. Er fordert Freiheit der Wissenschaft, insbesondere für die Universitätslehrer.[5] Ja, im Anschluß an Lockes Briefe von der Toleranz verlangt er Duldung aller Religionen: seien doch die wenigsten Regenten überführt, daß ihre Religion die einzig wahre; nur dürfte keine Lehre zu dulden sein, die der natürlichen Religion — d. i. der Ethik — oder der gemeinen Ruhe zuwider ist.[6] Selbst wer gar keinen Gott glaubt, sei nur dann zu unterdrücken, „wenn er

---

1) Ww. II¹, S. 164 — II⁷, S. 128. — Vergl. Thümmig: Inst. Juris natur. § 119.

2) Ww. II¹, S. 247 — II⁷, S. 190.

3) Ww. II¹, S. 269 flg. — II⁷, S. 207 flg.

4) Ww. II¹, S. 275 flg. — II⁷, S. 212.

5) Ww. II¹, S. 518 — II⁷, S. 395.

6) Ww. II¹, S. 533 flg. — II⁷, S. 407.

solches öffentlich gestünde und wohl gar seinen Irrtum fortzupflanzen suchte", — also wesentlich bei offener atheistischer Agitation. Andernfalls sei mit der Beschuldigung des Atheismus „behutsam zu verfahren, und nicht ein jeder, der irgend eine andre Meinung von Gott und göttlichen Dingen hat, als wir, zum Gottesleugner zu machen."[1] Insbesondere schade man „dem Fortgange der Wissenschaften" wie dem Ansehen der Religion, wenn man einsichtsvolle Weltweise der Gottesleugnung beschuldige.[2] Thümmig läßt den Grundsatz der Toleranz vermissen, und wenn er sich auch, übereinstimmend mit Wolf, teilweise in gleicher Richtung bewegt, so geht Gottsched doch weiter. Namentlich fordert Thümmig unbeschränkt: „Athei in Republica tolerari nequeant." Freilich warnt schon er vor übereifrigen Beschuldigungen.[3] Im ganzen ist das Verhältnis derart verschoben, daß Wolf und Thümmig sich den Anschein geben, als ob sie positiv die Bestrafung der Religionsfeinde forderten, wenn sie auch für Behutsamkeit und mildernde Umstände plädierten, — während Gottsched den orthodoxen Eifer zurückweist, wenn er auch gewisse Extreme preisgiebt.

Noch auf einen eigenartigen Zug in Gottscheds „praktischer Weltweisheit" müssen wir schließlich hinweisen. Wie er sich überhaupt zu pädagogischen Zwecken sehr viel in bewußten Wiederholungen ergeht, schärft er sowohl im „Naturrecht" wie namentlich in der „Tugendlehre" die Notwendigkeit und Heilsamkeit von Leibesübungen ein: „Es ist sehr dienlich", heißt es da,[4] „daß man junge Leute im Laufen, Springen, Tanzen, Schwimmen, Ringen, Fechten, Reiten, ja im Ballspiele und Kegelspiele übe, um ihnen dadurch, nach Art der Alten, einen dauerhaften Leib zu verschaffen." Der Umfang der hier aufgezählten körperlichen Übungen ist nicht gering, und überhaupt zeugt es von gesundem, vorurteilslosem Weitblick, die Leibesgymnastik als ernste Pflicht hinzustellen.

Nicht bei solchen dankenswerten Anregungen, die nebenher gingen, sondern bei der philosophischen Grundrichtung der Gottschedschen „Weltweisheit" verweilte die Kritik. Schon am 6. Dezember 1732 urteilt Wolfs Freund Karl Gottlieb Ehler in Danzig über die ihm vorgelegten Bogen: Wie ihm werde dem Schulhaupt selbst Gottscheds Arbeit sehr angenehm sein; sie werde nicht wenig zur Empfehlung der Wolfschen Philosophie beitragen. Dennoch hat Ehler im einzelnen gar mancherlei

---

1) Ww. II[1], S. 535 = II[7], S. 408.
2) Ww. II[1], S. 536 = II[7], S. 409.
3) Inst. Politicae § 201 flg., vergl. § 205.
4) Ww. II[1], S. 380 = II[7], S. 292.

gegen Gottscheds Ausführungen auf dem Herzen: „Ne tamen quid dissimulem, quodque pace tua monere liceat, vir doctissime, reperi nonnulla, in quibus celeb. Wolfii mentem non satis adsecutus videris." Der sklavisch Wolfianische Standpunkt des Beurteilers ist damit klar bezeichnet. Als erstes Beispiel der Abweichung rügt er, daß Gottsched die Körper gelegentlich Substanzen genannt habe, während sie doch Aggregate von Substanzen oder Elementen seien. Kein Wunder, daß Gottsched in der Klassifizierung der Körper schwankte, nachdem Wolf die Monaden als körperliche Atome gefaßt und schon Leibniz das Problem, wie ausdehnungslose Substanzen zu einem Körper zusammentreten, dadurch gelöst hatte, daß er diese als bloße Phänomena faßte. — Ferner weist es denn Ehler auch zurück, daß unser Autor jenen Substanzen oder Elementen die bewegende Kraft beilegt, statt sie als Phänomene im Körper zu fassen. Schon in seinen Abhandlungen über den physischen Einfluß hatte Gottsched die hier bemängelte mechanische Auffassung kundgegeben. — Wenn Ehler des weiteren wünscht, daß in der „Weltweisheit" die Bewegungsgesetze und manches andre, was in der Wolfschen Philosophie von nicht geringer Bedeutung ist, etwas klarer entwickelt wären: so könnte diese Forderung wundernehmen, wenn wir der ermüdenden Weitschweifigkeit des Werkes gedenken; auch ist das Monitum im allgemeinen gegenstandslos, aber in der That waren die philosophischen Prinzipien hie und da eher breitgetreten als erwiesen. — Natürlich mutzt der Danziger Wolfianer auch die Abweichung von der prästabilierten Harmonie auf: wenigstens hätte Gottsched Wolfs und Bülfingers Auffassung derselben mitteilen sollen, um dem uneingeweihten Leser zu zeigen, daß dies System von der Wahrheit nicht so weit entfernt sei, wie sich die meisten einbilden. — Noch eine Bemerkung trägt diese vertrauliche Kritik vor. Die Breite der Gottschedschen Vortragsweise bringt es mit sich, daß seine Beweise überladen werden und gerade dadurch an Exaktheit zu wünschen übrig lassen. Mit Recht fällt dem Mentor diese Zerflossenheit besonders in der Logik auf.

Lenkt uns eine solche einbringende Kritik seitens eines philosophisch geschulten Mannes auf manche Mängel der „Weltweisheit" unseres Autors hin, so lassen Äußerungen vorurteilsloser Theologen nicht minder klar erkennen, wie die Zeitgenossen den fortgeschrittenen Charakter des Werkes unmittelbar empfanden. Mosheim schreibt am 7. August 1734: „Der zweite Teil der Philosophie Ew. Hochedelgeb. ist z. t. von mir gelesen worden. Noch bin ich nicht fertig. Was ich gelesen, gefällt mir sowohl von seiten der Sachen als des Vortrags. Ich kann nicht sagen, daß ich in allen Stücken völlig das glaubte, was Ew. H E.: allein ich sehe doch auch wohl, daß es wenig Mühe kosten werde, unsere Gedanken zu vereinigen. Dieses schreibe ich" — fährt er nun bezeichnend fort —

„als ein Weltweiser und als Vorsteher der Deutschen Gesellschaft in Leipzig. Wenn ich als ein Lehrer der geistlichen Wissenschaften sprechen soll, der alles nach einer gewissen Regel zu beurteilen verbunden ist, die er nicht ändern kann, so würde ich hie und da etwas zu verbessern finden. Man muß überaus fromm[1]) in Leipzig sein und allgemach gut Helmstedtisch[2]) werden, sonst würden gewisse Sätze so frei nicht durchgehen. Doch duo cum faciunt idem, non est idem. Hr. M. Clodius[3]) hat zum teil eben das gesaget und büßen müssen." Der Schreiber dieser Zeilen, der Abt Mosheim, den Gottsched selbst zu den hervorragendsten deutschen Prosaisten zählte, hatte unsern unternehmenden Mann sogar in seinem wunderlichen Vorhaben bestärkt, die Weltweisheit „in den Habit der Teutschen Dichtkunst einzukleiden", und es „vor ganz was Schickliches" gehalten, „daß auch die Wahrheiten der Weltweisheit in der angenehmen Zierde der Poesie aufgeführet werden".[4]) — In gleichem Sinne wie Mosheim äußert sich der Senior der „Teutschen Gesellschaft" in Jena, der Professor der Geschichte G. Stolle (13. März 1734): „Dero Philosophie gefällt mir recht wohl. Doch wundert mich, daß die Theologi dazu stilleschweigen. Sie können sonst nicht leiden, daß man sage: eine Welt ohne alles Übel sei unmöglich; und ich gestehe auch, daß sie Ihnen einen Einwurf machen können. Sie können sprechen: Können die Frommen nach diesem Leben wie die Engel im Guten bekräftiget werden, daß sie nicht mehr sündigen, warum hätte Gott nicht gleich eine Welt machen können, darin die geschaffenen Kreaturen sogleich im Guten bekräftiget worden und also ohne alles moralische Böse geblieben wären?" Wir wissen, daß Gottsched in der hier angefochtenen Darlegung nur Leibniz gefolgt war, der gerade in diesem Punkte besonders vielen Anfeindungen ausgesetzt war. Noch 1763 in der fünften Auflage der deutschen Theodicee bemerkt Gottsched[5]): „Die wunderliche Meinung, daß eine Welt ohne Sünde besser sein würde als die gegenwärtige, hat noch neulich Hr. Crousaz, Professor zu Lausanne, in seiner Widerlegung der Belle Wolfienne des Hn. Prof. Formey zu Berlin aufgewärmet."

Imponierte also die Kühnheit, mit der Gottsched manchen herrschenden religiösen Auffassungen entgegentrat, selbst hervorragenden Zeitgenossen, so konnte weiterhin das Verdienst anziehender Darstellung unserm ersten

---

1) Hier natürlich in der Bedeutung von sanftmütig, und nicht im religiösen Sinne. — Vergl. im übrigen Danzel S. 25 flg.
2) In Helmstedt wirkte Mosheim selbst tonangebend.
3) Geht auf Christian Clodius (1694—1775), der auch schon 1722 über die reorganisierte „Deutschübende poet. Gesellschaft" geschrieben.
4) Nach dem Schreiben von Joh. Kasp. Lessel, Brieg, den 30. April 1734.
5) S. 112.

deutſchen Handbuch der geſamten Weltweisheit von keiner Seite be=
ſtritten werden. Der Geſchichtſchreiber der Wolfſchen Philoſophie Karl
Günther Ludovici urteilt dementſprechend über das Werk:[1] „Da Hr.
Gottſched zu einem Redner geboren iſt, und er dieſes natürliche Geſchicke
durch eine gründliche Philoſophie in die größte Vollkommenheit verſetzet
hat, ſo wird ein jeder deſſen lebhaften Vortrag der ſchwerſten Wahr=
heiten in der angeführten Einleitung[2] nicht ſowohl bewundern als viel=
mehr vor bekannt annehmen."

Namentlich in abligen und fürſtlichen Kreiſen erregte oder befeſtigte
Gottſcheds „Weltweisheit" das Intereſſe für Philoſophie. Die Gräfin
Keyſerling geb. v. Truchſes=Waldburg unternahm eine franzöſiſche Über=
ſetzung des Buches.[3] Die Herzogin von Sachſen=Gotha, überhaupt
eine Freundin der Wolfſchen Philoſophie, war ſo entzückt („charmée")
von Gottſcheds Lehrbuch, daß ſie es jeden Morgen in Gegenwart von
zwei oder drei Hofdamen las, denen ſie es „wie ein Profeſſor" er=
klärte.[4] — Auch ſonſt fehlt es nicht an günſtigen Stimmen, ſelbſt in
der Schweiz. Aus Luzern ſchreibt Gölblin den 23. Oktober 1748 an
Bodmer über einen Streit mit Dr. Kapeler: „Es iſt dieſer Herr
Dr. Kapeler noch immer auf Gottſcheds Seiten, weil er nicht leiden
kann, daß dieſer ehrliche Mann, der in allen Wiſſenſchaften ſo große
Merite hat, eine ſo ſchöne Weltweisheit geſchrieben, ſich in ſeinen
Büchern ſo artig ausdrückt und eine natürliche, ungekünſtelte Schreibart
liebet und darum anbefiehlet, von denen Zürichern ſo grob, ſo un=
verſchamt und ſo ehrvergeſſen darum angezapft worden, weil er ihre
Künſteleien, ihre harte Ausſprach nicht erheben und billigen wollte."
Natürlich ſollte dieſes Urteil nur aus Kapelers Sinn heraus citiert
klingen; doch warnt Hauſer in Luzern (20. Januar 1751) die Zürcher
Freunde vor Gölbin ſelbſt. — Überhaupt aber war unſer ſelbſtbewußter
Autor mit dem Beifall, den dieſes Werk fand, ſehr zufrieden. Seine
Frau[5] bezeugt das noch im Jahre 1753, wobei ſie dem praktiſchen
Teil den Vorzug giebt; doch erkläre ihr Mann, er habe vieles, wie
z. B. den theoretiſchen Entwurf von der Kinderzucht und dergleichen, nur
„esquiſſiert". Neben den 8 Auflagen (bis 1777) beweiſen die Über=

1) Ausführlicher Entwurf einer vollſtändigen Hiſtorie der Wolfiſchen Philo=
ſophie. 3. Aufl. (1738), § 171.
2) Das ſind die „Erſten Gründe der geſammten Weltweisheit".
3) Vergl. außer den hierauf bezüglichen Ausführungen in meiner Abhand=
lung „Über Gottſcheds Stellung in der Geſchichte der deutſchen Sprache" auch
die an die Gräfin gerichtete Widmung zur 6. Auflage der „Weltweisheit".
4) So giebt v. Globig am 13. September 1743 an Gottſched eine Mit=
teilung Manteuffels wieder.
5) Briefe der Frau Gottſched, II. Teil, S. 166 flg.

ſetzungen ins Franzöſiſche, Däniſche und Polniſche die Brauchbarkeit des Handbuches. 1766 erſchien die Logik beſonders ‘als „Erſte Gründe der Vernunftlehre“.

So haben noch viele hervorragende Männer, die während der zweiten Hälfte des 18. Jahrhunderts in die geiſtige Entwickelung eingriffen, aus Gottſcheds Werk die grundlegende Allgemeinbildung erworben. Karl Philipp Moritz erzählt in ſeinem autobiographiſchen Roman „Anton Reiſer“[1]) vom Helden: „Er hatte ſich von dem Bücherantiquarius unter anderem Gottſcheds Philoſophie geliehen, und ſo ſehr auch in dieſem Buche die Materien durchwäſſert ſind, ſo gab doch dies ſeiner Denkkraft gleichſam den erſten Stoß — er bekam dadurch wenigſtens eine leichte Überſicht aller philoſophiſchen Wiſſenſchaften, wodurch ſich die Ideen in ſeinem Kopfe aufräumten. . . Er ſchmeckte zuerſt die Wonne des Denkens. . . Er vergaß hierüber faſt Eſſen und Trinken und alles was ihn umgab, und kam unter dem Vorwande von Kränklichkeit in einer Zeit von ſechs Wochen faſt gar nicht von ſeinem Boden herunter. . . Was hierbei ſeinen Eifer nie erlöſchen ließ, war das beſtändige vor Augen Halten des Hauptinhalts — und das immerwährende Unterordnen und Klaſſifizieren der Materien in ſeinem Kopfe ſowohl als auf dem Papiere.“ Mag der „Anton Reiſer“ noch ſo überſchwenglich gehalten, mag dem regſamen Streben des Jünglings auch ein gut Stück dieſes tiefgreifenden Eindruckes zuzuſchreiben ſein, die charakteriſtiſchen Vorzüge der Gottſchedſchen „Weltweisheit“ kommen in dieſer Wirkung zur vollen Geltung.

Von größerer praktiſcher Bedeutung als dieſe individuellen Wirkungen und Nachwirkungen hätte der Eindruck werden können, den der preußiſche König Friedrich Wilhelm I. von Gottſcheds Werk empfing. Etwas zu weit geht die Meldung, die J. Bölbike aus Spandau erſt am 21. Januar 1746 an Gottſched gelangen ließ: er habe „von einem großen Manne und Liebling Ihro Majeſtät unſers allergnädigſten Königes, der die Ehre gehabt, die Wolfiſche Philoſophie zuerſt bei ihm zu introduzieren, gehöret, daß der hochſel. König Friedrich Wilhelm ſich entſchloſſen, aus Dero edierten Weltweisheit wegen der großen Deutlichkeit die Wolfiſchen Sätze zu faſſen. Dero angenehmer Vortrag wird alſo vermutlich verurſachet haben, daß die ins Elend vertriebene Wolfiſche Weltweisheit wieder zurückberufen worden.“ Zu dem Umſchwung in des Königs Stellung gegenüber der Wolffſchen Philoſophie wirkten bekanntlich verſchiedene Gründe zuſammen. Immerhin nahm ihm Gottſcheds Buch manche Vorurteile gegen die Mode=Philoſophie. Hören wir einen Eingeweihten: Graf

---

1) III. Teil, S. 24 flg.

Manteuffel schreibt an Frau Gottscheb (Berlin, 7. Oktober 1739):
„Vous pouvez compter que le Roi d'ici lit lui-même l'abrégé philo·
sophique de votre ami. Ce qui l'y a déterminé, c'est qu'il s'est
d'abord laissé persuader, d'en lire, par manière d'essor, le beau
dialogue de l'unité de Dieu.[1]) Il en a été si édifié qu'il a d'abord
résolu de lire tout le livre, et qu'il a dit à plusieurs reprises qu'il
n'avait pas cru qu'un partisan de Wolf pût avoir des idées si justes
du bon Dieu."[2]) Ausführlicher und lebendiger ist der Bericht, den
Manteuffel dem Grafen Brühl erstattet.[3]) Vom 30. September 1739
batiert zunächst eine thatsächliche Meldung über den König: „Ce prince
avait fait venir, par un exprès, deux exemplaires de l'Abrégé Philosophique de Gottsched. J'ai su depuis, qu'il les a fait venir pour
les donner à lire aux jeunes princes ses fils, lui-même en étant
pourvu et en ayant lu quelques pages tous les matins depuis 8 ou
10 jours. Et comme, à la persuasion de son médecin, qui lui sert
aussi d'explicateur, il a commencé par la Logique, et qu'il y a
trouvé quelques règles de la justesse des raisonnements, il en est
devenu inopinement si amoureux, qu'il les applique dans la plupart
de ses correspondences particulières. C'est ce qui occasionne tous les
jours quelque scène des plus comiques, dont je rapporterai deux ou
trois échantillons." Folgen einige der in dieser Korrespondenz unver=
meidlichen Anekboten. Bissiger wird Manteuffel am 28. Oktober: „L'on
dit que Sa Maj. Pr. est un peu fachée contre l'Abrégé Philosophique
de Gottsched, et qu'il dit que sa Logique est, à la vérité, très-
bonne, mais que sa Morale ne vaut pas le diable. En effet il y est
démontré p. e. — après Wolf et après tous les bons Philosophes —
qu'un homme dominé par l'avarice est de tous les hommes le moins
raisonnable, et qu'un souverain ne mérite pas de l'être dès que son
but n'est pas le bonheur de ses peuples, dès qu'il ne reconnaît pas
les loix de la raison et de l'humanité, et dès qu'il n'est pas bien-
faisant et équitable: faut-il s'étonner après cela qu'il y en ait qui
trouvent une telle doctrine ridicule?" — Über den Geiz handelte die
Weltweisheit in der That anzüglich genug:[4]) „Dieses Laster ist besto
schändlicher, je vermögender diejenigen sind, denen es anklebet. Sind
es aber gar Fürsten und Könige, so ist es unerträglich." Manches

---

1) Erster Anhang zur praktischen Weltweisheit.
2) Vergl. schon Danzel S. 45 flg.
3) Die Geheim=Korrespondenz, für welche der verschwenderische gräfliche
Freund der neuen Philosophie von Brühl einen Sold aus den politischen Fonds
erhielt, liegt handschriftlich auf dem Königl. Sächsischen Staatsarchiv in Dresden.
4) II[7], S. 305.

andere wird Friedrich Wilhelm I. wohlgefälliger betrachtet haben, als der sächsische Agent ihm unterschiebt: das Glück seiner Völker schwebte doch sicher dem König als höchstes Ziel vor; auch hielt er selbst wohl seine Handlungsweise für recht und billig. Freilich lernten wir Gott=schebs Staatslehre als sehr frei kennen; mußten aber nicht dem König Friedrich Wilhelm I. Darlegungen wie die folgenden[1]) ganz aus der Seele gesprochen sein? Zunächst stellt Gottsched als Hauptregel der Gerechtigkeit den Wahlspruch der Hohenzollern hin: „Einem jeden das Seine!" Ferner hieß es da: „Ein kluger Fürst muß schon im Frieden Geld zum Kriege sammeln." Ebenso war gefordert: „Ein Regent muß auch Fremde, besonders geschickte Künstler und Handwerker in sein Land zu ziehen wissen." Das alles war wie auf den preußischen König ge=münzt. Weniger Gefallen mag er an dem Schlußpostulat gefunden haben, jeder Fürst müsse den Erbprinzen zur Vorbereitung für die Regierungs=thätigkeit „mit in die Beratschlagungen für das gemeine Wohl ziehen."[2]) —

Bevor wir von Gottscheds „Weltweisheit" scheiden, ist noch einiger Anhänge zu gedenken, Früchte einer Gesellschaft, die 1732—34 als Er=neuerung der Leibnizschen Societas Disquirentium aus Gottsched, Lotter, Steinwehr, Stübner, May, Winkler und Ernesti bestand.[3]) Selbständig=keit und Kühnheit bekunden namentlich die dritte und fünfte Abhandlung.

Schon die Stellung des Problems ist herausfordernd. „Selbst=gespräch, von einem Weltweisen an Gott gerichtet: Untersuchung der Frage: Wie sich ein Weltweiser, der von einer göttlichen Offenbarung nichts wüßte, zufrieden stellen könnte." Also eine weitere Emanzipation der Philosophie von der Theologie! „Es pflegt", heißt es in Gottscheds Angriffspunkt,[4]) „fast in allen Lehrbüchern der Gottesgelehrten behauptet zu werden: daß man sich aus der Vernunft ohne ein Erkenntnis einer geoffenbarten Religion nicht zufriedenstellen könne." Er läßt nun einen Weltweisen sprechen, wie er „an sich selbst und an seine Pflichten, an seinen Schöpfer und an seinen Zustand nach dem Tode gedenkt." Dieser Weltweise schließt unbeirrt:[5]) „So bleibe ich denn bei dem Sichersten, das ist bei dem, was mich das reine Licht der Vernunft von dir, o Gott! und meinen Handlungen lehret."

Eine notwendige Ergänzung erfährt diese immerhin bedeutsame Rationalisierung religiöser und moralischer Begriffe durch die Untersuchung: „Ob man die geoffenbarte Theologie in mathematischer Lehrart ab=

---

1) Ww. II[7], S. 419, 437 und 393.
2) Ww. II[7], S. 440.
3) Vergl. Ww. I[6], Vorrede; II[7], S. 412.
4) Ww. II[7], S. 485.
5) Ww. II[7], S. 492.

handeln könne". Die nicht minder bedeutsame, auf kommende philosophische Ereignisse vordeutende Antwort lautet:[1] Nein! „Es sind Sätze, deren Wahrheit ich nicht aus eigener Deutlichkeit, nicht durch Demonstrationen, sondern aus Zeugnissen annehme. Daher ist nun alles, was daraus folget, von eben solcher Beschaffenheit, d. i. ein bloßer Glauben, und keine synthetisch erwiesene Wissenschaft."

c) Nach Erscheinen seiner „Weltweisheit" hat Gottsched nur noch vereinzelt durch kleinere Schriften in die philosophische Bewegung eingegriffen, nicht selten in eindrucksvoller, wenn auch nicht immer in unbedingt rühmlicher Weise. So lebhaft er sich bemüht zeigte, die Philosophie von religiösen Dogmen zu befreien, so geflissentlich sucht er doch — ganz im Geiste seiner Zeit — Deckung gegen Angriffe seitens der Orthodoxen und Pietisten. Insbesondere durch den Vorwurf des Spinozismus suchten Wolfs Gegner die Modephilosophie zu verketzern.[2] Auch unserm Gottsched mochte Gefahr drohen; so hielt er es für angezeigt, den „Makel" des Spinozismus von der Leibniz-Wolffschen Philosophie durch eine Serie von Programmen abzuwehren: „Foedam Spinozismi maculam a recentiori philosophia aliquot programmatibus amovendam indicit J. Ch. Gottschedius." 1737 hebt er seinen Defensivkampf an. Aus der mathematischen Methode sei dieser Vorwurf entsprungen. Aber schon von Euklid rühre sie her, und Descartes habe sie auf philosophische Wahrheiten angewandt. Spinoza sei ihm nur darin gefolgt; hätte er nur die Methode nicht in seinen gottlosen Irrtümern mißbraucht! Sind aber deshalb alle unter Theologen, Juristen und Medizinern des Atheismus verdächtig, welche sich derselben Methode bedienen? Gottsched will zuerst zeigen, wie wenig Spinozas Ethik den Regeln entspricht, die Wolf über die mathematische Methode aufgestellt, und alsdann einen Vergleich der Spinozistischen Definitionen mit denen durchführen, die Leibniz und Wolf in der Metaphysik überlieferten.

„In amovenda a philosophia recentiori foeda spinozismi macula pergit J. Ch. Gottschedius" (1738). Der Verfasser unternimmt, das in der ersten Dissertation aufgestellte Programm auszuführen. Namentlich werden die Spinozistischen Attribute vom Standpunkte Wolfs kritiert und dabei der Klarheit und Festigkeit der neuern Philosophie angebliche Unklarheiten und Zweideutigkeiten Spinozas gegenübergestellt. Leichter fällt es des weiteren, unter Hinweis auf den Gottes-

---

1) Ww. II[7], S. 512.
2) Vergl. Vorrede zur Ww. II[7] über die Schriften d. J. 1738; ferner Danzel S. 33 flg., Max Koch S. 7.

begriff Spinozas die Wolffsche Philosophie an jeder Gemeinschaft mit dieser Definition als völlig unschuldig („innocentissima") nachzuweisen. Ebenso stechen beide Philosophen in der Auffassung der Freiheit und Notwendigkeit sowie der Ewigkeit merklich ab.

Die Kluft zwischen der Lehre Spinozas und der Leibniz=Wolffschen Philosophie ist für uns heute zu augenfällig, als daß wir nicht begriffen, wie Gottsched in fortlaufenden Programmen auch weiterhin glücklich die Abweichungen verfolgen konnte. Endgültig macht ein Programm von 1742 diese „Philosophiae recentioris a Spinoziana differentia" augenfällig. Der Satz: „Una Substantia non potest produci ab alia Substantia" ziele dahin, die Idee einer Schöpfung sowohl dieses Alls wie jeder endlichen Substanz zu zerstören. Leibniz habe sich dagegen immer fern von solcher Ewigkeit der Materie gehalten, habe immer die Schöpfung der Substanzen gelehrt. Auch Wolf nehme natürlich eine Schöpfung des Alls an.

Wenn Gottsched auf solche Weise auch indirekt seine Selbstverteidigung führte, hoffte er doch namentlich, „in vielen Gemütern der Gelehrten" zu Wolfs Rechtfertigung beizutragen, in einer Zeit, da gerade sein Prozeß in Berlin zur Revision stand.[1]) Der Propst Reinbeck, Wolfs wohl= gesinnter Richter, spendete Gottscheds Ausführungen Beifall, ebenso der Graf Manteuffel.[2]) Den Angriffen der Frommen wie den Berufungen der Atheisten auf Wolf glaubte man dadurch ein Ziel gesetzt. Manteuffel schreibt in diesem Sinne am 9. Januar 1743 an das Schulhaupt, in= dem er sich erkundigt, ob dieser Gottscheds Programme überzeugend aus= geführt finde. Erst am 21. erwidert Wolf gelegentlich eines andern Federkrieges, daß er sich „ganz passive verhalten" wolle, indem — wie er naiv erklärt — „ich diejenigen nicht mag zu Feinden haben, die dabei interessiert sind und Gelegenheit finden, an hohem Ort unvermerkt Widriges zu insinuieren, dagegen man sich nicht verantworten kann: wie denn auch derowegen mit dem Unterschiede meiner Lehre und des Systematis Spinosae nicht viel Lermen machen mag, nachdem ich mich in dem andern Teile meiner Theologiae naturalis aus eben dieser Ab= sicht genug erkläret". Ehrender für Wolf und beschämend genug für unsern Gottsched ist eine Äußerung des Meisters vom 26. April 1745 an dieselbe Adresse: „Spinoza ist durchgehends als der größte Atheist beschrien, und weiß ich niemanden, der anderer Meinung von ihm ge= wesen, als den Hn. v. Tschirnhausen, der viel auf ihn hielt und ihm in vielem nachzuahmen suchte; unterdessen ist doch bekannt, daß er viel

---

1) Ww. II⁷, Vorrede sub 1738.
2) Vgl. Danzel S. 35.

ehrlicher, aufrichtiger, dienstfertiger und uninteressierter gewesen, als alle stolze Heiligen unserer Zeiten und die meisten Orthodoxen." —

Noch zweimal bot sich für Gottsched Gelegenheit, für die Ehre der Leibniz-Wolffschen Philosophie in die Schranken zu treten. Das Preisaus= schreiben der Berliner Akademie über die Berechtigung des Popeschen Wortes „All is right", dasselbe Ausschreiben, welches die Protestschrift „Pope ein Metaphysiker!" von Lessing und Mendelssohn zeitigte, forderte auch unsern Mann zu einer prophetischen Warnung vor einer Anti=Leibniz= schen Entscheidung heraus:[1] „De optimismi macula diserte nuper Alexandro Popio Anglo, tacite autem G. G. Leibnitio, per= peram licet, inusta" (1753). Die Akademie habe Pope ein neues und bisher unerhörtes Verbrechen zugeschoben, dieses Verbrechen des Optimis= mus sei aber nicht schmählich, sondern ehrenvoll. Habe nicht Leibniz lange vor dem englischen Dichter dasselbe gelehrt? Offenbar sollte seine Auffassung dieser Welt als der besten aller möglichen Welten getroffen werden. Gottsched weist nach, daß Zeugnisse für solchen Optimismus über alle Jahrhunderte verstreut seien. Er mahnt deshalb die Vorsteher der Aka= demie, bei der Preiskrönung zu verhüten, daß mit der eigenen Ehre zugleich die christliche Religion und die wahre Weltweisheit unersetzlichen Schaden litte.

Drei Jahre später ist es der direkte Vorwurf des Heidentums, den Gottsched von sich und seiner Schule abzuwehren genötigt ist. Als Ex= dekan und Rektor läßt er ein Programm ausgehen, worin er „Genuinam gentilismi notionem sistit". Über Veranlassung und Ziel der Schrift spricht sich Gottsched am 5. des Wintermonds 1757 gegen Abraham Kästner aus[2], mit dem er jetzt wieder in freundlichem Verkehr steht: „Mein neuliches Programm hat mich gegen einen Crusischen[3] Vorwurf des Heidentums rechtfertigen sollen, den er mir in dem Programmate zu Doktor=Promotion, wiewohl tecto nomine, gemacht hatte. Ich habe ihn also auch nicht genennet, wiewohl hier jeder mit Fingern auf ihn weist. Der gute Mann wäre gern der Leipziger Papst, zumal da er itzo der Professione Primaria Theologiae so nahe ist und sich noch schmäuchelt, er werde sie bekommen, da er doch gewiß noch ein Tertianer war, als Stemmler und Ernesti schon akademische Lehrer waren. Weil er nun den Einwurf seines Vorfechters Reinhards, den ich doch schon

---

[1] Vergl. Anhang zur Bw. II⁷, S. 483.

[2] Handschrift im Kestner=Archiv.

[3] Christian August Crusius suchte vergebens die Vernunft mit der Offen= barung in völlige Übereinstimmung zu setzen. Er tritt besonders gegen den Satz vom zureichenden Grunde auf. Vergl. Allgemeine Deutsche Biographie sowie Wuttke S. 31 u. 200.

im Neuesten, in den Erfurter Zeitungen und den Freien Urtheilen be=
antwortet[1]), nochmals aufgewärmet: so habe ich ihm doch zeigen müssen,
er wisse noch nicht, was ein Heid für ein Ding ist. Ich könnte ihm
noch mit bessern Gründen zeigen, daß er selbst ein Heid ist; da er so
abergläubisch ist als die Heiden gewesen, Gespenster und Prophezeiungen
u. b. m. glaubet. Im neulichen Weihnachts=Programm, welches er nomine
Rectoris schreiben muß, hat er sich nicht enthalten können, seine apoka=
lyptische Prophezeiungssucht mit einfließen zu lassen: gerade als ob der
Leipziger Rektor auch unter den Propheten oder ein apokalyptischer Seher
wäre. Wo das so fortgeht, so wird der Mann der deutsche Jurien
werden. Er mag sich aber in acht nehmen, daß ich nicht sein Bayle
werde." — Crusius wurde natürlich allgemein als Zielscheibe von Gott=
scheds Pfeilen erkannt. Auch der Konsistorialrat v. Globig. nennt ihn
geradezu, indem er am 24. Dezember 1756 den autoritativen Wunsch
äußert, daß Gottsched nicht, wie schon oft, amtliche Programme zum
Austrag seiner Privatstreitigkeiten benutze!

Die Bezeichnung Gentilismus — so führte Gottsched aus — werde
von Verläumbern mißbraucht. Er geht deshalb auf die ersten Anwendungen
dieses Wortes zurück, um zu zeigen, daß es mit Paganismus identisch
gebraucht wurde. Heiden heißen aber nur „Polytheismi statores, Idolo-
rumque cultores"; als Heidentum gilt Anbetung von Gestirnen, von
Tieren oder von Heroenbildern. Was hätten die neuern philosophischen
Ansichten mit diesen Lehren gemein?! Zum Überfluß zieht er die Definitionen des Heidentums bei Copernicus, Hygen und Newton heran,
um jeden Verdacht des Heidentums gegen die herrschende Philosophie
als hinfällig erscheinen zu lassen. Diplomatisch sucht Gottsched somit
den neuen Inhalt, den die Frommen dem Begriff Heidentum gaben,
zu desavouieren. Sie mochten die neuere Philosophie nun als unorthodox
oder als unpietistisch bezeichnen, Heidentum durften sie ihr nicht eigentlich
mehr vorwerfen. Freilich hätte die Negation „unchristlich" nach wie vor
genügt, wenn es eine Denunziation der Modephilosophie galt. –

Unbeirrt behandelt Gottsched auch naturwissenschaftliche Gegenstände
in philosophischem Geiste. In einer „Gedächtnisrede auf Nikolaus
Copernicus" feiert er 1743 seinen vor zwei Jahrhunderten gestorbenen
Helden als „Muster einer wahren Freiheit im Philosophieren", der „zu
der Verbesserung der ganzen Weltweisheit und zur gründlichen Erkenntnis
der Natur die erste Bahn gebrochen".

---

1) Adolf Friedrich v. Reinhard, dessen Schrift über den Optimismus 1755
den Preis der Berliner Akademie davontrug. — „Freie Urtheile" (Hamburg)
XIII, 745 flg. („Neuestes" VI, 511 flg.).

d) Noch vielerlei philosophische Lohnarbeit hat Gottsched sein lebelang geleistet, sowohl durch Übersetzung als besonders durch Herausgabe fremder Werke. Über Gottscheds eigene philosophische Überzeugung geben deshalb seine Vorreden und Anmerkungen zu solchen Editionen nicht selten wichtige Aufschlüsse.

Der erste fremde Autor, dem Gottsched derartige Bemühungen zu= wandte, war der glatte Stilist Fontenelle. Schon 1726 übersetzte unser Mann, von seiner Neigung zur Erkenntnis des Weltgebäudes getrieben[1]), die „Gespräche von mehr als einer Welt".[2]) Durch dieses Werk knüpften sich Gottscheds lebenslängliche Beziehungen zum Verleger Breitkopf an. Ein Jahr später folgen die „Gespräche der Toten". 1730 ließ er Fontenelles „Historie der heidnischen Orakel" deutsch erscheinen. Diese von Gottsched ins Deutsche übertragenen Werke des Franzosen wurden als „Auserlesene Schriften" gesammelt.[3]) Bei diesen Ausgaben waltete indes das stilistische Interesse vor. Eine Ergänzung des vom Philosophen Gottsched entrollten Bildes gewähren sie kaum.

Die umfangreichste und bedeutsamste Herausgeberthätigkeit widmete Gottsched dem „Dictionnaire" von Bayle. Noch ehe er etwas von Bayles Schriften gelesen, wurde unser Mann selbst von vielerlei Zweifeln angefochten. Da fiel ihm die Theodicee in die Hände. Seinen Eindruck faßt er in die Worte zusammen: „Hier lernte ich die Schwäche der Schwierigkeiten einsehen, die mir sowohl als Baylen unauflöslich ge= schienen hatten."[4]) 1734 preist er alsdann in einer eigenen, für uns ins Gewicht fallenden „Oratio pro utilitate et necessitate meta-physicae in contemtores ejus" die Metaphysik als diejenige Dis= ziplin, mit deren Waffen allein jene mehr als Lernäische Hydra be= kämpft werden könne.[5]) Bayles Lehre bezeichnet er dabei als „impia et nefanda", doch preist er dessen Fähigkeiten: die Kühnheit, die Gewandtheit im Disputieren, die geistreiche Fülle und Leichtigkeit des Stils.[6])

Hätte Gottsched nun aus eigenem Antrieb eine Verdeutschung des Skeptikers unternommen, so wäre dies Beginnen von vornherein als epochemachende Wendung zu verzeichnen. Veranlaßt[7]) wurde das Unter= nehmen jedoch durch einen Advokaten Namens Königslöwe, der für eine

---

1) Vorrede zur Ww. II[7].
2) 3. Auflage 1738.
3) 1751, 2. Auflage 1760.
4) Vergl. seine Bayle=Ausgabe, III. Teil, Vorrede.
5) S. 14.
6) S. 13.
7) Ww. II[7], Vorrede, sub 1740 flg. — Vorreden zum I. u. IV. Teil des deutschen Bayle.

Übersetzung Bayles das kurfürstliche Privileg erlangt; Breitkopf findet genug Pränumeranten, erhält auch die Erlaubnis des Kirchenrats, doch sollen alle der Religion nachteilige Stellen mit Anmerkungen und Warnungen versehen werden. Da nun der Übersetzer als bloßer Jurist hierzu nicht im stande war, ersuchte der Verleger seinen hervorragendsten Autor, die Aufsicht und Kommentierung zu übernehmen. Gottsched revidiert in erster Linie den Text der Übersetzung; Anmerkungen liefert er, seiner ursprünglichen Versicherung nach,[1]) nur, weil der Verleger sie „ausdrücklich von ihm gefordert, um gewisse Leser vor einigen anstößigen Stellen zu verwahren". Später[2]) giebt er sich eine orthodoxere Miene: „Habe ich nun dadurch dieses Wörterbuch nur in etwas unanstößiger und unschädlicher gemacht; habe ich dadurch nur Gelegenheit gegeben, weiter nachzudenken und den nichtigen Schein der manichäischen Zweifel zu entdecken, so werde ich mich für vollkommen belohnet halten." Gottscheds Kunstgriff stempelte Bayles Wörterbuch zu einem Werke, auf welches sich das prägnante Urteil der Xenien anwenden läßt:

„Wollt ihr zugleich den Kindern der Welt und den Frommen gefallen?
Malet die Wollust — nur malet den Teufel dazu!"

Nichts von dem Bayleschen „Gift" wird unterschlagen, sein Skeptizismus wie seine schlüpfrigen Histörchen kommen zum vollen Recht: nur wird der Kommentator nimmer müde, als Gegengift langatmige, meist recht lahme Widerlegungen oder gar Abstrafungen anzufügen. Andere Anmerkungen verdanken, gleichfalls auf Breitkopfs Wunsch, gar nur dem Streben nach Raumausfüllung ihre Entstehung. So finden sich einschränkende Anmerkungen namentlich auch bei nachdrücklichen Lobsprüchen auf französische Schriftsteller, wo sich Gottscheds deutsch-patriotischer Stolz herausgefordert glaubte; ebenso ist häufig zu Vergleichen mit unsern deutschen Zuständen Gelegenheit genommen.

Die Bayle-Übersetzung[3]) ist ein rechtes Beispiel von Gottscheds fabrikmäßigem Betrieb der Schriftstellerei.[4]) Königslöwe lieferte zwar den größten Teil der Übersetzung, zwölf bis fünfzehn Duernen sind aber von andern Gottschedschen Klienten verfaßt: gleich im I. Bande von seinem Schildknappen Schwabe, ferner von Joh. Christian Müller und Anton Ibbeken; einen ziemlich starken Artikel, „der von sehr tiefsinnigen metaphysischen Materien handelte und in die Theologie selbst einschlug,

---

1) Vorrede z. I. Teil.
2) Vorrede z. III. Teil.
3) Herrn Peter Baylens . . . Historisches und Critisches Wörterbuch, nach der neuesten Auflage von 1740 ins Deutsche übersetzt. IV Teile, Leipzig 1741 bis 1744.
4) Vergl. Vorrede zum IV. Teil.

wo sie die größte Behutsamkeit in Ausdrücken erforderte", rühmt sich Gottsched selbst übersetzt zu haben. Gegen Ende des Werkes traten noch Gellert und Gärtner als Mitarbeiter ein. Schwabe übersetzte auch die Anmerkungen aus der Bibliothèque Française, der junge Breitkopf die Erinnerungen von La Croze. Die erste und dritte Korrektur sah Schwabe durch, während Gottsched selbst die Revisionsbogen las. Frau Gottsched verbesserte zuerst allein das Manuskript der Übersetzung, las es dann ihrem Manne vor, während er den Grundtext vor Augen hielt; sie hat an den Verbesserungen „keinen geringen Anteil"; im ganzen hat sie dreimal die Übersetzung durchgelesen;[1]) auch hat sie einige fremde Zusätze übertragen. Das Register rührt von Gärtner her. Durch solche Heranziehung billiger Hilfsarbeiter gelang es unserm Organisator, ein damals ungewöhnlich hohes Honorar für sich selbst herauszuschlagen. So konnte er nach Schluß der vierjährigen Arbeit sich und seiner Frau 1744 eine Erholungsreise nach Königsberg gönnen.[2]) Zwanzig Jahre später stattete er mit dem am Bayle erschriebenen Gelde seine Nichte aus.[3])

Inhaltlich galt es für Gottsched zunächst natürlich, religiös anstößigen Stellen wohl oder übel zu widersprechen. Deshalb ist sein Kommentar wesentlich ein Anti=Kommentar. Seine Tonart ist wie folgt: „Hier hebt Hr. Bayle an, auf eine listige Art die Vernunft und Offenbarung wider einander gleichsam aufzuhetzen und einen Widerspruch zwischen beiden festzusetzen. Es ist aber bei den besten Gottesgelehrten eine nicht nur angenommene, sondern gründlich erwiesene Wahrheit, daß die NB. gesunde Vernunft der NB. wahren und recht verstandenen göttlichen Offenbarung nicht zuwider sein kann. Beide kommen ja von Gott . . . Gott kann sich auch selbst nicht zuwider sein." Folgen Zeugnisse „berühmter Männer".[4]) Das hieß denn doch — um Gottscheds Lieblingsphrase einmal auf ihn selbst anzuwenden — den Knoten mehr durchschneiden als lösen. Ebenso wenig selbständige Widerlegung des großen Skeptikers bietet Gottsched, wenn er im Sinne Leibnizens wiederholt einwirft: „Alle Gottesgelehrten behaupten, daß selbst die Geheim-

---

1) Siehe außer der Vorrede z. IV. Teil auch das Leben der Gottschedin von ihrem Mann, in der Ausgabe ihrer „Kleineren Gedichte". — Vergl. Schlenther, Frau Gottsched, S. 24 flg.

2) Leben der Gottschedin, sub 1744.

3) Nach hf. Brief an diese vom 4. August 1764 „Wenn ich von meinem Professions=Salario hätte leben wollen, würde ich eine schlechte Figur gemachet haben. Mein Bücherschreiben hat mir ebenso viel, ja noch mehr eingetragen. Selbst das, was ich Ihnen geschenket, habe ich, in vier Jahren, mit dem Bayle verdienet."

4) I, S. 69.

niſſe nicht wider, ſondern über die (ſo!) Vernunft ſind."[1] Auch be=
gnügt er ſich, die übliche theologiſche Wendung nachzuſprechen, wo er
gegen Bayle leugnet, daß unſere Glaubenslehren ſolchen unauflöslichen
Schwierigkeiten unterworfen ſind, daß man nur ſagen könne: Vernünftle
nicht, glaube nur! „Der Gott der Wahrheit und Vater des Lichtes",
predigt er hier, „hat uns auch die Offenbarung verliehen, nicht die
Vernunft abzuſchaffen und umzuſtoßen, ſondern ihr aufzuhelfen und ihre
Mängel zu ergänzen."[2] — In vielen anderen Fällen begnügt er ſich,
Leibnizens Einwürfe abzudrucken oder ſich auf ihn zu berufen. Genug,
ſelbſt hier verharrt Gottſched auf dem Standpunkt der Theodicee. Auch
ſonſt tritt die Halbheit ſeiner philoſophiſchen Überzeugung oft genug
hervor. Z. B. findet er nicht recht, daß Bayle an Anaxagoras die Ver=
achtung der Reichtümer lobe: „Hätte er hier nicht", ſchwankt Gottſcheds
Philiſtermoral, „einen Unterſchied machen ſollen unter der Verachtung
der überflüſſigen Schätze ... und unter der Verſäumung des Not=
wendigen?"[3]

Allein man muß unſerem Kommentator zugeſtehen, daß er ſeinen
Autor durchſchaut. Bayles Art wird treffend dahin charakteriſiert, „daß
er die Einwürfe der Vernunft erſt auf den höchſten Grad der Wahr=
ſcheinlichkeit treibt, hernach aber, wenn er die Auflöſung derſelben geben
ſoll, ſie nur mit der Offenbarung mehr zu Boden ſchlägt, als beant=
wortet",[4] wobei man Urſache hat zu glauben, daß er ſpotte.[5] Über=
dies fällt manches Wort, das auch Gottſched als vorgeſchrittenen Geiſt
erkennen läßt. Wo Bayle den Scotismus eine verborgene Spinoziſterei
nennt, merkt jener ſogar in Übereifer an: „Hr. Bayle tritt auch zu der
Sekte derer, die alles, was ihnen in philoſophiſchen Sätzen anſtößig iſt,
zu Atheiſten machen wollen: allein es kleidet ihn dieſer Eifer ſo wenig,
ja noch weniger, als andere."[6] Selbſt indem er zwiſchen der Vernunft=
Philoſophie und der Religion zu vermitteln ſucht, drängt ſich das Geſetz
der Natur in den Vordergrund. Bayle ſuchte unter anderem zu be=
weiſen, „daß die Lehre von einer natürlichen und blinden Verbindung
der Tugend mit der Glückſeligkeit und des Laſters mit der Unglück=
ſeligkeit mehr Wirkung über den Menſchen thun würde, als die Lehre
der Chriſten wegen der Vorſehung." Dagegen ſieht Gottſched keinen
eigentlichen Widerſpruch in dieſen beiden Lehrſätzen: trotz einzelner will=

1) I, S. 407.
2) II, S. 157.
3) I, S 210.
4) II, S. 756.
5) III, S. 211; vergl. auch beſonders III, S. 310.
6) I, S. 20.

türlichen Strafen, wie Donner und dergleichen, sei gewiß, „daß meisten=
teils die Tugenden und Laster sich selbst, durch ihre natürlichen und
notwendigen Folgen belohnen und bestrafen. Denn eigentlich" — lautet
die ausschlaggebende Begründung — „ist eine Handlung nur darum gut
oder böse, weil sie solche Folgen nach sich zieht, die ihrem Urheber
oder anderen vernünftigen Geschöpfen etwas Böses oder Gutes zuwege=
bringen... Ich weiß wohl, daß der Wille Gottes die Regel des
Guten und Bösen ist; allein da Gott nichts ohne Grund will oder
hasset, so muß dasjenige, was er will, schon antecedenter ad voluntatem
ejus, noch ehe er es will, gut, und das, was er hasset, muß schon
antecedenter oder ehe er es noch hasset, böse gewesen sein. Da nun
Gott nach seiner Güte die Glückseligkeit und Vollkommenheit seiner ver=
nünftigen Geschöpfe wünschet und, soviel an ihm ist, befördert: so will
er alles, was dieselbe wirken und vergrößern kann; er will hergegen
alles das nicht, was selbige hindert oder vermindert."[1]) Also Gott
will das Naturgesetz. Damit ist in der That eine Harmonie aus=
gesprochen, — nur daß die von der Religion geforderte Gesinnung des
Handelnden außer Acht bleibt.

Des ferneren wendet sich Gottsched nicht nur gegen Bayles
Skeptizismus, sondern auch gegen seine Resignation: „Wer nur nach
seiner Einsicht alles Mögliche thut, die Wahrheit zu erkennen, der wird
allemal besser dabei fahren, als welcher blindlings glaubet."[2]) — Be=
sonders ernst ist es unserm Kommentator wohl mit seinem Widerspruch
gegen Bayle, wenn dieser „den wenigen Einfluß des Verstandes in den
Willen und der Meinungen in die Handlungen der Menschen darthun"
will.[3]) Das wichtigste positive Element der deutschen Aufklärung galt
es damit zu retten. Und so darf man überhaupt sagen, daß Gottscheds
Anmerkungen, soweit nicht äußere, kirchenpolizeiliche Rücksichten maß=
gebend waren, dem innern Trieb entsprangen, die optimistische Zuversicht
gegen die Zweifel des gewaltigen Skeptikers siegreich aufrecht zu er=
halten. Bei alledem steht der oppositionsgierige Erläuterer dem Ver=
fasser des „Dictionnaire" näher als er Wort haben will: erst wenn
wir zu Gottscheds Anmerkungen die dahinterstehende Leipzig=Dresdener
Inquisition hinzudenken, erscheinen sie uns in richtiger Beleuchtung.

So manche Berührung zwischen Gottsched und Bayle offenbart sich
in der gleichzeitigen deutschen Ausgabe einer kleineren Schrift des
Franzosen: 1741 erschienen in Hamburg „Herrn Peter Baylens Ver=
schiedene Gedanken bei Gelegenheit des Cometen, der im

---

1) IV, S. 246.
2) III, S. 510.
3) II, S. 64.

Christmonate 1680 erschienen." Schon ein paar Jahre vorher hatte
Gottsched dies Buch deutsch zu liefern versprochen, um die Furchtsamen,
welche aus Himmelserscheinungen Unheil fürchteten, von ihrer Bangig=
keit zu befreien. Wegen Zeitmangels trug er die Übersetzung seinem
Schüler Johann Christoph Faber auf, der ihm wenig zu verbessern
übrig ließ. Wie hier die Initiative von Gottsched selbst ausgeht, so
tritt er auch meist für Bayle ein. Er weist dabei auf die befreienden
Thaten des Thomasius hin und findet den wahren Ursprung des Aber=
glaubens in der Unwissenheit über natürliche Dinge. Namentlich die
religiöse Ausbeutung abergläubischer Furcht vor Kometen, Sonnen= oder
Mondfinsternissen befehdet Gottsched aufs schärffte.[1] — Neben solchen
Stellen fehlt es natürlich nicht an Verwahrungen gegen atheistisch
klingende Behauptungen Bayles, namentlich wenn er leugnet, „daß die
Kenntnis eines Gottes die lasterhaften Neigungen eines Menschen
beffere."[2] — Anzuerkennen ist, daß Gottsched hier den Mut findet,
den von Bayle als Thatsache wiedergegebenen Klatsch über Spinozas
Ende zurückzuweisen: durch dessen Biographen Johann Coler sei er=
wiesen, daß Spinoza nie gefürchtet, er werde sich im Todeskampf be=
kehren, und dergleichen.[3]

Bayle blieb nicht der einzige französische Aufklärer, den unser
betriebsamer Mann edierte. Trotz innerer Verwandtschaft merklich von
der deutschen Aufklärung geschieden wie Bayle, aber positiver als dieser,
trat auch Helvetius mehr äußerlich in Gottscheds Interessenkreis. Der
Leipziger Litterator hatte zwar im „Neuesten aus der anmuthigen Gelehr=
samkeit" Auszüge aus diesem Philosophen veröffentlicht, aber manche
Stellen zu bedenklich gefunden. Unverhofft kam der „Diskurs über
den Geist des Menschen" 1760 in deutscher Übersetzung von Johann
Gabriel Forkert nach Leipzig in Druck. Seinem Inhalte nach mußte
das Buch in Gottscheds Zensur. Hätte er sie verweigert, wäre es vielleicht
anderswo gedruckt worden. So rät er dem ihm lange bekannten Verleger
David Siegert in Liegnitz, es mit einer warnenden Vorrede von ihm,
dem Zensor selbst, ans Licht stellen zu lassen! Erkennt Gottsched doch in
dem Werke „überaus viel gründlich ausgeführte Wahrheiten und neue
Betrachtungen über das menschliche Geschlecht, sonderlich über die Quellen
seines Thuns und Lassens." Der Verfasser habe die Gedanken und
Neigungen der Menschen, seine Gesinnungen und Empfindungen so genau
geprüft, wie seit Locke vielleicht niemand.

---

1) S. 156 und 160 vergl. Hinweise auf Königsberger Vorfälle.
2) Vergl. besonders S. 452, 456, 490 flg.
3) S. 654.

Was Gottsched zurückweisen mußte, war insbesondere der Materialis=
mus des Helvetius. Er lehnt es natürlich ab, den Geist als eine bloß
leidende Kraft zu betrachten, da er ja in ihm sogar eine Art bewegender
Kraft suchte. Er kann ferner nicht zugeben, daß der ganze Abstand der
menschlichen Seelen von den tierischen aus dem Unterschied der physischen
Bildung herleitbar. Alles Geistige glaubte er von Helvetius zum sinnlichen
Gefühl, den Menschen zu einer herba sensitiva erniedrigt, — er konnte
aber nur zugestehen, daß alle anschauenden Urteile (judicia intuitiva)
aus dem Gefühl kommen, wenn das Fühlen vom Empfinden überhaupt,
und zwar von einem Empfinden verstanden wird, „wie es mit dem Be=
wußtsein in einer lebhaften, geschäftigen Seele, nicht aber in einem fühl=
baren Kraute befindlich ist." Gottsched läßt hier nur außer acht, daß
auch Helvetius eine erregende Berührung der Sinnesnerven voraussetzte.[1]
Jedenfalls ist klar, daß unser Herausgeber seinem Autor in der Materi=
alisierung der Seele nicht weiter folgen will als Christian Wolf voran=
gegangen, auf den er denn auch wiederholt verweist. — Daß er dagegen
politisch mit der Zeit fortschritt, bekundet er hier wiederum. Indem
Gottsched — teils aus patriotischem Stolz, teils aus Rücksicht auf die
Machthaber — den Vorzug der deutschen politischen Zustände vor den
französischen preist, giebt er einen bemerkenswerten Hinweis: „Haben wir
nicht vor kurzem ein deutsches Buch, welches nicht minder wichtige, aber
verhaßte politische Wahrheiten auf eine eindringende Art vorträgt, mit
dem größten Beifall gelesen und ihm den Lauf lassen gesehen? Dieses
vortreffliche Werk des Herrn Mosers würde gewiß in Frankreich mit
dem Buche des Herrn Helvetius einerlei Schicksal gehabt haben." Eben
ein Jahr vorher war Friedrich Karl v. Mosers bedeutsame, von seinem
Landsmann Goethe schön gewürdigte Schrift „Der Herr und der Diener
geschildert mit patriotischer Freiheit" erschienen. —

In der Vorrede zum letzten Teil seines Bahleschen Wörterbuches
verspricht Gottsched eine Ausgabe von Leibnizens Werken; auch korre=
spondiert er darüber mit dem Stettiner Gesinnungsgenossen Gohr.[2] Doch
nahm er sich schließlich nur der Theodicee an, als des „besten und
einzigen kräftigen Gegengiftes" gegen Bahle.[3] 1720 war eine deutsche
Übersetzung des Werkes erschienen, die als solche unsern Sprachmeister
nicht befriedigte. Professor Richter in Leipzig hatte dieselbe in der
zweiten Auflage mit Glück zu verbessern gesucht. Seit der vierten Auf=

---

1) Vergl. Max Dessoir: Geschichte der neueren deutschen Psychologie, Bd. I
(1894), S. 241; siehe auch S. 57, 60 u. 190.

2) Vergl. Danzel S. 57 flg.

3) Ww. II⁷, Vorrede sub 1744.

lage von 1744 besorgt nun Gottscheb die Verbesserung und Herausgabe
der Übersetzung. Eine fünfte Auflage läßt er 1763 erscheinen.

Außerdem benutzt er eine akademische Einladungsschrift, um einige
Leibnitiana zu edieren: „Anecdota quaedam Leibnitiana in lucem
protrahit J. Ch. Gottschedius" (1750).[1]) Es sind zunächst zwei
Schreiben von Leibniz an den Rektor Daum in Zwickau, die Gottscheb
ein Jahr vorher auf seiner berühmten Reise nach Karlsbad und Wien
in der Zwickauer Gymnasial=Bibliothek gesehen, ferner ein deutsches Ge=
dicht des großen Philosophen zum Gedächtnis von Johann Brunnemann.

Noch nach mancherlei anderer Richtung hat Gottscheb eine geschäftige
Herausgeberthätigkeit entfaltet. So übersetzte und erläuterte er des Frei=
herrn Jakob Friedrich v. Bielfeld „Lehrbegriff der Staatskunst" (1761,
abermals 1764, verbessert von Meusel 1773—77), so leitete er eine
Übertragung von Musschenbroeks „Grundlehren der Naturwissenschaft"
(1747).[2]) Ohne neue Bausteine zu seiner Charakteristik beizubringen,
beweisen sie die Vielseitigkeit seiner Interessen.

3. Gottscheds agitatorische Stellung in den philosophisch= theologischen Zeitkämpfen.

Es konnte nicht ausbleiben, daß (a) Gottscheds Weltanschauung
auf allen Gebieten seiner Wirksamkeit zur Bethätigung gelangte.
Namentlich auch (b) in den litterarischen Kämpfen tritt sein
rationalistischer Standpunkt klar hervor. Es ist begreiflich, daß
(c) die evangelische Orthodoxie ihn unter diesen Umständen teils
offen, teils insgeheim verfolgte, besonders ihm amtliche Schwierigkeiten
zu bereiten suchte. Mehr entgegenkommend erwies sich das damalige
Bildungsstreben der Katholiken, so daß unserm Manne (d) eine leise
aufklärerische Wirkung nach den katholischen Gauen Deutsch=
lands möglich wurde. Daneben unterhielt Gottscheb (e) enge Bezieh=
ungen zu den meisten andern Vorkämpfern der Aufklärung,
die ihn in ihre Interessen und Kämpfe hineinzuziehen wußten.

a) Für rationalistische Propaganda stand unserm Gottscheb zunächst
sein Katheder zur Verfügung. In jahrzehntelangem Wirken hat er
ganze Generationen aufgeklärter Schüler entlassen. Obgleich ordentlicher
Professor dieses Gebietes, las Gottscheb — sonderbar genug — „die
Philosophie", d. h. die Einführung in die Weltweisheit, von 1750 bis
1764 gar nicht; doch traktierte er die Theodicee.[3])

---

1) Exemplar der Königl. Universitäts=Bibliothek Kiel.
2) Exemplar des Physikalischen Instituts der Universität Kiel.
3) Nach Gottscheds Brief an seine Nichte v. 17. Windmond 1764.

Man darf ferner sagen, daß über alle seine Schriften der aufklärerische Geist verbreitet ist. Graf Manteuffel versichert ihm bereits am 14. August 1737: „Je puis vous assurer sans exagération, qu'ayant lu plusieurs de vos ouvrages tant en vers qu'en prose, je n'ai pu me lasser d'admirer le zèle et la netteté, avec laquelle vous avez toujours taché de conduire les hommes à un but si salutaire. Toujours attentif à les mettre sur la véritable voie du Bon et du Vrai, vous leur avez enseigné si clairement les moyens d'y arriver qu'il n'y a qu'un siècle aussi fertile en esprits follets que le nôtre qui puisse les empêcher d'y acquiescer."

Namentlich seine moralischen Wochenschriften waren nach dieser Richtung von unberechenbarem Einfluß, wie diese Gattung Zeitschriften überhaupt Bildung und unabhängige Gesinnung im Bürgertum verbreitete. Gleich „Die vernünftigen Tablerinnen" eifern gegen die abergläubische Furchtsamkeit vor vielen unschädlichen Dingen, die daher rühre, daß die Menschen „dem Hörensagen ihrer alten Mütter, Muhmen und Ammen zu viel trauen; weil sie keine Empfindung von einem guten und falschen Schlusse haben und alle Ursachen für gültig annehmen, sie mögen so abgeschmackt sein, als sie wollen".[1] Ebenso läßt Gottsched schon hier[2] ausdrücklich unentschieden, ob sich ein Sittenlehrer mancher nebensächlichen Bewegungsgründe zur Tugend, außer dem Wert derselben an sich, bedienen dürfe. Jedenfalls gründet sich die Tugend auf „einen wahren Begriff von dem, was gut oder böse ist". Die Wollust sei etwa nicht bloß von der christlichen Religion verboten; auch auf heidnische Zeugnisse weist Gottsched hin: es sprächen eben die Vernunft und das Gesetz der Natur gegen das Laster.

Im „Biedermann" nimmt der Kampf gegen den Aberglauben einen noch breiteren Raum ein. Die Entdeckungen der Gelehrten preist er als vom Aberglauben immer mehr abführend: man suche nun vor allen Dingen in der Natur selbst die Ursachen auch außerordentlicher Ereignisse.[3] In solchem Zusammenhang verteidigt Gottsched seinen Bayle gegen den Vorwurf der Atheisterei: Der Mann zeige mehr Haß gegen Aberglauben als Neigung zum Unglauben.[4] Neben Bayle rühmt Gottsched wiederum in begeisterten Worten Thomasius als „großen Helden in Ausrottung des Aberglaubens": „Er hat den Blocksberg wüste und den Satan mit seinem Anhange ohnmächtig gemacht. Er hat uns von der Furcht vor Kobolden, vor Erscheinungen und Be-

---

1) Auflage von 1738, I. Teil, S. 362.
2) II, 179 und 58 flg.
3) II, 43.
4) II, 81.

schwörungen alter Vetteln befreiet. Man höret nunmehro von keinen Besessenen; man hält auf Schatzgräber und andere solche Betrüger nichts mehr."[1]) Ganz treffend wird betont: „Je mehr Gewalt man dem Satan in der Welt einräumet: desto mehr Macht entzieht man dem allerhöchsten Wesen."[2]) — In gleicher Tendenz empfiehlt „Der Bieder= mann" die Philosophie als „das Nützlichste, so ein junger Mensch auf hohen Schulen treiben kann. Das sind Freunde der Dummheit und des Unverstandes, die solches hindern... Sie lehret uns Gott, die Welt und uns selbst recht kennen."[3]) Auch den sonstigen Lieblingsideen Gottscheds begegnen wir hier. Namentlich durchklingt die intellektuelle Auffassung moralischer Fragen die ganze Zeitschrift als Leitmotiv; schon auf der ersten Seite des ersten Bandes heißt es: „Wer seinen Verstand von der Natur des Guten und Bösen mehr und mehr zu unterrichten suchet, der arbeitet auch unvermerkt an der Besserung seines Willens." Sollen wir aber nicht aus Furcht vor Strafe oder Hoffnung auf Be= lohnung Gott dienen? Eine solche Gesinnung sei nicht zu tadeln, aber ohne genugsamen Einfluß auf den Willen. Die Entstehung der Laster liege „freilich an einem bösen Willen. Allein woher kommt dieser? Ohne Zweifel von einem unwissenden und schwachen Verstande. Man ist von den Wahrheiten nicht sattsam unterrichtet und überführt, die einen Einfluß in die Handlungen haben."[4]) Wiederum ist damit Bildung, Aufklärung als wesentlichstes Mittel, als Vorbedingung der Tugend hingestellt.

Alle Dokumente des Gottschedschen Kreises atmen diesen Geist der Aufklärung. 1733—1736 erschienen in zwölf zwanglosen Stücken „Neufränkische Zeitungen von Gelehrten Sachen, darinnen alle die sinnreichen Einfälle der heutigen Gelehrten, die in andern Zeitungen nicht Raum haben, der galanten Welt zur Belustigung enthalten sind. Leipzig, auf Kosten der scherzhaften Gesellschaft druckts B. C. Breitkopf".[5]) Jedes Stück enthält eine Widmung zum Geburtstage eines Gliedes des Gottschedschen Kreises und stellt ein scherzhaftes, übrigens meist ziemlich banales Geburtstagsangebinde für jeden Einzelnen seitens der Genossen

1) II, 108.
2) II, 48.
3) II, 122.
4) II, 89 flg.
5) Exemplar der Königl. öffentlichen Bibliothek in Dresden. Es enthält als handschriftliche Eintragung folgendes Citat aus dem Catalogus bibliothecae Jo. Joach. Schwabii (Lips. 1785): „Diese Zeitungen sind nur wenigemal ab= gedruckt und blos unter Freunde verteilet worden; daher man sie selten sieht und fast niemals zusammen findet." In Gottscheds Briefwechsel mehrfach erwähnt, besonders durch C. L. v. Hagedorn am 3. Mai 1734.

bar. Das 6. Stück ist unserem Gottsched selbst zum 2. Februar 1734 gewidmet. Auch diese „Neufränkischen Zeitungen" nun kämpfen auf ihre Weise für die Aufklärung. In dem mit Vorliebe gewählten parodischen Ton wird angeblich ein Buch für den Gespensterglauben empfohlen. „Man hat eine eigene Abhandlung von der Stärke folgender Beweise beigefüget: Ich habe es ja mit meinen Augen gesehen! Ich werde ja nicht im Wachen träumen! Was hätte ich davon, daß ich's sagte, wenn's nicht an dem wäre? Wenn man der Frau nicht glauben soll, so weiß ich's nicht u. s. w."[1]) Parodiert wird ebenso das Eifern gegen die „schädliche Philosophie der Neuern, darin der Verstand durch nichts als Regeln und, wie ihre Anbeter vorgeben, ordentlich zusammenhängende Sätze zur Erforschung der Wahrheit angeleitet wird".[2]) In gleicher Maske der Dunkelmänner wird empfohlen, „diesem täglich mehr und mehr einreißenden Übel der sogen. Gründlichkeit und demonstrativen Erkenntnis zu steuern".[3]) Das letzte Stück trägt die Widmung: „Allen über die Vorurteile des Pöbels erhabenen Geistern". In der Geburtstagsgabe für die Dichterin Frau Christiana Mariana von Ziegler werden diejenigen parodiert, die fordern, „daß das Frauenzimmer nichts lernen solle, was über den Horizont ihrer Küche oder ihres Putzwesens stiege."[4]) Einmal[5]) heißt es lakonisch: „Man schreibt itzo, zumal in den politischen Zeitungen, das Wort allerhöchste, welches sonst nur von Gott gebraucht worden, auch von Menschen." Genug, auch der scherzhafte gesellige Verkehr des Gottschedschen Kreises bewegt sich in den Formen der Aufklärung. —

Unter Gottscheds poetischen Schöpfungen führt ein besonders gedrucktes Festgedicht den bezeichnenden Titel: „Der durch die gesunde Weltweisheit gestürzte Aberglauben, bei Gelegenheit des von Sr. Hochfürstl. Durchlauchtigkeit, Hrn. Joh. Friedrichen, reg. Fürsten zu Schwarzburg-Rudolstadt, erneuerten und durch ein neues Lehramt der Weltweisheit und Mathematik ansehnlich verstärkten Gymnasiums zu Rudolstadt besungen."[6]) Dem entsprechend lautet der Anfang:

> „Wo seid ihr nun, ihr trüben Zeiten!
> Darin des Aberglaubens Nacht,
> Die Welt im Narrenseil zu leiten,
> Mit Fleiß die Völker dumm gemacht? ...

---

1) S. 108.
2) S. 106 flg.
3) S. 53.
4) S. 150 flg.
5) S. 57.
6) 2. vermehrte Auflage. Leipzig 1764. — Exemplar der Königl. öffentl. Bibliothek in Dresden.

Der Klosterzellen frommer Plunder
Erstickte Wahrheit und Vernunft.
Wie starrten nicht des Laien Blicke
Bei allem, was sich Seltnes wies?
Man sprach von schwerem Ungelücke,
Wann Sonn und Mond verfinstert hieß . . .
Erschien ein Nordlicht: was für Heere
Beströmten nicht die Welt mit Blut?
Als ob der Feind am Thore wäre,
Entfiel dem Kühnsten auch der Mut . . .
Gespenster tobten allenthalben!
Und wieviel galt der Blocksberg nicht? . . .
Gottlob! die Nächte sind verschwunden,
Darin die Dummheit herrschend war."

Tritt schon hier das Streben der freien Wissenschaft hervor, die
Menschheit furchtloser, glücklicher zu machen, so entwickeln die folgenden
Strophen historisch den Segen der Aufklärung, wobei die Einführung
der deutschen Sprache in die Wissenschaft nachdrücklich betont wird:

„Ein bessrer Zeitpunkt fing mit Sprachen
Der Knaben Witz zu läutern an.
Allein, was nützten solche Sachen
Dem tappenden gemeinen Mann?
Von Huttens Spott wollt keinen schonen,
Der Klosterbruder selbst ward sein:
Halb Wälschland schrieb wie Ciceronen,
Doch, Dummheit blieb; und sprach Latein!"

Begeistert werden alsdann Erasmus und Melanchthon gepriesen. Es
folgt die Emanzipation vom Aristotelismus:

„Nur blos das Joch des Stagiriten
Beschwerte noch des Schülers Hals:
Doch seht: auf Josuas Gebieten
Erschien die Ruh des Sonnenballs.
Copernicus that solch ein Wunder."

In gleichem Lehrton zählt der Verfasser nunmehr die Thaten der Gali-
läi, Descartes, Kepler, Guericke, Tschirnhaus u. s. w. auf:

„So fiel der alte Weltbau weg.
Mehr! Leibniz und Thomas' erschienen, . . .
Die Weisheit neuen Wuchs erfuhr.
Die Dummheit floh, die Hexen wichen . . .
Kaum hub man an, auf deutsch zu lehren,
Zum Trotze der Lateiner=Zunft!
Gleich stieg der Wahrheit Glanz zu Ehren;
Der Pöbel selbst bekam Vernunft!
Ein Sturm und Wolf, erhabne Männer!
Verkündigten sie jedermann;
So, daß nun auch ein halber Kenner
Unmöglich sie verfehlen kann."

Damit ist das Ziel des Rationalismus erreicht. Man muß gestehen, daß hier mit weitem Blick der Zusammenhang und die Bedeutung der modernen geistigen Befreiungsthaten erkannt ist.

Gleiche Klänge sind aber in Gottscheds Gedichten nicht selten. Da ruft er, indem er die Errungenschaften der modernen Wissenschaft auf=zählt:[1])

„O himmlisch wirkende Vernunft!"

Da preist er in ähnlicher Auffassung die Reformation:[2])

„Seitdem des Aberglaubens Nacht,
Durch Luthers treuen Dienst, verschwunden,
So, daß der Wahrheit Wundermacht
In halb Europa Platz gefunden."

Dem nachmaligen Abt Jerusalem, seinem Schüler, widmet er zur Pro=motion ein versifiziertes Schreiben,[3]) in welchem es heißt:

„Der Thorheit warst du feind, und hast vor Lust gebrannt,
Der wahren Weisheit Kern und Innerstes zu schmecken...
... Des großen Leibniz Lehren
Bewogen dich zuerst, sie fleißig anzuhören.
Jemehr du dies gethan, jemehr empfand die Brust
An ihrer Gründlichkeit und Überzeugung Lust."

Hierdurch ist uns zugleich ein Blick in Gottscheds akademische Lehr=thätigkeit eröffnet. — Seine Lehrgedichte behandeln mit Vorliebe philosophische und theologische Themata:[4]) „Daß der Mensch selbst an seiner Ver=dammung Schuld ist", „Die verbesserte Lehrart der Evangelischen im Predigen", „Ob ein künftiger Arzt sich auf die Philosophie legen müsse?" „Die rechte Art zu predigen", „Daß ein heutiger Gottesgelehrter auch in der Vernunft und Weltweisheit stark sein müsse", „Daß Gott der Menschen Schicksal von Ewigkeit bestimmt habe" — wobei der freie Wille übrigens doch zu einem gewissen Rechte kommen soll. Schon die Fassung der Themata bekundet den Geist des Autors.

b) Nicht genug, daß Gottscheds poetische Übungen die Aufklärung besingen: sein Rationalismus greift auf litterarischem Gebiete tiefer und macht sich in der ganzen Auffassung der Poesie bemerkbar. Einen

---

1) Gedichte, herausgegeben von Schwabe (Leipzig 1736), S. 140.

2) Ebenda S. 166.

3) Ebenda S. 549 flg.: „Als Hr. Johann Friedrich Wilhelm von Jerusalem die philosophische Lehrwürde in Wittenberg annahm. 1731." Jerusalem hatte also damals das Adelsprädikat noch nicht völlig abgelegt, zu dessen Führung die Familie berechtigt war (zur Berichtigung bezw. Ergänzung der Angabe in der Allgemeinen Deutschen Biographie). Die in den „Werther" übergegangene Ausweisung des Sohnes aus der Gesellschaft des Grafen v. Bassenheim bedeutet also nicht nur ein Vergehen, sondern auch einen Fehler!

4) Siehe Gedichte S. 583, 588, 592, 599, 629, 638.

Prüfstein seiner philosophischen Klassifizierung derselben muß vor allem der „Versuch einer critischen Dichtkunst" bilden. Rein rationalistisch giebt sich namentlich das Kapitel „Von dem Wunderbaren in der Poesie". Man lese nur gleich am Anfang: „Je aufgeklärter die Zeiten wurden, desto schwerer ward es auch, das Wunderbare zu erfinden."[1]) Oder man prüfe, wie Gottsched die Auffassung der Dichtergabe als Gottesgabe her=leitet oder vielmehr zurückweist: „Die dummen Leute, die irgend eines mittelmäßigen Poeten Verse höreten, dachten sogleich: das ginge nicht natürlich zu, daß ein solcher Mensch, wie sie, dergleichen ungemeine Dinge aus seinem eigenen Kopfe vorbringen könnte. Der Schluß war also richtig: haben sie es nicht von sich selbst, so hat es ihnen ein höheres Wesen, eine Gottheit oder eine Muse eingegeben."[2]) Was bei Homer, Virgil, Ovid aus den Grenzen der Natur heraustritt, wird mit der Begründung abgewiesen: „Alle diese Wunder sind entweder ohne Not, oder nicht mit genugsamer Wahrscheinlichkeit erdacht."[3]) Manches Wunder=bare der Poeten ist auch „mit der herrschenden Meinung ihrer aber=gläubischen Zeiten" zu entschuldigen.[4]) „Miltons Erfindungen sind nicht viel besser ausgesonnen ... Dieses Wunderbare ist viel zu ab=geschmackt für unsere Zeiten, und würde kaum Kindern ohne Lachen erzählet werden können."[5]) An dieser Stelle drängt sich besonders klar die Überzeugung auf, daß es neben sprachlichen Differenzen der philo=sophische Gegensatz war, der Gottsched in den Kampf mit den Zürichern trieb. Wie die Wunderwelt der Alten und der Engländer, weist unser Autor aber auch die Romantik der Franzosen zurück. „Die Contes de fées dienen ja nur zum Spotte und Zeitvertreibe müßiger Dirnen und witzarmer Stutzer, führen aber auch nicht die geringste Wahrscheinlichkeit in sich ... Die Welt ist nunmehr viel aufgeklärter."[6]) Schließlich geht Gottsched den „Unwahrscheinlichkeiten" unserer heimischen Dichtung zu Leibe. Merk=würdig genug ist es, welchen poetischen Stoff er dabei in den Vorder=grund schiebt: „Das Märchen von D. Fausten", betont er, „hat lange genug den Pöbel belustiget: und man hat ziemlichermaßen aufgehört, solche Alfanzereien gern anzusehen."[7]) In gleichem Sinne hatte schon 1723 unser Königsberger Jüngling in einer Ode gejubelt:[8])

---

1) 4. Auflage (1751), S. 170.
2) Ebd. S. 172.
3) S. 181.
4) S. 182.
5) S. 182 flg.
6) S. 183.
7) S. 186.
8) Gedichte, S. 99 flg.

„Des Aberglaubens Anker bricht ...
Der aufgeklärte Geist der Welt,
Dem keine Thorheit mehr gefällt,
Wird nun nicht, wie vorhin, vor eitler Angst verderben.
Wie bebte vormals Stadt und Land,
Wenn eine freche Zauberhand
Sich murmelnd in den Kreis beschworner Zeichen zirkte?
Wenn Faust auf seinem Mantel fuhr
Und zur Beschimpfung der Natur
Mehr Wunder in der Welt, als Moses Stecken, wirkte.
Nun steht der kahle Blocksberg leer.“

Nicht nur daß diese Angriffe die Beliebtheit des Faust-Stoffes be=
zeugen, sie markieren zugleich scharf den geistigen Gegensatz zwischen der
ersten und zweiten Hälfte des 18. Jahrhunderts. — Es ist bekannt genug,
wie Gottscheds Kampf gegen die Oper dem gleichen Vernunftprinzip
entsprang; folgerecht gelangt er so zum platten Naturalismus: „Vernünftige Leute“, lautet ein charakteristischer Ausspruch, „würden lieber
eine Dorfschenke voll besoffener Bauern in ihrer natürlichen Art handeln
und reden, als eine unvernünftige Haupt= und Staatsaktion solcher Oper-
marionetten spielen sehen“.[1]) Deshalb fordert Gottsched positiv vor allem
Wahrscheinlichkeit in der Poesie. Er versteht darunter „nichts anders,
als die Ähnlichkeit des Erdichteten mit dem, was wirklich zu geschehen
pflegt; oder die Übereinstimmung der Fabel mit der Natur“.[2]) Eine
geistlose Auffassung der Aristotelischen Nachahmungstheorie kam solchen
naturalistischen Bestrebungen entgegen. Wollen wir die Gefolgschaft,
die Gottsched dem Stagiriten auf dem Gebiete der Poetik zu leisten be=
flissen ist, in rechter Beleuchtung sehen, müssen wir uns überdies gerade
in unserm Zusammenhang gegenwärtig halten, daß er auf allen andern
philosophischen Gebieten eine Emanzipation von Aristoteles erstrebte.

Wenn wir die platte Nüchternheit in der Poesie Gottscheds und
seiner Schule mit Recht belächeln, mögen wir uns nach alledem erinnern,
daß solche Afterdichtung zu den notwendigen Folgen der rationalistischen
Weltanschauung gehört, und mögen dabei des geistigen Fortschrittes, den
diese Richtung herbeiführte, dankbar eingedenk sein. Tragikomisch ist
freilich die Stellung der Gottschedschen Dichterschule: wenn der Poet sich
zu höherm Schwung erheben, wenn er überhaupt erdichten möchte, zupft
ihn der Rationalist am Ohr und stellt seine herabdrückende Forderung:
Natürlichkeit, Wahrscheinlichkeit! Dann hilft sich der ertappte Dichter
wohl mit der halb seufzend, halb pharisäisch beschränkenden Ausrede:

---

1) Critische Dichtkunst⁴, S. 189.
2) Ebd. S. 198. Vergl. dort überhaupt das Kapitel „Von der Wahrschein=
lichkeit in der Poesie“.

> „Dörften wir, nach Art der Alten,
> Durch der Dichter Fabelreich,
> Menschen noch für Götter halten ...“

oder bergl.[1])

Gottscheds Poetik erweist sich schon dadurch als rationalistisch, daß sie die Regeln der Dichtkunst a priori aus der Vernunft deduzieren will.[2]) Mathematisch im Stile der Wolffschen Philosophie, mit logischer Nötigung will er diese Regeln herleiten, überhaupt die Dichtung dem System des Meisters einreihen. Wie er immerhin dem Schwulst und der Verzerrung vom Standpunkte der Vernünftigkeit und Natürlichkeit wirksam entgegentrat, so hat auch seine theoretische Zusammenfassung der Kunstregeln in deutscher Sprache eine notwendige Grundlage für das System und die Methode der Dichtkunst geschaffen. Befriedigen konnte der Versuch freilich nur, solange bloße Verstandesmenschen die Geheimnisse der Poesie zu begreifen und deren mechanische Ausübung zu erlernen suchten.

Verheißungsvoll genug klingt schon der Titel „Critische Dichtkunst“. Erweckung der Kritik im Sinne seiner philosophischen Lehre war thatsächlich das bedeutsame Ziel unseres Gottsched. Seine „Beiträge zur critischen Historie der deutschen Sprache, Poesie und Beredsamkeit“ verfolgten als ausgesprochenen Zweck: „die Beförderung der deutschen Litteratur, und die Einführung einer gesunden Kritik in allen schönen Wissenschaften“.[3]) Ebenso erklärt er seinen „Grundriß zu einer vernunftmäßigen Redekunst“ „ganz philosophisch, oder welches mir gleichviel dünket, vernunftmäßig“ abgefaßt.[4])

Philosophischer Ableitung seiner litterarischen Grundsätze begegnen wir in allen einschlägigen Schriften Gottscheds. In seiner „Weltweisheit“ selbst rät er, um vor Unkeuschheit zu behüten, die Orte zu meiden, „wo man zur Wollust gereizet wird, als Opernbühnen und unehrbare Komödien, darinnen verliebte Romanstreiche, Zoten und Narrenteidungen der beste Zierat sind. Man lese keine Liebesgeschichte und andere unzüchtige Schriften der Poeten, die ein besonderes Gift einzuflößen pflegen“.[5])

In seinen Wochenschriften eifert Gottsched gegen den Wunderglauben selbst in der Sage und Poesie, weil es eben galt, den Aberglauben im Leben auszurotten. „Ganz andre Dienste“, meint er,[6]) „können die Poeten dem menschlichen Geschlechte thun, wenn sie Weltweise zugleich sind; d. i. ihre Vernunft und ihren Willen gebessert haben. Sie haben eine Gabe,

---

1) Gedichte S. 307.
2) Vergl. Danzel S. 10.
3) Vorrede z. Btw. II[7].
4) Vergl. J. Reicke S. 16 flg.
5) Btw. II[7], S. 294; ebenso S. 416.
6) Der Biedermann II, 57.

die tiefsinnigsten Wahrheiten der Philosophie und Moral auch unstudierten
Leuten begreiflich zu machen. Anstatt subtiler Vernunftschlüsse ... er=
denken sie lebhafte Bilder, die besser in die Sinne fallen. Sie gebrauchen
die Fabel zum Dienste der Wahrheit ... Er malet die Tugend so
reizend, und das Laster so garstig, daß jene bei allen Hochachtung und
Liebe, dieses hergegen nichts als Ekel und Abscheu in den Gemütern
der Menschen wirket." Wie einen intellektuellen Ursprung sehen wir so=
mit auch einen moralisierenden Zweck der Poesie aus philosophischen
Rücksichten abgeleitet. Ebenso erklärt er schon frühzeitig[1]) hämisch, es
sei nicht Bodmers Entdeckung, „daß eine wahre Beredsamkeit sich auf
eine gute Philosophie gründen müsse". Desgleichen: „Ein sprachver=
ständiger Mann kann niemand werden, ohne die Kritik studiert zu haben.
Die Kritik aber ist ganz auf philosophische Gründe gebauet und muß
alle ihre Regeln aus der Vernunftlehre herleiten."[2])

Das sechste Stück der „Neufränkischen Zeitungen", das unserm
Gottsched gewidmet ist, bringt die scherzhafte Ankündigung einer „aller=
neuesten Anweisung zur musikalischen Dichtkunst, nach den Regeln der
Wolfischen Philosophie eingerichtet". Bezeichnend heißt es darin:[3]) „Die
strenge Richtigkeit der Gedanken, so die Vernunftlehre in einem Gedichte
erfordert, will er in der Dichtkunst gar nicht gelitten, sondern als eine
Tyrannin und Unterdrückerin so mancher hübschen Einfälle verbannet
wissen." Der ähnlichen Vorankündigung einer „Harlequinologia" schieben
die „Neufränkischen Zeitungen" unter:[4]) „Die Vernunft bekommt bei
dieser Gelegenheit einen vortrefflichen Wischer, daß sie sich auch in die
Schauspiele mischen wolle. Man sagt ihr rund heraus: So wenig man
ihr erlauben wolle, dem Aberglauben Eintrag zu thun, so wenig stünde
ihr es auch an, die Thorheit in ihrem verjährten Rechte zu beunruhigen."
Wie tief Gottscheds Theaterreformen in seiner Weltanschauung wurzeln,
kommt hier zu unmittelbarer Aussprache.

In dasselbe Horn stieß die litterarische Schule Gottscheds. Schönaich
spottet mit dem Meister um die Wette über die „fromme Schwärmerei"
der „heiligen Poesie" Klopstocks.[5]) Reichel[6]) weist auf den Gegensatz
der Klopstockianer zu Wolf hin: „Zeither hat man vernünftige Ge=
danken von der Seele, vernünftige Gedanken von dem Ursprunge
des Bösen ... u. s. w. geschrieben", wie ja die Wolfschen Büchertitel

---

1) Ebd. II, 22.
2) Ebd. II, 122.
3) S. 9 des besonders paginierten Stückes.
4) S. 143.
5) Vergl. auch Schönaichs Brief an Gottsched v. 15. Dezember 1753.
6) Erläuterungen über die ganze Ästhetik in einer Nuß, S. 84.

lauteten. Jetzt werde man dies in „Träume" umbrucken müssen! Frau Gottsched geißelt gleich in ihrem ersten Drama die „Pietisterei im Fisch= beinrocke". — Andererseits weiß Gottsched die philosophisch = theologischen Gesinnungsgenossen für seine litterarische Agitation zu verwenden. Nament= lich treten die französischen Wahrheitsfreunde in ihren Zeitschriften für seine schönwissenschaftlichen Leistungen ein.[1]) Genug, die litterarischen Reformen Gottscheds gehen mit seiner rationalistischen Propaganda Hand in Hand.

c) Die Zeit bot unserm Gottsched genug Gelegenheit, seine Welt= anschauung im Kampfe zu erhärten. Wie gewöhnlich, übernahmen auch damals die Orthodoxen jeder Konfession die Verfolgung ihrer eigenen freier denkenden Religionsverwandten am fanatischsten. Gottscheds Stellung zur lutherischen Orthodoxie deutet seine geschickte Helferin und Ge= sinnungsgenossin recht klar an:[2]) „Ich gestehe es ganz gern, daß bei dem Vorgeben, unsere lutherische Religion sei die wahre, mir allemal ein Einwurf beifällt, der mir nicht möglich zu heben ist. Daß wir nämlich D. Luther für einen vollkommenen Mann dadurch ausgeben, der gar nicht hat irren können. Ja, dessen Werk so vollkommen ist, daß es auch durch die vielen Mängel, die die Verderbnis der Zeit ihm wieder angehangen hat, noch nicht schadhaft genug geworden ist, um daß es nicht allen andern vorzuziehen wäre. Gewiß ein Satz, den man auch nicht einmal den Werken des Schöpfers selbst einräumt!" Bezeichnend für die Gesinnung, die in Gottscheds Kreis gehegt wird, ist gleichermaßen die Erwiderung des Grafen Manteuffel auf dieses Ge= ständnis.[3]) Auch er findet Luthers „Système" — wie er in rein philo= sophischer Auffassung konsequent sagt — „très - susceptible de réfor- mation". Doch steht es ihm der „bonne religion" näher als die andern Religionen, pourvu que Messieurs les Orthodoxes n'excluent pas ma boussole, c'est à dire l'usage de la raison". Daß auch Gottsched einen neuen Luther für nötig hielt, erfuhren wir bereits, als er sich auf Kreuschners Prophezeiung einer kommenden Reformation berief. In jenem Bekenntnisbriefe an Borowski[4]) führt der greise Gottsched über= haupt eine kühne Sprache, die uns zu längerem Verweilen einlädt. „So leichtsinnig", heißt es hier, „Tellers Buch und ganze Schreibart ist, und so wenig es eine Sekte stiften wird: so viel Schwäche zeiget es doch unsern theologischen Lehrgebäuden, welches auch Basedow thut.

---

1) Vergl. Mauclercs Brief an Gottsched v. 12. August 1740, überhaupt die Korrespondenz mit Mauclerc, Formey und Pérard.
2) An Manteuffel den 15. Oktober 1739.
3) Vom 21. Oktober 1739. — Vergl. Danzel S. 37.
4) Vom 18. des Windmonds 1764 (Kestner=Archiv).

Diese Dinge nun werden doch gelesen, machen Eindruck und schleichen so im Stillen fort, bis sie einmal zu gelegener Zeit ausbrechen. Wie wollten auch so viele philologische Entdeckungen in Erklärung des Alten und Neuen Testamentes, so eine Menge philosophischer Wahrheiten, die heute zu Tage bekannt geworden, und selbst bis unter die Unstudierten und das Frauenzimmer gedrungen: wie wollten, frage ich, dieselben ohne Frucht und Nutzen bleiben? Das wenige Licht, das zu Luthers Zeiten in den schönen Wissenschaften aufgegangen war, wirkte eine Reformation. Setzen Sie, dieser große Mann wüßte heute zu Tage alles, was ein Michaelis in Sprachen, ein Reinbeck, Mosheim und Basedow in der Philosophie wissen: Meinen Sie, daß er nicht eine neue Reformation anfangen würde? Es ist noch alter Sauerteig genug auszufegen. Diesen können die gemeinen Theologen zwar künstlich überkleistern; aber eine zarte Nase, oft auch bei Ungelehrten, riecht ihn doch. Ich habe dieser Tage eine Rede vom Glauben getaufter Kinder gehöret. Mein Gott! welch ein Elend herrschet in den theologischen Beweisen dieses Satzes! Fordern die Theologen zum Glauben Notitiam, Assensum et Fiduciam, so haben sie recht. Sollen aber die getauften Kinder glauben: so haben sie weder eins noch das andre, noch das dritte. Und doch soll es wider des Kuckucks Dank ein Glaube heißen! Sind das nicht Armseligkeiten? sowohl als die ganzen Beweise von der Kindertaufe. Doch manum de tabula! Ich bin kein Luther, und will es auch nicht werden. Aber dies dient nur zum Beweise, wie nötig wir noch eine Reformation haben. · Die Herren Königsberger werden aber freilich alle diese Ketzereien nicht stiften. Sie sind hübsch orthodox und flicken an dem alten Rocke der Theologie, so gut sie können. Indessen sind es brave Leute, die das thun, was man sie heißt... Hat sich Hr. Trescho an D. Ernesti gewaget: was schadet's? Er ist ja kein Papst. Mohrungen ist ein Nazareth, daraus ja auch noch wohl etwas Gutes kommen kann... Durchs Kritisieren und Widerlegen gewinnt die Erkenntnis der Wahrheit. — Voltairens Schrift von der Religionsbuldung ist besser als sein Candide und seine Pucelle: aber der voltairische Freigeist und Unchrist gucket doch allenthalben hervor. Was will er mit seiner Toleranz anders haben, als eine Indifferenz gegen alle Religionen, eine Freidenkerei, die an keine Regel gebunden ist?.. " Schließlich sendet Gottsched allen ihm bekannten Landsleuten Grüße: „Aber sagen Sie nicht, daß ich so ein Ketzer bin." — So gewiß Gottsched auf litterarischem Gebiete schnell überholt wurde, erwecken doch solche Auslassungen wahrlich nicht den Eindruck, als ob er hinter der religiösen Bewegung in Deutschland zurückgeblieben. Vom wissenschaftlichen Standpunkt berührt es besonders wohlthuend, die Luthersche wie

die künftige Reformation mit richtigem historischen Blick zu den wissen=
schaftlichen Fortschritten und deren populärer Verbreitung in Beziehung
gebracht zu sehen. Dabei tritt der Abstand der vernunftreligiösen
deutschen von der religionsfeindlicheren, kritischeren französischen Aufklärung
offen hervor. Nebenher klingt der Hinweis auf Mohrungen wie eine
Prophezeiung: war doch Mohrungens größter Sohn, Herder, überdies
Treschos Famulus! — An Tellers Kämpfen bekundete Gottsched auch
sonst reges Interesse. Die Widerlegung, die jenem auf sein „Lehrbuch
des christlichen Glaubens" hin vom eigenen jüngeren Bruder zuteil
wurde, nennt Gottsched „ein wortreiches, schwatzhaftes Geschmier", das
er nicht durchlesen möchte: er würde sich zu sehr ärgern.[1]) Freilich
hatte ja der jüngere Teller ungefähr gleichzeitig in Gemeinschaft mit
Bahrdt auch Gottsched angegriffen; „diesen beiden naseweisen Jüng=
lingen" selbst schrieb unser spürsinniger Mann alsbald das Pamphlet
„Etwas an Hn. M. K. F. Bahrdt, dessen verbesserten Christen in der
Einsamkeit betreffend," zu, worin er und sein Kollege Bel mutwillig
angegriffen.[2]) In Gottscheds Munde war es natürlich keine Schmeichelei,
wenn er damals diesen M. Teller den „jungen D. Faust" nannte.[3])

Charakteristisch trat in dem Brief an Borowski Gottscheds Feind=
schaft gegen die herrschende geistliche Beredsamkeit und überhaupt
gegen die übliche theologische Beweisführung hervor. Auf diesem Gebiete
schossen Gottscheds sprachliche und philosophische Interessen schon seit Be=
ginn seiner öffentlichen Wirksamkeit zusammen. Es ist uns bekannt[4]),
wie schonungslos herausfordernd er in der „Redekunst" gegen die Künsteleien
und den Schematismus der homiletischen Methode vorgeht. Einige Leip=
ziger Geistliche verleumden den hier einmal erstaunlich kühnen Autor
deshalb bei dem Oberkonsistorium in Dresden. Gottsched wird zu seinem
Schrecken dorthin vor den Königlichen Kirchenrat zitiert, der ihm auf=
giebt, selbst vorzuschlagen, wie sich der Schaden heben ließe. Eingeschüchtert
verspricht er, in einer bald folgenden Auflage alles, was von der geist=
lichen Beredsamkeit handelt, auszulassen, ferner in irgend eine Ein=
ladungsschrift zu oratorischen Vorlesungen mit einfließen zu lassen: daß
er es nicht widerriete, auch homiletische Vorlesungen zu hören.[5]) Auf

1) Im Brief an Viktorine Grohmann vom 28. des Windmonds 1764.
2) Vergl. einen elf Tage früher an dieselbe Nichte gesandten Brief: Bahrdt
hatte nämlich das uns schon entgegengetretene deistische Andachtsbuch „Der Christ
in der Einsamkeit" von Martin Crugot in orthodoxem Sinne unter dem Titel
„Der wahre Christ in der Einsamkeit" überarbeitet.
3) Ebd.
4) Vergl. meine Abhandlung „Über Gottscheds Stellung in der Geschichte
der deutschen Sprache" sowie Danzel S. 22flg.
5) Ww. II⁷, Vorrede sub 1736.

Vorhaltung seines philosophischen Freundes Graf Manteuffel stellt Gott=
sched seine Nachgiebigkeit als möglichst harmlos hin[1]): „Ich habe mich
nur anheischig gemacht, einige satirische Ausdrückungen und scherzhafte
Gleichnisse auszulassen, wodurch ich die heilige Homiletik lächerlich gemacht
haben soll!" Schließlich lassen die neuen Auflagen der „Redekunst" die
geistliche Beredsamkeit ganz bei Seite. Doch will er auf Manteuffels
Plan eingehen, das Ausgelassene besonders drucken zu lassen.[2]) Trotzdem
erlebt Gottsched die Genugthuung, einen vernünftigeren Ton auf den
Kanzeln anschlagen zu hören.[3])

Sofort aber nimmt das Gottschedsche Ehepaar unter Anfeuerung
des gräflichen Protektors den offen abgeschnittenen Kampf hinter einer
schützenden Vermummung wieder auf. Allerdings leiht jetzt die „geschickte
Freundin" ihre Hand: bekleidete Frau Gottsched doch keine Stellung,
deren man sie — wie etwa ihren Mann — entsetzen konnte. Dennoch
wählt sie vorsichtig Anonymität. Zunächst erschien durch Manteuffels
Vermittlung im Druck: „Horatii, als eines wohlerfahrenen Schiffers,
treumeinender Zuruf an alle, auf dem Meere der gesunden Vernunft
schwimmende Wolfianer." Auf eine Antwort von Engelke, derzeit Rektor
der Universität Rostock, sendet sie dem Grafen noch 1738 ein travestierendes
„Responsum theologicum auf die Bittschrift der Wolfischen Philosophie
an die Universität zu R — —k".[4]) Indem Manteuffel bald darauf[5])
seinen Leipziger Bundesgenossen beim Minister Brühl einlobt, behauptet er
einen Beweis in Händen zu haben, daß die orthodoxen Gelehrten Gott=
sched gern anderswohin berufen sähen, um seine Stelle mit einem von
ihren „créatures pédantesques" zu besetzen: Gottsched mißfalle ihnen,
„parce qu'il a fait voir, peutêtre un peu trop palpablement, en
plusieurs endroits de ses écrits philosophiques le ridicule de l'ancienne
Philosophie et celui d'un esprit de chicane et d'intolérance en fait
de Religion, et dans ses leçons d'éloquence le ridicule de la très-en-
nuyante homélie ou manière de prêcher de la plupart de nos Pré-
dicateurs". In gleichem Sinne berichtet Manteuffel an Holzendorff
als Präsidenten des Konsistoriums.

---

1) 26. Oktober 1737.

2) 31. Mai 1738. — Im übrigen vergl. Danzel S. 25.

3) Ww. II[7], Vorrede sub 1736.

4) Siehe Leben der Gottschedin in ihren „Kleineren Gedichten"; Schlenther:
Frau Gottsched, S. 41 flg. u. S. 44; Danzel S. 37 u. 39. Vergl. Gottscheds und
seiner Frau Briefe an Manteuffel vom 22. November 1738. Eine Abschrift
des Manuskriptes als Beilage in den Abschriften der Gottschedschen Korrespondenz
(K. öff. Bibliothek in Dresden).

5) 26. März 1739 (Geheim=Korrespondenz des Grafen Brühl im K. Sächs.
Staats=Archiv).

Die Orthodoxen witterten — trotz Gottscheds scheinbarem Ver=
stummen — mit Recht in ihm einen unversöhnlichen Feind. Ließ er
sich doch dazu bestimmen, anonym eine rationalistische Homiletik zu
schreiben.[1]) Als Friedich Wilhelm I. gegen Ende seines Lebens für die
Wolffsche Philosophie gewonnen war, beauftragte er den Propst Reinbeck,
ein Lehrbuch der Predigtkunst für Studierende zu schreiben. Gerade die
Verfolgung der Gottschedschen Redekunst wies Reinbeck auf unsern Autor
hin. Graf Manteuffel unterstützt wiederum als Eifrigster die Bitte seines
geistlichen Freundes. Unter manchem Zögern des auf jeden Schreckschuß
fassungslosen Professors kommt das Werk zustande. Gottsched sucht den
Anschein zu erwecken, als rühre es von einem Geistlichen her. Um vor
jedem Verrat sicher zu sein, läßt er die einzelnen Bogen von seiner Frau
abschreiben und sendet erst diese Abschriften an Manteuffel zur Weiter=
beförderung in die Druckerei. Die beiden Berliner Freunde schalten nur
einige Anmerkungen ein. Außerdem setzt Reinbeck unter eigenem Namen
eine Vorrede voran und läßt die königliche Kabinettsordre abdrucken,
wodurch die Abfassung eines homiletischen Lehrbuchs nach Wolfs Prin=
zipien befohlen war. Das Buch erschien unter dem Titel: „Grund=Riß
einer Lehr=Arth / ordentlich und erbaulich zu predigen / nach dem Innhalt /
der Königlichen Preußischen / allergnädigsten Cabinets - Ordre / vom
7. Martii 1739 / entworffen. / Nebst / Hrn. Gustav Reinbecks / Consistorial-
Rath und Probsts zu Cölln / an der Spree / Vorbericht / und / kurtzen Ein=
leitung / wie eine gute Predigt / abzufassen sey. / Berlin, zu finden bey
Ambrosius Haude. / 1740."[2])

Schon vor dem Erscheinen der Homiletik stimmt Manteuffel
eine überschwengliche Lobeshymne an[3]): „Le Commentaire Homilétique
sera un livre excellent, .. et j'ose soutenir ... que l'auteur ... rend
par là à la Vérité, à la Religion et à toute la Société Chrétienne le
service le plus essentiel qui leur ait jamais été rendu." Selbst Christian
Wolf läßt sich zu einem Lob herbei, das durch einen persönlichen Zusatz
noch ehrenvoller für den Verfasser wird[4]); nachdem er das Buch eines
anderen Autors zurückgewiesen, schreibt er: „Das Buch von der über=
zeugenden Lehrart im Predigen finde ich gegründeter und dabei viele
Gelehrsamkeit, welche bei einem dergleichen Werke sehr nötig ist. Unter=
dessen dörfte ich das wenigste auf dem Katheder sagen, so würde gleich
ein Land=Geschrei werden, daß ich nichts thäte, als mich über die

---

1) Ww. II[7], Vorrede sub 1738 und Danzel S. 41 flg.
2) Exemplar der K. Universitäts=Bibliothek Kiel.
3) An Gottsched 23. Februar 1740.
4) An Manteuffel 7. Juni 1743.

Religion aufhalten und der Schrift zu spotten (so!)." — Baumgarten
legte in Halle sogar dies Buch seinen Vorlesungen zugrunde.[1])

Werden wir diesen Erfolg gerechtfertigt finden können? Wenigstens
werden wir ihn für jene Zeit verstehen. Denn was Gottsched bot, war
der auf Paragraphen gezogene krasse Rationalismus. Wer dessen Wesen
kennt und gar noch Gottscheds „Redekunst" studiert hat, findet in unserm
„Grundriß" nichts Neues. Alle Regeln der „Redekunst" sind eben auf
homiletisches Gebiet übertragen. Mit gut geheuchelter Objektivität zitiert
sich Gottsched denn auch wiederholt selbst, z. B. in folgender Tonart:
„Es hat dieses schon der bekannte Hr. Prof. Gottsched zu Leipzig in der
1. Auflage seiner Ausführlichen Redekunst ... angemerket, und es würde
ja uns Geistlichen eine Schande sein, wenn wir uns solche Dinge erst
von weltlichen Lehrern der Redekunst wollten sagen lassen. Wenn sie
es indessen aus guter Absicht und Eifer vor die Ehre der Religion thun,
so haben wir es mit Dank zu erkennen."[2]) Man merkt der flüchtigen
Arbeit ordentlich die Lust an, mit der überhaupt statt neuer Ausführungen
Zitate eingeflickt sind. Natürlich marschieren hier alle charakteristischen
Lieblinge Gottscheds auf: da ist Wolf, da sind Mosheim, Reinbeck und
Sack, wiederholt wird auf Kreußner verwiesen, Pietsch, „einen unserer
besten Poeten",[3]) nicht zu vergessen. Um sich für alle Fälle den Rücken
zu decken, hat der Verfasser daneben des „berühmten Hrn. D. Marperger"
Lehr=Elencho wiederholt „bestens anpreisen wollen",[4]) obgleich Marperger
als Feind der Aufklärung und Gegner Reinbecks auftrat, — der Mann
war aber Oberhofprediger in Dresden. Als abschreckendes Beispiel muß
dagegen Abraham a St. Clara herhalten.[5])

Die Regeln entsprechen ganz der Königl. Kabinetts=Ordre; forderte
diese doch für die Studierenden der Theologie: „Es sollen dieselben bei
Zeiten in der Philosophie und einer vernünftigen Logik, als z. E. des
Professoris Wolfens, recht fest setzen, damit sie lernen recht deutliche
und klare Begriffe von der ganzen Theologie ... zu machen." Dem
entsprechend bezeichnet Gottsched als Pflichten eines erbaulichen evan=
gelischen Redners[6]): „Er soll 1. deutlich erklären, 2. gründlich erweisen,
3. der Gegner Einwürfe widerlegen, 4. alles Dunkle und Schwere er=
läutern, 5. die Gemüter durch Bewegungsgründe lenken und 6. die
Affekten teils dämpfen, teils erregen." Ausdrücklich wird für die geist=

---

1) Ww. II[7], Vorrede sub 1738.
2) Siehe S. 97; ähnlich S. 119, 162, 485.
3) S. 160.
4) S. 266 flg., ebenso S. 277 u. a.
5) S. 182 flg. und 188 flg.
6) S. 37.

liche Beredsamkeit dieselbe Vortragsart wie für die weltliche gefordert.[1]) Über die Vortragsart hinaus greifen Gottscheds Ausführungen in den Geist der Religion ein. Er meint ganz im Sinne seines philosophischen Lehrbuches, die geistlichen Gegner der Weltweisheit überlegten nicht, daß diese uns „die wichtigsten Wahrheiten der natürlichen Religion gründlich vorträgt, darauf sich die geoffenbarte berufet, und damit sie völlig über-einstimmen muß, wenn sie aus einer wahrhaftigen Offenbarung her-fließet"[2]), — was einer völligen Rationalisierung der Religion gleich-kommt. Leichtlich setzt sich unser Autor über den Gegensatz zwischen Naturtrieb und Sittlichkeit hinweg, über jenen Gegensatz, den Kant in voller Schärfe erfaßte, den erst Schiller einer Versöhnung entgegenführte. Gottsched behauptet flott[3]): „Die Moral des Neuen Testaments enthält nicht eine einzige Pflicht in sich, dazu der Mensch nicht schon durch das Gesetz der Natur verbunden wäre . . . Und obwohl in der Offenbarung verschiedene höhere Bewegungsgründe dazu kommen, die einem Christen einen weit stärkern Antrieb geben, dieser reinen Sittenlehre gemäß zu handeln: so bleiben doch allemal die Begriffe der Tugenden und Laster eben dieselben, wie sie in der philosophischen Moral vorkommen." Frei-lich will er nur die Moral und nicht — wie es noch in unserm Jahr-hundert möglich war — auch die Dogmen des Christentums philosophisch aus der Vernunft herleiten: „hier muß freilich die göttliche Offenbarung die einzige Quelle bleiben".[4]) — Der Göttingische Professor Joachim Oporin veröffentlichte 1741 eine Gegenschrift: „Theologisches Bedenken über den Grund-Riß . . ., nach der Wahrheit, Bescheidenheit und Liebe abgefaßt". Namentlich wendet er sich nicht ohne Grund gegen die ver-nunftgemäßen Beweise auf der Kanzel und die Vorherrschaft des Natur-gesetzes in der Moral.

Gleichzeitig mit der Homiletik erschien ebenfalls mit einer Vorrede Reinbecks eine von Frau Gottsched verfaßte Übersetzung von „Eachard's Untersuchung der Ursachen und Gelegenheiten, welche zur Verachtung der Geistlichen und der Religion Anlaß gegeben".[5]) Der Name der Über-setzerin blieb ungenannt. Auch jener Engländer bekämpfte nämlich die prahlerische Gelehrsamkeit, die verwegenen Metaphern und kindischen Gleichnisse, sowie die künstlichen Erläuterungen, in denen sich die Geist-lichkeit gefiel; daneben zieht er ihre Unwissenheit und Armut, schließlich

---

1) S. 45.
2) S. 65.
3) S. 196 flg.
4) S. 224 flg.
5) Berlin bei Haude 1740. — Exemplar der K. Universitäts-Bibliothek Kiel. — Vergl. Leben der Gottschedin in ihren „Kleineren Gedichten".

ihr ärgerniserregendes Leben als Ursachen der Verachtung, in der sie stehen, heran. Reinbecks Vorwort weist auf die Parallelität der deutschen Zustände hin.

War das Gottschedsche Paar während der Jahre 1739 und 1740 im Dienste der Aufklärung besonders thätig, so werden die wiederholten Verfolgungen, denen es gerade um diese Zeit ausgesetzt war, verständlich. Man ergriff jede Gelegenheit, bei der Gottsched hervortrat, um ihn anzuschwärzen. Zunächst mußte seine Gedächtnisrede auf Opitz herhalten.[1] Zur Feier von dessen 100. Todestag bedient sich Gottsched einer auf der Leipziger Universität gestifteten Lectio Prutenica, die er als geborener Preuße gegen eine vom Magistrat ausgezahlte geringe Entschädigung schon viele Jahre hinter einander gehalten hatte. Er erklärte vor einem täglich wachsenden Hörerkreis im philosophischen Hörsaal des Schlesiers Lobgedicht auf Vladislaw. Als er für die vierte und letzte Stunde seine Lobrede auf jenen Vater der neueren deutschen Poesie ankündigte, fanden sich einige hundert Zuhörer ein; zu Gottscheds Glück befand sich unter den geladenen Gästen neben dem Rektor und dem Dekan auch der zufällig in Leipzig anwesende Graf Manteuffel. Es war an Opitzens Todestag selbst; die Vorlesung fand wie an den vorhergehenden Tagen von 2—3 statt. Leider war das Datum ein Tag vor dem sächsischen Bußtag, so daß die Festrede in die Zeit des Vorbereitungs-Gottesdienstes fiel. Gerade als die Andacht beendet, sieht D. Florens Rivinus, Professor in der juristischen Fakultät, die Studenten aus Gottscheds Auditorium strömen. Sofort benunziert er die vermeintliche Sabbatschändung in Dresden. Als Gottsched bald darauf in der Residenz weilt, erfährt er, daß Bericht von der Universität eingefordert sei. Zwar giebt er alsbald mündliche Aufklärung, reist aber doch schleunig zurück, um einen günstigen Bericht zu bewirken. Thatsächlich melden Rektor und Senat, daß diese Handlung mehr Beifall als ungnädige Empfindung verdiene; überdies sei es Werkeltag gewesen, an dem auch Markt abgehalten und die königlichen Gebäude, wie Steuer und Gericht, geöffnet gewesen.[2] Zum Überfluß bearbeitet Manteuffel unter Berufung auf seine Anwesenheit den Präsidenten des Konsistoriums, v. Holtzendorff.[3] Man muß es Manteuffel lassen, daß er sich die Verteidigung Gottscheds mit ernstem Eifer und überzeugender Gründlichkeit angelegen sein ließ. Er bezeichnet selbst sein Schreiben als „tirade Anti-Tartuffe" gegen die

---

1) Ww. II⁷, Vorrede sub 1739.
2) Nach den Akten im K. Sächsischen Staats-Archiv (Acta, die Lectiones Prutenicas an der Universität zu Leipzig betreffend, Nr. 1794).
3) Brief vom 25. September 1739, abschriftlich im Gottschedschen Briefwechsel.

„insinuations malignes que ces antipodes de la Raison ont osé faire contre la harangue Opizienne de Mr. Gottsched". Der Redner habe weder die Religion oder auch nur die Theologen verspottet, noch von einer Jubelfeier gesprochen, für die der Tag vom Denunzianten unschicklich bezeichnet war ꝛc. Nach einigen Tagen übermittelt Holtzendorff in Leipzig dem Beschuldigten mündlichen Bescheid. „Ich ward", berichtet Gottsched dem gräflichen Beschützer am 10. Oktober, „auf eine ganz gnädige und freundliche Art empfangen. Es hieß, ... daß die Nachrichten wider mich gar zu milde eingerichtet gewesen, welches soviel als strenge bedeuten sollte. Und was meine Rede beträfe, so hätte er auch nichts Anstößiges darin befunden. Es würde also wohl nichts weiter zu bedeuten haben." An Holtzendorff, als altem Freund Manteuffels, besaß Gottsched überhaupt einen um so wertvolleren Rückhalt, als der Ober-hofprediger Marperger unsern Mann mit Mißtrauen überwachte, so sehr dieser nach allen gymnastischen Regeln solcher Kunst vor dem Kirchen-fürsten kroch.

Bald erregte Gottsched von neuem den Neid der Dunkelmänner. Hören wir zunächst den Bericht der Frau Professorin[1]): „Den 2. Februar haben die Auditores Collegii philosophici meines Mannes demselben zu seinem Geburtsfeste eine öffentliche Musik mit Fackeln, Pauken und Marschällen gebracht. So unschuldig nun auch diese Sache ist, welche von einer ungezwungenen Zuneigung seiner Auditorum zeiget (so!), so zweifle ich doch nicht, daß sie gewissen Beschützern der Obscurorum Virorum abermals als ein Strepitus vorkommen werde: zumal man in Leipzig kein Exempel hat, daß diese Ehre einem Professori geschehen wäre. Es sind viel junge von Adel dabei gewesen, darunter ein Herr von Einsiedel die Anrede hielt." Auch der Gefeierte selbst fürchtet, daß ihm diese Ehre wieder viel Neid und Verleumdung bei seinen Obern zuziehen werde. Ad declinandam invidiam sucht er die Studenten auf-zumuntern, daß sie dem Rektor bei Ablegung seines Amtes eine gleiche Ovation darbringen möchten.[2]) Die Befürchtungen erwiesen sich trotzdem als gerechtfertigt. Vom Ober-Konsistorium erging auf Denunziation ein Befehl an die Universität, zu berichten, ob auch Exzesse dabei vor-gefallen wären? Das Gottschedsche Paar sah in diesem Verfahren eine Tücke Marpergers.[3]) Die Universität antwortete, daß bei ihr keine Beschwerde vorgebracht wäre; doch sei bei der „solennen Musik" geschrien worden und man habe den Haufen durch Stadtknechte auseinander-

---

1) An Manteuffel 6. Februar 1740.
2) An Manteuffel 10. Februar 1740.
3) Siehe Schreiben von Frau Gottsched an Manteuffel den 28. Februar 1740 und Akten des K. Sächs. Staats-Archivs über die Universität, Nr. 1788.

treiben müssen. Darauf erfolgte der Befehl, daß für solche Aufzüge künftig eine besondere Erlaubnis erforderlich[1]).

Es wird überall klar, daß um das Jahr 1740 Gottscheds Ruhm gipfelte. Johanni sollte unser beliebter Redner zur dreihundertjährigen Jubelfeier der Erfindung der Buchdruckerkunst die Festrede halten. Vergebens setzt Gottsched alle Hebel an, die Paulinerkirche für seine Rede zu gewinnen; Marperger hielt dies für eine Entweihung. Selbst die Fürsprache der Gräfin Brühl erwies sich als machtlos.[2]) Das philosophische Auditorium konnte aller Voraussicht nach für die Zuhörerschar nicht hinreichen. Wollen wir Gottsched im Triumph über seine Gegner sehen, so mögen wir immerhin einen Blick in seinen Bericht über die Feier werfen, um so mehr als seine Rede und Kantate zu diesem Fest die Buchdruckerkunst als Dienerin der Aufklärung feierte. „Meine neuliche Jubelrede", meldet er am 3. Juli 1740 dem bekannten hohen Patron, „ist bei unsäglichem Zulaufe des Volkes am vergangenen Montage gehalten worden, und mir wenigstens nach Wunsch gelungen. Es hat auch geschienen, als ob meine Zuhörer mit mir zufrieden gewesen wären. Außer dem Rektore und ein paar jungen Grafen v. Reuß und v. Hoym sind wohl 50 bis 60 Graduierte aus allen Fakultäten darinnen gewesen: und die Menge der Studenten ist so groß gewesen, daß auch eine Wache von 25 Mann ihnen zu widerstehen nicht vermögend war. Unter anderen ist Dr. Rivinus" (der Denunziant der Opitz-Rede), „der mir wegen der Paulinerkirche am meisten zuwider gewesen, auch keine Wache dabei haben wollen, so ins Gedränge gekommen, daß man ihn bald erdrücket hat, und seinen Grafen Hoym, den er mit sich ins Auditorium führen wollen, in dem Schwarme verloren, ja gar besorgen müssen, daß derselbe als ein junger zarter Herr ums Leben kommen könnte. Es ist aber weder ihm noch sonst jemand ein merklicher Schade geschehen, ohngeachtet viele um ihre Hüte, Haarbeutel, und einige Katecheten um ihre Mäntel gekommen, auch Herr Professor Teller sehr viel im Gedränge gelitten. D. Börner und D. Olearius haben wieder umkehren müssen, weil sie unmöglich durchgekonnt: denn der ganze Platz im großen Fürsten-Kollegio, ja bei der Niklaskirche hat noch vollgestanden, als inwendig schon alles voll war. Die Leute sind an den Fenstern mit Leitern aufgestiegen, und auch hinter der Kathedra haben auf dem Walle am Fenster eine Menge Leute gestanden und mir durch dasselbe zugehöret ... Nun muß ich nur noch besorgen, daß wieder ein Befehl von Dresden komme, daß die Universität berichten solle, was für ein Lermen bei der Rede

---

1) Akten des K. Sächs. Staats-Archivs ebenda.
2) Siehe Danzel S. 68. Im übrigen vergl. Ww. II⁷, Vorrede.

gewesen, wie ich schon bei mehreren Gelegenheiten erfahren habe. Denn meine Feinde und Neider werden nicht ermangelt haben, wunderlich Zeug nach Dresden zu schreiben, wie sie sonst gewohnt sind." Die Universität hatte sich aber präjudiziert, indem sie schon vorher, als es sich um Empfehlung der Paulinerkirche als Ort des Festaktes handelte, ohne Erfolg günstig nach Dresden berichtete.[1])

Die Gegner hielten sich schadlos. Zu Gottscheds Rektorschmaus kamen 1739 Manteuffel und Reinbeck angereist. Nun meldet die Frau Professorin dem Grafen am 23. Juli 1740: „Unsere Leipziger haben sich auf eine sehr listige Art von der Gefahr losgemacht, bei einem künftig zu befürchtenden Rektorschmause meines Freundes wiederum eine so erschreckliche Erscheinung zu haben, als vorm Jahre im Sommer geschahe. Denn es ist vor kurzem (und wie man glaubt, auf Angeben einiger solchen Herren, die den Freunden der Vernunft nicht gerne näher kommen, als diese ihnen gekommen ist) ein königlicher Befehl eingelaufen, nach welchem alle dergl. Rektorschmäuse eingestellt sein sollen." Wir dürfen den Feinden des Rationalismus schon solche kleine Genugthuung gönnen, nachdem sich die drei „Wahrheitsfreunde" bei jener wie noch einer anderen Veranlassung an der Verlegenheit der Gegner geweidet hatten. Auch der Schmerz war diesen nämlich zuteil geworden, daß Gottsched in Manteuffels Namen sämtliche Werke Wolfs der Universität als Geschenk überreichte und schadenfroh die Feinde des Rationalismus ihren Ärger hinunterschlucken ließ.

d) In desto besserem Einvernehmen stand Gottsched mit der katho= lischen Geistlichkeit. Allerdings verbreitete sich um die Wende der Jahre 1737 und 1738 von Halle nach Berlin das Gerücht, Gottsched sei auf den Sonnenstein in Gefangenschaft geführt, weil er durch eine Schrift den Dresdener Jesuiten mißfallen habe[2]). Aber der Nächst= beteiligte war über „eine so seltsame Zeitung" mit gutem Grund sehr befremdet. „Meines Wissens", schrieb er dem besorgten gräflichen Freunde[3]), „habe ich den Herren P. P. S. J. seit vieler Zeit keinen An= laß gegeben, über mich zu klagen: es müßte denn irgend meine im Jahr 1730 herausgegebene Jubelode, oder die Fontenellische Historie der Orakel, die aber noch viel älter ist, dazu Gelegenheit gegeben haben. Doch ich glaube nicht", schließt er mit richtiger Witterung, „daß diese Herren ihren Vorteil so wenig verstehen sollten, daß sie gleich anfangs ihre Sachen mit Gewalt und Macht zu befördern suchen würden". Die

---

1) Gottsched an Manteuffel 4. Mai 1740.
2) Nach Manteuffels Brief an Gottsched vom 1. Januar 1738.
3) Am 1. Februar 1738.

Obe „Auf das andere Proteſtantiſche Jubelfeſt, welches wegen des zu
Augsburg übergebenen Bekenntniſſes i. J. 1730 gefeiert worden", hatte
man weder in Leipzig noch in Gotha zu drucken gewagt, weil Gottſched
in ihr ſehr ausgiebigen Gebrauch von Luthers Kraftwort „Babyloniſche
Hure" für die römiſche Kirche gemacht. Erſt als von Gotha eine Ab=
ſchrift nach Hamburg gekommen, wurde ſie daſelbſt gedruckt und darauf
ſogleich in Berlin, Danzig, Königsberg und im Hannoverſchen nach=
gedruckt.[1]) Später bereitete dies Gedicht ſeinem Verfaſſer thatſächlich
auch direkt in katholiſchen Kreiſen Ungelegenheit: machte es doch die
Widmung des I. Bandes ſeiner neuen Gedicht=Ausgabe an die Fürſtin
Trautſon in Wien unmöglich![2])

Wir wiſſen bereits, daß einige Religionsſticheleien das Verbot des
Februarſtückes 1754 vom „Neueſten aus der anmuthigen Gelehrſamkeit"
und des „Reinele Fuchs" herbeiführten.[3]) Aber wir kennen auch die
gewaltige ſprachliche und ſo indirekt kulturelle Wirkung, die Gottſched
auf das katholiſche Deutſchland, namentlich auf Öſterreich ausübte.
Wie die „Redekunſt" unſeres Autors in der katholiſchen Geiſtlich=
keit Anklang fand, ſo verfehlte auch die Homiletik in gleichen Kreiſen
ihres Eindrucks nicht. Der Ordensgeiſtliche Rudolf Graſer ſchreibt an
P. Placidus Amon unterm 30. Oktober 1755, ſelbſt ohne den von
ihnen verehrten Gottſched als Autor zu ahnen[4]): „Ich hätte Luſt, die
Reinbeckiſche Lehrart ins Kurze zu bringen, indem ich alle überflüſſigen,
ekelhaften und unkatholiſchen Stellen, und was dergleichen Dinge ſind,
weglaſſen wollte. So würde das Werkchen ſehr klein werden, und vor
meinen Predigten geſetzet werden. Ich weiß nicht, haben Ew. H. beſagte
Lehrart ſelbſt geleſen, oder nicht? Ich meines Teiles habe ſie etliche
Male durchgeleſen, und ich kann nichts anders ſagen, als daß ſie un=
vergleichlich iſt."

Gottſcheds treuer und fähiger Mitarbeiter auf ſprachlichem Gebiete
P. Placidus Amon konnte ſich doch nicht enthalten, einen leiſen Be=
kehrungsverſuch an dem ketzeriſchen Freund zu machen. Sehr intereſſant
und zur Erkenntnis von Gottſcheds Geiſt wichtig iſt die Antwort, die
der Leipziger Profeſſor erteilt[5]): „Ich pflege meinen Gönnern und
Freunden dergleichen wohlgemeinte Ratſchläge nicht übel zu nehmen,
wenn ich ſie gleich nicht annehmen oder billigen kann. Es iſt wahr,

---

1) Wm. II[7], Vorrede sub 1730.
2) Schon in meiner ſprachgeſchichtlichen Darlegung verwies ich hierauf.
3) Ebendort.
4) Siehe Studien und Mitteilungen aus dem Benedictiner= und dem
Ciſtercienſerorden, Bd. X, S. 659.
5) Vom 25. Mai 1752, — ſ. a. a. O. X, 103 flg.

daß mir sowohl der Hr. v. Scheyb als der Hr. Baron v. Petrasch vorhin schon eben dergleichen Versuchungen überschrieben ... Allein diese hatten wohl beide nichts aus eigenem Triebe, sondern auf Veranlassung eines großen kaiserlichen Ministers gethan, dessen Absichten wohl sein mochten, mich unter dieser Bedingung nach Wien zu ziehen. So gern ich mich daselbst zu einem Werkzeuge in Beförderung der Künste und Wissen= schaften hätte brauchen lassen: so war es mir doch nicht möglich, den Widerspruch meiner Vernunft zu dämpfen, die mir immer zurief, daß ich eine Thorheit begehen würde ... Ich will Ew. H. nur gestehen", lautet nun die charakteristische Begründung, „daß, wenn ich gleich die Theologie niemals getrieben und die Gründe des evangelischen Lehr= begriffes niemals eingesehen hätte, mir dennoch die Philosophie allein die katholische heutige Art des Gottesdienstes zum Abscheu gemachet haben würde. Was muß wohl ein Mensch denken, der von Jugend auf ge= lernet hat, und durch Vernunft und Erfahrung überzeuget worden: daß nur das einzige höchste Wesen, der Schöpfer und Erhalter der Welt, die Ehre der Anbetung fordern könne, — was muß er denken, frage ich, wenn er in ein katholisches Land kömmt und daselbst alle Straßen und Bäume voller Abgötter und Götzenbilder sieht ..., wenn er gar in eine katholische Kirche kömmt, darin er eine größere Menge von Altären toten Menschen zu Ehren als dem wahren Gott aufgebauet sieht ...? darin auf den Kanzeln mehr von den sogenannten Heiligen als von Gott geprediget, mehr Legenden und Fabeln als wahre Sitten= lehren vorgetragen und gelehret werden?" — Gewiß spricht hier der Rationalismus aus jedem Satz, aber auch eine gewisse religiöse Wärme und ehrenwerte Überzeugungstreue. Von der religiösen Indifferenz der fran= zösischen Aufklärer ist Gottsched frei. Diese Gesinnung konnte dennoch nicht verhindern, daß auf die Ehren hin, die Gottsched in Wien genoß, durch die evangelische Orthodoxie das Gerücht ging, er wäre zur römischen Kirche übergetreten.[1]

e) Zu hervorragenden Theologen und Philosophen unter= hielt Gottsched von Leipzig aus andauernd enge Beziehungen. Schon seine litterarischen Bestrebungen brachten ihn Gottesgelehrten und Welt= weisen nahe. Seit 1728 steht er in Briefwechsel mit Mosheim, der damals zum Mitgliede der „Deutschen Gesellschaft" in Leipzig ernannt wurde. Der Verkehr gestaltet sich um vieles enger, als Mosheim nach Burkhard Mendes Tode 1732 aus der Ferne die Präsidentschaft der Gesellschaft übernimmt. Die Freundschaft beider Männer überdauert Gottscheds Austritt aus der „Deutschen Gesellschaft"; erwies sich doch

---

1) Vergl. Danzel S. 312 flg.

der berühmte Kanzelredner stets als toleranter, weitherziger Christ. Dabei war er keineswegs ein Anhänger Wolfs, nahm überhaupt an den philosophischen Schulstreitigkeiten wenig Interesse; eher neigte er zu Berkeleys Idealismus.[1]) Daß er bei alledem selbst Gottscheds philosophische Leistungen zu würdigen weiß, bekundete er uns ja angesichts der „Ersten Gründe der gesammten Weltweisheit".

Auch der Leiter der Teutschen Gesellschaft in Jena, der Historiker und besonders Kirchenhistoriker Gottlieb Stolle, erwies sich ohne Parteinahme duldsam gegen die Wolffsche Philosophie. War er doch eins von den zwei Mitgliedern der philosophischen Fakultät, die es bei dem großen Ketzergericht über Wolf unbedenklich fanden, das Lehren über die Wolffsche Philosophie freizugeben, wenn nur den älteren Professoren nicht zugemutet werde, ihre Lehrart zu ändern.[2])

Dagegen hatte ein anderer Korrespondent und entfernter Verwandter Gottscheds, der Kanzler D. Pfaff in Tübingen, sogar die Leibnizsche „Theodicee" unwirsch abgewiesen: Leibniz habe, nur in feineren Wendungen, eigentlich doch genau dasselbe gesagt, was Bayle in derberen Ausdrücken vorgebracht.[3]) Ebensowenig fiel sein und überhaupt der Tübinger Theologen Gutachten über die Wolffsche Lehre günstig aus.[4]) Bei alledem war Pfaff ein echter Geistesverwandter des Thomasius. —

Direkt zu den Orthodoxen rechnete Gottsched einen seiner eifrigsten Korrespondenten, den Pastor Brucker in Kaufbeuren, später in Augsburg, den Herausgeber biographischer Sammlungen, namentlich des „Bildersaals heutiges Tages lebender ... Schriftsteller". Für seine Historia critica philosophiae fragt er bei Gottsched an, ob das Gerücht wahr, daß Wolf in seiner Jugend ein Erzspinozist gewesen. Unser Mann ist naiv genug, die Anfrage Wolf selbst übermitteln zu lassen, der mit jener Vorsicht, die wir an ihm Spinoza gegenüber bereits kennen lernten, die Antwort erteilt: Herr Brucker solle seine Schriften durchlesen, da würde er sehen, ob die Beschuldigung Grund habe.[5])

Von hervorragenden Theologen bekennt sich Jerusalem direkt als Gottscheds Schüler; ja gelegentlich[6]) versichert er „die aufrichtigste Erkenntlichkeit, mit welcher ich alle meine Wohlfahrt einzig und allein der

---

1) Vergl. Danzel S 106 flg.

2) Vergl. Karl Biedermann II, 1, S. 417.

3) Vergl. Karl Biedermann II, 1, S. 265, s. auch S. 242 flg.

4) Ebd. S. 417. — Vergl. Allgemeine Deutsche Biographie, Art. Ch M. Pfaff, und Hettner: Geschichte der deutschen Litteratur im 18. Jahrhundert, I⁴, S. 218 flg.

5) Vergl. Danzel S. 68 und Büsching: Beiträge zu der Lebensgeschichte denkwürdiger Personen, I, S. 49.

6) 17. März 1738.

Gewogenheit und der getreuesten Anweisung zuschreibe, die ich von Ihnen in Leipzig zu genießen habe das Glück gehabt." Noch 1746 wiederholt er seinen Dank; steht es doch fest, daß der spätere berühmte Abt Gottscheds Unterweisung in besonders vertraulicher Weise genossen.[1])

Daraus ergab sich eine Lebensbeziehung, die für unsern Mann zwar keinen direkten Vorteil mit sich brachte, ihm aber jedenfalls überall zum Ruhme gereichte, denn Jerusalem verstand es, sich mit einer Sphäre von Korrektheit und Vornehmheit zu umgeben. Bedenklicher konnte sich für Gottsched eine Berührung mit dem anrüchigen Wertheimer Bibel= übersetzer Johann Lorenz Schmidt gestalten. Am 18. Juli 1736 beruft sich dieser auf Gottscheds Beifall: „Wenn das Gerücht, welches mir zu Ohren gekommen, nicht ganz falsch ist: so hat meine biblische Arbeit das Glück gehabt, bei Ew. H. einigen Beifall zu finden. Aus dieser Ursache nehme ich mir die Freiheit, Denselben hiermit ein paar neue Schriften zu übersenden, welche zur Verteidigung derselben aufgesetzet worden. Ich erfahre wohl, wie sehr die Finsternis sich gegen das Licht wehrt, daß es nicht aufkommen und den Menschen die Augen erleuchten soll. Jedoch hoffe ich, Gott werde die Wahrheit noch siegen lassen." Ein solcher Appell an die Wahrheit mußte einem Gottsched zu Herzen sprechen. Um wie viel sympathischer mußte er sich noch berührt fühlen, wenn Schmidt seine Übersetzung zu einem der vornehmlichsten Gottschedschen Lebensinteressen in Beziehung setzte! Er fährt nämlich fort: „Ich werde diesen Herbst eine vollständige Sammlung der Streitschriften drucken lassen, welche bei Gelegenheit meiner Übersetzung zum Vorschein gekommen sind. Da wünschete ich nun, eine gründliche Abhandlung zu haben und dieser Sammlung mit beizufügen, worinnen ausgeführet und nachdrücklich erwiesen würde: wie ungereimt es sei, bei der Gottesgelehrsamkeit eine besondere Sprache zu führen; was dieses für eine schlechte und unfruchtbare Erkänntnis wirke; wie nötig allenthalben und noch viel mehr bei den göttlichen Wahrheiten ein natürlicher Ausdruck sei, und was daraus für Nutzen für die Menschen entstehe. Hiebei könnte einige Anwendung auf meine biblische Arbeit gemacht, oder, nach Gutbefinden, auch wohl weggelassen werden. Wenn ich nicht zu viel bitte: so wollte ich Ew. H. gehorsamst ersuchen, durch einen von Dero Schülern eine solche Abhandlung unter Dero Aufsicht verfertigen zu lassen: und diese wollte ich nachgehends ohne Meldung eines Namens oder Orts meiner Sammlung mit einverleiben. Ich hoffe, dieses sollte vieles beitragen, der Welt in der gegenwärtigen Dunkelheit

---

. 1) Siehe Jerusalems Brief vom 3. April 1746 und Rosenbergs Brief (aus Mertschütz im Fürstentum Liegnitz) vom 21. März 1746.

die Augen aufzuthun, und den guten Geschmack auch in diesem Stücke zu befördern." — Gottsched lieferte nichts, ließ sich jedoch insoweit mit dem Wertheimer ein, als er ihn ermunterte, sich an Fortsetzung seines Werkes durch die kleinen Kläffer nicht abhalten zu lassen. Dieser Brief vom 10. Januar 1737 lief erst am 28. Februar in Wertheim ein, als Schmidt bereits in Haft saß, so daß auch Gottscheds Schreiben der Untersuchungs=kommission überliefert wurde.[1]) Glücklicherweise blieb diese Verwicklung für Gottsched ohne Folgen. Schon am 13. April 1737 meldet sich Schmidt aus der Haft selbst wieder brieflich. Ob die Verfolgung des Wertheimers das Gottschedsche Paar stutzig machte? Oder nimmt es in Äußerungen nach Berlin auf Reinbecks scharfe Angriffe gegen Schmidt Rücksicht? Jedenfalls sucht es ihn später kräftig abzuschütteln. Am 11. Juli 1739 klagt die Frau Professorin dem Grafen Manteuffel: „Hr. Canz[2]) wird der Wolfschen Philosophie durch den 4. Teil seiner Schriften eben die Dienste thun, die ihr der Wertheimer mit seiner Bibelübersetzung gethan hat: Wenn man anfangen will, solche gefährliche Sätze und Irrtümer für Lehren oder Wirkungen dieser Philosophie aus=zugeben, so darf man sich auch nicht wundern, wenn man sie, als eine Zerstörerin der Religion, auszurotten sucht." Die Wahrheitsfreunde hatten allen Grund, eine Schädigung ihrer Sache durch das enfant terrible in Wertheim zu befürchten: berief sich doch Schmidt fortgesetzt zu seiner Verteidigung auf die Wahrheit, die der ganze Grund seiner Sache, ja für die er alles zu erdulden bereit sei.[3]) —

Nicht so eng wie man voraussetzen könnte, gestalteten sich Gottscheds direkte persönliche Beziehungen zu Christian Wolf. Wir hatten ein=zelner gelegentlicher Berührungen beider Männer zu gedenken. Zwar kannte Wolf unsern Autor das ganze letzte Vierteljahrhundert seines Lebens[4]) aus der Ferne; indessen wickelt sich ihr Verkehr meist durch Mittelsmänner, namentlich Ehler in Danzig, den Grafen Manteuffel, sowie Madai und Pauli in Halle ab. Dieser indirekte Verkehr wurde seit Manteuffels Übersiedelung nach Leipzig, während das Schulhaupt in Halle wirkt, besonders lebhaft und fortlaufend.

---

1) Kammerrat J. W. Hoeflein in Wertheim meldet so an Johann Kaspar Schneider in Kitzingen, der die Hiobspost unterm 7. März 1737 an Gottsched weitergiebt.

2) J. G. Canz, Professor in Tübingen, wurde später der Fortsetzer von Reinbecks Hauptwerk: „Betrachtungen über die in der Augsburgischen Konfession enthaltenen . . . Wahrheiten." -- Vergl. über ihn Allgemeine Deutsche Biographie.

3) Vergl. Hoefleins und Schmidts Briefe an Reinbeck in Büschings Bey=trägen zu der Lebensgeschichte denkwürdiger Personen, I, 166 und 183.

4) Siehe Gottsched: Historische Lobschrift des Frh. v Wolf, Vorerinnerung, S. II.

Im Jahre 1740 tritt dann Wolf unmittelbarer in Gottscheds Interessenkreis. Ergeht doch sogleich nach Friedrichs des Großen Thronbesteigung an den einst schmählich Vertriebenen der Ruf zur Rückkehr an seinen früheren Wirkungsort Halle. Unser Leipziger Professor zeigt sich auffallend besorgt: offenbar fürchtete er von einer Rückkehr Wolfs, daß Halle sein Leipzig völlig in Schatten stellen würde. So vergißt er sich bis zu nachstehenden Malicen[1]): „Herr Wolf, wenn er nach Halle kömmt, wird wohl keine andere Absicht haben, als D. Lange zu Tode zu ärgern, und noch bei dessen Leben über ihn zu triumphieren. Denn sonst sehe ich in der That nichts, was ihn dazu bewegen kann. Wenigstens wird er sich in Verfertigung seiner lateinischen Schriften sehr hindern; teils durch die Veränderung des Ortes, die ihm leicht ½ Jahr verderben kann; teils durch die Schwächung seiner Kräfte, die dabei zu besorgen ist; teils durch die mehrere Arbeit, die er sich in Halle im Lesen zuziehen wird. Anstatt daß er in Marburg 20 oder 30 Zuhörer gehabt, wird er in Halle 300 oder mehr haben; und für 2 oder 3 Stunden, die er itzo liest, wird er in Halle 5 oder 6 lesen müssen. Also sollten von rechtswegen alle Alethophili wünschen, daß er bliebe, wo er ist. Endlich steht es auch noch dahin, ob der liebe (!) Mann, in den Jahren, die er hat, seinen alten Ruhm im Lesen noch wird behaupten können" ꝛc. Man sieht, unser Gottsched ist ein Gemütsmensch! Offenbar hoffte er, Manteuffel werde diese Befürchtungen an die richtige Adresse weiterbefördern. Der Graf dagegen widerspricht diesen Gründen Punkt für Punkt[2]), nicht ohne die Albernheit der Argumente gebührend aufzumutzen. Besonders sei es ein Irrtum, daß Wolf nur deshalb nach Halle zurückkehre, um Lange zu Tode zu ärgern. „Je l'estimerais beaucoup moins que je ne fais, s'il était susceptible d'une faiblesse si peu philosophe, pour ne pas dire si puérile".

Bald gewann Gottsched selbst Grund, die Übersiedelung Wolfs gutzuheißen. Schon am 19. Oktober meldet dieser dem Grafen, daß man Gottsched gern an seine Stelle ziehen möchte. „Da nun hier mit wenigem Gelde viel besser zu leben, als man in Leipzig mit vielem nicht ausrichten kann, ... so hielte die Station nicht unrecht vor ihn." Die vorherrschend wohlwollende Gesinnung Wolfs für unsern Mann verleugnet sich auch hier nicht. Für Gottsched spielt nun sein Bruder in Kassel den Mittelsmann, um dort die Verhandlungen zu führen. Hatte dieser schon im förmlichen Auftrage vielvermögender Gönner gehandelt, so bietet der Sekretär Wibela im Namen der Kasseler Geheimen Räte mit Vor-

---

1) Brief an Manteuffel vom 13. August 1740.
2) An Frau Gottsched 19. August 1740.

wissen des Statthalters am 10. November 1740 dem Leipziger Philo=
sophen die Professur Wolfs mit 700 Thaler Gehalt und wertvollen
Viktualien, sowie dem Prädikat Hofrat an. Da Gottsched aus seiner
Leipziger Professur und den Kanonikaten schon 700 Thaler bezog und
er die Einnahme aus den Vorlesungen auf wenigstens 300 Thaler ver=
anschlagte, von den andern Vorteilen Leipzigs zu geschweigen[1]), so ver=
langte er 1000 Thaler Fixum, womit man nicht herausrücken wollte.[2])
So blieb er in seinem Leipzig.

Erst 1747, sieben Jahre vor seinem Tode, trifft Christian Wolf
persönlich mit Gottsched zusammen, als er in Leipzig bei Manteuffel zum
Besuch weilt. Der Meister stattete damals Gottsched eine Visite ab;
auch speisten sie verschiedene Male zusammen. Die ganzen acht Jahre
von Manteuffels Aufenthalt in Leipzig, von Ende 1740 bis zu seinem
Tode, weiht aber dieser gemeinsame Freund unsern Gottsched in seinen
engen Briefwechsel mit Wolf ein, so daß er ihm wöchentlich die Schreiben
von beiden Seiten zeigt. Nach des Grafen Tode endlich kam unser
Mann selbst in einen fortlaufenden, wenn auch nicht gerade lebhaften
oder ergiebigen Briefwechsel mit Wolf. 1753 besuchte unser Autor das
Schulhaupt in Halle auf der Durchreise.[3])

Als ein Jahr darauf Wolf im Sterben lag, bezeichnete er nicht
nur Gottsched, dessen Wünschen entsprechend, als seinen Biographen,
sondern hoffte noch auf eine letzte mündliche Unterredung über die An=
gelegenheit. Welche Rolle Gottsched immerhin spielte, bekunden die aus
jenen Tagen stammenden Zeugnisse recht lebendig. Wolfs Arzt, Hofrat
Prof. Madai, dessen Tochter sich später mit Wolfs Sohn vermählte,
spricht am 3. April 1754 von Gottscheds unmittelbar bevorstehendem
Besuch in Halle, indem er nach Leipzig meldet, daß es seinem Patienten
wieder etwas besser gehe. Diese Nachricht scheint Gottscheds Reise ver=
zögert zu haben. Sechs Tage später meldet Prof. Pauli den eben ein=
getretenen Tod, mit dem Hinweis: „Letzten Donnerstag ging die Rede,
Halle würde die Ehre Dero Zuspruchs haben, um sich mit dem Hn. Baron
v. Wolf noch einmal zu unterreden." Gleichzeitig berichtet Madai:
„Ew. H. Herüberkunft haben am abgewichenen Bußtag sowohl unser lieber
Herr Kanzler als ich mit großer Sehnsucht erwartet. So schwach der
liebe Mann auch zeither gewesen, so schien er doch denselben Tag alle
seine wenigen Kräfte zusammenzuraffen und anzuspannen, damit er das
Vergnügen haben möge, mit Ew. H. zur guten letzte eine ausführliche

1) Aus Wibelas nach Leipzig übermitteltem Brief an den Kasseler Gottsched
vom 1. November ersichtlich.
2) Vergl. Brief des Kasseler Bruders vom 29. Dezember.
3) Vergl. Gottscheds Lobschrift, S. 145.

Unterredung zu halten; da ihm aber diese Hoffnung fehlgeschlagen, so
hat er mit zitternder Hand einige wenige Zeilen aufgesetzt, welche den=
selben, wo nicht eher, doch in der Messe zuzustellen die Ehre haben
werde. Seitdem lieget er ganz entkräftet, ohne ein Wort zu sprechen . . .
Bei diesen kläglichen Umständen habe ich ihm weder Ew. H. noch des
Hn. v. Voltaire Schreiben vorlesen können . . . Wegen der Briefe belieben
Ew. H. ohne Sorge zu sein. Der Hr. Sohn haben versprochen, mir die=
selben z. s. 3. zuzustellen." — Ebenfalls noch am selben Tage schreibt
Wolfs Verleger: „Vor einigen Wochen erwehnte er gegen mir, daß er
Ew. H. vor den würdigsten hielte, der sein Leben beschreiben und ihm
ein Denkmal stiften könnte." — Pauli fügt dem noch im April einen
Bericht von glaubwürdiger Seite an: „Der Hr Prof. Gottsched ward
wirklich seinem Versprechen gemäß erwartet, und Freitag wartete Hr.
Hofrat Madai auf ihn bis 10 Uhr mit dem Essen. Der sel. Kanzler
aber ließ seinen Hn. Sohn vors Bett kommen und sagte: ‹Hr. Gottsched
kommt, aber zu spät. Ich werde gewiß sterben, kann auch wegen großer
Schwachheit mit ihm nicht sprechen. Sollte er mein Leben beschreiben,
so gieb ihm folgende Data u. s. w.›" Folgen einige Wünsche und Finger=
zeige. Wolfs Sohn sei nun bereit, Gottsched die nötigen Hilfsmittel für
die Biographie zu schaffen. Im Juli tritt unser Mann endlich die
Reise nach Halle an, woselbst ihm der junge Baron v. Wolf Briefschaften,
Urkunden und flüchtige Anmerkungen über seines Vaters Leben über=
giebt. Schließlich liefert ihm Bürgermeister Dr. Gehler in Görlitz, ein
Schüler Wolfs, des Meisters eigne Darstellung seiner Jugend.[1]

So ließ denn Gottsched im folgenden Jahre eine „Historische Lob=
schrift des Freiherrn v. Wolf" erscheinen. Richtiger wäre der Titel
„Lobschrift auf Wolf" gefaßt worden, wie schon Büsching 1783 an=
merkt.[2] Überhaupt erscheint diesem späteren Biographen die Leistung
Gottscheds „unschmackhaft"; unwirsch meint er, die Worte, mit welchen
Friedrich der Große Reinbeck aufforderte, Wolf für Preußen zurückzu=
gewinnen und so „eine Conquête im Lande der Wahrheit" zu machen,
brächten dem Philosophen mehr Ruhm als Gottscheds ganze historische
Lobschrift.[3] Bald nach Erscheinen äußert die „Bibliothek der schönen
Wissenschaften und der freien Künste"[4], die Thatsachen seien ohne ge=
schichtlichen Geist aneinandergereiht; überdies halte sich die Schrift in

1) Siehe die Briefe von Madai unterm 20. und vom jungen Wolf unterm
29. Juli 1754, sowie „Histor. Lobschrift", Vorerinnerung, S. III. — Es handelt
sich um die von Wuttke herausgegebene eigene Lebensbeschreibung Wolfs.
2) Beiträge zu der Lebensgeschichte denkwürdiger Personen, I, S. 3 flg.
3) Ebb. S. 17 flg
4) II. Bd. (Leipzig 1757), S. 127 u. 129.

einem lächerlich affektierten, hochtrabenden Stil. Indessen überwiegen nicht ganz ohne Grund die freundlichen Stimmen; ja, in langer Zeit hatte Gottsched nicht soviel Beifall und Dank geerntet als für dieses Werk.[1]) Giebt der Verfasser doch in flüssiger, eleganter Sprache die Hauptereignisse aus Wolfs Leben wieder und fügt zahlreiche wertvolle Urkunden an. Freilich hält er sich mehr bei den äußeren Ereignissen als bei der inneren Entwickelung auf; aber in dem damaligen Stand der deutschen Geschichtschreibung begründet dieser Umstand noch kein vernichtendes Urteil. Es ist keine Würdigung, es soll eine „Lobschrift" sein, — auch der Stil erklärt sich daher.

Inzwischen sehen wir Gottscheds Freunde bemüht, ihn an Wolfs Stelle nach Halle zu ziehen. Gottsched selbst benimmt sich mit üblicher Diplomatie, indem er verstect den Anreger, öffentlich den Bedenklichen spielt.[2]) Wie schon sechs Jahre früher, bleibt seine Hoffnung auf Halle unerfüllt. —

Von allen Vorkämpfern der Aufklärung trat niemand in so enge Beziehungen zu Gottsched wie der Graf Ernst Christoph von Manteuffel. An zahllosen Stellen von Gottscheds philosophisch=theologischer Wirksamkeit gewahrten wir den Einfluß, die Mitwirkung oder wenigstens die ideelle Anteilnahme dieses hochgestellten Mannes.[3]) Vom Sommer 1737, wo sich Gottsched ihm nähert, bis zu des Grafen Übersiedelung nach Leipzig (Ende 1740) stehen sie in engem und vertrautem Briefwechsel, an dem auch die Professorin teilnimmt. Dazwischen fallen mehrere Besuche seitens des Grafen. In Leipzig sammelt der Mäcen alsdann, wie schon in Berlin, die aufgeklärte gelehrte Welt um sich; ja, sein Haus, der Kurprinz, vor dem Petersthore, stand allen Gelehrten offen. Sehr bedeutsam war, daß Manteuffel außerdem die jungen Adligen in sein Haus zieht: sie wurden dadurch Zeugen jener bildungs= und lichtfreundlichen Gespräche, die unmöglich spurlos an den jungen Herren vorübergehen konnten. Gottsched wird Stammgast an des Grafen Tafel, an der alle Speisen mit gelehrten Unterredungen gewürzt waren. Ebenso wenig verschmähte Manteuffel, mit seiner ganzen Familie bei dem Professorspaar zu speisen. Es entspinnt sich ein wissenschaftlicher Verkehr in freundschaftlichen Formen. Übrigens benimmt sich Manteuffel noch nach seiner Übersiedelung zunächst etwas zurückhaltend. „Ne craignez pas", schreibt er den 12. April 1741 an Reinbeck über die Professorin, „ne craignez pas que je lui dise, ou à son mari, ce qui ne leur con-

---

1) Siehe Briefe der Frau Gottsched II, 291.
2) Siehe Briefe Madais v. 6. u. 14 November.
3) Vergl. auch Danzel, besonders S. 18—69.

vient pas de savoir. Je sais jusqu' à quel point on peut s'y fier[1]."
Aber schon vom 29. Mai 1739 datiert das Zugeständnis des Grafen
gegen Wolf, Gottsched sei „en toute manière un homme de bon-sens et
de mérite". — In welch engen Verkehr unsere in Leipzig vereinten Auf=
klärer treten, bekundet auch Manteuffels Beschreibung seiner Lebens=
weise[2]): „La vie que je mène, est toujours celle que j'ai menée depuis
tout le temps que je suis établi ici. Je passe régulièrement les
matinées à étudier, ou à vaquer à mes correspondences, quelques fois
à assister aux leçons de mes amis d'entre les Professeurs, lorsque je
sais qu'il s'y agit de quelque sujet intéressant. Je dîne ordinairement
avec un ou deux de nos savans, et je passe les après-dînées soit à
converser avec eux, soit à soigner mes affaires domestiques, et je ne
me couche jamais, sans entendre quelque lecture utile." — „La thèse
du meilleur monde" nennt der behäbige Mann im übrigen „une de mes
vérités favorites".[3])

Das war denn in der That eine seltene Erscheinung in dem Adel
jener Zeit. 1676 war Manteuffel[4]) in Pommern geboren und hatte seit
1693 in Leipzig studiert. Er ergänzte seine Studien am Reichskammer=
gericht in Wetzlar. Dann unternahm er Reisen durch Holland und Frankreich.
1699 wurde er am Berliner Hof Kammerjunker. Allein schon 1701
mußte er nach Sachsen fliehen, weil man ihn wegen eines Spottgedichtes
auf die Maitresse des Königs verhaften wollte. In Dresden stieg er zu
hohen Ehren. Durch Schönheit, ansehnliche Gestalt, Repräsentierungs=
gabe und frohe Laune imponierte er in den zügellosen Hofkreisen. 1704
geht er als polnisch=sächsischer Legationsrat nach Kopenhagen, fünf Jahre
später wird er dort Gesandter, 1711—16 bekleidet er die gleiche Stellung
in Berlin. 1709 ward er zum Reichsfreiherrn, 1719 zum Reichsgrafen
ernannt. Inzwischen war er 1716 als Kabinettsminister nach Dresden
zurückberufen; er leitete zuletzt die auswärtigen Angelegenheiten, zugleich
fungierte er als Direktor der so reichhaltigen und kostbaren Kunst=
sammlungen. 1730 trat er zurück. Er trieb nach der verschwenderischen
Sitte der Zeit so viel Aufwand, daß er trotz seinem Jahreseinkommen
von 80 000 Thalern (aus Ämtern, Pfründen und Gütern) bei seiner
Pensionierung Dresden mit Schulden in gleicher Höhe verließ. Auch in

---

1) Vergl Büsching a. a. O. S. 129 flg.
2) An Wolf 16. Februar 1744.
3) An Gottsched 18. Januar 1740.
4) Vergl. über Manteuffel Allg. Deutsche Biographie; ferner Karl v. Weber:
Aus vier Jahrhunderten, besonders Neue Folge Bd. I, von S. 106 an, Bd. II,
von S. 251 an; schließlich Vehse: Geschichte der Höfe des Hauses Sachsen, Bd. VI,
von S. 45 an.

Berlin, wohin er drei Jahre später zurückkehrte, hielt der gräfliche Lebe=
mann offene Tafel, 20 Pferde u. a. Luxus mehr. Ursprünglich begegnete
er dem Mißtrauen Friedrich Wilhelms I., das jedoch bald einer besonderen
Gunst wich. Ebenso verkehrte der Graf mit den Ministern und Ge=
sandten sehr vertraut. Außerdem hält er aber noch einen Hofkourier in
Sold, um über alle Vorgänge am Hofe genau unterrichtet zu sein. Denn
der ansehnliche Mann erachtete es nicht unter seiner Würde, gegen gute
Bezahlung eine geheime politische Korrespondenz mit dem Grafen Brühl
zu führen, worin er an den Mann brachte, was er ausgekundschaftet,
— oft genug war es übrigens harmloser Klatsch. Ja, daneben berichtete
er gegen Sold nach Wien über den Dresdener Hof!

Weit wichtiger als sein Verkehr mit den geistig recht geringwertigen
Inhabern der höchsten Chargen wurde damals Manteuffels Einfluß auf
den Kronprinzen Friedrich, den nachmals großen König. Sie unterhalten
einen Briefwechsel über Poesie, Moral, Geschichte, Christentum und
andere einem jungen Prinzen nützliche Dinge. Manteuffel sucht dem
Kronprinzen „des sentiments d'humanité, d'équité et de bonne foi"
einzupflanzen; ja Friedrich stand nach Manteuffels Aussage „à la tête
des partisans de Wolf et du bon-sens";[1]) jedenfalls nahm er an des
Mentors lichtfreundlichen Bestrebungen lebhaftes Interesse. All das
hinderte nicht, daß er wenige Monate nach seiner Thronbesteigung den
Grafen aus Preußen ausweisen ließ, weil er hinter die Kundschafter=
thätigkeit desselben gekommen war.

Nach des Grafen Tode vereinten sich seine zahlreichen Freunde und
Klienten zu einer Gedächtnißschrift, welche unser Gottsched herausgab und
biographisch=panegyrisch einleitete. 1750 erschien sie unter dem Titel:
„Ehrenmaal welches dem Reichsgrafen Ernst Christoph von Manteuffel...
nach seinem Ableben... von verschiedenen seiner Freunde und Diener...
aufgerichtet worden." Christian Wolf bekundete in verbindlichster und
eingehender Weise sein Interesse für dies litterarische Denkmal.[2]) In
sehr anerkennende Worte kleidete auch die Herzogin Luise Dorothea zu
Sachsen=Gotha ihren Dank für die Schrift.[3]) Indes versuchte Gottsched
vergebens, trotzdem er bei Manteuffels Tod Rektor war, eine Trauer=
feier in der Universität zu veranstalten: „Ici", schreibt er an Formey[4]),
„les circonstances de quelques Grands de la Cour ne permettent

---

1) Vergl. Weber a. a. O. N. F. II, 252, 253, 254. Ebenda von S. 240 an
f. Manteuffels Briefwechsel mit Friedrich.
2) Am 11. Juli 1749.
3) Am 16. März 1750.
4) Am 15. Februar 1749 (hf. Königl. Bibliothek Berlin).

pas que l'Université fasse quelque Solemnité publique, comme nous aurions fort souhaité".[1])

Die hohen Beamten hatten in Berlin nicht ausschließlich den Ver= kehrskreis Manteuffels gebildet. Eine geistig bedeutendere und ihn selbst überragende Gestalt trat in dem Propst Reinbeck an seine Seite.[2]) Das Leben dieses Mannes umfaßt die Jahre 1683—1741. Bekannt ist das weitgehende Vertrauen, dessen ihn Friedrich Wilhelm I. und Friedrich der Große würdigten, bekannt auch seine segensreiche Beteiligung an der Revision des Wolffschen Prozesses in Preußen. Anderseits war er 1736, wie Gottsched, gegen die prästabilierte Harmonie aufgetreten. Dieser sucht nur wenige Monate, bevor er sich zu Manteuffel drängte, eine An= knüpfung mit Reinbeck. Als der Oberhofprediger Marperger in Dresden seine „Zufälligen Gedanken über eines vornehmen Theologi Betrachtungen der Augspurgischen Confeßion" gegen Reinbeck veröffentlicht hatte, bestürmt unser Agitator den ursprünglich zum Schweigen entschlossenen An= gegriffenen erfolgreich, zu antworten. Zwar habe die Gegenschrift weder in Leipzig noch in Dresden Beifall gefunden; unter die Studenten sei aber die Furcht gefahren, es werde keiner, der die Wolffsche Philosophie studiert habe, in Sachsen ein Kirchenamt erhalten, so daß fast nur Juristen und Auswärtige die Vorlesungen darüber besuchten. Gottsched läßt dann von einem seiner Schüler eine Duplik wider Palm, einen andern Gegner Reinbecks, abfassen, mit der er sich vorteilhaft bei Man= teuffel einführt.[3]) Später wird Gottsched vom gemeinsamen gräflichen Freunde im Dienste Reinbecks zu einer bedenklichen, zu jener Zeit freilich nicht unerhörten Mission — übrigens erfolglos — verwendet. Auf das Gerücht hin, daß ein Pamphlet gegen Reinbecks Weihnachtspredigten im Druck, erhält Gottsched den Auftrag, in Leipziger und Rudolstädter Druckereien darauf zu fahnden. „Je vous prie", schreibt Manteuffel am 15. November 1738, „de vous en informer incessamment sous quel= qu'autre prétexte et sans me commettre, et de tâcher d'en attrapper un exemplaire, c'est à dire un exemplaire des feuilles qui sont achevées, quand même toute la brochure ne le serait pas encore

---

1) Dennoch hat Christ als Dekan der philosophischen Fakultät in einer akademischen Rede bei der Magister=Renunziation schon am 20. Februar 1749 das Andenken Manteuffels verherrlicht, ähnlich May als Prokanzellar und Gott= sched als Rektor, vergl. „Ehrenmaal" in der Vorrede.

2) Siehe die Biographie bei Büsching a. a. O. sowie L. Geiger: Berlin 1688—1840, Bd. I., S. 196 flg.

3) Siehe Reinbecks Brief an Gottsched vom 22. März 1737, Gottscheds (bei Büsching, S. 188 flg. abgedruckten) Brief an Reinbeck vom 20. Juli, Gottscheds Brief an Manteuffel vom gleichen Tage und dessen Antwort vom 14. August, sowie Zedlers Universal=Lexikon, Artikel Marperger und Reinbeck.

entièrement. Ne balancez pas, même, d'y employer une récompense de quelques ducats, si vous ne pouvez l'obtenir gratis. Je vous en dédommagerai avec beaucoup de plaisir." Acht Tage später heißt es sogar: „En cas que vous en découvriez la piste, il faudrait tenter de persuader l'imprimeur, moyennant une gratification raisonnable, d'en suspendre l'impression et de nous remettre le Manuscrit." Aber Gottsched konnte die Schrift nirgends auftreiben. Doch griff in diesen Streit wohl Formey ein, indem er aus dem Mercure Suisse einen satirischen „Extrait critique de deux sermons de Mr. Reinbeck" ab= druckte „avec des notes d'un Aléthophile servant de réponse à l'extrait critique." — Bald hat Reinbeck Gelegenheit, unserm Gottsched im Auf= trage des Königs eine Professur in Frankfurt a. O. anzubieten, ohne selbst zur Annahme raten zu können.[1]) Von der Überrumpelung der Leipziger Dunkelmänner durch Reinbecks und Manteuffels Erscheinen auf Gottscheds Rektoratsschmaus war schon die Rede. Im Frühjahr 1741 sah unser Mann den hervorragenden Theologen kurz vor dessen Tode nochmals auf der Durchreise zum Bad Reinharz in Leipzig.[2]) Wichtiger ist ihre geistige Berührung bei Abfassung der Homiletik. Doch geht bei dieser Gelegenheit, wie sonst auch fortdauernd, ihr Verkehr meist durch Vermittelung Manteuffels.

Erscheint das Verhältnis des Grafen zu Reinbeck als ein freund= schaftliches Zusammenschließen, so mußte er gegenüber einigen französischen Gelehrten Berlins mehr die Rolle des Patrons zu spielen. Besonders wies er Formey und Deschamps auf die Schriften Wolfs und Reinbecks hin. Formey begegnete uns bereits als Verfasser der „Belle Wolfienne". Reinbeck verschaffte diesem 1711 in Berlin geborenen Prediger 1739 die philosophische Professur am französischen Gymnasium, nachdem derselbe schon seit 1737 die für Beredsamkeit bekleidet. Auch Deschamps hielt philo= sophische Predigten. Manteuffel behauptet[3]), daß seine Franzosen Wunder thäten. „Non seulement les leçons de Mr. Formey sont de plus en plus courues; mais Mr. Deschamps continue aussi avec beaucoup de succès de faire des Sermons Wolfiens. Il en a prononcé un, entre autres, à la cour de Rheinsberg" (also vor dem Kronprinzen), „tout modelé sur la petite dissertation de Mr. Wolf qui a pour titre: De officio hominis circa injurias, juxta mandatum Christi Matth. II, 39." Gegen Wolf bezeichnet Manteuffel[4]), der die Beziehung zu beiden auch von Leipzig aufrecht erhielt, sie „sozusagen als seine Proselyten". Es

1) Vergl. Danzel S. 52.
2) Vergl. Büsching S. 232.
3) Im Schreiben an Frau Gottsched vom 24. November 1739.
4) Am 10. Februar 1741, siehe Büsching S. 122 flg.

fehle ihnen weder an Talenten noch an gutem Willen; aber als Fran=
zosen seien sie eitel und leichtfertig. Formey wird sonst bescheiden genannt.
Wenn er auch zweifele, daß sie je große Säulen der Wahrheit werden
würden, bediene er sich ihrer doch mit Erfolg, um die Wolffsche Philo=
sophie den Refugiés schmackhaft zu machen. Wie Formeys „Belle
Wolfienne" veranlaßt Manteuffel Deschamps Übersetzung der Wolffschen
Logik. Übrigens bestand zwischen beiden Franzosen dauernd Eifersucht.
Formey gelangt später zu einer nicht unbeträchtlichen Bedeutung, er stieg
zum ständigen Sekretär der Berliner Akademie und schließlich sogar zum
Direktor ihrer philosophischen Klasse, verfaßte hunderte von Schriften,
war rege journalistisch thätig und wirkte zugleich rednerisch. Sein An=
sehen in französischen Kreisen Berlins war groß, selbst ein Voltaire hul=
digte ihm.[1]) So bereitete sich mit der Herrschaft der Aufklärung auch
der Einfluß der Franzosen bereits durch Manteuffel zu Lebzeiten Friedrich
Wilhelms I. in Berlin vor.

Das ganze letzte Vierteljahrhundert seines Lebens steht Gottsched
mit Formey in brieflichem Verkehr.[2]) 1742 trägt sich Formey eine
zeitlang mit dem Gedanken, Gottscheds „Weltweisheit" ins Französische
zu übersetzen.[3]) Viel später, nach Frau Gottscheds Tode, verfaßt Formey
auf Grund von Gottscheds eigner Biographie der Verewigten einen fran=
zösischen Lebensabriß derselben. Gottsched unterstützt ihn darin, bemüht
sich aber vergeblich nach einem Verleger, so daß er schließlich zu dem
Vorschlag gelangt, das Manuskript zusammen mit der von Frau Heck
besorgten französischen Übersetzung des „Triumphs der Weltweisheit",
einer kleinen Schrift seiner Frau, drucken zu lassen.[4]) Zu dem „Ehren=
maal" für Manteuffel liefert Formey natürlich einen Beitrag. Auch
wirkt er 1748 bei einflußreichen Berliner Freunden für Gottscheds Be=
rufung nach Halle.[5]) Andererseits steht unser Mann dem deutschen
Übersetzer von Formeys Verteidigung der Monaden gegen Euler zur
Seite — das war kein anderer als v. Globig, damals Privatsekretär
Manteuffels, der später ein noch aufgeklärterer Oberkonsistorialpräsident

---

1) Vergl. Geiger: Berlin, S. 360 flg u. 408 flg.

2) Gottscheds Briefe an Formey handschriftlich meist auf der Königl.
Bibliothek in Berlin, ein Schreiben vom 30. Mai 1764 auf der Stadt=Bibliothek
in Hamburg, ein anderes vom 1. März 1750 bei Alexander Meyer=Cohn in
Berlin.

3) Siehe Formeys Brief vom 3. November 1742.

4) Siehe Gottscheds Briefe vom 11. und 24. Januar 1764, 11. Februar 1764
und 8. März 1766. — Frau Hecks Übersetzung erschien 1767.

5) Siehe Formeys Brief an Manteuffel vom 2. März 1748 und Gottscheds
Brief an Formey vom 6. März 1748.

wurde als Holtzendorff —, überwacht den Druck und zeigt sie sowohl in seinem „Büchersaal" wie in der Gelehrtenzeitung „Acta Eruditorum" an.[1])

Es handelte sich damals um die erste Anti=Leibnizsche Preisaufgabe der Berliner Akademie. 1746 forderte sie nämlich eine Untersuchung der Leibnizschen Monaden. Die gegnerische Tendenz erhellte bereits aus der vorläufigen Beantwortung, die ein so bedeutendes Mitglied der Akademie wie der große Mathematiker Euler in seinen „Gedanken von den Elementen der Körper" gegeben. Wolf, Manteuffel, Gottsched und die ganze Schule schürten das Feuer gegen die Widersacher der Monaden, um einen ihnen günstigen Spruch der Akademie zu erlangen. Gottsched, der einst mit einer Schrift „Dubia circa Monades" begonnen, versteigt sich jetzt (am 5. Februar 1747) gegen Formey zu folgender Äußerung: „Le temps approche où la destinée des Monades sera décidée: et j'espère que vous et vos amis influeront un peu dans cet arrêt; pour ne pas bannir de la bonne philosophie une doctrine si nécessaire pour satisfaire à une infinité de difficultés insolubles ailleurs." Ist doch das Bekenntnis für die Monaden in unserm Kreis jetzt ohne weiteres mit Freundschaft und Liebe zur Wahrheit, die Gegnerschaft mit Dunkelmännertum identisch.[2]) Gottsched nahm auch sonst in seinem „Büchersaal" lebhaften Anteil an der damaligen Rettung der Monaden. Trotz Formeys und Wolfs gegenteiliger Befürchtung hatte er schon an= fangs eine Zurückweisung der Eulerschen Streitschrift veröffentlicht[3]), zu großer Freude und Befriedigung Wolfs und — wie dieser versichert — aller „Wohlgesinnten".[4]) Durch den Auszug, den er von Formeys Gegenschrift oder vielmehr von Globigs Übersetzung: „Prüfung der Ge= danken eines Ungenannten von den Elementen der Körper" (in Formeys Original: „Recherches sur les Eléments de la Matière") giebt, krönt er sein Werk.[5]) Als schließlich der Advokat Justi[6]) mit seiner monaden= feindlichen Schrift den Preis errungen, giebt Gottsched eine kurze Be= trachtung über diese Preisarbeit.[7]) Noch ein Jahr später wendet er

---

1) Vergl. Gottscheds Brief an Formey vom 5. Februar 1747 und Formeys Brief an Manteuffel vom 10. Februar 1747, ferner Danzel S. 69 flg.

2) Prof. Stiebriz ist für Manteuffel wegen seiner Verteidigung der Monaden „un homme qui plaide si bien la cause de la vérité" (Manteuffel an Wolf 20. August 1747).

3) Neuer Büchersaal III, 355 flg.

4) Wolf an Manteuffel 9. und 15. November 1746.

5) Neuer Büchersaal IV, 52 flg.

6) Bald hat Justi auch auf sprachlichem Gebiet eine uns bekannte Begeg= nung mit Gottsched.

7) Neuer Büchersaal V, 87 flg.

sich im „Bücherfaal"[1]) gegen die Berliner Akademie gelegentlich der
Ankündigung ihrer Geschichte. Fortgesetzt wird ihm hierfür die wärmste
Anerkennung von Wolf zuteil.[2]) Auch mit Abraham Kästner fand er
dadurch einen neuen Berührungspunkt.

Formey stand für diesen Fall wie 1753—55 bei der Befehdung
des Optimismus im Gegensatz zu dem ausschlaggebenden Präsidenten der
Akademie, Maupertuis. Persönliche Zerwürfnisse mit diesem vereinten
1753 keinen Geringeren als Voltaire mit den Wolfianern zum Kampf
gegen Maupertuis. Gerade während seines einmonatlichen Aufenthaltes in
Leipzig und seines dadurch herbeigeführten persönlichen Verkehrs mit Gottsched
befaßte sich der Gewaltige mit einer neuen Schrift gegen jenen Landsmann.[3])
Von Frau Gottsched erschien eben damals die zweite Auflage ihrer
Sammlung aller Streitschriften über die kleinste Kraft in den Wirkungen
der Körper. Von einer intimeren Geistesverwandtschaft unseres Kreises
mit Voltaire kann trotz der gemeinsamen Beziehungen zur Marquise
von Châtelet und zum König Friedrich von Preußen natürlich nicht die
Rede sein. Auch Friedrich Melchior Grimm, der sich auf allen Gebieten
durch Gottscheds Zeitschriften und Lehrbücher herangebildet bekennt,[4]) vermittelt unserm Mann nicht engere Beziehungen zur französischen Philosophie, da in seiner Reisezeit sein Briefwechsel mit Gottsched verstummt.

Von andern in Deutschland lebenden Franzosen sind es namentlich
Pérard und Mauclerc in Stettin, die schon als Genossen Formeys in
der Redaktion der „Bibliothèque Germanique" für Gottsched Bedeutung
gewinnen und als Wolfianer in Beziehung zu ihm treten. Auch sie sind
Geistliche von Beruf. Pérards Predigtweise muß wohl ganz den rationalistischen Anforderungen Gottscheds entsprochen haben. Meldet doch
ein Freund aus Dresden[5]) unserm Manne, Pérard predige als Gast in
der französischen Kirche „mit solchem Beifall, daß dadurch vielleicht
vielen Deutschen die Augen aufgehen werden. Seine Reden sind überzeugend und einnehmend und seine äußerliche Bewegung ziemlichermaßen
regelmäßig. Ich habe alle meine guten Freunde dahin geführet, um
ihnen an selbigem im kleinen die Größe Ew. H. in etwas vorstellen zu
können." Kurz bevor Gottsched diesen Gesinnungsgenossen auf der Rück-
reise von Königsberg 1744 persönlich kennen lernte, hatte die Professorin
denselben ohne Wissen und Wollen angegriffen. Sie ließ nämlich eine

---

1) Neuer Bücherfaal VII, 99 flg.
2) Siehe Wolfs Briefe an Manteuffel vom 20. August 1747 und 8. September 1748.
3) Vergl. Danzel S. 63 flg.
4) Vergl. Danzel S. 343 flg.
5) Wendt, den 20. Dezember 1740.

Überſetzung von Popes „Lockenraub“ drucken, die ſie anfangs nach der franzöſiſchen Überſetzung unternommen und großenteils zuſtande gebracht hatte, bis die entdeckte große Unrichtigkeit ſie nötigte, die Arbeit an der Hand des engliſchen Grundtextes zu wiederholen. So ſpricht ſie in der Vorrede ihren Unmut über den franzöſiſchen Überſetzer aus, als den ſie nun in Stettin den philoſophiſchen Freund Hofprediger v. Pérard kennen lernt, der ihr indes den öffentlichen Vorwurf nicht nachtrug. Man kann aber leicht denken, auch ohne daß es uns Gottſched verſichert,[1]) wie leid es ſeiner Frau geworden, „daß ſie unwiſſend einen ſo gefälligen Freund und leutſeligen Mann durch ihre Klagen über die Ungebundenheit der franzöſiſchen Überſetzungen angegriffen“. Mit Pérard und Mauclerc unterhielt Gottſched einen Briefwechſel ſowohl über philoſophiſche Fragen wie über litterariſche Erſcheinungen, letztere natürlich in Hinblick auf ihre Zeitſchriften, die ſich unſer Mann gefügig zu erhalten ſuchte. Nach der „Bibliothèque Germanique“ gab Mauclerc damals ein „Journal littéraire d'Allemagne“ heraus; an beiden nahm Formey teil. —

Zu dieſen beſonders merkwürdigen Männern geſellt ſich eine große Anzahl weiterer philoſophiſch=theologiſcher Freunde, mit denen Gottſched Beziehungen unterhielt. War dieſer daneben auf ſprachlichem und litterariſchem Gebiete ſtark engagiert, ſo richtete ſich Manteuffels Intereſſe ausſchließlich der aufkläreriſchen Propaganda zu. Vergegenwärtigen wir uns neben ſeinem großen Kreis von Freunden und Klienten ſeine Neigung zu einer guten Tafel, zu behäbiger Unterhaltung wie nicht minder zu ungefährlicher Wichtigthuerei, ſo werden wir verſtehen, was den agita= toriſch veranlagten Mann dauernd zur Geheimbündelei hintrieb. Wie es nicht ſelten in ſolchen Fällen geſchieht, wuchs ſich, was halb im Scherz begonnen war, zu einer gewiſſen Bedeutung aus. Gewiß ge= ſchieht durch ſolche Koterien keine Vertiefung philoſophiſcher Probleme; wohl aber beſtärkt ſich eine geſchloſſene Schar in ihrer Überzeugung, die Geſamtheit tritt für den einzelnen Verfolgten ein, — und freilich artet dergleichen faſt immer in Kliquenwirtſchaft aus. So auch hier.

4. Die Geſellſchaft der Alethophilen.

a) Zwei Geſellſchaftskreiſe ſammelte Graf Manteuffel in Berlin um ſich: die höchſten Beamten und ausgezeichnete Gelehrte. In der Vereinigung mit jenen[2]) kommen naturgemäß mehr ſeine Kavaliers= neigungen zur Geltung. Alle Mittwoch fand man ſich zu gemeinſchaft= licher Tafel zuſammen, geſchmückt mit dem Ordenszeichen, einer an

---

1) Leben der Gottſchedin (in ihren „Kleineren Gedichten“) sub 1744.
2) Siehe Karl v. Weber: Aus vier Jahrhunderten, N. F., Bd. I, S. 108 flg.

ziegelfarbigem Bande hängenden Maurerkelle, die auf der einen Seite
den Namen der Gesellschaft: „La confrérie des Francs-Maçons", auf
der andern den Spruch des Seneka trug: „Coagulum amicitiae est cum
bonis convivium", den Manteuffel also übersetzt: „Redlicher Leute
Freundschaft wird dadurch befestigt, wenn sie öfters bei einander essen!"
Außer dem Ordenszeichen trug jedes Mitglied noch ein besonderes
„insigne"; so führte Manteuffel selbst das Richtscheit. Als Mit=
glieder, deren jedes einen Beinamen führte, werden genannt: die
Excellenzen v. Thulemeyer, v. Cocceji, v. Podewils, ferner v. Wilknitz,
Splittgerber, der russische Gesandte v. Brockel, schließlich v. Holtzendorff.
Letzteren, der später als sächsischer Konsistorialpräsident von fördernder
Bedeutung für Gottsched wurde[1]), redet Manteuffel wie den Baron Gotter
und manchen andern Abligen, der in diesem Kreise verkehren mochte,
wiederholt ohne weiteres als alten Alethophilen oder „ancien Aléthophile"
an: so mochte er im weiteren Sinne seinen ganzen Freundeskreis
als Wahrheitsfreunde bezeichnen. Man sprach sich nämlich in den Ver=
sammlungen mit größter Offenheit aus und tauschte auch geheime Mit=
teilungen aus. Eine eigenartige Überraschung wurde dieser Gesellschaft
durch den König Friedrich Wilhelm I. bereitet. Als er von diesen Ver=
sammlungen hörte, ließ er, der ja ein Freund ungenierter Unterhaltung
war, verlauten, daß er nicht abgeneigt sei, daran teilzunehmen. Nun
war „un renfort de cette manière-là" durchaus nicht erwünscht, um
so weniger als manche Mitglieder beim Könige nicht beliebt waren.
„Pour prévenir tout inconvéniant", suspendierte man deshalb 1739
die Sitzungen bis zum Frühjahr.

Erfahren wir noch, daß später Manteuffels Haus der Freimaurer=
loge gehört[2]), so könnten wir lebhaft erstaunen, wegwerfenden Äußerungen
Manteuffels über die Freimaurer zu begegnen. Am 6. September 1744
meldet Christian Wolf aus Halle an den gräflichen Anhänger, er habe
seinem Sohn die „Rede unserer Freimäurer, die sie drucken lassen",
nach Leipzig mitgegeben und sei begierig, ob Manteuffel „daraus etwas
von ihrem geheimen Vorhaben schließen könne". Nach zwei Tagen
antwortet dieser: „Quelque peu de curiosité que j'aie d'ailleurs d'appro-
fondir les Mystères des Francs-Maçons, je vous remercie de l'exemplaire" etc. Indessen war Manteuffels Gesellschaft keine wirkliche Loge.

---

1) Gottsched den 31. Mai 1738 an Manteuffel: „Ich habe es bei den Auf=
wartungen, die ich des Hn. Präs. v. Holtzendorff Exc. gemacht, nur gar zu deut=
lich gemerkt, wieviel der vielvermögende Vorspruch Ew. Exc. für meine Wenigkeit
gewirket".

2) Vergl. Vehse: Gesch. der Höfe des Hauses Sachsen, Bd. VI, S. 46.

Wie viel oder wie wenig nun auch aus jenen Tafelfreuden für aufklärerische Zwecke herauskommen mochte, Manteuffel nährte jedenfalls die Flamme der Vernunft in den höchsten Adels= und Beamtenkreisen, und manche hochgestellte Männer seines Umganges bekannten sich direkt als Gönner der wichtigeren und immerhin etwas ernster zu nehmenden Manteuffelschen Stiftung, der Gesellschaft der Alethophilen. Voran stehen in dieser Sympathie Kronprinz Friedrich und der Feldmarschall Grumkow. Beim Tode des letzteren schreibt der nachmalige Große König: „La Société y perd un protecteur." Dazu bemerkt Manteuffel gegen Brühl, dem er all dergleichen warm zuträgt[1]): „Il entend par là certaine société d'un petit nombre de savans, que j'ai établie ici pour m'amuser avec quelqu' agrément" — er muß gegen Brühl den Zweck so harm= los wie möglich hinstellen —, „sous le nom de Société des Aléthophiles, ou amateurs de la vérité, et dont le but est effectivement de rechercher et d'éclaircir toutes sortes de vérités utiles. Or l'auteur du billet, sachant que le défunt faisait toujours les éloges de cette société, quoique ce ne fût pas son affaire d'en être lui-même, c'est ce qui l'en fait parler comme il fait." Ebenso meldet Manteuffel an Wolf, der sich auch direkt der Gönnerschaft Grumkows erfreut hatte[2]), unterm 21. März 1739: „Les Aléthophiles viennent de perdre un de leurs grands amis en perdant Mr. le Feldmaréchal Grumkow."

Daß so unter den Freunden der Aufklärung die Wahrheit als Be= kenntnisruf erkoren wird, kann uns nicht Wunder nehmen. Es war Wolfs eigenes Stichwort. Wiederholt erklärte er: „Ich suche nichts in der Welt als die Wahrheit auszubreiten."[3]) Seine Metaphysik betitelt er: „Vernünftige Gedanken von Gott, der Welt und der Seele des Menschen, auch allen Dingen überhaupt, den Liebhabern der Wahr= heit mitgeteilet." Damit war das Schlagwort Alethophilen gegeben; ja, man muß sagen, daß es vorwiegend im engsten Sinne des Schul= hauptes, gleichbedeutend mit „Freunden der Wolffschen Philosophie" zur Anwendung kam.

Schon die Veranlassung der Gesellschaft führt auf Wolfs Streitig= keiten zurück.[4]) Als 1736 der Propst Reinbeck auf erneute Denunziation des Prof. Lange in Halle die Untersuchung der Wolffschen Schriften zu

---

1) Vergl. Weber a. a. O. II, 260 flg.
2) Siehe Wolfs Brief an Manteuffel v. 11. Februar 1739.
3) Siehe seinen Brief an Manteuffel vom 10. Januar 1745.
4) In Zedlers „Universal=Lexikon", Artikel: „Wahrheitliebende Gesell= schaft" (von dem Mitglied Prof. Ludovici) finden sich die zuverlässigsten Angaben.

leiten hat, unterredet er sich oft vertraulich mit dem Grafen Manteuffel, dem der Kronprinz Friedrich aufgetragen, ihm Reinbecks vorläufiges Gutachten ins Französische zu übersetzen und ihm überhaupt von den schwebenden philosophischen Zwistigkeiten einen hinlänglichen Begriff zu verschaffen. So kamen Reinbeck und Manteuffel allmählich fast täglich viele Stunden in vertrautem Gespräch zusammen. Sie gerieten auf den Gedanken, ihren Zusammenkünften den Charakter einer geschlossenen Gesellschaft beizulegen. Am 18. Februar 1738 feiern sie das erste Stiftungsfest. Noch im Laufe des Jahres 1738 erscheinen Gottsched und Frau als auswärtige Mitglieder der Gesellschaft, ebenso zieht man Prof. Karl Günther Ludovici in Leipzig und Konsistorialrat August Friedrich Sack, den berühmten reformierten Hofprediger in Magdeburg, alsdann in Berlin selbst, heran.

Auch Wolf hatte man vor allem als Mitglied betrachtet; eine eigentliche Ernennung erfolgte nicht, da es zunächst nur auf Herstellung einer Verbindung, nicht auf die Form ankam. Wie aber gerade im Sommer 1737 sich Gottsched als Manteuffels Korrespondent angefunden hatte, so knüpft am 11. Mai 1738 auch Wolf selbst direkte schriftliche Beziehungen zu dem Grafen an, der sich schon bisher, nach dem Geständnis des Schulhauptes, als größter Beschützer der Wolffschen Philosophie erwiesen. Bereits am 30. August 1738 berichtet Manteuffel von dem lebhaften Interesse der Königin für Wolfs damaligen Plan, eine Philosophie für Damen zu schreiben, mit dem Zusatze: alle Freunde Wolfs, „mais surtout les Aléthophiles", freuten sich darauf. Von neuem nennt er die Alethophilen bei dem uns soeben bekannt gewordenen Anlaß von Grumkows Tod.

Bisher hatte Wolf die Bezeichnung offenbar im weitesten Sinne genommen und von dem Dasein einer Gesellschaft keine Ahnung gehabt. Fragt er doch 1740 wiederholt nach der Medaille, die, nach ihm geworbener Kunde, Manteuffel prägen lassen wolle. Am 23. Juli verrät dieser wenigstens, daß es sich um eine Denkmünze zu Ehren der „petite Société des Aléthophiles" handle; doch wolle er nicht vorher davon berichten, als er sie fertig übersenden könne. Genau einen Monat später erwähnt er das „rendez-vous journalier des Aléthophiles" in Berlin. Inzwischen übersendet Manteuffel die Schaumünze und stellt am 9. September weitere Exemplare zu Wolfs Verfügung für dessen Freunde oder die Marquise de Châtelet. Auch damit ist der lose, halb offene Charakter der Gesellschaft gekennzeichnet. Nun erst fragt Wolf (am 21. September 1740): „Auch habe vergessen, mir einige Nachricht von der Societate Alethophilorum auszubitten, weil bei Gelegenheit der Medaille darum gefraget werde, und ich nicht eigentlich weiß, was ihre

Abſicht iſt und aus was vor Membris ſie beſtehet." Zu ſeiner Über=
raſchung erfährt er, daß man ihn längſt als Mitglied betrachte: „Im
übrigen", geſteht Wolf am 19. Oktober, „iſt mir ſehr angenehm zu
hören geweſen, daß ich z. B. unwiſſende ein Mitglied von der Geſell=
ſchaft geweſen, worum ich mich würde beworben haben, wenn es ſonſt
die Umſtände hätten leiden wollen, daß ich meinen Aufenthalt in Berlin
hätte haben ſollen. Ich möchte aber nur wiſſen, wodurch ich mich auch
abweſende als ein nicht unnützes Mitglied bezeigen könnte." Als Mit=
glieder werden im Wolf=Manteuffelſchen Briefwechſel nun auch Jöcher
und Teller (der Vater) in Leipzig genannt. Jöcher wird ſchon am
25. November 1739 von Frau Gottſched gegenüber dem Grafen als
„ein rechter, unerſchrockner Alethophilus" bezeichnet.

Bald nach der Schaumünze giebt Manteuffel ein Erläuterungsblatt
aus: „Nachricht von der zu Berlin auf die Geſellſchaft der Alethophilorum
oder Liebhaber der Wahrheit geſchlagenen Münze. 1740.[1]) Korrekt
wird darin zunächſt eine Beſchreibung des Urſprungs und der Form
dieſer Medaille gegeben.[2]) Sie iſt nach einer alten Münze mit dem
Bildnis der Minerva verfertigt, auf deren Sturmhaube Sokrates und
Plato abgezeichnet waren. Hier werden nun auf den Helm der Minerva
Leibniz und Wolf „als die größten Weltweiſen unſerer Zeiten" geſetzt;
die Überſchrift der ſo verzierten Vorderſeite iſt die nicht minder
glückliche Mahnung des Horaz: „Sapere aude." Auf der Rückſeite
der Medaille ſteht die Aufſchrift: „Societas Alethophilorum, ab
Ern. Christophoro S. R. J. Comite de Manteuffel, instituta Berol.
MDCCXXXVI."

Es folgt die Gründungsgeſchichte der Geſellſchaft mit offenem Hin=
weis auf die Zeit, da Joachim Lange ſeine alten Beſchuldigungen gegen
Wolf „wieder aufgewärmet hatte". Man durfte ſchon den Mund etwas
voll nehmen: war doch Wolf eben im Begriff, als Triumphator nach
Halle zurückzukehren. Der Plan zur Münze wird aber bereits 1739
mit dem Gottſchedſchen Paar erörtert! — Über die Mitglieder der Ge=
ſellſchaft heißt es: „Sie beſtehet aus einigen, teils zu Berlin wohnhaften,
teils auswärtigen Verehrern der Wolfiſchen Weltweisheit" — man beachte
wohl dieſes Zugeſtändnis! —, „welche ſich, die Wahrheit aufrichtig zu
ſuchen und mit vernünftiger Freimütigkeit zu verteidigen, dabei aber vor=
nehmlich die in folgendem Hexalogo enthaltenen Regeln zu beobachten,
vorgeſetzet haben:

---

1) Zwei Exemplare auf der K. Univerſitäts=Bibliothek in Kiel.
2) Vergl. auch Joh. Dav. Köhlers Hiſtoriſcher Münz=Beluſtigung XII. Teil,
S. 369.

Hexalogus Alethophilorum oder Gesetz=Tafel der Wahrheit liebenden
Gesellschaft.

I. Lasset die Wahrheit den einzigen Zweck, den einzigen Vorwurf
eures Verstandes und Willens sein.

II. Haltet nichts vor wahr, haltet nichts vor falsch, so lange ihr durch
keinen zureichenden Grund davon überzeuget seid.

III. Vergnüget euch nicht damit, daß ihr die Wahrheit liebet und er=
kennet: Suchet sie auch auszubreiten; b. i. euren Mitbürgern bekannt
und angenehm zu machen. Wer seine Erkenntnis vergräbet, der ver=
gräbet eine Sache, so ihm zur Beförderung der Ehre des höchsten
Wesens verliehen ist; der entwendet der menschlichen Gesellschaft den
Nutzen, so ihr daraus hätte zuwachsen können.

IV. Entziehet denen eure Liebe und Hülfe nicht, so die Wahrheit kennen,
oder selbige zu suchen oder zu verteidigen, aufrichtig bemühet sind.
Es würde euch gar zu schimpflich, und der eigentlichen Beschaffenheit
eines Alethophili entgegen sein, wenn ihr demjenigen Schutz und
Beistand versagen wolltet, dessen Absicht mit der eurigen überein=
stimmet.

V. Widersprecht keiner Wahrheit, wenn ihr bei euch empfindet, daß ihr
durch andere davon überführet seid, deren Einsicht richtiger als die
eurige ist. Ein Alethophilus würde sich dieses Namens unwürdig
machen, wenn er die Wahrheit aus Hochmut, aus Eigensinn, oder
aus anderen unvernünftigen Ursachen zu bestreiten unternähme.

VI. Traget Mitleiden mit denen, welche die Wahrheit entweder nicht
kennen, oder unrichtige Begriffe davon haben, unterrichtet sie ohne
Bitterkeit, und suchet sie durch keine andere Mittel, als durch die
Stärke eurer Schlüsse, auf den rechten Weg zu bringen. Ihr würdet
die Wahrheit verunehren; ihr würdet sie verdächtig machen, wenn
ihr sie mit andern Waffen ausrüsten oder verfechten wolltet, als welche
euch die Vernunft an die Hand giebt."

Mochte ein wenig Wichtigthuerei von seiten Manteuffels bei der
Ausgabe der Münze mitspielen: die Mode der Zeit konnte kaum etwas
Ungewöhnliches darin sehen. Auch hatte er den wiederholten Vorschlag
der Frau Gottsched abgelehnt, sein eigenes Bild auf die Medaille zu
setzen: es sei nicht seine Absicht gewesen, „d'en tirer vanité".[1]) Dem
Gottschedschen Paar, das ihm auf Bestellung verschiedene Modelle für
die Münze schneiden ließ, gesteht er auch, daß er den Druck der „Nach=

---

1) Den 12. Dezember 1739.

richt" nicht habe vermeiden können, da sehr viele Leute neugierig wurden, Näheres über die Medaille und die Gesellschaft zu wissen.[1])

Offen knüpfte sich dagegen an diese Demonstration der Vorwurf der Anmaßung gegen Christian Wolf. Man riet ironisch, als Inschrift lieber zu wählen: „Sapiens uno minor est Jove."[2]) Mit größerem Rechte wird die Frage aufgeworfen: „Sollten nicht einige unter den Mitgliedern der Gesellschaft sein, denen Wahrheit so viel heißen möchte, als was der Hr. v. Leibniz und der H. Wolf für wahr halten und in ihren Schriften dafür ausgeben?"[3]) Besonders der Sinn des dritten Gesetzes sei Ausbreitung der Wolffchen Philosophie, der des fünften Unterwerfung unter Wolfs höhere Einsicht.[4]) — Mochte sich noch so viel Haß gegen Wolf und die Aufklärung in solche Anklagen mischen, es kann nicht bezweifelt werden, daß die Gesellschaft der Alethophilen im wesentlichen ein Sammelpunkt der Wolffchen Schule wurde.

Was noch bedenklicher: wie man sich der höheren, „richtigeren Ein= sicht" Wolfs beugte, so hängte man sich aus gleichem Partei=Interesse an geistig ungeeignete, aber einflußreiche Männer. Manteuffel selbst boziert am 12. Januar 1740 vor Frau Gottsched, um dem gelehrten Paar den Baron Gotter zu rekommandieren: „Un des grands secrets des Aléthophiles est de savoir supporter les faiblesses de leurs amis, et d'y conniver même, lorsqu'ils voient qu'il n'y a pas moyen de les en faire revenir sans les fâcher, et qu'on en peut d'ailleurs tirer quelque secours pour soutenir et répandre la vérité. Or notre Baron est précisément un ami de cette trempe-là. Bienque son érudition ressemble à une Bibliothèque renversée, et que sa vivacité naturelle, jointe à quelque fond d'amour-propre, lui fasse souvent confondre l'or et le clinquant, il est tellement prévenu en faveur de Messieurs Wolf et Reinbeck qu'il se ferait crucifier pour leurs sentiments, pour-vu qu'on ait occasion de les lui faire comprendre."

Zu diesem Opportunismus gesellte sich als verwandt das Prinzip vom alethophilischen Falsiloquium — contradictio in adjecto! Auch hierin geht Manteuffel mit verblüffender Ungeniertheit voran, und Gottsched bleibt nicht hinter ihm zurück. Notlügen im höheren Interesse der Wahrheit! — wir wissen ja, daß Gottsched die Notlügen „philosophisch" begründete. —

Bevor wir von dem Berliner Mittelpunkt der alethophilischen Ge= sellschaft scheiden, müssen wir uns vergegenwärtigen, daß dem weiteren

1) An Frau Gottsched, ben 21. Oktober 1740.
2) Köhlers Historische Münz=Belustigung, XII. Teil, S. 388.
3) Ebb. S. 391 flg.
4) Ebb. S. 435 und 415 flg.

Kreis der dortigen Wahrheitsfreunde noch mehrere Gestalten neben Manteuffel und Reinbeck zuzurechnen sind. Ersterer nennt schon am 24. November 1739 gegenüber Frau Gottsched Formey und Deschamps „Aléthophiles français". Von Formeys dauernden Beziehungen zu Manteuffel und Gottsched erfuhren wir bereits. Deschamps wirkt noch 1747 in Holland für die Gesellschaft.[1]) Vor allem erscheint der Verleger des Kreises, Buchhändler Haube, mit Manteuffel und Reinbeck eng liiert, ja in fast täglichem Umgang mit diesen Koryphäen. Alle drei beleuchteten gemeinsam „bei einer Pfeife Tabak allerhand Vorwürfe der Gelehrsamkeit".[2]) Wie Reinbeck als „illustre Primipilaire", erscheint Haube in Manteuffels Briefen als „Doryphore" der Alethophilen. Welche Empörung, als Haube abtrünnig wurde! 1746 unterstand er sich, Eulers Schrift gegen die Monaden zu verlegen, und wie zum Hohn wählte er als Vignette die verstümmelte Münze der Alethophilen: die Büste der Minerva mit der Überschrift „Sapere aude", aber ohne die Köpfe von Leibniz und Wolf![3])

b) Mit Manteuffels Übersiedelung nach Leipzig war der Mittelpunkt der Gesellschaft hierhin verlegt. Nach und nach sind noch, wie sie dem Grafen bekannt wurden, eine Reihe neuer Mitglieder aufgenommen, nämlich Prof. George Friedrich Richter, Prof. Johann Friedrich May, dessen warme Freundschaft mit Gottsched den Austritt unseres litterarischen Papstes aus der Deutschen Gesellschaft überdauerte, obgleich May an Gottscheds Stelle Senior ward, ferner Prof. Johann Heinrich Winkler und Prof. Gottfried Heinsius. Es fanden in Manteuffels Hause wöchentlich Zusammenkünfte statt, obgleich nicht alle Mitglieder zugleich geladen waren. Die Unterredungen handelten von philosophischen Wahrheiten, Entdeckungen und neuen Schriften; auch wurden hin und wieder naturwissenschaftliche Experimente angestellt, neue Abhandlungen der Mitglieder vorgelesen und die Drucklegung solcher Schriften befördert.[4])

Im Frühjahr 1741, noch kurz vor seinem Tode, sehen wir auf der Badereise Reinbeck bei den Leipziger Genossen Einkehr halten. Wolf folgte 1744 als Gast. Außerdem traf er mehrfach in Merseburg mit Manteuffel zusammen. Für Wolf waren solche Zusammenkünfte und der fortlaufende schriftliche Meinungsaustausch mit dem gräflichen Anhänger um so erwünschter, als er in Halle wenig gleichgestimmte Seelen fand. „Es ist hier schlimm", seufzt er, „daß man keinen Umgang

---

1) Vergl. seinen Brief an Manteuffel v. 17. März.
2) Nach Haubes eigenem Bericht, — vergl. Danzel S. 35.
3) Vergl. Manteuffels Schreiben an Wolf v. 21. November 1746.
4) Vergl. Universal-Lexikon a. a. O.

mit Liebhabern der Wahrheit haben kann, der doch sehr zur Er=
frischung des Gemütes dienet und dem Leibe selbst gleichsam neue Kräfte
giebt."[1]

Das Gottschedsche Paar spielte unter den Alethophilen offenbar die
hervorragendste Rolle. Nicht aber nur hielt sich ihre gesamte philosophisch=
theologische Wirksamkeit im Geiste der Gesellschaft, sie brachten dieser auch
direkte Huldigung dar. Zu Manteuffels Geburtstag 1740 lieferte Frau
Gottsched ein „Schreiben der Wahrheit" an Manteuffel, und ihr Mann eine
„Ode auf die Gesellschaft der Wahrheitliebenden", worin gegen Finsternis,
Aberglauben, Einfalt und Vorurteile deklamiert wird.[2] Als Frau Luise
Adelgunde Viktoria „Das Maß der lebendigen Kräfte in den Körpern"
der Marquise von Châtelet übersetzt hatte, erhielt sie von Manteuffel
sogar ein goldenes Exemplar der alethophilischen Schaumünze, während
die gewöhnliche Ausgabe in Silber gehalten war.[3]

Während die Gesellschaft durch unbeschränkte Erweiterung für Samm=
lung der Streitkräfte und Bestärkung der Einzelkämpfer im Dienste der
Aufklärung wirkte und während sie durch Propaganda in weiteren Kreisen,
besonders auch in der adeligen akademischen Jugend die Wolffsche Philo=
sophie verbreitete, ließ man in den Umgangsformen der Leipziger Mit=
glieder dem Scherz und Spiel weiten Raum. Der alte Graf wählte
militärische Organisation für seinen alethophilischen Verkehr. Seine
Familie schloß sich mit den befreundeten Gelehrtenkreisen, namentlich mit
Gottscheds, zu einem „Regiment Sans façon" zusammen, dessen „Chef"
natürlich kein anderer als der Graf selbst sein konnte; Gottsched ward
zum „Hauptmann" im Regiment ernannt, ebenso May; für die einzelnen
Glieder desselben gilt die Anrede „Kompagnie". So nennt Freund May
wiederholt Frau Gottsched seine „allerliebste Kompagnie", sich selbst ihren
Hauptmann; einmal fügt er hinzu: „Bei dem Regimente geht alles noch
ganz gut; nur daß wegen der Abwesenheit so vieler braven Offiziere und
unserer vortrefflichen Grenadier=Kompagnie" der Geburtstag Manteuffels
nicht in beabsichtigter Weise gefeiert werden konnte.[4] Gottsched schreibt
einer Tochter Manteuffels:[5]

> „Empfiehl mich an das Regiment,
> Das mich auch seinen Hauptmann nennt."

---

1) An Manteuffel 10. Januar 1745.
2) Später abgedruckt im „Ehrenmaal", S. 113 flg. und S. 117 flg.
3) Vergl. Leben der Gottschedin in ihren „Kleineren Gedichten" sub 1740.
4) Während einer Abwesenheit des Gottschedschen Paares in Dresden 1742.
Am 30. Juni. 14. Juli. 22. Juli.
5) Der Kammerherrin v. Plotho bei gleicher Gelegenheit 6. Juli; ähnlich
der vierten Komtesse 30. Juni.

Manteuffel äußert gegen Gottsched: „Faites, s'il vous plaît, mes compliments et ceux de tout le Régiment à notre Dame Aléthophile."[1]) Weiter singt unser Gottsched die jüngste Komtesse Manteuffel als „teure Kompagnie" an:

„Verbleib nur meine Gönnerin,
Wie ich dein Knecht und Hauptmann bin,
So lang ich werde leben,
Und glaub, ich sei dem Regiment,
Das sonst von Sans façon sich nennt,
Von Herzensgrund ergeben."[2])

Am 17. Februar 1744 meldet J. F. Gräfe in Braunschweig, Sekretär von Manteuffels Schwiegersohn Freiherrn Ferdinand v. Münchhausen, unserm Gottsched, dessen Schüler er wie sein Herr gewesen: „Ew. H. muß ich zuförderst wegen des neuen Zuwachses und Vermehrung Ihrer Kompagnie, welcher Sie als ein würdiger Hauptmann bisher rühmlichst vorgestanden, gehorsamst Glück wünschen und zur Enrollierung Ihres neuen Rekruten die Pflichten eines Mitgliedes vom Regimente Sans façon beobachten, welche darin bestehen, daß ich Ihnen den Namen Ihres Rekruten bekannt mache ꝛc." Eiligst sattelte Hauptmann Gottsched seinen Pegasus, um die junge Mutter, Frau Drostin v. Münchhausen, am 20. Februar in tragikomischen Scherzversen zu beglückwünschen.[3])

...„Du allerschönste Kompagnie, ...
So wahr ich mit ergebnem Sinn
Dein abgesetzter Hauptmann bin, ...
Ich trug dem Chef es plötzlich an,
Dem neugebornen Rittersmann
Ein Fähnlein zu bescheren.
‹Vernimm, bei unserm Regiment,
Das sich von Sans façon benennt
Und für die Wahrheit streitet,
Von Vater und von Mutter her
Verdient er, daß er Fähndrich wär',
Der tapfre Krieger leitet.›
Die Kompagnie der Grenadier
Bereitete vor Freuden schier
Die Fahne, bunt gesticket;
Allein mir ward zum Unglück,
Durch unsers Chefs gestrengen Blick
Und Wort das Ziel verrückt.
‹Nein›, sprach er, ‹ohn Verdienst und Wert
Wird eine Fahne nicht beschert.
Kadett muß er erst werden.›" —

1) 16. Juli 1742.
2) 28. Juli 1742.
3) Fehlt wie die meisten dieser Scherzbriefe in den Leipziger Originalen; nur in den Dresdener Abschriften.

c) Drückte der joviale Lebemann Manteuffel den alethophilischen Kreisen, in denen er selbst lebte, immer doch den Stempel des amüsanten Zeitvertreibs auf, so wurden mit dem Erscheinen der gedruckten „Nachricht" ernstere Vorstellungen von der Gesellschaft verbreitet, ernstere Anforderungen ohne weiteres an sie gestellt. In allem Ernst suchten sich nun die Wahrheitsfreunde auch anderwärts zu sammeln. Noch im Sommer 1740 bildete sich eine Zweiggesellschaft in Weißenfels, und zwar nach vorberatendem Schriftwechsel mit unserm Gottsched.[1]) Man ging gleich anfangs mit so herausforderndem Eifer ins Feuer, daß der gewiegte Diplomat und behäbige Aristokrat Manteuffel höchlichst unzufrieden war. „Je suis bien aise", äußert er zwar am 24. September 1740 im Schreiben an Gottsched, „que notre Société des Aléthophiles soit accouchée d'une fille sans le savoir." Doch fährt er bald fort: „Si je m'étais attendu à cet accouchement, j'aurais donné à notre fille un conseil qui l'eût peut-être garantie des persécutions que les soi-disant Homilètes lui ont fait essuyer dès sa naissance. Ce conseil eût été, de se donner une espèce de Sous-fondateur ou de Chef, qui eût quelque crédit à la Cour, et qui eût paru respectable par là à ces Antipodes de la Vérité." Er empfiehlt hierfür, thatsächlich mit Erfolg, den Hofmarschall v. Miltitz und den Hofrat Berger. Noch bezeichnender ist Manteuffels weiterer Rat: „Je lui aurais conseillé de plus, de traiter d'abord son Association plutôt comme une espèce d'amusement agréable que sur le pied d'une affaire sérieuse. Par là et par un des personnages sur-dits la nouvelle Société se serait assurée de la protection du Duc, sans la lui avoir demandée. Cette omission n'est pas le seul faux pas que notre fille ait fait. Elle s'est trop pressée de se faire connaître et, qui pis est, d'irriter les guêpes. Les règles de la prudence voulaient qu'elle y allât moins chaudement..." Freilich fehlte es der neuen Zweiggesellschaft nicht an Feinden. Noch vor Ablauf des Jahres richtete der Weißenfelser Rektor Messerschmid eine Schrift gegen sie.[2]) Schon im Februar 1741 verschafft indes Manteuffels Besuch der neuen Gesellschaft den Schutz des Herzogs, den der Graf seinen alten Freund nennt, gegen die orthodoxe Geistlichkeit. Selbst jetzt aber äußert er sich noch recht geringschätzig über seine eigene Stiftung wie über diese Zweigstiftung. „Il s'est formé ici", schreibt er den 10. Februar 1741 an Wolf[3]), „depuis peu une espèce de société de huit ou neuf savans,

---

1) Siehe besonders die Briefe von Frau Gottsched an Manteuffel den 24 August 1740 und von Springsfeld an Gottsched den 6. September 1740.

2) Vergl. Brief von Springsfeld an Gottsched 3. Dezember 1740.

3) Vergl. Büsching I, 124.

qui se piquent tous d'être partisans de votre philosophie." Diese Gesellschaft gebe sich als „une fille de celle que nous nous sommes avisés, Mr. Reinbeck et moi (par badinerie plutôt que dans une intention sérieuse) de former à Berlin."

Als Direktor fungierte Kammerherr v. Miltiz, als Senior Kabinetts= sekretär Hofrat Berger, wie Manteuffel vorgeschlagen; der Begründer Dr. med. Springsfeld erhielt das Amt des Sekretärs. Weitere Mit= glieder waren Subdiakonus M. Heller, Hofrat Dr. jur. Holdrieder, Archidiakonus M. Johann Adam Löw, Regierungsassessor Dr. jur. Menius, der herzogliche Privatsekretär Beek und Regierungssekretär Kuhn. Bald fanden sich der zweite Hofprediger Brehme und der Prof. Poley hinzu.[1] Jedem Mitglied verlieh Manteuffel unter Gottscheds Vermittelung[2] ein kleines Exemplar der Schaumünze („une de nos Médailles secundae magnitudinis") und die alethophilische Gesetztafel.

Wöchentlich fanden Versammlungen statt, auf denen die Mitglieder gelehrte Abhandlungen zur Beurteilung vortrugen. So hielt Heller, den das Los zum ersten Redner erwählt hatte, eine Rede „von dem Nutzen, den man erlangete, wenn man Wahrheiten zu erfinden und zu suchen sich bemühete". Nach Springsfelds Urteil[3] galt sie als geschickt: „Die Anmerkungen dabei waren artig, nachdenklich und bescheiden. Sonderlich wurde dabei erkannt, daß wir noch keine richtige Erklärung oder De= finition der Wahrheit hätten. Denn Hn. Wolfens seine, welche er in der Metaphysik gegeben hat, schien den Mitgliedern allzu general." — Eine der nächsten Reden handelte „de nexu rerum non fatali."[4] Bald darauf folgte eine Vorlesung des Dr. Menius „von den Pflichten, welche kriegende Völker nach dem Rechte der Natur gegen einander zu be= obachten haben."[5] Schon die nächste Versammlung bewies, daß man sich nicht auf philosophische Themata beschränkte, sondern auch andere Interessen des beständigen Beichtvaters und Beraters der Gesellschaft, unseres Gottsched, pflegte: Springsfeld suchte zu beweisen, „daß wir als Deutsche verbunden sind, auf die Verbesserung unserer Sprache zu denken."[6] — Überhaupt bekundet Springsfeld lebhaftes Interesse an Gottscheds sprachlich=litterarischen Bestrebungen. Am 23. November 1743 rät er ihm, den „groben Schweizern" gar nicht zu antworten: „Ew. H. werden bei Auswärtigen und Klugen doch allemal der Große Gottsched

---

1) Vergl. Universal=Lexikon a. a. O. und Büsching I, 124.
2) Nach Manteuffels Brief an Gottsched vom 24. September 1740.
3) An Gottsched 3. Februar 1741.
4) Nach Brief von C. G. Spener (Düben, 2. März 1741) an Gottsched.
5) Springsfeld an Gottsched 14. März 1741.
6) Ebd.

bleiben: so sehr die Flegel auch schimpfen mögen." — Nach Reinbecks Tod wurde Löw vom Grafen Manteuffel besigniert, die Gedächtnisrede auf den Heimgegangenen zu halten; sie wurde ohne Autornamen ge=druckt.[1]) Anfang Dezember 1741 reisten Springsfeld und Heller nach Halle, „um den Hn. Wolfen zu hören und zu sprechen. Und" — meldet Springsfeld unserm Leipziger Professor am 8. Dezember — „wir können dessen angenehmen Vortrag und freundliches Bezeigen nicht genug loben. Er erfreute sich sehr, da er hörete, daß wir Alethophili wären."

Als der russische Minister Graf Keyserling und des sächsisch=polnischen Kurprinzen Kammerjunker Graf Rostworonski 1743 nach Weißenfels kamen, ermunterte Gottsched die dortige Zweiggesellschaft, diese ihm bekannten Würdenträger zu gewinnen. Noch ehe sein Rat eintraf, hatte die ganze Gesellschaft dem Erstgenannten aufgewartet. Beide nahmen die Ernennung zu Ehrenmitgliedern an und verweilten von 3—8 Uhr in der Versammlung. Bei dieser Gelegenheit trat auch der Oberhofprediger D. Stemler der Gesellschaft bei. Ferner ersuchten um die Mitgliedschaft Hofrat Zeuner und Kommissionsrat Basch.[2]) Nun hatte sich das Ansehen der Gesellschaft dermaßen gehoben, daß Rektor Kändler in einem Schulaktus eine Lobrede in deutschen Versen auf die=selbe halten ließ.[3])

Solch Herandrängen an große Gönner zeitigte alsbald seine Früchte. In einem Atem mit der Nachricht von Keyserlings Ernennung zum Ehrenmitglied spricht Springsfeld die Hoffnung aus, daß auf Fürsprache dieses Mannes Heller vielleicht zum dritten Hofprediger ernannt werde. Am 21. Januar 1744 meldet er die thatsächlich erfolgte Ernennung mit dem vielsagenden Zusatz: „Die Wahrheitsfreunde finden doch immer ihre Beförderung." So geht es namentlich in dem Weißenfelser Zweig fort. Am 14. Dezember 1744 kann Löw unserm Gottsched melden, der Stadtrat von Gotha habe ihn zu einer Gastpredigt eingeladen, doch wohl auf Manteuffels Veranlassung: „Wie glücklich ist man doch, wenn die Vorsehung solche Mäcenaten giebt, die sich die Wohlfahrt ihrer Ver=ehrer so nachdrücklich angelegen sein lassen!" Nicht wenig helfe ihm zu solcher Gunst, daß er ein ehemaliger Schüler Gottscheds sei. Löw wird wirklich sofort Generalsuperintendent in Gotha, — unterhielten doch Manteuffel und Gottsched freundliche Beziehungen zur Herzogin. Die Weißenfelser Gesellschaft läßt dem Beförderten einen Glückwunsch „von

---

1) Löw an Gottsched 14. November 1741 u. 6. Mai 1742
2) Springsfeld an Gottsched 23. November 1743.
3) Nach Springsfelds Bericht vom 20. Februar 1744.

dem Männlichen in der Beredsamkeit" drucken![1]) Gleichzeitig wendet sich Springsfeld an Manteuffel, nicht um „Leibmedikus selbst zu werden", sondern „nur als Hofmedikus eine Besoldung zu erhalten."

Um Pfingsten 1746 besucht Gottsched die Freunde im nahen Weißen= fels. Bei dieser Gelegenheit tritt er seinem litterarischen Kampfgenossen Triller persönlich näher. Unmittelbar darauf zersprengt der Tod des Herzog Johann Adolf die Gesellschaft: das Herzogtum Weißenfels fällt an den Kurfürsten von Sachsen, der Hofstaat und die Regierung wird auf= gelöst, und so zerstreuen sich die meisten Mitglieder in andere Wirkungsorte. Noch einmal, nach Manteuffels Tod, sucht Springsfeld auf Gottscheds Weckruf die Mitglieder der einstigen Weißenfelser Alethophilen=Gesellschaft vergeblich zu einem gemeinsamen Werk zu vereinen, zu der traurigen Ehren= pflicht, an der Gedächtnisschrift für Manteuffel als den Stifter der weit= verzweigten Sozietät mitzuarbeiten. Aber Springsfeld giebt selbst dem Rufer schlechten Trost. Gottscheds Anforderungen, beginnt er (am 27. Februar 1749), seien so gerecht und billig, daß er nicht die geringste Einwendung zu machen wisse. Er habe gleich an ein paar Mitglieder geschrieben, fürchte aber unangenehme Antwort, welche derjenigen gleich sein dürfte, die Gott= sched von der Universität[2]) erhalten habe. Denn — so fährt Springsfeld wörtlich fort — „ich kenne der meisten ihre Gedenkungsart. Ich weiß nicht, was die Herren Geistlichen sich scheuen, ja recht fürchten, sich für öffentliche Verehrer des hochseligen Herrn Grafen auszugeben oder zu bekennen. Ich habe nur neulich mit zweien heftige Streitbriefe ge= wechselt, welche ihn des Naturalismus verdächtig machen wollten, und daß er diesen Samen an unterschiedenen Orten ausgestreuet habe. . . Die weltliche Bank unserer Gesellschaft denkt nicht viel besser, nur auf eine andre Art. Einige sind in öffentlichen Ämtern und haben viel zu thun, die meisten aber spotten nur darüber und erklären es für Schul= füchserei." Hier haben wir alle Kennzeichen der satten Philister, die mit einer Mischung von Unbehagen und Spott der Zeit gedenken, da sie voll Heißhunger ihren Idealen und zugleich einem — Amt nach= jagten. Dahin war es also gekommen: das Bekenntnis zu Manteuffels Fahne, die man einst als Deckung und Aushängeschild benutzt hatte, war anrüchig geworden, und der tote Meister konnte niemand mehr fördern!

d) Aus Gottscheds Kreisen geht auch eine Stettiner Ortsgruppe der Alethophilen=Gesellschaft hervor. Wir wissen, daß Gottsched dort mit den rationalistischen Franzosen Hofprediger v. Pérard und Hofprediger v. Mauclerc, den Herausgebern der „Bibliothèque Germanique", schon 1740

1) Springsfeld 19. März 1745.
2) Siehe vorn.

in Beziehungen steht. Am 15. März 1743 kündigt Pérard nun unserm Manne einen Aufsatz über Manteuffels Gedächtnismünze auf Reinbeck an und meint: „En qualité d'Aléthophile et d'ami de la maison j'ai quelque droit à en attendre une de la main même du Mécène." Erst nach dieser Zeit[1]) scheint sich die Ortsgruppe organisiert zu haben: verdankt Pérard doch nur der „Deutschen Gesellschaft" in Greifswald Kunde von der zu Reinbecks Gedächtnis nominell von der Gesellschaft der Alethophilen, eigentlich von Manteuffel geschlagenen Münze.[2]) Überdies meldet Pérard erst nach Gottscheds uns bekanntem Besuche bei den Stettiner Genossen, am 12. Oktober 1744: die Alethophilische Gesellschaft sei durch Gottscheds Anwesenheit sehr erfreut worden. Dann weiter: „Mr. le Conseiller de Cour Gohr a écrit à S. E. Mr. le Comte de Manteuffel comme au Chef d'Ordre, pour le mettre au fait de notre institut, de nos travaux et de nos vues littéraires. Nos assemblées se tiennent régulièrement; chaque membre donne des preuves de son zèle par quelque machine dont il enrichit notre Cabinet naissant." So seien sie zu den Anfängen einer Bibliothek gelangt. In den Sitzungen nähmen sie auch physikalische und chemische Experimente vor. Schließlich: „Nous vénérons véritablement l'illustre Comte de Manteuffel. Sa santé et celle de Mr. Wolf sont célébrées régulièrement dans nos Symposia; nous y joignons à présent celle du Comte de Dohna, comme premier bienfaiteur de notre Société," — er hatte nämlich die Mémoires de l'Académie des Sciences de Paris zur Begründung der Bibliothek geschenkt.

Die etwas unabhängigere Gesinnung der Mitglieder erläutert der Leiter Hofrat Gohr dahin[3]): Er und die ganze Stettiner Gesellschaft der Alethophilen schwüren nicht auf jedes Wort von Leibniz und Wolf, aber verehrten sie sehr. — Des weiteren berichtet er, daß sie sich jeden Sonnabend versammelten. — Wie auch hier Gottsched seine litterarischen Interessen zugleich mit den philosophischen zu verfolgen weiß, zeigt des weiteren Gohrs angefügte Bemerkung, man erwarte in Stettin mit Verlangen den Kritischen Almanach, der aus dem Gottschedschen Kreise gegen die Züricher ausging.

1) Ludovici (im Universal-Lexikon a. a. O.) behauptet jedenfalls irrig, daß die Stettiner fast gleichzeitig mit den Weißenfelsern Manteuffel um die Erlaubnis angingen, eine Zweig-Gesellschaft bilden zu dürfen.

2) Siehe über diese in der Allg. Dtsch. Biogr. Art. Reinbeck. — Außer Pérards Brief vergl. den der „Deutschen Gesellschaft" in Greifswald an Gottsched vom 16. März 1743. Auch diese verdankt die Gedächtnismünze unserm Manne, welcher die Gesellschaft, die zu Reinbeck in Beziehung gestanden, dadurch für seine litterarischen Zwecke kapern will.

3) Am 14. Dezember 1744 im Brief an Gottsched.

Außer den schon genannten Männern gehörten der Stettiner Orts=
gruppe unter anderem an: Kriegsrat Löper, Kommerzienrat Scharben, Prof.
Stiffer und D. Koch.[1]) Schon 1746 verlor die Gesellschaft durch Gohrs
Tod ihre rechte Hand; die Mitglieder ließen nun in ihrem Eifer nach[2]);
doch vegetierte sie weiter. Am 24. Juli 1747 kündigte Pérard dem
befreundeten Leipziger Professor eine Reform der Unordnungen in ihren
alethophilischen Versammlungen an: „Les soupers" — die allmählich zur
Hauptsache geworden zu sein scheinen — „ont été réformés, les fêtes
anniversaires presque abolies"; er mit seinen „dignes confrères" werde
nächste Woche den Geburtstag des Stifters feiern.[3])

e) Zur Bildung weiterer Ortsgruppen kam es nicht; doch lebten
noch zahlreiche Alethophilen da und dort verstreut. So begegnet uns
der Probst und spätere Abt Jerusalem wiederholt als „wackerer Ale=
thophilus."[4]) Ja, Manteuffel und Gottsched bemühen sich deshalb, ihn
nach Marpergers Tod als Oberhofprediger nach Dresden zu ziehen,
bis Wolf Ungünstiges über Jerusalems Vortragsweise in Erfahrung
bringt. So berichtet ferner Manteuffel dem Schulhaupt nach Halle am
20. August 1747: Die Schrift von Professor Stiebriz für die Monaden
habe allen, denen er sie zeigte, namentlich Jöcher, Gottsched, May und
Bel, sehr gefallen. Er sende deshalb zur Übermittelung an Stiebriz
eine Alethophilen=Schaumünze: „Il serait injuste, qu'un homme qui
plaide si bien la cause de la vérité, ne fût pas agrégé à la Société
des Alethophiles." —

Das waren die Kampfgenossen unseres Gottsched. Wir ließen sein
Bild nicht schärfer aus seiner Umgebung hervortreten, als es der that=
sächlichen Gruppierung entsprach. Und doch sehen wir seine Hand fast
überall im Spiele. Blicken wir auf seine gesamte philosophisch=theologische
Thätigkeit zurück, so nehmen wir wahr, daß er unter den Vorkämpfern
für Aufklärung und Rationalismus in erster Reihe steht, nächst Christian
Wolf — zwar nicht der gründlichste — doch jedenfalls einer der rührig=
sten und von allen der einflußreichste.

---

1) Vergl. Universal=Lexikon a. a. O. und Gottscheds Brief an Formey vom
15. Februar 1749 (hf. Königl. Bibliothek Berlin). Er ersucht darin um Beiträge
der Berliner und Stettiner Alethophilen zum „Ehrenmaal" für Manteuffel.
2) Nach Pérards Brief an Gottsched vom 27. Juli 1746.
3) Geiger: Berlin I, 195 giebt den letzteren Brief nach meinen Mitteilungen
bereits wieder.
4) B. im Schreiben des Gottschedschen Paares an Manteuffel vom
7. April 1746.

Nachtrag.

S. 10, Anmerkung 8. Siehe „Belustigungen des Verstandes und Witzes"
III², S. 245—252.

S. 23. „Systema instituendae Societatis Litterariae Germano-Benedictinae (ex Ducali Campidonensi Typogr. 1752)" wird angezeigt im „Neuesten
aus der anmuthigen Gelehrsamkeit" III, 518 flg. — Sekretär ist P. Oliverius
Legipont, als Protektor war Kardinal Quirini gewonnen.

S. 26. Varrentrapp gab vielmehr die „Frankfurtischen Berichte von denen
Staats=, Kriegs= und Friedensangelegenheiten", sowie in französischer Sprache
den „Avant-Coureur" heraus. — Der Angriff gegen Gottsched ging dagegen
in der That von der „Frankfurter gelehrten Zeitung" aus.

S. 27, Anmerkung 1. Regensburg 1749. S. 28 flg. „Die Oberpfalz, in
einem Gesange entworfen". Titel nur im Inhaltsverzeichnis.

S. 28, zweiter Abschnitt. Bezeichnend für den Sprachstand der Rheinpfalz.

S. 37. Popowitsch war — nach Mitteilung von Regierungsrat Egger
v. Möllwald — nie Professor der deutschen Sprache an der Theresianischen
Akademie in Wien, sondern wirkte 1744—1747 an der Ritter=Akademie in
Kremsmünster und 1753—1768 an der Savoyschen Ritter=Akademie in Wien.
Dem entsprechend ist auch die Angabe bei Danzel S. 302 zu berichtigen. Ebenso:

S. 41 flg. 1746 wurde die Theresianische Akademie als Collegium
Theresianum begründet, erst 1749 die herzoglich Savoysche Ritter=Akademie
durch die Herzogin v. Savoyen, geb. Prinzessin Liechtenstein, ins Leben gerufen
und 1756 unter den besonderen Schutz der Kaiserin gestellt.

S. 116, Anmerkung 6. „Der Christ in der Einsamkeit" von Martin
Crugot. Das Jahr des ersten (privaten) Druckes ist unbestimmt, liegt aber
einige Jahre weiter zurück.

S. 122. Dr. med. Johann Christian Tilling war außerordentlicher Professor an der Universität Leipzig († 1774). Er veröffentlichte 1756 eine „Nachricht
vom Carlsbade".

S. 170. Konsistorialpräsident v. Globig.

Gottscheds

Stellung im deutschen Bildungsleben.

Von

Eugen Wolff.

Zweiter Band.

Kiel und Leipzig,
Verlag von Lipsius & Tischer.
1897.

Vorwort.

Das Gefühl, mit dem ich diese Schrift der Oeffentlichkeit übergebe, ist vorherrschend Dankbarkeit gegen die Archive, Bibliotheken und Sammlungen, die mir durch unbeschränkte Ueberlassung ihrer handschriftlichen Schätze meine Arbeit ermöglicht haben. An den einzelnen Stellen des Buches stehen die unbekannteren Fundorte der benutzten Briefe und Akten verzeichnet. Ein für allemal sei darauf verwiesen, daß die an Gottsched gerichteten Briefe auf der Universitätsbibliothek in Leipzig, die an Bodmer und Breitinger auf der Stadtbibliothek in Zürich, die an Haller auf der Stadtbibliothek in Bern bewahrt werden. Auch für meine sonstigen handschriftlichen Quellen bin ich in erster Linie diesen drei Anstalten sowie dem Kgl. Sächsischen Hauptstaatsarchiv und der Kgl. öffentlichen Bibliothek in Dresden zu herzlichem Dank verpflichtet. Wenn aber dem Umfang nach die mir von diesen Seiten gebotene Hilfe — entsprechend dem gesuchten Material — am größten war, so darf ich aufrichtig bekennen, daß ich das Entgegenkommen aller andern öffentlichen und privaten Sammlungen, die mich durch Darleihung von Handschriften oder Drucken unterstützten, nicht minder schätzen gelernt. Die Anteilnahme, die ich von Kopenhagen bis Bern, von Königsberg bis Wien auf so unwegsamen Pfaden fand, spornte mich auch im weiteren Sinne immer aufs neue an.

Nachdem ich schon gegen zwölftausend Briefe und Aktenstücke für die Zwecke des ersten Bandes durchgearbeitet, ermöglichte mir das Konsistorium der Universität Kiel durch Verleihung eines Neuschaffischen Reisestipendiums neue Nachforschungen in Zürich, Bern, Basel, München, Wien, Dresden, Leipzig, Halle, Berlin, Hamburg, Sorö und Kopenhagen. Die gewonnenen Materialien reichen stellenweise über den engeren Kreis von Gottscheds Einwirkung hinaus und werden daher auch noch in anderm Zusammenhang — als Beiträge zur Geschichte des geistigen Lebens an den Hauptstätten deutscher Bildung im 18. Jahrhundert — Bearbeitung finden.

Das Ideal einer Litteraturgeschichte zum mindesten für diese Zeit bleibt meines Erachtens eine Darstellung, die einen Querschnitt durch das geistige

Leben aller deutschsprachigen Gaue wagt, um die sprachlichen, litterarischen, theatralischen, künstlerischen, philosophischen und wissenschaftlichen Zustände von Ort zu Ort zu verfolgen. Ein solcher Versuch führt zwar häufig genug auf Spuren Gottschedscher Einflüsse; ihn aber um diese eine Gestalt zu gruppieren, hieße die Betrachtung von vornherein unter wennschon nicht unbedingt schiefen, doch jedenfalls zu engen Gesichtswinkel stellen. So mußte ich mich begnügen, zunächst die Grundzüge festzustellen, die durch das Bildungsstreben und litterarische Gesellschaftswesen der deutschen und schweizerischen Städte zwischen 1720 und 1770 gehen, um Gottscheds hervorragende Stellung innerhalb dieser Kultur=bewegung zu bezeichnen. Besondere Heraushebung forderten Leipzig, Zürich, Bern und Basel in ihrer litterarischen Entwicklung. Dabei vermied ich thunlichst, Gottsched zu isolieren, damit die Zeitbestrebungen nicht über Gebühr auf ihn zugespitzt erschienen.

Gottscheds Rolle im deutschen Bildungsleben wäre nicht nach allen Seiten klargestellt, wenn man von seinen Verdiensten um die geistige Hebung der Frauenwelt im allgemeinen und einzelner ihm besonders nahestehender Frauen schwiege. In der rechten Beleuchtung erscheint diese Betrachtung indes nur auf dem Untergrund seiner persönlichen Beziehungen zu Frauen.

Der Briefwechsel zwischen den Leipziger und Zürcher Kunstrichtern wird als ergänzender Anhang hoffentlich willkommen sein. Die Briefe Bodmers waren bisher nur unvollständig und ungenau von Danzel veröffentlicht, die Gottscheds überhaupt nur in kürzeren, verstreuten Citaten benutzt. Beim Lesen der Korrektur konnte ich die Abschrift der Gottschedschen Briefe von Michael Bernays (†), die der Bodmerschen von Johann Crüger (†) zum Vergleich heranziehen. Dieser kleine Anhang erschien zuerst im diesjährigen Juni=Heft der „Zeitschrift für den deutschen Unterricht". Der ganze übrige Inhalt dieses Bandes erscheint zuerst und allein im vorliegenden Buch.

Möge das Unternehmen dieses zweiten Bandes, Gottscheds Bedeutung für die lokalen Bildungszustände und für die Frauenbildung hervorzuheben, gleiche Zustimmung finden, wie der Versuch des ersten Bandes, die sprachliche und die aufklärerische Wirksamkeit als Grundpfeiler in Gottscheds Lebensarbeit nachzuweisen! Zur Bestärkung gereichte es mir namentlich, daß die seither erschienenen Einzelforschungen, welche diese Gebiete berühren, an meine Auf=fassung zustimmend anknüpften: ich verweise auf „Die Sprache der Gottschedin in ihren Briefen" von Adolf Lange (Dissertation, Upsala 1896); „Christian Wolfs Verhältnis zu Leibniz" von Walther Arnsperger (Habilitationsschrift, Heidel=berg 1897); „Gottsched, Schönaich und der Ostpreuße Scheffner" von Gottlieb Krause („Zeitschrift für vergleichende Litteraturgeschichte", N. F., Bd. X).

Sowohl der Abschluß meiner Schrift als das fast gleichzeitige Erscheinen eines umfassenden Werkes über „Gottsched und die deutsche Litteratur seiner Zeit" von Gustav Waniek geben Veranlassung, der äußeren Einflüsse auf die

Gestaltung meiner Gottscheb=Studien zu gebenken. Erst nach Jahren mühe=
voller und kostspieliger Forschungen erfuhren wir von unserer neben einander
hergehenden Arbeit an demselben Gegenstand. Wanieks Werk, an dem seit
Jahren stückweise gedruckt wurde, war auf den üblichen Charakter einer
litteraturgeschichtlichen Monographie angelegt; ich meinerseits hielt die sprach=
liche, aufklärerische und kulturelle Bedeutung Gottscheds für erheblicher als
seine litterarische: so wirkten äußere und innere Gründe bei dem Entschluß
zusammen, diese — zudem bisher am meisten vernachlässigten — Hauptzüge
seiner Wirksamkeit allein herauszuheben. Da es mir in vorliegendem Band
nicht mehr möglich war, werde ich in einer ausführlichen Anzeige zu Wanieks
Werk sachlich Stellung nehmen und mancherlei Ergänzungen beibringen.

Der Verfasser.

Inhaltsverzeichnis.

Drittes Kapitel.

Viertes Kapitel.

Gottscheds Beziehungen zu Frauen und sein Einfluß auf ihr Bildungsleben

Anhang.

Gottscheds Stellung
im Bildungsleben deutscher Städte.

---

1. Die Sprach- und Bildungsgesellschaften in Gottscheds Kreis und ihr Zusammenhang mit der Kulturbewegung.

Die Deutschen Gesellschaften und die ihnen verwandten Gesellschaften der schönen Wissenschaften und freien Künste, als deren Mittelpunkt nicht nur für Leipzig, sondern für ganz Deutschland Gottsched erscheint, waren keine bloßen Sprachgesellschaften: sie haben im weiteren Sinne an der geistigen Hebung des deutschen Volkes mitgewirkt und alle Bestrebungen zu dem Kulturfortschritt des vorigen Jahrhunderts vor der klassischen Periode der deutschen Litteratur und Philosophie in sich vereint.

Wollen wir den Wurzeln jenes vielverzweigten Stammes nachgraben, der bis gegen Ende des zweiten Drittels des 18. Jahrhunderts alle deutschen Gaue überschattete, so dürfen wir den Zusammenhang mit den Gesellschaften des 17. Jahrhunderts nicht außer Acht lassen. Dem Wahne, daß es sich hier um bloße Sprachgesellschaften oder gar um bloße Sprachreinigungsgesellschaften handle, ist am entschiedensten von Ludwig Keller in seiner Abhandlung „Comenius und die Akademien der Naturphilosophen des 17. Jahrhunderts"[1] entgegengetreten worden. So erwünscht noch weitere Einzelforschung zur umfassenderen Begründung der dort verfochtenen Hypothesen ist: so viel darf als positiv feststehend bezeichnet werden, daß die Fruchtbringende Gesellschaft und ihre zahlreiche Gefolgschaft nur aus der gesamten geistigen Bewegung, aus dem ganzen Geiste der Erneuerung in den damaligen Kulturvölkern richtig zu würdigen ist. Mag auch das Bewußtsein geheimer Zwecke und Ziele wenig ausgebildet gewesen sein, die nominellen Sprachgesellschaften waren geplant und verwirklicht als Mittelpunkt geistiger Anregung und Wirkung überhaupt, und zwar einer nicht nur äußerlich, sondern auch innerlich freien geistigen Bewegung.

Noch für die historische Charakteristik des Gesellschaftswesens im 18. Jahrhundert ist es nicht bedeutungslos, daran zu erinnern, daß schon die italienischen Vorbilder der deutschen Gesellschaftsbestrebungen des vorhergehenden 17. Jahrhunderts durchaus nicht als einseitig sprachliche Vereine zu nehmen sind, — sondern eben als Akademien im volleren Maße. Sie sind zunächst Schöpfungen des Humanismus. Gerade im Hinblick auf die für Deutschland in erster

---

[1] Monatshefte der Comenius-Gesellschaft, Bd. IV (1895), S. 1 flg.

1*

Linie maßgebende Accademia della Crusca betont ferner schon Alfred von Reumont:[1] „Die Geschichte der italienischen Akademien, nach ihren oft verborgenen Tendenzen und nicht etwa nach ihren Äußerlichkeiten geschrieben, würde nicht blos ein interessantes Kapitel der Kulturgeschichte bilden, sondern auch in die politischen Zustände des Volkes und Landes tiefe Blicke werfen lassen. Als infolge der großen und weitgreifenden Veränderungen dieser Zustände, gegen das Ende des ersten Drittels des 16. Jahrhunderts, das öffentliche Leben mehr und mehr verschwand, suchte der freie Geist, der einst die Ratsversammlungen der republikanischen Kommunen belebt und in den Besprechungen in den Loggien der vornehmen Bürgerhäuser nur zu häufig das Vorspiel des Klubbistenwesens späterer Jahrhunderte gegeben hatte, neuen Spielraum. Er flüchtete sich so in die litterarischen Vereine wie in die Laiengesellschaften oder Kompagnien und Brüderschaften."

Im Schoße der Crusca empfing Ludwig von Anhalt die Anregung zur Stiftung der Fruchtbringenden Gesellschaft. War es etwa sprachlicher Purismus, der den deutschen Fürsten in Florenz begeisterte? Sein wissenschaftlicher Sinn fand weite Anregung, die schönen Wissenschaften und Künste beschäftigten ihn; namentlich vertiefte er sich in die italienische Dichtung. Im Sommer 1600 erwählte ihn die Crusca zum Mitglied. 1598 war er, neunzehnjährig, zu Studien nach Italien gekommen, 1601 kehrte er heim. An seinem Hof zu Köthen gestaltete er das Leben nach seinen neuen Idealen: und Italiener rühmten diesem Hof eine „seltene Vereinigung italienischer Eleganz mit deutschem Ernste" nach. Wenn wir noch in betracht ziehen, daß die Florentinische Akademie, außer der Besprechung fremder und eigener Geisteserzeugnisse, im Zusammenhang mit dem grundlegenden Wörterbuch der toskanisch-italienischen Sprache auch eine kritische Ausgabe der „Göttlichen Komödie" unternahm, kann sich kaum ein anderer Gesamteindruck ergeben, als daß es zunächst die italienische Renaissance im vollen Sinne war, die von der Crusca auf den Stifter der Fruchtbringenden Gesellschaft, und so wohl auch auf diese, hinüberwirkte. Die Renaissance geschah im Geiste der Kritik und Freiheit. Weit mehr als eine Wiedergeburt der Antike war sie eine Wiedergeburt des geistigen Lebens überhaupt. Deshalb floß sie mit jener anderen Strömung geistiger Erneuerung und Befreiung, die auf dem Boden der Natur die modernen Wissenschaften begründete: mit der Naturforschung und der Pflege der lebenden Nationalsprachen — in einen einheitlichen Strom zusammen.[2]

---

[1] Zur Geschichte der Akademie der Crusca, in den Beiträgen zur italienischen Geschichte, Bd. VI (1857), S. 143 flg., f. alsbann besonders S. 207 flg.

[2] Der von „geheimen Sachen" erfüllte Ordenssaal im Schloß zu Köthen, den nur auserwählte, vorgeschrittene Mitglieder des Palmenordens betreten durften (angezogen von L. Keller a. a. O. S. 27 aus Hilles „Teutschem Palmbaum") erinnert auffallend an den „Saal der Vergangenheit" in Goethes „Wilhelm Meister".

Selbst das 18. Jahrhundert läßt diese Zusammenhänge noch klar erkennen. Erwähnt zu werden verdient doch jedenfalls, daß auch die äußeren Bande mit den italienischen Akademien noch nicht zerschnitten waren. Nicht irgend ausschlaggebend für Gottscheds eigene Richtung, immerhin beachtenswert ist seine Zugehörigkeit zur Akademie von Bologna und sein Briefwechsel mit dem Kardinal Quirini. Epoche machte aber eine Reise durch Italien in dem Leben des mährischen Freiherrn Joseph von Petrasch, des Stifters der 1746 zusammengetretenen Olmützer „Gesellschaft der unbekannten Gelehrten". Die Akademien von Florenz und Cortona hatten ihn in ihre Reihen aufgenommen. Er brachte den Vorsatz heim, die Aufnahme der Wissenschaften in seinem engeren Vaterlande als seine Lebensaufgabe zu betrachten.[1]) In seinem Plan zu einer Kaiserlichen Akademie in Wien, den er 1750 auf höheren Wunsch entwarf, beeifert sich Petrasch andererseits zu rühmen: der Schutz und die Gerechtigkeit, welche Maria Theresia der Olmützer Gesellschaft durch Erteilung eines simplen Privilegs angedeihen ließ, sei bereits von den florentinischen, etrurischen und venetianischen Schriftstellern, ja auch von den römischen Akademikern, mehr als die größten Kriegsthaten in ihren Schriften zum Himmel erhoben worden![2]) — Desgleichen gehört Georg Andreas Will, der Stifter und fortdauernde geistige Mittelpunkt der 1756 hervorgetretenen „Deutschen Gesellschaft" in Altdorf, seit demselben Jahre der Accademia degli Agiati zu Roveredo an.[3]) Ferner wissen wir von J. G. Lori, daß er die Begründung der ursprünglich (1758) als freie Gesellschaft ins Leben getretenen Münchener Akademie plante, seit er von einer an wissenschaftlichen, kulturellen und politischen Eindrücken reichen Italienfahrt zurückgekehrt war.[4]) — Selbst ein Seitentrieb dieses Gesellschaftslebens wie die Duisburger Gelehrte Gesellschaft beruft sich auf das Beispiel der italienischen Akademien des 17. und der „Deutschen Gesellschaften" des 18. Jahrhunderts nebeneinander.[5]) Durch ständige Rücksichtnahme auf die Arbeiten der italienischen Akademien zeichnen sich besonders die von der Erfurter „Akademie nützlicher Wissenschaften" in Gottscheds Geist herausgegebenen „Erfurtischen Gelehrten Nachrichten" aus.

Von den im 17. Jahrhundert blühenden freien Gesellschaften Deutschlands hielt sich der Nürnberger Orden der Pegnitzschäfer auch im folgenden Jahrhundert aufrecht, wie er ja noch heute nicht dahingeschwunden ist. Fast alle

[1]) Vergl. Wurzbach: Biographisches Lexikon des Kaisertums Oesterreich, Artikel Petrasch.

[2]) Vergl. Feil im „Jahrbuch für vaterländische Geschichte", Wien, Jahrgang I, S. 350.

[3]) Vergl. Hirsching: Historisch-litterarisches Handbuch, Artikel Will.

[4]) Vergl. Westenrieder: Beiträge zur vaterländischen Historie, Bd. I, S. 352.

[5]) In Der Duisburger Gelehrten Gesellschaft Deutschen Schriften Teil I (1759): „Nachricht von der Duisburgischen Gelehrten Gesellschaft".

„Deutſchen Geſellſchaften" zählten einzelne Pegnitzſchäfer auch zu ihren Mit=
gliedern. Wichtiger zur Erkenntnis der Fäden, die ſich von dem einen Jahr=
hundert zum andern ziehen, bleibt die Herausbildung der älteſten „Deutſchen
Geſellſchaften" aus ſchleſiſchen bezw. lauſitziſchen Kreiſen, d. i. aus den führenden
litterariſchen Gauen des 17. Jahrhunderts. Als „Görlitzer poetiſche Geſell=
ſchaft" trat die Leipziger Stammmutter dieſer Geſellſchaftsſpecies bekanntlich
hervor (1697): aus Görlitz ſtammende Zuhörer des Leipziger Polyhiſtors
Burkhard Mencke, eines Mitgliedes der Royal Society in London, haben ſie
begründet. „Weil nun alſo die meiſten ſchleſiſche Nachbarn waren", betont
Gottſched in der Nachricht von der Deutſchen Geſellſchaft, „ſo war es auch
eins von ihren vornehmſten Grundgeſetzen, daß man ſich in allem nach der
ſchleſiſchen Mundart richten ſollte." Erſt 1717 erweiterte ſie ſich zur „Deutſch=
übenden poetiſchen Geſellſchaft". Aber noch in den 1727 neu aufgeſtellten
und 1731 abermals veröffentlichten Satzungen der nunmehrigen „Deutſchen
Geſellſchaft" zu Leipzig wird wenigſtens in den Reimen provinzielle
Freiheit geſtattet, für Schleſier wie Gryph, für Lauſitzer wie Weiſe, für
Meißner wie Beſſer und Philander (von der Linde d. i. Mencke) ꝛc. zu reimen.
Eine der entſcheidenden Thaten Gottſcheds war es freilich, auch dieſe letzte,
dem Schleſiſchen gemachte Konzeſſion allmählich zu überwinden und das ton=
angebende Idiom der jüngſtverfloſſenen Epoche grundſätzlich für provinziell zu
erklären. Aber ſeine (zuerſt 1748 erſchienene) „Deutſche Sprachkunſt" fußt
in Abwendung von Luther weſentlich auf Opitz und den Dichtern der Folge=
zeit. — In gleicher Richtung iſt hervorzuheben, daß jener Gottlieb Stolle,
um den ſich zwei der früheſten Geſellſchaften des 18. Jahrhunderts ſchaarten,
aus Liegnitz ſtammt, von Hoffmannswaldau die erſten litterariſchen Einflüſſe
erfährt, in Breslau und ſchließlich unter dem jüngeren Gryph ſeine Schul=
bildung vollendet. Schon 1701 bis 1703 ſtiftete und leitete er in Halle
eine litterariſche Geſellſchaft. [1] Später ſteht er der 1728 neugegründeten,
1730 beſtätigten „Teutſchen [2]) Geſellſchaft" zu Jena vor, welche ſich aus dem
Schülerkreis des Adjunktus Johann Andreas Fabricius, eines Pegnitzſchäfers [3]),
entwickelte.

Im Laufe weniger Jahrzehnte verbreiteten ſich derartige „Deutſche Geſell=
ſchaften" netzartig über das ganze deutſche Sprachgebiet, immer an ſprachliche
Beſtrebungen anknüpfend, aber ausnahmslos weite Gebiete des geiſtigen Lebens

---

[1]) Vergl. in G. Stolles Anleitung zur Hiſtorie der juriſtiſchen Gelahrheit das
Leben des Verfaſſers, S. 4 flg., 28 und 62.

[2]) Daß ſich die Jenenſer Geſellſchaft, obgleich nach dem Muſter der Leipziger
organiſiert, mit ihr nicht einmal über den Namen unſeres Volkes einigen konnte,
erregte berechtigten Spott.

[3]) Vergl. Allgemeine Deutſche Biographie, Artikel J. Andreas Fabricius.

und der nationalen Kultur in ihren Gesichtskreis und ihre Thätigkeit hinein=
ziehend. Obgleich sich einzelne dieser Gesellschaften in der Litteraturfehde der
Diktatur Gottscheds zu entwinden wissen, dennoch gehen sie in ihrer Organisation
auf sein Leipziger Vorbild zurück und treten aus der allgemeinen geistigen
Richtung, in welcher er wirkte, nur wenig heraus. — Inzwischen hatte zu
Hamburg vorübergehend (1715 bis 1718) in geschlossenem Kreise eine „Teutsch=
übende Gesellschaft" gewirkt, der außer den Hamburgern Brockes, Richey und
Hoefft der aus Schwaben stammende nachmalige sächsische Hofdichter Johann
Ulrich König, der Leipziger Johann Albert Fabricius, der Zittauer Johann
Hübner und vorübergehend der Schwede Samuel Triewald zugehörten.[1]) Nach
dem Vorbild der von Gottsched reorganisierten Leipziger folgen, außer der
schon erwähnten Jenenser, „Deutsche Gesellschaften" zu Göttingen 1738,
Greifswald 1740, Königsberg 1741, Helmstädt 1747 und Bremen
1752. Die Helmstädter Gesellschaft trat um die Zeit zusammen, als
Mosheim, der Präsident der „Deutschen Gesellschaft" zu Leipzig und Haupt=
ratgeber Münchhausens bei Stiftung der Göttinger Societät der Wissenschaften,
von Helmstädt nach Göttingen ging. Lange stand sie unter Leitung Johann
Friedrich Eisenharts, charakteristischer Weise eines der bedeutendsten Bearbeiter
des deutschen Rechts im 18. Jahrhundert. — In Duisburg, Frankfurt a. O.
und Wittenberg kam es vorübergehend ebenfalls zur Bildung „Deutscher
Gesellschaften".

In der Schweiz, wo bereits in den zwanziger Jahren die Züricher „Ge=
sellschaft der Maler" in die litterarische Bewegung eingriff, waren die
„Deutschen Gesellschaften" zu Bern 1739 und zu Basel 1743 entstanden,
in Süddeutschland 1756 die zu Altdorf und zu Erlangen, beide bemerkens=
werter Weise auf protestantischem Gebiet. Stifter der Erlanger Gesellschaft,
die ganz zu Gottsched steht, war sein Freund Professor Huth. Die Altdorfer
verhielten sich selbständiger; ihr Stifter Will rühmt indes die Freundschaft,
welche er 1748 während seines Leipziger Aufenthalts von Gottsched erfahren
hatte, gerade während dieser auf sprachlichem Gebiete am stärksten Epoche machte.

Bevor sich 1760 die „Deutsche Gesellschaft" in Wien und gar der Spät=
ling in Mannheim bildete, traten jedoch eine Reihe verwandter Korporationen
unter andern Namen hervor.

Zunächst müssen wir uns entsinnen, daß Gottsched nach seinem 1738
erfolgten Bruch mit der Leipziger „Deutschen Gesellschaft" in seinen beiden
studentischen Redner=Gesellschaften, der vor= und der nachmittägigen, den gleichen
Geist allgemeiner geistiger Interessen zu pflegen suchte. 1752 hielt er die Zeit
für gekommen, die aus diesen Gesellschaften hervorgegangene Schaar persönlich

---

[1]) Akten auf der Hamburger Stadtbibliothek. Proben ihrer Dichtungen s. in
Weichmanns Poesie der Niedersachsen.

ergebener Klienten, welche nunmehr in ansehnlichen Aemtern standen, für die Dauer um sich zu organisieren: so entstand die „Gesellschaft der schönen Wissenschaften und freien Künste", deren Kasseler Mitglieder Gottscheds Bruder zu einem Zweigverein aneinanderschloß. Ein solcher bildete sich auch in Zwickau. Hatten sich schon die „Deutschen Gesellschaften" in Verleihung der auswärtigen Mitgliedschaft sehr freigebig gezeigt, so war die neue Organisation von vornherein über ganz Deutschland verbreitet.

Bloße Decknamen für Gottschedianische Herausgeber moralischer Wochenschriften waren zwar nur die angeblich Hallenser „Freimäurer" von 1738 (in Wahrheit niemand als der Leipziger Johann Joachim Schwabe, der Gottsched und dessen Frau um Mitarbeit anging, letzterer auch für Zusage derselben danken konnte)[1], sowie die „Stillen im Lande", welche 1742 in Nürnberg durch eine (von Ch. G. Richter daselbst herausgegebene) Zeitschrift gleichen Titels, nicht eben geschickt, aus der Stille heraustraten. In Halle hatten schon 1733 Pyra und Lange ein Collegium poeticum gestiftet. Als Hallischer Verein giebt sich ferner jene „Prüfende Gesellschaft", welche die Gottschedianischen „Bemühungen" herausgab: doch auch sie dokumentiert sich nur publizistisch. Wirkliche Gesellschaftsübungen hielt aber die „Gesellschaft der Freunde der schönen Wissenschaften", die sich unter G. S. Nicolais Aufsicht versammelte.

Eine Art Gottschedianische Gesellschaft darf man 1743 in Straßburg voraussetzen[2]; in ihrem Mittelpunkt stand der medizinische Schriftsteller G. H. Behr. Er schrieb unter Gottscheds Einfluß deutsche Lehrbücher der Medizin, handelte auch prinzipiell über „die Notwendigkeit und Nutzbarkeit der teutsch geschriebenen Arznei-Bücher", — wie schon Christian Wolf in die Philosophie, Gottsched in die schönen Wissenschaften den Gebrauch der deutschen Sprache einführte.

In der akademisch gebildeten Jugend Hamburgs tauchen während der dreißiger Jahre fortgesetzt gesellschaftliche Bestrebungen auf: dem Verein der „Probierer" folgt eine „Gesellschaft zur Beförderung aller vernünftigen Ordnung", die anscheinend mit der „Durch Freundschaft und Liebe zur Wahrheit verbundenen Gesellschaft" identisch ist; und in denselben Kreisen stoßen wir auf eine „Gesellschaft zur Aufnahme der deutschen Sprache und der freien Künste."[3]

Ebenso bildeten sich zu früher Zeit in der akademischen Jugend der Schweiz litterarische Vereinigungen, die im wesentlichen den Gelehrtengesell-

---

[1] Briefe an Gottsched und Frau vom 5. Jenner und 13. Februar 1738. — Von den bald in Halle thatsächlich organisierten Freimaurern wird noch im Folgenden zu handeln sein.

[2] Vergl. diese Schrift Bd. I, S. 24 flg.

[3] Nach Akten und Briefen auf der Hamburger Stadtbibliothek.

schaften gleichen Ortes parallel gingen: in Bern die „Vergnügte Deutsche Gesellschaft" 1740, in Zürich die „Wachsende Gesellschaft" um die Wende von 1740 und 1741, in Basel die „Gesellschaft der schönen Wissenschaften" 1747.[1]) Schon vorher begegnen wir in der Berner Jugend einem anderen litterarischen Kränzchen von Herren und Damen, der „Gesellschaft der Groß- mütigen".[2])

Sogar einige Gymnasiasten in Thorn vereinigen sich unter Leitung eines Lehrers 1740 zu einer „Gesellschaft der Bestrebenden," die auf Gottscheds „Redekunst" fußt.

Von eigentlichen Gelehrtengesellschaften trat die Olmützer „Gesellschaft der unbekannten Gelehrten" 1746 zusammen. Sie nahm neben „Meistern" aber ebenfalls „Schüler" der Wissenschaften auf. Noch weit epochemachender erschien 1752 die Stiftung der „Societas Litteraria Germano-Bene- dictina" mit dem Mittelpunkt Kempten. Beide suchten enge Verbindung mit Gottscheb. Ferner bildete sich 1753 eine Gesellschaft zur Verbesserung der schönen Wissenschaften in Tübingen. Die „Kielische Gesellschaft der schönen Wissenschaften", deren Stiftung 1754 erfolgte, beruft sich ausdrücklich auf die „Deutschen Gesellschaften", insbesondere die zu Jena, als Vorbild. Auch die „Duisburgische gelehrte Gesellschaft" weist 1759 — wie erwähnt — neben den italienischen Akademien auf die „Deutschen Gesellschaften" hin.

Ausdrücklich als Akademien bezeichnen sich die Kurmainzische „Akademie der nützlichen Wissenschaften" zu Erfurt (seit 1754), sowie die von Augs- burg ausgehende „Kaiserlich Franzisische Akademie der freien Künste" (seit 1755), welche alsbald Gottscheb die Mitgliedschaft antragen. Das fürstliche Privileg raubt diesen Anstalten keineswegs den Charakter freier Gesellschaften; war es doch auch den „Deutschen Gesellschaften" zu Greifswald, Königs- berg und Helmstädt gelungen, den heiß ersehnten landesherrlichen Schutz nominell zu erlangen.

Dagegen glückte es Gottscheb selbst, trotz immer erneuter Versuche, nicht, die Leipziger „Deutsche Gesellschaft" oder später seine „Gesellschaft der schönen Wissenschaften und freyen Künste" unter staatlichen Schutz zu bringen. Auch seine direkten Bemühungen um eine Deutsche Akademie scheiterten in Wien wie in Dresden.[3]) Wenigstens trat die Berliner Akademie der Wissenschaften

---

[1]) Nach dem Archiv der Wachsenden Gesellschaft auf der Züricher Stadt- bibliothek.

[2]) Nach Akten im Lauterburgschen Archiv zu Bern (daraus mir freundlichst mit- geteilt vom Landesbibliothekar Dr. K. Geiser).

[3]) In betracht kommt namentlich das — wie Schrift und Gehalt beweisen — von Gottscheb herrührende „Projekt von der Academia Augustea Scientiarum et Artium", handschriftlich in der Brühlschen Sammlung der Kgl. öffentlichen Bibliothek zu Dresden.

1730, gleich nachdem er ihr Mitglied geworden, durch Vermittlung von Daniel Jablonski, vorübergehend mit ihm und der Leipziger „Deutschen Gesellschaft" über orthographische Einheitsbestrebungen in Verbindung.

Eine wirklich staatliche Anstalt, die „Kurbayrische Akademie der Wissen=schaften", bildete sich aus einer freien „Bayrischen Gesellschaft der Wissen=schaften" in München heraus (von 1758 auf 1759). Ihr Stifter J. G. Lori stand sowohl mit italienischen Akademien wie mit Gottsched, der sofort 1759 zum Mitglied gewählt wird, als auch mit Schweizern, namentlich Tscharner aus Bern, in Verbindung und über gesellschaftliche Bestrebungen in Korre=spondenz, bekennt sich übrigens gelegentlich als Schüler von Gottscheds Schriften.[1]) In Frankfurt a. O. erwuchs eine 1764 unter dem Präsidium von Professor Daries zusammengetretene studentische „Gesellschaft der Freunde der Wissenschaften" zunächst zu einer 1766 von Friedrich dem Großen bestätigten „Gelehrten Gesellschaft zum Nutzen der Künste und Wissenschaften", deren erste Klasse aus Gelehrten bestand, während Studierende auf die zweite Klasse beschränkt blieben; in den neunziger Jahren wandelt sie sich schließlich in eine „Societät der Wissenschaften" um. Sofort nach der Stiftung hatte die Bewerbung um ein königliches Privileg das Ein=fordern eines Berichtes vom Kammergerichtsrat Steck zur Folge. Aus dem überaus wegwerfenden Urteile dieses Mannes ist der Hinweis auf Gottscheds „Gesellschaft der freien Künste" als ersichtliches Vorbild hier von Interesse, ebenso die Bemerkung: „Dergleichen Gesellschaften sind jetzo fast auf allen hohen Schulen" — woraus zu schließen wäre, daß uns noch zahlreiche akademisch=litterarische Vereinigungen verborgen blieben, wenn der Berichterstatter nicht hochfahrend hinzusetzte: „Ich bin von den meisten ein Mitglied, und weiß daher das Lächerliche, Törichte und Ungereimte davon nur allzuwohl."[2]) Aller=dings sind aber bescheidenere bloße Uebungsgesellschaften noch in größerer Zahl anzunehmen. —

War es wirklich rein sprachliche Schulung, der man allerorten mit solchem Aufwand von Pathos und Dekoration nachjagte? Die unabweisbare Erkenntnis, daß noch andere Ziele vorschwebten, darf uns nicht zu einer Unterschätzung des ursprünglichen und immer bedeutsam verbleibenden sprachlichen Kernes dieser Bewegung verleiten. Auch haftet an diesem Mühen um unsere deutsche Muttersprache von vornherein mehr als ein etwaiges beschränkt grammatisches Interesse.

Bereits ist anderen Ortes[3]) nachzuweisen gesucht worden, wie vielverzweigt die sprachliche Thätigkeit desjenigen Mannes gewesen, dem die „Deutschen

---

[1]) Vergl. Bd. I, S. 36.
[2]) Nach den Akten im Kgl. Geheimen Staats=Archiv zu Berlin.
[3]) Im ersten Kapitel dieser Schrift.

Gesellschaften", trotz mancher Abweichung von seinem Geschmack, ihren ganzen Horizont verdanken. Was Gottsched an Tiefe abging, ersetzte er durch die für seine Zeit ungewöhnliche Weite, wenigstens seines sprachlichen Gesichtskreises. Er wirkte zunächst für den Gebrauch der deutschen Sprache anstelle des Lateins der Gelehrten wie anstelle des hof= und weltmännischen Französischen. Schon in seiner Nachricht von der Deutschen Gesellschaft zu Leipzig stellt er seine Thätigkeit in einen weiteren nationalen Gesichtskreis, indem er sich der Gegner= schaft derjenigen rühmt, die „lauter ausländische Sachen, Sitten und Sprachen ihrer Hochachtung würdig schätzen". Im Zusammenhang damit steht sein Kampf gegen die Einmischung von Fremdwörtern in die deutsche Rede. Vereint Gottsched hierin die Traditionen eines Leibniz, Thomasius und Christian Wolf, so lag sein Eintreten für die hochdeutsche Gemeinsprache über allen Dialekten innerhalb jener Bewegung, die, der kaiserlichen (genauer: königlich deutschen) Kanzlei entsprossen, in Luther ihren mächtigsten Förderer gefunden hatte. Noch war sie aber keineswegs zum Abschluß, d. h. zu der erwünschten Einigung gelangt: das katholische Süddeutschland und Oesterreich, sowie die reformierte, überdies politisch selbständige deutsche Schweiz, standen im dritten Jahrzehnt des 18. Jahrhunderts, als Gottscheds Wirksamkeit begann, dem Hochdeutschen selbst als Schriftsprache noch recht fern, teilweise sogar feindlich gegenüber. Wie wir nicht umhin können, den „Deutschen Gesellschaften" als wichtigsten Organen Gottscheds, die Propaganda für den Gebrauch der deutschen Sprache in gelehrten und vornehmen Kreisen durch Beispiel und Lehre als nationales Verdienst anzurechnen, so werden wir kaum minder an= stehen, die erfolgreiche Mitarbeit an der sprachlichen Einigung des Nordens und Südens als unerläßliche Vorbedingung für die in unserm Jahrhundert neu= vollzogene politische Einigung Deutschlands zu würdigen.

Auch die in den „Deutschen Gesellschaften" und verwandten Ver= einigungen erstrebte grammatikalische Korrektheit dürfen wir getrost als einen nicht unbeträchtlichen Kulturfaktor anerkennen: mag uns manche Sprachmeisterei recht pedantisch anmuten, der Bildungsstand der mittleren Klassen wie des Adels wurde wesentlich erhöht. Worin aber das greifbarste und wohl unan= fechtbarste Verdienst der freien Gesellschaften aus Gottscheds Kreis besteht, ist ihre Uebung im gewandten mündlichen wie schriftlichen Gebrauch der Prosa= sprache. Kamen ihre poetischen Versuche auch fast ausnahmslos nicht über phantasielosen Dilettantismus hinaus, so mußte doch die wöchentliche Behand= lung von rhetorischen Stoffen die Gewandtheit und Prägnanz des Ausdrucks erhöhen, die Gelenkigkeit und Eleganz des deutschen Stils vervollkommnen. Man verfuhr meist methodisch, indem man mit Uebersetzungen begann, bis man zu selbständigen Ausarbeitungen vorschritt.

Noch weiter reichen die Folgen dieser sprachlichen Bestrebungen. Durch den Gebrauch der Muttersprache in der Wissenschaft wurde den Ungelehrten und so auch den Frauen die Teilnahme am geistigen Leben ermöglicht. Die Vollendung der sprachlichen Einigung beförderte den Austausch der Schriften zwischen Nord und Süd: die Schweiz, Oesterreich und Süddeutsch= land wurden energischer in die geistige Bewegung des nördlichen und mittleren Deutschlands hineingezogen. Bereits aus diesen Gründen wurde jede „Deutsche Gesellschaft" oder ähnliche Korporation besonders südlich der Mainlinie ein Organ allgemeiner deutscher Bildung für weite Kreise.

Schon durch diese bloße Schulung im korrekten und dialektfreien Sprach= gebrauch sowie im Prosastil und der Beredsamkeit, schließlich durch die wenn auch noch so flügellahmen Versbemühungen, erfuhr das Bildungsstreben überhaupt weitere Anregung. Zunächst wurde das litterarische Interesse jeder Art wachgerufen. Die „Deutschen Gesellschaften" und ihre Gruppe sind von vornherein als Sprach= und Litteraturvereine aufzufassen. Trat doch sogar die Leipziger Muttergesellschaft als „poetische Gesellschaft" ins Leben, um erst später durch den allgemeinen Namen die Prosaübungen zu legalisieren. Der Dreiklang: „Deutsche Sprache, Poesie und Beredsamkeit" tönt nicht nur aus der Gesellschaftszeitschrift, den „Beyträgen zur critischen Historie der deutschen Sprache, Poesie und Beredsamkeit", sondern überall nun schon aus den Satzungen. Auch die Hamburger „Teutsch=übende Gesellschaft" will sich „um Ausübung und Verbesserung der teutschen Sprache, Oratorie und Poesie" bemühen. Ihre Gesellschaft soll bestehen „aus lauter gelehrten, Teutsch= liebenden, und in der Rede= und Dichtkunst erfahrnen, anbei honnêten, und nicht weniger zu einer Lehr=begierigen Conference, als wahren Freundschaft qualificierten Leuten."[1]

Die Vorträge und Beurteilungen aus den wöchentlichen Versammlungen wirkten fort. Hören wir ein Mitglied der „Deutschen Gesellschaft" zu Bern, Friedrich von Sinner[2]): „So wurden wir alle unterrichtet, und auch an= gefrischet zu Hause durch gut ausgewählte Lektüre uns zu üben. Nicht minder wurden auch in denen Versammlungen gute neue Werke öffentlich gelesen, darüber dissertiert und also je einer von dem andern belehrt. Kurz, wir ließen uns diese nützliche und nötige Beschäftigung verschiedene Jahre hindurch sehr eifrig angelegen seyn und viele under uns haben die Früchte dieser Arbeit die übrige Zeit ihres Lebens sowohl in geistlichen als weltlichen Beschäftigungen reichlich genossen. Ich insbesonders kann mich rühmen vieles dabei gelernt zu haben; gleichwie ich auch in diesen Versammlungen viele sehr angenehme Stunden zugebracht und diesem so vernünftigen und lehrreichen Zeitvertreib die eitlen und geschmacklosen Spiel=Assembleen mit Freuden stets aufgeopfert habe."

---

[1]) Nach den Akten auf der Hamburger Stadtbibliothek.
[2]) Handschriftlich im Sinnerschen Familienarchiv zu Bern.

Daß die „Deutschen Gesellschaften" Pflanzstätten des litterarischen Inter=
esse überhaupt waren, erhellt allerorten; und, einmal entfacht, blieb es nicht
auf neue Erscheinungen beschränkt, griff vielmehr auch auf die Vergangenheit,
auf die Geschichte unseres Schrifttums, über. Als Zwecke der Baseler
„Deutschen Gesellschaft" bezeichnet ihr Begründer Spreng gegen Bodmer
(30. August 1743): „solche Bücher, die in unserm Vaterland von deutschen
Skribenten herauskommen, zu beurteilen; Nachrichten von alten deutschen
Poeten und Schriftstellern unseres Vaterlandes mitzuteilen, sie mögen gedruckt
oder ungedruckt seyn; die männliche Kraft und den Reichtum unserer helvetischen
Sprache, mit welcher man die sächsische bereichern könnte, zu erweisen,
u. bergl."

Schon durch den Stoff der vorgetragenen Abhandlungen war eine gleich=
zeitige Pflege der Wissenschaften gegeben. So bestimmt die Verfassung der
„Teutsch=übenden Gesellschaft" in Hamburg: „Die einzubringenden Piècen
sollen hauptsächlich bestehen entweder in Theoreticis, als nämlich teutschen
grammatikalischen, oratorischen, poetischen u. bergl. Observationibus; oder in
Practicis, verstehe einer ausgearbeiteten Prosa oder Carmine, es sei selbst
erfunden oder aus andern Sprachen übersetzet. Nächst diesen aber dürfen auch
historica, antiquaria u. a. philologica, jedoch so viel möglich zum Zweck
kommende Specimina auf die Bahn gebracht werden." Dieses wissenschaftliche
Interesse der „Deutschen Gesellschaften" wurde zunehmend allgemeiner, nament=
lich gerade in den Jugendvereinigungen. Die „Vergnügte Deutsche Gesellschaft"
in Bern schreibt (am 24. des Christmonats 1743) den Züricher Freunden[1]:
„Die Liebe, welche wir zu unserm gesamten Vatterlande tragen, ist so groß,
daß uns alles dasjenige nicht anderst als höchst erfreulich sein kann, welches
zu seiner Aufnahme dienet. Wir zweifeln nicht, daß hierzu auch die Ver=
besserung unserer Muttersprach (so!) und das Wachstum der
Wissenschaften vortreffliche Mittel seien." Mit Vergnügen hätten sie
deshalb von der Züricher Gesellschaft junger Männer vernommen, welche sich
„eine Fertigkeit in der reinen deutschen Muttersprache (so!) und
einen Schatz in den schönen Wissenschaften zu erwerben trachten."
Am 5. Hornung des folgenden Jahres fügen sie hinzu: „Wir setzten unsere
Hauptabsicht in der (so!) Erlehrnung der deutschen Sprache, in der Bered=
samkeit, in der Uebung der vornehmsten Wissenschaften und in der Dicht=
kunst."

Charakteristisch heißt es in den Gesetzen dieser „Vergnügten Deutschen
Gesellschaft": „1. Die Gesellschaft soll bei der Aufnahme neuer Mitglieder
auf Tugendhafte Liebhaber der Wissenschaft sehen." „3. Ein Student

---

[1] Ebenso wie die folgenden Aeußerungen in dem Archiv der Wachsenden
Gesellschaft auf der Züricher Stadtbibliothek.

aus hiesiger Stadt muß zuvor zwei Jahr in dem Philosophischen Hörsaal zugebracht haben." „4. Ein jeder soll seine eigene Arbeit in der Gesellschaft selbst mit vernehmlicher Stimme vorlesen. Ist dieses einmal geschehen, so soll man nach der bestimmten Zeit erstlich die Einrichtung von der ganzen Schrift beurteilen, hernach insbesondere alle Gedanken und Ausdrücke stückweise prüfen." Angesichts solcher Uebung des Intellektes hatte ihr Protektor Freudenberger doppelte Veranlassung, gegen Bodmer zu rühmen (am 21. Christmond 1743): „Ich sehe diese Pflanzschulen als eine Sache an, daraus der Kirche und dem Staat mit der Zeit viel Gutes zuwachsen wird." — Die akademischen Jünglings= gesellschaften in Hamburg wiesen schon in ihren Namen auf die Vereinigung von sprachlichen und allgemein wissenschaftlichen Zwecken hin.

Bereits in den fünfziger Jahren des vorigen Jahrhunderts werden die „Deutschen Gesellschaften" fast allgemein als wissenschaftliche Vereine schlechtweg bezeichnet. Die „Duisburgische gelehrte Gesellschaft" rühmt ihnen nach, daß sie außer der Sprache „nicht nur die schönen, sondern auch die höheren Wissen= schaften selbst zum Augenmerk haben." Aehnlich sieht die „Kielische Gesell= schaft der schönen Wissenschaften" in jenen Gesellschaften für Sprache, Bered= samkeit und Dichtung eine „Verbindung vieler Beförderer der Wahrheit", durch deren Unternehmung es geschah, „daß die Liebe zu den schönen Künsten, die sich bisher nur sparsam antreffen ließ, allgemeiner wurde."

Wie schon in den italienischen Akademien blieben aber die Zusammen= künfte nicht auf die offiziellen Uebungen beschränkt. Einen guten Teil der Wirkung dieser Gesellschaften haben wir in der folgenden zwanglosen Unterhaltung und überhaupt dem angesponnenen geistigen Verkehr zu suchen. Die Verfassung der „Teutsch=übenden Gesellschaft" in Hamburg bestimmte: „Diese auf die gelehrte Erbauung und kluge Belustigung einzig abzielende Assemblée . . . soll allemal die erste Stunde ganz dem Hauptwerke gewidmet bleiben". Nachher stand es im Belieben, „entweder im Hauptwerke fort= zufahren, oder durch andere vergnügliche Unterredungen sich zu divertieren." Nun „nach geschlossenem Protokoll" stellte es die Verfassung frei, „die ganze Compagnie nur mit einem Stübgen Wein und etwan einem Pfunde ordinairen Confects" zu bedienen. — Solchen Gesprächen gewährt auch die „Wachsende Gesellschaft" zu Zürich einen Platz in ihren Gesetzen. Noch in dem verkürzten Statut von 1748 findet die Bestimmung Raum, „daß, wenn keine Schrift von einem Mitgliede zu verlesen und zu beurteilen vorhanden ist, die Zeit mit Gesprächen, die zu belles lettres dienen, zugebracht, oder in einem autore gelesen und kritisiert werde."

Gerade der Schweiz kam angesichts ihrer Zwitterstellung zwischen deutscher und französischer Kultur die Thätigkeit solcher Gesellschaften in erhöhtem Maße zu gute. Erscheint insbesondere der Typus des Berners jener Tage steif, stolz unb geringschätzig gegen Kunst und Wissenschaft als unnütze Dinge[1]), so darf die Bedeutung vor allem der dort wirksamen „Deutschen Gesellschaften" nicht unterschätzt werden.

Eine nicht minder bedeutsame Rolle spielen diese Bestrebungen in der Bildungsgeschichte von Oesterreich und Bayern. Nur kam in den katholischen Ländern noch ein bedeutsames Moment hinzu. Den rauhen Schweizern — um das Schlagwort der Gottschebianer aufzunehmen — brauchte man nur Bildung, feinere Kultur zu bringen: in Oesterreich, Bayern und der Pfalz nahmen die deutschen Bildungsbestrebungen das charakteristische Gepräge der Aufklärung an. Es wird darauf unten eingehend zurückzukommen sein. Im Augenblick genügt es, die Berührung der bayrisch=österreichischen Bildungsbewegung mit den Zielen der mitteldeutschen Sprach= gesellschaften festzustellen. Wo im Süden und Südosten „Deutsche Gesell= schaften" auftauchen, liegt diese Identität auf der Hand. Die Versuche jener Zeit aber, in Oesterreich eine Kaiserliche Akademie zu begründen, sind nicht nur von Gottsched — nach dem Vorgang des Leibniz — angeregt, sondern schreiten wiederum nachweislich von deutschsprachlichen Keimen zu allgemeinwissenschaftlichen Zielen vor. Dem Leipziger Gelehrten schwebte, als er sich 1749 am Wiener Hof so glänzend empfangen sah, in seinen Plänen wie immer zunächst die Académie Française als Muster vor. Joseph von Petrasch, dessen Olmützer Gesellschaft bereits mit Gottsched Beziehungen unterhielt, zu einer Art Gegengutachten aufgefordert, will alle Wissenschaften durch einheimische Gelehrte gepflegt wissen, sieht indes in bezug auf die auch von ihm stark betonte Pflege der deutschen Sprache dem Einwurf entgegen, daß man gezwungen sein würde, einen Sachsen, also einen Mann evangelischen Glaubensbekenntnisses, zu berufen, da in den österreichischen, bayrischen, schwäbischen und anderen katholischen deutschen Ländern, wo man eine unangenehme Aussprache habe und sich auch der Richtigkeit in der Schreibart nicht befleiße, wohl kein Lehrer aufzufinden sein dürfte, welcher die nötige Reinheit in der deutschen Sprache besitzt.[2]) Beide Pläne blieben zunächst ohne greifbare Folge. Maria Theresia gestand in der Audienz, die sie dem Gottschedschen Ehepaar gewährte: „Ich sollte mich scheuen, mit dem Meister der deutschen Sprache deutsch zu reden. Wir Oesterreicher haben eine sehr schlechte Sprache". Dagegen war ihr Sohn Joseph II., der Reform= kaiser, wieder der erste österreichische Fürst, welcher ein erträglich Deutsch sprach und schrieb und denn auch die deutsche Sprache als allgemeine Geschäfts= sprache einführte.[3])

---

[1]) Vergl. Karl Geiser: Beiträge zur Bernischen Kulturgeschichte des 18. Jahr= hunderts, S. 9 flg. u. 17 flg.

[2]) Vergl. Feil im Wiener Jahrbuch für vaterländische Geschichte, I, S. 334.

[3]) Vergl. Christian Meyer: Oesterreich und die Aufklärung des 18. Jahr= hunderts, S. 34.

Nicht minder war es eine der ersten Beschäftigungen der Münchener Akademie der Wissenschaften, die Pflege der deutschen Sprache, und zwar der hochdeutschen Gemeinsprache, zu betreiben, zu einer Zeit, in welcher weite Kreise die Forderung dialektfreier Sprache als unbegründeten Eingriff des Auslandes in die Rechte der bayrischen Nationalität ansahen. Ein öffentlicher Professor der deutschen Sprache wird angestellt, zur Abfassung einer deutschen Sprach= lehre Auftrag erteilt, und nicht minder fällt ins Gewicht, daß die Akademie physikalische Vorlesungen in der Muttersprache abhalten läßt. Daß aber auch hier wiederum die wissenschaftliche Reformbewegung aus den deutschsprachlichen Bestrebungen erst herauswuchs, wurde schon früh empfunden. So betont Konrad Mannert[1] treffend: „Lateinisch wurden alle Kollegien gelesen, und der Bayer mußte bei dem Latein bleiben, weil seine fast einzigen Lehrer, die Jesuiten, aus verschiedenen Ländern zusammenflossen . . . Da erhob sich Gottsched, zwar ohne alle Fülle eigener Kraft, aber dennoch bestimmt, der Wohlthäter Deutschlands zu werden. Er . . . zeigte, daß die Muttersprache durch eigenen Reichtum, durch innewohnende Kraft, zu jeder Art von gediegener Darstellung vollkommen hinreiche. Weil der Gedanke längst in der Seele vieler Männer gelegen hatte, . . . so traten nun Schriftsteller jeder Art hervor, um praktisch den Beweis des aufgestellten Satzes mit Glück zu liefern . . . Rein, unanstößig und faßlich war der Inhalt, leicht und angenehm der Vortrag, der Leser fand mit der Belehrung zugleich Unterhaltung.“ — Die Münchener Akademie errichtete auch vorübergehend eine eigene belletristische Klasse, welche zugleich dem Theater ihre Aufmerksamkeit zuwandte.[2]

Ueberhaupt ist schließlich der bildende Einfluß mit heranzuziehen, den die Gesellschaften durch theatralische und publizistische Anregung ausübten. Gottscheds eigene Wirksamkeit für eine Reform des Theaters ist bekannt, nicht minder, wie er seinen ganzen Kreis in dieses Interesse hineinzieht. Er schlang das Band zwischen Theater und Litteratur, durch welches die Bühnenwerke litteraturfähig wurden. Wie andere Professoren ihre Zuhörer zu gelehrten Dissertationen, ermunterte er seine umfangreiche Schüler= und Klientenschaar zu dramatischen Uebersetzungen, wo nicht gar zu eigenen Versuchen im dramatischen Fach. Daß all sein Eintreten nicht nur in Leipzig, sondern auch in Kreisen der auswärtigen „Deutschen Gesellschaften“ Nachahmung fand, und daß andererseits ein solcher Schritt in Gelehrtenkreisen als unerhört empfunden wurde, läßt z. B. die Aeußerung des Stifters der Königsberger „Deutschen Gesellschaft“ anschaulich erkennen; Flottwell schreibt unterm 18. April 1741 an den Leipziger Patron: „Ich kehre mich nicht an die Vorurteile, die hier gewaltig herrschen, als wenn es etwas Unehrliches wär, in die Komödie zu gehen oder mit den

---

[1] Die Geschichte Bayerns, Teil II (1826), S. 359.
[2] Vergl. Bavaria, Bd. I, S. 726 flg.

Acteurs umzugehen. Die verdächtige und zuweilen vor Dollheit eifernde Priesterschaft unseres Orts macht deswegen viel Lärm."[1])

Bezeichnend äußert auch Hürner, der Mitbegründer der Berner „Deutschen Gesellschaft", bald nach deren Stiftung, am 29. Juni 1739 gegen Bodmer: „Es sind verschiedene kluge Leute in hiesiger Hauptstadt, die auf eine Einführung der Schauspiele bringen. Der neue Präsident unserer Gesellschaft sieht diese Notwendigkeit mehr als immer einer."

Nirgends wird aber der einheitliche Zusammenhang der „Deutschen Gesellschaften" mit der Theaterreform nächst Leipzig in gleichem Maße offenbar als in Wien. Zunächst ist dort gerade der Schauspieler Weißkern einer der beiden ersten Hauptträger der Gottschedschen sprachlich-litterarischen Gesamt-bestrebungen — namentlich auch soweit sie auf Begründung einer Akademie hinzielten. In den sechziger Jahren wirkte dann der spiritus rector der Wiener „Deutschen Gesellschaft", Josef von Sonnenfels, ganz in Gottscheds Sinn für die Säuberung der Bühne von den derben Hanswurstspäßen der Volksschauspiele.[2])

Als wesentlichstes Mittel der Agitation dienten den Wiener Gottsched-Freunden die kritischen und moralischen Zeitschriften, die im organischen Zu-sammenhang mit den hochdeutsch-gemeinsprachlichen Bestrebungen nun als erste litterarische Journale in Wien hervortraten. Nur die von der Olmützer Ge-sellschaft herausgegebenen „Monatlichen Auszüge alter und neuer gelehrter Sachen" hatten in den österreichischen Landen überhaupt den Vortritt. — Singulär war diese Erscheinung nicht. Wo immer eine Gesellschaft der be-zeichneten Art auftaucht, treffen wir mit verschwindenden Ausnahmen eine aus dem Mitgliederkreise hervorgegangene Zeitschrift, meist auch eine Sammlung von Gesellschaftsschriften, im Gefolge. Ja, oft ist das zeitliche Verhältnis umgekehrt, wo nicht gar die Gesellschaft nur als Folie für ein publizistisches Unternehmen erscheint. Zwei Typen begegnen: bald handelt es sich um gleichzeitige Pflege der Kritik und Produktion, bald um moralische Wochen-schriften, deren charakteristische Zusammenfassung von bildenden, erziehlichen, gesellschaftsreformatorischen und volkstümlichen — in Deutschland spezifisch deutschen — Bestrebungen für den universellen Geist dieser Gesellschaften in letzter Linie beweiskräftig ist. Gottscheds eigene „Beyträge zur critischen Historie der deutschen Sprache, Poesie und Beredsamkeit", ursprünglich als Organ der Leipziger „Deutschen Gesellschaft" ausgegeben, können den Ruhm als erste germanistische Zeitschrift in Anspruch nehmen, wie seine „Vernünftigen Table-rinnen" zu den ersten und besten moralischen Wochenschriften in Deutschland zählen.

---

[1]) Schon abgedruckt bei G. Krause: Gottsched und Flottwell, S. 49.
[2]) Vergl. auch Ch. Meyer a. a. O. S. 25 u. 29.

Auch Träger der Aufklärung waren diese moralischen Wochenschriften. Dürfen wir doch von vornherein nicht vergessen, in welche Zeit sich die von uns verfolgte Bewegung gestellt sah. Der Rationalismus zieht jedes geistige Streben der ersten Hälfte des 18. Jahrhunderts in seinen Bannkreis, drückt jeder geistigen Lebensäußerung den charakteristischen Stempel der Verstandes= bildung auf. Wie die Poesie „Belustigung des Verstandes und Witzes" ward, faßt die rationalistische Zeitphilosophie die Verstandesaufklärung ja auch als Vorbedingung für moralische Hebung der Menschheit, die Bildung als sittlich veredelnd[1]). Und diese Moralbestrebungen des Aufklärungszeitalters sehen wir, wie in den publizistischen Organen der Sprach= und Litteraturgesellschaften, so im Schoße dieser Vereinigungen allgemein wirksam, den Geist ihrer ge= samten Thätigkeit bestimmend.

Aus diesem Gesichtspunkt ist es zu nehmen, wenn sich mit den sprachlich= litterarischen namentlich naturwissenschaftliche Interessen vereinen. Ein empirischer Zug geht durch die Uebungen und Forschungen dieser Kreise. Be= sonders mit physikalischen und astronomischen Apparaten experimentiert man. Es erscheint in diesem Zusammenhang nicht mehr als Nebensache oder Zufall, daß Gottsched dem Haupt der Königsberger „Deutschen Gesellschaft" eine Elektrisiermaschine zum Geschenk sendet, wiederholt mit ihm darüber korrespondiert[2]) und auch sonst naturwissenschaftliche wie medizinische Phänomene im Briefwechsel mit seinen Anhängern bespricht.

Die charakteristische Form aber, in welcher diese Gesellschaften und ihre Zeitschriften solche naturwissenschaftliche Errungenschaften verwerten, ist der Kampf gegen den Aberglauben. Es gehört zu den kulturellen Ver= diensten der Sprach= und Bildungsgesellschaften, wacker mitgewirkt zu haben, daß namentlich die von Erscheinungen des gestirnten Himmels erregte Be= ängstigung von der Menschheit genommen werde. Bezeichnend nebeneinander zählt die kulturellen Gesellschaftsbestrebungen sowohl in naturwissenschaftlicher wie sprachlicher Hinsicht ein Gedicht auf, das 1755 zum Stiftungsfest der „Kielischen Gesellschaft der schönen Wissenschaften" abgefaßt ist. Da wird die geistige Bewegung Deutschlands in jämmerlichen Versen, doch in ihrer Einheit und tieferen Bedeutung erfaßt:

> „Sagt unparteiisch, wer versteht
> So gut die Elektrizität?
> Wer kennt wohl so der Meßkunst Faden?
> Wer bringt so tief in die Natur,

---

[1]) Ueber die Einseitigkeit wie die positive Bedeutung dieser Wirksamkeit des Gottschedschen Kreises s. diese Schrift Band I, Kapitel 2: „Gottsched im Kampf um die Aufklärung".

[2]) Vergl. Krause: Gottsched und Flottwell, S. 153, 161, 163 u. a.

Entdeckt des Zirkels Quadratur (!),
Der Welten Stoff, und die Monaden . . .
Kometen — Finsternisse, Tod
Sind lang vorher der Welt gedroht —
Ein Astrolog kann sie ergründen . . .
Der Barbarei verhaßte Nacht
Erdulden wir an keinem Orte;
Von dem, was andere schön gedacht,
Zählt unser rege Fleiß die Worte.
Wir opfern Jahre, Leben, Zeit
Der Sprache reinsten Zierlichkeit,
Und werden lauter Cicerone,
Verstehn die Etymologie,
Und reden, als Grammatici,
Im feinsten und im neusten Tone." —

Manche der uns bekannt gewordenen Gesellschaften tragen, obgleich von litterarischen Bestrebungen ausgehend, schon im Namen den Stempel des Aufklärungszeitalters. Die (noch heut bestehende) ursprünglich Kurmainzische „Akademie nützlicher Wissenschaften" in Erfurt erweist sich ursprünglich, offen auch durch ihr Organ, die „Erfurtischen Gelehrten Nachrichten", als Parteigängerin der Gottschedschen Litteraturbestrebungen; die Richtung auf gemeinnützige Anwendung der Wissenschaft liegt aber ganz im praktischen Sinn des Aufklärungszeitalters. Aehnlich können Jünglingsvereine wie die „Gesellschaft zur Beförderung aller vernünftigen Ordnung" oder die „durch Freundschaft und Liebe zur Wahrheit verbundene Gesellschaft" in Hamburg schon äußerlich ihren auf Vernunft und Wahrheit gerichteten Geist nicht verleugnen. In Gottscheds „Projekt von der Academia Augustea Scientiarum et Artium" läßt er es an einem starken Hinweis auf Christian Wolf als maßgebenden Philosophen nicht fehlen.

Am nachdrücklichsten ist hier aber der „Alethophilischen Gesellschaft" zu gedenken, die vom Grafen Manteuffel 1736 in Berlin gestiftet war. Sie, deren erstes Gesetz war: „Lasset die Wahrheit den einzigen Zweck, den einzigen Vorwurf eures Verstandes und Willens sein," war im wesentlichen zur Ausbreitung der Wolffschen Philosophie gegründet worden.[1] Es ist ein engerer und weiterer Kreis unter diesen Wahrheitsfreunden zu scheiden. Dem weiteren gehört die ganze Freundesschaar Manteuffels im hohen Adel und Beamtentum namentlich von Berlin an; auch Kronprinz Friedrich bekundet seine Sympathie. Eine besondere Organisation, soweit von einer solchen überhaupt die Rede war, gab Manteuffel dieser Schicht in der gleichzeitigen „Confrérie des Francs-Maçons", deren Hauptwerk in offenherzigen Unter-

[1] Ich behandle diese Gesellschaft ausführlich Bd. I, S. 215 flg.

2*

haltungen zu suchen ist.¹) Zu den eigentlich alethophilischen Besprechungen vereinte sich Manteuffel in Berlin zunächst nur mit dem Propst Reinbeck und dem Buchhändler Haude. Schon 1738 werden einige auswärtige Gelehrte herangezogen, in erster Linie Gottsched und Frau, für deren gemeinsame litterarische Bestrebungen der Graf sich als interessiertester Mäcen bewährt. Fast von Posttag zu Posttag schlingt sich zwischen dem gelehrten Paar und ihrem Gönner ein Briefwechsel, in welchem beide Seiten der Gottschedschen Thätigkeit zur Geltung kommen. Namentlich auch für die Idee einer Akademie nach dem Muster der französischen sucht der Professor das Haupt der Aletho=philen zu gewinnen.

In welcher Weise sich Friedrich nach seiner Thronbesteigung des spionierenden sächsischen Exministers zu entledigen weiß, ist bekannt. Mit Manteuffels Ueber=siedelung nach Leipzig wird die Stadt des Sprach= und Litteraturdiktators für das ganze fünfte Jahrzehnt auch zum Hauptquartier der Alethophilen. Un=gezwungene Unterhaltung in scherzhaften Formen, unter Zuziehung der Frauen=welt, läßt sich gerade hier als fortlaufende Uebung der Gesellschaft erkennen. Freilich hatte der Kreis darum nicht minder sorgsam sein Augenmerk auf Beförderung der Wahrheit — durch Beförderung ihrer Bekenner gerichtet.

Wesentlich unter Gottscheds Rat bildete sich 1740 eine besondere Zweig=gesellschaft der Alethophilen im nahen Weißenfels. Wenn wir in einer der ersten Sitzungen durch den Begründer und Sekretär der Gesellschaft Dr. med. Springsfeld das beliebteste Thema der Sprachgesellschaften behandelt sehen: „daß wir als Deutsche verbunden sind, auf die Verbesserung unserer Sprache zu denken", so erhellt der Zusammenhang mit den übrigen Interessen Gottscheds wiederum. Auch sonst beweisen die von den Weißenfelsern nach Leipzig gerichteten Briefe eine solche Anteilnahme.

Ein vierter Konzentrationspunkt der Alethophilen wird Stettin. Gott=scheds litterarische Freunde, die Herausgeber der „Bibliothèque Germanique", Pérard und Mauclerc, beides Hofprediger, sind hervorragend an dieser Gründung beteiligt. Die Korrespondenz geht ebenfalls bisweilen über die Litteraturfehde. Beziehungen bestehen ferner unter den Stettinern zu der „Deutschen Gesell=schaft" in Greifswald, die sich freilich in ästhetischen Dingen von Gottsched möglichst unabhängig zu halten sucht.

Wie für Nord= und Mittel=Deutschland lassen sich auch für die Schweiz, Oesterreich und Bayern sowohl Aufklärungsideen in den Sprach=Gesellschaften wie Berührungen der litterarischen und rationalistischen Ideen in allgemein wissen=schaftlichen Gesellschaften nachweisen. Besonders sei zunächst auf eine „Wissen=schaftliche Gesellschaft" oder „Société littéraire" hingewiesen, die in Basel

---

¹) Vergl. Bd. I, S. 217, u. Karl v. Weber: Aus vier Jahrhunderten, N. F., Bd. II, S. 260 flg., auch I, 108 flg.

1759 hervortrat.[1]) Neben Isaak Iselin spielte in ihr eine Hauptrolle derselbe Schultheiß Wolleb, der mit Gottsched und der „Deutschen Gesellschaft" zu Leipzig 1738 in persönliche Berührung gekommen war, seine Zeitschrift, den „Helvetischen Patrioten", in Gottscheds Sinn herausgab und soeben durch die Widmung von Gottscheds „Beobachtungen über den Gebrauch und Misbrauch vieler deutscher Wörter und Redensarten" geehrt geworden war. Hauptzweck der Gesellschaft war, „sich gemeinschaftlich in den nützlichen und angenehmen Wissenschaften, in so ferne dieselben Einfluß in die menschliche Glückseligkeit haben, zu erbauen." Der eudämonistische und utilitarische Zug des rationalistischen Wissenschaftsbetriebes tritt klar hervor. In den wöchentlichen Versammlungen sollten Abhandlungen verlesen werden, die einen, aus allen Gebieten der Geisteswissenschaften, „insbesondere" auch den „schönen Wissenschaften", sollten hauptsächlich die Erläuterung und Auszierung moralischer und politischer Wahrheiten zum Gegenstand haben, während man die andern ebenso praktisch auf Ökonomie und Gewerbe ꝛc. zu richten unternahm. Es war freilich die Anwendung der lateinischen, deutschen oder französischen Sprache zulässig, „indessen" — so lautet der in seinem Ursprung wie seinem Ziel unverkennbare Zusatz der Bestimmungen — „wird ein jeder sich in der Sprache, deren er sich bedienet, aller möglichen Reinigkeit und Zierde befleißen." — Wenige Monate später regt Iselin mit verwandten Zielen, doch erweiterter Organisation die „Helvetische Gesellschaft" an, jene bedeutsame Zusammenfassung aller Kulturbestrebungen der Schweiz.

Während der dritten Säkularfeier der Hochschule Basel (1760) kehrten nämlich einige Züricher Freunde, darunter Salomon Hirzel, in Iselins gastlichem Hause ein. Hirzel hatte schon als Jüngling an der „Wachsenden Gesellschaft" und deren Korrespondenz mit der Baseler „Gesellschaft der schönen Wissenschaften", der auch Iselin zugehörte, teilgenommen. Beide Kreise erneuerten die alte Freundschaft und beschlossen zur dauernden Festigung derselben jene jährlichen Zusammenkünfte, welche der „Helvetischen Gesellschaft" zugrunde liegen. Iselins und Hirzels Absicht ging zunächst dahin, „unter dem Schein einer bloßen Ergötzlichkeit den Grund zu Verhältnissen zu legen, dadurch unserm gemeinsamen Vaterlande große sittliche und politische Vorteile erworben werden könnten" — ähnlich wie wir es in den nord- und mitteldeutschen Alethophilen-Gesellschaften finden. Erziehungswesen, Landbau, Mißstände im Beamtentum u. a. bildeten durcheinander Gegenstand der Besprechung.[2]) — Auch die 1777 von Iselin gestiftete „Gesellschaft zur Beförderung des

---

[1]) Nach den Akten auf der Vaterländischen Bibliothek in Basel. Ich finde diese Gesellschaft ebenso wie die meisten oben wiederholt angezogenen Jünglingsvereine von Hamburg, Zürich, Bern und Basel bisher nirgends bekannt.

[2]) Teilweise nach Handschriften des Archivs der Wachsenden Gesellschaft. — Vergl. die Artikel der Allg. Deutschen Biographie.

Guten und Gemeinnützigen" wirkte in praktischer Schweizerart gleichzeitig für Verbesserung des Unterrichts wie der Landwirtschaft. Diese selben litterarischen Kreise sind es, welche später auf die Armenpflege die öffentliche Aufmerksamkeit richten.[1]

Im Kampf mit religiösem Fanatismus zu bewähren hatten sich die auf= klärerischen Ideen der Schöngeister auf katholischem Boden. Was Oester= reich angeht, so unterlag schon die Olmützer Gesellschaft samt ihrem Journal nach wenigen Jahren „dem Neide, der Mißgunst und den Umtrieben" — wie b'Elvert sich ausdrückt.[2] Von welcher Seite diese vornehmlich kamen, läßt sich erraten, wenn wir lesen, wie der Mitbegründer Ziegelbauer vom Benediktiner= orden seinen Freund Legipont um Nachweis eines Frankfurter oder Nürn= berger Verlegers für seine Geschichte des Bistums und des Markgrafentums Mähren bittet: er wolle die Herausgabe in Oesterreich unter keinen Umständen bewirken, „weil ein jeder Schriftsteller, der die Wahrheit liebt, diese Zensur meiden und ihr ausweichen muß."[3] Schon vorher hatten die Jesuiten den beiden eben genannten Freunden einen verheißungsvollen Bildungsplan ent= wunden, als Maria Theresia die Absicht hegte, unter Leitung der Benediktiner in Prag eine Studienakademie zu gründen, und schon eine Kommission, der außer Ziegelbauer und Legipont noch zwei weitere Benediktiner angehörten, an der Einrichtung arbeitete: die Anstalt trat unter Leitung der Jesuiten als Theresianum zu Wien ins Leben.[4] Die österreichische Zensur lernte auch Petrasch persönlich als Todfeindin objektiv wissenschaftlicher Forschung kennen: seine Bibliotheca bohemica erhielt nicht die Druckbewilligung, weil dieses Verzeichnis aller in Böhmen erschienenen Schriften folgerecht auch solche einfach aufzählte, die nach Ansicht der geistlichen Zensoren gegen Religion und Staat verstießen!

Wie vorsichtig selbst er zu verfahren genötigt war, zeigt der weitere Ver= lauf des von ihm über die Stiftung einer Kaiserlichen Akademie eingeforderten Gutachtens. Nachdem Petrasch, wie schon zu erwähnen war, in Erörterung der sprachlichen Wirksamkeit einer solchen Akademie auf die alsdann nötige Berufung eines lutherischen Sachsen als einen vorauszusehenden Einwurf hingewiesen — es war in erster Linie an Gottsched zu denken —, bemerkt er einlenkend[5]): allein, wenn durchaus unvermeidlich, sei dieses doch nur bei der ersten Bestallung nötig, und würden ihm wohl gewiß bald taugliche Inländer nachfolgen können ꝛc. Thatsächlich scheiterten alle wechselnden, schwindelnden Hoffnungen, die Gottsched auf eine Berufung nach

---

[1]) Vergl. Uhlhorn: Die christliche Liebesthätigkeit, Bd. III, S. 272 u. 277.
[2]) Vergl. Wurzbach über Petrasch.
[3]) Vergl. ebenda über Ziegelbauer.
[4]) Vergl. ebenda a. a. O.
[5]) Vergl. Feil im Wiener Jahrbuch f. vaterl. Gesch. I, 334 flg.

Wien setzte, wo nicht direkt an dem Widerstand der Jesuiten, denen die hoch=
deutsche Sprache als Organ der Bildung und die Bildung als Organ der
Aufklärung mit Recht gefährlich erscheinen mußte, — so doch an dem von
ihnen verbreiteten Geiste. Aber auch die Entwürfe zur Gründung einer wesent=
lich oder selbst ausschließlich katholischen Akademie der Wissenschaften blieben
liegen, um erst nach Aufhebung des Jesuitenordens von neuem in Anregung
zu kommen.

Nun wird seit Anfang 1774 wiederholt die bevorstehende Stiftung einer
Akademie der Wissenschaften offiziell verkündet. Es finden auch bereits sehr
charakteristische Verhandlungen über die zur Erhaltung des Instituts aufzu=
bringenden Mittel statt. Der Astronom Maximilian Hell, ein Exjesuit, ist
es, der mit einem neuen Entwurf beauftragt wird; und er lenkt die
Aufmerksamkeit auf das ihm unterstellte — Kalenderwesen, indem er
fordert, daß die Akademie sich 1. der Verbesserung des Kalenders unterziehe
und sich 2. wesentlich aus dem Erlös desselben erhalte. Unzweideutig lautet
die Begründung des Vorschlages: durch die Verbesserung der Kalender, in
denen bisher viel unnützes Zeug, schädliche Märchen und Erzählungen, auch
Förderungsmittel des Aberglaubens enthalten waren, sei ein bequemes
Mittel zur Verbreitung allen Ständen nützlicher Kenntnisse geboten. Auf
Anflehen des Inhabers schützt und erneut aber die bigotte Kaiserin das bis=
herige Verlagsprivileg des Kalenders. Nicht genug damit, die pekuniäre
Fundierung der Akademie von neuem zu erschüttern, erklärt Maria Theresia,
daß sie „gar auf keine mehr gedenke".[1] So sah erst die Mitte unseres
Jahrhunderts die Verwirklichung der seit Leibniz' Tagen auf innigste gewünschten
Wiener Akademie.

In Verfolgung dieses Planes sind wir mancherlei wichtigen Ereignissen
vorausgeeilt. Zunächst war schon 1751 den Jesuiten die Censur genommen
worden, und sofort begann auch für Oesterreich die Aera der Zeitschriften, die
unter belletristischem Gewande die norddeutsche Aufklärung in die Kaiserstadt
einschmuggelten. Unter den ersten befanden sich die „Wiener Gelehrten
Nachrichten", welche zwei Gottschedianer seit 1756 herausgaben.[2] Die Wiener
„Deutsche Gesellschaft", die der Jesuiten Spürsinn nicht früher aufkommen
ließ, wurde 1760 endlich zustande gebracht. „Die Welt" und „Der Patriot"
traten anfangs der sechsziger Jahre für Pflege der Muttersprache und Lossagung
von der französischen Kultur ein. Sonnenfels wurde auf publizistischem Ge=
biete in Wien tonangebend; namentlich seine Wochenschrift „Der Mann ohne
Vorurteile" vereinte in Gottschedschem Sinne schönwissenschaftliche und rationa=
listische Propaganda.

---

[1] Vergl. Feil a. a. O. S. 380 flg.

[2] Vergl. diese Schrift, Bd. I, S. 48.

Auch außerhalb Wiens, namentlich in Benediktinerklöstern, wußte sich Gottsched Anhänger zu verbinden. Die Patres Placidus Amon und Rudolf Grafer benahmen sich zwar zurückhaltend, als der Leipziger litterarische Diktator ihnen die Mitgliedschaft seiner „Gesellschaft der schönen Wissenschaften und freien Künste" anbot. In regem Briefwechsel[1]) vermochte er ihnen indes mannigfache Anregungen zu vermitteln. Wie auch da deutschsprachliche und rationalistische Einflüsse zusammengehen, beweist die Entwicklung Grafers. Durch kein Werk hat Gottsched dermaßen auf ihn eingewirkt, als durch seine „Redekunst" und besonders seine anonym mit Vorrede von Reinbeck heraus= gegebene rationalistische Homiletik, den „Grundriß einer Lehrart ordentlich und erbaulich zu predigen".[2]) Grafer plant eine verkürzte Ausgabe derselben für katholische Leser, und zweifellos nach diesem Muster geschrieben ist seine „Voll= ständige Lehrart zu predigen, oder wahre Beredsamkeit der christlichen Kanzel, nach den Vorschriften der berühmten Redner Frankreichs und Teutschlands in gründlichen Regeln verfaßt". Wenn wir Grafer selbst als vorzüglichen Kanzelredner rühmen hören[3]), so wissen wir, wem die katholische Kirche die Ausbildung dieser Kraft verdankt. —

Zu offenem Austrag gelangte der Kampf zwischen der wissenschaftlichen Aufklärung und dem Jesuitismus auf bayrischem Boden. Während an den protestantischen Universitäten Frankens, zu Erlangen und Altdorf, bereits „Deutsche Gesellschaften" alle Traditionen der deutsch=wissenschaftlichen Be= wegung positiv zusammenfaßten, sah sich Lori zunächst schon in Ingolstadt wegen seiner Abwendung von der aristotelischen Scholastik aufs bedrohlichste verdächtigt. Nach Analogie der Wolfianer wurden seine Anhänger als Lorianer in malam partem gekennzeichnet. Kam doch Loris alte Mutter aus dem Gebirge besonders nach Ingolstadt, um ihn inständig zu bitten, der Religion seiner Väter nicht abtrünnig zu werden, wie sie denn überall gehört hätte[4]).

Unter Beteiligung von regulierten Chorherren, wie namentlich Eusebius Amort, dem Herausgeber des verflossenen Parnassus Boicus, und von Benediktinern findet sich alsdann ein Mitgliederstamm für die Münchener Akademie zusammen. Sorgsam wird der Plan vor „gewissen Religiösen" geheim gehalten. Dennoch bekommen sie Wind von dem bedenklichen Vorhaben und wissen es durchzusetzen, daß der Kurfürst den Professoren von Ingolstadt die Censur der Akademieschriften vorbehalten will. Gegenüber der mannhaften Erklärung der Stifter aber, eher alles niederzulegen, als sich einer fremden

---

[1]) Abgedruckt in den „Studien und Mitteilungen aus dem Benediktiner= und Cistercienser=Orden", Bd. IX und X.

[2]) Vergl. diese Schrift, Bd. I, S. 49, 192 flg. u. 199.

[3]) Wurzbach in dem Artikel über ihn.

[4]) Vergl. Westenrieder: Beiträge, Bd. I, S. 351.

Censur zu unterwerfen, stellt sich Max III. Joseph auf ihre Seite, um auch gegenüber allen späteren Anfeindungen ihre Partei zu halten. Was seine Teilnahme von vornherein erhöhte, war das Interesse, welches seine Schwester Antonia Maria der Stiftung der Akademie schenkte: es ist jene Ermelinde, die sich als Komponistin und Dichterin versuchte und bereits als sächsische Kurprinzessin das Gottschedsche Paar wiederholt ausgezeichnet hatte.

Es ist mehr als ein bloßer Zufall, daß schon hier der Akademie zur Bestreitung ihrer Ausgaben der Ertrag des Kalenders zugewiesen wurde und eine Verbesserung desselben als eine der ersten Pflichten empfunden wurde. 1762 erschien der erste Jahrgang dieses astronomisch-physikalischen Kalenders, nachdem bereits 1759 im Gründungsjahre der Akademie ihr ein Gebäude zu astronomischen Beobachtungen überwiesen war [1]). Diesen Münchener und Wiener Unternehmungen war Gottsched bereits 1734 bis zu einem gewissen Grade vorausgeeilt, indem er, auf eine Anregung hin, der „Deutschen Gesellschaft" in Leipzig den Auftrag zu gleicher Reform in Sachsen zu verschaffen suchte [2]), wie er denn von Anbeginn seiner Wirksamkeit, polemisch durch seine moralischen Wochenschriften, positiv durch Berichte über Beobachtungen in seinen wissenschaftlichen Organen, gegen den aus astronomischer Unkenntnis fließenden Aberglauben scharf zu Felde zieht [3]). — Auch die Berliner Akademie war auf den Ertrag des Kalenders fundiert.

Was 1750 auf Gottscheds Veranlassung zur Förderung des Hochdeutschen in Wien ebenfalls nur geplant war, wurde in München zur Wirklichkeit, indem die Akademie eine eigene Druckerei einrichtet. So konnte es kommen, daß 1764 ein Franziskanerpater in einer seiner Philippiken gegen die Akademie bezüglich einer freidenkenden Schrift den unbegründeten Verdacht äußert, sie sei in der akademischen Druckerei verlegt: die unmittelbare Folge war, daß der fanatisierte Pöbel die Offizin stürmte und die Druckergesellen mißhandelte [4]).

Ein neuer Sturm erhob sich gegen die Akademie, als zwei Jahre später eins der gelehrtesten Mitglieder, Professor Ferdinand Sterzinger, in einer akademischen Rede gegen den Teufelsglauben und die Hexenverbrennung auftritt. [5]) Thatsächlich war 1754 und 1756 noch je ein dreizehnjähriges Mädchen in Bayern als Hexe geköpft und dann verbrannt worden! Nur der Schutz des Kurfürsten behütete den kühnen Mann vor Gewaltthätigkeiten. An der langen Reihe von Jahrzehnten, die seit dem Auftreten des Thomasius

---

[1]) Vergl. Mannert: Die Geschichte Bayerns, Teil II, S. 362 flg. und Bavaria I, 724.

[2]) Siehe Marpergers Brief an Gottsched vom 18. August 1734.

[3]) Besonders s. seine Uebersetzung der Bayleschen Gedanken von Kometen, Anmerkungen S. 156, 160 u. 196 flg.

[4]) Vergl. Bavaria I, 724 flg.

[5]) Vergl. Mannert a. a. O. S. 366 flg. und Bavaria I, 725.

verflossen waren, ersehen wir, um wieviel Bayern damals noch in der Kultur hinter dem mittleren Deutschland zurückstand. Gern entsinnen wir uns auch, daß der größte geistliche Dichter der katholischen Kirche, der edle Friedrich von Spee, vom Niederrhein stammend, in Würzburg sich zu diesem Kampfe bereits vor Thomasius herausgefordert fühlte.

Aus welchem Gesichtspunkt die Münchener Akademie selbst ihre gesamte Thätigkeit betrachtet wissen wollte, erhellt aus der Festrede, welche Ferdinand M. Baader 1783 gegenüber mißlichen Ausstreuungen auf die Frage zuspitzte: „Was hat die Stiftung der Akademie zur Aufklärung des Vaterlandes bei= getragen?"

Als Träger des wissenschaftlichen Eifers in katholischen Ordenskreisen hatten sich von je her die Benediktiner bewährt. Auch in der Zeit unserer Betrachtung sind sie uns wiederholt in dieser Rolle entgegengetreten. Nament= lich schon in Oesterreich sahen wir sie Berührung mit Gottscheds sprachlichen wie selbst rationalistischen Bestrebungen gewinnen. Gewiß dürfen wir nicht vergessen, daß gerade die Jesuiten das Wolffsche System aufgriffen, freilich in erster Linie um es für ihre Zwecke dialektischer Formalschlüsse zuzustutzen und auszunutzen. Christian Wolfs Logik machte auch in Benediktinerkreisen Epoche: so kann Gottsched dem philosophischen Schulhaupt ein Lehrbuch der Logik übermitteln, das ein Benediktinermönch nach dem System Wolfs aus= gearbeitet hat. Ferner begrüßte man in dieser neuen deutschen Philosophie einen willkommenen Bundesgenossen gegen den Materialismus und Skeptizismus der englischen und französischen Weltweisen, dem man mit Scholastik nicht beizukommen vermocht hatte.[1]

Ein innigeres Verhältnis zur mitteldeutsch=protestantischen Bildung schien sich jedoch anzubahnen, als Gottsched durch die Nachricht überrascht wurde, es habe sich 1752 eine deutsch = litterarische Benediktinergesellschaft (Societas Litteraria Germano-Benedictina) konstituiert und ihn, den Weltlichen, den Ketzer, ja auch seinen Freund, den gelehrten protestantischen Geistlichen Brucker zum Ehrenmitglied ernannt. „Verbis", so lautet seine jubelnde Antwort, „effari vix possum, quanta cum animi laetitia nuper . . . . acceperim nuntium felicissimum de Societate Litteraria in Ordine Benedictinorum per Germaniam instituenda . . . ." Sympathisch berührt in den Gesetzen[2] die Betonung des vaterländischen Geistes an erster Stelle: die Studien der Gesellschaft sollten auf alle Dinge gerichtet sein, „quae

---

[1] Vergl. diese Schrift, Bd. I, S. 101 flg.

[2] Systema Instituendae Societatis Litterariae Germano-Benedictinae, abgedruckt in Ziegelbauers (von Legipont vervollständigter und herausgegebener) Historia rei litterariae Ordinis Benedictini, Bd. I, besonders S. 146, 154 flg. und 182.

Reipublicae bono, Patriae saluti, Religionis augmento, Ordinis splendori ac suae gloriae immortalitati conducere prona sunt". Nicht minder verheißungsvoll wird der wissenschaftlichen Forschung freies Feld ge=öffnet: „nihilque sit, ubi cuique liber non conceedatur campus". Des besonderen sollen in Angriff genommen werden: „1. Collectio Conciliorum per Germaniam celebratorum, 2. Bibliotheca Historica Germaniae, 3. Apparatus Scriptorum rerum Germanicarum, 4. Diplomatum collectio amplior ex omnibus Germaniae tabulariis, 5. Thesaurus Antiquitatum Germaniae, 5. Historia Germaniae Pragmatica, 7. Germania sacra ad modum Galliae Christianae conscribuenda, 8. Monasticon Teutonicum instar Anglicani efformandum, 9. Opus diplomaticum Germano-Benedictinum, 10. Bullarium Benedectinum solas Summorum Pontificum Bullas complectens, 11. Apostolatus Benedictinorum per Germaniam, et alia ejusmodi."

Leider krankte die Gesellschaft von vornherein an dem Mißtrauen mancher Aebte. Die Urheber, besonders auch der Sekretär Oliverius Legipont in Kempten, hatten unter fanatischen Angriffen zu leiden. Ob es gar wörtlich zu nehmen ist, wenn er zur Erwähnung derselben die Fußnote setzt: „Ita malevoli foedam imitantur anachnen", und nun im Sperrdruck fortfährt: „cui rosa materies lethalis plena veneni est"?! Zielt diese Bemerkung etwa auf die Todesumstände des an den Vorverhandlungen besonders beteiligten P. Ziegelbauer, der sich schon zu Olmütz in gleichem Geiste be=thätigt? Gottsched meldet hierüber lakonisch[1]): „Sein Tod ist auf eine be=sondere Art, durch eine übel zubereitete Arzeney, erfolgt, die er zur Pflegung seiner Gesundheit zu sich genommen."[2])

Ueberdies erwuchs gerade aus Benediktinerkreisen dem Leipziger Sprachmeister einer der heftigsten Gegner in dem badischen Pater Dornblüth, jenem „groben Gengenbacher", der 1755 eine auf der alten Kanzleisprache beruhende Schrift ausgehen ließ: „Observationes" mit dem Nebentitel: „Critic über Herrn Gottschedens sogenannte Redekunst und teutsche Grammatic"[3]). Doch gehörte Dornblüth trotzdem den Bildungsfreunden und der Deutsch=litterarischen Gesell=schaft an.

Zeigt sich so die katholische Welt um die Mitte des vorigen Jahrhunderts in der Bildungsfrage nach merklichen Gruppen geschieden, kann auch innerhalb

---

[1]) Neuestes aus der anmuthigen Gelehrsamkeit I, 300.

[2]) Die sonstige wissenschaftliche Bewegung in den bayrischen Benediktinerklöstern verfolgt Günthner: Geschichte der litterarischen Anstalten in Bayern, Bd. II, besonders S. 243—263. — Reformbestrebungen der bayrischen Benediktiner auf dem Gebiete des Gymnasialwesens behandelt Jos. Bach in den Mitteilungen der Gesellschaft für deutsche Erziehungs= und Schulgeschichte, Bd. VII.

[3]) Siehe diese Schrift S. 26 flg. des I. Bandes.

der protestantischen Kreise nicht verkannt werden, wie die Reformierten an
Bildungseifer voranstehen, und unter diesen namentlich die Réfugiés.
Reinbeck, der Mitbegründer der Alethophilischen Gesellschaft und Förderer von
Gottscheds Homiletik, ist reformierter Probst: seinem Gutachten ist es wesentlich
zuzuschreiben, daß die Stimmung Friedrich Wilhelms I. gegen die Wolffsche
Philosophie umschlug, wie denn die erneuten Anklagen des Hallenser Theologen
Lange jenen Zusammenschluß der Wahrheitsfreunde unmittelbar veranlaßt
haben. Réfugiés-Familien gehörten die reformierten Hofprediger de Pérard
und de Mauclerc an, die als Herausgeber der „Bibliothèque germanique„
wie als Mitbegründer der Stettiner Alethophilischen Zweiggesellschaft die
schönwissenschaftlichen nnd rationalistischen Bundesgenossen Gottscheds werden.
Und ebendaher entstammte Formey, welcher, den Alethophilen zugehörig, in
Berlin nach beiden Seiten Gottscheds Partei noch während dessen Spätzeit hält.
Gerhard van Swieten, der sich die Verdrängung der Jesuiten am Wiener
Hofe zur Lebensaufgabe gesetzt, gehörte den geistesverwandten Jansenisten zu. —
Von der deutsch-sprachlichen Bewegung sahen wir die freien Gesellschaften
in Gottscheds Kreis zu den litterarischen Interessen, von den schönwissenschaft=
lichen zu den allgemeinwissenschaftlichen vorschreiten, die wissenschaftliche
Bildung aber aus dem Geiste und im Dienste der Aufklärung geschäftig.
Es war nur eine Art letzter Konsequenz und wirklich denn eine Lieblingsidee
in diesen Gesellschaften, die Erziehung der Jugend, die Erziehung des ganzen
Volkes, wenigstens bis zur unteren Schicht des Mittelstandes, in die Hand
zu nehmen. Starke Betonung der deutschen Sprache im Unterricht war eine
natürliche Forderung der „Deutschen Gesellschaften". Was an den Schulen
versäumt war, wollte man an den Universitäten und durch die Wochen=
schriften in weiteren Volkskreisen, namentlich auch zu Nutz und Frommen
der Frauenwelt, nachholen. Wir konnten bereits verfolgen, wie neben den
Gelehrtengesellschaften Studentengesellschaften hergingen. Gottsched und seine
Jünger aus den „Deutschen Gesellschaften" legten in ihren Veröffentlichungen
— was ihnen von Uneingeweihten oft zum Vorwurf gemacht wurde — weniger
Gewicht auf wissenschaftliche Forschungen als auf Lehrbücher, welche das von
andern Erforschte deutsch und deutlich zusammenfaßten. Auf die bestehenden
Schulen Einfluß zu gewinnen und die Stiftung neuer Erziehungsanstalten zu
befördern, mindestens laut zu begrüßen[1]), zeigt sich der litterarische Diktator
auffallend beflissen. Wie weit da unter Umständen sein mittelbarer Einfluß
reichte, können wir ermessen, wenn wir ihn noch 1763 als Zeugen für die

---

[1]) Man denke z. B. an die rationalistische Jubelode: „Der durch die gesunde
Weltweisheit gestürzte Aberglauben, bei Gelegenheit des erneuerten und durch ein
Lehramt der Weltweisheit und Mathematik ansehnlich verstärkten Gymnasiums zu
Rudolstadt", über die ich in dieser Schrift, Bd. I, S. 181 flg. handle.

Notwendigkeit eines neuen Lehramtes der deutschen Sprache an der Piaristen=
schule (dem Gymnasium) zu Wien ins Feld geführt finden[1]). Es wird in
den Akten darauf hingewiesen, daß „die teutsche Sprache, nach der hier Landes
eingeführten üblen Gewohnheit, öfters das ganze Leben hindurch nicht gründlich
erlernet werde. Der beiliegende Kern der teutschen Sprache oder Auszug der
Grammatik des Professoris Gottsched, welcher diesen Lektionen zum Grund
zu dienen hätte, wird Ew. Majestät einen überzeugenden Beweis hiervon vor=
legen.“

Wie notwendig deutschsprachlicher Unterricht gerade für die höheren Kreise
Oesterreichs war, gesteht Leopoldine Kaunitz, die Schwiegertochter des Reichs=
kanzlers, indem sie die Erziehungsweise der Männer sogar unter die der Frauen
stellt: „Man findet bei uns viele Frauen, welche die Lektüre lieben und sich zu
unterrichten trachten; aber es giebt nur wenige Männer bei uns, welche sich
darum kümmern; die meisten spötteln, wenn man ein gutes Buch liest . . .
Das kommt daher, weil sie in ihrer Jugend nur lateinische Bücher in die
Hand bekommen und ihre Zeit mit einem abstoßenden, langweiligen Studium
ausgefüllt ist.“[2]) — Eine vernünftige Volkserziehung war denn auch eine der
stürmischsten Forderungen des Sonnenfelsschen Kreises, die Reform des Unter=
richtswesens eine der segensreichsten Regierungshandlungen Josephs II.

Von der Münchener Akademie ging zunächst 1762 der Beschluß aus, auf
Förderung der deutschen Sprache hinzuwirken. Drei Jahre später läßt sie
den für deutsche Bildung begeisterten Benediktiner Heinrich Braun[3]) als
öffentlichen akademischen Lehrer der deutschen Sprach=, Dicht= und Redekunst
anstellen. 1767 giebt dieser hochverdiente Mann in ihrem Auftrag eine
deutsche Sprachlehre und ein deutsch=orthographisches Wörterbuch heraus. Im
folgenden Jahre hielt er die akademische Festrede: „Von der Wichtigkeit einer
guten Einrichtung im deutschen Schulwesen.“ Die Reform der bayrischen
Unterrichtsanstalten ist wesentlich sein Werk; das Interesse der Akademie als
solcher bethätigte sich weiterhin offiziell nicht wesentlich. —

Bei der Weite des Horizontes, den die hier betrachteten Gesellschaften
gewinnen, namentlich bei dem aufklärerischen und volkserzieherischen Charakter,
dem sie zustreben, ist die Frage berechtigt, inwieweit sich Berührungen mit den
ja um gleiche Zeit in Deutschland konstituierten Freimaurerlogen nach=
weisen lassen. Gehen wir von äußeren Zeugnissen aus, so muß es für Annahme
einer Ideenberührung bedeutsam erscheinen, gerade in den für Einführung der
Logen bei uns entscheidenden Jahren 1737 und 1738 den Namen Freimaurer
sowohl durch den Leipziger Kreis Gottscheds als durch den damals noch mit

---

[1]) Im Archiv des Kaiserl. Unterrichtsministeriums zu Wien.
[2]) Vergl. Christian Meyer: Oesterreich und die Aufklärung, S. 21 flg.
[3]) Vergl. Bavaria I, S. 551 flg. u. 724.

Gottsched in Einvernehmen lebenden Züricher Kreis Bodmers in Anspruch genommen zu sehen. Das spätere Haupt der „Deutschen Gesellschaft" zu Bern, Altmann, schreibt an Bodmer unterm 16. September 1737: „Schließlich bitte an Junker Wyß und Herrn Orell, wie auch die ganze ehrende Societet der Herren Freimaureren meine gehorsame Compliment abzulegen."

Ferner erschien 1738 eine Zeitschrift: „Der Freimäurer" [1]) in Leipzig bei Gottscheds Verleger Breitkopf, herausgegeben von Gottscheds Schüler und in der Folge getreuestem Schildknappen Johann Joachim Schwabe. Dieser schiebt eine Gesellschaft vor, deren Sitz er in pseudo= bezw. anonymen Briefen an Gottsched und dessen Frau nach Halle verlegte.[2]) Daß es sich um eine verallgemeinernde Bedeutung des Titels handelt, kündigt schon die Widmung „An den alten Freimäurer Sokrates" an. Der Oeffentlichkeit gegenüber fingiert das erste Stück vom 4. Januar 1738 eine Gesellschaft in der Landschaft Sinear. Wie so viele vorgebliche Verräterschriften aus maurischen Kreisen setzt diese Zeit=schrift mit der spannenden Behauptung ein: „Endlich hat mir unsere Gesellschaft die völlige Erlaubnis gegeben, mit ihren Geheimnissen öffentlich hervorzutreten." In Wahrheit handelt es sich um eine zwar in besonders korrekter, reiner Schreibart abgefaßte, aber inhaltlich wenig originelle moralische Wochenschrift, unter ausdrücklicher Nachahmung des englischen „Spectator". Indem aber dieses Muster hier als ebenfalls aus Freimaurerkreisen hervor=gegangen bezeichnet wird, kommt doch wiederum das Gefühl der inneren Be=rührung dieser litterarischen mit der maurischen Bewegung zum Ausdruck. Nachdem das Werk die 52 Wochen des Jahres durchgeführt war, bricht der Verfasser die Arbeit mit der in gleichem Sinne gehaltenen Begründung ab, daß zunächst „einige gute Freunde" — es handelte sich thatsächlich um Frau Gottsched, die vielleicht als Mitarbeiterin am „Freimäurer" vorauszusetzen ist — eine deutsche Uebersetzung des „Spectator" herausgeben wollten, dieser aber — wie schon am Anfang betont werde — „gleichfalls ein Werk der Frei=mäurer" sei.

Von Bedeutung ist deshalb nur das Bild, welches gleich im ersten Stück von dem Wesen des Freimaurers entworfen wird. Ersichtlich ist dies Gemälde ganz auf den Typus des vollkommenen deutschen Rationalisten, auf das Ideal des Aufklärungszeitalters angelegt: und doch treten die von den Logen betonten Ideen voran, und doch weht ein spezifisch freimaurerischer Geist durch diesen Abriß. Waren ja auch die Logen in ihrer endgültigen Verfassung echte Kinder des Aufklärungszeitalters mit seiner praktisch=moralischen und welt=

---

[1]) Nach dem Exemplar in der Bibliothek der Loge zu den drei Degen in Halle a. S.

[2]) Als Verfasser bekennt er sich selbst in seinem Manuskript: Brevis Notitia Alphabetica Ephemeridum Litterariarum — auf der Stadtbibliothek in Bern.

beglückenden Tendenz! „Das Wohl des Vaterlandes und die Glückseligkeit seiner Mitbürger" — so schildert Schwabe den Freimaurer — „ist die vornehmste Absicht seiner Handlungen. Er bemüht sich, die Pflichten zu erfüllen, die ihm das Gesetz der Natur vorschreibt. Er verehret die Gottheit mit einer ungeheuchelten Andacht. Unter was für einer Regierung er auch lebt, so bestrebt er sich doch stets ein getreuer und gehorsamer Unterthan zu sein, und klügelt nicht über die Befehle seiner Obern. Ehrgeiz und Habsucht verleiten ihn zu keinen Gewaltthätigkeiten. Seine Vergnügungen sind niemals die Quellen von den Betrübnissen anderer Menschen, und seine Ergötzlichkeiten reizen den Himmel nicht zum Zorne. Er darf weder Reue noch Gewissensbisse befürchten. Er liebt alle Menschen und hält sie für seine Brüder . . . Er beugt sich vor keiner vergoldeten Kutsche und schmeichelt keinem sammtenen Kleide. Der Arme und Niedrige ist ihm angenehm, wenn er Wissenschaft und Tugend besitzt. Mit einem Worte, er ist ein Mann, der die schädlichen Folgen des Lasters einsieht, und daher sich und andere davon zu befreien sucht." [1]

Mannesmut war nicht gerade Sache des Gottschedschen Kreises. Man nimmt deshalb an dem Mißtrauen gegen die eigentlichen Logen teil oder beeifert sich wenigstens öffentlich, den Vorurteilen des Pöbels zu schmeicheln. Selbst ein so wackerer Streiter wie Frau Gottsched verspottet das Hinwegsehen der Logen über Standesunterschiede und benutzt zunächst die Bezeichnung „Freimäurer" mit Vorliebe im Sinne gottloser Freidenker oder gar heilloser Libertiner. So besonders 1745 im „Testament". [2] In der 2. Auflage von 1750 sind aber diese verletzenden Stellen bezeichnenderweise sämtlich gestrichen! — Gerade gegenüber den wirklichen Freimaurern von Halle verhält sich auch Graf Manteuffel ziemlich wegwerfend. Er sei garnicht neugierig, in ihre Geheimnisse einzudringen, — schreibt er unterm 8. September 1744 an Christian Wolf, als dieser ihm einen Abdruck der in der Loge (von Andreas Weber) über „Das Erhabene" gehaltenen Rede verheißt. [3] Mit Begeisterung, wenn auch wesentlich

---

[1] Das Ziel der Freimaurerei, ohne die Antriebe der Furcht und Hoffnung gut und vollkommen zu werden, läßt — wie hier gelegentlich bemerkt sei — die Art, in welcher Goethe die Summe seines Wirkens zieht, in neuer Beleuchtung erscheinen. In den „Zahmen Xenien" ruft er:

„Ihr könnt mir immer ungescheut	Was ist ein Philister?
Wie Blüchern Denkmal setzen:	Ein hohler Darm,
Von Franzen hat er euch befreit,	Mit Furcht und Hoffnung ausgefüllt,
Ich von Philisternetzen.	Daß Gott erbarm!"

Aehnlich die Verwendung von Furcht und Hoffnung im Maskenzug von „Faust, II. Teil". Vergl. meine Schrift: Goethes Leben und Werke. Mit besonderer Rücksicht auf Goethes Bedeutung für die Gegenwart, S. 256 und 291.

[2] Deutsche Schaubühne, Teil VI, S. 108, 142, 179 und 203.

[3] Handschrift auf der Universitätsbibliothek in Leipzig.

in formeller Hinsicht, äußert sich über ebendieselbe Rede indes die jugend=
liche „Wachsende Gesellschaft" in Zürich; am 13. März 1745 schreibt sie der
„Vergnügten Deutschen Gesellschaft" nach Bern[1]): „Man hat hier drei ge=
druckte Reden aus dem Lager der Freimaurer, davon die von Halle als ein
Meisterstück der Beredsamkeit unsere Gesellschaft fast entzückt."

Merkwürdig genug, weist die Geschichte der „Deutschen Gesellschaften"
uns noch einmal auf freimaurerische Bestrebungen in Halle hin. Dort gelangte
Georg Andreas Will, der nachmalige Stifter der Altdorfer „Deutschen Gesell=
schaft", 1746—1748 in vertraute Freundschaft mit einem Sonderling Brenk,
der ihn in eine von ihm geleitete geheime Gesellschaft einführte.[2]) Es scheint
sich, halb in Nachahmung der Freimaurerei, halb in Gegensatz zu ihr, um
einen der ältesten akademischen Orden gehandelt zu haben. Unter den Mit=
gliedern auch dieser Gesellschaft befanden sich verschiedene Réfugiés. Der End=
zweck des Geheimbundes ging auf Menschenkenntnis. Die Mittel, die man
dazu anwendete, waren Philosophie, Erfahrung, Physiognomie (lange vor
Lavater), Chiromantie u. dergl. Wahlspruch des Ordens war: „Prudentia,
Amore, Experientia." Will bekennt, diesem Kreise viel zu verdanken,
besonders an Selbsterkenntnis. Dem Auftrag, eine Tochtergesellschaft zu stiften,
entzog er sich freilich, wie er sich auch von manchen Grundsätzen des Ordens
entfernte. Er widmete unter Gottscheds Einfluß seine Dienste in ausgedehntem
Maße den „Deutschen Gesellschaften", blieb jedoch in vertrauter Freundschaft
und Briefwechsel mit Brenk.

Von allen Gesellschaften, die wir verfolgten, hat die aus ihrem ursprüng=
lichen Charakter trotz staatlicher Privilegierung nicht herausgewachsene Münchener
Akademie die heftigsten Anfeindungen erfahren. Die bildungsfeindliche Partei
bezeichnete die Mitglieder durcheinander als Schöngeister, heimliche Lutheraner,
Freimaurer oder gar als förmliche Freigeister[3]) — wie denn noch heute für
die offizielle katholische Kirche Freimaurer eine Art Gattungsname für alle auf
wissenschaftliche Freiheit gerichteten Geister geblieben ist. Doch schon gegen die
„Deutsche Gesellschaft" zu Bern wurde von der Kanzel herab als eine Rotte
von Freimaurern geeifert.

Zu hervorragenden Vertretern der Freimaurerei unterhielt Gottscheds Kreis
mancherlei enge Beziehungen. In erster Linie ist hier nochmals an des Grafen
Manteuffel ausgedehnten Berliner Verkehr zu erinnern, namentlich an das
Verhältnis des Mentor, in welches er zum Kronprinzen Friedrich trat, der
schon 1738 in Braunschweig durch eine Deputation der Hamburger Loge in

---

[1]) Im Archiv der Wachsenden Gesellschaft auf der Züricher Stadtbibliothek.
[2]) Näheres bei Hirsching: Historisch-litterarisches Handbuch, Artikel Will.
[3]) Vergl. Mannert a. a. O. S. 363 flg.

den Freimaurerbund aufgenommen wurde und gleich nach seiner Thronbesteigung die Stiftung der Loge zu den drei Weltkugeln in Berlin veranlaßte.

Es muß auffallen, daß der Begründer dieser Berliner Loge, Jakob Friedrich von Bielfeld, zu den Freunden Gottscheds bis an dessen Ende zählte. Nicht nur daß der vielgeschäftige Professor mit Hülfe des getreuen J. J. Schwabe Bielfelds „Institutions politiques" („Lehrbegriff der Staatskunst") aus dem Französischen ins Deutsche überträgt und erläutert (1761), und nicht nur unterhielten sie einen Briefwechsel von schließlich weitgehender persönlicher Vertraulichkeit. Gottsched ist auch nach Bielfelds Entfernung von Berlin — trotz mancher ästhetischen Meinungsverschiedenheit — ein häufiger und stets gern gesehener Gast auf dessen Gut Treben bei Altenburg, besonders in seiner Spätzeit, so namentlich noch im Jahre 1764.[1]) Es war die Zeit, da Gottsched mit Zuversicht von einem neuen Luther und einer kommenden Reformation sprach.[2]) —

Nach alledem dürfte so viel feststehen, daß in den „Deutschen Gesell= schaften" und den ihr verwandten wissenschaftlichen Vereinen keineswegs ein= seitig philologischer Sinn herrschte, sondern ein Geist freier Forschung und national=volkstümlicher Erneuerung. Nannte sich doch selbst der denkwürdige Tugendbund gegenüber der Oeffentlichkeit „Sittlich=wissenschaft= licher Verein", und seine Grundlage bildete die Idee einer allgemeinen Volks= bildung und Volkserziehung. In seiner Verfassung stand die Forderung: „Auf Universitäten sollen Freivereine der Studenten unter dem Namen: Der deutsche Bund, angelegt werden, welche den Orden, Landsmannschaften, den Roheiten, Duellen und Unsittlichkeiten entgegenarbeiten, und die Aufrechterhaltung deutscher Sitten, kräftiger Natur, vernünftiger Freiheit und schicklichen Sinnes, im= gleichen die Uebung in den Waffen und die Ausbildung menschlicher, sowohl körperlicher als auch geistiger Schönheit zum Zweck haben". Hier stehen wir schon vor den Keimen der Deutschen Burschenschaft.

Und was geschah zur Verwirklichung dieses Strebens? Der Stifter des Tugendbundes, Professor Hans Friedrich Gottlieb Lehmann, erzählt[3]): „Nur ein Weg stand uns offen. Die Königliche Deutsche Gesellschaft hier (zu Königsberg) hatte in früheren Zeiten auch Studenten als Adjunkten auf= genommen. Das war aber abgekommen. Um es wieder einzuleiten, und so die Deutsche Gesellschaft mit den Studenten an den Verein zu ziehen, schrieb ich an den Präsidenten der Deutschen Gesellschaft, Konsistorialrat Hennig, an Professor von Baczko und an den Minister von Stein als Protektor der

---

[1]) Vergl. Gottscheds Briefe an seine Nichte Viktoria Erchmann vom 22. August und 28. Windmond 1764 (handschriftlich auf der Universitätsbibliothek zu Leipzig).
[2]) Vergl. diese Schrift, Bd. I., S. 116 u. 188 flg.
[3]) H. F. G. Lehmann: Der Tugendbund, S. 62 flg. und 95.

Deutſchen Geſellſchaft. Am 3. Oktober (1808) ward alſo in einer Konferenz der Deutſchen Geſellſchaft die Adjunktur feſtgeſetzt, die aber im Jahre 1812 ein Ende nahm.“ § 2 von Lehmanns Vorſchlägen zur Umgeſtaltung der Deutſchen Geſellſchaft lautete: „Ihre Arbeit gehe nicht ins Syſtem, ins Buch, ſondern zu Menſchen, nicht hinaus zur Welt, ſondern hinunter ins Volk, und ſie werde kosmopolitiſch für die Erde, indem ſie patriotiſch für ihr Land iſt.“

Man kann nicht annehmen, daß ſich der Tugendbund in ſolcher Weiſe an die Deutſche Geſellſchaft zu Königsberg gewendet hätte, wenn dieſes Lieblings= kind Gottſcheds eine bloße Sprachübungsgeſellſchaft geweſen wäre. Offenbar empfand man hier verwandten Geiſt.

2. Gottſcheds Stellung im litterariſchen Leben von Leipzig.

Nimmer hätte Gottſched in den Mittelpunkt der Kulturbewegung ſeiner Zeit treten können, wenn ſein Geſchick ihn nicht aus ſeiner nordöſtlichen Heimat in den Brennpunkt eines ſo reichen geiſtigen Lebens geführt hätte. In Leipzig fand er litterariſche Journale, fand er eine litterariſche Geſellſchaft, fand er vor allem eine litterariſche Perſönlichkeit, die ihm mehr geben, als von ihm empfangen konnte. Bereits haben wir unterſucht, in welchem Maße der oſtpreußiſche Magiſter durch Burkhard Mencke ſeinen Weg als Vorkämpfer der Aufklärung vorgezeichnet fand[1]). Aber derſelbe Mann nahm vor allem in den journaliſtiſchen und geſellſchaftlichen Litteraturbeſtrebungen der Buchhändler= hauptſtadt die leitende Stellung ein; auch hatte ſich Mencke dichteriſch ſelbſt verſucht. Freilich griff er nicht in die allgemeine litterariſche Bewegung ein. Doch ein Haupt der herrſchenden Dichterſchule traf Gottſched nichtsdeſtoweniger in Oberſachſen: Johann Ulrich König reſidierte im nahen Dresden, ließ es überdies an häufigen Beſuchen in Leipzig nicht fehlen, und hier blickte man mitten unter Verachtung und Neid devoteſt zu dem Hofpoeten auf, wann immer man in litterariſchen Dingen bei Hofe etwas durchſetzen wollte. Was konnte der vierundzwanzigjährige Königsberger Flüchtling dieſen Männern neues bieten? Oder ſollte er nicht vielmehr, mindeſtens vorerſt, von ihnen empfangen haben?

Mit ſeinem Königsberger Meiſter Johann Valentin Pietſch konnte Gottſched wahrlich weder Mencke noch König in der Führung der oberſächſiſchen Litteratur ablöſen. Immerhin hat manche Trümpfe, die Gottſched ſpäter aus= ſpielte, ihm bereits der gute Pietſch in die Hand gegeben. Die Theſen, welche dieſer zur Poetik aufſtellte, ſpiegeln — auch wenn ſie Gottſched nicht als ſolche kannte — die Geſinnung, in der er für die Litteratur erzogen ward, den Schatz, den er nach Leipzig entführte[2]). Schon Pietſch ſtellt die Konzeſſion

---

[1]) Bd. I S. 124 flg.

[2]) Wiederabgedruckt ſind dieſe Theſen von Joh. Reicke im Anhang ſeiner Schrift: Zu J. Ch. Gottſcheds Lehrjahren auf der Königsberger Univerſität.

voran, poetas non fieri, sed nasci. Aber wahlverwandter klang an seines derben Schülers Ohr: nullus est tam conveniens Poesi, quam imitatricis naturae titulus. Diesen Grundsatz seiner Lehre las er später nachdrücklicher aus Aristoteles heraus. Schon Pietsch forderte majestätische Pracht, im Zaume gehalten durch gesunde Vernunft. Im Drama stellte er die Alten sowie von Neueren Racine und Corneille als Muster auf. Daß diese Gattung die Nachahmung einer Handlung biete, geht wiederum in letzter Linie auf Aristoteles zurück. Die äußeren Mittel zum Schmuck der poetischen Rede hatte Pietsch natürlich ganz im Stile der Schulpoetik stark betont. Im übrigen wird die Poesie namentlich in ihrer Verwandtschaft wie in ihrem Abstand zur Beredsamkeit gekennzeichnet. Praktisch verwies der Königsberger Professor der Poesie seinen Zögling auf Horaz und Canitz. So fühlte sich Gottscheds Geschmack von dem, was ihm in Sachsen entgegentrat, keineswegs befremdet.

Mit einer unrechtmäßigen Sammlung von Pietschs Gedichten führt er sich in Leipzig ein, er widmet sie Mencke, — damit ist der Weg bezeichnet, den der unternehmungslustige Jüngling gehen will. In die Leipziger Litteraturkreise möchte er hineinwachsen: aber sogleich zeigen, daß er nicht mit leeren Händen kommt, daß seine entlegene Heimat Früchte gezeitigt, die selbst neben den Prachtstücken des obersächsischen Dichtergartens bestehen konnten. Mit eigenen Versuchen wagt er sich erst schüchtern im Anhang hervor. Wollte der junge Gottsched sich zur Geltung bringen, so war vor allem nachzuweisen, daß auch das ostpreußische Klima nicht zu rauh für die Musen sei und die Herren Obersachsen keinen Grund hatten, wegen seiner Herkunft auf ihn herabzublicken. Denn das war ganz ersichtlich der Empfang, der schon Gottsched zu teil geworden. Wenn Goethe vierzig Jahre später die sprachliche Intoleranz der Leipziger übel empfand, so ist diese Stimmung jedenfalls nicht erst durch Gottscheds spracheinigende Betriebsamkeit erzeugt; klagt dieser selbst doch später noch ganz Meißen an[1]): „Wie es in Rom und Paris gegangen, so geht es auch in Meißen, im Absehen auf Deutschland. Diese Provinz glaubet auch im Besitze des Witzes und der besten Mundart zu seyn." Und doch sagte er sich, daß „die ersten guten Dichter" aus Schlesien, Rist aus Niedersachsen, Dach aus Preußen stammten; auch später hätten sich „Rachel, Besser, Canitz, Amthor, Neukirch und Pietsch mehr als alle meißnische Dichter hervorgethan . . ." „Daß man aber z. E. hier in Leipzig glaube, niemand könne gut Deutsch, als hier in Meißen, das habe ich selbst erfahren. Als ich 1724 im Februar hierher gekommen war, und theils verschiedene Gedichte drucken ließ, theils gleich im Anfange des 1725. Jahres die vernünftigen Tadlerinnen herausgab, meine Ode auf den Czaar Peter und die Fontenellischen Gespräche

---

[1]) In den Anmerkungen zu der durch ihn geleiteten Uebersetzung von Bayles Dictionnaire, III. Teil (1743), S. 583.

von mehr als einer Welt ans Licht stellete: so verwunderten sich viele, die solche lasen, daß ich schon solch gutes Deutsch könnte, da ich doch kaum ein Jahr in Leipzig gewesen wäre. Gleichwohl habe ich allezeit mehr Mühe gehabt, mir alles dasjenige nicht anzugewöhnen, was man in Meißen spricht, als mir dasjenige abzugewöhnen, was ich vorhin schon gesprochen und geschrieben habe." Der hochaufgeschossene Ostpreuße ließ also auch geistig nicht auf sich herabblicken. Schon in der Vorrede zu „Pietschen Gesamleten Poetischen Schriften" wagt er mit Uebergehung Sachsens seine Heimat selbst über Schlesien zu erheben: Simon Dach habe es „dem großen Lichte der Schlesier Martin Opitzen zu einer Zeit zuvorgethan, in welcher noch gantz Teutschland[1] in allen seinen Provintzen (!), lauter elende Meister=Gesänge schallen hörete". Auch unterläßt er nicht zu erinnern, wie die „Teutschübende poetische Gesellschaft" schon 1722 neben „Königs Laute" „Pietschens Helden=Lied" entzückt gerühmt habe.

Daß sich sprachlich in Königsberg eine dem Mitteldeutschen nahe verwandte Mundart ausgebildet und jedenfalls das Königsberger Hochdeutsch dem Hochdeutschen Leipziger Observanz nicht fern stand, trat in unserer sprachgeschichtlichen Würdigung Gottscheds hervor. Gerade durch seine Herkunft ist er gerüstet, der Gleichsetzung des Hochdeutschen mit dem meißnischen Dialekt zu begegnen; aber auch seine Idiotismen schleift er unter Leipziger Einflüssen ab.

Weit mehr bot ihm Leipzig litterarisch. Gewiß konnte sein Pietsch ziemlich bestehen, wo es einen rein poetischen Vergleich mit König und Mencke galt; die pompöse Hoheit, die anständige Würde, den klaren Fluß der Gedanken und Verse kann man ihm nicht abstreiten. Was ihm vor allem fehlte: Gefühl und Phantasie, das vermissen wir an den Rivalen nicht minder. Aber die Obersachsen[2], wenigstens die Leipziger, atmeten litterarische Luft. Hier war der Mittelpunkt der protestantischen Bildung, hier die Hauptstadt des deutschen Buchhandels. Die von Otto Mencke begründeten, von seinem Sohne Burkhard würdig fortgeführten Acta Eruditorum (seit 1682) richteten die Augen der Gelehrtenwelt noch unmittelbarer auf Leipzig und sicherten seinem Geist und Geschmack an allen gelehrten Stätten Gehör. Die Deutschen Acta Eruditorum (seit 1712) und die Leipziger Gelehrte Zeitung (von 1715 an), die beide ebenfalls von Burkhard Mencke inspiriert wurden, ermöglichten ein noch umfassenderes Eingehen auf wissenschaftliche Neuigkeiten.

Freilich kam die schöne Litteratur, insbesondere die deutsche Dichtung, nur sehr wenig zur Geltung: aber daß diese wissenschaftlich=kritischen Organe über-

---

[1]) Auch Tichter schreibt er 1725 noch.

[2]) Wennschon J. U. König von Geburt Schwabe war, galt er doch in den zwanziger Jahren innerhalb wie außerhalb Obersachsens als hervorragendster Repräsentant der obersächsischen Litteraturkreise.

haupt die deutſche Litteratur gelegentlich in den Kreis ihrer Betrachtung zogen, war bereits ein entſcheidender Fortſchritt, der ohne die beſondern Neigungen und Ueberzeugungen Burkhard Menckes undenkbar bleibt.

Doch in welchem Sinne wurde die Kritik ausgeübt? 1724 finden wir bereits feſte Maßſtäbe, und mit Verblüffung nehmen wir wahr, wie uns hier ſchon jene Schlagworte entgegentreten, die zu Leitmotiven von Gottſcheds geſamter kritiſcher Thätigkeit wurden. Dreiviertel Jahr nach Gottſcheds Ein= treffen in Leipzig erſchienen in den Deutſchen Actis (IX, 326 flg.) nach längerer Pauſe gleich drei längere Beſprechungen neuer deutſcher Dichtungen auf einmal. Als Verfaſſer iſt für alle drei Mencke anzunehmen: denn die dritte Recenſion, welche der Sammlung von Chriſtian Günthers Gedichten gewidmet iſt, beginnt: „Ich bin einmahl über die Poeten gerathen: und da kan ich gegenwärtige Gedichte . . . nicht aus denen Händen legen, ohne etwas davon zu ſagen". Der ſomit feſtſtehende gemeinſame Kritiker fährt ſpäter fort: „Ich habe den Verfaſſer derſelben ſehr wohl gekennt" (ſo!), ſchildert alsdann nach eigener Beobachtung mit wohlwollender Nachſicht, doch ohne Beſchönigung Günthers Leben und Charakter, erweiſt ſich überhaupt mit den Gedichten völlig vertraut, wie er denn „viel Carmina in dieſer Sammlung findet, welche er (Günther) in Geſellſchaft guter Freunde . . . allhier in Leipzig gemacht". Wenn wir uns des väterlichen Schutzes entſinnen, den der unglückliche Dichter in Leipzig bei Mencke fand, können wir über den Kritiker nicht mehr im Zweifel ſein.

Und dieſer Kritiker, in deſſen Haus nun der junge Gottſched, ebenfalls ein Flüchtling, Aufnahme gefunden, beginnt die erſte Beſprechung — die Poſtels „Großem Wittekind" gewidmet war — gleich mit folgendem Bekenntnis: „Ein Helden=Gedicht iſt ohnfehlbahr das Meiſter=Stück der Poeten . . . Es muß in demſelben etwas außerordentliches und nichts alltägliches fürkommen. Die Sache wovon der Dichter ſchreibt, ſoll ſehr merkwürdig und ſchätzbar, die Gedanken auserleſen, und gar nicht gemein, die Ausdrückung aber hoch, prächtig und voller Feuer ſeyn." Nichts anderes vermochte fünf Jahre ſpäter die berühmte „Critiſche Dichtkunſt" vorzubringen (2. Teil, IX. Hauptſtück): „Nunmehro kommen wir an das rechte Hauptwerk und Meiſterſtück der ganzen Poeſie, ich meyne an die Epopee oder das Heldengedichte". In der dogma= tiſchen Behandlung des Gegenſtandes ſtützt ſich Gottſched alsdann auf Ariſtoteles mit deſſen franzöſiſchen Kommentaren. — Noch ſpezifiſcher den Typus Gott= ſchedſcher Kritik ſehen wir vorgebildet, wenn wir weiter leſen: „Die Schreib= Art iſt in denen itzt angeführten Zeilen ſo rauh, hart und gezwungen, daß ſie nicht anders als verdrüßlich ſeyn kan." Leider habe der Herausgeber Weichmann ſeinen Poſtel nicht durchgehends verbeſſert: „ein Tag lehrt ja den andern; und es iſt ohne Zweiffel die Deutſche Sprache in unſern Zeiten weit mehr gereinigt und ausgeputzt worden, als ſie für 24 und mehr Jahren

geweſt". Man traut ſeinen Augen kaum, denn ein ſonderbarer Zufall hat
gewollt, daß nach genau 24 ferneren Jahren Gottſched ſelbſt in ſeiner „Deutſchen
Sprachkunſt" denſelben ſtolzen Gedanken ausſprach; und ſchon 1736 rühmt
ſeine „Ausführliche Redekunſt" (S. 29), daß die Beredſamkeit „ſeit 1720
ohngefehr ein ganz andres Anſehen gewonnen hat". Schon äußerlich drängt
ſich hier der Eindruck auf, wie Gottſched nur eine in Leipzig bereits vor ſeinem
Eingreifen angeſponnene Bewegung fortführt.

Um nicht bei dem allgemeinen Zug der Entwicklung ſtehen zu bleiben, ſuchen
wir, was Mencke im einzelnen an Poſtels Sprache zu tadeln weiß: „Der Verfaſſer
braucht viel alte unverſtändige Worte, verwirfft offt die Conſtruction, ſchließt ſeine
Periodos mitten in der Zeile, und verſetzt faſt unzehlich oft die Worte auf eine
ſolche Art, welche die deutſche Sprache gar nicht vertragen kan." Gottſched zeigt
gleichen Eifer gegen veraltete Wörter und gegen undeutſche Konſtruktionen,
will auch einer Abweichung des poetiſchen Satzbaues von der Proſa möglichſt
wenig Freiheit zugeſtehen. Mencke meint, daß Poſtel unter andern Lohenſtein
und die Italiener nachgeahmt habe: das räche ſich „in Connexionen, Con=
ſtructionen und Periodis", ſo löblich es in Abſicht „auf die Gedanken und
Realität" ſei. Erſt „Die Discourſe der Mahlern" kurieren Gottſched vom
Lohenſteinſchen Geſchmack. Zu rühmen weiß Mencke an „Wittekind", „daß
die Erfindungen darinne ſehr natürlich und artig, die Schreib=Arth meiſt leb=
hafft, die Ausdrückungen voller Feuer, die mit untergemiſchte Moral aber gut
und gründlich ſey", — alles Kriterien, die wir bei Gottſched wiederfinden. Nur
mochte er ſie nicht gerade bei Poſtel befriedigt finden: kann er doch unmittelbar
darauf in der Vorrede zu ſeiner Pietſch=Ausgabe die biſſige Bemerkung nicht
unterdrücken: es ſei leichter, zehn Lobſchriften auf Pietſch, als eine auf den
Urheber des großen Wittekindes abzufaſſen!

Brockes wird von Mencke nach ähnlichen Maßſtäben beurteilt, „Feuer und
Anmut" der „Gedanken" ihm reichlich zugeſtanden, die Schreibart aber manchmal
„etwas harte, und nicht ſatſam fließend und anmuthig" befunden. Ein Tadel
der Verſtiegenheit fehlt auch hier noch. Charakteriſtiſch iſt wieder die nähere
Ausführung der Rüge: es kämen „allzuviel Participia für, welche doch die
Beſchaffenheit der deutſchen Sprache ſehr ſelten leiden kan". Parentheſes,
Ellipſes und Apoſtrophen ſeien allzu häufig gebraucht; auch ſcheine man in
Erfindung neuer Wörter manchmal etwas zu weit gegangen. Gewinnen wir
aus Menckes Worten ſchon einen Vorſchmack von Gottſcheds ſpäterem Kampf
gegen die Participianer wie gegen die Neologen, ſo werden wir nicht minder
wiederholentlich auf ſeine Herabdrückung der Poeſie zur rhetoriſch gefärbten
Proſarede vorbereitet: faſt keine Sprache erlaube den Dichtern weniger poetiſche
Freiheiten als die deutſche, die, Menckes Bedünken nach, „keine Conſtruction,
keine Verſetzung, keine Beſchneidung der Worte duldet, davon man ſich in
ungebundener Rede zu gebrauchen Bedencken hätte". Noch am Schluß des=

selben Bandes wird Gottscheds Pietsch=Ausgabe empfohlen und dabei seiner angehängten Uebersetzung aus le Clerc nachgerühmt, daß sie „weder denen Gedancken des le Clerc, noch der Reinigkeit und Zierde der Deutschen Sprache etwas vergiebt".

Man glaube nicht an eine sofortige geheimnisvolle Unterordnung des fünfzigjährigen Patrons unter die Kategorien des knapp halb so alten Novizen. Schon 1723 (VIII, 113) heben die Deutschen Acta die „sehr feine, deutliche und lebhaffte Schreib=Art" der Reichs=Historie von Bünau hervor, welcher für Gottsched später als einer der wenigen klassischen Prosaschriftsteller Deutsch= lands gilt. 1722 hebt eine anscheinend ebenfalls von Mencke herrührende Besprechung der Improvisationen Daniel Schönemanns an: „Die Poeten werden gebohren, und nicht durch Kunst bereitet". Die Critische Dichtkunst kennt natürlich diese nicht neue Anschauung (1. Teil, II. Hauptstück, § 10). Klarer wird die Beziehung der beiden Leipziger Generationen z. B. 1718 in einer Besprechung von Amthors „Poetischem Versuch". Würde sie zehn Jahre später erschienen sein, fühlte sich wohl mancher versucht, sie Gottsched zuzu= schreiben: dermaßen klingt hier der Gedankengang und — fast möchten wir stellenweise sagen — der Tonfall seiner Richtersprüche an: Man lebe in reim= süchtigen Zeiten; aber von Tag zu Tag werde der Geschmack zärtlicher; er= heblich schwerer sei es heut, denselben zu befriedigen, als zu Hans Sachsens und der Meistersänger Zeiten. „Geist und Wörter sollen geschickt und natürlich verbunden sein." Doch nicht nur das lateinische und griechische Erdreich ver= möge süße und schmackhafte poetische Früchte zu tragen: auch Deutschland neuerer Zeiten könne die geschicktesten Poeten aufweisen. Anmut, Flüssigkeit, Reinigkeit, Reichtum der Gedanken und Nachdruck fänden sich bei Besser, Philander von der Linde (Burkhard Mencke), Neumeister, Neukirch und im Norden bei Brockes. — Im gleichen Jahr wird überdies (V, 765) beklagt, daß die „Tyranney des Reimes" die Uebersetzer oft hindere, „ein dem Original gleich kräftiges Wort zu gebrauchen". In derselben Tendenz empfiehlt und erprobt 1732 der Leiter der „Beyträge zur critischen Historie der deutschen Sprache, Poesie und Beredsamkeit" ausdrücklich für Uebersetzungen reimlose Verse.

Schließlich sei darauf verwiesen, daß die lateinischen Acta Eruditorum, welche Mencke direkt herausgab, in ihren wenigen Anzeigen moderner Dichter= werke gleichen Geist atmen. Gelegentlich der Pietsch=Ausgabe betonen sie an dem Meister Gottscheds: „tum limatae rationi, tum linguae puritati et elegantiae, tum denique metri legibus, nullibi fere vim intulisse".

Mencke hat 1710 seinen „Vermischten Gedichten" eine „Unterredung von der Deutschen Poesie" angefügt. Ueber das Heldengedicht wird dort gleich am Anfang (a. a. O. S. 144) gesagt: „Wenn man dasjenige lieset, was Aristoteles in seiner Dicht=Kunst und so viel Commentatores,

sonderlich aber Mons. Dacier in seinen gelehrten Noten darüber, wie auch
der ingeniose Père le Bossu angemerckt, so darff man sich gar nicht
wundern, daß sich bißher kein einziger Deutscher Poete an dergleichen Gedichte
gemacht." Punkt für Punkt dieselben Quellen, nicht mehr und nicht minder,
nennt Gottsched, wo seine Critische Dichtkunst (2. Auflage, S. 649) die innere
Einrichtung des Heldengedichtes behandelt: „Man muß Aristotels Poetik mit
Daciers Noten, und den Pater le Bossu selbst lesen, wenn man alles
ausführlich wissen will." — Wo Mencke auf die Opern zu reden kommt
(S. 252), muß er gestehn: „Ich habe es allezeit vor absurd gehalten, daß
ich eben alles absingen muß, z. B. wenn ich einem etwas erzehle, einen frage,
ruffe, schelte u. d. m. Die Alten seynd keine Narren gewesen, die nur biß=
weilen in ihren Theatralischen Wercken den Chorum anstimmen liessen." Im
Zusammenhang damit beklagt er die „Decadence" des Dramas und empfiehlt
für die Tragödie die „Reguln" von Heinsius, Sarazin, Corneille und Dryden,
für die Komödie die „Pratique du Théâtre" von Hedelin d'Aubignac.
Gottscheds Sturmlauf gegen die Oper ist bekannt: schweigen will er freilich
noch (S. 716) „der seltsamen Vereinbarung der Musik mit allen Worten der
Redenden", betrachtet sie vielmehr schon ihrer Fabel nach für „das ungereimteste
Werk, so der menschliche Verstand jemals erfunden hat". Unter seinen Kron=
zeugen für die Theorie des Dramas stehen zwar Heinsius, Corneille, Dryden
und namentlich der Abt von Aubignac, aber vor allem fußt er hier natürlich
auf Aristoteles, den wir sonst von Mencke citiert sahen. Wenn also Gottsched
in der Nachricht von seinen Schriften[1] gesteht, erst durch Mencke auf die
alten Lehrer der Beredsamkeit hingewiesen zu sein und in dessen Bibliothek
Klarheit über die Theorie der Dichtung gefunden zu haben, so lernen wir aus
Menckes Schriften und Journalen, in welchem Maße sich der lernbegierige
junge Magister der Lenkung und dem Geiste seines Mentor hingegeben.

Noch manches sonst war von diesem merkwürdigen Manne zu lernen.
Zwar gefällt er sich in dem damals modischen Aufputz seines deutschen Stils
mit Fremdwörtern, während Gottsched Ernst mit Ausführung der gemeinsamen
Gesinnung macht. Aber diese selbst finden wir schon bei Mencke: den Stolz
und Eifer um die Ehre der deutschen Sprache und Nation[2]. Eine Geschicht=
schreibung für die Litteratur fordert und übt er aus, nach dem Muster des
Konrad Celtes und Morhof. Oertlich und zeitlich hält er seinen Blick auf das
Nächstliegende gerichtet und bereitet damit sozusagen theoretisch Gottscheds
praktische Thätigkeit vor.

Aber schon er ließ es ja nicht ganz an solcher fehlen. Sehen wir von den
eigenen Poesien des Philander von der Linde füglich ab — es ist für jene Zeit gute

---

[1] Als Vorrede zur 7. Auflage des praktischen Teils der Weltweisheit.
[2] Vergl. Richard Treitschke: B. Mencke, besonders S. 20, 26 flg., 44 flg. u.
47 flg.

Durchschnittswaare, nicht ohne Witz und Geist —, so ist gewiß vor allem an seine Leitung der „Deutschübenden poetischen Gesellschaft" zu erinnern. Führt er doch Gottscheb gerade in diesen Kreis erst ein, durch den der aufstrebende Litterat seine diktatorische Stellung vornehmlich erobern sollte. Das war nun freilich 1724 eine lokale Uebungsgesellschaft, die niemand außer ihrem jeweiligen knappen Dutzend von ortsanwesenden Mitgliedern Nutzen schuf. War es nun Gott= scheb, der ihr den Gedanken zuführte, nach dem Range eines Nationalinstituts in Art der französischen Akademie zu streben? Wer alle zugänglichen Quellen um= fassend prüft, wird sich der Ueberzeugung kaum verschließen dürfen, daß der betriebsame Ostpreuße auch nach dieser Richtung bereits an eine im Fluß befindliche Bewegung anknüpfte.

Unterm 28. März 1724 schreibt Johann Ulrich König an Bodmer einen bogenlangen Brief, den der Adressat 1781 in den „Litterarischen Pamphleten" abdrucken ließ. Es fehlt dort aber der Schluß des Briefes, und da findet sich in der Handschrift folgende Stelle: „Wir haben . . . in Leipzig . . . einige so aufgeweckte Köpfe und zugleich grundgelehrte Leuthe, daß ich dadurch aufgemuntert worden, Ihro Majestät meinem allergnädigsten Könige einen öfters wiederholten Vorschlag zu thun, um eine Academie für die Teutsche Sprache daselbst aufzurichten, worin ich auch schon gnädigst Gehör gefunden, weil Ihro Majestät ein ungemeiner Kenner und Liebhaber ihrer Muttersprache sind, und in ihren Ländern die beste Teutsche Mundart zu finden. Da sichs dann die Academie für eine Ehre schätzen würde, auch auswärtige Teutsche Gelehrte von gutem Geschmack in ihre Gesellschaft zu ziehen". So der sächsische Hofpoet fünf Wochen nach Gottscheds Eintreffen in Leipzig, 13 Tage nach Einreichung von dessen „Anzugs= Gedichte"[1]) bei der „Deutschübenden poetischen Gesellschaft". Daß die „auf= geweckten Köpfe", aus denen König die Akademie zunächst zusammensetzen will, mit dieser Gesellschaft identisch sind, beweist eine andere (a. a. O. S. 30 schon gedruckte) Stelle dieses Briefes, wo er von dem günstigen Eindruck berichtet, den „die Discourse der Mahlern" in Leipzig machten: „Ich war gleich damalen auf der Messe in Leipzig, und brachte solche in einer gelehrten Gesellschaft zum Vorschein, welche aus den aufgewecktesten Köpfen daselbst bestehet, und sich alle Wochen einmal zu versammlen, und von gelehrten Neuigkeiten zu unterreden pfleget." Noch 1745 renommiert der Herausgeber von Königs Gedichten (S. 629) geflissentlich mit einem Schreiben, das die „Deutsche Gesellschaft" 1727 an den Hofpoeten richtete. Es beginnt: „Ew. HE. haben dero Andenken in unserer Gesellschaft so beliebt gemacht, daß wir uns desselben mit vielem Vergnügen erinnern. Ja, wir können nicht läugnen, daß wir das größte Vertrauen in E. HE. Gewogenheit setzen, und uns gewiß versprechen, durch

---

[1]) Nach den Akten der Deutschen Gesellschaft.

dero nachdrücklichen Beyſtand in unſerm redlichen Eifer unterſtützet zu werden.“
Indem ſie nun die (von Gottſched verfaßte) „Nachricht“ von ihrer neuen Ein=
richtung überſenden, die dem damals noch aktiven Miniſter Grafen von
Manteuffel gewidmet, betonen ſie: „Vorizo beſtehet unſere gröſte Stärke in
der Begierde uns gemeinſchaftlich zu erbauen; es fehlt uns aber an vielen
äuſſerlichen Umſtänden, unſere Abſicht vollkommen auszuführen. Wie
glücklich würden wir ſeyn, wenn uns noch E. HE. erſte Neigung hierinnen
theils durch einen nachdrücklichen Vorſpruch bey Sr. Hochgräflichen Excellenz,
theils durch allerhand vortheilhafte Vorſchläge zu ſtatten kommen ſollte.“ —
Daß Gottſched gleich in den erſten Tagen ſeiner Zugehörigkeit der Geſellſchaft
jenen hohen Flug gegeben, iſt danach ausgeſchloſſen.

Auch perſönlich erfährt Gottſched von dem Dresdener Hofpoeten Förderung,
nicht nur in ſeiner Karriere[1]), vor allem in litterariſcher Hinſicht. Bei der
charakterloſen Doppelzüngigkeit jener Tage kann es kaum noch verwundern,
wenn König bald nach der Zeit, da er mit Bodmer über Stiftung einer
gemeinſamen „Boberfeldiſchen Geſellſchaft“ korreſpondiert und ſich über Gott=
ſched in einer Miſchung von Herablaſſung und Verachtung geäußert hat, an
dieſen ſeinen neuen Leipziger Klienten ſchreibt (14. Juli 1728): „Das über=
ſandte Stücke Ihres Biedermannes, worin Sie Hn. Rubeen eine Abfertigung
gegeben, iſt, ohne alle Schmeichelei, ſehr glücklich gerathen, und macht mich
begierig, einmal eine ganze förmliche critique, nach Ihrem Vorſaz, über ſeine
Gedanken der Beredſamkeit zu ſehen. Ich blättre die Schweizeriſche Schriften
nicht einmal durch, da ich nicht neue Stellen entdecke, die mit Grund getadelt
werden können.“ — Viel derber geht es natürlich nach dem ſchnell folgenden
Bruch mit Bodmer her: „Man muß eine teufliſche Malice haben“, ſchreibt er
unterm 22. Oktober 1728 an Gottſched über den ihm gewidmeten, zum teil
gegen die „Tadlerinnen“ gerichteten „Antipatrioten“, „in einer gedruckten Zu=
ſchrift ſo zweideutig die Worte zu ſetzen, daß es ſcheint, ich habe ihn zu dieſem
Antipatrioten aufgehetzt.“ Jetzt hetzt er (Mitte Januar 1729) vielmehr Gott=
ſched den Schweizern auf den Hals.

Daß der Leipziger Kritiker, ſobald er ſich fühlte, über König hinwegſchritt,
beweiſt nichts gegen ihre Ideenberührung. Selbſt der weſentlichſte Zankapfel,
die Oper, hätte ſie — im Prinzip wenigſtens — nicht zu entzweien brauchen. Wenig=
ſtens läßt ſich König am 15. Mai 1725 Bodmer gegenüber[2]), in einer Weiſe aus, die
den Kampf gegen die Oper auch nach dieſer Richtung nicht als originellen
Vorzug Gottſcheds erſcheinen läßt: „Sie haben recht, wann Sie einigen Un=
willen wider die heutige opern bezeugen, der poet iſt in keiner einzigen Art

---

[1]) Der um Gottſcheds geſchichtliche Würdigung ſo hochverdiente Danzel hebt
leider nur die äußerlichen Beziehungen beider heraus.

[2]) Schon gedruckt bei A. Brandl: Brockes, im Anhang.

Gedichte ein größerer Sclave als in den Singspielen, bald muß er der Decoration, bald der Musick wegen, bald andrer Umstände halber abbrechen, seine Gedancken abkürzen, arien zur Abwechslung einflechten damit das Recitativ nicht zu lang werde und was dgl. mehr. Aber es ist bißher kein ander Mittel gewesen, einiges teutsches Schauspiel an großen Höfen oder vor der Nobleße aufzuführen, es sey dann durch solche Singspiele geschehen. Denn unsre teutsche Comedianten sind insgemein solche elende unwißende und gemeine Leuthe, bringen auch solche abgeschmackte Sachen in ihren Schauspielen vor, daß niemand als der Pöfel, solche anhören kan.“

Da haben wir schließlich gar eine Gesinnung, wie sie aus Gottscheds Bühnenreform spricht. —

Wie nun? War Gottsched nichts als der Plagiator oder doch Kompilator all dieser Ideen? Ein Mann wie er darf allerdings wohl von vornherein mit Mephistos Worten seufzen:

„Wer kann was Dummes, wer was Kluges denken,

Das nicht die Vorwelt schon gedacht?“

Aber immer steht dann noch die Frage so: was in aller Welt brachte Gottsched denn so Epochemachendes den obersächsischen Litteraturkreisen zu, daß es ihm gelang, binnen drei Jahren in Leipzig, binnen drei weiteren Jahren in ganz Deutschland die litterarische Führung an sich zu reißen? Zieht man hinzu, daß von den Grammatikern des 17. Jahrhunderts auch seine sprachlichen Grundsätze zum guten Teil vorweggenommen waren, daß namentlich Schottel und Bödiker — auch sie nicht einmal zuerst — gegen die Gleichsetzung der hochdeutschen Gemeinsprache mit der meißnischen Mundart protestiert, letzterer auch eine kleine Liste von veralteten und rein obersächsischen Wörtern Luthers aufgestellt, so scheint nichts Wesentliches zu erübrigen, das wir als Eigentum Gottscheds in Anspruch nehmen könnten. Und doch war seine Stellung in Leipzig schon bei Menckes Tode (1732) derart, daß daselbst Leute von intimstem litterarischen Interesse und Verkehr die „Deutsche Gesellschaft“ für eine Schöpfung Gottscheds halten konnten[1]) und, wo es sich um die Leipziger Litteraturkreise handelt, in erster Linie ihn ins Feld führen.

Als ein Verdienst Gottscheds könnte man schon bezeichnen, daß er, der Ostpreuße, in Leipzig selbst die Grenzen zwischen der meißnischen Mundart und der hochdeutschen Gemeinsprache zum Bewußtsein bringt und streng überwacht. Daß die sprachlichen Zustände Obersachsens keineswegs mustergültig waren, giebt sogar eine unparteiische Stimme wie Bodmers Leipziger Sprachkorrektor Clauder zu. Am 6. Dezember 1731 äußert er, indem er den Mangel an sprachlicher Gleichförmigkeit auch in Sachsen beklagt: „Ob solche gleich bey Hofe, unter Leuten von Stande und andern, die sich vom gemeinen Pöbel

---

[1]) Wie Clauder im Brief an Bodmer den 19. Mai 1732.

abſondern, gröſtentheils eingeführet; ſo iſt doch die reine Mund=Art noch nicht
ſo allgemein, daß man überhaupt die Redens=Arten vornehmer Leute vor
Regeln annehmen könte." Gemeine Redensarten herrſchten zum teil auch in
den oberen Ständen aus Laſterhaftigleit der Sitten. — Dieſe Zuſtände gebeſſert
und ſo thatſächlich zum mindeſten die Sprache der Leipziger Drucke
muſtergültig geſtaltet, aus Leipzig annähernd den Sitz des Hochdeutſchen
geſchaffen zu haben, wäre gewiß der Anerkennung wert.

Indeſſen reicht dieſes Eingreifen nicht hin, um die Machtſtellung zu er=
klären, zu welcher Gottſched emporſchnellte. Etwas Inkommenſurables trat
hinzu, das nicht aus Büchern kam und nicht auf Bücher beſchränkt blieb: die
eiſerne Energie des Oſtpreußen, die kräftige Betriebſamkeit, mit welcher er die
ſeiner Geiſtesrichtung adäquaten Ideen anderer — verwirklichte, zur That um=
geſtaltete. Litterariſches Intereſſe hat er entfacht und organiſiert, wirklich
litterariſches Leben hat Gottſched in Leipzig rege erhalten.

Was Mencke und ſeinesgleichen nach dieſer Richtung gethan, trug mehr
den Stempel gelegentlicher Liebhaberei, eines Nebenwerkes — wie der be=
zeichnende Ausdruck der Zeit für ſchöne Litteratur lautete. So epochemachend
wir es empfinden, daß die unter Menckes Einfluß ſtehenden wiſſenſchaftlichen
Zeitſchriften verſtohlen auch der zeitgenöſſiſchen deutſchen Dichtung ein Hinter=
pförtlein öffnen: erſt Gottſched war es, der dieſe grundſätzlich zum Hauptwerk
und weſentlichſten Gegenſtand wiſſenſchaftlich=kritiſcher Organe erhob. Acta
Eruditorum und Neue Zeitungen von gelehrten Sachen waren es, die
vor ihm das heimiſche Schrifttum als Gaſt einführten: Gottſched ſchuf ihm
ein eigenes Haus, und ſogleich im geräumigſten Umfang — für deutſche Sprache,
Poeſie und Beredſamkeit; und ſogleich in wiſſenſchaftlichem Geiſte —
Beyträge zur Critiſchen Hiſtorie der deutſchen Sprache, Poeſie und Beredſam=
keit. Wenn man in unſerm Jahrhundert mit Recht immer die Bedeutung
dieſer „Critiſchen Beyträge" — wie man ſie kurz citiert — für die germa=
niſtiſche Wiſſenſchaft hervorhob, ſo machte die Zeitſchrift bei ihrem Erſcheinen
in der lebendigen Sprach= und Litteraturentwicklung noch viel unmittelbarer
Epoche. Den „Critiſchen Beyträgen" ließ Gottſched den „Neuen Bücherſaal
der ſchönen Wiſſenſchaften und freien Künſte", ſchließlich „Das Neueſte aus
der anmuthigen Gelehrſamkeit" folgen — ſchon die Titel bezeichnen den neuen
Geiſt, der mit ihm in das Journalweſen einzieht. Durch dieſe Blätter gewöhnte
er auf Jahrzehnte Schriftſteller und Publikum Deutſchlands, von Leipzig maß=
gebende Richterſprüche in Sachen der heimiſchen Sprache und ihrer proſaiſchen
wie poetiſchen Verwendung zu empfangen, und ſammelte um Leipzig einen
Kreis angeſehener auswärtiger Mitarbeiter, wie er durch ſeine moraliſchen
Wochenſchriften ſchöngeiſtiges Intereſſe im Bürgerſtand und beſonders auch in
der Frauenwelt erweckte und in derſelben Stadt durch die von ihm inſpirierten
„Beluſtigungen des Verſtandes und Witzes" zugleich einen Sammelplatz der

dichterischen Produktion schuf. Schon danach erkennen wir, wie durch Gottscheds Eingreifen das geistige Leben Leipzigs einen ausgeprägt schöngeistigen und nationalen Charakter gewinnt.

Auch die Verbreitung von Gottscheds Büchern stärken die Position Leipzigs als Litteraturplatz. Vor allem ist an die „Critische Dichtkunst" zu denken. Ein wie unpoetischer, banaler Geist sich hier aussprach, selbst Goethe, der sonst Gottsched möglichst komisch nimmt, muß ihr im siebenten Buch von „Dichtung und Wahrheit"[1]) noch nachrühmen: „Sie war brauchbar und belehrend genug: denn sie überlieferte von allen Dichtungsarten eine historische Kenntniß, so wie vom Rhythmus und den verschiedenen Bewegungen desselben; das poetische Genie ward vorausgesetzt!" Mehr noch als der in der That verdienstliche historische Teil wirkte unmittelbar nach Erscheinen der einzelnen vier Auflagen (1730, 1737, 1742 und noch 1751!) der dogmatische. Auch die poetischen Regeln übernahm man nun zunächst in ganz Deutschland von Leipzig und dorthin blickte man, sobald man sich dichterisch bethätigen wollte! Daß überdies mit der Durchführung gewisser, wenn auch nur halb verstandener Aristotelischer Lehren eine der wichtigsten Grundlagen für Lessings kritische Thätigkeit geschaffen war, kann heute nicht mehr bezweifelt werden: nur daß unser klassischer Reformator von den französischen Kommentatoren zum Urtext zurückgriff, Gottsched aber sich wesentlich an Daciers Uebersetzung und An= merkungen hielt.[2])

Erhöht hat Gottsched das litterarische Leben und den litterarischen Ruhm Leipzigs ferner durch seine Theaterreform. Wie sich bei deren Durchführung die praktischen Bedürfnisse und Rücksichten der Neuberschen Truppe mit den Lehren, Mahnungen und Wünschen Gottscheds durchschlingen und ausgleichen, wird bei specieller Betrachtung seiner Beziehungen zur Neuberin noch hervor= treten. Daß er aber als Gelehrter sich nicht scheute, mit den verrufenen Komödianten sich einzulassen oder sogar gemeinsame Sache zu machen, bezeichnet einen entscheidenden Schritt in der Entwicklung der deutschen Bühne: zwischen ihr und der Litteratur der Gebildeten knüpfte Gottsched das unerläßliche Band. Seine hochfliegenden Pläne, in Leipzig ein stehendes Theater zu gründen, das technisch von dem Neuberschen Ehepaar, litterarisch von der „Deutschen Gesell= schaft" geleitet werden sollte, rangen sich nicht zur Verwirklichung durch. Trotzdem hat wiederum nicht nur Leipzig direkt in seinem Theaterleben von Gottscheds Bemühungen Vorteil getragen. Gleichzeitig wurde nun die Buch= händlerstadt zum ton= und ausschlaggebenden Faktor im deutschen Theaterleben.

---

[1]) Werke, Weimarer Sophien=Ausgabe, 1. Abteilung, Bd. XXVII, S. 77.

[2]) Er behauptet zwar in der Nachricht von seinen Schriften, daß er des Aristoteles Dichtkunst 1730, als er darüber Vorlesung hielt, „verdeutscht in die Feder diktiert" habe. Aber zweifellos handelt es sich um eine Uebertragung aus dem Französischen.

Die Neuberſche Truppe kehrte in verhältnismäßig kurzen Zwiſchenräumen immer wieder dorthin zurück; dort erfuhr ſie mündlich Anregungen von ihrem Mentor; durch eifrigen Briefwechſel blieb ſie auch in der Ferne mit dem Leipziger Geſchmacksrichter in ununterbrochener Beziehung; von ihm, ſeiner Gehilfen- und Schülerſchaar empfing ſie die weſentlichſten Bereicherungen ihres Repertoires: wie in litterariſcher Hinſicht ſchien nun Leipzig auch in theatraliſcher zur Hauptſtadt Deutſchlands emporgeſtiegen.

Wenn wir ſchließlich der „Deutſchen Geſellſchaft" gedenken, ſo betreten wir einen Boden, der gewiß durch die Sprachgeſellſchaften des 17. Jahrhunderts im allgemeinen, durch den Menckeſchen Kreis im beſonderen geebnet war. Doch gerade auf dieſem Gebiete bewährt ſich die Organiſationsgabe Gottſcheds am umfaſſendſten. Bekannt iſt, daß 1727 auf Gottſcheds Betreiben eine Reform der Geſellſchaft eintritt[1]): aus der vormals „Görlitziſchen", jetzt „Deutſchübenden poetiſchen Geſellſchaft" ward unter ſtärkerer Betonung der ungebundenen Beredſamkeit die „Deutſche Geſellſchaft". Nur geſchickte Leute ſollten aufgenommen werden, vor allem aber auch — wie J. U. König gewünſcht und der neue Name ſchon andeutet — auswärtige Mitglieder zuläſſig ſein; ja, „die Geſellſchaft behält ſich vor, Leute von bekannter Geſchicklichkeit ſelbſt vor ihre Mitglieder zu erklären". Die urſprüngliche Kompennäler-vereinigung, die ſich inzwiſchen zu einem Kreis von Leipziger Studenten und jüngeren Gelehrten überhaupt erweitert hatte, erwuchs mit dieſer Maßregel zu einer über ganz Deutſchland ausgebreiteten litterariſchen Geſellſchaft, die, nach Art der Gelehrten-Akademien organiſiert, Männer von wiſſenſchaftlichem oder ſozialem Anſehen, Gelehrte oder Adlige, gleichmäßig in ihren Kreis zu ziehen beſtrebt war: und der Mittelpunkt des neuen deutſchen Sprach- und Litteratur-vereins hieß abermals Leipzig. Mit J. U. Königs Forderung hatte Gottſched — trotz Mangel an höfiſchem Schutz — aus eigener Kraft Ernſt gemacht. Wieviel Dutzend ſchlechte Muſikanten da mitliefen, brauchen wir heute nicht nachzurechnen: genug, daß ſich auch ein paar Meiſter der Mitgliedſchaft nicht ſchämten und daß vor allem eine große Zahl lernbegieriger Leute in allen Teilen des deutſchen Sprachgebietes für ſprachliche und litterariſche Intereſſen gewonnen wurden.

„Man ſoll ſich allezeit der Reinigkeit und Richtigkeit der Sprache befleißigen; d. i., nicht nur alle ausländiſche Wörter, ſondern auch alle Deutſche unrichtige Ausdrückungen und Provinzial-Redensarten vermeiden; ſo daß man weder Schleſiſch noch Meißniſch, weder Fränkiſch noch Niederſächſiſch, ſondern rein Hochdeutſch ſchreibe; ſo wie man es in ganz Deutſchland verſtehen kann." Damit waren die beiden bisherigen Grundpfeiler der Geſellſchaft ab-

---

[1]) Siehe die (von Gottſched verfaßte) Nachricht von der Deutſchen Geſellſchaft zu Leipzig (zuerſt 1727), bis auf d. J. 1731 fortgeſetzt.

gestoßen und sie auf die breite, solide Grundlage des Gemeindeutschen gestellt. Ursprünglich war die schlesische Mundart Norm, durch Hinzutritt von Ober= sachsen hatte sich die Einführung von Freiheiten benötigt, die unter Gottscheds Regime nur noch für den Reim in Geltung blieben. „Ihre Muttersprache, so wohl in gebundener als ungebundener Rede, wohl zu schreiben", ist nun den Mitgliedern innerhalb wie außerhalb Leipzigs als Pflicht auferlegt.

Nichts hindert Gottsched im Fortschreiten auf dieser Bahn. Als die „Deutsche Gesellschaft" aufsässig wird, stellt er seine studentischen Redner= gesellschaften auf breitere Basis, indem nun auch deutsche Poesien und Ueber= setzungen in das Thätigkeitsgebiet hineinbezogen werden[1]. 1752 organisiert er die Schülerschaar, die er hier im Verlauf von 25 Jahren ausgebildet, zu einer „Gesellschaft der schönen Wissenschaften und freien Künste", um sie dauernd seinem Interesse zu erhalten. „Es giebt gelehrte Männer", ruft er diesem seinen über alle deutschredenden Lande verstreuten Auditorium privatissimum zu[2], „die, sobald sie von den schönen Wissenschaften oder freyen Künsten reden hören, nur an die griechische und lateinische Sprache denken . . . Allein, ver= gessen Sie bei dem allen nicht, daß Sie Deutsche sind! Sie sind Ihren Lands= leuten, Sie sind Ihrem ganzen Vaterlande eben die Dienste schuldig, die vor= mals alle gelehrte Griechen und Römer den ihrigen geleistet haben". So weiß er alsbald die erneuten litterarischen Bemühungen seiner Schüler der nationalen Kulturarbeit einzureihen, welcher sich sein ganzes Wirken gewidmet.

Auch losgelöst von solcher Massenübung versteht er selbständige Schrift= steller zu erziehen: mit gutem Grunde rühmt Ernestis Gedächtnisrede[3] ihm nach, aus seiner Schule seien fast alle hervorgegangen, die nach ihm den Ruhm guter Redner oder Stilisten in der deutschen Muttersprache erworben: wie Jerusalem, Kästner, Cramer, Rabener, Gellert, die Schlegel, Zachariae, Weiße u. a. m.

Vergebens bemüht sich Gottsched, einer seiner Gesellschaften den Charakter einer staatlichen Anstalt zu erbetteln; vergebens entwirft er Plan auf Plan für neue Akademien in Dresden und Wien, welche die Pflege der schönen Wissenschaften und der deutschen Sprache in den Bereich ihrer Thätigkeit ziehen sollten.

Er ist hartnäckig und verblendet genug, seinem steten Gegner, dem Grafen Brühl, offenbar schon früh drei wohlausgearbeitete Schriftstücke zu unterbreiten:

---

[1] Eine lebendige Schilderung des neuen Zustandes entwirft der Schweizer Heß in einer Zuschrift an die Züricher Wachsende Gesellschaft unterm 17. Juli 1745.

[2] „Aufmunterungsrede in der ersten Versammlung des 1753. Jahres", ab= gedruckt in der Sammlung einiger ausgesuchten Stücke der Gesellschaft der freien Künste, Bd. I, S. 96 flg. u. 103.

[3] Opusculorum oratoriorum novum volumen, p. 109.

eine „Vorläufige Nachricht von außwertigen Societäten", die von umfaffender geschichtlichen Kenntnis der Materie zeugt, ferner „Unmaßgebliche Erinnerungen über das communicirte Project von der Academia Augustea Scientiarum et Artium" nebst einem „Kurzen Entwurff von Einrichtung der Societatis Regiae Augusteae". Hervorzuheben ist die Aufstellung: „Zur ersten Claffe gehört die deutsche Sprache, so wohl was die Unterfuchung als auch beßere Außübung derselben betrifft, samt den Deutschen Alterthümern und Geschichten, und denen daraus fließenden gelehrten Erleuterungen des Juris publici." Brühl warf die Schriftstücke zu anderen Projekten: in seiner Sammlung sind sie zwischen den Entwurf für ein Invalidenhaus und ein „Project, wie die Steuer-Schulden an Capital und Interessen, am sichersten vergnüget werden können", geheftet!

Einen besseren, aber dennoch vergeblichen Fürsprecher gewannen Gottscheds Abfichten an dem Hofrat Benemann. Nach B. Menckes Tod beeiferte sich nämlich Gottsched besonders, die „Deutsche Gesellschaft" in eine Staatsanstalt umzuwandeln: auch Benemann erkennt (unterm 12. April 1732) Gottscheds Vorstellung an die Landesregierung als „recht gründlich und wohlausgearbeitet" an, will auch selbst das „Referat" übernehmen; aber zur Zeit der entscheidenden Sitzung mußte es sich so unglücklich fügen, daß ihm „durch unvermuthet dazwischen gekommene und höchst eilfertige herrschaftliche Verrichtungen die Gelegenheit, angeregten Vorsatz ins Werk zu setzen, entzogen ward. Und da der Gesellschaft bey der, über die Sache gepflogenen Berathschlagung auf solche Art ein guter Freund und Gönner abgegangen, die übrigen Mitglieder hochgedachter Landes-Regierung aber nicht gleiche Neigung für das Werk, oder vielleicht nicht gleichen Unterricht davon gehabt, so ist der Schluß auch nirgend anders als dahin ausgefallen, daß, weil von Jhro Königl. Majestät auch von dem Ober-Confistorio Bericht erfordert worden, man zuförderst Erkundigung einziehen solle, wie das Vorhaben etwa daselbst angesehen werden möchte." Im Konsistorium war aber der Rationalist Gottsched schlecht angeschrieben, und obgleich es ihm gelingt, vorübergehend den orthodoxen Oberhofprediger Marperger für die Angelegenheit zu interessieren, versumpft sie dort allmählich.

Gottscheds letzte Hoffnung blieb — wie in allen Dingen — sein Gönner Graf Manteuffel: „Unsere Deutsche Gesellschaft", giebt er diesem am 31. Mai 1738 zu verstehen, „ja vielmehr unser ganzes Vaterland wird es demjenigen Mäcenas einmal ewig verdanken, der ein solches Werk, als die Errichtung einer solchen Gesellschaft der Deutschen Sprache und freyen Künste seyn würde, glücklich ausführen wird . . . Es wäre Schade, wenn die Ehre einer solchen Stiftung einmal jemanden anders zu Theil würde"!! So bestrickend die Lockpfeife ertönte, Manteuffel war eben nicht mehr aktiver Minister.

Indes, war der Mäcen in Sachsen abgethan, so schien er desto höher am Hofe des jungen Preußenkönigs Friedrich II., seines philosophischen Zöglings, zu stehen. Der Ort gilt Gottsched gleich, ihm gilt nur die Sache. Sofort nach Friedrichs Thronbesteigung drängt der Unermüdliche mit fieberhaftem Eifer seinen Gönner, den alten Plan doch nun in Berlin durchführen zu lassen: „So nöthig eine Academie der philosophischen Wissenschaften seyn wird: so gut würde es auch seyn, wenn eine Academie der schönen Künste (des belles Lettres) derselben an die Seite gesetzet würde, so wie in Paris unter Ludwig dem großen geschehen. Ew. Excellence werden diesem Einfalle durch Dero eigene Einsicht mehr Licht und Nachdruck geben können, da Dero Liebe zu dieser Art der Gelehrsamkeit nicht geringer ist, als zu den ernsthaften Be= schäftigungen derer Alethophilorum" (3. Juli 1740). Aber Friedrich verweist den spionierenden sächsischen Exminister und Agenten Brühls trotz aller Freund= schaftsbande schleunigst des Landes! Abermals sah sich Gottsched enttäuscht. Und wie unverläßlich sich Wien erwies, haben wir zur Genüge erfahren.

Entsprechend der politischen Verfassung Deutschlands vollzog sich die von Gottsched durch solche Unternehmungen erhoffte Wirkung auf freierem und bennoch centripetalem Wege.

Schon der gute May, einer der ehrenwertesten Getreuen des Leipziger Diktators, bemerkt 1730 auf einer Reise, daß die Deutsche Gesellschaft „außer Leipzig einen weit größeren Beyfall genüßet als in Leipzig". Kann es Wunder nehmen, daß allerorten, wo sich geistiges Leben regt, namentlich in den Universitätsstädten, die Lust nach einer verwandten örtlichen Organisation erwacht? Eine Deutsche Gesellschaft schien fast zu dem unentbehrlichen Zubehör einer deutschen Universität geworden. Bei Begründung der Göttinger Hoch= schule betreibt Mosheim den Plan[1]), die Leipziger Deutsche Gesellschaft samt ihren vornehmsten Mitgliedern und ihrem Büchervorrat ganz nach Göttingen zu versetzen. Auch die „Critischen Beyträge" will er dort durch die neue Ge= sellschaft fortsetzen lassen. Wenigstens erreicht er, daß aus der Leipziger Ge= sellschaft nach einigem Schwanken zwischen Steinwehr und May der Erst= genannte (als der reichere und darum billigere!) nach Göttingen berufen und eine selbständige Deutsche Gesellschaft gebildet wird.

Noch in Gottscheds Spätzeit treten vor allem an den protestantischen Universitäten von Mittel= und Nord= wie Süddeutschland solche Vereinigungen zusammen. Man beurteilt diese Gesellschaften schief, wenn man ihre Stellung in der Litteraturfehde und überhaupt zu Gottscheds ästhetischen Grundsätzen als Richtschnur nimmt, um ihnen für Treue Spott, für Aufsässigkeit das Accessit zuzuerkennen. Nur wenige gehen so unbeschränkt mit ihm wie die Kurmainzische Akademie nützlicher Wissenschaften in Erfurt und die Erlanger

---

[1]) Vgl. Rößler: Die Gründung der Universität Göttingen, S. 201 flg.; Danzel: Gottsched S. 96 flg. u. 179, sowie einige noch ungedruckte Briefe Mosheims an Gottsched.

Deutsche Gesellschaft, deren Organe sprachlich, philosophisch und ästhetisch noch in der zweiten Hälfte der fünfziger Jahre zu ihm halten. Selbst Jena geht im Litteraturstreit zu den Zürichern über; und Greifswald, das rationalistisch kaum minder als sprachlich in seinem Sinne lebhaft interessiert bleibt, betont eifersüchtig eine ästhetische Unparteilichkeit. Aehnlich steht es in der Helmstädter Deutschen Gesellschaft. Die Altdorfer Deutsche Gesellschaft hält bei persön= licher Anerkennung von Gottscheds Verdiensten sogar sprachtheoretisch nicht un= bedingt und jedenfalls mit Schwankungen zu ihm.

Aber darauf kommt es garnicht in erster Linie an. Nicht daß und wie man sich litterarisch bethätigte, ist entscheidend: vielmehr daß und wie man sich übte. Daß man sich übte, war Gewinn: in Kreisen, die sich sonst auf gelehrte Fachstudien beschränkt und ihre Mußestunden gedankenloser Zerstreuung hingegeben hätten, erweckt Gottsched bald unmittelbar, bald mittel= bar Interesse für die deutsche Sprache wie ihre kunstvolle Ausübung, und der Eifer erwacht allerorten, an ihrer Vervollkommnung teil zu gewinnen. Wie man sich übte, war nicht minder Gewinn durch Gottscheds Verdienst: bei allen Variationen in der sonstigen Richtung dieser Gesellschaften strebten sie einmütig nach der hochdeutschen Gemeinsprache, blickten sie einmütig nach Leipzig als dem Hauptquartier des deutschen Schrifttums. Und selbst wenn sie sich von dem herrischen, rationalistisch beschränkten Diktator äußerlich loslösten, nie konnten sie verleugnen, daß es eine Periode in ihrer Entwicklung gegeben, wo sie aus Leipzig, von Gottsched, auf den Weg geleitet waren.

Solche Uebungsgesellschaften, die sich da nach Leipziger Muster zusammen= fanden, waren für jene Zeit von besonderer Bedeutung, solange es thatsächlich Schulung im korrekten und dialektfreien Gebrauch der deutschen Sprache sowie im Prosastil und der Rhetorik galt. Nach diesen Richtungen treten die Ver= dienste der im Gottschedschen Sinne organisierten Gesellschaften überall klar hervor. So wenig nun eine derartige Einschulung für die Dichtung unmittelbar nützen konnte: die gelenkige Ausbildung der Sprache wie die Erweckung des litterarischen Interesses kamen mittelbar doch auch der Poesie zugute, und darüber hinaus erfuhr das gesamte Bildungsstreben allerorten Anregung.

Was Leipzig infolge von Gottscheds Eingreifen in der litterarischen Welt galt, verraten gerade die durch Unparteilichkeit ausgezeichneten „Critischen Versuche ausgefertiget durch einige Mitglieder der Deutschen Gesellschaft in Greifswald" (1742 flg.). Im Vorbericht äußern sie zunächst über kritische Monatsschriften: „Die preiswürdige deutsche Gesellschaft in Leipzig, die sich bereits einen so vorzüglichen Ruhm erworben und unserm Vaterlande so viel Ehre macht, hat unsern Landesleuten in dieser Art von Schriften den ersten Geschmack beygebracht. Die Beyträge zur critischen Historie der deutschen Sprache, Poesie und Beredsamkeit, die man dem ruhmwürdigen Fleiß einiger ihrer Mitglieder zu danken hat, sind bisher mit allgemeinem Beyfall auf=

genommen worden. Im Jahr 1740 lieferte man uns das erste Stück einer neuen Monathsschrift von dieser Art, unter dem Namen: Nachricht und An= merkungen, welche die deutsche Sprache, Beredsamkeit und Dichtkunst der Deutschen betreffen. Die ganze Gesellschaft machte sich zu der Ausarbeitung derselben anheischig; und die über die bisherige langsame Fortsetzung bezeugte Unzufriedenheit der Gelehrten ist der sicherste Beweis, wie angenehm ihnen auch diese Arbeit einer Gesellschaft sey, die uns von ihrer Stärke in dieser Art der Wissenschaften schon solche vortreffliche Proben geliefert hat, daß sich kein Schriftsteller unter unsern Landesleuten weigern wird, derselben eine critische Beurtheilung seiner Arbeit zuzugestehen.

Einen so grossen Mangel diese Gesellschaft an würdigen Vorgängern gehabt hat; so glücklich ist sie im Gegentheil gewesen, nicht unwürdige Nach= folger zu erhalten. Wir dürfen uns nicht bloß auf Jena, Halle, Göttingen und Berlin berufen; Wir könnten eine ansehnliche Menge deutscher Gelehrten aufführen, die ausser einer gesellschaftlichen Verbindung sich durch das Exempel dieser Gesellschaft haben aufbringen lassen, in einer netten Schreibart für die Ehre ihres Vaterlandes mehrere Sorge zu tragen, als man vorhin zu thun gewohnt war."

Ueber die eigene Gesellschaft gestehen sie: „Dieses wissen wir, daß der Grund ihrer Errichtung ein rühmlicher Eifer gewesen sey, solchen vortrefflichen Vorgängern nachzufolgen . . . Zum wenigsten müssen wir von unserer gegen= wärtigen critischen Bemühung gestehen, daß wir am meisten durch das Beyspiel gedachter beiden Monathsschriften sind erwecket worden, in gleicher Arbeit einen Versuch zu wagen."

Sie halten sich nicht für unfehlbar und wollen in kritischen Schriften nicht aufhören höflich zu sein.

In Gottscheds Sinn betonen sie: „Was kömmt mit den Absichten einer deutschen Gesellschaft genauer überein, als critische Untersuchungen, welche die deutsche Sprache, Dichtkunst und Beredsamkeit betreffen! . . . Eine gesunde Critik bleibt das Wesentliche einer solchen Gesellschaft." Auch erkennen sie (I, 3) ausdrücklich sein persönliches Verdienst an: „Fast jedem besonderen Theil der Gelehrsamkeit ist zu unsern Zeiten eine Monathsschrift gewidmet . . . Dieses Vortheils hätte die deutsche Critik noch wol entbehren müssen, wenn nicht der gepriesene Gottsched auch dafür bisher gesorget hätte." „Ihm haben wir hauptsächlich" die Critischen Beyträge zu danken.

Nicht minder erfassen sie sachlich seine hochdeutschen Einigungsbestrebungen. Ein Ungenannter hat den Einwurf gegen die „Deutschen Gesellschaften" ge= hört: „Man hätte noch keine Proben von einer deutschen Gesellschaft, daß sie eine allgemeine Sprache unter die deutschen Gelehrten einzuführen suche" (I, 363). Alsbald (I, 371) erfolgt die unzweideutige Antwort des Heraus= gebers: „Dem Herrn Verfasser müssen die Bemühungen der deutschen Gesell=

schaften sehr schlecht bekannt seyn . . . Wären sie in allen übrigen Stücken so
einig, wie hierinn, so würden wir bald etwas Vollkommenes in unserer Sprache
zu erwarten haben." Keine Deutsche Gesellschaft streite „für die Mundart
derjenigen deutschen Provinz, in welcher sie sich aufhält". Jede gebe sich Mühe,
„ein solches Deutsch zu reden und zu schreiben, das von allen Deutschen kann
verstanden werden". . . . „Von dem Hr. Prof. Gottsched können wir ihm die
Nachricht geben, daß er mit uns gleicher Meynung sey."

Auch sonst wird Gottsched wiederholt selbst in manchen rein litterarischen
Bemühungen gerühmt, doch immer Objektivität bewahrt. Den Vorwurf der
Parteilichkeit, welcher von Züricherischer Seite gegen sie erhoben war, weisen sie
zurück. Ehrlich bemüht sich diese Greifswalder Deutsche Gesellschaft die Vorzüge und Mängel beider ästhetischen Parteien zu erkennen.

So korrespondiert sie mit Gottsched über den gemeinsamen Patron, den
alethophilischen Propst Reinbeck, unterhält auch durch die Stettiner Alethophilen
mit ihm eine Verständigung; so arbeitet ferner ihr Wortführer Ehrenfried
Christian Koch an Gottscheds Verzeichnissen alter deutscher Schauspiele mit:
aber unzweideutig weisen sie seine wiederholten Versuche zurück, sie während
der Litteraturfehde als seine Parteigänger in Anspruch zu nehmen. So äußern
sie am 16. März 1743 schließlich: „Wir sollten nunmehro auch diejenigen
Lobsprüche beantworten, mit welchen unsere geringe Bemühungen von Ew.
Magnificenz beehret worden. Allein wir können uns derselben im geringsten
nicht annehmen, außer daß wir, uns des Lobes einer Unparteilichkeit immer
würdiger zu machen, ferner bemühet seyn werden. Dieses mag uns schützen;
und wir werden uns durch keine hämische Urtheile aus unserer Gleichgültigkeit
setzen lassen, wenn wir nur allemal die Ueberzeugung haben, daß wir der
Wahrheit gefolget sind. Es scheinet jetzund, als wenn sich die Schönheit der
Critik unter der Menge von Satiren und groben Spöttereien beynahe verlieren
will. Ein Schicksal, welches dem Reiche der schönen Künste noch niemalen
einen wichtigen Vortheil gebracht hat!" Ihre Anerkennung des Gottschedianischen
Leipzig als Vormacht gewinnt dadurch nur an Bedeutung.

Unzweideutig gesteht auch die „Deutsche Gesellschaft" in Jena, obschon
sie sich bereits während der vierziger Jahre den Zürichern genähert hatte, noch
1753 zu[1]): „Leipzig, das den schönen Wissenschaften so günstige Leipzig, prangte
damals schon mit einer öffentlichen teutschen Gesellschaft; und eben diese war
auch das Augenmerk dieser Freunde zeither gewesen; so wie sich noch ietzo
Teutschland ihres ehemaligen schönen und ihm so glorreichen Flors dankbar
erinnert . . . Die Verfassung derselben diente ihnen zur Vorschrift."

---

[1]) Carl Gotthelf Müller, der Beredtsamkeit und Dichtkunst o. ö. Lehrer, und
der Gesellschaft Senior: Nachricht von der Teutschen Gesellschaft zu Jena und der
ietzigen Verfassung derselben, S. 9 flg.

In den „Gesetzen" von 1730 lautete Artikel XX: „Ueberhaupt befleißiget man sich der reinen Hoch=Teutschen Sprache, wie sie von Gelehrten, die sich in diesem Stücke Mühe gegeben, geredet und geschrieben wird, und duldet darin keine Merckmahle der Landsmannschaft. Wegen der Rechtschreibung wird man sich künftig noch vergleichen . . ."

Eine Anweisung auf die Zukunft blieb hierin noch 1753 bestehen, nicht anders steht es heut! Immerhin hielt eine eifersüchtige Hartnäckigkeit der Jenenser die Verständigung hintenan. Ihr Senior Gottlieb Stolle meint 1732 ganz naiv: „Es ist genug, daß man sowohl zu Leipzig und Jena, als zu Berlin (in der Akademie der Wissenschaften) die Verbesserung der teutschen Sprache zum Endzwecke hat"; in den Einzelfragen müsse Freiheit herrschen, z. B. gleich, ob man „deutsch" oder „teutsch" schreiben wolle![1])

Der gemeinsame Hauptzweck: hochdeutsche Einigung in gebundener wie ungebundener Rede, wurde in Jena durch eine zweckmäßige Einrichtung erreicht, die zugleich verhütete, daß der Machtspruch eines Einzeldialektes aufkam: „Es ist bekannt", erzählt die 1753 ausgegebene Nachricht (S. 17), „daß die Provinzen Teutschlandes sich sowohl in Ansehung der Aussprache, als auch in Ansehung der Ausbrücke selbst ziemlich von einander unterscheiden; und es hat eine in der hochteutschen Sprache sich übende und in deren Gebrauch hervor= thuende Gesellschaft allerdings auf diese Verschiedenheit vorzüglich ihr Augen= merk zu richten." Deshalb wurden alsbald vier Klassen gebildet: die ober= sächsische, die niedersächsische, die fränkische und die schlesische. Jede wählt einen Abgeordneten auf je vier Wochen. „Diese vier Abgeordneten . . . hatten am meisten bey den Prüfungen der Schreibart ihr Gutachten zu entwerfen, ob der Ausbruck nach dieser oder jener Provinz schmecke, und also der Reinigkeit der teutschen Sprache entgegen sey; damit man desto vorsichtiger in der hochteutschen Schreibart verfahre." Nach der neuen Verfassung von 1753 wollte die Gesell= schaft übrigens „nicht blos in den schönen Künsten, sondern auch in den höhern Wissenschaften arbeiten", ohne doch ihre sprachlichen Zwecke aufzugeben.

Wieder, wie 1728 bei Stiftung ihrer Gesellschaft, war Gottsched den Jenensern um ein Jahr vorangegangen: bei Begründung der „Gesellschaft der schönen Wissenschaften und freien Künste" erklärt er ausdrücklich die Zeit für überwunden, da die sprachlichen Ziele im Vordergrund der Gesellschafts= bestrebungen stehen mußten: man könne nun eine breitere Grundlage wählen. Thatsächlich dehnt die neue Leipziger Gesellschaft ihre Thätigkeit über die schönen Wissenschaften hinaus.

Noch in Gottscheds Spätzeit blickt selbst eine süddeutsche Gesellschaft, die sich so durchaus unabhängig hielt, wie die Altdorfer, schließlich doch nach Leipzig als sprachlichem Vorort. In der von ihr herausgegebenen „Altdorfischen

---

[1]) Sammlung der Schriften der Teutschen Gesellschaft in Jena, Vorwort.

Bibliothek der gesammten schönen Wissenschaften" steht 1762 eine „Freye Abhandlung von den Selbstlautern aller Sprachen und der Verbesserung ihrer Aussprache in der deutschen". Da wird (I, 431) betont: „Man muß aber eine recht reine, und wohl die beste, die Meißner Mundart zu dieser Untersuchung erwählen." Daß damit nicht den Meißner Idiotismen, vielmehr dem Sprachtypus Gottscheds ein Zugeständnis gemacht werden soll, erläutert die sich daran schließende Bemerkung: „Es ist uns keine Schande, wenn wir sagen, daß ein Sachse dieser Arbeit am ersten und besten gewachsen sey. Denn es muß einer eine Gottschedische Einsicht in die Sprachlehre der Deutschen haben, wenn er diese Besserung versuchen will." Immer noch also treffen wir eine Gleichsetzung Gottscheds und Leipzigs, wo es gilt, das Hauptquartier der deutschen Sprache zu bezeichnen. —

Nicht genug damit. Gottsched wollte nicht nur den vorhandenen Besitzstand der deutschen Sprache und Litteratur durch einheitliche Konzentration um Leipzig befestigen: durch innere wie äußere geistige Kolonisation war er bedacht, dieses Gebiet zu mehren.

Im Innern erfaßt er zunächst richtig den allerdings auf der Hand liegenden Zusammenhang zwischen der sprachlich=litterarischen und der sozial=kulturellen Bedrängnis durch die Nachäffung des Französischen und Italienischen. Wie in seinen Wochenschriften und den Lustspielen seiner Schule führt er bei jeder sich darbietenden Gelegenheit diesen Kampf gegen die Ausländerei. Selbst in den Anmerkungen zum Bayle (II, 381) klagt er: Alles soll französisch oder welsch sein: der Sekretär, Hofmeister, Kammerdiener, Koch, Schneider, Perrücken= macher, Wundarzt u. s. w.; ebenso die Kammerjungfer, Aufseherin über Kinder, Sängerin, Tänzerin, Putzmacherin, Näterin u. s. w., — ferner Kutsche, Liverei, Sattel oder Zaum, Uhr, Stock, Degen, Tabaksdose u. dergl. Noch heute entbehrt leider sein Hohn nicht der Aktualität: „Wie viele wienerische Sachen haben nicht letzlich die Bedienten des französischen Gesandten daselbst aufgekauft und sie den einfältigen Wienern für mitgebrachte Parisersachen in viel theurerm Preise verkaufet?"

Origineller und weiter vorschauend erweist sich die Aufmerksamkeit, welche er auf die in unserer Mitte wohnenden fremden Volksstämme lenkt:[1] „Das einzige muß einen rechten Patrioten nur Wunder nehmen, daß man nämlich denen hin und her zerstreuten Wenden in Deutschland noch den Gebrauch ihrer Sprache gelassen, ja ihnen dieselbe noch durch Lehrer, Prediger und Bibeln in bessere Ordnung bringen lassen." Zu empfehlen sei vielmehr, sie entweder auf abligen Gütern, behufs Verschmelzung, mit Deutschen planmäßig zu vermengen, oder ihnen in ihren Dörfern deutsche Schulmeister, Prediger, Richter, Schulzen zu setzen! Aehnlich seien wir den französischen Kolonisten gegenüber allzu

---

[1] Merkwürdig genug muß wiederum der Bayle zu dieser Anmerkung herhalten, II, 201.

läſſig: habe man doch in Berlin gar eigene franzöſiſche Gerichte eingeſetzt! Es
gereicht dem Vielverläſterten gewiß zum Ruhme, daß wir noch heute namentlich
gegenüber den Polen keine andern Maßregeln zu ergreifen wiſſen.

Doch auch nach außen richtet Gottſched ſeinen Blick: nicht eine Winkel=
ſprache will er zuſammenfaſſen, — er träumt ſich in den Mittelpunkt einer
Weltſprache, ſein Leipzig im beſten Sinne als „ein klein Paris“: „Es wäre
zu wünſchen, daß der Eifer Kaiſer Maximilians bey allen ſeinen Nachfolgern
beſtändig geblieben wäre . . . Wenn unſere deutſchen Prinzen und Prinzeſſinnen
nebſt ihren Hofleuten dieſen Eifer für ihre Mutterſprache gehabt hätten, würde
nicht beinahe ganz Europa voritzo deutſch reden? Wie lange haben nicht in
Schweden ſchon Könige aus deutſchen Häuſern regieret? Wie lange herrſchet
nicht ſchon das oldenburgiſche Haus in Dänemark und Norwegen? Iſt nicht
Polen ſeit dem Ende des vorigen Jahrhunderts von dem durchlauchtigſten
Sächſiſchen, und Großbritannien ſeit dem Anfange des itzigen unter der
hannöveriſchen Botmäßigkeit geweſen? In Spanien hätten Carl V. und ſeine
Nachfolger ſich beſinnen können, daß ſie deutſcher Abkunft wären, und ſelbſt in
Welſchland hätten ſo viele Statthalter und Unterkönige des öſterreichiſchen
Hauſes ihrer Mutterſprache ſich nicht ſchämen dörfen. Wo bleiben nun noch
ſo viele Königinnen und Prinzeſſinnen, die aus dem öſterreichiſchen u. a.
deutſchen durchlauchten Häuſern den Thron in Frankreich, Portugal und beiden
Sicilien beſtiegen haben? Sind nicht endlich die durchlauchten braunſchweigiſchen
und mecklenburgiſchen Häuſer zum ruſſiſch kaiſerlichen Throne gelanget?“ [1] —
Schon ſeine „Nachricht von der Deutſchen Geſellſchaft zu Leipzig“ hatte er
mit einem ähnlichen, nur tröſtlicheren Hinweis geſchloſſen, daß „die Hochachtung
unſerer deutſchen Sprache zuſehends“, beſonders in Dänemark, Schweden,
Rußland, England und Polen, wachſe.

Das waren gewiß phantaſtiſche Hoffnungen, aber namentlich für Polen
und Dänemark keine bloßen Luftſchlöſſer. Was unſer Zeitalter in erbittertem
Kampfe auf beſchränktem Felde ſchrittweiſe und oft vergeblich zu erobern ſucht,
entſpann ſich auf dieſen beiden Gebieten friedlich durch freiwilligen Anſchluß
an die deutſche Kultur. Dänemark hat ſich ſelbſt geehrt, indem es einem
Johann Elias Schlegel, vor allem einem Klopſtock und andern deutſchen
Dichtern Aſyl gewährte, ſpäter auch einem Schiller hilfreiche Hand leiſtete.
Das alles war durch die Verbreitung unſerer Sprache während der erſten
Hälfte des Jahrhunderts vorbereitet. Die Erziehung der Prinzen geſchah
durch deutſche Erzieher in deutſcher Sprache. In einem Erziehungsplan für
Chriſtian VI. heißt es: „Mit dem Lateiniſchen, ſo weit es thunlich, kanns
zwar verſucht, die Hiſtorie aber, Geographie und Genealogie ſofort in der
teutſchen Sprache auf die leichteſte und angenehmſte façon Deroſelben

---

[1] Ebenda a. a. O.

bekannt gemacht werden." Ein anderer Plan[1]) befiehlt namentlich Sorge an, „daß Sr. Liebden Sich zu einer deutlichen, zierlichen und einem Prinzen anständlichen und vernehmlichen Ausrede gewöhnen mögen." Einem Reisetagebuch von 1742 entnehmen wir[2]): „Bei Hofe und in den vornehmsten Häusern wird gar kein Dänisch, sondern lauter Deutsch gesprochen; alle Bürger nehmen auch deutsche Mägde in ihre Dienste, damit die Kinder von Jugend auf diese Sprache lernen mögen, daß also die dänische Sprache bloß den Bauren übrig bleibt: welche jedoch das Deutsche auch ziemlich gut verstehen, ob sie es schon nicht sprechen können." Mag dieser Zeuge auch zu optimistisch blicken, die Hofgesellschaft bestand jedenfalls zum größten Teil aus Deutschen: er nennt den dänischen Adel sehr heruntergekommen, in Kopenhagen sei der Adel bis auf ungefähr sechs Familien deutsch.

Da hatte Gottsched wohl ein Recht, zu hoffen und von Leipzig bis Kopenhagen Fäden zu spinnen, zumal er seinen bedeutendsten Schüler Johann Elias Schlegel zu reger Wirksamkeit dorthin entließ. Sah er doch die deutsche Sprache, Litteratur und Kultur in Dänemark eine tonangebende Rolle spielen, ähnlich der weltbeherrschenden, welche dem französischen Geiste in Europa so weit hin zugestanden war. Wir aber, die wir heute die deutsche Sprache und Bildung selbst auf altem deutschen Kulturboden in der Ostmark bedroht sehen, dürfen am wenigsten verkennen, welch weiten Machtbereich Gottsched seinem Leipzig und von Leipzig aus der deutschen Bildung zu verschaffen wußte.

3. Gottscheds Beziehungen zum geistigen Leben der Schweiz.

a) Zürich. Sollte sich nur die Schweiz der so mächtigen Bewegung entzogen haben, als deren Vorkämpfer wir Gottsched erkannten? Die Beziehungen Gottscheds zu den Schweizer und besonders den Zürcher Litteraturkreisen sind seit den Tagen der ästhetischen Fehde von der Parteien Gunst und Haß verwirrt worden. Eine objektive Grundlage für unser Urteil gewinnen wir am sichersten, wenn wir möglichst die nackten Thatsachen in zeitlicher Folge sprechen lassen. Natürlich dürfen wir auch hier Gottsched nicht isolieren, verfolgen deshalb den gesamten litterarischen Verkehr zwischen Zürich und Sachsen.

Um die Verdienste des Züricher Kritikerpaares voll zu würdigen, und andererseits zu verstehen, daß sie auf Anlehnung an Mitteldeutschland angewiesen waren, müssen wir uns vorweg gegenwärtig halten, daß anfangs der zwanziger Jahre des 18. Jahrhunderts selbst manche unerläßliche Vorbedingungen für ein eigentliches litterarisches Leben in der Schweiz fehlten. Einerseits sehen wir auch hier der angestammten deutschen Sprache weite Gebiete

---

[1]) Beide handschriftlich in der Bibliothek der Ritterakademie zu Sorö.

[2]) „Kurze Reise-Beschreibung von Hamburg bis Coppenhagen im Jahr 1742", Handschrift ebenda.

abgegraben[1]): wie die Theologen schrieben die Mathematiker und Naturforscher ihre wissenschaftlichen Schriften lateinisch; wo ein populäres Interesse in Frage kam, bediente man sich der Modesprache Europas, des Französischen. Für die Schweiz kam hinzu, daß nicht ein Volksschriftsteller wie Luther der Litteratur neue Schwungkraft verliehen. Der verstandesklare und dabei sitten= strenge Geist der schweizerischen Reformation erstickte oder ließ erst garnichts auf= keimen, was zu schöngeistiger Anmut Triebkraft trug. Selbst der Prosastil war schwerfällig und rauh geworden. Endlich erschwerte die religiöse wie die alt= erworbene politische Selbständigkeit die sprachliche Einigung mit dem lutherischen Deutschland: die hochdeutsche Schriftsprache, in der Kanzlei der deutschen Könige des Hauses Luxemburg angesponnen, von Luther aus der Amtsstube in die fürs Volk bestimmte Litteratur überführt, inzwischen meist von lutherischen oder mittel= und norddeutschen Schriftstellern und Grammatikern gefördert, war in der Schweiz am Anfang des 18. Jahrhunderts noch nicht zu vollem Durchbruch gelangt. Freilich lastete auf der Schweiz nicht jener dumpfe Druck, durch welchen der Jesuitismus die geistige Bewegung in dem katholischen Süddeutschland und Oesterreich hintenanhielt. Insbesondere in Zürich war genug wissenschaftlicher Sinn, Unternehmungsgeist und Betriebsamkeit rege, um aus eigener Kraft früher oder später neues litterarisches Leben zu ent= fachen und eine Vereinigung mit dem Hauptstrom der deutschen Dichtung zu finden. Die Schweiz suchte in dieser Berührung eine Befruchtung durch den mitteldeutschen Sprach= und Litteraturgeist, hatte ihm aber andererseits manche Befruchtung durch ihre selbständige Eigenart zu bieten: diese beiden Momente der Wechselwirkung müssen wir festhalten, wenn wir die sich nun entspinnende Bewegung nicht aus einseitigem Gesichtswinkel betrachten wollen.

Aber auch die Personen müssen wir ins Auge fassen, die nun in die litterarische Arena treten, zunächst zum sauersüßen Wetteifer, alsbann zu er= bittertem Kampf. Schon die äußere Erscheinung der drei Männer, die wir da treffen, verkörpert ihre wesentlichsten Charakterzüge.[2]) Gottscheds pompöse Figur, die geborene Magnificenz, durch Würde imponierend, kraftstrotzend, be= triebsam, durch wohlwollendes Lächeln den ungeschlachten Eindruck seiner Erscheinung mildernd, — sein Grundsatz war offenbar: erst ich und dann die andern! aber auch: leben und leben lassen! Von seinen Züricher Rivalen ist Bodmer als Mensch der gefährlichere: mit hageren, scharf geschnittenen Zügen, stechenden Augen, trocken, beweglich, nicht minder herrisch und betriebsam, desgleichen von eiserner Energie, geistvoller aber gehässiger. Neben der Imperatorengestalt

---

[1]) Vergl. Mörikofer: Die Schweizerische Litteratur des 18. Jahrhunderts, S. 3.

[2]) Schon 1888 in meiner Schrift über Johann Elias Schlegel, S. 24, suchte ich die Charaktere zu sondern und knüpfte dabei an die Bildnisse an. Baechtold hat sich dieser Betrachtungsweise angeschlossen und sie fortgeführt in seiner gediegenen Geschichte der deutschen Litteratur in der Schweiz, S. 521 flg.

Gottscheds und dem Cassiusgesicht Bodmers erscheint Breitinger wie der kluge, behagliche, aber nicht minder rührige Politikus; gutmütige Schlauheit und derber Spott sind ihm gleichmäßig zuzutrauen; im übrigen eine schweizerische Gelehrten= natur, arbeitsam, von rücksichtslosem Wahrheitsdrang und schwerschreitender Behäbigkeit. Bodmer und Breitinger ergänzen sich gar gut; eine dauernde Diktatur Gottscheds scheint schon auf den äußeren Blick hin unmöglich, wo er solche Gegner fand.

1721 beginnen beide Züricher nun mit einigen weiteren Gesellschaftern „Die Discourse der Mahlern“. Seitdem bemühen sie sich, Verbindungen mit Nord= deutschland anzuknüpfen.

1723 erscheint der unbedeutende „Leipziger Spectateur“, dessen Verfasser als Diogenes zeichnet. Sofort wirft sich Breitinger zum Zuchtmeister auf, indem er eine Kritik: „Der gestäupte Leipziger Diogenes“ ausgehen läßt. Dieser Uebereifer schien den litterarischen Kreisen Sachsens recht unnötig. Der Buchhändler Jakob Schuster, der die „Discourse“ vertreibt, bemerkt am 7. Mai 1723: „Die refutation oder Critique des hiesigen spectateurs hat appro= bation gefunden“; es geschehe aber der Zeitschrift zu viel Ehre dadurch: „Leute von gutem gout sehen selbige nicht an, sondern überlassen das diver= tissement den Laqueyen und studenten jungen.“ Aus diesem „Spectateur“ sei nicht auf den Leipziger goût im allgemeinen zu schließen. Die Maler= Discourse würden immer mehr gelesen. Auch der Hofpoet König rühme und empfehle sie. — Dieser selbst schreibt am 28. März 1724[1]): „Warum sind wir so unglücklich, daß die Mahlergesellschaft, ungeachtet Sie ihre Zusammenkünfte fortsetzet, uns dennoch ihre Gemählde zur öffentlichen Beschauung mißgönnt? Halten sie uns alle für Weichmanns? oder glauben sie wohl gar, daß wir alle von dem Geschmack des Leipziger=Diogenes? Wann der eine zu höhnisch, und der andre zu flegelhaft wider Sie geschrieben, warum lassen Sie dieses das ganze gemeine Wesen entgelten, welches doch dergl. Verfahren mißbilliget? Es ist wahr, sie haben mancher Leipziger JungeMagd, manchem Studenten=Jungen oder Kaufmannsdiener einen Zeitvertreib entzogen, indem sie dem Leipziger= Spectateur, durch ihre Beurtheilung, das fernere Schreiben gelegt. Aber was fragen diejenigen darnach, die die Leipziger Speculationen nicht fleißiger als die Gespräche im Reich der Todten gelesen? und kaum den Titel davon gekannt, eh der gestäupte Diogenes sie nach dem andern neugierig gemacht. Wir haben beßere Kenner in Leipzig . . .“

Inzwischen ist Gottsched am 18. Februar 1724 in Leipzig eingetroffen. Seine erste Berührung mit den Züricher Kunstrichtern läßt sich harmonisch an. J. U. König, der ja ursprünglich zu Gottscheds Patronen zählt, knüpft unterm 15. Mai 1725 an wegwerfende Aeußerungen über die Mitarbeiter des

---

[1]) Ungedruckter Teil.

„Patrioten" Brockes, Weichmann und Triller folgende Bemerkung: „Es haben daher schon vile junge Leuthe die Augen aufgethan und angefangen, die Thor- heiten, den Hochmuht und den üblen Geschmack dieser dreyen Helden zu erkennen; wie Sie aus zwo Vorreden, eine vor Pietschens Poesien, und aus der andern vor dem poetischen Lexicon ersehen werden . . . Rubeen ist darinn mit Ruhm öfters angezogen, und diese Leuthe würden alle auf unsere Seite fallen, so bald sie einigen Anführer vermerkten." — So entwickelt sich denn zwischen Bodmer, König und Professor Krause in Leipzig, dem Heraus- geber der Leipziger gelehrten Zeitung, der Plan einer litterarischen Parteibildung, die zu Ehren des Opitz den Namen einer „Boberfeldischen Gesellschaft" tragen und ein eigenes journalistisches Organ herausgeben sollte.[1]

1725 hebt Gottscheds eigenartige Wochenschrift „Die vernünftigen Table- rinnen" an. Hier begrüßt er die „Discourse" als Anfänge einer neuen kritischen Periode und tritt ihnen in Bekämpfung der zweiten Schlesischen Schule wie im Festhalten an Opitz und einer natürlichen Kunst zur Seite, entnimmt ihnen auch sonst einzelne Motive.[2] Aber er wirft der Züricher Wochenschrift dieselbe schwülstige Verstiegenheit, denselben Phöbus und Gali- mathias wie dem Lohenstein vor und rügt fortgesetzt ihren augenfälligen Abstand von dem reinen Hochdeutschen.

Noch 1725 verfaßt Bodmer, der es zeitlebens damit hielt, daß Hieb die beste Parade sei, seine „Anklagung des verderbten Geschmackes", worin er neben heftigen Angriffen auf den ihm gleichfalls zu Leibe gegangenen Hamburger „Patrioten" einige glimpflichere Ausfälle gegen die „Tablerinnen" unternimmt. Diese „Anklagung" erschien erst 1728.

Bemerkenswert ist Königs Stellung inmitten dieser ersten Reibereien zwischen Sachsen und der Schweiz. Er spricht zwar ziemlich geringschätzig über Gottscheds widerrechtliche Pietsch-Ausgabe und nicht minder über die „Tablerinnen": „In den Tablerinnen sind fast lauter gemeine Vorträge, sie haben auch, eben so wenig als der Patriot, die Lebhaftigkeit und überraschende Erfindungen, als in dergleichen Schriften erfordert wird und die Mahler glücklich dargethan, aber ein reines und wohlfließendes Teutsch macht, daß sie gelesen werden."

Nachdem er indes beim Buchhändler Schuster durch Zufall Einblick in Bodmers Manuskript der „Anklagung" erlangt hat, zeigt er sich empört über die Verteidigung von Brockes' Schwulst gegen den Vorwurf der „Tablerinnen" und

---

[1] Königs Briefe an Bodmer s. in den Litterarischen Pamphleten, S. 29 flg. und bei A. Brandl: Brockes, S. 137 flg.

[2] Arg übertreibt Baechtolds Behauptung a. a. O. S. 536: „Gottscheds Table- rinnen waren ganz nach den Discoursen zugeschnitten, die behandelten Gegenstände zumeist diesen entlehnt." — Viele Stoffe gehörten überdies zu dem ständigen Repertoire der moralischen Wochenschriften.

nimmt hier die Partei „dieſer unwiſſenden Plauderinnen". Als Bodmer ihn nunmehr in ſeiner heftigen Art mit Vorwürfen und Drohungen überhäuft, verteidigt ſich der Dresdener Hofpoet ganz männlich (am 1. September 1727): „Die blinde Liebe zu den Tablerinnen iſt eben ſo wenig gegründet, mein Gott, was ſollte mich anreizen, dieſer Plauderinnen partie zu nehmen. Habe ich Ihnen nicht ſelbſt geſchrieben, daß außer dem reinen Teutſchen nichts daran?"

Bislang hatte König den Zürichern als Repräſentant der oberſächſiſchen Litteraturkreiſe gegolten. Zielbewußt aber ſtrebte Gottſched empor. Im „Biedermann" ſetzt er ſeine Zurechtweiſung der rauhen ſchweizeriſchen Schreibart fort. Aber auch Bodmer und Breitinger ſuchen ſich zur Geltung zu bringen. 1727 erſchien ihre Schrift „Von dem Einfluß und Gebrauch der Einbildungskraft" mit dem Nebentitel „Vernünfftige Gedancken und Urtheile von der Beredſamkeit". In der Zueignung an Chriſtian Wolf war auf die „Tablerinnen" und Gottſched geſtichelt.

Gottſched läßt ein Stück der neuen Zeitſchrift (Nr. 56) dawider aus= gehen. Schuſter, urſprünglich auch Verleger des „Biedermannes", der nach Jahresſchluß aber mit Gottſched auseinanderkam, denunziert ihn Bodmer gegenüber (am 1. Juni 1728) als Verfaſſer: „Der Autor von den urtheilen wird ſehr wohl thun, wenn er dieſen Magiſtellum abfertigt, wie es ſich gehöret, denn dieſer arrogante Menſch bildet ſich ohne dem ein, er hat nicht ſeines gleichen, und alles was er redet oder ſchreibet müße als oracula an= genommen werden."

Auch Johann Jakob Mascou ſtellt ſich auf Bodmers Seite; nachdem er ſich (am 16. April 1729) anerkennend über die „Gedanken von der Bered= ſamkeit" geäußert, ſetzt er hinzu: „Ich bitte von dem Leipziger Geſchmack nicht zu urtheilen nach denen vielen ſchlechten Stücken die hier heraus kommen. Sie ſind nirgend mehr verachtet als ſelbſt in Leipzig, aber die Licenz iſt zu gros."

Die Angriffe Gottſcheds bewirken nun den Druck der „Anklagung", ver= anlaſſen aber Bodmer dennoch zu dem Entſchluß, in die Schule der Leipziger Korrektheit zu gehen. Gab er ſich der hochdeutſchen Schriftſprache hin und vermied er zugleich manche ungelenke Satzfügung, ſo ſchien ſein Durchdringen in Norddeutſchland geſichert. Der Hiſtoriker Mascou empfiehlt ihm auf Anſuchen den cand. jur.[1]) Johann Chriſtoph Clauder, nachdem Gottſcheds Feind, Prof. Kapp, verhindert hat, daß Mitglieder der „Deutſchen Geſellſchaft" die „Freude" genießen, als Bodmers ſtille Mitarbeiter aufzutreten.[2]) Von 1731 bis 1735 übernimmt Clauder die ſprachliche Korrektur der Züricher Schriften.

Bodmer macht ſich dieſe Anmerkungen und oft ausführlichen Gutachten nicht nur ſelbſt zu nutze, ſondern läßt ſie auch anderen Schweizern zukommen,

---

[1]) Nicht Profeſſor, wie Baechtold in den Deutſchen Litteratur=Denkmalen Nr. 12, S. V, annimmt.

[2]) Siehe Bd. I dieſer Schrift, S. 50 flg.

übermittelt sie im Original namentlich an Breitinger und sogar an Haller. Clauber bezeichnet übrigens Gottscheb wiederholt als seinen Freund, tauscht mit ihm seine Gedanken über die Schweizer Schriften aus, überschreibt auch bisweilen direkt, was Gottscheb an ihnen rügt. Ja, Bodmer benutzt Clauber wiederholt als Mittelsmann für Bestellungen an Gottscheb oder zum Sondieren von Gottschebs Meinung.

Freilich hat Clauber — wie ja auch Gottscheb — gegen die obersächsische Mundart mancherlei auf dem Herzen. Wenn er (am 6. Dezember 1731) selbst hier Gleichförmigkeit vermißt und vor allem den Mangel einer guten Grammatik beklagt, so hat gerade Gottscheb diesem Mangel später abgeholfen. In weitgehender Uebereinstimmung mit dem Leiter der „Deutschen Gesellschaft" erachtet Clauber schließlich, nur Mascous Geschichte der Teutschen und Mosheims Heilige Reden „verdienen ohne Wiederspruch unter die Autores Classicos aureae aetatis gerechnet zu werden."

Doch hatte sich inzwischen ein eigener Briefwechsel zwischen den Rivalen angesponnen.[1] Das frühere Geplänkel durfte nämlich Gottscheb 1729 (nominell 1730) nicht abhalten, in der Vorrede[2] zu seiner „Critischen Dichtkunst" unter seinen Quellen anerkennend der Züricher Kunstrichter zu gedenken. Mit Berufung hierauf bittet ein Züricher Jüngling Bodmer um eine Empfehlung an Gottscheb. Damit beginnt Bodmer am 5. Februar 1732 einen Briefwechsel mit Gottscheb und ergreift die erste Gelegenheit, seine Uebersetzung des Milton zu übersenden.

Gottscheb fühlt sich durch die Annäherung der gefährlichen Rivalen sichtlich geschmeichelt. Eben schickte er sich zur Herausgabe der „Critischen Beyträge" an. Band I, S. 85 flg. bespricht er aus Anlaß von Bodmers Milton die Uebertragung, welche E. G. von Berge 1682 in reimlosen Versen geliefert hatte. Jene ältere Verdeutschung erscheint ihm unzureichend, aber er verficht — in Uebereinstimmung mit den „Mahlern" — lebhaft die Einführung reimloser Verse. Im nächsten Stück, Band I, S. 290 flg. geht er alsdann auf Bodmers ungebundene Verdolmetschung ein und weiß sein Lob des neuen Korrespondenten stark aufzutragen: Milton habe durch sie „noch mehr Kraft und Nachdruck" gewonnen. Sprachliche Mängel, die Bodmer selbst befürchtete, seien „in Absehen auf die Stärke und das Gewicht seiner überall prächtigen und erhabenen Ausdrückungen gewiß nirgends zu spüren". „Sollte aber ja im Absehen auf die Zierlichkeit der Wortfügung hier und dar etwas unterlaufen, so in reingewöhnten Deutschen Ohren rauh und niedrig klinget, so wird dieses dem Vaterlande des Herrn Uebersetzers mehr als seiner Unfähigkeit zuzuschreiben seyn." Gleich der Titel „Miltons Verlust des Paradieses" klinge

---

[1] Siehe den Anhang dieses Bandes.
[2] In dem Werk selbst werden bekanntlich lebende Dichter nicht kritisiert.

„in unſern Ohren ſehr fremde". Warum nicht wie im Original „Das ver=
lorene Paradies"? So folgen noch einige weitere „grammatiſche Erinnerungen".
Man ſieht: gutes Wort fand offenbar bei Gottſched guten Ort! Auch machte
ſich den Zürichern ſchon die Schulung an der Leipziger Korrektheit bezahlt.

Acht Monat läßt Gottſched freilich auf briefliche Antwort warten: aber
nur um dieſe Anzeige der Milton=Ueberſetzung mitſenden zu können. Knüpfte
Bodmers erſtes flüchtiges Blatt geſchickt an Gottſcheds gelegentliche Freund=
lichkeit an, ſo erweiſt ſich Gottſched als der noch größere Diplomat, indem er
— die geborene Magnificenz — mit feierlichem Anſtand auch den früheren
Streitigkeiten die beſte Seite abgewinnt, zugleich aber auf die fortbeſtehende
Differenz hindeutet, die bald — mehr als er ahnte — beide Männer für
immer ſchied: „Ich geſtehe, daß ich begierig bin die Regeln zu wiſſen, nach
welchen eine ſo regelloſe Einbildungskraft, als des Miltons ſeine war, ent=
ſchuldiget werden kan." Was unſern Leipziger Kunſtrichter ſelbſt auf poetiſchem
Felde am lebhafteſten beſchäftigt, zeigt die Betonung ſeines Kampfes gegen die
Oper wie die Ueberſendung ſeines „Sterbenden Cato".

Nun war die Reihe, zu komplimentieren, wieder an der andern Seite.
Bodmer nimmt dieſes Geſchenk ſehr verbindlich, ganz im Sinne des Gebers
als beſtes Mittel gegen den Singſpielgeſchmack auf, betont aber ſeine von
Corneille abweichende Auffaſſung, die aus des Italieners Conti Paragone
della Poesia Tragica ſtamme. Die Grundzüge ſeiner Milton=Verteidigung
hat er inzwiſchen an Clauder überſandt, der ſie Gottſched mitteilen ſoll. Gleich
Eingangs rafft ſich Bodmer zu einer Verbeugung vor Gottſcheds — „glück=
lichem Fleiß in der Verbeſſerung des Geſchmackes" auf!

Dieſer ſpielt den Grandseigneur. Erſt nach anderthalb Jahren — Mitte
1734 — erfolgt ſeine Rückäußerung. Inzwiſchen hat ihm überdies Clauder wieder=
holt neue Nachrichten von Bodmer übermittelt. Keine Frage, daß die
Züricher jetzt in Gottſched das Haupt der ſächſiſchen Litteratur=
kreiſe ſehen, ihn deshalb für ſich gewinnen oder doch neutraliſieren wollen.
Unter anderm hat ihn — welche Ironie der Weltgeſchichte! — Bodmer ermuntern
laſſen, lieber bei der Dichtkunſt zu bleiben als ſich in die Philoſophie zu ver=
tiefen. Auch hat der Züricher „Gönner" — unter dem thut es Gottſched
nicht, während Bodmer ſchon von Freundſchaft redet — ihn durch denſelben
Mittelsmann vergebens erſucht — des Muratori Traktat della perfetta
Poesia zu überſetzen. Dagegen hatte er begonnen, die italieniſche Kritik des
franzöſiſchen Theaters: Paragone della Poesia Tragica zu verdeutſchen, und
läßt einen Freund darin fortfahren, während zwei andere ſeiner Getreueſten
die theoretiſchen Grundſchriften des neueren franzöſiſchen Theaters übertragen:
wer an dieſer ſcheinbaren Principienloſigkeit Anſtoß nimmt, möge ſich erinnern,
daß Gottſched aus „Princip" kompilatoriſcher Eklektiker iſt.

Nachdem er im II. Band der „Critischen Beyträge", S. 152 flg. aber=
mals theoretisch und nun zugleich durch praktische Beispiele reimlose Verse
empfohlen hatte, legt er Bodmer eine Ode vor, die ursprünglich ohne Reime
abgefaßt war und nur auf Drängen von Freunden damit nachträglich „ver=
brämt" worden. In den ersten Jahrzehnten ihrer litterarischen Wirksamkeit
bildet ersichtlich die Neigung zur Einführung reimloser Verse in die deutsche
Dichtung einen der eigenartigsten Berührungspunkte zwischen Gottsched und
den Züricher Kritikern.

Der Leipziger Kunstrichter, der spätere Erzfeind Klopstocks, unternimmt
denn auch als erster ansprechende Versuche in deutschen Hexametern!

Bodmer, obschon eifrig interessiert, den Briefwechsel lebhaft zu erhalten,
läßt diesmal über ³/₄ Jahr verstreichen, bis er sich von neuem meldet, setzt
dann aber gleich mit einer Zusammenfassung alles dessen ein, was er an
Gottsched mit gutem Gewissen rühmen kann: es sind die Critischen Beyträge,
die Bemühungen um Einführung der deutschen Tragödie und die Leitung der
„Deutschen Gesellschaft", die von Gottsched „ihr Wesen und Leben" habe.
Dieser wird in der Aufzählung vor allem seine „Critische Dichtkunst"
schmerzlich vermißt haben, deren Totschweigen in der That sehr beredt ist.
Trösten durfte ihn einigermaßen, daß Bodmer ihn ausdrücklich als Dichter
anerkennt und ihm nachträglich einen Platz in seinen „Characteren der Teutschen
Gedichte" einräumt!

Freilich hat diese Einschaltung eine eigentümliche Vorgeschichte. Clauder
gelangt 1734 in Besitz eines unvollständigen Exemplars der „Charactere"; am
8. Oktober gesteht er Bodmer über dieses Werkchen: „Herr Prof. Gottsched
billigt es in allem, außer daß er glaubet, Herr Brockes sey fast allzusehr
gelobet worden. Vielleicht würde er dieses pardonniren, wenn er sich darinnen
gefunden hätte. Ich habe ihm aber die Verse, darinnen Ew. HochEdlen sein
Portrait machen, nicht vorlesen dürfen, weil er darinnen mit Königen ver=
glichen wird, von dem er doch ein bitterer Feind ist." Nun finden sich auf
dem unbedruckten Schlußblatt von Bodmers Exemplar des ersten Druckes diese
Verse zwar sonst in der Fassung des an Gottsched gerichteten Briefes von
Bodmers Hand eingeschrieben, nur daß statt „Opitz Schreibart" die
Königs zum Vergleich herangezogen war. Der Hinblick auf König ist auch
im Zusammenhang weit eher berechtigt, da Bodmer die Erwähnung Gottscheds
an die Behandlung von König und Pietsch anknüpft. Er hatte also die Er=
gänzung schon in Clauders Exemplar oder in den Begleitbrief am Ende des
Sommers 1734 gesetzt, macht nun aber nach einem halben Jahre seinen faux
pas durch den ehrenderen Vergleich mit Opitz gut.[1]

---

[1] Vergl. Baechtold, S. 174 der Anmerkungen, worin zugleich sein Streit über
diesen Punkt gegen J. Crüger siegreich beendet wird.

Verheißungsvoller als diese Abfindung ist die gleichzeitige Aufmunterung, nach mittelalterlichen Handschriften zu forschen, wie die „Critischen Beyträge" ohnedies von Anfang an das deutsche Altertum und besonders mittelhochdeutsche Dichter in den Kreis ihrer Betrachtung gezogen hatten. Auf diesem Gebiete ward der Wetteifer beider Parteien am segensreichsten.

Nach fünf Monaten schreibt Bodmer abermals. Sein Leipziger Korrespondent erscheint durch die Heirat mit der gelehrten Jungfer Kulmus entschuldigt. Auffällig betont der Wortführer der Züricher Litteraturkreise, wieviel er „vor die Verbesserung der Poesie und des Geschmackes" von dieser Verbindung hoffe; ja er bittet, ihm nur ja keine Frucht der Gottschedschen Muse vorzuenthalten. Gleichzeitig sucht er unverkennbar die Organe des einflußreichen Leipziger „Freundes" als Kanal für Lanzierung eines Angriffs gegen den einstigen Bundesbruder J. U. König auszunutzen; es handelt sich trotz der Verschleierung offenbar um das gegen des Hofpoeten Epos gerichtete spätere Kapitel von Breitingers „Critischer Dichtkunst". Sein Gedicht „Die Trauer eines Vaters" legt er bei, nicht ohne die Bitte um sprachliche Korrektur. Auch an einem größeren litterarischen Hochzeitsgeschenk läßt er es nicht fehlen.

Noch immer hört Bodmer nichts von Gottsched. Nach mehr als 8 Monaten erinnert er an seine Sendungen, indem er zugleich um Rat bei Ankauf neuerer Schriften ersucht.

In Zürich mußte man um so ungeduldiger sein, als man gerade um die Zeit von Gottscheds Vermählung den ständigen Leipziger Korrespondenten Clauder verloren hatte, der als Hofmeister mit jungen Kavalieren auf Reisen gegangen war. Nun endlich trifft von Gottsched ein Lebenszeichen ein: sein früherer Brief nebst zwei Packeten Bücher für Bodmer und Haller scheint verloren gegangen. Er preist die Schweiz glücklich, weil sie „itzo solche Geister besitzt, die ganz Deutschland trotzen können". Mehr konnten die Züricher nicht verlangen. Unverkennbar ist aber die Enttäuschung und der stille Grimm, die ihm gewidmeten Verse in den „Characteren" noch nicht zu finden. Was ihm erst 1736 vollständig vorlag, war nämlich noch der erste Druck von 1734!

Gegen König wühlte Gottsched insgeheim gar gern; in der Oeffentlichkeit hatte es indes seine Gefahren, dem einflußreichen Mann zu Leibe zu gehen. So kann er die Züricher im Kampf gegen König nicht gut decken. Wir dürfen übrigens gern glauben, daß die Censur in Sachsen einen Angriff gegen die poetische Verherrlichung seines Augustus unterdrückt haben wird. — Auch Gottsched übersendet eigene und fremde litterarische Neuheiten, indem er mit Selbstironie die Verse Hallers von den Vielschreibern zitiert. Clauders Briefe und die „Critischen Beyträge" beweisen gleichfalls, daß Gottsched in den „Schweizerischen Gedichten" einstweilen noch „den Abgang der reinen und fließenden Schreib= und Reimart" durch „die Stärke der Gedanken und die tiefe Ein=

ſicht" „völlig erſetzet" fand.[1]) Ebenſo hatte er in den „Critiſchen Beyträgen"
IV, 222 flg. Breitingers „Geſtäupten Leipziger Diogenes" aus eigenem An=
trieb wiederabgedruckt, nicht ohne indes zu beklagen, daß man „die Zeichen der
Schweizeriſchen Mundart an vielen Orten antreffen" werde.

Wie weit thatſächlich das gute Einvernehmen ging, zeigen auch die
Eindrücke, die Fueslin in Leipzig empfängt, der mit Bodmers Empfehlung im
Gottſchedſchen Hauſe vorſpricht. Am 16. Mai 1736 ſchreibt er von Berlin
aus an Bodmer: „Herr Gottſched ließ überall eine große Zuneigung gegen
euch und eure ſchriften ſpüren . . . Er wünſchete, daß ihr und Herr Haller
ihre ſachen zuerſt nach Leipzig in die Cenſur ſchickt, eh ſie gedruckt
würden." Halten wir dieſen Stand der Parteien feſt: Gottſched will die
S ch w e i z e r ä ſt h e t i ſch g e w ä h r e n l a ſſ e n, wenn ſie ſich ſeinem Haupt=
i n t e r e ſſ e, dem ſprachlichen, unterordnen und natürlich ihn nicht
d i r e k t a u f ä ſt h e t i ſch e m G e b i e t e a n g r e i f e n.

Der Erfüllung der erſten Bedingung kommen ſie ſchon ſehr nahe; aber
werden ſie dauernd an Gottſcheds Naturalismus vorbeibalanzieren können?
An Verſuchen laſſen es beide Teile nicht fehlen.

Bodmer legt am 6. September unbefangen dem Leipziger Kollegen ſeinen
„Briefwechſel von der Natur des poetiſchen Geſchmackes" vor, und Gottſched
bringt ihn ſogleich in den „Critiſchen Beyträgen" (IV, 444 flg.) zur Anzeige,
wobei er ihn als verdienſtlich für den Geſchmack und die Kritik rühmt. Ueber=
haupt äußert er ſich ſehr anerkennend über die neueren litterariſchen Be=
mühungen der Schweiz, indem er auf Werenfels aus Baſel, Haller aus Bern
ſowie die Züricher Bodmer und Breitinger verweiſt. In dem „Briefwechſel"
ſpeziell ſei die Schreibart ſo rein und wohlfließend, daß kaum ein Schweizer
als Verfaſſer zu vermuten wäre. Eine ähnlich gute Cenſur trägt die Sprache
der „Helvetiſchen Bibliothek" davon, während die „geſunde Critik" in den
„Characteren der Teutſchen Gedichte" mit dem Vorbehalt zugeſtanden wird,
daß die Schreibart „hin und her etwas rauhe und dunkel" ſei (IV, 487
bezw. 488). Doch ſchon im nächſten Jahre (V, 624 flg.) druckt Gottſched
dies Gedicht mit Verbeſſerungen ab, die zum teil von Bodmer ſelbſt, zum
teil von Gottſched herrührten, den der Verfaſſer ja um ſprachliche Korrektur
angeſprochen hatte. Hier paradiert nun natürlich auch das Lob der Gottſched=
ſchen Poeſie.

Inzwiſchen zögerte Gottſched nicht länger, die Verbindung mit ſeinem
Züricher Korreſpondenten öffentlich zu beſiegeln und ihn ſo in den Intereſſen=
kreis der Leipziger ſchlechtweg einzureihen. Als er dieſerhalb Bodmer ſondiert,
findet er ihn wohlgeneigt, eine Ernennung zum Mitgliede der „Deutſchen Geſell=
ſchaft" in Leipzig anzunehmen. War das doch ein neues Mittel, ſich im
Norden feſtzuſetzen. Kurz vorher war Haller aufgenommen.

---

[1]) Critiſche Beyträge IV, 168.

Ueberhaupt legt sich Gottsched verschiedene Kuckuckseier ins eigene Nest, — Steinbach, der Epigone der versunkenen litterarischen Vormacht Schlesien, drängt ihn schon im folgenden Jahre aus der „Deutschen Gesellschaft", die beiden Schweizer, die Vorboten der heraufdämmernden neuen Epoche in der Poesie und Kritik, waren berufen, ihn vollends abzuthun. Wie tragische Ironie wirkt es, wenn Gottsched sich einstweilen der Hoffnung schmeichelt, diese Männer als seine litterarischen Mitarbeiter alsbald vorzuführen, und triumphiert, wie der nächste Band der Gesellschaftsschriften mit den Beiträgen solcher Meister prangen wird! Aber trotz seiner verbindlichen Worte ist Bodmer weit entfernt, sich vor Gottscheds Triumphwagen spannen zu lassen.

Schon arbeiten die Züricher Kunstrichter an jenen Schriften, die in der Folge von Gottsched als Kriegserklärung aufgefaßt werden; aber noch ahnen sie nicht die Wirkung und legen in ziemlicher Harmlosigkeit Gottsched ihre Pläne vor. Neben der längst erwarteten Verteidigung Miltons durch Bodmer ist von einem weitläufigen Werke Breitingers über die „Quellen des Ergetzens in poetischen Schriften" die Rede: noch verlautet von einer Bezeichnung als „Critische Dichtkunst" nichts; ja Bodmer hofft, Gottsched werde in einer neuen Auflage seiner „Critischen Dichtkunst" die neu behandelten Materien mit in den Kreis seiner Betrachtung ziehen, — offenbar will man ihm suggerieren, daß es mehr auf eine Ergänzung, als auf eine Befehdung seiner „Reguln" abgesehen sei.

Die Briefe Breitingers an Bodmer[1] beweisen sogar, daß sie wiederholt Gottscheds Poetik über der Arbeit zu Rate ziehen und noch immer Clauders Anmerkungen zu beherzigen suchen. Einmal schreibt Breitinger: „Vielleicht könnte noch ein Abschnitt verfertiget werden von der Freyheit der Versetzungen. Worüber Gottsched in dem Capitel von poetischen Perioden weitläufig gehandelt hat: Ich wollte, daß Ihr Euch zu dieser Arbeit entschließen, oder wenigstens Gottscheds Abhandlung davon lesen, und mir Euere Anmerkungen mittheilen würdet; nebst den benöthigten Exempeln aus Milton . . . H. Clauders geschriebene Anmerkungen hatte wirklich gestern schon zu Rathe gezogen, und sie geben mir vielleicht Anlaß zu einem nahmhaften (so!) Supplement." In jenem (IX.) Hauptstück seiner „Critischen Dichtkunst" hatte Gottsched die „Mahler" ohne Namensnennung angegriffen. Nun lernen sie wirklich auch in dieser formellen Hinsicht von ihm, ohne indes abhängig zu werden.

Dennoch war fortdauernd dafür gesorgt, daß man sich der bestehenden Differenzen bewußt bleibt. Im 19. Stück seiner „Critischen Beyträge", das um Ostern 1738 ausgegeben wird (Band V, S. 428 flg.), veröffentlicht Gottsched endlich zugleich mit seiner Antwort eine Reihe von Einwänden, die Bodmer schon sofort 1732 gegen die Abhandlung „Von der Schönheit der

---

[1] Es handelt sich meist um undatierte Blätter (auf der Züricher Stadtbibliothek).

Deutschen Sprache" (abgedruckt im Band I, S. 55 flg.) erhoben hatte.
Wie es sich mit diesen Bemerkungen verhielt, ersehen wir aus Claubers Briefen
an Bodmer. Am 4. Januar 1733 bemerkt Clauber: „Die reflexiones,
die Ew. HochEdlen neulich einem Dero Briefe inseriret, und wieder die
Schönheit unserer Sprache gerichtet waren, habe Herrn Gottsched mitgetheilt,
welcher die Beantwortung zu besorgen versprochen." Einige Wochen später,
unterm 27. Februar knüpft er an Bodmers vorläufige „defension" des
Milton an, citiert einige noch verbleibende Bedenken seiner Freunde, um dann
fortzufahren: „Ich habe indeßen diesen Entwurf der Vertheidigung dem Herrn
Prof. Gottsched zugestellet; gleichwie ich ihn auch ermuntert habe, daß er die
wieder unsere Sprache gemachten Einwürfe, so ich noch in etwas mehr aus=
geführet, beantworten möge; weil sie eigentlich wieder seine eigene Arbeit
gerichtet sind." Wir haben also einige von Clauber erweiterte Aeußerungen
Bodmers vor uns in den nun veröffentlichten „Anmerkungen eines Ungenannten
über die Unvollkommenheit der deutschen Sprache". Als Form wählte Clauber
ein Referat über die Ansichten eines angesehenen „Ausländers", der seine
Einwürfe französisch aufgezeichnet. Gottscheds Antwort lautet sehr scharf gegen
diesen „Ausländer", wie immer, wenn ihm jemand seinen zu Ehren der
deutschen Sprache gehegten Optimismus durch kleinmütiges Herummäkeln
erschüttern wollte. Daß er Bodmer als Verfasser sehr wohl kannte, beweist
die diplomatische Art, mit der er dessen Schriften wiederholt als Beweis für
die Grundlosigkeit der geäußerten Vorurteile ins Feld führt. Einmal gleitet
er geradezu aus der Rolle, indem er (S. 448) seine Behauptung, in deutscher
Sprache sei auch der Gebrauch der Mittelwörter bereits glücklich gewagt, der=
gestalt begründet: „Dieses letztere hat H. Prof. Bodmer allein schon erwiesen,
da er das verlustigte Paradies Miltons deutsch übersetzet, und zugleich dar=
gethan, daß man nachdrückliche, viel auf sich habende Gedanken eben so kurz
vorstellen könne, als es im Englischen immermehr möglich ist." Welche doppelte
Ironie der Geschichte wiederum: Gottsched, der spätere Erzfeind der Participianer, rechnet die „Mittelwörter" hier noch zur Bereicherung der deutschen
Sprache und beruft sich hierfür gegen Bodmer auf — Bodmer!

Inzwischen ersucht dieser den Leipziger Nebenbuhler um Nachrichten zu
einer Geschichte der rhetorischen und poetischen Kritik. Gottsched zeigt sich
denn auch für die Arbeiten der Züricher scheinbar sehr interessiert: abermals
ermuntert er Bodmer, die Uebersetzung wie die Verteidigung Miltons zu
vollenden. Nur läßt er es dauernd an Aufrechterhaltung seiner sprachlichen
Forderung nicht fehlen. — In Bodmers Brief vom 30. Juli 1738 ist zuerst
von Breitingers „Critischer Dichtkunst" unter diesem Namen die Rede, indem
die Disposition kurz skizziert wird. Dann verweilt er eingehend bei Gottscheds
sprachlichen Ausstellungen zur Befriedigung des Ohres. Giebt sich Bodmer
zwar entgegenkommend gegen die angeblich „meißnische", in Wahrheit hoch=

5*

deutsche Vormacht, so verschweigt er doch seine feinsinnigen Bedenken gegen eine allgemeingültige Beschaffenheit der Ohren nicht. Die moderne Sprach=forschung würde nur anstelle der Hörorgane die Sprechorgane in den Border=grund gestellt haben. Die „Character der Teutschen Gedichte" hat er — wie wir wissen — inzwischen ausgeputzt, wobei sich denn auch der Titel in „Character der Deutschen Gedichte" gewandelt hat. Auch in seiner Milton=Uebersetzung gesteht er viele rauhtönende Wörter und Wortfügungen zu, spricht sogar den Wunsch aus, daß ein geschickter Mann sie nochmals sprachlich verbessern möchte. Sogar einige prosaische Aufsätze gedenkt er Gottsched zur Beurteilung zu unterbreiten. Anfang 1739 gelangt Gottsched bereits in den Besitz der ersten Bogen aus Breitingers Abhandlung von den Gleichnissen sowie aus Bodmers Schutzschrift für Milton. Wie nahe der Kampf, ahnt man so wenig, daß Bodmer sich über die soeben gestiftete „Deutsche Gesellschaft" in Bern sehr erwartungs=voll äußert, obgleich diese anfangs ganz in Gottscheds Fahrwasser schwimmt.

Die erste Erschütterung erleiden die Grundfesten dieser Anfreundung durch die verblüffend dazwischenfahrende Nachricht, daß Gottsched mit der „Deutschen Gesellschaft" in Leipzig zerfallen sei. Den Züricher Kritikern war — wie wir von Anfang sahen — daran gelegen, im nördlichen Deutschland Geltung zu gewinnen. Sie dachten sich Gottsched dort als tonangebend. Diese Voraus=setzung geriet ins Wanken: sie durften nun leichter an die Möglichkeit denken, über ihn hinwegzuschreiten. Es ist nur natürlich, daß sie diesen Gedanken erst allmählich zu Ende dachten. Auch gab Gottsched die tröstliche Versicherung, daß er die „Critischen Beyträge" allein fortführe, wodurch er sich eine maß=gebende Stellung als Geschmacksrichter bewahrte. Gesteht doch Bodmer selbst später noch: „Die richterlichen Sprüche in diesem Werke haben etliche Jahre nach einander das Schicksal der poetischen Schriften bey den Deutschen regiert." Für ein sofortiges Erkalten der Gefühle lag um so weniger Veranlassung vor, als Gottsched nach den eingesandten Proben von beiden Züricher Schriften angeblich viel Gutes zu Beförderung des Geschmackes hoffte, auch dieses briefliche Kompliment durch eine freundliche Voranzeige der beiden Schriften öffentlich erhärtete (Crit. Beyträge VI, 169). Aber es wird ihm unheimlich. Sein ängstliches Entgegenkommen reicht vielleicht gerade deshalb noch weiter: Am 2. Mai 1739 hatte er von seiner Opitz=Ausgabe als einem wohl schon bekannten Plan gesprochen. Statt der erbetenen Ratschläge überrascht ihn Bodmers Mitteilung, ein Züricher Gelehrter bereite eine weit sorgfältigere Ausgabe des von beiden Teilen gleichmäßig verehrten Altvaters mit ausführlicheren Erläute=rungen vor — es handelt sich um Bodmer und Breitinger selbst. Trotzdem weist Gottsched sogleich auch auf das bevorstehende Erscheinen dieser Edition empfehlend hin; brieflich sucht er freilich mit sauersüßer Miene von den Be=mühungen des Züricher Konkurrenten das eine oder andre abzuhandeln, läßt jedoch schließlich seinen Plan fallen.

Für die innere Geschichte der litterarischen Entwicklung bedeutsamer ist eine Aeußerung, zu der sich Gottsched am 2. Mai 1739 durch Drollingers Uebersetzung von Popes Essay über die Kritik veranlaßt sieht. Es war ihm gelungen, auch Drollinger seiner Leipziger Gesellschaft einzugliedern: so stellt sich der immer von parteiischem Korpsgeist geleitete Mann ohne weiteres freund= lich zu dem Unternehmen. Aber es wird doch ersichtlich, daß er bislang gegen die Engländer nichts einzuwenden hat, jedenfalls nicht mehr als gegen die — Franzosen, die er keineswegs blind anbetet, ja deren Ueberwuchern er beklagt: wenn er sie nachahmt, geschieht es in dem an sich verständlichen Streben, sie, durch erfolgreiche Konkurrenz mit ihren Vorzügen, in Deutschland unnötig zu machen, zu verdrängen. Mögen denn die Engländer die Franzosen aus dem litterarischen Leben Deutschlands vertreiben: wenn nur nicht blinde Hochachtung der einen fremden Litteratur der gleich blinden einer andern Platz macht! Hätte doch Gottsched auf diesem Standpunkt beharrt, statt sich durch Parteileidenschaft von solch vernünftiger Erwägung abdrängen zu lassen! Gottsched wäre danach, wenn auch nicht einer innern Entwicklung, so doch einer äußeren Bereicherung seiner eklektischen Kritik sehr wohl fähig gewesen, wenn die Litteraturfehde den dünkelhaften Mann nicht obstinat gestimmt hätte.

Die umgehende Antwort Bodmers zeigt formell noch keine Spur von Verstimmung. Im Gegensatz zu späteren Klagen bekennt er sich für Gott= scheds Verbesserungen der „Character der Deutschen Gedichte" bis auf eine Ausnahme sehr dankbar. Jene bittere Pille der Züricher Bemühungen um Opitz vermag Bodmer seinem Leipziger Korrespondenten durch die Nachricht zu versüßen, „Der sterbende Cato" sei von jungen Züricher Herren unter allgemeinem Beifall zur Aufführung gebracht worden. Auch nimmt er die Hilfe Gottscheds ausgedehnt in Anspruch, indem er um eine erschöpfende Zu= sammenstellung zur Geschichte der moralischen Wochenschriften ersucht.

Gottsched traut dem Frieden nicht recht. Er läßt seine Antwort beinahe ein halbes Jahr anstehen. Inzwischen empfängt er zunächst in Bodmers Abwesenheit noch kurz vor dem Ausbruch der Fehde eine erste und letzte Zuschrift von Breitinger: wie wenig auch dieser für absehbare Zeit einer Feindschaft von seiten Gottscheds gewärtig ist, beweist die Empfehlung eines Freundes, der sich in Leipzig nieder= lassen will. Gleichzeitig überreicht er die nun fast vollständigen Bogen von den Gleichnissen zu freimütiger Beurteilung, ergreift auch die Gelegenheit zum Ausdruck seiner Verehrung für Gottscheds Verdienste „wie um die ganze Gelehrsamkeit, so vornehmlich um die deutsche Beredsamkeit und Dicht=Kunst". Die Wendung ist nach mehr als einer Richtung charakteristisch: auch Breitinger sieht also die Poesie noch als Zweig der Gelehrsamkeit an, erachtet ferner Gottscheds Thätigkeit nicht nur auf rhetorischem, sondern selbst auf poetischem Gebiete verdienstlich. Er betont denn auch, daß Bodmer ihm in den Briefen an Gottsched gleichzeitig als Sprachrohr gedient habe. — Waren die Züricher

so naiv oder so unverschämt? O nein, das alles klingt eher wie eine Be=
schwichtigung des Gegners, dessen Grimm sie thatsächlich[1]) voraussehen.

Nachdem Bodmer dann noch am 4. Juli 1739 mit den Schlußbogen
von den Gleichnissen aufgewartet, läßt Gottsched unterm 30. Oktober an jeden
der beiden Züricher Kritiker ein Schreiben ab, — die letzten, die von ihm
nach Zürich gingen. Höchst verdächtig nimmt er hier zum ersten Male die
von Bodmer wiederholt gebrauchte Anrede: „sehr werther Freund" auf. Der
Brief selbst zeugt denn doch von mancherlei unterdrücktem Ingrimm. Er ver=
teidigt die einzige bemängelte Aenderung in den „Characteren der Deutschen
Gedichte", entwickelt den weit primitiveren Plan seiner Opitz=Ausgabe und
lehnt — allerdings mit gutem Recht — die Ueberlassung so umfangreicher
Vorarbeiten zur Geschichte der deutschen Wochenschriften ab, trotzdem Schwabe,
sein Getreuester, dergleichen verfertigt hatte.[2]) — Breitinger gegenüber lag
noch gewichtigerer Grund zur Verstimmung vor. Seine Abhandlung von den
Gleichnissen[3]) citiert allerdings rühmend einige Stellen aus Gedichten des Leipziger
Diktators, nennt jedoch ein Gleichnis desselben zwar „wohl gewehlet, und der
Sache recht gemäß", aber in der Ausführung „etwas matt und langsam".
Da war ferner ein falsches Citat aus Canitz, das sich in Gottscheds „Critischer
Dichtkunst" fand, ausführlich erörtert, um zu zeigen, „mit was für Sorgfalt
und Fleiße große Poeten die Wörter wehlen und setzen". „Gemeine Scri=
benten wissen von dieser Sorgfältigkeit nichts, und verkehren ohne Nachsinnen
die Bedeutungen der Wörter so wohl als die Begriffe selbst." Das war
nur eine allgemeine Bemerkung, aber deutlich und grob genug. Ebenso wird
Gottscheds Lob für Amthors „Dido" als unbegreiflich bezeichnet und schließlich
gar sein berechtigter Zweifel, ob sich für die Schreibart der Tragödie viele
Gleichnisse schicken, als Beweis angeführt, daß unsere Landsleute „noch sehr
dunkle und ungewisse Begriffe von dem gehörigen Sitze der Gleichniß=Bilder
haben", obgleich „dieser Verfasser sonst in der critischen Wissenschaft mehr Fleiß
und mehr Belesenheit als seine Vorgänger gewiesen hat". Also das Accessit
wagte man Gottsched zu erteilen!

Er sucht nun soweit möglich gute Miene zum bösen Spiel zu machen.
Schon die Anerkennung des Fleißes, der „auf die Untersuchung eines einzigen
poetischen Zierraths verwandt worden", ist cum grano salis zu verstehen.
Im rechten Licht sieht man sie erst, sobald man seine spätere höhnische Verab=
schiedung dieser ganzen Folge von Schriften heranzieht. „Wenn man in
Zürich fortfährt uns alle Capitel aus der Poetik mit so weitläuftigen Werken

[1]) Siehe Bodmers Schreiben an Zellweger vom 26. Dezember 1739, auf das
wir noch zurückkommen.

[2]) Die Handschrift Schwabes befindet sich auf der Stadtbibliothek in Bern.

[3]) Siehe S. 47, 82 flg. und 347; dagegen S. 52 flg., 170 flg., 179 u. 198.

zu erläutern, so wird man künftig die ganze schweizerische Dichtkunst in etlichen Folianten auf Vorschuß drucken lassen müssen."[1] — Weiterhin erklärt sich Gottsched sowohl für den Beifall wie den Tadel einiger Stellen aus seinen Gedichten verbunden; die Angriffe auf seine „Critische Dichtkunst" glaubt er ignorieren zu dürfen, wohl deshalb, weil nur die Entstellung eines Citates aus Canitz mit Nennung seines Namens aufgemutzt war, die beiden anderen Ausstellungen diesen aber schonend verschwiegen und erst später im Register offen auf ihn zielten. Eine echt Gottschedsche Feigheit war es gleicherweise, wenn er zur Revanche „nur" meldet, was „andere Kenner der Poesie" in Leipzig von Breitingers Werk sagen. Man wundere sich fast allgemein, daß es Brockes und König als „die größten Dichter Deutschlands" ansehe. — Breitinger hatte[2] sie wohlweislich nur als „die zween berühmtesten Poeten Deutschlandes" bezeichnet, immerhin trotz mancher Ausstellungen noch genug Anerkennenswertes an ihnen gefunden. Der Leipziger Geschmacksrichter zeigt sich gleich leisetreterisch wie seine Züricher Rivalen, wenn er seinem ehemaligen Dresdener Gönner nach einigen heftigen Stichen „hin und wieder poetische Schönheiten" reserviert. Wenn Gottsched in diesem Zusammenhang „hofft", Breitingers Lob werde den Grund dazu legen, daß König bei der Nachwelt „ein Homer der Deutschen" heiße, so bleibt dieser Vergleich zwar in jedem Falle unqualifizierbar, ist indessen natürlich nicht ernst gemeint, sondern abermals ein Ausfluß von Gottscheds sauersüßer Laune. — Er schließt den Brief mit einem charakteristischen Ausdruck des Bedauerns, dem von Breitinger empfohlenen Jüngling nicht die gewünschte Hauslehrerstelle haben verschaffen zu können: schon seine Sprache wäre ihm hinderlich! Freilich entläßt er den neuen Korrespondenten nicht gänzlich mit diesem Stich, unterbreitet vielmehr eine eigene Rede dem Urteil desselben. Aber thatsächlich blieb dies sein letztes Wort.

Bodmer antwortete noch sogleich, wartete aber vergebens auf Rückäußerung aus Leipzig. Unterm 26. Dezember 1739 schreibt er an Zellweger[3]: „Ich weiß nicht, ob die Freiheit, so Hr. Prof. Breitinger in den Gleichnissen gegen Gottsched gebraucht, mir diesen Korrespondenten abgespenstiget hat; ich bin ohne Brief von ihm." Ein solch entschiedener Bruch lag eigentlich nicht in Gottscheds Charakter; er suchte so lange wie möglich zu paktieren. Offenbar kam der Brief garnicht in seine Hände, wie er sich denn auch in Gottscheds gewissenhaft erhaltener Korrespondenz nicht findet. So scheinen wir schon hier vor der verblüffenden Thatsache zu stehen, welch Unheil das zufällige Verlorengehen eines Briefes auch in der Litteratur anrichten kann?![4]

[1] Critische Beyträge VII, 169.
[2] S. 15 und 17.
[3] Siehe Baechtold S. 558.
[4] Man denke an die verhängnisvolle Rolle, welche ein unbestellter Brief Dahlmanns in Heinrichs von Kleist Leben gespielt hat — vergl. Kleists Schriften, herausgegeben von Tieck-Julian Schmidt, S. LXXX.

In Wahrheit aber können wir Gott danken, daß der offene Austrag der Litteraturfehde, die unabwendbar geworden, nicht noch länger durch ein unehrliches Parlamentieren beider Teile hinausgeschoben wird. Hat man doch nur zu oft während des Briefwechsels das Gefühl: hier fließen Honigworte aus einem erbitterten Herzen. Von je her hat Gottsched die Praxis geübt, zu der er sich am Abend seines Lebens[1]) bekennt: „Ich suchte einen plumpen Hund durch das Streicheln zu gewinnen, daß er mich nicht unversehens beißen solle." Diesen nur natürlichen Kampf zwischen Hund und Katze suchten jedoch nicht minder die Züricher lange durch Schweifwedeln abzuwenden, um ein paar Knochen oder Gräten zu erhaschen, die der Katze beim Streicheln entfielen.

„Es wird wohl noch saure Mienen geben", setzt Bodmer der citierten Aeußerung hinzu, „wenn erst die Dichtkunst und Schutzschrift Miltons herauskommen werden." Zwischen den Zeilen können wir aus den „Critischen Beyträgen" wohl herauslesen, welche Stimmungen im Gottschedschen Lager angesichts dieser kritischen Flut aus Zürich Platz griffen. Noch Ende 1739 folgt der früheren Voranzeige von Breitingers „Abhandlung von der Natur ⁊c. der Gleichnisse" die Mitteilung des nunmehrigen Erscheinens mit der Verheißung: „Hiervon soll in dem nächsten Stücke mehr Nachricht gegeben werden." Im nächsten (23.) Stück vielsagendes Schweigen. Im 24. wird dann Breitingers „Critische Dichtkunst" mit den allgemeinen Bemerkungen abgethan, es seien darin „einige Materien sehr weitläuftig, andre aber gar nicht berühret" und „ein paar unserer berühmtesten Poeten angegriffen". Gottsched selbst hatte sich nicht gar arg zu beklagen: eins seiner Gedichte war — horribile dictu — als Beispiel für den „Schwung" und „die höchste Stärke" der „Einbildungskraft" citiert; kurz vorher war es freilich „nicht wenig anstößig" befunden, daß „ein deutscher Kunstrichter" — erst das Register verwies wieder auf Gottsched — die Anklage Scaligers gegen Homers Zeichnung vom Schild des Achill wiederholt und „mit ungemeiner Dreistigkeit" Homer dabei eines Verstoßes gegen die Wahrscheinlichkeit beschuldigt habe.[2]) Der Ausdruck war nicht allzu schlimm gemeint. Auch die „Fortsetzung der Critischen Dichtkunst" Breitingers verteidigte[3]) nur sachlich das Recht einiger neuen Metaphern, wie sie Gottsched den Zürichern als „Barbarismen" aufgemutzt hatte, „die kein Mensch versteht, der nicht französisch kann". Es handelte sich einesteils um sehr glückliche, nur für Gottscheds platten Sinn zu kühne Bilder, andernteils in der That um ausstudierte Geschmacklosigkeiten.

---

[1]) Am 15. Juli 1765 im Brief an Frau Dr. Heck.
[2]) Seite 324 flg. bezw. 304 flg. — Vergl. Gottscheds Critische Dichtkunst², S. 190 flg.
[3]) Seite 331 flg. — Vergl. Bern. Tabl. I², St. 34; Biedermann, St. 75; Gottscheds Crit. Dichtkunst, S. 291.

Ausführlicher rechnet Gottsched mit Bodmers Milton=Verteidigung, der „Abhandlung von dem Wunderbaren", ab (VI, 652 bis 668). — Da war er selbst zwar auch nur zweimal nebenher erwähnt: er wiederhole einen „seichten" Einwurf Voltaires gegen Miltons Plan des Pandaemonium und entlehne von dem Franzosen auch den Vorwurf, daß Milton sich auf heidnische Fabeln als wahre Geschichten berufe.[1] War jeder dieser Angriffe für sich unbedeutend, der Gesamteindruck blieb doch der, daß die mutigen und geschickten Züricher Kunstrichter garnicht daran dachten, Gottsched als Autorität in Sachen der Poetik anzuerkennen. Weit mehr als die paar Einwürfe bewies das die Beharrlichkeit, mit der sie in der Hauptsache an ihm vorbei ihren eigenen Weg gingen. Daß sie seiner „Critischen Dichtkunst" sogar den Titel entlehnten, auf den er sich besonders zu gute that, bewies noch deut= licher die Eröffnung eines Konkurrenzkampfes. Unerhört, aber zweifellos: diese Züricher waren so verwegen, über ihn hinwegzuschreiten. Ferner: sie überschwemmten den Büchermarkt mit selbständigen philosophischen Speku= lationen über das Wesen der Kunst, wo Gottsched sich begnügt hatte, die Ansichten der hervorragendsten älteren Kunstrichter über die Erscheinungs= formen der Poesie zu verarbeiten. Gelang es, die Diskussion auf den von Breitinger und Bodmer betretenen Pfad zu lenken, so war der Leipziger Diktator — das mußte er sich selbst sagen — thatsächlich überholt: er mußte fühlen, daß er ihren Deduktionen stellenweise überhaupt nicht zu folgen vermochte.

Daß man in Leipzig den Anbruch einer neuen Epoche ahnte, beweist die Aufnahme, welche Bodmers Schutzschrift bei Mascou fand. „Je weniger bisher unsere Teutschen Poeten zu vergl. abstraction, als Milton zu brauchen gewohnet gewesen", beteuert er Bodmer am 19. Mai 1740, „je bessere Würckung wird verhoffentlich Dero SchutzSchrift, und das Urtheil des scharfsinnigen Addison fürs zukünftige haben."

Aber vor allem sah Gottsched natürlich: das war nicht Geist von seinem Geist: gegen das Natürliche war das Wunderbare als Inbegriff der Poesie ausgespielt, auf kühne Bildkraft, überhaupt auf Phantasiethätigkeit war das Hauptgewicht gelegt, während seine Poetik nicht wesentlich über die Gesetze der Rhetorik hinausdeutete. Darum kämpften die Schweizer, so verworren ihre Spekulation, so abstrakt verstiegen ihre Ausdrucksweise und so unaus= gebildet ihr Geschmack sich vielfach noch gab und zu so grausamen und niedrigen Mitteln sie sich in der Litteraturfehde bisweilen hinreißen ließen, — darum kämpften sie dennoch einen guten Kampf.

Abgethan freilich ward Gottsched durch die Fehde mit den Zürichern allein auf dem Gebiete der ästhetischen Kritik und auch hier nur auf epischem und

---

[1] Seite 97 bezw. 206. — Vergl. Gottsched: Critische Dichtkunst², S. 202 und 172.

lyrischem Felde. Wie verständnis= und teilnahmslos sich Bodmer gegen das Theater — trotz seiner eigenen dilettantischen Versuche im dramatischen Fach — verhielt, zeigt sein gleichgültiges Benehmen gegen hervorragende Schauspiel= prinzipale, die um seine Förderung anhielten. Franciscus Schuch schreibt ihm aus Basel den 17. Weinmonat 1749: „Die Verdienste, welche Ew.HE. um die Ausbreitung des guten Geschmacks in Deutschland erworben, und der Ruhm, welcher nothwendig daraus entsprießen müßen, ist Ursach, daß ich mich durch dieses Schreiben vor Ew.HE. wage, da ich meine Ehre darinnen suche, die gute Schaubühne auch an Orten bekannt zu machen, wo man sie vor diesem kaum dem Nahmen nach gekennet; Ich bin dadurch so glücklich gewesen, seit einigen Jahren an den meisten deutschen Höfen Beyfall zu erhalten; auch das Reich, Strasburg und die Schweiz haben mich darum ihrer Gunst und eines guten Gewinnstes gewürdiget, dieweil ich ihnen Schauspiele vorgestellet, die nicht nach dem alten Schlage eingerichtet gewesen; eben deswegen hat man mich auch anitzo in Basel wieder zum zweitenmal gütigst aufgenommen. Ich wollte also nichts mehr wünschen, als daß dasjenige, was mir und meinen Acteurs annoch abgehet, durch die gründlichen Lehren Ew.HE., als eines so großen Kenners der Bühne ersetzt und gebeßert werden könnte." So erbittet er von Bodmer Auskunft, ob er in Zürich Vorstellungen geben dürfe. Aus beigelegten Zetteln sei ersichtlich, daß seine Stücke „auch von den sittsamsten Personen angesehen werden können". — Als Antwort weiß Bodmer nur die Gegenfrage: „ob es nicht thunlich wäre, daß ein geschickter Acteur nach Art der alten Griechen einen Gesang aus großen epischen und Heldengedichten auf der Bühne oder unter vornehmen PrivatPersonen hersagte". Gottsched, der Wind von der Sache bekam, zieht in der zweiten Auflage der „Schaubühne" Bodmer aus diesem Anlaß höhnisch durch. — Schuch selbst kommt erst nach anderthalb Jahren, als er von neuem sein Auge nach Zürich lenkt, auf diesen Vorschlag zurück, vorerst um von sich den Verdacht des Verrats abzuwehren: Er habe sich seiner Zeit, behauptet er am 23. April 1751 von Frankfurt a. M. aus, mit seinen Schauspielern beraten; doch zwei seien kurz darauf abtrünnig geworden, um sich nach Leipzig zu wenden. Unter diesen sei wohl der Verräter zu suchen. Er sendet Bodmers Originalschreiben zurück, um zu beweisen, daß es nicht aus seinen Händen gekommen. Er werde gern den Vorschlag wirklich ausführen, am liebsten in — Zürich selbst! Auch wolle er seine Stücke einer scharfen Vor=Censur unterwerfen; noch weniger zu befürchten sei ein Aergernis „durch unsere LebensArt und Aufführung", „indem ich noch an allen Orten den Ruhm davon getragen, daß ich keine Ausschweifungen gestatte". „Da Zürich bisher so schöne Schriften zur Verbeßerung der Schaubühne ge= zeuget, so würde es ihm zu keiner Schande gereichen, wenn es auch einmal die practischen Früchte dieser Schriften sähe." — Schuchs Liebeswerben blieb ebenso vergeblich wie bald darauf das der Neuberin, da sie, von allen

verlaſſen, ſich bei Bodmer als Opfer von Gottſcheds Zorn einzuführen
ſucht.[1])

Auf dieſem Gebiete geht Gottſcheds Wirkung faſt ſpurlos an den
Zürichern vorüber. Was er ihnen aber auf andern Feldern bieten konnte,
das hatte er mit Erfolg geleiſtet: wenn ſie nun über ihn erbarmungslos
hinwegſchritten, dürfen wir natürlich nicht in gleich blinder Parteilichkeit ver=
geſſen, daß er ſie vorher nach mancher Richtung gefördert hatte. Die Recep=
tion der hochdeutſchen Schriftſprache gelangte in Zürich unter ſeinem teils
unmittelbaren, teils mittelbaren Einfluß principiell zum Abſchluß; auch wirken
ſeine Angriffe und Mahnungen zu gelenkiger Geſtaltung des Stils der Züricher
weſentlich mit; ſelbſt an Einfachheit und Natürlichkeit des Ausdrucks gewannen
ſie in der Leipziger Schule, ohne in deren Plattheit zu verſumpfen.

Praktiſch veranſchaulichen ſich uns dieſe Wirkungen durch Vergleich der
Züricher Schriften von 1721 und 1739. Was zunächſt auffällt, iſt die un=
gebührliche Verwendung von Fremdwörtern. In den „Discourſen der
Mahlern" möchte man viele Stellen kaum in deutſcher Sprache geſchrieben
nennen. Da begegnen Sätze wie: „Wenn er ſonſt dieſe gute Meinung von
ſeiner Schrift nicht hätte, daß ſie wegen ihrer Güte meritirte, publiq gemachet
zu werden, ſo hätte er Tort ſie den Leuten zubedittieren"; oder: „Er hat keine
Relation als mit der Evidenz"; oder: „Relationen, die ſie mit andern Entibus
haben" ꝛc. Es wimmelt von Wörtern wie: Succeſſe, Fondament (für Urſache),
Scarteque, die Reuſſite, Favor, Caprices, penetriren, diſintriciren u. dgl. Dem
gegenüber befleißigen ſich die 1740 herausgekommenen Schriften mit Erfolg
einer rein deutſchen Ausdrucksweiſe; ja ſie arbeiten mit techniſchen Wendungen
zum guten teil in den von Gottſched eingeführten Verdeutſchungen: Critiſche
Dichtkunſt (für Poetik), Redekunſt oder Wohlredenheit (für Rhetorik), Ein=
bildungskraft (häufig für Phantaſie), Gleichniſſe und Gleichnisbilder (oft für
Tropen und Metaphern) u. ſ. f.

Die Orthographie zeigt ſich lange rückſtändig beſonders im Gebrauch des
doppelten ſ: Schrifft, Kopff, kauffen, vernünfftig, ergreiffen, ſelbſt höfflich ꝛc.
Auch die Züricher ſchreiben „teutſch". Lautlich fällt die Dehnung auf: ent=
fehrnet, ſtühnde, gewiedmet, Ohrtes (beſonders auch in Bodmers erſten Briefen
an Gottſched); ferner die Endſilbe — nüß. Im Konſonantismus begegnet
dentale Fortis: tretten, Vatter, Vätter (für Väter), Vatterland; dentale Media
ſtatt Tenuis: underſtützen, Undernehmung; dentale Tenuis iſt vor l ab=
geſchliffen: ordenlich. Aus der Formbildung iſt von jeher der Genitiv
Pluralis ſtarker Subſtantive auf — n bemerkt worden: Mahlern, Blättern,
Wünſchen; ferner Spuren ſchwacher Deklination im Dativ Singularis weib=

---

1) Wir kommen im vierten Kapitel eingehender auf dies Verhalten der Neuberin
zurück.

lichen Geschlechts: einer Satiren, an der andern Seiten. Dazu tritt der
Akkusativ Singularis starker männlicher Substantive auf — e: Staube,
Successe, Anlase, Tage, Schlaffe. Dem älteren Neuhochdeutschen entspricht
das starke Praeteritum auf — e: ich oder er schribe, sahe, wiese, bliebe, auch
ware; ebenso der Konjunktiv Praesentis: seye. Das Adjektiv bleibt im Plural
auch nach dem bestimmten Artikel stark flektiert: die enge Circkel, die entfehrnte
Membra. Dagegen 1740 fast überall Annäherung an den Leipziger Typus
des Hochdeutschen.

Der Satzbau ist anfangs oft recht verworren, später nach Gottscheds
Muster viel übersichtlicher. Nur ein Beispiel: „Wenn aber auch diese Hoffnung
die sie haben, nur den wolgemachten Gemüttern zugefallen, einen Blossen
schlagen würde, so wie sie Ursache finden zufürchten, daß ihnen als Menschen
begegnen könne, das ist, solchen, denen ihre eigene Schwäche verborgen ist, oder
die doch geneigt sind, dieselbe sich selbst zu gut zuhalten; die schwach sind, unwissend, flüchtig; aber stolz, ehrgeizig, in sich selbst verliebt: So erklären sie
hiemit ihre aufrichtige Resolution, daß sie in solchem fall sich selbst Gewalt
thun, und von freyen Stücken ein Werck, das das Unglück hat, daß es ohne
Nutzen ist, weil es den Verständigen nicht gefällt, in seinem Anfange ein-
reissen wollen, und die Zeit auf glücklichere und nützlichere Geschäffte
sparen"!! —

Charakteristisch ist das spätere Eingeständnis Bodmers: die erste Auflage
seiner Milton=Uebersetzung (von 1732) sei schweizerisch, die zweite (von 1742)
deutsch, erst die dritte (von 1754) poetisch. Damit kam klar zum Ausdruck,
wie geartet der Einfluß Gottscheds und der Leipziger auf die Züricher Schriftsteller gewesen ist.

Auch Gottscheds Kampf gegen den Schwulst der Schweizer gereichte ihnen
zum Segen. Gewiß sah seine Plattheit dergleichen in jedem höhern Flug der
Phantasie. Daß aber Verstiegenheit teils als Folge sprachlicher Unbeholfenheit[1]),
teils aus Mangel an klarer Anschauung und an geläutertem Geschmack, in den
Schriften der Schweizer einen breiten Raum einnimmt, und zwar in den frühen
weit mehr als denen der Spätzeit, — das kann ebenso wenig bestritten werden.
Keine Frage, daß manche Bilder der „Mahler" glücklich beobachtet sind; wenn
aber die Zeitschrift im ganzen einen so abstrakten Eindruck macht, liegt dies
vor allem daran, daß viele Bilder nur gedacht und zwar schief gedacht sind,
oft auch widersprechende Vorstellungskreise durcheinander mengen. Hier weckte
der kalte Wasserstrahl von Gottscheds Nüchternheit die Züricher zur Besinnung.

Nach dem offenen Ausbruch der Fehde verhärten sich freilich beide
Parteien im Haß und Eigendünkel. „Rechter Hand, linker Hand, alles vertauscht!" Die Schweizer gefallen sich, vorwiegend freilich aus unmusikalischem

---

[1]) Vergl. Mörikofer S. 15.

Gefühl, in reimlofen Verfen; ihr Schüler und Schützling Klopftod dichtet in Hexametern: Gründe genug für Gottfched, der nach beiden Richtungen felbft mit vorausgegangen, die Reimlofigkeit und den Hexameter nun zu bekämpfen; ja er ift töricht genug, diefe guten Waffen zu den eigentlichen Wahrzeichen feiner Gegner zu ftempeln. Die Engländer läßt er gelten, toleriert fie jedenfalls, bemüht fich felbft der Bodmerfchen Ueberfetzung des ihm viel zu verftiegen fcheinenden Milton die befte Seite abzugewinnen; nun aber macht er den Kampf gegen die Engländer zum Schlachtruf, unter dem er gegen die Züricher und noch gegen Leffing ins Feld zieht!

Nicht minder erhitzt fich Bodmer in blinder Wut gegen die hochdeutfche Sprachform, in deren Schule er doch gegangen. 1746 im „Mahler der Sitten" eifert er nicht nur mit Recht gegen die Gefahr, daß die Sprache unter Einwirkung der Gottfchedianer matt, nervenlos, weitläufig, unbeftimmt werde. Er verfteigt fich nun auch zum Verfuch einer theoretifchen Rettung der Fremdwörter, deren Unzahl er mit gutem Grunde auf Gottfcheds Drängen aus feinen Schriften ausgemerzt. Um nur gegen das „Meißnifche" — das jetzt auf ihn wie ein rotes Tuch auf den Stier wirkt, ähnlich der Art, in der fein Gegner alles Schweizerifche aufnimmt — um nur gegen das verhaßte „Meißnifche" anzurennen, läßt er fich fogar zu dem gefährlichen Aufruf an feine Schweizer hinreißen, fich durch Reinigung und Erweiterung ihres Dialekts eine felbftändige fchweizerifche Schriftfprache auszubilden, die — wenn es nach ihm geht —, wie das Holländifche, emancipiert neben das Hochdeutfche treten foll.

Nicht länger entfann man fich auch der fonftigen gemeinfamen Ideen: gewiß war man beiderfeits von der ars poetica des Horaz mit ihrem aut prodeffe aut delectare ausgegangen; gewiß hatten beide Teile über die Ueppigkeit Lohenfteins auf den maßvollen Gefchmack des Opitz zurückgewiefen. Aber indem man vorwärtsgefchritten, hatte Gottfched zwar noch das Verdienft gewonnen, Ariftoteles näher in den Gefichtskreis der deutfchen Poetik zu rücken; im übrigen arbeitete er für die Gegenwart und fein Gefchmack be= friedigte fich an den Leiftungen feiner Gegenwart. Die Züricher, indem fie Milton verdeutfchen, indem fie, wennfchon mit unzulänglichen Kräften, das Wefen der Phantafie zu ergründen fuchen, arbeiten für die Zukunft der Poefie, und das jüngere Gefchlecht löfte prompt den Wechfel ein, den jene auf die Zukunft gezogen hatten. —

Vorerft aber gelangte das Bedürfnis einer litterarifchen Schulung, welches Bodmer und Breitinger aus Eiferfucht und berechtigtem Stolz nur ungern zugeftanden, höchft charakteriftifch zu thatfächlicher Anerkennung durch Zufammen= fchluß der litterarifch geneigten Züricher Jugend. Welcher Stand der Dinge in Wirklichkeit anzunehmen ift und wie weit zunächft die Vorbedingungen einer deutfch=litterarifchen Bildung in Zürich fehlten, erfehen wir aus den naiven, von jeder Berechnung freien Geftändniffen diefer Jünglinge. Zu derfelben Zeit,

in welcher Bodmer und Breitinger auf das hohe Meer des ästhetischen Partei=
getriebes hinaussteuern, schaut daheim der Züricher Nachwuchs nichtsahnend
vergeblich nach einem Führer aus, um sich zunächst halb unwillkürlich auf eine
Nachahmung des — Leipziger Gesellschaftstreibens angewiesen zu sehen.

Sie bekennen[1]): „Wenn studierende junge Leuthe in einer Statt diese oder
jene unstreitig nutzliche Wissenschafft oder Kunst in den öffentlichen Letzgen, die
sie besuchen, zu erlernen Anlaase nicht haben, wenn diese Köpfe von solcher Fähig=
keit sind, daß sie neben den ordenlichen Studien, noch was etwas (so!) vertragen
mögen, so mag von etlichen dergleichen Jünglingen eine Gesellschafft gemacht
werden, darinnen sie obenerwehnte Wissenschafft treiben . . . Daß die Richtigkeit
unsrer Muttersprach, die Wolredenheit, die Dichterey, die Be=
urteilungs=Wissenschafft Künste und Wissenschafften seyen, die man in
den hiesigen Collegiis nicht lehret, wird denen nicht unbekant seyn,
die derselben Verfassung kennen, daß diese unstreitig nutzliche Wissenschafften,
mag ich mir, als unnöthig, nicht bemühen zubeweisen."

Die sich da zusammenfanden, waren zunächst nur zwei „lernsbegierige
Jünglinge": Johann Georg Schultheß und Heinrich Landolt, Zöglinge des
Karolinum. Genossen zu finden, bezweifelten sie um so mehr, „je allgemeiner
die Verachtung dieser Künste unter den übrigen Studenten war". Ja, „ob es
Männer in Zürich habe, die hierinn vortrefflich seyen, wußten sie dazumal
(um die Wende von 1740 und 1741) noch nicht"! Sie fanden endlich den
dritten zu ihrem Kollegium in Johann Heinrich Schinz. Man wählte (An=
fang 1741) die Bezeichnung „Wachsende Gesellschaft", bisweilen voll=
ständiger „Wachsende Deutsche Gesellschaft"[2]), aus dem doppelten Grunde,
weil die Gemeinschaft wachsen sollte „an geschickten Mitgliedern und mit den=
selben an Wissenschaft und Kunst." Aber zunächst will nomen nicht zum omen
werden: sie bleiben allein, so daß ihnen selbst ihr Versemachen eintönig wird.
Dieser Schinz vertauscht die Poesie mit der Meßkunst und geht bald zum
Handelsstand über. Die Gesellschaft erstirbt.

Schultheß und Landolt lassen bei alledem die Hoffnung auf eine Wieder=
aufrichtung nicht fallen. Kein Geringerer als der annoch heranreifende
Kaspar Hirzel belebt diese Zuversicht, sobald er mit seinem Vater nach Zürich
zurückkehrt. Am 25. Jenner 1742 feiert die neuerstandene Gesellschaft ihre
erste Zusammenkunft. Als Absicht setzte die Trias fest: „daß unter Ihnen
die deutsche Spraach, die Critik, die Wolredenheit und Dichterey sollen erlernt
und getrieben werden". Vier Versammlungen hindurch ließ nun zunächst

[1]) Geschichte der Wachsenden Gesellschaft, handschriftlich auf der Züricher Stadt=
bibliothek. Ebendas. zu dem Folgenden die „Gesätze" und das Archiv der Gesellschaft.
[2]) Mörikofer, der sie S. 142 kurz erwähnt, nennt sie geradezu „eine deutsche
Gesellschaft".

Schultheß eine eigene Abhandlung „von dem jetzigen Zustand der deutschen Spraach". „Die Gesellschaft tadelte einige Redensarten daran, übrigens erhielt sie Beyfall." Am 18. Hornung tritt J. H. Wirth hinzu. Kaspar Hirzel hält einen mündlichen Vortrag. Das nächste Mal liest Landolt eine eigene Uebersetzung der Dichtkunst von Horaz mit eigenen Anmerkungen. Wirth folgt mit einer Abhandlung „von der poetischen Schreibart, nach dem sinn Horazens Epist. II. Lib. 1". Man sieht, die jungen Herren an der Limmat treiben zunächst vollständig in Gottscheds Fahrwasser, — immer wenn man nicht sowohl an den Parteistreit als vielmehr an die positive Wirksamkeit des Hauptes der Deutschen Gesellschaft denkt. Ueberdies bekennen die Züricher Wachsenden ausdrücklich eine gewisse Neutralität: „Die Sammlungen critischer und poetischer Schrifften, die allhier, und die Belustigungen des Verstandes und Witzes, die in Leipzig herauskamen, gaben uns oft Stof zu critischen Gesprächen."

Nun konnte es freilich nicht lange währen, bis sich eine litterarische Beziehung dieser Jünglinge zu ihrem Lehrer Bodmer herstellte. Immerhin ist es interessant zu beobachten, wie nicht eigentlich sie es sind, die sich ihm zu Diensten stellen, sondern wie der angehende Schuhu beflissen ist, die litterarisch teilnahmsvolle Jugend Zürichs sowohl als die gleichstrebende Berns zu sich herüberzuziehen.[1]) Zwar leiten die Wachsenden später zu dieser Wendung in ihrer Geschichte mit der Frage über: „auf wen anders" als Bodmer und Breitinger sie hätten gedenken sollen, als sie ihre eigene Schwäche einzusehen begannen und deshalb nach einem Ratgeber ausschauten?! Hatten die Lernbegierigen doch eben in der „Sammlung Critischer, Poetischer und andrer geistvollen Schriften" ausführliche „Nachrichten von dem Ursprung und Wachsthum der Critik bey den Deutschen" gelesen, worin jene beiden sich als Urheber der deutschen Kritik und Wiederhersteller des guten Geschmackes feiern ließen. Dennoch hätten die Wachsenden sich an die Vielbeschäftigten nicht herangewagt, „wenn nicht Hr. Bodmers unvergleichliche Freundlichkeit uns schüchtern gleichsam zu sich gezogen hätte". Als er nämlich von dem Dasein der Gesellschaft Kunde erlangt, erteilt er zwei Mitgliedern nach einander freiwillig Ratschläge, und als man noch immer nicht anbeißt, „beschickt" er Schultheß, um sich über den Zustand der Gesellschaft ausführlich berichten zu lassen. Aehnlich sieht die in ihren ersten Jahren unter Leitung von Gottschedianern gestandene „Vergnügte Deutsche Gesellschaft" in Bern (am 24. Christmond 1743) „die höfliche Einladung Sr. HE. Hr. Professorn Bodmer an S. Ehrwürd unseren (neuen) Hr. Vorsteher als einen Befehl an, welchen wir nicht ohne eine offenbare

---

[1]) Baechtold, der die Wachsende Gesellschaft S. 575 flg. nach Aufzeichnungen von Schultheß ebenfalls nur kurz berührt, spricht irrig davon, die Gesellschaft sei von Bodmer gestiftet und habe unter seiner Anleitung und Aufsicht ihre Sitzungen abgehalten.

Beleidigung des Wohlstands aus der Acht laßen dörfen". Das ist doch in beiden Fällen deutlich genug.

Aber was rät ihnen Bodmer? Kann er sie ohne weiteres zu seinen Parteigängern erziehen? Die Thatsachen liefern den klassischen Beweis, eine wie unumgängliche Vorstufe für die spätere Thätigkeit der Züricher Kunstrichter die Wirksamkeit des Gottschedschen Kreises bildete. Vor allem schärft Bodmer sehr vernünftig ein: „Wir sollen es der Zeit noch bleiben laßen, selbst Reden, Abhandlungen und Gedichte zu verfaßen, sonder nur in unseren Zusamenkönfften Meisterstücke aus deutschen Poeten untersuchen, und unsere Anmerkungen so wol zur Poesie als zur Spraach darüber machen. Wir ergrieffen begierigst dieses Mittel, das uns vortrefflich schiene zu dem guten Geschmack in der Wolreden=heit, Poesie und Spraach zu gelangen. In dem letzten war uns nicht wenig behülflich die Ausbeßerung der unbeutschen Redensarten in den vernünftigen Gedancken von der Beredsamkeit und der ersten Ausgabe der deutschen Ueberseßung von Miltons verlornen Paradeises, die Hr. Clauder an Hr. Bodmer auf begehren in etlichen Briefen abgegeben, und die uns Hr. Bodmer im Original geleihen. Wir namen also einiche Gedichte aus Brockes, Caniß, Haller, Opiß vor die Hand, und merckten uns darinn viel nußliches zur Dichtkunst und Sprache an." Niemand anders als die Leipziger Sprachmeister also sind es, zu denen 1742 Bodmer selbst die jungen Musen von Zürich in die Schule schickt! Die buchstäbliche Betrachtung ihrer Elaborate bestätigt, wie nötig eine solche Maßregel war.

Bodmer wird übrigens keineswegs ihr Vorsteher oder auch nur Aufseher: noch am 12. Jenner 1744 berufen sie sich den Berner Freunden gegenüber auf diese Unabhängigkeit. Trotzdem haben sie Grund genug zur Dankbarkeit gegen ihn. Sie dürfen ihm die aufgesetzten Anmerkungen vorlegen, er gestattet ihnen freien Zutritt, besucht auch bisweilen ihre Versammlungen. Als Grundstock einer Bibliothek stiftet er natürlich die von ihm und Breitinger bisher verfaßten Schriften mit der dem Lehrer wohlanstehenden Mahnung, „dieselbe fleißig zu lesen, wo es ihnen anderst Ernst seye den Zweck ihrer errichteten Gesellschaft zu befördern." So bringt denn doch allmählich eine höhere Auffassung der Poesie in diese Uebungsgesellschaft. Als 1743 nach Christoph Erhard im August stud. philos. Johann Heinrich Schinz, der eins der bedeutungsvollsten Mitglieder werden sollte, dem Kreise beitrat, führt er sich mit einem Diskurs über die Erklärung der Poesie ein, worin er gegen eine gelegentliche Auf=stellung Baumgartens, die sich in den Versuchen der Deutschen Gesellschaft zu Greifswald fand, Breitingers Definition ausspielte. Worauf es aber nach wie vor in erster Linie abgesehen war, verrät in wahrer Ironie des Schicksals das Protokoll: Bodmer habe an dem ihm von Landolt gewidmeten Gedicht „Das Lob der Poesie" „außer dem rauhen und unrichtigen in der Spraach wenig ausgeseßt". Aehnlich als Erhard eine Erzählung von Ariadne auf Naxos las, „ward hin und wieder in der Wortfügung, an der Gültigkeit der Wörter, an dem Gebrauch der Tropen etwas ausgesetzt"; auch konnte man keine Ordnung in der Erzählung finden.

Von den später behandelten Stoffen sind die ästhetischen für uns von besonderem Interesse, stehen aber in den Uebungen keineswegs voran: Von dem Wert der Beredsamkeit; Lesung und Besprechung eines Stückes aus Aristotelis arte poetica (also natürlich auch noch nicht nach dem Original); erst am 7. September 1745 „gienge man an Hrn. Breitingers Crit. Dicht= kunst lesen, worüber Schultheß Erklärer war"; hierher zu rechnen ist vor allem Salomon Hirzels Rede „Von der Weisheit und Güte Gottes, welcher uns die Einbildungskraft geschenkt" (1746). Am verheißungsvollsten erscheinen Näfs wiederholte Versuche einer ästhetischen Betrachtung der Bibel: zuerst ein „Versuch die Schönheit und richtigkeit des Gleichnisses Pauli 1. Cor. XV. B. 36 zu zeigen", alsdann eine „Kritische Entdeckung der Schönheit der h. Schrift", „Discours von dem Nutzen, den unsre Gesellschaft aus critischer betrachtung der Zierlichkeit in der Bibel haben kan", schließlich „von den Rednerischen Schönheiten der göttlichen Schriften". Sehr stark treten sonst moralphilosophische Gegenstände hervor. Dazwischen ergeht man sich in Ueber= setzungen und Erläuterungen aus lateinischen und französischen Schriftstellern. Von dichterischen Versuchen ist vor allem ein Lustspiel in einer Handlung: „Salvius von Tannenstein oder Die ModeSitten" zu nennen; auch Ana= kreontika und Fabeln werden mehrfach verlesen: „man redte bei diesem Anlaas von der Natur der Fabel." Große Aufregung herrscht im Frühjahr 1745: „Ein Mitgliede hat ohne Benennung des Verfassers eine Elegie eines ver= zweifelnden Frauenzimmers über ihren untreuen Liebhaber [gelesen]: . . . der Affect der Verzweiflung und eine so grausame Abschilderung ihrer unkeuschen Thaten herrscht so stark darinn, daß es nicht ohne Grauen kan gelesen werden." Töne der Leidenschaft hatten die Wachsenden freilich in der Schule Bodmers ebenso wenig nachempfinden gelernt wie in der vor= und nebenher wirkenden Schule Gottscheds.

Die ästhetischen Anschauungen Bodmers und Breitingers greifen natürlich immer weiter um sich.[1]) Positiv äußert sich dieser Einfluß besonders charakteristisch in Kaspar Hirzels „Versuch von dem wahren Begriff der Beredsamkeit". Ent= scheidet er sich doch gegen die Auffassung: „die Beredsamkeit müste durch wahre gründe überzeugen, und seye also von der philosophischen lehrart nicht unter= schieden, als nur daß sie ihre gründe vorbringe mit schönen worten", also daß man „auf den Verstand des menschen eindringen müße"; vielmehr für die Definition: „die Beredsamkeit überrede uns mit wahrscheinlichen gründen",

---

[1]) Nach der (handschriftlichen) „Samlung verschiedener Versuche der Wachsenden Gesellschaft".

also daß man „die affecten rege machen müße". Polemisch gegen „die Leipziger" wird dasselbe Mitglied in seinem Aufsatz „Von der poetischen Schreibart": sie hätten, durch die Fehler der Hoffmannswaldau und Lohenstein „erschreckt, nun gar alles hohe, als schwulstig verworfen, und also überall eine kriechende schreibart einzuführen getrachtet." — Doch man kann — wie andere Versuche zeigen — die Gottschedianer noch immer nicht völlig entbehren, wo es die Ordnung und Deutlichkeit der Rede gilt.

Wie sehr diese Jünglinge der sprachlichen Schulung an der Leipziger Korrektheit noch bedürfen, dafür ein Beispiel aus der Antrittsleistung von Johann Kaspar Heß: „Sie nemmen mir indeßen nicht übel, wann ich ihnen entdecken muß, daß eine gerechte Scham mich beynahe Vermögen hätte, Ihnen ungehorsam zuwerden, und meine Zusag zubrechen. Dann, gedachte ich bey mir selbst, wie wird ich dieser Gesellschafft mit meinem abgeschmakten geschmier gefallen können, einer Gesellschafft die sich allbereit sint geraumer Zeit in den schönen wüßenschaften Verfollkomnet . . . . ꝛc."

Der Stoff bleibt fortgesetzt in das Belieben der Mitglieder gestellt, die Form allein ist es, die man erprobt. Die „Gesätze" (in der Fassung von 1744) betonen dies und legen die Uebereinstimmung mit den Gottschedschen Gesellschaften durch die ausdrückliche Bestimmung fest: man solle Reden auf=setzen, „um sich eine fließende und reine Schreibart zu erwerben", oder „etwas nach den Regeln der Beredsamkeit oder der Dichtkunst" abfassen. Als End=zwecke werden bezeichnet: „1. die deutsch Sprache, 2. die Beredsamkeit, 3. die Dichtkunst, 4. die Beurtheilungs=Wißenschaft, oder die Critic". Zur Grund=lage soll sich jedes Mitglied „die edle Vernunfft=Lehr" erwerben — wir wissen, wie auch diese Bestimmung Gottsched aus der Seele gesprochen war. Jedes Mitglied (seit 1745 nur zwei von ihnen) behält das Manuscript jedes Vortrags eine Woche zur Beurteilung; nach beendeter Cirkulation kommt er nochmals zur Verhandlung. Auswärtige Mitglieder bleiben zum Briefwechsel und jährlich zu zwei Ausarbeitungen verpflichtet. Das Vorstandsamt geht — höchst demo=kratisch — in vierwöchentlichem Wechsel um. Zur Aufnahme ist die Ein=reichung eines Probestückes erforderlich; als Vorbedingungen gelten guter Ruf und eine gute Grundlage in den Wissenschaften und Künsten; doch nimmt man die letztere Forderung allmählich laxer. Die in den Gesellschaften üblichen feierlichen Abschiedsreden ꝛc. und Antworten fehlen auch hier nicht. — Das ging so einige Jahre fort. Nachdem indes schon 1747 erhebliche Einschränkungen vorgenommen waren, wurden 1748 alle Gesetze bis auf vier kurze Bestim=mungen abgeschafft: die Zusammenkünfte finden nicht mehr wöchentlich, nur noch vierzehntägig statt; ein kleiner Beitrag ist zu zahlen; es wird statt des bis=herigen Zwanges jedem Mitgliede freigestellt, etwas auszuarbeiten, „wenn er will", und wenn kein Mitglied etwas geliefert hat, soll „die Zeit mit Ge=sprächen, die zu belles Lettres dienen, zugebracht: oder in einem autore

gelesen und critisirt" werden. Ueber dieses Jahr reicht keine Kunde von der
„Wachsenden (Deutschen) Gesellschaft" hinaus: offenbar ist sie damals er=
loschen.

Der Mitgliederbestand umfaßt nach der Gesellschaftsmatrikel folgende
Jünglinge: Kaspar Hirzel, Georg Schultheß, Johann Heinrich Landolt (1745 †),
Johann Heinrich Schinz, Salomon Hirzel, Heinrich Bullinger (bald ausgetreten),
Kaspar Heß, Heinrich Ulrich, Hans Rudolf Ulrich, Heinrich Naef, Christoph
Erhard, Ulysses von Salis (außerordentliches Mitglied), Rudolf Denzler,
Andreas Wüest und schließlich Hartmann Rahn. 1748 waren aber nur noch
6 Mitglieder ortsanwesend. In corpore wurden die „Vergnügte Deutsche Ge=
sellschaft" in Bern und die „(Freie) Gesellschaft der schönen Wissenschaften"
in Basel den außerordentlichen Mitgliedern beigeschrieben. Zum Anfang eines
geistigen Austausches stellen die Züricher den Berner Freunden die Aufgabe:
zu erklären, „wie die Verbesserung unserer Muttersprach zur aufnahm unsers
Vatterlands gereichen könne". Als Gäste begrüßt man außer Bodmer und
Ulysses von Salis auch D. theol. L. Göldlin aus Luzern sowie einige Mit=
glieder der Berner Gesellschaft. Mit dieser tritt man nicht nur in officiellen
Briefwechsel, sogar in Austausch der eingelieferten Abhandlungen; ja auch die
Mitglieder untereinander werden zu besonderm Briefverkehr aufgemuntert —
ähnlich wie er später mit den jungen Herren von Basel vereinbart wird.
Welche Bedeutung diese Freundschaftspflege unter der Jugend der bedeutendsten
Schweizer Kantone gewann, tritt uns in der Vorgeschichte der Schinznacher
Helvetischen Gesellschaft entgegen.

Ein großer Teil der Mitglieder setzte außerhalb seine Studien fort. Da
ist es von besonderem Interesse, wie sich ein nach Leipzig verschlagener Wachsender
gegen Gottsched benimmt. Johann Kaspar Heß, um den es sich handelt,
spöttelt zunächst 1744 wiederholt über den Erzfeind des nunmehrigen Protektors
der Wachsenden. Dennoch besucht er ihn und wird freundlich empfangen,
belustigt sich aber an der grotesk kräftigen Figur dieses Riesen. Heß wieder=
holt die Besuche — und tritt schließlich in Gottscheds nachmittägige Redner=
gesellschaft! Mit einer philosophischen Abhandlung von den Sprachen führt er
sich ein. Gottsched hatte ihn nämlich mehrmals zum Beitritt eingeladen —
man sucht sich gegenseitig offenbar den litterarischen Nachwuchs abzujagen.
Gottscheds Triumph bleibt aber rein äußerlich: über die Streitschriften der
Gottschedianer, den Kritischen Almanach und das Poetische Dintenfäßchen,
spricht sich der Züricher Studiosus gleichzeitig derb wegwerfend aus. Bodmer
konnte getrost noch weitere Wachsende nach Norddeutschland entsenden: sie er=
weisen sich zum teil sogar direkt als Missionare seiner Geschmacksrichtung.[1]

---

[1] Vgl. Mörikofer S. 142 flg. — Bodmers späteren Umgang mit der Züricher
Jugend behandelt novellistisch mit feiner Ironie Gottfried Keller: Werke VI, 170 flg.

6*

Die Schule der Reinheit und Korrektheit in Sprache und Stil hatten sie aber eben durchlaufen und waren so für höhere litterarische Schulung reif geworden. Es war Gottscheds eigenes Verhängnis, daß er im Elementaren stecken blieb. —

Zwei Jahrzehnte fesseln Bodmer und Breitinger den Nachwuchs litterarisch und persönlich an ihre Fahne. Klopstock und Wieland treten sogar körperlich in das Lager der Züricher. Aber 1759 erscheinen die Litteraturbriefe in Berlin, 1759 geht Wieland nach Bern.

b) Bern. Gewiß war Zürich von 1720—1759 nicht nur das Hauptquartier der Schweizer Litteratur, vielmehr zugleich ein Vorort des deutschen Geschmackes von weiter greifender Macht. Ist mit einem solchen Zugeständnis der Stab über jene „Berner Herren" gebrochen, die unabhängig von dem Züricher Kritikerpaar, ja oft im Gegensatz zu diesem, litterarische Bildung suchen? Sehen wir selbst davon ab, daß Haller, „der große Berner", produktiv alles überragt, was die Schweiz in seinen Tagen für die Dichtung leistete. Aber auch für die sekundären Geister, die durch gesellschaftliche Organisation erreichen wollten, daß die deutsche Litteratur ihnen etwas sei, ohne daß sie ihr etwas sein konnten, — auch für sie steht die Frage nicht schlechtweg: aut Turicum aut nihil! Die Frage steht vielmehr ähnlich wie zwischen Leipzig und Zürich: mochte der ästhetische Geschmack und der kritische Sinn der Züricher weiter vorgeschritten und kunstverständiger sein als die Urteilsfähigkeit Gottscheds und der Gottschedianer, — in der Thätigkeit des Leipziger Diktators wie in der seiner Jünger gerade zu Bern nehmen die ästhetischen Klopffechtereien nur einen verhältnismäßig untergeordneten Raum ein. Die positiven Verdienste dieses Kreises sind keineswegs durch ihren vorübergehenden Abfall von Zürich, keineswegs durch ihren dauernden Anschluß an die Organisation der Leipziger Deutschen Gesellschaft und dementsprechend an Gottscheds vielverzweigte Bestrebungen unmöglich oder auch nur wett gemacht. Gehen wir unbefangen von den Thatsachen aus, wie sie in Bern lagen, und nicht immer von dem πρῶτον ψεῦδος, als ob mit der Zürich-Leipziger Fehde das gesamte litterarische Interesse der Zeit erschöpft war, so nehmen wir in der Berner Deutschen Gesellschaft und ihrem Anhang sprachliche, bildende und nationalkulturelle Bestrebungen wahr, deren Verdienst völlig unabhängig von ihrer Stellung zu Bodmer und Breitinger, ja gerade erst durch die Beziehungen zu Gottsched ermöglicht ist.

Oft wird es so dargestellt, als ob gleich die erste Regung breiteren litterarischen Interesses im Bern des 18. Jahrhunderts aus unschöner Konkurrenz zu Zürich und, weil mit minderwertigen Kräften, auch ziemlich nutzlos geschah: es ist aber überhaupt schief, in erster Linie einen litterarischen Maßstab an die litterarischen Erzeugnisse dieser Kreise zu legen. War es — nach Muralts vorbereitender deutsch-kultureller Wirksamkeit[1] — dem „Bernischen Freytags-

---

[1] Vgl. Mörikofer S. 21 und Otto v. Greyerz: B. L. Muralt.

Blättlein", das 1722—1723 erschien, war es der „Neuen Gesellschaft", die als Deckname für die Herausgeber figuriert, wirklich nur um Konkurrenz zu thun? Wird man Johann Georg Altmann, dem spiritus rector dieser wie der folgenden gesellschaftlichen und journalistischen Unternehmungen Berns, eigentlich gerecht, wenn man mit Feststellung seiner geistigen Inferiorität und seines schwankenden, charakterlosen Gebarens gegen die Zürcher Poeten über ihn zur Tagesordnung übergeht? Die Geschichtschreibung darf sich nicht auf so einseitige, wennschon an sich berechtigte Kritik beschränken. Wenn das „Freytags=Blättlein" und seine Gefolgschaft für deutsche Sprache und deutsche Sitte, wie für geistige Interessen und Bildung eintritt, der Verwelschung und der Rohheit entgegenarbeitet, so hat es damit selbst den kulturellen Horizont bezeichnet, aus dessen Weite es beurteilt sein will. Und kennen wir die Klagen über die in den höheren Schichten Berns damals grassierende Geringschätzung gegen Kunst und Wissenschaft, sowie ihre Hinneigung zur französischen Kultur[1]), dann werden wir die Bedeutung solcher Einwirkung zu würdigen wissen.

Diesen Stand der Sprache, Sitte und Bildung, nicht die für Bern zunächst nebensächlichen Geschmacksstreitigkeiten, müssen wir dauernd im Auge behalten, wenn wir ein scharf umrissenes Bild der dortigen litterarischen Verhältnisse entrollen möchten. Nicht Leipzig oder Zürich — um es zum Ueberfluß zuzuspitzen — stand hier in Frage, sondern Bildung oder rohe Genußsucht, ideale oder utilitarische Interessen, deutsche oder französische Sprache, deutsche oder französische Kleidermode, Sitte, Lebensführung und Lebensauffassung.

Da war es immerhin von Bedeutung, daß jenes „Freytags=Blättlein" 1725 in den „Discoursen der verneuerten Bernerischen Spectateurs=Gesellschaft", 1734 direkt in einem „Teutschen Bernerischen Spectateur" Fortsetzungen erfuhr, deren Ursprung und Ziel die gleichen blieben, — Zeichen, daß überhaupt der Funke des geistigen Lebens unter dem Schutt, in welchem die deutsche Kultur Berns zu versinken drohte, bescheiden weiterglomm.

Zu einem immer noch recht bescheidenen, doch wenigstens eine gute Weile flackernden Flämmlein schlug dieser Funke endlich in der Deutschen Gesellschaft empor. Mehr noch als Professor Altmann erscheint jetzt der Kandidat, spätere Diakonus Hürner als Organisator. Unterm 7. Januar 1739 schreibt er an Bodmer: „Sollte unser Vorschlag von einer Deutschen Gesellschaft zum stande kommen", so müßten sich Beredsamkeit, Poesie und Prosa bessern. Unterm 25. Februar kann er dann melden: „Unsere Deutsche Gesellschaft ist nun zum stande gekommen."[2])

---

[1]) Vgl. L. Hirzel, Einleitung zu Hallers Gedichten, S. 93 flg. u. 235, sowie Im neuen Reich X, 1, S. 290; ferner Karl Geiser, Neujahrsblatt der Litterarischen Gesellschaft in Bern auf 1891, S. 9 und S. 17 flg.

[2]) Baechtolds Behauptung (S. 567 seiner Geschichte der deutschen Litteratur in der Schweiz), die Deutsche Gesellschaft habe „schon früher vorübergehend bestanden" und sei „im Januar 1739" nur „wieder erneuert", ist gegenstandslos.

Friedrich von Sinner betont in seinen Aufzeichnungen[1]) über die Deutsche Gesellschaft, daß „deren Einrichtung und Statuta Hr. Candidat Hürner, nach= mahliger Prediger im Großen Münster, nach der etliche Jahre zuvor in Leipzig entstandenen ähnlichen Gesellschaft entworfen hatte".

Das klingt nun höchst anrüchig und mochte den Züricher Kämpen gerade im Augenblick ihres Losschlagens gegen Gottsched gewiß nicht besonders willkommen sein, wie sie denn auch die Einladung zum Beitritt mit der stolzen Herablassung zurückweisen: sie sähen vielmehr die Berner für ihre Gesellschafter an.[2]) Was Hürner (am 29. Juni 1739 Bodmer selbst gegenüber) als Hauptzwecke der Gesellschaft hinstellt, war unverkennbar Geist von Gottscheds Geist, — trotzdem freilich für die Berner Zustände nötiger und nützlicher als die Teilnahme am litterarischen Parteitreiben: „Der erste ist, unsere mangelhafte Sprache zu bereichern, die bedeutung der wörter von einander zu sondern und feste zu setzen. Der andere ist, die ungeschliffene und rauhe Verbindung oder Wortfügung, die in der Schweiz zuhause ist, zu vermeiden." Und ganz in Gottscheds Sinn klingt Hürners Darlegung in den Wunsch aus, es möge eine Gesellschaft in Deutschland gleiches Ansehen gewinnen wie die Französische Akademie.

Daß mit diesem principiellen Anschluß an Gottscheds sprachliche Be= strebungen die Berner Gesellschaft keineswegs kritiklos für ihn Partei zu ergreifen gewillt war, zeigt schon die Thatsache des Briefwechsels mit Bodmer, klarer noch die geichzeitige Bemerkung Hürners: Bodmer habe Recht, wenn er die Reden der Leipziger Gesellschaft ziemlich inhaltlos finde: es „läßt nicht anders, als ob sie vorher eine Zahl Schönheiten aus geistreichen schriften zu papier gebracht, und den Vorsatz gefasset hätten, solche in das gewebe hineinzutragen."[3]) Nur wünscht er Gottsched höflicher behandelt zu sehen, als es z. B. gleich in Breitingers erstem Kriegsmanifest, der „Critischen Abhandlung von der Natur, den Absichten und dem Gebrauche der Gleichnisse", geschah, die der Verfasser doch noch wagen konnte mit Unschuldsmiene selbst an Gottsched einzusenden. Wir dürfen nicht vergessen, daß die Züricher Kampfhähne ihre gute Sache durch unschöne, oft perfide, persönliche Kampfmittel verunzierten, wie denn namentlich mit Bodmer schwer auszukommen war.[4]) Solch Gebaren mußte dem Neutralen ungerecht erscheinen. Und Neutralität beobachtete dieser Berner Kreis, wenn es auch zeitweilig eine für Gottsched wohlwollende Neutralität war.

Von Hürner kann man am besten sagen: er ließ nicht von Gottsched ab, ohne indes eigentlich für ihn zu kämpfen. Auf welche Weise sich seine

---

[1]) Handschriftlich im Besitz des Herrn Oberst Rudolf von Sinner zu Bern.
[2]) Vgl. Baechtold a. a. O. S. 586 flg.
[3]) Fortdauernd nach den Handschriften auf der Züricher Stadtbibliothek.
[4]) Wir denken nicht nur an Klopstocks und Wielands Erfahrungen, sondern namentlich auch an die Zerwürfnisse mit Schweizern wie Spreng.

Beziehungen zu dem Leipziger Schulmeister der deutschen Litteratur knüpften, wie er nicht nur sprachlich, vielmehr zugleich philosophisch dessen persönlicher Schüler geworden und wie er schließlich in der Litteraturfehde steht, zeigt sein Schreiben an Gottsched vom 3. November 1741[1]): „Wenn der Verlauf einer Zeit von drei Jahren mich bei E. HE. nicht in Vergessenheit gebracht hat, so bin ich glücklicher als ich verdienet habe. Ein Brief von Sr. Hochw. dem Hrn. Abt Mosheim hat mir, so lange ich in Leipzig geblieben bin, Dero unschätzbare Gewogenheit zuwege gebracht. Das Vergnügen, das ich daraus empfunden, habe ich meinem Vaterlande, und jedermann, nur E. HE. nicht, angerühmet, und werde es wiederholen, so lange das Andenken wahrer Verdienste bey mir nicht erlöschen wird. Ich kann E. HE. keine geringere Probe meiner Hoch= achtung geben, als wann ich Ihnen einen meiner Landsleute zum Zuhörer schicke . . . Er begehret in der Theologie nicht viel zu thun, sondern sich im stylo und in der Beredsamkeit etwas zu üben . . . Ich darf E. HE. nichts zu sagen, ob es mir wohl gehe oder nicht. Sie wissen gar zu wohl, was für Lob und Tadel ein Theologus zu erwarten hat, der sagen darf, die Predig= methode müsse vernünftig seyn. Die Deutsche Gesellschaft, die hier von Staats= gliedern, Predigern und Professoren ist aufgerichtet worden, reizet noch mehr. Man fährt indessen fort. Wir hoffen, die Zeit werde uns zeigen, daß man nicht vergebens gearbeitet hat . . . NB. Wir nehmen an dem Krieg, den unsere Landsleute von Zürich wider die ganze Deutsche Nation vorgenommen haben, kein Theil. Fertiget man sie ferners ab, wie es in einem periodischen Werke zu Leipzig erst vor kurzem geschehen ist, so wird ihnen die Lust vergehen. Wir wünschen unsern Landsleuten mehrere Liebe zum Frieden und zum Natür= lichen, so werden sie von Deutschland ablassen und mit Miltons Liebhabern anbinden.“

Dieser Herzenserguß bildet übrigens eine der beiden Schweizer Zuschriften, mit denen Gottsched in der Vorrede zur 3. Auflage seiner „Critischen Dichtkunst“ renommiert.[2]) Eine ähnliche Stellung bewahrt sich Hürner; es war kein Ausfluß von Parteilichkeit, sondern Feststellung einer Thatsache, wenn er am 17. April des folgenden Jahres[3]) hinzufügt: „E. HE. haben nicht einzelne Menschen sondern ganze Gesellschaften aufgemuntert.“ Für deutsche Gesinnung und Aufklärung errichtete Hürner unter Gottscheds Einfluß eine Pflanzstätte in der Berner „Deutschen Gesellschaft“.

Viel schlimmer ist es in der That um Altmann bestellt. Auf einen gehässigen Charakter läßt schon das Raffinement schließen, mit dem er die Züricher Verbündeten zu entzweien sucht. Mit noch größerer Unverfrorenheit

---

[1]) Die authentische Handschrift auf der Leipziger Universitätsbibliothek.

[2]) Es ist also nun endgiltig wenigstens der auf jene beiden Briefe hin erhobene Vorwurf der Fälschung von Gottsched genommen.

[3]) Vergl. Danzel: Gottsched, S. 240.

leugnet er ab, Verfasser des anderen von Gottscheb in der Vorrede zur 3. Auf=
lage der „Critischen Dichtkunst" producierten Briefes zu sein.[1]) Auch sonst
treibt Altmann, so lange es geht, die schmählichste Doppelzüngigkeit: während
seine Briefe an Gottscheb[2]) von Schmähungen der Züricher wimmeln, spielt
er sich Breitinger gegenüber auf den Naiven hinaus und sucht den Schein
seiner Unabhängigkeit zu wahren. Es muß dahingestellt bleiben, wieviel Glaub=
würdigkeit unter diesen Umständen sein renommistisches Kompliment an Gottscheb
hat, „daß Bern . . . so viel von Ihren Werken sich anschaffet, als vielleicht in
keiner Stadt von Deutschland verkaufet werden".[3]) In einem Punkte aber hat er
Gottschebs zweifellos Recht: wenn er nämlich rügt, daß die Züricher — offenbar um
Prunken mit seiner Berner Gefolgschaft Paroli zu bieten — einige Schmäh=
schriften gegen den Leipziger Diktator in Zürich mit der Angabe von Bern
als Druckort abdrucken ließen.[4]) Es war eben ein allgemeines Versteckenspielen,
der Zweck heiligte die Mittel und die Vorsicht galt als der bessere Teil der
Tapferkeit. Das mag auch Altmanns Verhalten in milderem Lichte erscheinen
lassen.

Bewies er doch jedenfalls einmal Mut genug, als er es 1740 wagte,
seine neue moralische Wochenschrift, den „Brachmann", dem Leipziger Gelehrten=
paar Gottscheb zu widmen. Unterm 3. Christmond 1740 wenden sich „die
Verfasser" in dieser Zueignung an den soeben von Zürich bedrohten Sprach=
meister und seine geschickte Helferin:

. . . „Da sie in ihren Büchern so viele Zeugnisse ihrer Erfahrenheit in
den schönen Wissenschaften, und in allen Theilen der Gelehrsamkeit, welche
einen recht vernünftigen Menschen zieren, der Welt vor Augen geleget, so
werden sie sich nicht verwundern, wenn Leute, die ihnen unbekannt, und weit
von ihnen entfernet, ein öffentliches Bekenntniß in dieser Zuschrift ablegen, daß
sie an ihnen dasjenige ehren und hochhalten, welches ihre Namen der gelehrten
Welt so bekannt, als beliebt gemacht hat. . . . Sind solche nicht mit der
Reinigkeit geschrieben, wie sie wohl wünschen könnten, so bitten wir zugebenken,
daß es eben so schwer sey, die deutsche Sprache in einer gänzlichen (so!) Ein=
förmigkeit zu bringen, als es denen Griechen gewesen, die gleiche Mund=Art in
einem weit kleinern Lande, in gleiche Regeln zu binden. . . . Wir versichern
Sie, daß unser entferntes Helvetien mit aller billigen Hochachtung Ihnen
werde verbunden seyn. . . . Die Nachwelt wird mit dankbarem Gedächtnisse
Ihre Schriften lesen, durch welche sie die Einfalt und Reinigkeit der Deutschen
Sprache, in grossen Glanz gebracht."

---

[1]) Vergl. Baechtold, S. 569 flg.
[2]) Siehe Danzel, S. 237 flg.
[3]) Am 1. Wintermond 1741.
[4]) Wiedergegeben bei Danzel S. 240.

Bezeichnend ist, wie immer, wenn auf Gottscheds und seiner Anhänger Verdienste die Rede kommt, die Hervorhebung sprachlicher Gesichtspunkte. Freilich stand die Litteraturfehde damals noch im ersten Stadium: im offenen Hervortreten der Rivalität. Dennoch planen Bodmer und Breitinger eine periodische Gegenschrift.[1])

Die Zeitschrift selbst greift garnicht in die litterarische Bewegung ein. Sie wahrt den Charakter der moralischen Wochenschrift und wirkt in deren allgemeinem sittenreformerischen Geist. Speziell aber auch beklagt sie: „Schweizer nehmen zu ihrem Unglück fremde Sitten." — Das 5. Stück rührt von Haller her: freilich handelt es sich nur um Wiederabdruck seines Beitrags zum „Teutschen Bernerischen Spectateur" von 1734 (Nr. 13).

„Der Brachmann" — soll heißen: Brahmane — ward in Zürich bei Heidegger und Compagnie gedruckt. Von den Nummern 12, 17 und 47 sah er sich genötigt, anstelle der dort hergestellten Exemplare einen ganz andern Text in Bern drucken und ausgeben zu lassen.[2]) Doch ist das in Bern ursprünglich gedruckte 17. Stück in das 47. Züricher Stück aufgenommen worden.

Obgleich dies Journal nicht offizielles Organ der Gesellschaft, sondern Privatunternehmen von Altmann mit Unterstützung durch einige andere Mitglieder war, zeigt sich Gottsched diplomatisch genug, die Widmung durch eine Zueignung des VII. Bandes seiner „Critischen Beyträge" an die gesamte Deutsche Gesellschaft als solche zu erwiedern.

Unterm 21. Julius 1742 dankt die Gesellschaft offiziell für diese Huldigung:

„Die Ehrbezeugung, die E. HE. unserer Gesellschaft, durch die höchst-verbindliche Zuschrift des VII. Bandes Ihrer critischen Beyträge, erwiesen haben, ist eines von denen Denkmälern welches der Welt zeiget, wie sehr Ihnen das Aufnehmen unserer Sprache und des guten Geschmackes angelegen ist. Nicht allein ist Deutschland von Ihrem Eifer belehret und auf-geweckt worden; sondern auch bey uns haben ihre löblichen Bemühungen, Liebhaber und Nachfolger gefunden, die den Preis Ihrer Arbeiten kennen und schätzen. E. HE. . . . geben uns zugleich an dem Inhalt ihrer critischen Unter-suchungen, ein Muster an die Hand, wie man wohl beurtheilen, und zur Reinlichkeit und Zierlichkeit der Sprache gelangen könne . . . Eine Gesellschaft, deren Glieder . . . in einem Lande wohnen, das eine fremde Sprache liebet, und die seinige lange Zeit nur zur täglichen Nothdurft getrieben hat, kömmt erst nach einer gewissen Zeit, und durch unermüdete Arbeit zu ihrem Zwecke.

---

[1]) Siehe Baechtold S. 533.

[2]) Bei Prof. Ludwig Hirzel in Bern (†) durfte ich 1896 einen vollständigen Züricher Druck, auf der Züricher Stadtbibliothek ein Exemplar mit den Berner Ersatzstücken benutzen. In beiden Exemplaren befinden sich handschriftliche Verweise auf diesen Sachverhalt.

Dennoch verbinden uns sehr viele günstige Umstände, zu hoffen, daß es bald in unserem Vaterlande, mehr Liebhaber als Verächter unserer Muttersprache geben werde. E. HE. werden ein großes dazu beytragen, wenn Sie so fort=fahren werden, an der Ausbesserung der Sprache und des Geschmackes zu arbeiten."

Altmann behielt freilich nur kurze Zeit die Leitung in Händen, sie wurde bald dem Großweibel Freudenreich übertragen[1]), doch blieb Hürner secretarius perpetuus[2]) und damit wohl dauernd der eigentliche Mittelpunkt. Ein anderes Mitglied, Uriel Freudenberger, ebenfalls Theologe, bleibt nun freilich in Verbindung mit Bodmer und läßt da manch Wort gegen Gottsched fallen. Aber es ändert sich eben nichts an der Neutralität der Gesellschaft, und auch Freudenbergers Darlegung der Gesellschaftszwecke zeigt in der positiven Thätigkeit des Kreises den Einfluß des Leipziger Sprachmeisters unverkennbar. „Das Vorhaben unserer Gesellschaft", so läßt er sich gegen Bodmer schon am 21. Wintermonde 1739 aus, „ist, nicht nur der reinigkeit der Sprache bey uns aufzuhelfen, sondern durch unsre arbeit uns tüchtig zu machen, unsern Landsleuten mit guten Schriften zu dienen, die den guten Geschmack noch mehr pflanzen und befördern können." Auch gegen Haller gedenkt er der Ge=sellschaft wiederholt[3]); so noch am 22. Herbstmond 1742:

„Wir fahren in unsrer Arbeit lustig fort, und sind nun bald im Stande der Deutschen Welt eine Probe davon vorzulegen. Einige Glieder haben die Uebersetzung des Brüyer übernommen, und sind darinn schon weit fortgerückt. Ich fahre insbesonders in der untersuchung der Abstammung der schweizerischen Mundart fort, und Hr. Prof. Kilchberger arbeitet auch daran."

Da Freudenberger damals die Aufsicht über die dritte Auflage der Hallerschen Gedichte führte[4]), setzt er charakteristisch hinzu:

„Weil ich gesehen, daß mein Hochzuehrender Herr den Herren Deutschen zu gefallen gewisse schweizerische Ausdrücke geändert, so habe ich geglaubt, man könne auch in der Rechtschreibung sich nach denselben richten; und daher ist es geschehen, daß ich auch diese Aenderung gemacht habe."

Die „Herren Deutschen" sind im wesentlichen die Herren Obersachsen, in erster Linie Gottsched.

Nicht minder bleibt Haller durch Mitteilungen seines Freundes Johann Rodolf von Sinner[5]) auf dem Laufenden. Am 26. März 1740 berichtet

---

[1]) Nach F. v. Sinners Aufzeichnungen wie Hürners Brief an Bodmer vom 29. Juni 1739, s. auch Baechtold im Anhang S. 213 unter seinen Nachträgen.

[2]) Nach Sinners Aufzeichnung.

[3]) Nach den Handschriften auf der Berner Stadtbibliothek.

[4]) Vgl. L. Hirzel in der Einleitung zu Hallers Gedichten, S. 225.

[5]) Nach den Berner Handschriften. — Hallers Rückäußerungen bei Rößler: Die Gründung der Universität Göttingen, S. 326 u. 330.

dieſer, daß bie Geſellſchaft, um bie bis bahin nur ein Teil von Bern unb einige Züricher Gelehrte gewußt, nun in ganz Deutſchland bekannt ſein werde, weil ihr Prof. Burtorf aus Baſel als Dank für ſeine Ernennung zum Mitgliebe ſeine neue Ausgabe bes Dictionnaire von Rondeau gewibmet habe. Sein Kollege Prof. Beck plane aus bemſelben Grunbe ein ähnliches Denkmal ſeiner Erkenntlichkeit.[1] „Je souhaite," ſetzt Sinner hinzu, „que bientôt nous soyons en état de nous en établir une solide par nous-mêmes." Unmittelbar an bieſen Stoßſeufzer ſchließt ſich ein neues Bekenntnis ber Berner Neutralität: „Mrs. Bodmer et Breitinguer de Zuric s'érigent en Dictateurs Teutoniques. Leurs beaux ouvrages se font estimer par leurs ennemis même — si seulement ils mordaient moins grossièrement." Im ſelben Sinne am 10. Februar 1742:

„Mr. Bodmer continue à se battre contre ceux de Lipsik; quoique les combats ne se fassent pas toujours avec toute la politesse désirable, il ne nous importe pas de beaucoup. Nous sautons les grossièretés et tâchons de profiter de ce qui s'y trouve de solide. Mais personne n'en profite moins et travaille moins pour la Société que moi."

Daß Haller bie Mitgliebſchaft annahm, gereicht ber Geſellſchaft zu beſonderem Stolz. Sinner erwähnt gleichzeitig, baß ſie bie britte Auflage ſeiner Gedichte als Werk eines ihrer Mitglieder bezeichnen wolle, obgleich es ſchon vor ihrer Gründung zuerſt bas Licht erblickt. Auf ber Neujahrsfeier trank man mit Hochachtung unb Herzlichkeit bie Geſundheit bes berühmten „Mitbrubers". — Schließlich abermals Pläne einer Geſellſchaftspublikation:

„Nous avons résolu de songer à travailler pour la Presse, et nous nous flattons que vous fournirez aussi votre contingent: si c'est en vers, l'obligation sera tant plus grande."

Gewöhnlich mutzt man[2] nun freilich ber Geſellſchaft auf, baß all ſolche Abſichten nicht zur Vollenbung reiſten. Da bie Welt von ihren Arbeiten nichts zu ſehen bekam, nannten ſie ihre ſpottenben Feinde bie ſtillſchweigenbe Geſellſchaft. Die Ergebniſſe unſerer Unterſuchung nötigen uns, in ſchroffem Gegenſatz hierzu, ben Ruf ab: Gott ſei Dank, baß bie Berner Deutſche Geſellſchaft nichts veröffentlichte! Hätten manche verwandte Vereinigungen nur gleiche Enthaltſamkeit bewieſen! Mag man bieſe Aeußerung nun nehmen, in welchem Sinn man will: in jebem Sinn müſſen wir ſie verfechten. Sobalb ſolche Uebungsgeſellſchaften mit ihren Elaboraten prätentiös vor bie Oeffentlichkeit traten, hatte man ein gewiſſes Recht, über litterariſche Schulerercitien zu ſpotten.

---

[1] Die Wibmung ber Gottſchebſchen „Beyträge" batiert erſt vom 7. Februar 1742. — Auch Spreng war zum auswärtigen Mitglieb ernannt unb wibmet ben Bernern 1743 ſeine Ausgabe von Drollingers Gedichten.

[2] Beſonbers Baechtolb S. 574.

Solange sich diese aber im Innern der Vereinigung abspielen, auf die Sitzungen beschränken, liegt nicht nur kein Grund zu verächtlicher Auffassung vor, sondern wir haben sogar alle Veranlassung, die vielseitige Bedeutung dieser Versuche und Ausarbeitungen zu würdigen.

In dankenswerter Ausführlichkeit spricht sich Friedrich von Sinner über das Treiben der Gesellschaft aus.[1] Gleich am Anfang bezeichnend: „Ein so nützliches, auf das bisher hier in Bern so sehr vernachläßigte Studium der deutschen Sprache abzweckendes Institut fande sogleich auch meinen Beyfall." Nachdem er von Sammlung der zur Vereinsarbeit notwendigsten Bücher gesprochen, fährt Sinner fort: „Unsre Versammlung wurde auf jeden Mittwoch Nachmittag von 2 bis 6 Uhr angesetzt, und in der Insul bey Hrn. Freuden= berger[2] gehalten, wo auch Unsere Bibliothek und eigene Schriften aufbehalten wurde. Anfänglich übten wir Uns in Uebersetzungen, hernach, nach jedes Willkühr, in Reden, Dissertationen und dergl., so ein jeder in seiner Kehre verfertigte. Solche wurden zuerst der Censur eines der geschicktesten Mitglieder, hernach in der Versammlung der Beurtheilung aller übrigen underworfen; alle fehlerhaften Stellen nach dem Mehr der Stimmen verbessert, und bey diesen Beurtheilungen sowohl die Sprach= als Wohlredenheits-Regel nach dem Ge= schmacke der besten deutschen Sprachlehrer dieser Zeiten in ihren Quellen zu Rathe gezogen." Nachdem er dann der Anregung zu guter häuslicher Lektüre sowie der gemeinschaftlichen Lesung und Besprechung neuer Werke gedacht, berührt Sinner die damals in Mode stehende niedere Gelegenheitsdichtung: „Man übte sich auch nach dem Gebrauche aller solcher Gesellschaften, bey frischen Annennungen (deren in folge der Zeit verschiedene geschehen), Beförderungen und andern Vorfällen, Reden und Discoursen aufzusetzen, die nach geschehener Vorlesung ebenfalls wie oben beurtheilt und verbessert wurden." — Was andre Gesellschaften von solcher gelegentlichen Lehrlingspoesie veröffentlichten, war stümperhaft genug, aber die Uebungen in Sprache, Stil und Beredsamkeit als solche waren aller Orten von nicht zu unterschätzender Bedeutung für die Korrektheit und Gewandtheit des schriftlichen wie mündlichen Ausdrucks. — Sinner betont selbst den Nutzen, den die Mitglieder dauernd in ihren geist= lichen oder weltlichen Beschäftigungen von dieser Arbeit davontrugen, sowie den Vorzug der Gesellschaftssitzungen vor den sonst in Bern zu jener Zeit üblichen Spiel=Assembleen.

Uebrigens korrespondierten die Berner mit andern Deutschen Gesellschaften in Deutschland und der Schweiz. — Die Versammlungen wurden nach diesen Aufzeichnungen 4 oder 5 Jahre hindurch fleißig von allen, wenigstens den meisten Mitgliedern besucht. Nach und nach aber verminderte sich durch

---

[1] In den mehrfach erwähnten handschriftlichen Aufzeichnungen.
[2] Er war Prediger am Inselspital.

Beförderung der ersten Stifter auf Aemter und zu höheren Stellen der Eifer auch der neuen Glieder. Dazu kamen andere „bey uns Bernern dem Fort=gang der Wissenschaften stäts im Wege stehenden Hindernissen" — die schon berührte Abneigung weiter Kreise der damaligen vornehmen Jugend Berns gegen andere als materielle Genüsse und andere als ökonomische Interessen. Kurzum, die Versammlungen wurden „zuerst vernachläßiget, versaumt und endlich so verlassen, daß auch wir fleißigen sie nicht mehr frequentiren konnten." Ueber 1743 hinaus hat man thatsächlich von dieser Gesellschaft nichts mehr gehört.

Außer dem Präsidenten Großweibel Freudenreich und dem ständigen Sekretär Diakonus Hürner waren die ersten Mitglieder Professor Altmann, Inselprediger Freudenberger, alsdann Professor Kilchberger, Professor Kocher senior, Cand theol. Johann Jakob Wolf, ferner von Weltlichen die Landvögte Daniel Tscharner und Alexander von Wattenwyl, der spätere Präsident der Helvetischen Gesellschaft von Schinznach, weiter der Stiftschaffner Freudenreich und Friedrich von Sinner. Kurz nach der Stiftung begehrten auch den Beitritt: die Mit=glieder des Großen Rats Franz Ludwig Steiger, Johann Rudolf von Mulinen und Karl Emanuel von Bonstetten, sowie Hallers Freund Johann Rodolf von Sinner u. a.

Wenn die Gleichgültigkeit gegen Kulturbestrebungen in der ersten Hälfte des vorigen Jahrhunderts gewöhnlich den regierenden Familien zur Last gelegt wird, so darf nach dieser Aufzählung doch wohl gesagt werden, daß die vor=nehmsten und regierenden Kreise des Freistaates an der Deutschen Gesellschaft einen verhältnismäßig rühmlichen Anteil nahmen. Ueberdies konnte Johann Rodolf von Sinner den 10. Februar 1742 an Haller berichten, daß seit un=gefähr einem Jahre die Gesellschaft zwei angesehene Ehrenmitglieder zähle, und Friedrich von Sinner vermerkt: „Herr Venner Johann Rodolf Tillier, ein gelehrter Herr, Herr Senator Christoph Steiger, nachheriger Schultheiß, geruhten als Membra honoraria in solche zu treten und durch diesen ihren Beytritt derselben einiches Ansehen zu geben, wobey es aber auch, soviel an Ihnen, bliebe." Wenn wir nun sehen, daß die beiden Hauptgegner der Deutschen Gesellschaft auch politisch mit diesen Kreisen in Konflikt geraten, so springt ein gewisser Zusammenhang der litterarischen mit der politischen Bewegung Berns in die Augen.

Samuel Henzi und Samuel König nämlich, deren politische Schicksale zur genüge bekannt sind, bilden zu dieser von ihnen sogenannten „Ligue" eine „Fronde" und verspotten sowohl in ihren Briefen an Bodmer wie in öffentlich ausgesandten Satiren gemeinsam Gottsched und die Berner Deutsche Gesell=schaft.[1] Man kann sich leicht vorstellen, wie die Herren vom Großen Rat,

---

[1] Vgl. Mörikofer: Die Schweizerische Litteratur, S. 11 flg., Baebler: Henzi, S. 13 flg. und Baechtold S. 576.

die Herren Landvögte und auch der Venner Tillier samt dem Senator Steiger schon durch diese litterarischen Schmähschriften der Malkontenten aufgebracht wurden.

Charakteristisch ist nun, daß Henzi und König gerade die puristischen Bestrebungen der Deutschen Gesellschaft verspotteten und gegen „die deutsche Rotte von Bern" wüteten. Nicht minder bezeichnend erscheint es, daß sowohl diese Satiren wie die sonstigen Schriften dieser Männer, besonders Henzis, fast ausnahmslos[1]) in französischer Sprache abgefaßt sind. So zeugen auch gerade die Angriffe für den Geist deutscher Kultur in der Deutschen Gesellschaft zu Bern.

Der Streit der beiden Parteien spiegelt sich sogar in einem Journal, das um diese Zeit von unbeteiligter Seite herauskam. Der „Berner Mercurius" von 1743[2]) setzt S. 24 mit einer Meldung von der Litteraturfehde im Sinne der Züricher ein: „Die Herren Teutschen wolten sich zu Dictatoren der teutschen Sprach aufwerffen, und wolten nicht ertragen, daß die Schweizer sich sollten zu Sinn steigen laſſen, etwas von der teutſchen Sprach zu reden." Jetzt möchten Triller und Gottſched, wenn ſie mit Ehren könnten, gern aus dem Streit fliehen, — die Situation werde für ſie auch gefährlich, wenn ſich gar „der bekannte und geiſtreiche Herr Liscot" (ſo!) wider Gottſched erklärt habe. Die Züricher meldeten, Gottſched ſchmeichle ſich der Hülfe zweier Männer aus einem benachbarten Kanton, was indes wohl ein Phantaſiebild deſſelben ſei.

Offenbar ſind hier die Angaben der Züricher als ſchweizeriſchen Urſprungs ohne jede Nachprüfung wiedergegeben. Hatte es doch mit dem vermeintlichen Phantaſiebild — wie wir bereits erfuhren — gar zu wohl ſeine Richtigkeit! Nur daß es freilich diejenigen am entſchiedenſten ableugneten, die am beſten die Wahrheit hätten beſtätigen können. Alsbald iſt denn auch eine Gegenäußerung aus Bern ſelbſt angekommen, welche auf intereſſante Weiſe zeigt, inwieweit man ſich öffentlich mit Gottſched einzulaſſen wagte und inwieweit man für gut fand, die Verbindung mit ihm zu verleugnen. S. 59 flg. ſteht:

„Da wir übrigens in unſerm 1. Stück des zwiſchen denen Gelehrten in Leipzig und denen von Zürich waltenden Streits Meldung gethan; haben wir zwar vermeldet, Hr. Gottſched betriege ſich ſelbſten, wann ſich einbilde, daß in einem benachbarten Canton er einige Hülff zu haben vermeyne; allein ſeithero haben wir in verſchiedenen Zuſammenkünfften genugſam entdecket, daß gewiß Hr. Prof. Gottſched an vernünfftigen und gelehrten Freunden keinen

---

[1]) Zwei deutſche Gedichte Henzis ſ. Archiv für Litteraturgeſchichte, Bd. X, S. 364 flg. Vgl. L. Hirzel, Im neuen Reich, Bd. X, 1, S. 289 flg. Königs wiſſenſchaftliche Arbeiten ſind natürlich meiſt lateiniſch geſchrieben.

[2]) Sehr ſelten. Ich benutzte das Exemplar von Prof. Ludwig Hirzel in Bern.

Mangel hat, welche an Tag geben, wie viele Hochachtung sie vor ihne haben; ja viele wollen sich über uns verwundern, daß wir den Streit sogleich entscheiden, und den Sieg ohne Nachdenken den Züricherischen Kunst=Richtern beygeleget haben. Wir müssen also gestehen, daß es schwer seye über alle die verschiedenen Streits=Puncten, die Metaphor, das Epische Gedicht, die Critic über den Milton zu urtheilen. Die Gelehrten von Zürich haben viel Fleiß und Gelehrsamkeit bey diesen Untersuchungen gezeiget; hingegen wird die gantze gelehrte Welt mit uns bekennen, daß man sowohl in der Sprache als der Beurtheilung des guten Geschmacks denen Gelehrten von Leipzig vielen Danck schuldig seye, und man ersucht dieselbe in ihrem so löblichem Eifer noch ferners fortzufahren."

Zugleich beweist diese Form des Rückzugs, daß die Sympathien für Gottsched mit dem Hinüberschlummern der „Deutschen Gesellschaft" nicht aus den litterarisch interessierten Kreisen Berns verschwanden.

Der ja immer optimistisch gestimmte Leipziger Sprachmeister seinerseits war so guten Vertrauens zu der Bildungsfähigkeit der Berner Jugend, daß er Jahre lang den schwindelnden Plan betrieb, einen Apostel der reinen hochdeutschen Einheitssprache dorthin zu entsenden. Magister Johann Wilhelm Steinauer war bekanntlich[1]) zu dieser Mission ausersehen. Dieser erstrebte aber eine feste Anstellung, während man in Bern sich nicht so weit einlassen, sondern im wesentlichen ihn selbst die Chancen des Versuches übernehmen lassen wollte. Es geschieht das Ueberraschendste: am 13. Dezember 1743 meldet Steinauer dem Leipziger Gönner, daß er, statt als Kämpe des Hochdeutschen nach Bern, als Offizier in das — französische Heer getreten sei! Dort machte er eine bessere Karriere: er stieg bis zum Feldmarschall. —

Präzisieren wir nach alledem die Litteraturzustände Berns mit besonderem Hinblick auf Spuren Gottschedscher Einwirkungen, so werden wir sagen dürfen: Zunächst unternimmt Altmann seit den zwanziger Jahren unter Züricher Einflüssen wiederholt, für Erweckung von geistigem Interesse im Sinne der moralischen Wochenschriften zu wirken. Ende der dreißiger Jahre regt Hürner, den seine Leipziger Studienzeit auf sprachlichem wie philosophischem Gebiete zu Gottscheds Schüler gemacht hat, sogleich nach seiner Heimkehr die Errichtung einer „Deutschen Gesellschaft" an und entwirft deren Organisation nach dem Muster der Leipziger. Altmann, überhaupt ein unsicherer Kantonist, schwenkt in die Gottschedsche Richtung ein. Hürner nimmt in der Berner Gesellschaft eine ähnliche Stellung ein, wie Gottsched bis 1738 in der Leipziger: unter einer Respektsperson als Präsidenten wirkt er als ständiger Sekretär. An der

---

[1]) Siehe I. Band dieser Schrift, S. 54 flg. — Otto Günther in den Mittheilungen der Deutschen Gesellschaft in Leipzig, Bd. IX, S. 58, nennt irrig Basel als das geplante Operationsfeld für Steinauers Mission.

Litteraturfehde beteiligt sich die Gesellschaft nicht. Die positiven Thätigkeiten
Gottscheds bleiben aber das Vorbild: deutsch statt französisch, reindeutsch statt
kauderwelsch, hochdeutsch statt dialektisch, elegantdeutsch statt unbeholfen, ver=
nünftig statt mystisch strebt man zu schreiben und nach Möglichkeit auch zu
reden. Freilich bewährt sich das Wort Wielands[1]): Deutsche Gesellschaften
mögen nützlich sein, können aber keine großen Dichter bilden. —

Die Einwirkung von Gottscheds Lehre und Beispiel bleibt nicht auf diese
„Deutsche Gesellschaft“ beschränkt. Zwar die litterarischen Leistungen einer
„Gesellschaft der Großmüthigen“ beschränken sich auf moralische Abhandlungen
über Großmut, Freundschaft, Liebe, allerdings auch über Nachahmung fremder
Sitten, sowie auf Gelegenheitsgedichte und — Stadtklatsch, ohne weitergreifende
Ziele.[2]) Aber ungefähr ein Jahr nach Stiftung der „Deutschen Gesellschaft“
entwickelt sich in der akademischen Jugend eine Parallelgesellschaft, deren Name
„Vergnügte Deutsche Gesellschaft“[3]) offenbar darauf hindeutet, daß
die Mitglieder neben den ernsten Uebungen ein freundschaftlicher, jugendlich
heiterer Verkehr zusammenhielt. Niemand anders als Gottscheds unmittelbarre
Schüler Diakonus Hürner erscheint auch hier als spiritus rector.

Am 5. Hornung 1744 schreibt dieser Jugendbund an die äußerlich ziemlich
gleich organisierte „Wachsende Gesellschaft“ in Zürich:

„Es sind bereits 4 Jahre verflossen, da wir uns in diesen Gedanken zu
einem Manne gewendet, dessen gründliche Gelehrtheit, Aufenthalt auf den
Deutschen Hohen Schulen und Eifer für das Wachstum der schönen Künste
Bey Jederman eine Hochachtung erweckte. Wir ofenbarten Demselben unser
Verlangen selbst eine der Redekunst und der Deutschen Sprache gewidmete
Zusamenkunft anzustellen. Wir Baten Ihne, denselben beyzuwohnen, damit
Er uns mit seinen Gelehrten Anmerkungen behülflich wäre. Allein es hatte
niemals die Bewandtniß mit deßelben Urtheilen, als wenn wir selbige als so
viele Aussprüche betrachten sollten, welchen wir uns unumgänglich unterwerfen
müßten. . . . Die Verrichtungen, welche userm damaligen Hrn. Vorsteher
wegen einer erhaltenen Würde obgelegen, hinderten Ihne unsern Versamlungen
länger beyzuwohnen. Ein nicht weniger berühmter Gelehrter, welchen wir zu
userm Vorsteher erwehlten, ergänzete seine Stelle. Diese bekleidete er beynahe

[1]) An Bodmer, 20. Dezember 1751.
[2]) Nach dem Archiv im Besitz des Herrn Lauterburg in Bern, mir mitgeteilt
von Herrn Dr. Karl Geiser daselbst.
[3]) Die ganze folgende Darstellung dieser bisher verschollen gewesenen Gesellschaft
geschieht nach den Akten und Briefschaften der „Wachsenden Gesellschaft“ auf der
Züricher Stadtbibliothek. Nur Mörikofer, S. 12, nennt wenigstens den Namen.
Baechtold (S. 575 flg.) kennt nur zwei gelegentliche Erwähnungen in Bodmers
Briefwechsel, die er mißversteht, so daß er diese Jünglings-Vereinigung mit der
„Deutschen Gesellschaft“ selbst identifiziert.

2 Jahre, als Ihne verschiedene Gründe abgehalten, uns seines Vorsitzes ferners zu würdigen. Itzo hat uns das Glück einen solchen beschieden, deßen Eifer, Gelehrtheit und Bemühungen, uns Ihme unendlich verbinden."

Nach dem Schreiben vom 24. Dezember 1743 und 4. März 1744 war Hürner der erstgewählte, Altmann der zeitlich zweite, Pfarrer Freudenberger der nunmehrige Vorsteher, d. h. im wesentlichen: Aufseher. Mit des letzteren Wahl gegen Ende 1743 erfolgte nun freilich eine gewisse Wendung — nicht in der Arbeitsrichtung der Gesellschaft, wohl aber in den äußeren Beziehungen zu den Züricher Litteraturkreisen. Jetzt geschieht es, daß Freudenberger seine Schützlinge der Gunst Bodmers empfiehlt (am 21. Christmond 1743 und am letzten Hornung 1744) und eine Verbindung mit der von Bodmer beaufsichtigten „Wachsenden Gesellschaft" herstellt.

Die Gesetze aus Hürners Zeit bleiben unverändert: Niemand wird aufgenommen, der nicht „zwei Jahr in dem philosophischen Hörsaal zugebracht" hat. „Ein jeder soll seine eigene Arbeit in der Gesellschaft selbst mit vernehmlicher Stimm vorlesen. Ist dieses einmal geschehen, so soll man nach der bestimmten Zeit erstlich die Einrichtung von der ganzen Schrift beurtheilen, hernach insbesondre alle Gedanken und Ausbrücke stücksweise prüfen." — „Aus einem Poeten ist nicht erlaubt in Prose zu übersetzen."

Noch nach Herstellung des Verkehrs mit den Züricher Wachsenden (5. Hornung 1744) bezeichnen die Berner Vergnügten als Ursprung ihrer Vereinigung die Wahrnehmung, daß die neuen Schriften von vortrefflichem Geschmack und die Verbesserungen unserer Muttersprache besonderen Deutschen Gesellschaften zu danken seien. — Ferner betonen sie:

„Wir setzten unsere Hauptabsicht in der Erlernung der Deutschen Sprache, in der Beredsamkeit, in der Uebung der vornehmsten Wißenschaften und in der Dichtkunst. Deß Monahts einmal muß derjenige mit einer Rede auftreten, welchen die Reyhe berühret. Alle 14 Tage wird eine Abhandlung, und alle 8 Tage eine Uebersetzung beurtheilet und ausgebeßeret. Den Stoff wehlet ein jeder selbst. Einige aus unserem Mittel, welche eine besondre Neigung zu der Dichtkunst von sich blicken laßen, kleiden ihre Gedanken mit erforderlicher Lebhaftigkeit in Versen . . . Wir samlen einen zu unseren Absichten dienlichen BücherVorraht."

Der „Vergnügten Deutschen Gesellschaft" gehörten an (laut Schreiben vom 4. März 1744): D. R. Delosea, stud. theol. von Murten, Jakob Rubin, stud. med. von Thun, Joh. Rud. Wotrawer, stud. theol. von Bivis, Gg. Langhans, stud. theol. (Obmann) von Bern, Joh. Beck, stud. theol. von Thun, B. L. Fischer, Lieutenant in holländischen Diensten, von Bern, Joh. Rud. Ernst, stud. theol. von Bern, J. J. Dyßli, stud. theol. von Burgdorf, R. Battier, stud. theol. von Basel, Joh. Sutermeister, stud. theol. von Zofingen, Emanuel von Graafenriedt, von Bern, L. Musculus, stud.

theol. von Bern, K. Wyß, stud. jur. von Bern, F. Zehender, stud. jur. von Bern. Hinzu traten noch 1744 (wie eine spätere Liste zeigt) Heinrich Wegelin und Fr. L. Jenner, 1745 dann Isaak Iselin aus Basel, Straßburger aus dem Gothaischen, Ludwig Rodolph, Reinhard v. Graviseth und Ludwig Langhans.

Nachdem die Züricher sie zu außerordentlichen Wachsenden ernannt, er= wiedern sie diese Bundesbrüderlichkeit auf gleiche Weise. Auch begrüßt jede von beiden Gesellschaften einzelne Mitglieder der andern als Gäste — natürlich geht die Bewillkommnung nicht ohne feierliche Oden ab. Zum Beginn eines geistigen Austausches legen die Berner den Freunden an der Limmat die Frage vor: „welches die besten und sichersten Mittel seyen, die Deutsche Sprache zur Aufnahm und zur Vollkommenheit zu bringen". Es verdient Beachtung, daß die Schriftstücke der Berner sprachlich um vieles korrekter sind als die der Züricher!

Wichtiger als die verhandelten Einzelthemata war die Anbahnung eines geistigen Verkehrs zwischen der Jugend der verschiedenen Kantone überhaupt. Daß aus diesem Bunde die bedeutsame „Helvetische Gesellschaft" heranreifte, konnten wir bereits nachweisen, als es galt, den Zusammenhang der Sprach= gesellschaften mit der gesamten Kulturbewegung festzustellen.

Auch die Berner Jugend wuchs aus dem Stadium blos sprachlicher Auf= fassung der Litteratur heraus: zunächst löst sie sich unter der neuen Leitung sowie unter Wirkung des Verkehrs mit Zürich von Gottscheds Geistlosigkeit los, um sich entschieden gegen sie zu wenden. Sobald dann Klopstock in deutscher Sprache Töne fand, die aus einer höheren Welt erklangen, riß er auch hier alles mit sich fort, was der Begeisterung und Erhebung überhaupt fähig war. Schon 1749 bekennt Vincenz Bernhard von Tscharner[1]): „Der Messias" errege ihm „de grands sentiments". Sein Freund Bertrand giebt zwar eine Kritik des „Messias" vom Standpunkt des Rationalismus[2]), aber er gerade weist Tscharner zuerst (am 22. Januar 1749) auf das grandiose Werk hin, sogleich mit dem Zusatz: der Uebersetzer Hallers (der „Alpen") müsse den „Messias" nach seiner Vollendung ebenfalls übersetzen. So lange zögert der Angerufene nicht: schon am 13. September des folgenden Jahres kann

---

[1]) Nach Bertrands Brief an ihn vom 9. Dezember 1749. — Tscharners Korrespondenz auf der Berner Stadtbibliothek. — Ueber gesellschaftliche Bestrebungen korrespondiert Tscharner mit Iselin in Basel, mit Lori, dem Stifter der Münchener Akademie, u. a. — s. Gustav Tobler: V. B. Tscharner (Neujahrsblatt der Litterarischen Gesellschaft Bern auf d. J. 1896).

[2]) Elias Bertrand wird später zum Mitglied von Gottscheds „Gesellschaft der schönen Wissenschaften und freien Künste" ernannt, mit der Bestimmung, über Geschichte der Sprache im Waadtland zu berichten — laut französischem (!) Brief an Gottsched vom 26. März 1755. Siehe denn auch seine „Recherches sur les langues anciennes et modernes de la Suisse, et principalement du pays de Vaud" (1758).

Klopstock für einige ins Französische übersetzte Abschnitte danken. Bern bewährt sich damit von neuem als Vermittlerin deutscher und französischer Kultur.

Ein Umschwung bahnte sich auch mit Hallers Uebersieblung in die Heimat an, wie schon sein Besuch 1744 klärend gewirkt hatte. Zugleich treiben die flegel=haften Angriffe der Gottschedschen Schildknappen auf den großen Landsmann endgültig einen Keil in die Berner Gefolgschaft des Leipziger Sprachmeisters. Als Wieland nach Bern kommt, sieht er sich von geist= und gefühlvollen Kreisen umgeben. —

c) Basel. Ein bedeutendes wissenschaftliches Leben herrschte längst in Basel. Der Wortführer der litterarischen Kreise Basels in der Zeit der Litteraturpolemik ist eifersüchtig beflissen, die Priorität seiner Vaterstadt auch in dem neuen dichterischen Schaffen der Schweiz zu wahren: der Berner Haller habe zwar den Vorrang vor der Oeffentlichkeit, Drollinger in Basel sang aber vor ihm, wennschon er seine Gedichte später sammeln und herausgeben ließ. Er hätte auch auf die litterarischen Interessen von Werenfels verweisen können. Derselbe Mann, Johann Jakob Spreng, weiß von gesell=schaftlichen Litteraturbestrebungen bereits aus dem Anfang der zwanziger Jahre, also fast gleichzeitig und jedenfalls unabhängig von den Zürichern, zu erzählen, von einer litterarischen Vereinigung, die sich ebenfalls um Drollinger sammelte. Dieser — der freilich aus Durlach in Baden stammte, aber seit seiner Studien=zeit in das geistige Leben Basels eingetreten war — habe sich die Ausbreitung des guten Geschmackes nebst der Ausübung der deutschen Sprache in Basel so angelegen sein lassen, daß er — wie Spreng 1743 rühmt[1]) — schon vor mehr als zwanzig Jahren mit verschiedenen kritischen Geistern, die sich sowohl hier als in der Nachbarschaft hervorthaten, ein gemeinsames Werk daraus gemacht, und wie der glückliche Erfolg erwiesen, nach und nach so viel geleistet, als man sich von einer förmlichen Gesellschaft hätte versprechen können. Schon in den ersten Jahren seiner Wirksamkeit am badischen Archiv, das nach Basel geflüchtet war, verband sich Drollinger solche Freunde[2]): außer Spreng selbst waren es der Ritter Lukas Schaub, Jeremias Raillard, Franz Christ, der Professor der Rechte Nikolaus Bernoulli, hinzu traten dann Peter Mangold, Johann Rudolf Burckhardt, der Maler Johann Jakob Huber, der Professor der Botanik Benedikt Stähelin, der Pfarrer August Johann Buxtorf, Dr. Johann Buxtorf, der Pfarrer Beuter in Grenzach. Bodmer erfährt von Spreng hierüber[3]): „Diejenigen critischen Geister, mit welchen der selige H. Drollinger an Reinigung der Deutschen Sprache, und sonderlich seiner eigenen Schriften gearbeitet, . . . waren der berühmte Wettstein, ein gewisser Herr Schweighauser, H. Prof.

---

[1]) Gedächtnisrede in der Ausgabe von Drollingers Gedichten.
[2]) Ebenda. Vergl. auch Socin im Basler Jahrbuch 1893, S. 227 flg.
[3]) Im Brief vom 19. Juli 1743.

Stähelin, H. Prof. Nik. Bernoulli, H. Hofrat Cellarius samt andern . . .
Zu den ersten möchte man etwan auch mich zählen. Meine Worte aber sagen
nicht, daß diese Herren selbsten einige schriftliche Critiken verfertiget, sondern nur daß
der sel. H. Hofrat Selbige vor andern zu Richtern seiner Arbeiten erwählt und
nach deren Beurteilung Sich mit solchem Erfolge gerichtet, daß eine förmliche
Gesellschaft nicht mehr Gutes gestiftet hätte. Der H. Hofrat war aber immer
bedacht, eine solche zum Besten der Schweizer und Schwaben errichten zu helfen."

Wie bei solchen Plänen das Muster der Sachsen mit der Ehre der
Schweizer wetteifernd locken, wird gerade aus Sprengs Aeußerungen offenbar:
„Wäre es nicht rahtsam" — schreibt er den 27. Januar 1732 an Bodmer —
„nach dem Exempel der Herren Leipziger, die ungemeine Stücke auf E. HE.
halten, und der Jenaer eine Deutsche mit guten vernünftigen Gesätzen ver-
wahrte Gesellschaft aufzurichten, und irgendwo ein Hohes Haubt zum Beschützer
zu wählen? Ich meine, man sollte das Gewäsche der Sachsen und Schlesier
bald genug beschämen und zeigen, daß bey uns ein weit gesunderer Geschmack,
als bey ihrer Flitter=Critic herrsche."

Dennoch kommt es zunächst nicht über eine freie Vereinigung hinaus, die
sich indes als geschlossener Kreis mit gemeinsamen litterarischen Interessen
fühlte. Zu Männern dieses Kreises unterhielt Albrecht von Haller
während seines Basler Aufenthaltes 1728—1729 Beziehungen und erfährt hier be-
stimmende Eindrücke. Die deutsche litterarische Bewegung spiegelte sich hier im
kleinen: auch Drollinger lenkte um 1722 von dem Marinismus der Zweiten Schlesischen Schule in die Bahnen der auf französischen Spuren wandelnden Besser und
Canitz, sowie des von englischem Geist leise angehauchten Hamburgers Brockes.

Gottsched hatte früh sein Augenmerk auf die Schweiz gerichtet, um sie in
den Kreis seiner Interessen und somit in den Strom der mitteldeutschen
Geistesbewegung hineinzuziehen. Da die Leipziger „Deutsche Gesellschaft" unter
ihm die Gepflogenheiten der Akademien annahm, entdeckt Drollinger eines
Tages durch Zufall aus dem 1734 erschienenen II. Band ihrer Schriften „mit
ganz angenehmer Verwunderung", daß er der „so vornehmen Gesellschaft" als
Mitglied gelte. Man hatte seine Ode „Vom Lobe der Gottheit" abgedruckt
und kräftig eingelobt. Erst 1736 erlangt er das Diplom vom Jahre 1733.
Bescheiden weist er darauf hin, daß seine Herkunft und sein Aufenthaltsort
„einer reinen Teutschen Poesie" wohl nicht förderlich seien. Wiederholt[1]) sendet
er neue poetische Arbeiten an Gottsched, teils zum Abdruck, teils zur Verbesserung durch die „Deutsche Gesellschaft", deren Zurechtweisungen ihm jederzeit
zur Regel dienen würden. Der angehende Diktator in Leipzig konnte ganz
zufrieden sein, wenn diese Stimme aus der Schweiz freiwillig gerade Fehler

---

[1]) 6. November 1736 und 12. März 1739. Bereits in der Ausgabe von
Drollingers Gedichten gedruckt.

wider die Sprache und Dunkelheit im Vortrag abstrakter, metaphysischer Wahr= heiten eingestand.

Drollinger rühmt Gottsched als den „Mann, den Phöbus kennt und liebet", aber er schreibt[1]) auch an Bodmer 1740: „E. HE. haben sehr recht, daß die Sachsen sich bishero einer gewaltigen Meisterschaft in Beurteilung Poetischer Schriften angemaßet haben. Wenn sie solche allein auf die Sprache und deren Regeln oder Reinigkeit beschränkten, so könnte man sie ihnen noch eher eingestehen; als worinnen wir andere Schweizer . . . denenselben noch dermahlen vielleicht nicht allen Vorzug bestreiten können. In den Gedanken aber, der Erfindung, einem geschickten Ausdrucke und übrigen dgl. Stücken wird wohl keine Nation der andern Gerichtsstuhl so schlechthin erkennen." Und trotz des an Gottsched gegebenen Versprechens voller Ergebung kann sich der gewiß ebenso ehrliche als geistvolle Mann nicht enthalten, über die Verunzierungen zu klagen, die einige seiner Gedichte durch die schulmeisterliche Korrektur der Herren Leipziger erfahren hätten. Wiederum zeigt sich, daß Gottsched auf die Schweiz im Sinne sprachlicher Einigung und auch formaler Gedankenklärung wirkte und noch nachhaltiger gewirkt hätte, wenn seine An= maßung nicht auf ästhetisches Gebiet übergegriffen hätte, wo seine vorübergehend fördernden Anregungen gerade aus der Schweiz im Fluge überholt wurden. Auch Drollinger näherte sich den Engländern und schritt damit über Gottsched wie über dessen Muster: Opitz und die Franzosen hinaus.

Aber auch Drollinger nimmt an der Fehde zwischen Gottsched und den Zürichern nicht teil: auch sein gerecht abwägendes Verhalten beweist, daß es sich — soweit nicht persönliche Nebenbuhlerschaft mitspielt — um einen ästhetischen Krieg, nicht um einen Dichterkrieg handelte, — und so trägt die Präzisierung seiner Stellungnahme zu der Erkenntnis bei, daß Gottsched selbst um die Schweiz Verdienste besaß, die von dem Ausgang des kritischen Geplänkels un= abhängig waren.

Bald nach Drollinger macht Spreng in demselben Band der Gesellschafts= schriften dieselbe überraschende Wahrnehmung: daß er seit Jahren Mitglied der „Deutschen Gesellschaft" sei, „ohne das Geringste davon zu wissen". Auch hier hinkt das Diplom gewaltig nach (Anfang 1737). Am 14. September 1737 dankt er für diese Bestätigung und „gehorsamt" gleichzeitig „Dero öffentlichem Ersuchen[2]), mit Uebersetzung der Davidschen Lieder, bis solche nunmehr, unter göttlichem Segen, so weit gediehen, daß ich das ganze Psalmenwerk, unter gewissen in beygeschloßenem Probebogen ausgesetzten Bedingungen, den christ= lichen Liebhabern liefern könnte". Diese „Neue Uebersetzung der Psalmen

---

[1]) Siehe bereits Baechtold S. 482.
[2]) In der Vorrede zum andern Teil von „Der Deutschen Gesellschaftin Leipzig eigenen Schriften und Übersetzungen".

Davids" erschien erst 1741. Es gelang ihr, die sprachlich unreine und ver=
altete, metrisch ungenaue Verdeutschung Lobwassers in vielen Gemeinden zu
verdrängen. Bodmers doppelzüngiges Urteil ist beidemal bezeichnend für den
unverkennbaren Einfluß des Gottschedschen Stils. Solange er mit Spreng
gut Freund bleibt, rühmt er: „Die Uebersetzung ist in dem reinsten Deutsch
geschrieben; sie ist deutlich, ohne Plattheit, lebhaft ohne Ausschweifung, zierlich ohne
Schminke, hoch ohne Schwulst." Nachdem schon am 9. Juni 1742 Altmann
die Männer aus dem Baseler Kreis Breitinger gegenüber als Freunde Gottscheds
verdächtigt hatte, um von sich den gleichen Verdacht abzuwehren, brach 1745 noch
ein sich elf Jahre hinziehender geschäftlicher Zank aus, indem Bodmer heftig
über zu geringe Bezahlung für seine an Spreng übersandten Schriften auf=
fährt, während Spreng erklärt, nicht mehr Geld dafür gelöst zu haben. Nun
urteilt Bodmer verächtlich (schon 1745), „daß Hr. Spreng diesen königlichen
Poeten die Sprache der Deutschübenden gelehrt hatte", statt „den Deutschen"
— wie es Samuel Gotthold Lange (Lessingschen Angedenkens) gethan — „die
Sprache und Gedenkungsart Davids" zu vermitteln[1]). Er hatte beidemal Recht:
in Gottscheds Schule war Reinheit und architektonische Eleganz, selbst eine
gewisse rhetorische Gewandtheit zu lernen, nur nicht Feuer der Begeisterung
und erhabener Schwung. Freilich vergißt man, daß sich dergleichen, wären
selbst Gottsched und seine Leipziger Gesellschafter damit begabt gewesen, überall
nicht erlernen läßt.

Kaum fühlt Spreng den Boden der Heimat wieder fest unter den Füßen,
so nimmt er seine gesellschaftlichen Pläne von neuem auf. Es galt, litterarisches
Interesse weiteren Kreisen zu vermitteln. Klagt doch Mag. Steinauer seinem
Leipziger Gönner noch am 20. April 1740, daß ihm Basel, wo er sich dann
und wann aufhalte, „von solchen Sachen, welche die deutsche Poesie und Be=
redsamkeit angehen, wenig Nachricht" gebe, wennschon „andere Theile der
Wissenschaften" gründlich betrieben würden. 1743 war Spreng als erstem die
soeben geschaffene außerordentliche Professur der deutschen Poesie und Bered=
samkeit an der Universität Basel übertragen[2]), nachdem er lange Zeit als
Pfarrer außerhalb gestanden. In Drollingers Vereinigung genießt er fort=
dauernd eine derartige Achtung, daß er trotz seiner Entfernung von diesem zu
seinem litterarischen Testamentsvollstrecker, zum Herausgeber seiner Gedicht=
sammlung bestimmt wird[3]): hatte er sich doch soeben gleichzeitig durch zwei
dichterische Werke der weiteren Oeffentlichkeit empfohlen, außer der Psalmen=
Uebersetzung waren es „Auserlesene, geistreiche Kirchen= und Haus-
Gesänge".

---

[1]) Vergl. Baechtold S. 487; s. auch Mörikofer S. 70.
[2]) Vgl. Adolf Socin a. a. O. S. 230.
[3]) Mit Unterstützung durch Pfarrer Burtorf.

Nachdem Drollinger 1742 verschieden, hielt es Spreng an der Zeit, die Werbetrommel zu engerem Aneinanderschluß zu rühren. Am 19. Brach= monat 1743 eröffnet er Bodmer[1]): „Es giebt in unserem Basel recht= schaffene Leute, die einen ungemeinen Eifer für die Aufnahme unserer Muttersprache bezeugen und sich entschließen würden, sich in eine Gesellschaft zu dem Ende einzulassen, daß mit gemeinsamer Bemühung daran gearbeitet würde. Wollten Sie uns alsdann mit Dero Beytritt erfreuen, und Ihren Hn. Breitinger uns gewinnen helfen?"

Wir wissen, wie namentlich Breitinger von Anfang an auf Abweisung all solcher Lockungen drang. Seit Ausbruch der Litteraturfehde wurde auch Bodmer mißtrauisch gegen alles, was Deutsche Gesellschaft oder dergleichen hieß. Nachdem die Organisation einer Gesellschaft im Frühjahr zustande gekommen, muß Spreng (am 19. Juli) den Nutzen derselben nochmals betonen: ließen sich gegen manche Gesellschaft Einwürfe erheben, so sei ja ebenso der französischen Akademie manches vorzuwerfen! Auch Spreng also singt Gott= scheds Lied von der Nachbildung des französischen National= und Zentral= Instituts durch die Deutschen Gesellschaften.

Natürlich ließ sich den Zürichern ein solcher Plan nur empfehlen, wenn man dabei irgendwie von Gottsched abrückte und so die Person der Sache opferte. Spreng klammerte sich daran, daß dieser ja mit der Gesellschaft nicht identisch sei — genauer wäre gewesen: nicht mehr identisch; aber was war seitdem aus ihr geworden? was Spreng mit ganz Deutschland nachzuahmen und fortzubilden wetteiferte, war das der kopflose Rumpf, den der gute May konservierte? Wer könnte sich eines Lächelns enthalten, wenn er Sprengs Verlegen= heitsausrede liest: „Mag man von der Leipziger (Gesellschaft) halten, was man will, so hat sie eben nicht lauter Gottsched, Schwabe und dergl. schlechte Lichter, sondern auch andere wackere Männer mit Ehren aufzuweisen." Wenigstens ist Spreng insoweit ehrlich, als er gleichzeitig seinem Züricher Korrespondenten einen Wischer versetzt, indem er naiv genug Bodmers Er= suchen um offenes Urteil über seine poetischen Stümpereien gewissenhaft entspricht![2])

Am 15. August (1743) weiß der Basler Wortführer seine Bitte um Einsendung von Beiträgen gebundener oder ungebundener Rede, sonderlich aber von Aufsätzen in Art des englischen „Zuschauers" diplomatischer und zugleich sachlicher zu unterstützen: „Von den Sachsen müssen wir uns eben nicht gar zu viel schustern lassen. Wenn sie aus Faulheit gute deutsche Wörter, die man anderst nicht geben kann, verloren gehen lassen, sollen wir deswegen zu

---

[1]) Die ganze folgende Darlegung nach den Züricher Handschriften.

[2]) Die äußerst wegwerfende Charakteristik von Sprengs Persönlichkeit bei Baechtold S. 486 vermögen wir nicht zu unterschreiben. Siehe dagegen Mörikofer S. 71.

schelten seyn, wenn wir dergl. erhalten haben?" Gleich damals denkt er
voreilig an Herausgabe einer Gesellschaftsschrift: „Unsere Zwecke wären, solche
Bücher, die in unserm Vaterland von deutschen Scribenten herauskommen, zu
beurtheilen; Nachrichten von alten deutschen Poeten und Schriftstellern unseres
Vaterlandes mitzutheilen, sie mögen gedruckt oder ungedruckt seyn; die männ=
liche Kraft und den Reichthum unserer helvetischen Sprache, mit welcher man
die Sächsische bereichern könnte, zu erweisen, u. dgl." Die Wirkung, wie die
natürliche Korrektur, die Gottscheds Ideen in der Schweiz erfahren mußten,
kommen damit zur Andeutung. Selbst die übereifrige Versicherung hilft
nichts: „Gottsched u. dgl. leichte Schmierer sollen in unsern Blättern
keinen Platz finden." Bodmer selbst wirft ihm Unaufrichtigkeit vor, weil er
Gottsched gelobt habe. [1] Spreng beruft sich besonders auf die Zueignungs=
schrift, welche er der Drollingerschen Gedichtsammlung an die Deutsche
Gesellschaft in Bern vorangestellt: dort protestierte er allerdings gelegentlich
gegen „die diktatorische Dreistigkeit", mit welcher „ein gewisser sächsischer oder
preußischer Kunstrichter" den Schweizern „allen Begriff von dem Wohlklange
in der Beredsamkeit und Dichtkunst absprechen dörfen". Am 13. Dezember 1743
präzisiert er seine frühere Anerkennung für die Leipziger Gesellschaft dahin:
„Ich wollte nur überhaupt sagen, daß man in Leipzig bessere Anstalten und
Mittel habe, deutsch zu lernen, als in der Schweiz." Und mit Geschick wendet
er den Schuh um, indem er predigt: man sollte „so loben und schelten, daß
man bei Einer Rede bliebe. Darin fehlen E. HE. ohne Vergleich, wie Gottsched.
Anfänglich gaben Sie einand Lob um Lob, und jetzo ist des Schmähens kein
Ende . . . Jedermann sagt, daß man mit Ihnen nicht lange ruhig bleiben
könne . . . Nur das möchte ich von Ihnen mit Liebe oder Leid außwirken,
daß Sie in Ihren Schriften dasjenige vermeiden, was man Ihnen mit Recht
vorwirft und Sie ohne Abbruch Ihrer Ehre und Lehren unterlassen könnten."
Im einzelnen erhebt Spreng dann Einwürfe gegen Bodmers Verfahrungsweise.
1759 (in seiner Wochenschrift „Der Sintemal") rafft er endlich seinen Mut
zu einem weit entschiedeneren Protest gegen die Züricher Machtgelüste auf, als
er einst gegen die Uebergriffe Gottscheds gewagt: sicher ist, daß er längst die
gleiche Gesinnung hegte; er bespöttelt nämlich „die helvetischen Federhelden,
welche sich des sprachrichterlichen Amtes über die hochdeutsche Christenheit anmaßen,
ungeachtet sie keinem Schüler in der Sprachkunst noch gewachsen seyn." —
    Was nun den Namen seiner Gesellschaft betrifft, so begegnen wir Schwankungen.
Zwar figuriert Spreng in den „Athenis rauricis" [2] unterschiedslos als
„Societatum germ. Lipsiensis, Bernensis, Basiliensis et Gottingensis
socius". In der Zueignungsschrift vor Drollingers Gedichten, die vom

---

[1] Siehe Socin a. a. O. S. 239.
[2] Vol. II, p. 384.

6. Heumonat 1743 batiert, spricht er von der eben vollzogenen Verbindung unter der Bezeichnung einer „angehenden deutschen Baslergesellschaft" und stellt als das — freilich noch nicht erreichte — Ziel eine allgemeine „helvetische deutsche Gesellschaft" hin. Am 15. August 1743 redet er im Brief an Bodmer von „unserer so genannten Baßlergesellschaft". 1748, vor seinen „Geistlichen und weltlichen Gedichten", nennt sich Spreng „der Deutschen Gesellschaften in Bern und Leipzig wie auch der helvetischen Gesellschaft in Basel Mitglied". Im gleichen Jahr widmet Bruckner das 1. Stück seines „Versuches einer Beschreibung der historischen und natürlichen Merkwürdigkeiten der Landschaft Basel" der „Deutschen Gesellschaft in Basel". Dieselbe Bezeichnung wählt Jakob Christoph Beck 1757, als er ihr seine Ausgabe von Christian Wurfteisens „Kurzem Begriff der Geschichte von Basel" widmet. „Deutsche Gesellschaft" dürfte denn doch wohl der authentische Name sein.

In der inneren Einrichtung blieb ebenfalls die „Deutsche Gesellschaft" in Leipzig Vorbild. Die Mitglieder lasen eigene Arbeiten oder Uebersetzungen vor. Der Ausgangspunkt war Sprachverbesserung, von da verbreitete man sich auf litterarische und allgemeine geistige Fragen. Daß diese Basler Gesellschaft die sprachlich-litterarischen Interessen in den Hintergrund treten ließ um sich mehr der Lokalgeschichte zuzuwenden[1]), entspricht durchaus nicht den Thatsachen. Bruckner betont in seiner Widmung ausdrücklich: die Uebungen beständen in eigenen Arbeiten oder Uebersetzungen. „Hierbey steht einem jeden frey, sich eine beliebige und etwan in seine übrigen Geschäfte einschlagende, Materie zu erwählen." Dann fährt er ausschlaggebend fort: „Da ich nun seit einiger Zeit günstigen Anlas gehabt, die historischen Merkwürdigkeiten unserer Landschaft zu untersuchen, so 2c." Wie hier der ortsgeschichtliche Gegenstand als zufällig hingestellt ist, deutet der Schluß dieser Zueignung noch positiv auf die Absichten der Gesellschaft: er werde reichlich belohnt sein, „wenn dieser schwache Versuch dem feinen Geschmack der Gesellschaft nicht zuwider sein . . . solte." Auf die feine Schreibart, auf den geschmackvollen Ausdruck war es also abgesehen. Ebenso rühmt Becks Zueignungsschrift, daß ihm die Gesellschaft, „neben anderen Vorteilen der wahren Freundschaft und des vertraulichen Umgangs, Gelegenheit gegeben, in dem Gebrauche der Deutschen Sprache sich einiger maßen zu üben". Als Frucht seiner Schulung in der „Deutschen Gesellschaft" haben wir es anzusehen, wenn Beck selbst auf den offenbaren sprachlichen Abstand seiner Anmerkungen von der aus anderer Feder geflossenen Uebersetzung von Wurfteisens lateinischem Text verweisen kann. Auch wissen wir schon, in wessen Geist dieser Basler spricht, wenn er beklagt, „daß man keine Königliche Gesellschaft für die deutsche Sprache, wie für die

---

[1]) Diese Behauptung Socins a. a. O. S. 240 wird schon gerade durch die von ihm aufgeführten Themata widerlegt.

französische hat, nach welcher sich alle richten müssen, wann sie nicht wollen verlacht werden".

Gleich 1743 bezeichnet Spreng als ihre ersten Aufgaben die Zusammen= stellung eines helvetischen Wörterbuches und die Herausgabe einer „gründlichen deutschen Sprachlehre".[1] Thatsächlich war wenigstens Spreng selbst als Sprachforscher sehr rege thätig; die wertvollste Frucht dieser Beschäftigung ist sein Basler Idiotikon. Aber in der Geschichte der Sprachentwicklung rückt er noch näher an Gottsched heran: seinem Eingreifen wie seiner gesellschaftlichen Propaganda verdankt Basel die erneute Pflege deutscher Sprachinteressen, den Uebergang von der alten Reichs= und Kanzleisprache mit ihrer Dunkelheit und Unbeholfenheit zu der eleganten Glätte und übersichtlichen Gliederung des Gottschedschen Stils, wie auch die Schulung an der Leipziger Korrektheit. Sprengs Drollinger=Ausgabe und eigene Werke sind sprachlich vorgeschrittener, ungleich gewandter und klarer als die Schriften der Züricher Geschmacksrichter. Zu seinem alten Ruhm der Gelehrsamkeit erwarb Basel einen neuen, festen Anschluß an den großen deutschen Sprach= und Volkskörper. Die schwankenden Urteile Sprengs über Gottsched mögen der äußern Litteraturgeschichtschreibung genügen: die innere Entwicklungsgeschichte sieht die organischen Wirkungen als ausschlaggebend an. —

Was Spreng und seiner Gelehrtengesellschaft nicht gelang: eine Vereini= gung der Basler mit den Berner und Züricher Litteraturkreisen — das brachte um gleiche Zeit der litterarische Nachwuchs zustande. Der „Vergnügten Deutschen Gesellschaft" in Bern und der „Wachsenden Gesellschaft" in Zürich entspricht in Basel eine „Gesellschaft der schönen Wissenschaften". Schon 1745 haben die Wachsenden Ulisses von Salis zum außerordentlichen Mitglied erkoren.[2] Breitinger hat mit halb Deutschland über die Anmaßung gespottet, die in der Voraussetzung liege, jeder Gelehrte werde sich seine unfrei= willige Ernennung zum Mitglied einer Deutschen Gesellschaft als Ehre an= rechnen. So könnte man noch eher über die feierlichen Worte lächeln, zu welchen sich diese Studenten bei Austeilung und Empfang ihrer Diplome ver= steigen. Aber man verkennt bei solch äußerlicher Auffassung völlig den propa= gandistischen Wert dieser Freigebigkeit. Fast jedes auswärtige Mitglied war als Pionier der Deutschen Gesellschafts=Bestrebungen in seinem Gau gedacht.[3] Bald finden wir denn auch Ulisses von Salis als erstes Mitglied einer Basler „Gesellschaft der schönen Wissenschaften". Den zweiten Platz in der Mitglieder=

---

[1] Vgl. auch Baechtold S. 487 und Socin a. a. O. S. 231.

[2] Sein Dankbrief datiert vom 11. Mayen 1745. — Dieser ganze Abschnitt nach dem Archiv der Wachsenden Gesellschaft.

[3] Daß diese Erwartung ernstlich bestand, zeigt drastisch die Art, wie sich Liscow der Zu= gehörigkeit zur „Teutschen Gesellschaft" in Jena unwürdig erklärt, f. Helbig: Liscow.

lifte nimmt Iſaak Iſelin ein.[1] Dann folgen Roques, Eglinger, Heinrich Fäſch, Falkner, ſämtlich Studenten, ſowie Lieutenant Frey, hierauf Albertini und ſchließlich Thurneißen.

Durch Schinz erfahren ſie, die Züricher Wachſende Geſellſchaft würde gern in Briefwechſel und Freundſchaft zu ihnen treten. Höflich verſichern die Basler jungen Herren (am 25. März 1747), daß ſie nach dergleichen ſchon lange Begier getragen. Nun daſſelbe Schauſpiel wie in den Beziehungen der Wachſenden zu den Berner Bergnügten: die Züricher ernennen ſämtliche Basler unbeſehen, ja ohne noch die Namen zu kennen, zu ihren außerordentlichen Geſellſchaftern, und dieſe erwiedern ſolche „Ehre" mit der gleichen Auszeichnung. So war, wenn auch zunächſt nur für kurze Zeit, eine gemeinſame ſprachlich= litterariſche Uebung der Schweizer Jugend gewährleiſtet. Wie aber aus der damit entfachten geiſtigen Anregung und Annäherung dreizehn Jahre ſpäter die Kulturbeſtrebungen der allgemeinen „Helvetiſchen Geſellſchaft" erwuchſen, trat uns bereits wiederholt im Zuſammenhang der geiſtigen Bewegung entgegen. Gerade die in den Studentengeſellſchaften angebahnte Freundſchaft zwiſchen Iſaak Iſelin und Schinz bildete den Ausgangspunkt für die politiſch ſo bedeutſamen Beſtrebungen. —

Aber auch in dieſen weiteren Entwicklungen des geiſtigen Lebens zu Basel treten Spuren Gottſchedſcher Nachwirkungen hervor. Nicht nur daß Spreng ſeine beiden Zeitſchriften, „Der Eidgenoß" von 1749 wie „Der Sintemal" von 1759, vor allem ſeiner ſprachlichen Miſſion dienſtbar macht. 1755 beginnt ein „Helvetiſcher Patriot" ſein Daſein, der Gottſched gewidmet iſt. Der un= genannte Herausgeber — es war der Schultheiß Emanuel Wolleb — bezeichnet ſich als alten Bekannten des vielverleumdeten Leipziger Diktators aus der glücklichen Zeit, da ſein Sternlein noch im Aufgang ſtand. Wolleb hatte anfangs der dreißiger Jahre den wöchentlichen Jour fixe der Zieglerin beſucht und da manche Anregung erfahren. Namentlich Mascou hatte ſich des jungen Rechtsgelehrten angenommen, ihn vielfach empfohlen und ihm ebenfalls zu ſeinen wöchentlichen Hausaſſembleen Zutritt gewährt. Darum iſt „Die Helvetiſche Nachleſe" von 1759 dem bedeutenden Hiſtoriker gewidmet. „Der Helvetiſche Patriot" rühmt in der Zueignungsſchrift Gottſcheds Geiſt, Fleiß und — Glück. Es klingt 15 Jahre nach Ausbruch der Litteraturfehde zumal aus der Schweiz als Ironie, iſt aber ein ernſtes Zeugnis, wie weit entfernt man ſelbſt damals noch in Basel war, Gottſched als toten Mann zu betrachten. Vergebens verſucht Wolleb die ſtreitenden Parteien auszuſöhnen.[2] Gewiß will auch Wolleb kein Verächter ſeines Vaterlandes, kein Sklave der Sachſen ſein:

---

[1] Mörikofer, S. 71, nennt ihn Mitglied der „Deutſchen Geſellſchaft" Sprengs.

[2] Von Gottſched mit Wärme als großmütig gerühmt in der Widmung ſeiner „Beobachtungen".

In einer anscheinend fingierten Zuschrift[1]) läßt er seine Schreibart „nicht rein, nicht Sächsisch genug" befunden werden, um mit großartiger Pose antworten zu können: „Ich bin kein Sachse, und schreibe den Helvetischen Patrioten. Nur eines wünsche ich voraus, mich deutlich auszudrücken, und menschlich zu denken." In diesen Sätzen selbst wie in der ganzen Zeitschrift ist jedoch der Einfluß von Gottscheds reinem und flüssigem Stil unverkennbar. Gottsched erwiderte 1758 die willkommene Aufmerksamkeit Wollebs durch Widmung seiner „Beobachtungen über den Gebrauch und Misbrauch vieler deutscher Wörter und Redensarten."

Inhaltlich sucht „Der Helvetische Patriot" die allgemeinen Ideen der moralischen Wochenschriften speciell für die Schweiz in praktische Bethätigung umzusetzen, auf gemeinnützige Wirksamkeit hinzulenken. 1756 erschien der zweite Band, 1757 folgte eine „Zugabe zu dem Helvetischen Patrioten", noch ein Jahr später ward „Der Antipatriot" abgeschildert, endlich kam 1759 „Die Helvetische Nachlese" heraus.

Schon an diesen journalistischen Unternehmungen Wollebs scheint Isaak Iselin schließlich beteiligt. Noch 1759 verbanden sie sich zur Begründung einer „Wissenschaftlichen Gesellschaft"[2]) in gleichem Geiste, behufs Pflege der „nützlichen und angenehmen Wissenschaften, in so ferne dieselben Einfluß in die menschliche Glückseligkeit haben". Als bezeichnend konnten wir schon die Bestimmung hervorheben, daß sich jedes Mitglied, ob es lateinisch, deutsch oder französisch schreibe, sich „aller möglichen Reinigkeit und Zierde" der Sprache befleißige.

Am 8. Wintermonats 1759 versammelten sich beim Ratsschreiber Isaak Iselin zu dieser Stiftung: Schultheiß Wolleb, Dr. Legrand, Dr. La Chenal, Friedrich Münch vom Großen Rat, Kandidat Harscher, Lic. Burkardt, Kandidat Glaser. Burkardt wird auf Wollebs Vorschlag zum Sekretär gewählt. Wolleb übernimmt selbst den ersten Vortrag: über die Pflichten gegen Fremdlinge. Die nächsten Stoffe bilden: die beste Lehrart der schweizer Geschichte, das Erhabene in der Gelehrsamkeit, die Hintansetzung des Ackerbaues, der Trieb zur Glückseligkeit ꝛc. Diese Ideen leiten endgültig zur allgemeinen „Helvetischen Gesellschaft" von Schinznach über. —

Gewiß gab es noch 1760 in Sprengs Kreis Männer, deren Geschmack sich nicht weit von Gottsched entfernt. Am 26. November erhält er von einem seiner frühesten Gesellschafter, Pfarrer Buxtorf, folgende vielsagende Mitteilung[3]): „Je vous enverrai le Tome de la Messiade où se trouve l'ode ténébreuse de Klopstock. Je n'y ai jamais jeté les yeux, sans

---

[1]) Band I, Stück 38.
[2]) Nach dem Archiv auf der Vaterländischen Bibliothek in Basel.
[3]) Handschrift auf der Basler Universitätsbibliothek.

ce soupir éjaculataire: flat Lux!" Aber bezeichnend ist es, wie auch hier in Klopstocks Namen eine Gärung beginnt.

Daß von diesem allgemeinen Wandel des litterarischen Urteils die eigentlichen Verdienste Gottscheds nicht berührt werden, daß diese vielmehr — neben der Theaterreform — namentlich in Stärkung, Einigung und Vervollkommnung der deutschen Sprache, in Aufklärung des Verstandes, in Verbreitung von Bildung und geistigen Interessen bestehen, tritt uns in Basel nochmals mit besonderer Klarheit entgegen. Wer so viel Licht verbreitete, der hat wohl nicht umsonst gelebt.

Gottscheds Beziehungen
zu Frauen und sein Einfluß auf ihr
Bildungsleben.

Über Gottscheds Umgang mit Frauen ist von jeher viel Übles erzählt worden. Wir nehmen nur auf die in amtlichen Akten und in der Litteratur verzeichneten Beschwerden oder Anklagen bezug.

Auf ein von Gottsched am 8. Mai 1733 eingereichtes Gesuch um Besoldung findet eine Beratung über das von der Universität auszufertigende Gutachten statt.[1]) Die Philosophische Fakultät empfiehlt hervorzuheben: 1. daß er bei den Studenten „einen applausum gefunden", 2. daß er in seinen Schriften „gar gute Geschicklichkeit und Fleiß gewiesen", 3. „ist auch, so viel an uns gebracht, seine Aufführung ziemlich[2]) beschaffen." Zur Fassung des dritten Punktes machte Prof. Jaenichen den unzweideutigeren Vorschlag: „und hat er nicht ermangelt, sich eines honetten Lebenswandels zu befleißigen." Indessen der Rektor Prof. D. August Friedrich Müllerus (so unterschreibt er sich!³) betont buchstäblich: „Die ersten beiden Puncte haben wohl ihre richtigkeit. Von seiner Aufführung aber gehen Historien herum, die wohl auch ad Superiores dürften erschollen sein. Damit wir also bona fide attestiren mögen, könte meines erachtens annectiret werden, daß zum wenigsten vor gericht nie etwas dergleichen, als man ihm etwa nachredet, gebracht worden, und man also mit grunde ihm nichts böses nachsagen könne."

Die endgültige Form dieses Absatzes lautet möglichst unverfänglich[4]), daß „seine Aufführung auch ziemlich beschaffen sei, wie denn über dieses Uns von ihm nichts wiedriges vorkommen."

Thatsächlich waren schlimme Gerüchte bis nach Dresden gedrungen. Der Hofdichter J. U. König schreibt den 22. Oktober 1728 an Gottsched, er habe sich bemüht, ihm die Hofmeisterstelle bei dem jungen Freiherrn von Racknitz zu verschaffen; dieser habe geklagt: „Überdies hätte man seinen Eltern vorgesagt, Sie wären débauché in Ihrer Aufführung" — was König nachdrücklich zu widerlegen versuchte. Wirklich schließt sich Racknitz dauernd eng an Gottsched an.[5])

---

1) Nach den Akten der Philosophischen Fakultät in Leipzig.
2) Entsprechend dem heutigen „geziemend".
3) Es ist derselbe, der (bei gleicher Gelegenheit) bemerkt, Gottscheds deutschsprachliche Bestrebungen „nicht gänzlich zu mißbilligen."
4) Akten des Königl. Sächs. Hauptstaatsarchivs. Der Bericht ist unterzeichnet: „Rector, Magistri und Doctores der Universität" und stammt vom 17. Nov. 1733.
5) Vergl. noch seinen Brief an Gottsched v. Wittenberg, 1. März 1730.

Schon zwei Jahre nach Gottscheds Eintreffen in Leipzig wird ihm vorgeworfen[1]), er sei „quoad mores et corpus ein vir quadratus" und habe seine moralische Wochenschrift „seinen amouretten und Näther-Mädgens in der Peters-Straße zu gefallen, die Tadlerinnen genannt."

Auch nach Danzig bringen um die Wende der Jahre 1731 und 1732 beunruhigende Gerüchte. Gottscheds dort lebende Braut, die gelehrte und dichterisch begabte Jungfrau Luise Adelgunde Victoria Kulmus, läßt sich sogar dadurch zu Vorwürfen hinreißen, die sie bald als voreilig bereut[2]) — worin wir vielleicht nur eine neue Voreiligkeit zu sehen haben.

Daß die Mentor-Rolle, die Gottsched bei der Schauspieltruppe der Neuberin spielte, von einzelnen Übelwollenden und Niedriggesinnten verdächtigt ward, kann dagegen nicht weiter Wunder nehmen. Doch wird auf seine Beziehungen zu dieser merkwürdigen Frau zurückzukommen sein.

Der berüchtigte Philippi Liscowschen Angedenkens zählte eine ganze Reihe Liebschaften Gottscheds in der ersten Fassung der „Sottises galantes" auf. Von ihr, die — wie wir annehmen — auf Gottscheds Vorstellung hin unterdrückt zu sein scheint, wissen wir nur durch ein Blatt von Liscows Hand: „Nöthige Anmerkungen zu denen Sottises galantes."[3]) Da erläutert Liscow unter anderem: „Als P. Gottsched ohngefehr a. 1724 (!) die Tadlerinnen schrieb, ward er in ein hiesiges schönes und reiches Frauenzimmer, die nunmehro D. Gärtnern geheyrathet, verliebt, declarirte ihr auch diese Liebe in einem an sie abgelaßenen Briefe. Weil aber dieser zurückgegeben ward, ließ ihn Gottsched in ein Stück der Tadlerinnen drucken, und spielte ihr solchen auf diese Art in die Hände, doch gleichfalls ohne Effect." Liebesbriefe stehen in den „Tadlerinnen" von verschiedener Art.

Erwähnt sei ferner Liscows Bemerkung: „Mad. Schimmelpfennig ist ein Frauenzimmer aus Merseburg, ihr itziger Mann aber, ein reicher Danziger, verliebte sich in sie als er 1728 in Leipzig studirte, und hat sie 1729 geheyrathet. Gottsched und Philippi waren beyde Anbeter von ihr, und es steht noch in den Acten der hiesigen Deutschen Gesellschaft p. 326 eine an Coelestinen von Gottscheden gerichtete Ode, dazu dieses Frauenzimmer Anlaß gegeben. Auf der Hochzeit befanden sich Gottsched und Philippi; der erstere verkleidete sich, wie ihm Philippi hier vorwirft, in ein alt Weib und Schäfer. Die Ursach aber, daß Philippi den

---

1) „Zweyer guter Freunde Gespräch über das Tractätgen Oratorum novorum Pica cum remedio, S. 9.
2) Briefe der Frau Gottsched, I. Teil, S. 17 flg.
3) Handschriftlich auf dem Königl. Sächs. Hauptstaatsarchiv.

Streich noch nicht vergeßen ist diese, weil der damahls masquirte Gott=
sched den kleinen Philippi, der sich sehr unnütze gemacht, unversehens
einmahl bey dem Leibe genommen, ihn auf die Achseln gesetzet, und zu
des Philippi großer Prostitution mit ihn in der Stube herumgetanzet,
ihn auch sonst sehr gemißbrauchet haben mag."

Viel ärgeren Schmutz muß Philippi im weiteren aufgerührt haben.
Wie Liscow meint, mag die Beschuldigung verschiedener von Folgen be=
gleiteter Liebesverhältnisse „wohl nicht ohne Grund sein"; was aber
Philippi von den beiden verbrecherischen Arten behauptet, wie Gottsched
diese Folgen von sich abschüttelte, erklärt Liscow für „offenbar falsch",
sodaß wir wohl um so mehr vermeiden dürfen, darauf irgend einzugehen.
Auch die Affaire mit einer „Liebinde in der Peterstraße" will Liscow,
freilich „nicht ganz", in Zweifel ziehen. — Daß jedenfalls Gottscheds
Herz, auch in ernster Absicht, viel herumgeirrt ist, mag — unter Über=
gehung anderer Anspielungen — noch die Anmerkung belegen: „Unter
Agrimenen versteht Philippi eines Hällischen Professoris Schnaderbachs
hinterlaßne Wittbe, die Gottsched vor etlichen Jahren heyrathen wollen,
aber abschlägliche Antwort bekommen." —

Recht unzuverläßig ist an sich auch die Beschuldigung, die der
berüchtigte Karl Friedrich Bahrdt gegen die Aufführung seines Lehrers
erhebt, zumal er diesen nach eigenem Geständnis „als einen stolzen
Idioten verachtete" und an ihm zuerst sein satirisches Talent versuchte.[1]
Nachdem Bahrdt nämlich eine heikle Situation beschrieben, in der er
infolge Verwechselung der Thüren die Gottschedin überrascht haben will,
fährt er fort: „Nachher lernte ich zwar das Auditorium des Herrn
Gottscheds besser unterscheiden, aber ich erlebte bald einen noch sonder=
barern Auftritt. Gottsched las früh um 7 Uhr, und ich fand mich ge=
wöhnlich halb 7 Uhr da ein, weil das Auditorium seine Bibliothek war,
deren Pracht mich reizte, mich mit derselben bekannt zu machen. Eines
Morgens, da ich in voller Andacht die schönen Bände musterte, klopft etwas
leise an die Thür." In Pikanterien, deren Wiederholung wir uns ersparen
möchten, behauptet Bahrdt nun, daß ein verdächtiges Frauenzimmer in ver=
dächtigen Wendungen nach Gottsched gefragt habe. Er schließt: „Ich
erschrak, ein solches Geschöpf an diesem Orte zu sehen, das mir selbst
noch nie vorgekommen war, und das ich gewiß am wenigsten bei meinem
Lehrer erwartet hatte. Ich zeigte ihr die Thür seiner Studierstube.
Diese ward geöffnet, und die Schöne eingelassen." Die Szene würde
um das Jahr 1760 fallen und einen Sechzigjährigen treffen; doch ist
der Berichterstatter zahlreicher Lügen überführt.

---

1) K. F. Bahrdts Geschichte seines Lebens I, 319 flg. und 219 flg.

Wie Gottſched vor der Ehe die böſe Fama dauernd an ſich feſſelte, ſo ſcheint er jedenfalls in der Spätzeit die Eiferſucht ſeiner Frau be=denklich herausgefordert zu haben. Ein paar Stellen ihrer Briefe laſſen kaum eine andere Deutung zu.[1] Während Frau Gottſched in den erſten Jahren ihrer Ehe bei Abweſenheit ihres Gatten ihm innig zärtliche und liebevoll beſorgte Briefe ſchreibt, urteilt ſie am 23. Jänner 1753 von Männerherzen — wie ſie betont — aus Erfahrung: „Sie ſind darzu geſchaffen, unſer lebhafteſtes Vergnügen, und unſern bitterſten Gram zu veranlaſſen.“ Und am 24. Oktober deſſelben Jahres klagt ſie: „Eine gewiſſe Begebenheit, hat mein Gemüth dermaßen in Verwirrung geſetzt, daß ich mich alles Umgangs auf einige Tage entzogen habe, und dieſes gieng ſo weit, daß ich auch nichts zu ſchreiben fähig war.“ Genug: wie es auch über die vorgebrachten Anſchuldigungen im einzelnen beſtellt ſein mag, ſie wirken zuſammen, um grundſätzlich die perſönliche Stellung des baumſtarken Geſellen zum weiblichen Geſchlecht in die rechte Be=leuchtung zu rücken. —

Neben dieſer bedenklicheren perſönlichen ſpinnt ſich früh eine rühm=lichere litterariſche Beziehung zur Frauenwelt an. Man weiß, wie die damalige Modephiloſophie, die Richtung Chriſtian Wolfs, darauf aus=ging, Bildung beſonders in den mittleren Schichten, zu verbreiten; namentlich auch die Frauen will man für die neue weltbeglückende Lehre, für Aufklärung und Rationalismus, für Befreiung von Aberglauben und Barbarei gewinnen. Was Wunder, daß die ſchöngeiſtige Hauptwaffe der Zeit: die moraliſche Wochenſchrift, nun nach unmittelbarer Eroberung des weiblichen Geſchlechtes ſtrebt! Als daher Gottſched auf Anregung von Johann Georg Hamann unter deſſen wie Johann Friedrich Mays anfänglicher Mitarbeit eine ſolche Sittenſchrift begründet, wählen ſie bei der gemeinſamen Feſtſetzung des Titels und der Art der Ausführung weibliche Masken. Suchten ſie doch ausgeſprochenermaßen[2] „dem deutſchen Frauenzimmer ein Blatt in die Hände zu bringen, welches ihm zu einer angenehmen Zeitkürzung dienen, und doch von nützlicherm und lehrreicherm Inhalte ſein ſollte, als die gewöhnlichen Romane.“ Für die Erreichung dieſer Abſicht hält man es dienlich, die Verfaſſer ſelbſt als weiblichen Geſchlechts auszugeben. Mit Genugthuung ſtellt Gottſched beim Abſchluß den Erfolg feſt[3]: „Dieſe Blätter ſind von un=zähligem Frauenzimmer geleſen worden, die ſich vielleicht keine Mühe darum gemacht hätten, wenn ſie unter männlichen Namen heraus=gekommen wären.“

---

1) Briefe der Frau Gottſched II, 61 und 153 flg.
2) Vernünftige Tadlerinnen, 2. Auflage, I. Band, Vorrede.
3) Ebenda 2. Auflage, II, 468.

Nach wenigen Nummern sah sich Gottsched von seinen Mitarbeitern verlassen, sodaß diese „Vernünftigen Tadlerinnen" fast ganz zu seinem alleinigen Werk wurden. Und doch blieb er nicht völlig allein. Der ungewöhnliche Erfolg der Zeitschrift bekundet sich nicht nur in ihrer großen Verbreitung, sondern in der wachsenden Zahl freiwilliger Korrespondenten — einer damals noch ungewöhnlichen Erscheinung. So konnte es Gottsched in gewissem Sinne als weit gefehlt bezeichnen, „wenn man glaubet, daß an diesen Blättern das schöne Geschlecht gar keinen Theil habe". Es seien viele treffliche Zuschriften „theils von schlesischem, theils von obersächsischem, theils Nürnbergischem und gar Straßburgischem Frauenzimmer darinnen anzutreffen". Die meisten blieben anonym, einige aber kennt Gottsched von Namen, und nur eine einzige glaubt er öffentlich nennen zu dürfen, weil sie bei Beendigung des Werkes bereits verstorben war: nämlich Frau von Breßler in Breslau. „Der überaus wohlgerathene Vers, der in dem 27. Stücke des I. Teils p. 212 befindlich ist, kommt von dieser gelehrten Poetin her, und wer weiß, was sie nicht noch sonst unter verdecktem Namen zu diesen Blättern beigetragen? So viel ist gewiß, daß ein andres vornehmes Frauenzimmer ihre Hand und Namen wohl zehnmal verändert, ja sich wohl einen männlichen Namen gegeben, um nur von mir nicht allezeit vor dieselbe Correspondentin gehalten zu werden."[1]

Dieses „andre vornehme Frauenzimmer" — für welches erst die zweite Auflage von 1738 allgemeiner „manches vornehme Frauenzimmer" setzt — ist offenbar Mariane von Ziegler geb. Romanus gewesen. Allerdings ist die Erkennung der einzelnen Korrespondenten unendlich erschwert, wo nicht unmöglich gemacht dadurch, daß Gottsched die Schreibart überarbeitet hat, „damit entweder unnötige Weitläuftigkeiten vermieden oder manche unförmliche Art des Zusammenhanges erträglicher werden möcht." Ja, Gottsched rühmt sogar, daß manche Korrespondenten von vornherein die Gefälligkeit gehabt, ihre Schreibart der seinigen anzubequemen.

Es handelt sich also, wie noch besonders betont sei, um Briefe, die aus dem Leserkreis an den Herausgeber gerichtet werden. In der Technik der moralischen Wochenschriften lag von Anfang an, zunächst Briefe zu fingieren, die an den bisherigen Inhalt des Blattes anknüpfen, neue Themata anregen, mit Vorliebe um Rat und Auskunft fragen oder dergl. Dadurch fühlten sich in der Folge manche Leser zu wirklichen Zuschriften ermutigt. Das ganze Verfahren berührt sich also äußerlich wohl am engsten mit der Einrichtung des Sprechsaals in

---

1) Ebenda 1. Auflage, II, 415 flg.

heutigen Zeitungen; indes besteht der erhebliche innere Unterschied darin, daß die Korrespondenzen der moralischen Wochenschriften nicht bloß eine Art Anhang, sondern vorherrschend einen wesentlichen Bestandteil des Blattes, ja oft geradezu den Mittelpunkt eines ganzen Wochenstückes bildeten. Der Inhalt der Zuschriften liegt meist in dem konventionellen Rahmen jener Sittenschriften oder berührt doch allgemeine Fragen des bürgerlichen Lebens — auch die vereinzelten individuellen nur in verallgemeinernder Umkleidung.

So bleibt oft der Wohnort der Absender und Absenderinnen einer der wichtigsten Anhaltspunkte — falls nicht auch er fingiert ist, jedenfalls läßt er sich selbst unter manchen Verschleierungen herauslesen. Auch sonst gestatten mancherlei gewählte Masken einige Rückschlüsse auf die Urheberin.

Die Möglichkeit, daß nun aus Leipzig verschiedene Korrespondentinnen mit den „Tadlerinnen" Verkehr suchen, liegt auf der Hand. Nahm doch die Zahl der Zuschriften überhaupt im zweiten Jahrgang dermaßen zu, daß sie nur zum kleinen Teil in den Text hineingearbeitet werden konnten und deshalb 1726 in besonderen Ergänzungsbogen erschienen: so wurden 10 Nummern von je 8 Seiten im ganzen mit 27 Briefen besonders ausgegeben.

Von der Ziegler nun ist das Motto zum 49. Stück des zweiten Teils entlehnt. Ferner kann zunächst kaum ein Zweifel aufkommen, daß einer Zusendung der Frau von Ziegler bereits am 22. August 1725 im 34. Stück des ersten Teils gedacht wird. Eine Schlußbemerkung betrifft dort „eine geschickte Poetin in Leipzig, die uns schon vor etlichen Wochen mit einem in gebundener Rede verfaßten Briefe beehrt hat. Wir haben aus demselben ersehen, daß sie allerdings Fähigkeit genug habe, eine weitläuftigere Vertheidigung des weiblichen Geschlechts gegen die Beschuldigungen der Mannspersonen auszuarbeiten. Und wir ersuchen nochmals andre aufgeweckte Köpfe unseres Geschlechts, dem Exempel dieser muntern Silere (so hat sich erwähntes Frauenzimmer zu nennen beliebet) zu folgen." Durch die Bezeichnung als Leipziger Poetin wird der Kreis von vornherein aufs engste umgrenzt; und die Ziegler war es, der man alsbald rege Anteilnahme an den „Vernünftigen Tadlerinnen" zuschrieb. Silere klingt an die französische Aussprache einer weiblichen Zieglerin (Zieglère) an.

Im letzten Stück desselben Jahrgangs wird dann als bislang einziges Ergebnis jener Aufforderung ein Brief „aus dem galanten Leipzig" vorgeführt, dem eine gereimte „Vertheidigung unseres Geschlechts wider die Mannspersonen in Ansehung der Fähigkeit zu Poesie" beigegeben ist. Damit scheint eine erste Probe der angekündigten „Ver-

theidigung" von der Silere vorzuliegen, nur daß sich Frau von Ziegler
geb. Romanus diesmal de Rose nennt. Sie betont, daß sie sich einer
fremden Hand bedient, weil sie sich ihrem rechten Namen nach nicht
kund thun wolle, bis sie erfahren, ob und inwieweit sie den Beifall der
„Tablerinnen" verdient habe. Das Gedicht preist — übrigens durch=
aus in Übereinstimmung mit Anschauungen der Ziegler — den Vorzug
der von Frauen herrührenden Poesie an Natürlichkeit.

Alsbald gehen die „Tablerinnen" in ihren Anregungen noch weiter,
indem sie den Wunsch äußern, „daß sich ein heutiger Poet die Mühe
geben möchte, des sogenannten Philanders von Sittewald Schmähschrift
auf unser Geschlecht zu beantworten." Unterm 19. Januar des neuen
Jahres meldet sich dementsprechend wiederum die de Rose mit einer
gereimten „Vertheidigung des weiblichen Geschlechts wider die Schmäh=
schrift Philanders von Sittewalb" (abgedruckt im Anhang S. 7 flg.).

Noch eine andere Vermummung derselben Schriftstellerin haben wir
wohl in Clarimene von Lindenheim zu sehen. Dem dritten Stück des
zweiten Jahrgangs (vom 18. Jenner 1726) ist in der ersten Ausgabe
die Schlußnotiz angefügt: „Der artigen Clarimene von Lindenheim
dienet auf ihr geehrtes zur Antwort, daß uns ihr Briefwechsel sehr an=
genehm sein werde." In dem „Anhang derjenigen Briefe, so an die
Vernünftigen Tablerinnen im Jahre 1726 eingelaufen", findet sich so=
dann als erste Nummer eine vom 6. Februar 1726 datierte Zuschrift
dieser Clarimene von Lindenheim, besonders eine „Anrede an Dero Ver=
läumber" in Versen enthaltend. In einer Nachschrift steht die Be=
merkung: „Bin ich gleich nicht in Halle geboren: so brauche vielleicht auch
nicht viele Stunden, dahin zu kommen." Diese Andeutung wie die Be=
zeichnung Lindenheim weisen auf Leipzig. Auch die so gezeichneten
Briefe werden jenem „vornehmen Frauenzimmer" zuzurechnen sein, das
„ihre Hand und Namen wohl zehnmal verändert."

Weitere Mutmaßungen über die Person der Korrespondenten ruhen
auf minder fester Grundlage. Genug, daß es Gottsched gelang, zu
litterarischem Interesse sogar litterarische Bethätigung der Frauenwelt in
ziemlich ausgedehntem Maße zu wecken. Das war kein äußerer Zufall,
auch keine bloße Folge der für die Herausgeber gewählten weiblichen
Masken. Vielmehr geht die dem weiblichen Geschlecht gewidmete Be=
handlung beharrlich über die bloßen moralischen Betrachtungen und
moralischen Charakterbilder hinaus, die man sonst in den Wochenschriften
fand. Zeigt sich in den „Vernünftigen Tablerinnen" überhaupt nicht
selten ein Mann, der etwas zu sagen weiß, der von neuen Ideen er=
griffen ist, so wächst er über die konventionellen Themata und Anschau=
ungen hinaus, wo von der Bildung und Erziehung des weiblichen Ge=

schlechtes die Rede ist. Auch hat Gottsched diese seine fortgeschrittenen Anschauungen sein Lebelang eifrig bethätigt.

Gewiß fehlt es nicht an den üblichen Strafpredigten gegen die üblichen Untugenden der Evastöchter; doch schon hierin treten einige individuelle Züge hervor. Einen Überblick nach dieser Richtung gewährt das 26. Stück des ersten Teils: nach dem beliebten Muster der Lucianischen Totengespräche werden „etliche Geister verstorbener Weibes=bilder" in der Unterwelt vorgeführt, die den Lohn ihrer Thaten empfangen. Die erste hat ihr Lebelang nichts gethan als sich „aus= und angekleidet, gegessen, getrunken und geschlafen", eine zweite „un=vergleichlich getanzet und als eine Meisterin Lombre gespielet", die Lebensthätigkeit einer dritten bestand darin, daß sie „complimentiret" hat. Dann gesteht einer der weiblichen Geister, Bücher gelesen zu haben; auf die Frage der Proserpina: „Du wirst also viele Wissenschaften verstanden haben?" lautet indes die Antwort: „Ich habe gewußt, wer Octavia und Clelia, Cyrus und Argenis, Herkules und Herkuliskus, die getreue Schäferin Doris, und Aramene, der Pastor Fido und der rasende Roland, die himmlische Banise und der Prinz Telemach, Arminius und Thusnelda u. s. w. gewesen." Da haben wir die Titel der beliebtesten Romane und Opern des siebzehnten Jahrhunderts. Mercur ruft aus: „Ach es sind lauter Fabeln, die nirgends als in dem Gehirne einiger Romanschreiber entstanden sind" — worauf Proserpina entscheidet: „Du hast also sehr schlechte Bücher gelesen. Fort mit ihr, laß sie ihre himmlische Banise, Doris, Aramena u. s. w. hier unter den Toten suchen; und wenn sie dieselbe nicht finden wird: so übergieb sie den Furien, zu züchtigen."

Also nicht die „verliebte" Modedichtung ist es, die Gottsched den Mädchen in die Hand geben will. Dafür arbeitet er wirklich auf eine solide Bildung hin. Zunächst verlangt er (I. Teil, 23. Stück), daß sie sich im Rechtschreiben eben so wohl üben mögen als die Knaben. Einen treffenden Einblick in die damaligen Bildungsverhältnisse der Frau giebt er, wenn er hinzusetzt: „Schämet man sich bisweilen nicht, wenn man einige Zettel zu sehen bekömmt, die von manchem überaus artigen Frauenzimmer von Wäsche, Haus= und Küchensachen geschrieben werden? Wie elend sind da alle Wörter verstümmelt? und wie lange muß man rathen, ehe man begreift, was sie haben wollen?" Umfassender fordert er alsbann, daß ein Mädchen „vom vierten bis zum zwölften Jahre in allerhand nützlichen Dingen, als im Deutschen, Lateinischen und Französischen, im Lesen, in den Anfangsgründen der Grammatik, im Rechtschreiben, im Rechnen, im Christenthume, und endlich in Ver=fertigung eines deutschen Briefes unterwiesen würde." Auffallen muß

an diesen Forderungen besonders der Latein=Unterricht für das weibliche
Geschlecht. Gottscheds Frau verstand thatsächlich die antike Weltsprache.
Wirklicher Unterricht in der Muttersprache steht allem voran; die Be=
tonung des Briefstils war von Bedeutung für das praktische Bedürfnis
und lenkte zugleich den Mitteilungsdrang des weiblichen Geschlechts in
geregelte Bahnen. In gleicher Weise strebt Gottsched Veredelung des
mündlichen Ausdrucks an. Als verächtlich stellt er (Tl. I, St. 39) eine
Schöne hin, die „mit nichts, als mit ja und nein, oder wenn es hoch
kam, mit einer gewöhnlichen Formel und etlichen gewöhnlichen Sprüch=
wörtern" zu antworten weiß, „welche auch von Mägden im Munde
geführet werden, wenn sie mit ihren Liebhabern sprechen." Als eine
von den vornehmsten Ursachen, warum die meisten Weibspersonen so
unwissend und lasterhaft seien, sieht er an, daß die Auferziehung mehren=
teils dummen Weibern und unverständigen Müttern überlassen bleibe,
die Väter sich aber so wenig oder garnicht darum bekümmern, wie die
Töchter wohl erzogen werden möchten.

Als Probe einer rechten Mädchenerziehung führen die „Vernünftigen
Tadlerinnen" in einem wohl fingierten Briefe eine Marilis vor, deren
Ausbildung ihr Vater geleitet hat. Auch in diesem Erziehungsplan
nimmt das Latein eine Stelle ein: ja, der Vater bezeigte ein besonderes
Wohlgefallen, wenn die Tochter „in den Fabeln des bekannten Phaedrus,
auch wohl im Cornelius Nepos," ihre Brüder beschämte. Ferner lernte
Marilis Geographie und Geschichte, und zwar „gleichsam spielend", so=
daß sich der Vater bisweilen über Tische, oder wenn die Zeitungen ge=
lesen wurden, selber die Lust machte, dieses oder jenes zu fragen. Ganz
in Gottscheds Sinn hält sich die weitere Mitteilung: „Hierauf ließ er
mir von der Vernunft= und Sittenlehre insoweit einen Unterricht
geben, als solches einem Frauenzimmer dienlich und nöthig ist." Noch
ein Geständnis ist im eigentlichen Wortlaut charakteristisch: „Weil wir
Deutschen unsre Muttersprache am nöthigsten haben: so war mein Vater
auch darauf bedacht, daß ich fürs erste mich aller pöbelhaften Ausdrück=
ungen und groben Aussprache enthalten, und also geschickt reden; sodann
aber auch einen deutschen Brief möchte schreiben lernen: zu welchem
Ende er mich bisweilen aus den Zeitungen etwas durchlesen, und hernach
mit einigen Worten erzählen ließ, auch meine Briefe mit eigener Hand
verbesserte." Der uns schon zum zweiten Male begegnende Hinweis auf
Zeitungen als Hilfsmittel des Unterrichts mag nicht belächelt, sondern
als Zeugnis lebendiger Unterrichtsweise beachtet werden: noch waren
Stil und Gründlichkeit der Zeitungen nicht zu ihrer heutigen Anrüchigkeit
entartet, und kein Geringerer als Comenius hatte schon für seine Schola
pansophica eine Stunde in der Woche zum Vorlesen von Zeitungen

geforbert, ebenfalls in erster Linie zu Nutz und Frommen des Unter=
richts in Geschichte der Gegenwart und in Geographie.

Nicht minder lenken „Die vernünftigen Tadlerinnen" auf die Fort=
bildung der Frauen durch gute Bücher ihr Augenmerk. Wie wenige
würden zu dem Endzweck geschrieben, die Menschen „vernünftig und
klug zu machen!" — denn auf diese Eigenschaften legte der Rationalis=
mus ja ausschließlich Gewicht. So wird — nach dem Vorbild der
„Discourse der Mahlern" — ein „Verzeichniß einer deutschen Frauen=
zimmer=Bibliothek" als Muster vorgelegt, worin die meisten Bücher
„nicht nur ihres guten Inhalts halber, sondern auch ihrer reinen deutschen
Schreibart wegen" lesenswürdig genannt werden. Von Dichtern sind
zunächst ausschließlich die Männer vom Ende des siebzehnten Jahrhunderts
an berücksichtigt, wie denn ihre nüchterne Korrektheit Gottsched am meisten
befriedigte: der jüngere Gryphius, Canitz, Besser, Amthor und neben diesen
Rationalisten der deistische Sänger der Natur, Brockes. Kaum auffallen kann,
daß dieser in der zweiten Auflage der Wochenschrift von 1738 von der Liste
gestrichen ist, um allerdings würdigen Ersatz an Haller zu finden, der
sich in den breißiger Jahren noch unter Gottscheds sprachliche Autorität
beugte, überdies der Lieblingsdichter der Gottschedin war. Ebenso konnte
nun Hagedorn eingereiht werden. Außerdem greift Gottsched aber 1738
auf den Stil der ersten schlesischen Schule zurück, indem er Opitz, Rachel
und Fleming heranzieht. Ferner wird Günther nachgeholt, sein und
Gottscheds gemeinsamer Beschützer Burkhard Mencke (Philander von der
Linde) nicht vergessen und auch auf die Schriften der Deutschen Gesell=
schaft in Leipzig verwiesen. Von andern Büchergattungen fallen neben
Erbauungs= und Erziehungsschriften des Thomasius Vernunft= und Sitten=
lehre auf; Fenelon ist ursprünglich nicht nur mit seinem „Telemach",
sondern auch mit seiner „Auferziehung der Töchter" vertreten, ebenso
Locke mit seiner Schrift „Von der Auferziehung der Kinder". Für das
damalige Streben nach Anschaulichkeit im Unterricht zeugen Ernsts
„Historisches Bilderhaus", sowie Hübners Staats= und Zeitungslexikon und
seine historischen und geographischen Fragen; ferner wird J. J. Scheuchzers
kleine „Naturwissenschaft" genannt. Anweisung zur Orthographie soll
H. Freyer, zu deutschen Briefen B. Neukirch geben; selbst eine Poetik ist
vertreten: des Menantes „Allerneueste Art, zur teutschen Poesie zu ge=
langen". Sonst seien noch hervorgehoben die „Gespräche zwischen
einem Gelehrten und einem Frauenzimmer" von Gottscheds französischem
Lieblingsschriftsteller und stilistischem Vorbild Fontenelle, der Spectator
(oder, wie Gottsched bezeichnend gallisiert: der Englische Spectateur!),
schließlich das Frauenzimmer=Lexikon des Amaranthes. In der zweiten
Auflage finden wir, entsprechend Gottscheds Beziehungen zu Mosheim

und Reinbeck, diese beiden Autoren in der religiösen Abteilung neu vertreten. Den Schriften zur Historie und Weltweisheit sind 1738 namentlich eingereiht Mascous Geschichte der Deutschen und Christian Wolfs
deutsche Schriften. In derselben Rubrik zählt Gottsched nunmehr auf:
die Fabeln Esopi in der zu Nürnberg 1723 erschienenen Übersetzung,
die Hamburger moralische Wochenschrift „Der Patriot", Swifts Märchen
von der Tonne und Gullivers Reisen, auch den Don Quixote und sogar
Liscows kleine deutsche Schriften; am Schluß steht die in Gotscheds Fahrwasser segelnde Zeitschrift „Der Freimäurer". Im allgemeinen muß
man zugestehen, daß wenigstens in der Ausgabe von 1738 der deutschen
Frauenwelt eine Büchersammlung vorgelegt war, die in alle Elemente
der Bildung meist durch die vorgeschrittensten Mittel einführte. 1725
dagegen war Gottsched selbst noch nicht genügend orientiert, und schon
in den vierziger Jahren bleibt er geflissentlich hinter seiner Zeit zurück.
So liegt uns in der Ausgabe der „Tadlerinnen" von 1738 thatsächlich ein Denkmal aus Gottscheds bester Zeit vor.

An den verschiedensten Stellen der „Vernünftigen Tadlerinnen" er-
schallen Stimmen der Propaganda für das Studium und die Gelehrsamkeit der Frau. Namentlich wird auf das Beispiel bekannter Schrift-
stellerinnen zur Nacheiferung verwiesen: da rückt nicht nur eine Dacier
ins Feld, auch die bescheideneren deutschen Größen wie die Königsberger
Poetin Gertraud Mollerin, die Schurmannin u. a. werden in ihrem Lebens-
lauf oder in ihren Ansichten über das Frauenstudium vorgeführt. Gottsched
betont dabei, daß er weit entfernt sei, für alle Frauen Gelehrsamkeit zu
verlangen: natürlich will er nur jenem kleinen Teil Bahn brechen,
dessen vorteilhafte äußere Umstände und Talente dergl. gestatten. „Werden
denn alle Mädchen", ruft er (I, 50), „zu studiren anfangen, weil wir
denen, die Gelegenheit, Mittel und Lust dazu haben, solches rathen?"
Außerdem soll die Frau dadurch keineswegs dem Hause entfremdet
werden; als echter Rationalist glaubt Gottsched an die alleinseligmachende
Gewalt der Weltweisheit: ein wahrhaft gelehrtes Frauenzimmer werde
erst recht eine vernünftige Mutter werden; „ja sie wird alle ihre andern
Pflichten, als Ehegattin, Hausfrau, Nachbarin, Freundin und Bluts-
verwandtin, auf eine tugendhafte Weise erfüllen lernen" (II, 43).

Eine grundsätzliche Scheidung zwischen Gelehrsamkeit im engeren
Sinne und allgemeiner Bildung blieb dem späteren wirksamen Eingreifen
der Frau Gottsched vorbehalten. Sie liefert für die Auflage von 1738
zwei Abhandlungen als Ersatz für das 8. und 29. Stück im ersten Teil
der ersten Ausgabe, die als fremde, unberufene Einschaltungen (von
Lucas Geiger) ausgeschieden wurden. Das eine hatte sich gegen Un-
redlichkeit, das andre gegen Schlüpfrigkeit gewendet. Die Ersatzstücke

hingegen beschäftigen sich beide mit der Frauenfrage, indem sie beide — überraschend genug — in erster Linie für Häuslichkeit der Frau wirken: zur Bethätigung wahrer Bildung sei im Hause Raum genug; aus diesem Grunde wird für Bildung aller Frauenzimmer eingetreten und diese Durchbildung sogar in einen gewissen Gegensatz zu einseitiger Gelehrsamkeit gerückt. Gerade die häuslichen Pflichten: „Der Gehorsam gegen die Männer, die Besorgung des Hauswesens und die Erziehung der Kinder", erforderten eine gewisse philosophische Bildung. Denn zur Erfüllung jener Pflichten gehöre „eine genaue Kenntniß der Gemüther, eine philosophische Einsicht in die Natur unserer Handlungen und ein weises Vorhersehen derer aus denselben entspringenden Folgen. Ja wir müssen auch ein richtiges Erkenntniß von der Natur des Guten und Bösen, von Tugenden und Lastern haben."

Zu den unmittelbar dem weiblichen Geschlecht gewidmeten Betrachtungen gesellen sich die ihm ebenfalls zugute gekommenen Bestrebungen, den allgemeinen Bildungsgrad zu erhöhen. Namentlich hat sich der Rationalismus, in dessen Geist auch die „Vernünftigen Tadlerinnen" arbeiten, durch Bekämpfung des Aberglaubens verdient gemacht. Ebenso wirkte Gottscheds Eintreten für den Gebrauch der Muttersprache an Stelle der französischen Modesprache stark auf die Frauenwelt.

Gottscheds spätere Zeitschriften bewahren diesen Geist, auch wo sie nicht besonders für Frauen bestimmt sind. Unmittelbare Aufforderung zur Behandlung ähnlicher Stoffe boten zwei Nummern der von Gottsched und seinem Freundeskreis unter dem Titel „Neufränkische Zeitungen" 1733 bis 1736 herausgegebenen Privatdrucke. In der humoristischen Manier dieser Gelegenheitszeitschrift ist das 10. Stück der Frau von Ziegler, das 11. der Jungfrau Kulmus zum Geburtstag (für die Kulmus zu dem letzten, den sie als Gottscheds Braut verlebte) gewidmet. Beide Stücke parodieren nun diejenigen, die da fordern, „daß das Frauenzimmer nichts lernen solle, was über den Horizont ihrer Küche oder ihres Putzwesens stiege." —

Bei solchen Anschauungen Gottscheds und seiner Freunde durfte man begierig sein, welche Wahl er für die eigene Ehe treffen würde. Gerade für den gelehrten Mann hatte ein Korrespondent der „Vernünftigen Tadlerinnen" mit doppeltem Nachdruck eine gelehrte Frau als Gefährtin gefordert. Anderseits erfuhren wir, wie wenig sich Gottsched dem Sinnenreiz junger Schönen zu entziehen vermochte. Da werden ihm 1727 ein paar Gedichte einer vierzehnjährigen Danzigerin vorgelegt, und zwei Jahre später, anläßlich seiner Reise in die preußische Heimat, gesellt sich zu der sofort angeknüpften brieflichen Verbindung die persönliche Bekanntschaft mit dem Mädchen, das sich auch von Ge-

stalt und Wesen als anmutig und einnehmend erweist. Ohne ein un=
mittelbar bindendes Versprechen, ist damit seine Zukunft entschieden. Er
wird vorderhand eine Art Mentor für dieses wohlerzogene und begabte
Mädchen, dessen Name Luise Adelgunde Victoria Kulmus in ge=
lehrten und litterarischen Kreisen freilich nicht früher berühmt wird, als
Gottsched sein Herzensgeheimnis der Öffentlichkeit preisgiebt und die
eheliche Verbindung bevorsteht. Zwar waren inzwischen, zunächst durch
Gottscheds Vermittlung, einige Gedichte von ihr im Druck erschienen;
vorerst aber regt der betriebsame Organisator die Auserwählte weniger
zur Produktion als zur litterarischen Fortbildung an. Er sendet ihr
Bücher und Musikalien, tauscht über die neuen Erscheinungen mit ihr
Gedanken aus und weiht seine Zukünftige vor allem in seine Arbeiten
und Anschauungen ein.

An eine eheliche Verbindung war nicht früher zu denken, als Gott=
sched eine ordentliche Professur erlangte. Nachdem er Anfang 1734
dieses Ziel erreicht hat, wird die Braut durch die Belagerung ihrer
Vaterstadt und alsdann durch den Tod ihrer Mutter zu neuem Aufschub
genötigt. Auch ihr Vater, der Dr. med. Johann George Kulmus, war
während ihrer Brautzeit gestorben, ohne erhebliches Vermögen zu hinter=
lassen. Gottscheds uneigennütziges Verhalten bezeichnet die von so
schweren Schicksalsschlägen Heimgesuchte selbst als großmütig. Dennoch
fehlt es vorübergehend nicht an ein paar Momenten der Verstimmung,
bevor die Ehe (am 19. April 1735) geschlossen wird. Einmal ist böse
Zeitung über Gottscheds sittliches Verhalten nach Danzig gedrungen.
Ein andermal quält er sie — taktlos genug — mit der Erwähnung eines
anonymen Briefes, der da klatschte, das Antlitz seiner Braut sei durch
Blattern entstellt worden, während sie in Wahrheit nur Masern zu über=
stehen gehabt. Harmloseren Ursprungs scheint ein dritter Zwischenfall,
weil hier nur die Ungeduld des Bräutigams sich unzeitig in die Form
eines halb galanten, halb verletzenden Scherzes gekleidet hatte: Er erfährt
denn auch angemessene Abfertigung[1]): „Wie können Sie mein Herz so
empfindlich angreifen, und es beschuldigen, daß ihm der Aufschub, den
die Umstände erfordern, lieb wäre? Wie beleidigend wäre dieser Ver=
dacht, wenn ich Ihren Eifer nicht für eine zärtliche Ungeduld ansähe,
die so schmeichelhaft für mich ist."

An demselben 21. August 1734 erwähnt die Kulmus aber noch
ein anderes Eingreifen ihres Bräutigams, das denn doch von Be=
deutung für ein Urteil über seine Liebesempfindung ist: „Die zwei
Gedichte, so Sie während unserer Belagerung verfertiget, sind schön.

---

1) Briefe der Frau Gottsched, Bd. I, S. 120flg.

Ich danke Ihrer Muse für den Dienst, den sie mir bei dieser Ge=
legenheit geleistet, und für alles Zärtliche, was sie Ihnen eingegeben
hat. Es ist kein größerer Trost in Widerwärtigkeiten, als einen
Freund zu finden, der Theil an unserm Schicksal nimmt." Welchen
Dienst hatte Gottscheds Muse denn seiner Braut während der Belagerung
Danzigs durch die Russen geleistet? Aufschluß gewährt ein bislang
unbekannt gebliebener Brief, der sich in der handschriftlichen gelehrten
Korrespondenz Gottscheds findet. Am 28. Mai 1734 tröstet ihn nämlich
sein Vetter Rosner in Königsberg über die Sorge, die er um seine
Braut im Hinblick auf die Belagerung geäußert. „Haben Dieselben einen
so guten Glauben als ich, so wird Ihnen Ihr Schatz unberührt bleiben.
Denn außer daß die Tugend eines so ausgekörnten Frauenzimmers ohne
eine bei ihr zu stellende Leibwache sie genugsam gesichert behält, so habe
ich dennoch zum Überfluß die auf sie so wohl gerathene und gewiß den
streitbarsten Russen bewegende Reime mit heutiger Post ins Hauptquartier
nach Thorn an einen guten Freund abschriftlich gesandt, welcher nicht
ermangeln wird, solche des Herrn General=Feldmarschall Grafen von
Münnichs Excellenz zu überreichen."

Eine Nachschrift besagt dann noch: „Ich habe mit letzter Post Ab=
schrift von dem überaus schönen Gedicht an einen guten Freund nach
Kurland geschicket, welcher an dem russischen Hofe vornehme Anverwandte
hat, und wird selbiger vermuthlich diese wiederumb nach Petersburg
geschickt haben." Ja, Rosner fügt ein wunderliches Gerücht an: „Nach
einer hier ausgebrachten historie ist mein Werthester Herr Vetter schon
vor einigen Wochen nach Sibirien gebracht. Denn da derselbe an den
General=Feldmarschall von Münnich einen überaus empfindlichen Brief
geschrieben und ihm verwiesen haben sollen, daß er seiner Liebsten Brief
erbrochen, auch in solchem Schreiben harte Ausdrücke wider die kaiserl.
Majestät gebraucht, wäre solcher Brief per staffette nach Petersburg ge=
schickt und so übel aufgenommen worden, daß darauf der Schluß ge=
faßt sei, um dessen Ausantwortung beim Sächsischen Hof [Schritte] zu
thun, die denn auch erfolget, und sei solcher mein Werthester Vetter
nach Sibirien gebracht. Die Erzählung von diesem allen ist noch viel
umständlicher und weitläufiger." Das in Frage stehende Schutzgedicht
für die Geliebte ist eine bewegliche Elegie (Ausgabe der Gedichte von
1751, Bd. II, S. 620 flg.).

So romantisch sich hier die schon vor zehn Jahren durch Gottscheds
abenteuerliche Flucht vor preußischen Werbern aufgeregte Phantasie
seiner Königsberger Landsleute erwies: die von ihm gewagten Schritte
bieten einen vollgültigen Beweis für eine zärtliche Sorgsamkeit, die bis
zur Verwegenheit geht. Gleichzeitig wird uns ein Blick auf Gottscheds

schon damals bedeutende Stellung in der Öffentlichkeit gewährt: denn ein Unbekannter konnte unmöglich eine Leibwache für seine Braut fordern, ohne für närrisch gehalten zu werden.

Auch später läßt es Gottsched an Huldigungen für seine Auserkorene nicht fehlen. Hier ist besonders eines allegorisch-komischen Helden=gedichtes zu gedenken, welches die Lebens= und Liebesgeschichte der Kulmus behandelt. Ihr zärtlicher Ehegenosse legte es ihr im fünften Jahre nach der Hochzeit auf den Geburtstagstisch. Es ist nur in einem posthumen Druck erhalten, der überdies parodisch eingeleitet und glossiert auftritt, erweckt aber den Eindruck der Echtheit. Der Titel lautet: „Der Proceß, ein Scherzgedicht, im Jahre 1740. den 11ten April seiner theuersten Freundin Louise Adelgunda Viktoria Gottsched, ge=bohrenen Kulmus, gewidmet von Ihrem getreuen Johann Christoph Gottsched. P. als ein Opus posthumum der Nachwelt geschenkt und mit kritischen Anmerkungen bereichert." Daran schließt sich das malitiöse Motto aus Prior:

> „Let him bekept from paper, pen, and ink;
> So may he cease to write, and learn to think."

In Mottis thut sich der Herausgeber überhaupt gütlich. Erschienen ist das Heft angeblich zu Frankfurt und Leipzig im Jahre 1774; Ver=leger und Drucker sind nicht genannt.[1])

Der gleichfalls anonyme Herausgeber stellt eine „Zuschrift an das gesamte Chor der neun Musen" voran: hätte das Gedicht neun Bücher, statt fünf, so würde er, wie Herodot, einer jeden Muse ein Buch ge=widmet haben (wie es Goethe ja später in „Hermann und Dorothea" vollbringt). Schon in dieser Anrede an die Musen wird das Scherz=gedicht ironisch als „Werk Ihres weyland Lieblings" eingeführt. Be=ziehungsreicher ist die „Historische Vorrede": „Wie ungerecht ist nicht oft", so setzt sie ein, „das Schicksal gegen die Werke verdienstvoller Männer; Quintilian wurde aus einer Käsebude hervorgezogen und diesem vortrefflichen Gedichte würde vielleicht ein eben so trauriges Ge=schick bestimmt gewesen seyn, wenn mich nicht das Fatum zu seinem Retter gewählt hätte." Der Herausgeber genieße das Glück, „ein Zögling des weyland so berühmten Herrn Prof. Gottscheds, des Schwans der Sachsen, eines gleich großen Dichters, Weltweisen und Kunstrichters, gewesen zu seyn." Das böse Mißgeschick, das seinem vorgeblichen Meister mit der Huldigung Friedrichs des Großen für den „cygne saxon" widerfuhr, ist dem Spötter also bekannt. Ironisch rühmt er weiterhin: „Mit Entzücken habe ich immer die Ausgeburten seines Geistes gelesen,

---

1) Ein Exemplar in der Ponickauschen Bibliothek in Halle.

und die Stärke seines Witzes, den Reichthum seiner Reime, das sanft=
fließende seiner Verse und das gedrungene seiner Gedanken bewundert."
Im selben Sinne hält sich eine Anmerkung S. 16 flg.: „Ja Gottsched
schrieb so leicht und fließend wie ein Bächlein, so deutlich, daß ihn
schon das Kind verstehen konnte ꝛc." Das war überhaupt der Ton, wie
das nachfolgende Geschlecht von ihm redete. Auch der Leipziger Stu=
diosus Goethe schreibt den 30. Oktober 1765 an Riese[1]):

> „Ich sah den großen Mann auf dem Catehber stehn,
> Ich hörte was er sprach und muß es dir gestehn.
> Es ist sein Fürtrag gut, und seine Reden fließen
> So wie ein klarer Bach. Doch steht er gleich den Riesen,
> Auf dem erhabnen Stuhl. Und kennte man ihn nicht,
> So wüßte man es gleich weil er steets prahlend spricht." —

Über seine Person und die Auffindung des Manuskriptes fingiert
der Herausgeber: „Ich bin ein Geweyhter des Merkur, und also zog
mich die jetzige Jubilatemesse nach Leipzig. In dem kleinen Städtchen,
da ich wohne, ist kein Buchladen, und also hole ich mir unter andern
Meßwaaren auch meistens ein Kistgen Bücher mit von Leipzig." Bei
einem Antiquar sah er nun „ein schmales Oktavbändchen, in ver=
schossenen rosenfarbnen Moor ... Himmel! wie erstaunte ich nicht, als
ich es aufmachte, und des hochberühmten Gottscheds, meines weyland
Gönners, eigne Hand, und also ein noch unbekanntes Manuscript von
ihm entdeckte." Offenbar — so heißt es dann zutreffend — hat Gott=
sched unter dem Theanor des Gedichts sich selbst, unter der Urania
die Kulmus vorgestellt.

Betrachten wir zunächst das Gedicht. Der Anfang lautet:

> „Vom Zwiespalt beyderlei Geschlechts
> Und von Erlangung späten Rechts,
> Das Göttin Venus selbst ertheilt,
> Nachdem sie sich mit Fleiß verweilt,
> Wie auch von dem besondern Paar,
> So mit darein verwickelt war,
> Theanor'n und Urania,
> Das sich zuletzt verbunden sah,
> Soll dieses Lied Erwähnung thun.
> Ihr deutschen Musen helft mir nun,
> Und lehrt mich jetzt aus eurer Gunst
> Nicht Verse machen nach der Kunst,
> Nach schweizerischer Barden Art,
> Die neulich erst erfunden ward,
> Nur harte Wort in Reime zwingen,
> Nein, lehrt mich leicht und deutlich singen,

---

1) Goethes Werke, Weimarer Sophien=Ausgabe, 4. Abtheilung, Band I,
S. 17 flg.

Und ist es gleich kein Heldenlied,
Darin man Pferd und Kutscher sieht,
So sey's ein episch Scherzgedicht,
Was bessers leid't die Sache nicht.
Nur helft mir's auch zu Ende schreiben,
Und nicht im Anfang stecken bleiben,
Wie bey Zeithayn der Held August
Im ersten G'sang ersticken must.'"

Unter Einkleidung der Handlung in das übliche Schäferkostüm wird eine gegenseitige Anklage der beiden Geschlechter vor dem Throne der Venus dargestellt. In Übereinstimmung mit Anschauungen, die schon in den „Vernünftigen Tablerinnen" begegnen, wird den Durchschnitts=frauen Wollust, Eigensinn und Thorheit vorgerückt.

„Ein Hund, ein Papagey, ein Aff . . .
Ist ihrer Herzen ganze Lust."

Sie vertröbeln ihre Zeit mit Besuchen, mit Splitterrichten, Spielen, Fluchen, mit Fächern, Bändern und Pomaden u. s. w.

II. Buch: Venus bildet als lebendigen Gegenbeweis „am kalten Belt" einen Ausbund aller Anmut und Tugenden, die Urania, spiegelt alsdann der Minerva vor, es sei ein Knabe, sodaß diese das Kind mit „Verstand und Witz", mit „Wissenschaft, Vernunft und Güt" begabt. Als Minerva später die List entdeckt, glaubt sie ihren schließlichen Triumph über Venus prophezeien zu dürfen, weil

„Nur Thoren deine Sklaven werden."

Im III. Buch weist Urania die Stutzer und die geputzten Weiber zurecht, die sie besuchen. Wiederum gleicht die Situation der in Gottscheds moralischen Wochenschriften:

„Es fand sich oft vor'm Puderschrein
Ein Schwarm von Modestutzern ein;
Die fragten, wie das Trauerspiel
Des letzten Abends ihr gefiel?
Erzählten drauf des Tages Mähr, . . .
Bis sie nach viel verdeckten Nahmen
Allmählig auf das Wetter kamen . . .
Dann mischten sie in jeden Satz
Von Narrenspossen einen Schatz;
Erhöhten durch Picanders Witz
Nur ihrer schönen Augen Blitz . . .'"

Picander, wie sich Henrici, der Verfasser von Lustspielen und „Quoblibeten" niederen Genres nannte, hatte schon in den zwanziger Jahren Gottsched wiederholt persönlich verspottet. — Weiter heißt es im Gedicht:

> „Bald kam ein Heer geputzter Weiber,
> Der Wochenstuben Zeitvertreiber,
> Es kam des Morgens früh zum Thee,
> Zu sehn der Schönen Neglischee."

Sie plaudern von Putz, „von Modepuppen aus Paris"; dann klatschen sie über ihre Mitschwestern, was in dramatisch lebhaftem Dialog veranschaulicht wird. Ihre Abweisung durch Urania beantworten sie mit dem Urteil:

> „Das Mädchen hat nicht Welt genug."

Das IV. Buch führt Urania zunächst in ihrer litterarischen Beschäftigung vor:

> „Sie schrieb ein Buch für ihr Geschlecht
> Und wies das eitle Volk zurecht."

Damit gelangt der Jungfer Kulmus Übersetzung der „Betrachtungen über das Frauenzimmer" von der Lambert zu poetisch potenzierter Spiegelung. Unmittelbar auf ihre Ode an die Kaiserin Anna zielen die Verse:

> „Sie pries auch mit erhabnem Sinn
> Der Russen große Kaiserin."

Sie pflegt auch Gespräche mit Gelehrten, doch — ein Zusatz von echt Gottschedscher Pedanterie —

> „nie allein,
> Es muste stets Gesellschaft seyn.
> Nun ward ihr Haus ein seltnes Haus,
> Und Fama blies es (!) eifrig aus.
> So fand sich denn von ohngefähr
> Aus ferner Luft Theanor her.
> Ein Musenfreund von neuer Art,
> Den ihr Minerva vorgespart (!)."

Endlich tritt also der Held in eigener Gestalt auf! Die schiefen und platten Wendungen entsprechen völlig dem sonstigen Stil der Gottschedschen Poesie.

Bisher hatte Minerva verstanden, jeden Liebespfeil durch einen Panzer eigener Art von Uraniens gelehrter Brust abzuwehren:

> „So oft ein Pfeil ward abgeschnellt,
> Hat sie ein Buch in Weg gestellt"!

Nun argumentiert Cupido:

> „Der Nymphe von so strengem Muth,
> Die weder buhlt, noch spröde thut,
> Fehlt jemand, sprach er, der sie lehrt,
> Und sie zu gleicher Zeit verehrt"

Das ist Theanor-Gottscheds Fall.

„Hier liebt die Nymphe Wiß und Kunst,
Drum find't ein Schulfuchs (!) ihre Gunst.
Sie liebe denn, was sie verehrt,
Den, der sie münd= und schriftlich lehrt,
Die Furcht der halben Lindenstadt.
Theanorn, der zwar Beyfall hat,
Doch den halb Deutschland haßt und scheut.
So liebt sie voller Sicherheit.
Denn keine Nebenbuhlerinn,
Beneidet sie um den Gewinn.
Wie lustig wird sich manche machen,
Und diese seltne Wahl verlachen.
Theanor hatte viel geschrieben,
Das ihr nicht unbekannt geblieben ...
Urania, kaum funfzehn Jahr,
Sah ihn, der zweymahl älter war,
Nunmehr mit andern Augen an ...
Ein Modestußer war er nie",

Darum liebt er sie

„von wegen ihrer Wissenschaft."

Nur zu getreu die Geschichte von Gottscheds Liebe zu seiner „ge=
schickten Helferin". Es kommt noch besser: selbst die dunklen Gerüchte,
die über Gottscheds Leipziger Lebensweise nach Danzig drangen, werden
im V. Buch aufgetischt. Innerhalb der allegorischen Form muß da
Minerva natürlich Eris bemühen:

„Sogleich war Eris auch bereit;
Es wurden Lügen ausgestreut.
Die Furien aus jener Kluft
Erfüllten fast die ganze Luft,
Darin sie ihre Fackeln schwungen
Mit unerhörten Lästerungen.
Uranien ward vorgebracht,
Theanor sey sehr schwarz gemacht (!)."

Urania „glaubt es fast", doch entdeckt sie bald, daß nicht Minerva,
sondern Eris der Lästerbote. Phöbus nimmt sich seines Sohnes Theanor
noch besonders an — Gottsched ward in seinem Freundeskreis allgemein,
auch durch Frau von Ziegler, als „Phöbus" verherrlicht — Phöbus
also spricht:

„Wo Weisheit sich mit Anmuth paart,
Da ist die Lieb' erst rechter Art."

Gedenken wir hier der analog stilisierten Wendung in Schillers „Glocke":

„Denn wo das Strenge mit dem Zarten,
Wo Starkes sich und Mildes paarten,
Da giebt es einen guten Klang" —

so springt der Gegensatz des Rationalismus zum Humanismus unserer
klassischen Geistesperiode klar in die Augen. —

Ein solches Scherzgedicht Gottscheds zum Geburtstag seiner Frau hat nichts Ungewöhnliches: gab er doch mit seinem Leipziger Freundeskreis gerade als humoristisches Geburtstagsangebinde für die Intimen von 1733—1736 die einzelnen Stücke der „Neufränkischen Zeitungen" heraus, deren 11. der Jungfer Kulmus zu dem letzten Geburtstag vor ihrer Hochzeit gewidmet war.[1]) In den vierziger Jahren verkehrte er namentlich mit den Töchtern des Grafen Manteuffel in solchen Scherzgedichten, die überhaupt in Manteuffels „Regiment Sanfaçon" Mode wurden.[2])

Wie wir bereits eine Reihe echt Gottschedscher Wendungen unterlaufen sehen, tritt auch sein charakteristischer Sprachstand hervor: zwar „kreucht", „stund" begegnen noch heut, aber „gelung", „schwung" gehören ihm, ebenso „Schwunk" und „Schwung" für „Schwank", auch er hat „Fund" für „listige Erfindung", „Schluß" für „Beschluß", „sahen" für „blickten drein" u. dergl. mehr; „betraf" für „antraf", „heischte" u. s. w.

Was sollte schließlich auch jemand 1774 für ein Interesse haben, einem Gottsched ein Gedicht unterzuschieben? Er hätte lebendigere Zielscheiben für seinen Spott gefunden. —

Aus den Anmerkungen, die im ernstesten Tone der Bewunderung beflissen sind, den Text zu kommentieren, verdienen einige herausgehoben zu werden, die einen zur Parodie Gottscheds, die andern zur Kennzeichnung des Herausgebers. S. 15 singt Gottsched: er wolle „nicht Verse machen nach der Kunst"; dazu wird angemerkt: „Dies ist der überzeugendste Beweiß, daß der große Gottsched die schöne Natur, als das Model seiner Lieder, allezeit vor Augen gehabt." Anderswo wird seine Bescheidenheit gerühmt oder der Mangel des Gedichtes an Galanterie gegen das schöne Geschlecht damit entschuldigt, daß der Verfasser sonst kein Misogyn war u. s. w.

Für des Herausgebers litterarische Orientierung scheint die impertinente Anmerkung bezeichnend, die er zu dem in den Anfangsversen enthaltenen Seitenhieb auf Königs „August im Lager" setzt: „Übrigens ist diese Stelle die beste Wiederlegung der langen Apologie, welche der Herausgeber der Gedichte des Hn. von Königs in der Vorrede für Hn. Gottsched macht, denn sowol diese Stelle als der kritische Almanach haben ihn zum Vater. — Recht so! an seinen Feinden muß man sich reiben, wenn man selbst groß seyn will!" — Der Almanach rührt vielmehr wahrscheinlich von J. J. Schwabe und F. M. Grimm her; aber allerdings war in der 1745 erschienenen Ausgabe von Königs Gedichten mit

---

1) Vergl. diese Schrift, Bd. I, S. 180 flg.
2) Vergl. ebenda S. 223 flg.

gleich ironischer Absicht die Überzeugung ausgesprochen, daß Gottsched und seine Frau an diesem wie an sonstigen Angriffen gegen König unbeteiligt seien, weil man ihm doch eine derartige Undankbarkeit und Doppelzüngigkeit nicht zutrauen dürfe.

Daß in jugendlichen Kreisen der Herausgeber zu suchen ist, dafür liegt eine Spur vielleicht gerade in der wiederholten Betonung des „Kritischen Almanachs" vor, dessen in Wahrheit ephemere Bedeutung als eine epochemachende hingestellt wird, während sonst entscheidende Etappen der Litteraturfehde übersehen oder falsch angesetzt werden: offenbar hat dem Herausgeber der Zufall diese und gerade nur diese Streitschrift der vierziger Jahre in die Hand gespielt. S. 16 merkt er nämlich an: „Diese schweizerischen Barden" (von denen das Scherzgedicht behauptete, daß sie „nur harte Wort in Reime zwingen") — „diese schweizerischen Barden waren Bodmer und Breitinger, welche nebst ihren Spießgesellen im Jahr 1736 (dieselbe Jahreszahl nennt auch der „Kritische Almanach") einen mächtigen kritischen Krieg wider unsern Held erhoben, dieser dauerte bis An. 1741, in welchem Jahre eine große kritische Schlacht vorfiel, welche aber den Zwist noch nicht entschied, bis im Jahre 1744 sich unser Held männiglich waffnete, und den letzten Ritt auf diese Corsaren that. Er schrieb nämlich einen „Neuen krit. Sack-Schreib- und Taschen-Almanach, auf das Jahr 1744 gestellt, durch Chrysostomum Mathanasium." sehr kurzweilig zu lesen, und schlug damit seine Feinde totaliter; die ihm aber, wie man sagt, dennoch eine Glatze gerupft, daß er hernach eine Perücke tragen mußte." Sonst ziehen die Anmerkungen Gottsched mit Vorliebe wegen seines sprachlichen „Puritanismus" durch. Hans Sachs citiert der Herausgeber ironisch. Er zeigt jedenfalls Spuren des obersächsischen Sprachstandes: „Knötgen" u. s. w.; „sahe" u. s. w.; „ey ey"; „nu da haben wirs"; „es hätte sich niemand für Sie gefürchtet". „Betraf" und „heischte" mußt er Gottsched auf. —

Doch kehren wir zu dem Ausgangspunkt dieser Untersuchung zurück.

Es war freilich kein gewöhnliches Weib, dem Gottsched seine Huldigungen darbrachte. Weit eher als bei ihrem zukünftigen Gemahl, dessen Verdienste wesentlich organisatorischer Natur sind, konnte bei der Kulmus von poetischer Stimmung und gemütvoller Empfindung die Rede sein. Sie vereint die geschliffene Bildung der Westpreußin mit einer temperamentvollen Lebhaftigkeit, die auf südlichere Einflüsse hinweist. In der That stammte ihr Vater aus Breslau, der Vater ihrer Mutter gar aus Augsburg.

Ihrer litterarischen Bethätigung kamen zwei Elemente ihrer Erziehung trefflich zu statten: ungewöhnliche Sprachkenntnisse sowie musikalische

Ausbildung. Schon als Mädchen machte die Kulmus die Bekanntschaft mit nicht wenigen französischen und englischen Werken; später läßt ihr Ehemann sie durch seinen Getreuen Schwabe im Lateinischen unterrichten. Auch einen neuen Lehrer in der Musik giebt er der jungen Frau: Krebs, ein Schüler Sebastian Bachs, erteilt ihr Kompositionsunterricht; sie spielte den Flügel, vorübergehend auch die Laute. Zum Geburtstage ihres Gatten fertigte sie eine ganze Suite; ferner setzt sie eine seiner Kantaten in Musik. Besondere Beachtung verdienen ihre Ansichten über Dichter und Dichtung, die sie in die Form bescheidener Ablehnung eigener poetischer Begabung kleidet. Das poetische Schreiben, welches sie auf Gottscheds Wunsch an Frau von Ziegler zu deren Dichterkrönung sendet, nennt sie „kein Gedicht"[1]): „denn es sind lauter Wahrheiten von der einen Seite, und Empfindungen von der andern, obwohl sehr schwach ausgedrückt. Ich werde auch nie ein Gedicht verfertigen. Ein Dichter muß reich an Erfindung sein und muß vieles schön zu sagen wissen, was er nicht empfindet." In ähnlichem Sinne ruft sie ein andermal: „Ein Poet ist doch ein unerschöpflicher Mann, es quillt Wahres und Falsches aus einem Brunnen."

Was beweisen solche Äußerungen anderes als daß dies Mädchen gerade von dem Kern wenigstens der lyrischen Dichtung mehr verstand und besaß als die überwiegende Mehrzahl ihrer litterarisch thätigen Zeitgenossen?! Denn wo findet man damals Wahrheit und Empfindung? Wenn sie freilich die Abwesenheit von Phantasie beklagt hätte, würde sie mit ihrem eigenen den allgemeinen Mangel der Zeit bezeichnet haben: beidemal zielt aber das schalkische Mädchen mit halber Ironie nur auf jenen stark auftragenden konventionellen Wortschwall lobhudelnder Gelegenheitsdichtung, an welchem schlechtere Geister als sie allerdings keinen Mangel litten.

Was die Form in der Poesie betrifft, so fußt die junge Dichterin auf der damals modischen Natürlichkeit, die gar viele Berührung mit dem heutigen Naturalismus aufweist. Doch kommen ihr Gedanken, die wohl der Erwägung wert sind. So findet sie es sehr „unnatürlich", daß in der Oper und in den andern Schauspielen der Zornige und der Gelassene gleichmäßig „alle ihre Handlungen nach dem Takte einrichten müssen"[2]. In letzter Linie ist aus solchem Gesichtspunkt jegliches Versmaß in Frage gestellt; aber in der That strebt der moderne Rhythmus nach freier Bewegung im Gegensatz zu der steifen Einförmigkeit des Alexandriners, die der Kulmus mit Recht auffiel.

---

1) Briefe I, 74 flg. und 135.
2) Briefe I, 31.

Besonderes Interesse erregt ihre Stellung zum Reim: ist ja bekannt, daß Gottsched anfangs reimlose Gedichte in gewissem Sinne empfahl und selbst versuchte, in dem Maße aber als seine Gegner dieselben pflegten, zu scharfer Befehdung der Reimlosigkeit überging. Seine Zukünftige nun gesteht ihm schon 1732, daß sie die erste ungereimte Übersetzung des Verlorenen Paradieses nicht zu Ende lesen könne[1]): „Jede Zeile ist mir eine Kluft, darinnen ich stecken bleibe. Das deutsche Ohr verliert gar zu viel, wenn der Wohlklang des Reimes fehlt." Trotz einer so stark ausgeprägten Abneigung unternimmt das junge Mädchen die reimlose Übersetzung eines Aktes von Voltaires „Zaïre" — für das Drama empfahl Gottsched die Reimlosigkeit besonders.

Ursprünglich scheint es, als ob der Kulmus Geschmack nicht wesentlich über den ihres Liebhabers hinausragt. Sie tadelt zwar freimütig manche Frucht der „Deutschen Gesellschaft", aber auch ihr ist Gottscheds „Cato" ein Meisterstück — wie allen Kennern, kann sie allerdings in den dreißiger Jahren mit Recht hinzusetzen; ja, „Deutschland könnte stolz sein, wenn es noch ein Dutzend dergleichen Stücke aufweisen könnte."

Die schriftstellerische Thätigkeit der Gottschedin nimmt unter dem Einflusse ihres Mannes eine Art von polyhistorischem Gepräge an. Zunächst als Braut ließ sie ohne ihres Freiers Wissen eine große Heldenode auf die russische Kaiserin Anna drucken. Ferner übersetzt sie in Danzig der Frau von Lambert „Betrachtungen über das Frauenzimmer" sowie der Frau von Gomez „Sieg der Beredsamkeit." Auf Gottscheds Veranstaltung werden beide Verdeutschungen (1734 bezw. 1735) in Leipzig gedruckt, der letzteren zugleich einige Originalgedichte Victoriens beigegeben. Vor die Hochzeit fällt noch eine Übertragung von Addisons „Cato", die sie dann in Leipzig durchsieht und ebenfalls 1735 drucken läßt. Zwischen poetischen, ästhetischen und streng philosophischen Schriften teilt sich alsdann ihr Hauptinteresse. 1738 verbindet sie mit einer Nachahmung des von ihr übersetzten „Siegs der Beredsamkeit" von der Gomez, mit dem „Triumph der Weltweisheit", eine Rede zum Erweis, daß ein rechtschaffener Freund ein Philosoph sein müsse, sowie eine gutmütige Parodie der schwülstigen Schreibart. Daneben veröffentlicht sie durch Druck und Aufführung eine Umarbeitung der „Femme Docteur" von Bougeant als „Die Pietisterei im Fischbeinrock": das Lustspiel erregte durch seine Verspottung der Heuchelei Aufsehen genug, um vielfach konfisziert und verboten zu werden. Ebenfalls zur Darstellung gelangten ihre Übersetzungen von „Cornelia" der Barbier und von „Alzire"

---

1) Ebenda I, 30.

Voltaires. Bei Begründung seiner dramatischen Sammlung „Die deutsche Schaubühne" konnte Gottsched mit Fug in erster Linie auf die Unterstützung seiner Frau rechnen. Von ihr erschienen an Originalen und Übersetzungen: im ersten Band Molières „Menschenfeind" und „Der Widerwillige" aus dem Rivière du Frény, im zweiten die „Cornelia" der Barbier und Addisons „Gespenst mit der Trommel"; auch für den dritten Band steuert die Gottschedin noch Übersetzungen bei, nämlich außer der „Alzire" von Voltaire den „Verschwender" und den „Poetischen Dorfjunker" von Destouches; erst mit dem vierten Band beginnt der Druck neuer Original=Dramen aus ihrer Feder, zunächst der „Ungleichen Heirath," der im fünften Band „Panthea" und „Die Hausfranzösin," im sechsten „Das Testament" und „Der Witzling" folgen. Im Jahre 1740 giebt ihr daneben die Alethophilische Gesellschaft Veranlassung zu mehreren Gedichten und satirischen Sendschreiben. Auch übersetzt sie im Dienste derselben Ideen Eachards Traktat „Von den Ursachen der Verachtung der Religion und der Geistlichkeit" sowie „Das Maß der lebendigen Kräfte in den Körpern" von der Marquise von Chatelet. Zum Leipziger Jubel= fest der Buchdruckerkunst, das ebenfalls noch 1740 einfällt, dichtete Frau Gottsched „auf inständiges Bitten der ansehnlichsten Kunstverwandten" eine Ode. Während der vier folgenden Jahre leistete sie dem Gatten nicht nur durch Beiträge zur „Schaubühne", sondern zugleich bei der Übersetzung von Bayles kritischem Wörterbuch wichtige Dienste. Ebenso leiht sie ihm ihre Hilfe bei der neuen Ausgabe der verdeutschten Odyssee. Hierzu gesellt sich ihre Beteiligung an einer Übersetzung der moralischen Wochenschrift „The Spectator." Und bei alledem findet die unvergleich= lich rührige Frau fortlaufend Zeit, in die von ihrem Mann heraus= gegebenen „Beyträge zur critischen Historie der deutschen Sprache, Poesie und Beredsamkeit" Artikel zu liefern. Anfangs überträgt ihr Gottsched die Ausarbeitung kleinerer Nachrichten und Auszüge aus lustigen, un= freiwillig oder freiwillig amüsanten Schriften: so schreibt sie über Maxens Vorschläge zur Verbesserung des Schulwesens und über den Sammler im vierten Band, über Stoppens, Hagedorns und Lamottes Fabeln sowie über Neukirchs „Telemach" u. ä. im folgenden Band. Der achte Band bringt von der Gottschedin eine Recension der Lobrede Försters auf den Tod Karls VI., eine Übersetzung von Buffiers Ab= handlung: Daß alle Sprachen und Mundarten in der Welt eine gleiche Schönheit haben, ferner einen Auszug aus Trillers Prinzenraub, sowie eine kritische Untersuchung von Bodmers Übersetzung aus dem Telemach. Ähnlich nutzte ihr Mann sie für seine späteren Zeitschriften, den „Neuen Büchersaal" und „Das Neueste aus der anmuthigen Gelehrsam= keit", aus.

Noch 1744 ließ sie eine Übersetzung von Popes „Lockenraub" drucken. Von einer Vergnügungsreise zurückgekehrt, welche nach der mehrjährigen Arbeit am Bayle Erholung bieten sollte, unternahm die Vielgeschäftige alsbald ganz allein eine Übertragung beider Bände von Addisons moralischer Wochenschrift „The Guardian". In den Jahren 1746 und 1747 erweist sich die Gottschedin völlig ihrem Manne dienstbar: die von ihm gesammelten deutschen Schauspiele bringt sie aus allen Einzelverzeichnissen sowie den Schriften von Hans Sachs und Ayrer nebst Draudens Deutscher Bibliothek in chronologische Ordnung, wodurch sie nicht nur die der „Deutschen Schaubühne" beigegebenen Verzeichnisse, sondern auch schon den „Nöthigen Vorrath zur Geschichte der deutschen dramatischen Dichtung" vorbereiten hilft. Ähnlich zieht sie aus unzähligen alten und seltenen Büchern, die Gottsched in die Hände fielen, Nachrichten und kurze Auszüge für eine kritische Historie der deutschen Sprache, Poesie und Beredsamkeit aus. Auch nahm sie 1754 Abschrift von Goldasts Manuskript der deutschen Liederdichter des 13. und 14. Jahrhunderts. Als diese Vorarbeiten allmählich so umfangreich wurden, daß ihr sonst in Verwertung ihrer Arbeitskraft nicht gerade skrupulöser Ehemann sich ein Gewissen daraus machte, so viel Fremdes in sein Werk einzuschalten und für seine Arbeit auszugeben, überließ er ihr die Geschichte der lyrischen Dichtkunst der Deutschen völlig. Sie stellte denn auch dies Werk etliche Jahre vor ihrem Tode druckfertig: der ganze Zeitraum von Otfrieds Epoche bis zum Ende des 17. Jahrhunderts war umspannt, selbst Vorreden und Einleitungen fehlten nicht; aber sei es, daß man noch nicht zu dem Unternehmen an sich oder nicht mehr zu dem Namen Gottsched rechtes Zutrauen hegte, es fand sich kein Verleger für dieses wichtige, in jener Zeit doppelt bedeutsame Werk, obgleich das betriebsame Ehepaar sonst noch jede Scharteke an den Mann gebracht! Gottsched klagt: „Wie oft habe ich's nicht den besten unter ihnen angepriesen und dargeboten!" Über die wiederholten Zurückweisungen ward die ohnehin schwer leidende Verfasserin kurz vor ihrem Ende so aufgebracht, daß sie ohne ihres Mannes Wissen das Manuskript im Zorne den Flammen opferte. Wir können es verstehen, daß dieser Verlust ihren Ehemann als besten Kenner etlichemal Thränen gekostet.

Ebenfalls in den vierziger Jahren hatte sie als Lohnarbeit den „Gestürzten Freimaurer" und Marivaux' Roman „Der glücklich gewordene Bauer" anonym übersetzt. Gottsched nennt letzteres Werk so „sinnreich, daß sich die Wohlselige entschloß, hier von ihrem allgemeinen Abscheue gegen die Romanen eine Ausnahme zu machen." Wahrscheinlich hat die „reichliche Vergeltung", die Gottsched bei Erwähnung dieser Arbeit hervorhebt, ihrer Bereitwilligkeit nachgeholfen. 1749, vor Antritt ihrer großen Reife, verbeutscht sie neue Stücke aus Pope, Eacharb, Newton u. a. Eine andere, erheblich umfangreichere Übersetzung ist mit der Wiener Reise verknüpft. Maria Theresia gestattet in der dem gelehrten Paar gewährten Audienz, daß Gottsched ihr die von seiner Frau gefertigte Übersetzung der Geschichte der Pariser Académie des Inscriptions et belles Lettres widme. Den ersten Band kann der Professor noch persönlich dem Kaiser überreichen. Als noble Gegengaben läßt das Kaiserpaar durch den Dresdener Gesandten eine Brillantnadel für die Professorin und eine mit Brillanten besetzte goldene Tabatière für ihren Mann übermitteln. Erst 1758 erschien der Schluß. Durch Überreichung der elf einzelnen Bände fand sich neun Jahre lang immer neue Gelegenheit, sich am Wiener Hofe in Erinnerung zu bringen. Dazwischen entsprang dem Bienenfleiß der Gottschedin 1753 eine der sächsischen Kurprinzessin gewidmete Verdeutschung des ersten und zweiten Bandes der „Mémoires" derselben Akademie. Diese erweist der gelehrten Frau die Aufmerksamkeit, ihr regelmäßig die neuesten Bände ihrer Histoire und Mémoires zu= zusenden. Was aber bei solcher Massenlohnarbeit herauskam, zeigen am klarsten die von der Göttinger Gelehrten Zeitung scharf gerügten Schnitzer in der Übersetzung der Akademiegeschichte.[1] Ferner giebt sie 1752 eine Sammlung aller Streitschriften heraus, die über die kleinste Kraft in den Wirkungen der Körper (b. i. die Monaden) zwischen Maupertuis und Voltaire bezw. ihren Parteien gewechselt waren. Unverdrossen bleibt sie namentlich in Übersetzungen aus dem Französischen: 1756 widmet sie ihre Thätigkeit dem ersten Bande von Beaumelles Geschichte der Frau von Maintenon, während ihr Mann den dritten und ihre Freundin Runckel den zweiten übernimmt. Das folgende Jahr wendet sie sich Terrassons Philo= sophie zu, fügt aber über die katholische Religion ihre eigenen Gedanken ein. Während des siebenjährigen Krieges nimmt sich die empfindsame Frau das harte Schicksal Sachsens mehr zu Herzen als die meisten geborenen Sachsen. Zur „Linderung" und „Zerstreuung" rät ihr Mann ihr sein ewiges Allheilmittel an: ein neues Buch zu machen, — und zwar empfiehlt er ihr zur Übersetzung Beausobres „Gedanken über die Glück= seligkeit" (1758). Außerdem dient sie in diesem und dem folgenden Jahre ihrem Mann als Gehilfin beim Zusammenschreiben des „Hand= lexikons der schönen Wissenschaften". 1760 liefert sie schließlich ver= schiedene Hauptstücke für Gottscheds Übersetzung des zweiten Bandes von Bielfelds „Lehrbegriff der Staatskunst". Sie kann aber nicht mehr sitzend schreiben: auf und ab gehend diktiert das treue, totgehetzte Weib einem Schreiber diese letzte Arbeit.

---

1) Vergl. Danzel: Gottsched, S. 184.

Zu alledem kommt ihr ausgedehnter Briefwechsel[1]) und ihre Teil=
nahme an der Litteraturfehbe.

Wie mußte eine zart empfindende Seele, die ihrem Manne auch
litterarisch so eng verbunden war, die — trotz allem, was Gottsched
gesündigt hatte — schandbare Schamlosigkeit empfinden, mit der seit den
vierziger Jahre seine Feinde ihn zu vernichten trachteten! Zumal wo
die kluge Frau fühlte, daß ihr Gottsched sachlich im Unrecht war, muß
ihr Herz doppelt geblutet haben. Zwar behauptet ihr Gatte, daß sie
alle Lästerungen in den schweizerischen Händeln standhaft ertragen habe,
setzt aber alsbald hinzu, sie habe manche Schmähschrift seinen Augen
entzogen, um seiner Ruhe zu schonen. Dieses rührende Zeichen von
Zartgefühl läßt doch zugleich ahnen, wie wehrlos sie ihren Gatten den
Geschossen der Feinde ausgesetzt sah. Auf welche Weise es gegen ihr
Lebensende mit ihrer Gesinnung bestellt war: daß nämlich auch sie sich
allmählich innerlich von ihm loslöste, — gesteht Gottsched selbst, wenn
er auch diese schmerzliche und für ihn wahrhaft tragische Thatsache durch
den Doppelschleier der Selbsttäuschung und der Liebe nicht in voller
Klarheit überschaute. „Hat sie mir ja", äußert er nämlich, „in den
letzten Jahren etwas von ihrer Liebe und alten Vertraulichkeit entzogen,
wo ich es gewiß nicht verdienet hatte: so sehe ich solches mehr für eine
betrübte Folge ihrer kränklichen Leibesbeschaffenheit an, die ich ihr nicht
zurechnen kann, als für eine wirkliche Beleibigung."

Jedenfalls bewährte sie sich auch im Litteraturkampf als treue
Verbündete und Hilfskraft ihres Mannes. Wir wissen von verschiedenen
Streitschriften, durch die sie in die litterarischen Fehden eingriff. Ihre
Teilnahme am „Kritischen Almanach auf 1744" steht nicht fest. Doch
finden wir sie bereits im nächsten Jahre als Mitarbeiterin eines weiteren
Pamphlets: „Volleingeschandtes Tintenfäßl eines allezeit parat sehyenden
Brieff Secretary, . . . zsammen gflickt . . . von R. D. Vito Blauroeckelio
Theol Mor. & S. S. Can. Candidat. Sacerdot. Kuffsteiniensi. Kuffstein
auf Kosten des erwürdigen Herrn Authoris 1745." So lautet der
Titel: in Wahrheit geschah der Druck unter Gottscheds Augen, und
verschiedene seiner Helfershelfer sind daran beteiligt. Von seiner Frau
rührt der „Kierauß" (Kehraus) her. Für die wesentlich sprachliche Auf=
fassung des Litteraturstreites im Gottschedschen Lager ist das Thema
bezeichnend: „Daß ein guter Redner ein Schweizerianer sein müsse",
wird parodisch durchgeführt, und dabei alsbald scheinbar gerühmt:
„Zuvörderst ist ein Schweizerianer ein Mensch, der undeutsch schreibt."

---

1) „Die Sprache der Gottschedin in ihren Briefen" behandelt Adolf Lange
(Dissertation Upsala 1896).

Als Verfasser der ärgerlichen plattdeutschen Leichenrede auf Pyra steht
Denso fest, während als Hauptverfasser, der fast andauernd zu parodischem
Zweck den diesen Vorkämpfern des Hochdeutschen anstößigen bayerischen
Dialekt affektiert, jetzt F. M. Grimm angenommen werden kann[1]), der
sich selbst einmal direkt mit Blauroeckel identifiziert und auch aus Regens=
burg stammt, wo nach Gottscheds Beteuerung der Hauptverfasser geboren
ist. Daß die Tendenz des eingestreuten hochdeutschen Gedichtes „Der
rasende Ulrich" gegen Ulrich König gehalten sei, ist dagegen zu Unrecht
als Beweis für Grimms Autorschaft auch in bezug auf diesen Teil des
Gemengsels behauptet worden.[2]) Verfasser des „Rasenden Ulrich" ist viel=
mehr jener Mag. Steinauer, den Gottsched anfangs der vierziger Jahre als
seinen und des Hochdeutschen Apostel nach Bern zu verschicken suchte.
Der junge Mann hatte schließlich beim Militär Unterkommen gefunden
und schreibt am 20. April 1744 als Capitaine aus Embrun en Haut
Dauphiné seinem Meister: „Ich übersende Ihnen hier einen Anfang
von einem Gedichte, welches ich unter dem Lerme des Krieges vielleicht
nicht zum Ende bringen werde." In der von Frau Gottsched her=
rührenden Abschrift des Briefwechsels ihres Mannes ist der Erwähnung
dieses Gedichtes die Bemerkung angefügt: „Es führet den Titel: Der
rasende Ulrich, und stehet im „Volleingeschanckten Tintenfäßl" auf der
20. Seite eingedrucket."[3]) Aber schon am 19. Juli 1739 gedenkt er des=
selben von Straßburg aus in humoristischer Einkleidung: „Ich habe ein
altes babylonisches Manuskript gefunden, welches ich in Form eines
Heldengedichtes, der rasende Ulrich genannt, zu übersetzen angefangen
habe."

Gerade 1745 nimmt Frau Gottsched auf der ganzen Linie den
Kampf auf. War sie doch soeben selbst unmittelbar herausgefordert
worden. In der Vorrede zu der 1745 erschienenen Ausgabe von Ulrich
Königs Gedichten hatte bereits der Herausgeber Rost die federgewandte
Dame als mutmaßliche Verfasserin des „Kritischen Almanachs" bloßzustellen
gesucht. Sie benutzt die Übersetzung des „Aufsehers" (Guardian) zu
einer ziemlich lahmen, allgemein gehaltenen Abfertigung. Deutlicher
wird ihr Mann in seinem „Neuen Büchersaal" (Band I, S. 543 flg.). Dem
Grafen Manteuffel aber schüttet sie ihr gequältes Herz (am 8. Oktober 1745)
aus: „Ich habe mich nicht enthalten können, dem ungezogenen Heraus=
geber der Königschen Gedichte (er heiße nun Rost oder Liscow) zu sagen,
daß ich sein Verfahren gegen mich, so wie ihn selbst, verachte, und

---

1) Vergl. Waniek i. Anzeiger f. dtsch. Altertum, XXI, 111.
2) Ebenda.
3) Auch von O. Günther in den Mitteilungen der Deutschen Gesellschaft in
Leipzig IX, 58 übersehen.

dieses, damit die Welt sich nicht wundern dürfe, wofern ich ihm auf
alle Thorheiten, so er noch künftig wider mich vornehmen könnte, nicht
antworten werde." Auch in Abwehr dieses Angriffs steht ihr F. M. Grimm
zur Seite. Schon am 19. August 1745 schreibt er aus Frankfurt a. M.
an Gottsched: „Die Vorrede zu Königs Gedichten habe ich in einem
Buchladen nur obenhin gelesen, daraus aber soviel gesehen, daß der
critische Kalender die Herren Schmierer erschröcklich gebissen hat, weil
sie so sehr auf ihn schimpfen und sich mit nichts als mit critischen
Stock=Schillingen rächen können.   Die Beleidigung, welche der Frau
· Gemahlin widerfahren, verdienet allerdings eine Ahndung.   In die
Regensburger gelehrte Zeitungen soll also von dem Buche eine Recension
kommen." —

Eine Bevorzugung des Prof. Winkler in Leipzig veranlaßt sie
gleichzeitig zu dem Geständnis, sie beneide nicht ihn, sondern seine
Frau. Sie wüßte wohl, wem sie ein gleiches Glück wünschte. Man=
teuffel könne die Empfindungen einer „zärtlichen Freundin" ahnen, „die
sich in denen Umständen befindet, durch welche nunmehro schon seit
2 Jahren meine philosophische Gelassenheit fast erschöpfet wird.   Ew.
Excellenz kennen auch die Bosheit der Gegner meines Freundes und
seine Unschuld (indem er sich L[iscow]s Haß auf höheren Befehl zu=
gezogen), gar zu wohl, als daß Dieselben mir den Ausbruch meines
Grames verwehren sollten."[1]

Wenn wir ein volles Bild der gelehrten Frau gewinnen wollen,
dürfen wir überhaupt nicht außer acht lassen, daß ihre Fähigkeit sie
in erster Linie auf die Satire hinweist. Satire, nicht wohligen Humor
bieten vor allem ihre Lustspiele. Neben den allgemeinen Gegenständen
der Molièreschen Schule: namentlich der Charlatanerie der Ärzte, der
Pedanterie der Juristen und der religiösen Heuchelei oder sonstigen
Allgemeinheiten wie der Erbschleicherei wählt die Gottschedin doch manche
eigenartige Zielscheiben ihres Spottes aus dem engsten Kreis ihrer Er=
fahrung, der spezifisch akademischen Welt. Schon daß besondere deutsche
Schwächen wie die Französelei gegeißelt werden, bleibt verdienstlich:
weit beziehungsreicher wird die Gottschedin aber, wenn sie z. B. die
Art verspottet, in welcher Edelleute zu studieren pflegen[2] oder die
Eitelkeit der angehenden Gelehrten[3] oder die Anmaßung der jungen
Schriftsteller.[4] Zwar fällt ihre Satire immer durch Überbietung
plumper Mittel ins Roh=Lasterhafte und somit aus der eigentlichen

---

1) Siehe bereits Danzel S. 184.
2) Im „Testament", Deutsche Schaubühne VI, 162.
3) Ebenda VI, 166.
4) Im „Witzling."

Komik heraus und besonders auch am Schluß, wenn sich das Laster
erbricht, geht die Komik in trübe Moral über; auch wird die Steifheit
des Dialogs nur vereinzelt von flotten bewegten Stellen durchbrochen.
Schließlich dürfen wir mancher lebensvollen Ansätze im Leipziger und
Dresdener sozialen Lustspiel niederen Genres nicht vergessen, wenn
wir die Gottschedin nicht zu hoch nehmen wollen. Dann werden wir
im Gegensatz zu der unhistorischen Kritik Lessings immer noch zugestehen,
daß die Professorin dazu mitwirkte, dem deutschen Lustspiel wieder eine
litteraturfähige Wohlanständigkeit zu verleihen und die litterarischen
Traditionen der Franzosen und Holbergs zu sichern.

Hier, wo es auf ihren Zusammenhang mit den Bestrebungen ihres
Mannes abgesehen ist, erscheint von größtem litterarhistorischen Interesse
unter ihren Lustspielen zweifellos „Der Witzling“, der ebenfalls 1745
in die Polemik eingreift. Zunächst soll das Stück die Gegner der
„Deutschen Schaubühne“ bekämpfen, besonders diejenigen, die ihr
„poetische Wassersuppen“ vorwarfen. Trotzdem kommen wieder sprach=
liche Mängel zur Bloßstellung, worauf der Gottschedsche Kreis immer
sein wesentlichstes Augenmerk richtet. Die eigentliche Zurückweisung der
dramaturgischen Gegner hält sich nämlich rein theoretisch: nüchtern wird
die Absicht des Herausgebers formuliert, nur „Stücke zu liefern, die
nicht so sehr wider die Regeln verstießen, und den Komödianten Sachen
zu liefern, die viel gesitteter und gescheidter wären, als das elende Zeug,
was sie bisher fast überall gespielt haben“ u. s. w. Ein solches Zurück=
ziehen auf die Verteidigungslinie wirkt nicht komisch. Um die Gegner
lächerlich zu machen, werden aber nicht sowohl ihre dramaturgischen als
vielmehr wohlfeiler ihre sprachlichen Verstöße aufgemutzt. Als Verstöße
gelten aber in Gottscheds Reich besonders auch Provinzialismen: hier
verwendet die Verfasserin nun neben anderen Sprachschnitzern grammatische
Inkorrektheiten des niedersächsischen wie des obersächsischen Dialektes;
während dem Titelhelden der niedersächsische beigelegt ist, fließen
Rhomboides und Jambus von Wendungen über, die Gottscheb den
Herren Meißnern vorzurücken pflegte, wenn er die Erhebung der hoch=
deutschen Gemeinsprache über jede und so auch ihre Mundart betonen
wollte: „haben Sie in Willens,“ „ich werde Sie aufwarten,“ „fie ge=
hören meine,“ „ich vermute mich etwas“ u. bergl. An den Stücken des
Rhomboides sei auszusetzen „fürs erste dieses, daß sie undeutsch sind.“
Über das Recht der Grammatik ergehen sich die Personen in lang=
atmiger Ausführlichkeit. Es würde dem Werke ein Kennzeichen echt
Gottschedschen Geistes fehlen, wenn der Spott über die Partizipianer
fehlte. Ebenso fehlt es schon damals vor Klopstocks Auftreten nicht an
Sticheleien auf die abstrakte, dunkle Poesie. Etwas burlesker wirkt der

Gedanke, daß die drei jungen Dichterlinge eine „antigrammatikalische" Vereinigung aufrichten: „die denkende Sprachschnitzer=Gesellschaft." Die Absicht derselben wird vornehmlich dahin gerichtet, ihre Sprache „mit den abgebrochenen Redensarten der Engländer zu bereichern." Auf neue Bahn lenkt damit dieses dramatische Pamphlet, dessen individuelle Züge, wie aus Gottscheds Einleitung zu schließen, so weit verwischt sind, daß trotz mancher Spuren jede greifbare Porträtähnlichkeit verschwimmt. Ein merkwürdiger Zufall läßt im „Witzling" überdies auch „D. Fausts Zauberzeichen" zur Erwähnung kommen.

So sind wir darauf vorbereitet, anderthalb Jahrzehnte später Frau Gottsched als Mitarbeiterin jener gegen Lessing gerichteten, auch an positiven Aufschlüssen reichen Schrift zu treffen: „Briefe, die Einführung des Englischen Geschmacks in Schauspielen betreffend" (1760). Es ist nebensächlich, wessen Feder Gottsched für die umfangreiche historische Darlegung der Bühnenreform etwa benutzte, um allenfalls eine Rücken= deckung zu haben: daß der Inhalt dieser Partien ganz auf ihn zurück= geht, ist nicht zu bezweifeln. Dagegen schmeckt aus der in Form satirischer Anmerkungen glücklich versuchten Kritik der Lessingschen „Faust"=Szene der bittere Witz der von Feind und Freund zu Tode gehetzten „ge= schickten Helferin" heraus.

Zwar treibt sie ihr empfindsames Herz tieferen Klängen als aus= fallender Satire zu. Haller wird ihr Lieblingsdichter, obgleich ihr Mann sich mehr und mehr zur Opposition auch gegen diesen Schweizer gedrängt sieht; Gellert bewundert sie bis an ihr Ende; auch Cramer und Rabener nennt sie mit Verehrung. Sonderlich ist sie eine Liebhaberin des Mondlichtes. Die Zeitkrankheit der sentimentalen Seelen, die Hypochondrie, ergreift später sie ebenfalls.[1]) So löst sie sich von dem platten Naturalismus ihres Mannes innerlich los.

Was trotz alledem der Physiognomie dieser Frau ein entschiedenes Gepräge giebt, ist der Rationalismus auf philosophisch=theologischem Gebiete. An der vom Grafen Manteuffel gestifteten Gesellschaft der Alethophilen oder Wahrheitsfreunde nimmt sie regsten Anteil, sodaß sie bei den verschiedensten Unternehmungen des Kreises die Hand mit im Spiele hat. Besonders unterstützt sie 1740 die Mystifikation bei Heraus= gabe der Homiletik ihres Mannes, indem sie die einzelnen von diesem verfaßten Bogen abschreibt und nach Berlin in die Druckerei befördert, damit die Handschrift den wahren Verfasser nicht verrate. Gleichzeitig erscheint von Frau Gottsched anonym eine eigene Übersetzung der Eachardschen „Untersuchung der Ursachen und Gelegenheiten, welche zur

---

1) Vergl. im I. Band dieser Schrift S. 107.

Verachtung der Geistlichen und der Religion Anlaß gegeben". Selbständig
hatte sie schon vorher eine Parodie der orthodoxen Predigtweise aus=
gehen lassen: „Horatii, als eines wohlerfahrenen Schiffers, treumeinender
Zuruf an alle, auf dem Meere der gesunden Vernunft schwimmende
Wolfianer." Auf diese ebenfalls ohne Namen der Verfasserin erschienene
Herausforderung traten zwei Gegner in die Schranken: Professor Engelke
in Rostock und Archidiakonus D. Kluge in Wittenberg. Mit ersterem,
der gerade die Rektorwürde seiner Universität bekleidete, gedachte die
tapfere Frau den Kampf fortzusetzen. Handschriftlich ist noch eine neue
Parodie erhalten[1]), welche die Form eines Dekretes der theologischen
Fakultät zu Rostock wählt. Da fallen festsitzende Streiche, z. B. „Wann
wir nun, in christlicher Wehmuth und Herzensbetrübniß über die
Seelen verderbliche Philosophia und ihre noch viel schädlichere Mutter,
die, von alten Zeiten her, von allen höhern Facultäten verworfene und
von ihnen nie gebrauchte gesunde Vernunft, unsern betrübten Gedanken
Platz gegeben, auch . . . mit Thränen wir wahrgenommen, wie die so=
genannte, auf unserer lieben Universität bisher unbekannt gewesene ge=
sunde Vernunft, sonderlich auch in der theologischen Facultät, ohne
unser Vorwissen und Einwilligung, hat einreißen wollen: . . . wie sich
denn sothane bisher unbekannt gewesene Vernunft nicht gescheuet, öffent=
lich zu bekennen und zu dociren: 1) daß diese Welt die beste sei u. s. w. . . . .
6) den Teufel selbst, in gewissem Verstande, für etwas Gutes auszu=
geben, welches denn eine verdammte Folge des Satanischen Satzes von
der besten Welt ist und eine rechte Seelenverderbliche Sicherheit und
atheistischen Unglauben bei den Leuten erwecket, weder Gespenster noch
Hexereien, weder Teufel noch Hölle mehr zu glauben; wie man denn
nicht ohne innigliches Entsetzen und Wehmuth ansehen kann, daß, auch
sogar junge Leute, sich nicht mehr entblöden, im Finstern, ohne Licht,
ja um Mitternacht, wie am hellen Tage, ohne alle Scheu herum zu
gehen . . . Daher gebieten und verordnen wir auch allen unsern
Magistris, Professoribus und Doctoribus unserer werthen Universität,
auch allen, denen ihrer Seelen Heil zu Herzen geht, an dieser sogenannten
Leibniz=Wolfischen, atheistischen und naturalistischen Philosophie keinen Theil
zu nehmen, mit der schädlichen Vernunft sich nicht einzulassen und wider obige
Philosophie zu schreiben, auch allenfalls auf sie und ihre Anhänger, nur mit
christlichem Eifer, zu schimpfen und zu fluchen, so oft sich die geringste
Gelegenheit dazu zeigen wird; zu welchem Ende und damit sie dieses besto
ungehinderter und leichter thun können, wir ihnen auch erlauben, diese
Philosophie und was davon geschrieben, gar nicht zu lesen, noch zu

---

1) In der Königl. öffentl. Bibliothek zu Dresden.

aprofondiren; damit sie nicht, als ein heimliches Gift, sich in ihrem
Gemüthe, wie man davon klägliche Exempel hat, unvermerkt einschleicht
und den guten Samen der Orthodoxie in ihrem Herzen ersticke. Be=
fehlen auch und gebieten: 1) dieser Welt, daß sie fernerhin ein Jammer=
thal voller Elend und Verderben bleiben ... solle ... Wir befehlen
ferner 2) daß sich niemand unterstehen soll zu glauben, daß Gott, außer
dieser in sechs Tagen erschaffenen Welt, noch eine andere, weder bessere
noch schlechtere, hätte erschaffen und hervorbringen können; ... befehlen
auch dem ganzen Universo und sämmtlichen darinnen befindlichen Sternen
und Planeten, daß sich's keiner von ihnen in den Sinn kommen lasse,
eine Welt zu sein; sondern sich an der Ehre begnüge, zum Vergnügen
unserer Erde und derer wenigen Leute, die sich die Mühe geben, einmal
in die Höhe zu gucken, erschaffen zu sein. Ferner setzen wir 3) den
Willen wiederum in seine vorige Freiheit und wohlhergebrachten Vor=
rechte, alles vor seinen Kopf zu thun, ohne den Verstand über etwas
zu befragen oder ihm Gehör zu geben ..... Wir verbieten und unter=
sagen auch der superklugen Vernunft hierüber nicht zu grübeln, sondern
der natürlichen Furchtsamkeit und den großmütterlichen Erzählungen als
den größten Stützen solcher Teufelskünste zu glauben und an der keinem
zu zweifeln, wofür sie es halten werden. Wollen auch hiermit allen
Gespenstern, Kobolden, Mönchen, weißen Frauen, Poltergeistern, Alpen,
wüthenden Heeren, Bergmännchen, und wie sie Namen haben mögen,
ihre alte Privilegia bestätigen, auch die Hexen in ihre vorige Freiheit
setzen; daß sie ferner ungestört, zu den Schornsteinen heraus, auf den
Blocksberg ziehen, daselbst mit dem Satan schmausen, mit den Teufeln
tanzen und sich in allerlei Figuren verwandeln mögen. Verordnen auch,
daß die Gespenster und Verstorbenen, nach wie vor, ungestört, nach
ihrem Tode umgehen sollen; verbieten anbei allen, die etwas rasseln,
schallen oder fallen hören, oder mit weißen Betttüchern gehen sehen, daß
sie solches nicht für Betrügereien verliebter Bedienten oder Blendwerke
eines Diebes halten; doch dergestalt, und mit dem ausdrücklichen Vor=
behalte, daß sich die Gespenster genau an ihre angewiesene Zeit, zwischen
elf und ein Uhr des Nachts, halten und außer derselben sich nicht ohne
besondere Erlaubniß unserer Facultät sollen blicken lassen.

Wie wir nun dieses alles reiflich erwogen, auch aus bringendem
Triebe unsers Gewissens, gegenwärtiges Responsum verfertiget, als
sprechen wir allen und jeden, die diesem Responso nicht gehorsame Folge
leisten, und selbiges für recht und billig erkennen, alle Religion und
Gottesfurcht gänzlich ab ..."

Positiv sind es die Lieblingsideen der Leibniz=Wolfischen Philosophie,
die hier gegen die religiöse Orthodoxie verfochten werden: die beste der

Welten, die vorherbestimmte Harmonie, die Herrschaft der Vernunft über den Willen u. s. w.

Von weiter reichender Bedeutung als dieses Eintreten für die Mode=philosophie wurde der Kampf gegen den Aberglauben, die Befreiung der Menschheit von der Furcht vor dunklen Mächten, die Aufklärung von finstern Vorurteilen.

Mit hoffnungsvoller Erwartung blickt Frau Gottsched wie ihr ganzer Kreis nach Berlin, sobald Friedrich, zu welchem Graf Manteuffel vertraute Beziehungen gewonnen hatte, den Thron bestieg. Im Namen der Frau Wahrheit richtet sie zum 22. Juli 1740, dem Geburtstage des Gönners, ein poetisches Schreiben an ihn[1]), worin es hieß:

> „Und ist mir nicht bereits in Friedrichs weiten Staaten
> Ein ungleich schönrer Sieg als irgendswo gerathen?
> Die Stadt, wo alles jauchzt, wo Mars und Pallas blühn,
> Die Königliche Stadt, das prächtige Berlin,
> Ahmt seinen Fürsten nach, und ehrt mit edlen Trieben,
> Was die Vernunft uns lehrt, und sucht es auszuüben.
> O wem vergleicht man dich, du Preis der deutschen Welt!
> Wenn sich der Wahrheit Sitz in deinen Mauren hält?
> Wofern kein Wankelmuth den weisen Eifer wendet,
> Und ein gleich starker Trieb das schöne Werk vollendet.“

Um so schroffer stellte sich die Gottschedin zu Friedrich, nachdem er statt litterarisch=philosophischer politische Siege erfocht.

Nach der Überzeugung des Aufklärungszeitalters war Bildung die Vorbedingung zur Tugend: echt rationalistisch meinte man, wer die Sittengesetze und die natürlichen Folgen der Laster kenne, werde sich aus eigener Vernunft der Tugend befleißigen. Daher namentlich ent=springt der Drang nach volkstümlicher Verbreitung der Wissenschaft. Um unters Volk zu bringen, mußte aber die Gelehrsamkeit ihre tote Sprache, das Latein, abstreifen: so erklärt sich der auffallende Zusammen=hang der Aufklärung mit deutschsprachlichen Bestrebungen. Die Latein=männer werden oft geradezu als Dunkelmänner behandelt. Auch die muntere Frau Gottsched läßt es nicht an gelegentlichem Spott gegen eifrige Vertreter der klassischen Philologie fehlen. Als Prof. Joh. Benedikt Carpzov, ein Gegner Tellers, von Leipzig einem Rufe nach Helmstedt folgte, schrieb sie eine Art Verabschiedung[2]), die also begann:

---

1) Briefe I, 248 flg.
2) Nach freundlicher Mitteilung des Herrn Geheimrat Prof. Dr. Richard Foerster in Breslau aus einem Briefe von Reiske an Bernard in Amsterdam unterm 24. Juni 1748 (inzwischen gedruckt als Nr. 131 der von Foerster herausgegebenen Reiskeschen Briefsammlung).

„Ein Männlein klein Carpzovius,
Ein Graeculus, ein graculus,
War neulich im gelehrten Orden
Mit Müh und Noth appendix worden.“

Der Schluß lautete:

„Hängt ihm den Faber an den Hals,
Den Robert Stephan ebenfalls,
Den Scapula und Priscian,
Den Graev und Gronov noch daran,
Und stürzt ihn in der Elbe Strom;
Da schwimm er seliglich nach Rom;
Und dann von Rom bis nach Athen,
Sich durch sein Wissen zu erhöhn.
Da zeig er, daß er als ein Mann,
Sein amo weiß, sein τύπτω kann.“

Reiske, dem wir die Kenntnis dieser Verse verdanken, betont, daß ihm noch folgende Stelle gefallen habe:

„Ihr Ärzte, wird er einmal krank,
So gebt ihm doch in einen Trank
Ein Blatt vom ältesten Donat,
Hübsch klein gehackt wie ein Salat,
Anstatt der Gold=Tincturen ein;
So stirbt er doch auf gut latein.“ —

Bei all diesem Rationalismus ist sie Weib genug, um das Herz über den Verstand zu stellen. Bemerkenswert ist nach dieser Richtung ihre Äußerung über Voltaire[1]): „Ich wünschte um Voltairens eignen Ruhms willen, daß er seinen Witz niemals auf Unkosten seines Herzens gezeiget ... Alsdann hätte man ihn ohne Ausnahme als Schriftsteller ebenso verehren, als bewundern müssen.“

Wie die Gottschedin auch Stolz und Nationalgefühl genug besaß, um einem Voltaire bei seiner Anwesenheit in Leipzig nicht nachzulaufen, ist bekannt.[2]) Seine Freigeisterei und Immoralität (die Schlenther in seiner Schrift über Frau Gottsched S. 59 ins Feld führt) spielt bei dieser Zurückhaltung keine Rolle. Voltaires Eitelkeit hatte es darauf ab= gesehen, sich den Hof machen zu lassen: um so weniger that ihm Frau Gottsched den Gefallen!

Trotzdem Gottsched seine getreue Helferin sehr eng zu seiner aus= gedehnten rein litterarischen Thätigkeit heranzieht, muß die empfindungs= und charaktervolle Frau seiner Gelegenheits= und Lohndichterei mit

---

1) Briefe II, 223 flg.
2) Ebenda II, 88 flg.

peinlichen Gefühlen gegenübergestanden haben. Oft ließ sich solchen Aufträgen nicht ausweichen, weil sie von hohen Gönnern ausgingen oder vermittelt waren. Einmal, am 5. Januar 1740, schreibt sie dem Grafen Manteuffel, welcher für den Grafen Gotter eine „poetische Arbeit" bestellt hatte, daß ihr Mann sie nur Manteuffel zu Gefallen übernommen habe. „Und eben dieses hat mich zurückgehalten, ihn von dessen Verfertigung abzurathen, so große Lust ich auch anfangs dazu hatte . . . Anderntheils schien mir der Autor des überschickten Projects einen so schlechten Begriff von den Dichtern und der ganzen Poesie zu haben, daß es fast schimpflich ist, demselben durch die Ausarbeitung seines Entwurfes zu zeigen, daß man auch unter diese pedantische Zunft gehöre." Zum Trost meldet Manteuffel dem Professor zurück, daß Graf Gotter baare acht Dukaten für das Gedicht zahle! „Mais par de bonnes raisons je ne lui ai pas avoué que vous vous donnez vous-même la peine d'y travailler."

Von Interesse ist die Frage, wie eine geistig so rege und litterarisch so stark in Anspruch genommene Frau sich mit ihren häuslichen Pflichten abgefunden haben mag. Ihr Mann rühmt im Nekrolog: „Ihre Wirtschaftsangelegenheiten, an Küche, Wäsche und Kleidungen, besorgte sie ohne alles Geräusch aufs ordentlichste." Ihre Ausgaben und Einnahmen habe sie regelmäßig aufgeschrieben, Arbeiten mit der Nadel nur wenig durch fremde Hände besorgen lassen. Hat sie also sicherlich ihre Haushaltungsgeschäfte bedingungslos erfüllt, so geschah es doch ohne rechte Lust und Liebe. Wie die gelehrte Frau über diese Seite ihres Berufes denkt, spricht sie (am 19. September 1753), von einer Reise heimgekehrt, in einem Briefe an ihre Busenfreundin Frau von Runckel unverhohlen aus: „Meiner Ruhe wegen hätte ich noch länger auf der Reise mich aufhalten sollen. Hier muß ich meinen Kopf täglich mit wahren Kleinigkeiten, mit Haus- und Wirtschaftssorgen füllen, die ich von Kindheit an, für die elendesten Beschäftigungen eines denkenden Wesens gehalten habe; und deren ich gern entübrigt sein möchte." Dennoch stand sie ein volles Vierteljahrhundert neben ihren ununterbrochenen gelehrten Beschäftigungen ihrem Hauswesen selbständig vor, bis sie zwei Jahre vor ihrem Tode die schwere Erkrankung nötigte, die Leitung der Wirtschaft an die älteste der beiden ins Haus genommenen Nichten zu übergeben. Dabei müssen wir uns überdies erinnern, daß außer einem Kasseler Neffen wiederholt junge Kavaliere sowohl aus dem protestantischen wie dem katholischen Adel, die in Leipzig studierten, dem Gottschedschen Ehepaar teils zu bloßer Überwachung der Studien überantwortet, teils direkt in Kost gegeben wurden. So wissen wir es von zwei Grafen Seckendorff, deren einer seinen Oheim Frh. von Schönaich 1752 bei dessen

Dichterkrönung vertrat. Aber das waren nicht immer angenehme Haus=
genossen. Namentlich ein Prinz Lubomirski, der 1745 mit seinem Hof=
meister dem Gottschedschen Paar ins Haus gegeben wird, zeigt sich
derart verwildert, daß sich das gelehrte Paar seiner sobald wie möglich
zu entledigen sucht.

Aber selbst auf diesen näheren Kreis blieb der Gottschedsche
Haushalt nicht beschränkt. Mit einer weitherzigen Gastfreundlichkeit,
die manch heutigem Universitätsprofessor zum Muster dienen könnte,
hielt das Gottschedsche Paar sein Haus für den ausgedehnten Schüler=
kreis des Professors, ja für alle Studierende, die sich ihm nahten,
offen. Man wird aus der veralteten Auffassung heraus, daß Gottsched
nichts als ein von Talent wie Charakter gleich verächtliches Individuum
gewesen, nun einwenden, daß es Gottsched nur darauf abgesehen, Ein=
fluß auf die Studierenden zu gewinnen. Aber wir möchten diese Be=
mühung um Kopf und Herz der Jugend an sich keineswegs schelten,
jedenfalls für rühmlicher halten als den Wetteifer, es den Kollegen an
kulinarischen Genüssen zuvorzuthun. In wie unbeschränktem Maße Frau
Gottsched an diesem Verkehr mit der Jugend beteiligt war, hören wir
oft rühmen. Es ist bekannt, welche Achtung die hervorragenderen Schüler
des litterarischen Diktators für seine Frau bewahrten, selbst wenn sie
sich von ihm loslösten. Der bedeutendste von allen, Johann Elias
Schlegel, läßt kein Schreiben an Gottsched ergehen, ohne der Frau
Professorin mit ehrerbietiger Hochachtung zu gedenken. Friedrich Melchior
Grimm sendet nach seinem Scheiden (am 1. Juni 1745) ein besonderes
Schreiben an sie, worin er „Deroselben Gütigkeit, welche Dieselben für
alle Musenfreunde hegen", preist und seinen Dank ausspricht, daß er
„in Dero Hause so vieler besonderer Gewogenheiten gewürdiget worden".
Nicht minder versichert der (nachmals in Rom wirkende) Maler und
Kunstkenner Reifstein beim Scheiden die Frau Professorin seiner „ewigen
Ergebenheit" und giebt ihr wiederholt Beweise der Freundschaft.

Überhaupt war der Verkehr des Gottschedschen Ehepaares recht aus=
gedehnt. Außer der Jugend, welche man selbst patronisierte, galt es im hohen
Adel sowie unter den übrigen Standespersonen Gönner zu gewinnen und
zu bewahren; und natürlich forderte das Bedürfnis nach gleich=
gestimmten Seelen den Verkehr mit Männern wie Frauen aus der Ge=
lehrtenwelt.

Schon zur Gottschedschen Hochzeit richtete Anna Helena Volkmannin
geb. Wolffermannin an die Braut den Willkommengruß: „Du wirst einen
Umgang finden, der beliebt und artig heißt." In langatmiger Vers=
form wies dieselbe junge Frau auf mancherlei Momente hin, die einen
Verkehr beider nahelegte:

„Wir sind fast auch gleiche Seelen; überleg' es nur genau,
Du bist eines Doctors Tochter, ich bin eines Doctors Frau.
Du verstehest die Musik; und ich muß sie gleichfalls lieben.
Du hast manch gelehrtes Werk; und ich manchen Vers geschrieben.
Doch es ist hiebei zu merken: Du bist eine Meisterin;
Da ich in den schönen Künsten nur ein schlechter Lehrling bin."

Gottscheb verkehrte lange schon mit ihr, erfreute sie auch durch manchen Vers, besonders natürlich ebenfalls schon zur Hochzeit — wie es die Zeitsitte mit sich brachte. Gleicherweise entsprach es durchaus dem allgemeinen Gebrauch, wenn die junge Frau dem Brautpaar gegen Schluß ihrer Reimerei unverhohlen — doch vergebens — wünschte:

„Ziehe hin, Du gleiches Paar! ernte Freude und Vergnügen,
Sorge, daß wir bald von Dir eine Übersetzung kriegen,
Ein klein Werk mit Händ' und Füßen!"

Bezeichnend für den in Leipziger Kreisen herrschenden Geschmack leierte die Doktorsfrau weiter:

„Könnt' ich, wie die Zieglerin, so belebt, so bündig dichten,
Hätt' ich dieser Dame Geist; o ich wollte mich verpflichten,
Dir ein Ehrenlied zu schreiben, das vortrefflich nett und rein."

In der That schien alles auf einen Verkehr der Gottschedin mit Frau von Ziegler hinzuweisen: war doch Gottsched auch dieser eine Art Lehrmeister geworden, wöchentlich verkehrten er und seine Freunde in dem künstlerisch anregenden Hause der Zieglerin, 1730 hatte Gottsched ihre Aufnahme in die „Deutsche Gesellschaft" zu Leipzig, 1733 sogar ihre Dichterkrönung durch die Philosophische Fakultät in Wittenberg veranlaßt. Unter den Gratulanten anläßlich dieser Aufsehen erregenden Ehrung befand sich — wie wir gelegentlich erfuhren — auf Bestellung ihres Bräutigams auch Jungfer Kulmus: ihre Verse schlagen durchaus den Ton der Huldigung seitens eines geistig untergebenen Wesens an. Ebenso erwidert die junge Frau Gottsched noch nach ihrer Hochzeit den Glückwunsch der Jungfer Zäunemannin mit einer Anspielung voll hoher Meinung für die gekrönte Schwester in Apoll:

„Da spielt noch überdies die muntre Zieglerin.
Gewiß, ich werfe schon oft Blatt und Feder hin,
Und seufze: Kann ich's nicht so hoch als diese bringen,
So will ich nimmermehr, und sollt' ich sterben, singen...
Doch denk' ich, kannst du ihr gleich niemals ähnlich werden,
So sei sie dennoch stets dein Vorbild auf der Erden."

Offenbar hat aber die feinfühlige Gottschedin an dem Treiben im Hause der Wittwe wenig Gefallen gefunden und wohl auch bald die Hohlheit von deren Dichtung überschaut. Bekannt genug ist ja die verächtliche Bemerkung, zu der sich Frau Gottsched hinreißen ließ, als sie ihr ablehnendes Verhalten gegen ihre Aufnahme in die „Deutsche Gesellschaft" begründete: „Ehe die Zieglerin drinnen war, wäre mir die Ehre zu groß gewesen, jetzt ist sie mir zu klein."

Von ihres Gatten männlichen Freunden traten auch ihr einige nahe; so anfangs Corvinus, der unter dem Pseudonym Amaranthes das „Frauenzimmer=Lexikon" herausgab und auch sonst litterarisch thätig war, wegen seiner schwülstigen Rhetorik übrigens von Frau Gottsched zu seinem Geburtstag einst grausam parodiert ward, obgleich er ihr zu jedem Wiegenfeste ein ergebenes Gedicht widmete. Fortdauernd ver=knüpften das Gottschedsche Paar enge Bande mit Prof. May, der zuerst mit Gottsched in der „Deutschen Gesellschaft" zusammenwirkte, sogar nach dessen Zerwürfnis mit der Gesellschaft ihn als Senior ersetzt, ohne dadurch persönlich mit ihm zu zerfallen; später wird er von demselben in den Manteuffelschen Kreis hineingezogen, wo er mit Frau Gottsched in besonders engen Beziehungen erscheint. Immer aufs neue, weil lange erfolglos bemühen sich beide Ehehälften für die Förderung dieses ihres Freundes. Schwabe ferner, der immer getreueste Schildknappe Gottscheds, wird — wie wir schon erfuhren — dessen geschickter Helferin zum Lehrer in der lateinischen Sprache, verkehrt aber überhaupt litterarisch und persönlich eng mit dem Professorenpaar.

Vor allem tauschte Frau Gottsched fast jede Woche mit einigen der vornehmsten Frauen Besuche aus. Das Professorenpaar verkehrte namentlich im Hause des Gouverneurs von Leipzig, Grafen Castell, ferner mit der Frau Oberhofmarschall Gräfin Einsiedel, die sich einen Winter ganz in Leipzig aufhielt, ebenso mit Frau Geh. Kriegsrat von Dießkau, so oft sie in Leipzig verweilte. Auf Meuselwitz, dem Landsitz des Feldmarschalls Grafen von Seckendorf, verbrachten sie mehr=fach acht bis vierzehn Tage; 1749 bei der Feier der goldenen Hochzeit des Feldmarschalls saß das Professorenpaar an der ersten, vornehmsten Tafel. —

In besonders heitern Formen entspann sich während der vierziger Jahre der Verkehr im Hause des Grafen Manteuffel. Dieser intimste Gönner Christian Wolfs und Gottscheds versammelte nach seinem un=freiwilligen Abschied von Berlin in Leipzig alt und jung aus dem Gelehrtenstande um sich. Den engsten Kreis der rationalistischen Wahr=heitsfreunde mit Einschluß seiner Töchter organisierte der launige Ex=minister als ein „Regiment de Sans-Façon" — nomen et omen —, zu dessen Chef er sich ernannte. Der Gottschedin verlieh er die Grenadier=Compagnie, die der schon erwähnte Prof. May als Hauptmann befehligte. Die vier andern Compagnien wurden von den jungen Gräfinnen vor=gestellt; jede hatte einen Professor zum Hauptmann —, auch Gottsched fehlte natürlich nicht. Aus diesem Anlaß entstanden zahlreiche Gedichte von und an Familie Gottscheb. Hervorgehoben sei hier ein „Morgen= lieb, an dem freubigen Geburtstage der Grenabier=Compagnie des hochlöbl. Regiments de Sans-Façon, ben 11. April 1742, aufgesetzt von ihrem Hauptmanne (Herrn Prof. May), in Noten gebracht von des hochlöbl. Regiments Capellmeister (Herrn Kammersänger Gräsen)“. Hier werden die Wünsche für das Gottschebsche Paar in bezeichnender Weise begründet:

> „Weil sie der Welt viel nützen,
> Die Wahrheit tapfer schützen,
> Wie's Pflicht und Stand begehrt.
> Sie dienen bei der Fahne,
> Die Witz und Tugend schwingt,
> Und bleiben auf der Bahne,
> Die zu der Wahrheit bringt."

Daß man sich auch sonst die Umgangsformen in diesen gelehrten Kreisen nicht allzu steif und gravitätisch vorstellen muß, beweist unter anderm ein Gedicht von dem Gothaischen Bibliothekar Freyesleben, dem späteren Fortsetzer von Gottschebs dramaturgisch so wichtigem „Nöthigen Vorrath zur Geschichte der deutschen dramatischen Dichtkunst." Es ist eine „Epître à Blondin, Epagneul de Madame Gottsched", und führt das Motto: „Cui recti mores et sine labe fides." In gleich glücklicher Parodie des heroischen Tones der römischen wie der französischen Manier setzt diese Epistel an den Wachtelhund ein:

> „Salut à l'aimable Blondin,
> L'honneur de l'espèce canine,
> Au poil blanc, à la patte fine,
> Aux beaux yeux noirs, à l'air vif et badin!
>
> Heureux Favori d'Adelgonde,
> Mollement couché sur son sein,
> Tu te nourris, dans une paix profonde,
> Des bonbons présentés par sa charmante main.
>
> Tu ne crains point le tonnerre, qui gronde;
> Pour toi l'Etna mugit en vain,
> Et les fureurs de Mars, qui ravagent ce monde,
> De tous les mondes le meilleur,
> Ne sauraient troubler ton bonheur.
>
> Oui, l'air, le feu, la terre et l'onde,
> Sans altérer ton fier repos,
> Pourraient tomber dans leur premier Chaos;
> Ferme, de l'Univers tu verrais la ruine."

Hier ist die Parodie der viel angeführten Horazischen Verse:

> „Si fractus illabatur orbis,
> Impavidum ferient ruinae" —

am augenfälligsten.

Im weiteren Verlauf wendet sich die Epistel aber vom Schoßhund zur Herrin, und es tönt aus ihr eine ernst und ehrlich gemeinte Hulbigung für alle verschiedenen Talente und Verdienste der Gottschebin:

> „Qui ne serait charmé des accens, que sa lyre
> Fait répéter aux fidèles Echos,
> Lorsque dans les accès d'un aimable délire
> Elle s'élève au dessus des Sapphos,
> Des la Suze, des Deshoulières?
> Qui ne serait étonné des lumières,
> Où ses doctes travaux, pleins de sagacité,
> Ont su mettre à nos yeux la belle antiquité,
> Et dont les Daciers seraient fières?
>
> Mais lorsqu' enfin dans ses heureux transports
> Elle fait arracher, par de mâles efforts,
> Aux Leibnitz et Neutons le flambeau, qui les guide;
> Lorsque d'un vol courageux et rapide
> Elle s'élance par les airs,
> Pour découvrir les loix de l'Univers;
> Et qu' à l'immortelle Emilie,
> Par les inimitables vers
> De l'Apollon Français dignement embellie,
> Elle sait disputer dans d'ouvrages divers
> Les pénibles lauriers, dont la Philosophie
> Décore le front du génie,
> De ses rares talens qui ne serait ravi?" —

Eine engere und gefühlvollere eigentliche Herzensfreundschaft verband die Gottschebin besonders mit zwei Frauen, die uns auch später noch auf Gottscheds Lebensweg begegnen werden: Dorothea Henriette Rother, später vermählte von Runckel, mit der sich nach ihrem Scheiden von Leipzig ein reger Briefwechsel entspann, sowie Frau Prof. Böhme, die nach dem Tode der Gottschebin für den jungen Goethe eine mütterliche Freundin werden sollte. Schon aus der gemeinsamen Heimat Danzig datierten die freundschaftlichen Beziehungen zu der Dresdner Hofzeichnerin Werner († 1753), die Gottsched „in Sprachen und schönen Wissenschaften noch viel schätzbarer als in ihrer Kunst" nennt. Bei ihr stieg das gelehrte Paar ab, als Gottsched 1742 auf sieben Wochen als Gevollmächtigter der Universität im allgemeinen Landtag saß. Als Freundin bezeichnete sich mit Vorliebe auch Frl. Thomasius in Nürnberg, die ebenfalls litterarisch thätig war. 1749, auf der Reise der Leipziger Ehegatten von Karlsbad nach Wien, sehen sich die schon längere Zeit schriftlich korrespondierenden Freundinnen von Person; dem Briefwechsel mit der Thomasius verdanken wir besonders eingehende Berichte über die Aufnahme des Gottschedschen Ehepaares bei Maria Theresia. Länger genoß Frau Gottsched den persönlichen Verkehr mit einer Freundin von hohem

Rang, der Gräfin von Bentink geb. Gräfin von Altenburg. Im Dezember 1754 siedelt diese nämlich vorübergehend von Zerbst nach Leipzig über; sofort knüpft sie mit Frau Gottsched Bekanntschaft an und lebt ein Jahr in fast täglichem Verkehr mit der gelehrten Freundin. Durch die Bentink bahnt sich ein Briefwechsel der Gottschedin mit der verwitweten Fürstin von Zerbst an. Als diese mit dem regierenden Fürstenpaar 1756 Leipzig besucht, lassen sich die Herrschaften von Gottsched umherführen und statten Frau Gottsched einen Besuch ab.

Der Verkehr mit Dresden gestaltete sich zeitweilig recht rege. Zwar der Hofdichter Johann Ulrich König hatte schon 1730 mit Gottsched gebrochen, und an gehässigen Feinden fehlte es diesem gerade in der Residenz nicht. Doch suchte er sich namentlich im Konsistorium, dem die Universitäten unterstellt waren, immer einen Gönner warm zu halten und hatte gute Bekanntschaft mit einigen vornehmen Familien. Seine Frau unterhielt dort außer zu Frau Werner Beziehungen zu einer Schülerin derselben, Mademoiselle Wilhelmine Schulz; auch Frau von Runckel zieht schließlich nach Dresden. Schon vorher, in der ersten Hälfte der fünfziger Jahre, wird die Gottschedin in Dresden und Leipzig wiederholt von der Kurprinzessin Maria Antonia Walpurgis empfangen, die ja selbst unter dem Namen Ermelinde künstlerisch vielseitig thätig war.[1]) 1755 während eines längeren Aufenthaltes in Dresden wurden Gottsched und Frau von dem kurprinzlichen Paar besonders ausgezeichnet. Dieses veranstaltete, während der Abwesenheit des Königs in Warschau, auf dem kleinen Brühlschen Theater im Zwinger Aufführungen deutscher Stücke; den zwei so eng verbundenen Sachverständigen aus Leipzig lassen die Fürstlichkeiten nun andauernd Eintrittskarten für den abligen Platz zugehen und befragen sie öfters über die Schauspieler. Ja, gleich am ersten Tage, als Gottsched kaum seine Aufwartung gemacht hatte, wurde, unter Absetzung eines vorbereiteten anderen Stückes, „Die ungleiche Heirath", Lustspiel der Frau Gottsched, dargestellt und die Verfasserin zu den Herrschaften ins Parterre gerufen, um die Fehler der Schauspieler sofort anzumerken.

Überhaupt widerfuhren der gelehrten Frau auf ihren Reisen die schmeichelhaftesten Ehrenbezeigungen, und zwar nicht nur seitens der Gelehrtenwelt, — das Bemerkenswerteste bleibt vielmehr, daß auch der hohe Adel und Fürstlichkeiten mit Gottsched und noch freier mit seiner Frau auf vertrautem Fuße verkehren. So findet das Paar 1744 auf der Reise nach Preußen auf dem gräflich Manteuffelschen Gute Kummerfrei bei Kerstin gastliche Aufnahme. Auf allen größeren Stationen, nament-

---

1) Vergl. Allgemeine deutsche Biographie und die dort erwähnten Quellen.

lich in Danzig, Königsberg, Stargard und Stettin, huldigten die Gelehrten der berühmten Kollegin, da man in der Zopfzeit noch nicht verzopft genug war, um sich gegen Gelehrsamkeit und Genie des Weibes zu empören. In Königsberg bilden sich sogar unter dem Einfluß des gelehrten Paares zwei litterarische Salons.[1]) Weit berühmter ist die große Reise geworden, welche Gottsched 1749 gutenteils aus strategischer Berechnung in Begleitung seiner Viktoria antrat, um die Teilnahme der Kaiserin Maria Theresia für sein sprachlich=kulturelles Reformwerk zu gewinnen. Schon während des vorhergehenden Badeaufenthaltes in Karlsbad (oder, wie man damals noch genauer sagte, im Karlsbad) verkehrte die Gottschedin mit Damen des vornehmsten böhmischen Adels. Auf der Durchreise geschah es in Erlangen, daß sie gelegentlich einer Doktordisputation, die sie anhört, von Prof. Huth als Dekan der theo= logischen Fakultät in lateinischer Sprache begrüßt wird und „zum Zeichen des Verständnisses" durch Verbeugung dankt. In der Reichs= hauptstadt selbst harrten ihrer bereits manche hochgestellte Bekannte. Graf von Losy, der Direktor aller Lustbarkeiten, sendet gleich nach Ankunft der Leipziger Gäste Einlaßzettel zu beiden Schauplätzen auf die ganze Dauer ihres Aufenthaltes. Sie speisen bei Fürsten, Grafen und hohen Würdenträgern. Maria Theresia selbst begrüßte die Professorsfrau mit der ehrenden Anrede: „Ich weiß es gar wohl, daß die gelehrteste Frau von Deutschland vor mir steht."

Ein Kranz von Aufmerksamkeiten deutscher Fürstlichkeiten schlingt sich vor allem durch eine „Lustreise" im Jahre 1753. Der Weg geht über Naumburg, Erfurt, Gotha, Eisenach nach Kassel. Überall treffen die berühmten Leipziger Ehegatten Freunde und Gönner. In Naumburg finden sie beim Geheimrat von Seckendorf, dem Neffen ihres alten Gönners, des Feldmarschalls Grafen von Seckendorf, freundliche Auf= nahme. Die geistvolle Herzogin Luise Dorothea von Gotha hatte sich längst als Jüngerin von Gottscheds „Weltweisheit" erwiesen. Deren litterarisch hochgebildete Freundin und Hofdame Franziska von Buchwald, die das gelehrte Paar bereits am Altenburger Hofe gelegentlich einer sehr gnädigen Audienz desselben bei der Herzogin kennen gelernt hatte, ebnete ihm den Weg. Die Herzogin erteilt beiden eine huldvolle Audienz; ja, von den erbprinzlichen Herrschaften werden sie zur Tafel gezogen. In Kassel darf Frau Gottsched den Fürstlichkeiten aufwarten, ihr Mann wird sogar vom Landgrafen zur Tafel und nach Bad Geismar geladen. Nach ehrender Aufnahme in ten Göttinger Gelehrtenkreisen verweilen die Reisenden acht Tage in Hannover, wo sie unter anderem beim

---

1) Vergl. G. Krause: Gottsched und Flottwell, S. 84 flg.

Staatsminister von Schwichelt speisen. In Braunschweig wohnen sie beim Drost Freiherrn von Münchhausen, der mit einer Tochter des Grafen Manteuffel verheiratet war. Wiederum werden sie von ihren Gastgebern auf Ausflüge sowie zu Opern, Pantomimen und Redouten geführt. Gleichfalls dem Alethophilenkreise verbunden war hier vor allem der Abt Jerusalem. Durch diesen läßt die Herzogin Frau Gottsched zur Audienz einladen.

Vor allem wertvoll hätte einer Schriftstellerin das Wohlwollen Friedrichs des Großen sein müssen. In der That enthielt ihr derselbe sein Lob nicht vor: besonders glaube er nicht, daß es noch vier Personen in Deutschland gebe, die so gut französisch schrieben. Höchst beachtenswert ist es nun, daß sie gegen jede Aufmerksamkeit, die der Preußenkönig ihr und ihrem Gatten zuwandte, völlig unempfindlich blieb. Einmal schreibt sie bei solcher Gelegenheit: „Ich würde nicht so gleichgültig dabei sein, wenn nicht das allgemeine Elend mich fast in Staub legte. Mein Auge kann nur voller Thränen den Sieger erblicken." Ein andermal, als Friedrich ihrem Manne eine goldene Dose verehrt hatte: „Was für Vergnügen könnte mir z. E. eine goldene Dose aus der Hand eines Monarchen erwecken, der meinen Mitbürgern ebenso furchtbar als groß ist?" „Das machet", erläutert ihr Gatte, „alle ihre Empfindungen waren sehr lebhaft, und ihre Leidenschaften heftig; zumal wenn sie glaubte, daß die Ehre mit im Spiele wäre: und das glaubte sie damals von der Unterdrückung Sachsenlandes."

Doch auch sonst ist aus den häufigen Besuchen bei Hofe, zu denen sie ihr auf Einfluß bedachter Mann mit heranzog, nicht auf eine allzu höfische Gesinnung der Gottschedin zu schließen. Nach der Rundreise von 1753 äußert sie: „Wenn irgend eine von denen fürstlichen Personen, die ich auf dieser Reise gesprochen, mir eine Lust zur Sclaverei des Hoflebens erwecken könnte: so wäre es die Herzogin von Braunschweig. Allein ich wünsche mir nie einen Hof genauer als aus der Beschreibung oder höchstens einem kurzen Aufenthalte zu kennen."

So bewies sie freilich mehr Stolz vor Fürstenthronen als ihr Gatte; aber er wußte, was er that, wenn er seine durch Gelehrsamkeit und Talent auffallende Frau allerorten mit zu Hofe schleppte: es galt — wenn man von der üblichen Eitelkeit absieht — in den höchsten Kreisen Teilnahme für das deutsche Bildungsleben zu erwecken. —

Außer seiner ersten Frau trat Gottsched kein Weib so nahe wie Christiane Mariane von Ziegler. Vergleicht man die schweren Lebensschicksale dieser Frau mit dem Geist ihrer Dichtungen, so sticht scheinbar die Entfremdung der damaligen Poesie vom Leben und der tieferen individuellen Empfindung grell in die Augen. Doch müssen wir beachten, daß die Lebensführung, das Leipziger Auftreten der jungen Witwe, besser zu dem Charakter ihrer Poesie stimmt, als es ihre ursprünglich trüben Lebenserfahrungen ahnen lassen.

Ein Schatten fährt schon über ihre Kindheit, um sie ihr ganzes Leben nicht zu verlassen. Christiane Mariane war 1695 als Tochter des Appellationsrat Franz Conrad Romanus in Leipzig geboren. Glänzend geht das Gestirn des Vaters auf, um jäh in ewige Nacht zu sinken. Als Dreißigjähriger erlangt er auf ausdrückliches Begehren Augusts des Starken 1701 die Bürgermeisterwürde der reichen Handelsstadt. Aber bereits am 16. Januar 1705 wird er auf königlichen Befehl verhaftet, auf die Pleißenburg, alsdann auf den Sonnenstein, schließlich den 5. September 1706 auf die Festung Königstein überführt und hier bis zu seinem Tode festgehalten. Erst 1746, nach mehr als einund= vierzigjähriger Gefangenschaft, erlöste ihn dieser, sodaß er den größeren Teil seines Lebens, und zwar fast sein ganzes Mannesalter, als Staats= gefangener zugebracht hat.

Welche ungeheuren Verbrechen rechtfertigen diese für ein unter= nehmungslustiges, praktisches Talent wie Romanus doppelt furchtbare Sühne? Die gegen ihn eingeleitete Untersuchung zog sich zunächst lange hin, geriet bald ins Stocken und gelangte überhaupt nie zum Abschluß: seit 1711 ruhte seine Sache gänzlich. So entschwand er und seine ge= heime That dem Gedächtnis, oder es wurden gar, da manche von ihm bewirkte Vervollkommnung Leipzigs in der Öffentlichkeit fortlebte, Stimmen uneingeschränkter Ehrerbietung laut. Da konnte denn noch in unsern Tagen der Stand der Forschung dahin bezeichnet werden (von Ernst Landsberg in der „Allgemeinen Deutschen Biographie"): „Ob ihm über= haupt irgend ein Verbrechen zur Last fällt oder ob er ganz schuldlos ein Opfer des Despotismus geworden, steht actenmäßig bisher nicht fest; höchstens könnte es sich aber um ein sogenanntes „Staatsverbrechen" handeln, denn die wohl auch laut gewordene Anklage des Unterschleifes im Amte bricht schon gegenüber der außerordentlichen Hochachtung, deren sowohl er wie seine Familie sich stets weiter in Leipzig zu erfreuen hatten, völlig zusammen." Meisterhaft verstand der Angeschuldigte aller= dings, den Thatbestand zu verschleiern und sich als Opfer einer un= glücklichen Verkettung von Umständen hinzustellen. Selbst aus voll= ständiger Durcharbeitung der über ihn im Königl. Sächs. Hauptstaatsarchiv zu Dresden vorhandenen Akten läßt sich kein klarer Schuldbeweis gegen ihn gewinnen. Erst wenn zu ihnen die im Ratsarchiv zu Leipzig be= wahrten Akten über den Fall hinzugezogen werden, können wir die Ver= anlassung seiner Verhaftung erkennen.

Auf Grund dieses Materials gewährte G. Wustmann 1895 (im II. Band der „Quellen zur Geschichte Leipzigs") einen neuen Einblick in die unter August dem Starken um sich greifende Versumpfung, von der auch Romanus erfaßt ward.[1]) Der Kurfürst benutzte ihn als Mittelsmann, um seine immer wiederholten Geldanliegen im Leipziger Rat durchzudrücken. Weit mehr aber als sich selbst bei höchster Keckheit erpressen ließ, verschlang Augusts Finanzwirtschaft. Mit dem eigenen Kredit des Landesherrn war es dürftig bestellt, desto besser mit dem der blühenden Meßstadt. Wie, wenn man diesen Kredit in Anspruch nähme? Man brauchte ja den Stadtsäckel nicht zu bestehlen — bei Leibe nicht! Man brauchte ja die Schuldscheine nur rechtzeitig ein= zulösen, und jede Bedenklichkeit wäre geräuschlos erledigt! — So kalku= lieren freilich die meisten Urkundenfälscher ... Romanus giebt also eigenmächtig Ratsscheine aus, entnimmt auch wiederholt dem Ratsschrank vorübergehend Depots. Zum Unglück kommen mehrere Schuldscheine vorzeitig zur Präsentation. ... Der Bürgermeister, einmal auf die schiefe Ebene gedrängt, hatte aber allem Anschein nach im eigenen Interesse diese faulen Finanzoperationen seines Landesherrn bis zum gewissen Grade kopiert. Durch die modische glänzende Haushaltung und kost= spielige Bauten selbst in Geldverlegenheit, hält er einen Teil der dem Kurfürsten bestimmten Gelder für sich zurück, vielleicht auch zunächst in der Absicht, sie gelegentlich zu ersetzen.

Dies alles war nicht einmal die eigentliche, jedenfalls nicht die einzige Ursache seiner Verhaftung, wohl aber unseres Erachtens[2]) der wesentlichste Grund für die Endlosigkeit seiner Haft. Er wußte zu viel, war zu tief in die bedenklichen Schleichwege der kurfürstlichen Finanz= wirtschaft und Politik eingeweiht, um frei herumlaufen zu dürfen. Solche Werkzeuge vermag die Despotie nur zu benutzen, wenn sie versteht, dieselben rechtzeitig unschädlich zu machen. Dieses Verständnis zählte zu den „genialen" Seiten von Augusts Staatskunst: wie so mancher Wechsel von Gunst und Ungnade gehört in dieses Kapitel der Sturz von Romanus' eigenem politischen Lehrmeister Beichlingen.

Als unmittelbare Ursachen seiner Arretierung sucht Romanus zwei andere Momente hinzustellen: den „bei dem König in Beisein des Herrn Statthalters mit etwas nachdrücklichen Gründen gethanen bekannten

---

1) Es sind für unsere Darstellung noch einige Wustmann unbekannt ge= bliebene Aktenstücke des Dresdener Staatsarchivs mit herangezogen, sowie einige von ihm erwähnte umfassender berücksichtigt.

2) Der Verfasser hatte wenige Monate vor der Wustmannschen Veröffent= lichung die betr. Akten des K. Sächsischen Hauptstaatsarchivs bereits selbständig durchgearbeitet.

Ratsvorschlag, und dann die Weißenfelsische Angelegenheit." Der erstere Vorschlag, den er in der Neujahrsmesse 1705 dem König-Kurfürsten vertraulich vortrug, bestand in nichts Geringerem als einer Vernichtung der städtischen Selbstverwaltung in Sachsen und gipfelte in dem schwindelnden Plane, die Vermögen der Städte unter kurfürstliche Aufsicht zu stellen und ihre jährlichen Überschüsse an den Landesherrn abführen zu lassen![1] Es scheint uns doch eine zu ideale Auffassung, wenn Wustmanns so hoch verdienstliche Publikation hierin den springenden Punkt der Katastrophe sehen will: „Dieses Projekt machte den Statthalter stutzig: einem Manne, der so etwas aufs Tapet brachte, war auch noch andres zuzutrauen." In dem einen Punkte trifft doch wohl Romanus das Rechte, wenn er dem Rat Nehmiz schreibt[2]): „Wäre der Kanzler Friese durch Born (den nunmehrigen Leipziger Bürgermeister) nicht wieder obgedachten Ratsvorschlag bei dem Herrn Statthalter gewesen, hätte Ihm wohl nichts angenehmer als eben derselbe sein sollen, und mit Weißenfels", behauptet er dann, „habe ich ja nichts gethan, das Sie nicht zuvor gewußt und was wir vor einem Jahre in Jaworow auf gleiche Weise prakticieret." Daß es sich in letzterem Falle wieder um eine Finanz-„Praktik" handelt, wird aus der weiteren Bemerkung ersichtlich: „Was ich Ihro Majestät am Gelde von Weißenfels versprochen, hätte ich noch in denen letzten Meßtagen gegen diejenigen guten Sicherheiten, so der König dem Weißenfelsischen Hause auszuhändigen bereit war, verschaffen wollen"

Offiziell rückte man die Schiebungen in den Vordergrund, die er zu des Kurfürsten „großen Nachteil, sich selbst aber zu ungebührlichen Vorteil", begangen, vulgo die Unterschlagungen, alsdann aber auch die falschen Ratsscheine. Sie anlangend — betonte ein allerhöchster Erlaß vom 16. April 1705 — „so ist Uns zwar noch erinnerlich, was maßen Wir Demselben kommittiert, vor Uns einige Gelder entweder bei dem Rate zu Leipzig oder anderwärts auf des Rats Kredit oder Scheine zu negotiieren. Gleichwie Wir Uns aber zu Ihme keinesweges versehen, daß Er sich zu dessen Effektuierung solcher liederlichen und schändlichen Mittel gebrauchen würde: Also seind Wir auch gemeint, solches desto stärker bestrafen zu lassen, je mehr dadurch Unserer Stadt Leipzig Kredit geschwächt worden und je heller bereits am Tage lieget, daß Er auf solche falsche Scheine so viel Gelder nur (?!) zu seinem eigenen Behuef erborget." —

---

1) Vergl. Wustmann a. a. O. S. 342 und 349.
2) Bei den Dresdener Akten, ohne Datum, aus der siebenten Woche seiner Haft auf Königstein.

Das Benehmen des Romanus während der Unterfuchung deutet darauf hin, daß er fich einer Schuld, aber einer vom Landesherrn ge= teilten, bewußt war: er verweigerte der Unterfuchungskommiffion jede klare und beſtimmte Antwort, erbot fich aber zu einem unmittelbaren Bericht an Auguſt, er wolle „darinnen ſeine facta gar nicht zu juſti= ficieren ſuchen, ſondern alles geſtehen und zu Sr. K. Majeſtät decision überlaſſen.“

Noch im zwanzigſten Jahre ſeiner Haft behauptete der Erbürger= meiſter, den eigentlichen Grund derſelben nicht zu kennen. Wie der Staatsgefangene überhaupt keine Not litt, ſo ſpeiſte er ſchon längſt an der Tafel des Kommandanten General von Kyau. Hier fragte ihn am 31. März 1724[1]) Frau von Pannewitz: „Sag Er mir doch mal; Er iſt ein ſo kluger Mann, hat Er denn nicht zuvor wiſſen können, daß Er würde hier auf die Feſtung kommen?“ Romanus bejahte: er habe aber „lieber alles abwarten“ als fliehen wollen. Geſchäfte hätten ihn verhindert, um 10 der Einladung zum Thee beim Grafen Hoym (ſeinem Hauptgläubiger, mit dem er ſich in der Haft ausſöhnt) zu folgen; ſonſt wäre alles gut geworden. Er als Mann in ſolchem Amt und Anſehen wollte nicht ſo weit fliehen — dabei warf er das Tafelmeſſer. Auch nachher habe er die in den erſten Tagen reichlich vorhandene Gelegen= heit zur Flucht nicht ergreifen wollen. Darauf wandte er ſich zur ganzen Tiſchgeſellſchaft: „Ihr Leute bildet euch wohl ein, ich ſäße Schulden halber; allein ich kann euch das auf meine Seele verſichern, daß ich nicht um ſo viel Schulden wäre bekümmert geweſen, und daß ich auf die heutige Stunde noch nicht mal weiß, warum ich ſitze.“ Der an ſeiner Verhaftung Schuld trüge, „wäre ein ehrlicher braver Mann. Er hätte es ihm auch hier auf dem Königſtein mit Thränen wieder abgebeten.“ Jetzt bekümmere er ſich um nichts mehr; man möge machen, was man wolle.

Ein Jahr vorher hatte er aber bei ſeinem Gönner, dem Grafen Flemming, nochmals Schritte zu ſeiner Befreiung gethan, wie er ihn bereits 1719 gebeten hatte, ſich für ihn beim König=Kurfürſten zu ver= wenden. Und auch ſpäter läßt er es nicht an Verſuchen fehlen, ſich loszubitten.

Soviel ſteht nach alledem feſt, daß eine Kriminalſache, die nur mit lebenslänglicher Haft geſühnt werden konnte, nicht vorlag, daß alſo die höhere Staatsweisheit gegen ſeine Freilaſſung geſprochen haben muß. Als auffallend mußte ſchon Wuſtmann die gnädige Schonung hervor= heben, die Auguſt der Starke gegen Romanus' Frau walten ließ; ſiſtiert

---

1) Aufzeichnung des Geſprächs im K. Sächſiſchen Haupt=Staatsarchiv.

er doch sogar den Konkurs über das Vermögen des Verhafteten. Noch
mehr muß die Dreistigkeit auffallen, mit der sich Romanus vom König=
stein aus wiederholt durch finanzwirtschaftliche und politische Projekte
der Erinnerung des Landesherrn und der Minister empfiehlt. Was
aber das Verdächtigste ist, so hat sich thatsächlich zu verschiedenen Zeiten
das Kabinett in einen geheimen Verkehr mit dem Gefangenen eingelassen.
Am 17. September 1718 berichtet der Generalmajor von Kyau, „daß
er den von dem Geheimen Rat von Watzdorf an den Herrn Geheimen
Rat Romanum abgeschickten versiegelten Brief demselben richtig übergeben,
worüber auch die Antwort versiegelt zurückfolgte." Gleichzeitig bittet er
um Weisung, ob künftig mehr Briefe versiegelt ab= und zuzuschicken
verstattet sein solle. Es erfolgt die „Resolutio: Wenn ich ihm darbei
schreibe, daß es eine Sache zu des Königs Dienst, darvon ich schon
informieret, — daferne aber dieses nicht ist, müssen solche beibehalten
und bei mir Anfrage darüber gethan werden." Am 28. April 1736
erfolgt gar ein allerhöchster Befehl: „Nachdem Wir unserem Geh. Cabinets-
Ministro von Brühl Auftrag gethan, in einer gwissen Angelegenheit mit
dem auf der Festung Königstein sitzenden Geh. Rathe Romanus schrift=
liche communication zu pflegen, und die Intention hierbei dahin gehet,
daß die von gedachtem Cabinets-Ministro von Brühl unterm Couvert
des Commendantens zu Königstein an Romanusen ergehende Briefe dem=
selben ohneröffnet behändiget, und vice versa die von diesem kommende
Schriften gleichfalls versiegelt, untern Einschlag gedachten Commendantens,
dem Cabinets-Ministro von Brühl zugeschicket werden sollen u. s. w." Es
gehört mit zur Komödie, daß der hier 1718 wie 1736 gebrauchte Titel
Geheimer Rat dem Dr. Romanus schon am 14. Januar 1709 durch
besonderes königliches Reskript entzogen war.

Auch sonst trug sich der in der Blüte seiner Kraft zur Unthätigkeit
Verdammte mit allerhand politischen Spekulationen. Durch Eingaben
vom 15. und 19. April 1724 benunzierte ihn dieserhalb sein Haftgenosse,
der frühere Günstling Geheim=Referendar Pfingsten beim Feldmarschall
Grafen Flemming: „Es sind ohngefähr drei Jahre, da eines mals der
Herr Romanus zu mir kam, und mir zu vernehmen gab, was maßen
des Herrn Herzogs von Holstein=Gottorp Hochfürstl. Durchl., die kurz
vorhero hier oben gewesen waren, Ihn um sein sentiment, auf was
Art das Deroselben wegen Schleswigs und der Schwedischen Succession
zugefügtes praejudiz reparieret werden könnte, angesprochen hätten."
Der gute Pfingsten zeigt sich merkwürdig besorgt, König Augusts Inter=
esse könne gefährdet werden. Er hält einen Briefwechsel zwischen
Romanus und dem Herzog für wahrscheinlich u. s. w. Hierzu bemerkt
Graf Wackerbarth gegenüber dem Grafen Manteuffel am 6. Mai

1724[1]): „Je veux croire que Mr. Romanus ne manque pas de malice, mais toujours vois-je peu de moyen de la mettre en exécution dans l'état où il se trouve présentement; sans cela il est assez fou de faire des coups d'imprudence ainsi qu'il est assez connu."

Was wollen aber all solche Durchsteckereien besagen gegenüber der Thatsache, daß der König-Kurfürst im Jahre 1717 zweimal vom Leipziger Rat hohe Geldsummen erpressen läßt unter der Drohung, er werde im Falle der Weigerung Romanus freilassen und wieder in den Rat einsetzen?! —

Romanus war ein Typus seiner Zeit; doch viel Staat war nach alledem eigentlich nicht mit der Ehre zu machen, von diesem Vater abzustammen.

Auch auf ihren weiteren Lebenswegen trifft die angehende Schrift-stellerin Unheil über Unheil. Sechzehnjährig vermählt sie sich 1711 mit Heinrich Levin von Könitz in Leipzig, doch schon nach wenigen Jahren kehrt sie als Witwe ins Haus ihrer Mutter zurück. Nicht viel länger währte eine zweite Ehe, die Mariane 1715 mit dem Hauptmann Georg Friedrich von Ziegler eingeht. Sie wohnt eine Zeitlang auf seiner Be-sitzung Eckartsleben im Gothaischen, zieht aber auch viel mit ihm umher. Nicht nur verlor sie auch diesen zweiten Gatten bald, sondern schnell hintereinander selbst die Kinder, deren jede Ehe eins gezeitigt hatte. 1722 treffen wir die junge Witwe wieder in Leipzig. Sie lebt im Hause der Mutter, die auch nach dem Zusammenbruche ihres Mannes bis an ihr 1739 erfolgtes Ende alles eher als eingeschränkt lebte.

Hier beginnen ihre Beziehungen zu Gottsched in einer Zeit, als er die Kulmus noch nicht einmal kannte. Im Vorbericht zu ihrem „Versuch in gebundener Schreib-Art" gesteht sie, daß sie ihre poetischen Episteln in ihrer litterarischen Frühzeit flüchtig niedergeschrieben habe, „anderntheils aber von derjenigen Zeit an, da ich vor einigen Jahren von einem gewissen Freunde zu dieser edlen Kunst angeführet wurde, dessen Schriften fleißig nachgelesen, und dergleichen Schreib-Art nach-zufolgen mich bemühet." Ihre 1739 erschienenen „Vermischeten Schriften in gebundener und ungebundener Rede" weisen noch eingehender auf Gottscheds Lehren hin. „An ein Frauenzimmer" richtet sie (S. 217 flg.) die Verse:

„Ein Dichter soll und muß dazu geboren sein,
Das lag mir in dem Kopf, ich schrieb in Tag hinein;
Bis treuer Freunde Rath mich auf den Einfall brachte,
Daß ich blos die Vernunft zu meiner Richtschnur machte.
Die führte mich sogleich ganz einen andern Weg ...

---

1) Insgesamt auf dem K. Sächs. Hauptstaatsarchiv.

> Die Regeln muß man auch aus ihrem Grunde wissen,
> · Es muß uns keine Müh bei dieser Kunst verdrießen;
> Wenn man die Sätze nicht recht einzutheilen weiß,
> So wird dem Leser kalt, bald übel und bald heiß."

Vernunft, Regeln, rechte Einteilung als wichtigstes Rüstzeug für den Dichter, nächst dem angeborenen Talent — es ist als ob wir Gottsched dozieren hörten. Er ist denn auch ersichtlich der „gute Freund", der — wie sie in einer Ode (S. 101 flg.) hervorhebt — sie von neuem zum Dichten anreizt und sie „auf die erste Spur" zurückführt, als sie es schon verschworen hatte: wer anders galt in ihrem Kreise überdies als „großer Dichter unsrer Zeiten" und „Musenkönig"?

Aber auch wo die Zieglerin sich nicht ausdrücklich auf Gottsched beruft, erweist sie sich als seine Geistesverwandte oder sogar Schülerin. So verwirft sie echt rationalistisch die „Phantasei", weil diese „uns den Verstand verfinstert" („Moralische und vermischte Send=Schreiben", 1731, S. 354). Nicht minder nimmt sie den von Gottsched mit Ernst und Eifer betriebenen Kampf gegen den Aberglauben, insbesondere gegen die Gespensterfurcht auf. Wie der Meister verbeugt sie sich indes gläubig vor den Wundern der Bibel. Sie wiederholt den bedeutsamen Gedanken, an dem Geisterglauben habe neben der bösen Einbildungskraft die Furcht den Hauptanteil (Send=Schreiben S. 284 flg.). Sprachlich wandelt sie natürlich ganz auf Gottscheds Bahnen. Sie verfaßt ein besonderes „Vertheidigungsschreiben der Deutschen Sprache", das die Ausländerei sowie die unserer vaterländischen Sprache entgegengebrachten Vorurteile bekämpft (Vermischete Schriften S. 446 flg.). Den „Unterschied eines Dichters und Reimenschmiedes" (ebenda S. 440 flg.) stellt sie in jeder Richtung nach Gottscheds Lehre dar. Insbesondere betont sie, der Dichter suche seine Sache lebhaft, natürlich, deutlich, gründlich und scharfsinnig vorzutragen.

Immerhin treten ein paar Abweichungen hervor, die doch beweisen, daß die Zieglerin nicht weiter mit Gottsched ging, als es ihrer Geistes= richtung nahelag. Als Ausstrahlungen ihrer weiblichen Gemütsart haben wir es wohl anzusehen, wenn diese Schriftstellerin ein gutes Wort für die von Gottsched leidenschaftlich befehdete Oper einlegt und ebenso wenn sie Spuren von Naturgefühl zeigt. In ihren „Send=Schreiben" beklagt sie (S. 134 flg.) die völlige Aufhebung der Opern: durch den unleugbaren Mißbrauch werde noch nicht die Abschaffung der Oper überhaupt geboten. Wer insbesondere durch diesen verführerischen Zauber „eitel wollüstige Triebe" erwachen fühle, habe das seinem eigenen „wollüstigen Tempera= ment einzig und allein zuzuschreiben". Damit hatte die Verfasserin ein Hauptargument des Leipziger Geschmacksrichters unzweideutig zurück=

gewiesen, wenn auch wohl ohne die Absicht einer naheliegenden persön=
lichen Spitze. Mündet sie doch alsbald wieder in das Fahrwasser des
Meisters durch die Art, in der sie zugesteht, daß freilich den „Komödien"
(bekanntlich der damaligen Allgemeinbezeichnung für Dramen) vor den
Opern der Vorrang gebühre, weil diese meist Liebesintriguen behandeln
und selten „etwas Moralisches oder was Historisches, welches die Tugenden
oder die Laster mit Nachdruck vor Augen stellet, mit einfließen lassen".

Ebenso weist über den Pedanten der Studierstube ihre theoretische
Bevorzugung des Landlebens in etwas hinaus. Für das Erwachen des
Naturgefühls ist jede charakteristische Äußerung von Bedeutung. Frau
von Ziegler schreibt (Send=Schreiben S. 305 flg.): „Dem Land=Leben
ist der Ergötzlichkeit nach keine einige Stadt, und wenn sie noch so volk=
reich wäre, in der That zu vergleichen, viel weniger vorzuziehen . . .
Felder, Wälder, Fluren und Wiesen bieten sich zu unsern Vergnügen
an, und jegliches von ihnen bestrebet sich bei dem entstandenen Wettstreit,
unsern Augen die schönste Weide zu machen, und den Preis davon=
zutragen. Sobald die Sonne ihr entferntes Antlitz uns wieder blicken
läßt, und Aurora jener Ankunft vermeldet, so wecket uns schon das
muntre und laute Flügel=Heer vom Schlafe auf, um uns in die mit
Thau besprißten Thäler und Fluren einzuladen, und die zur Trift
eilenden Herden vertreten bei ihrem tönenden Zuruf die Stelle eines
Morgen=Wächters." Weit ruhiger und einträchtiger sei dort das Leben;
die Freundschaft mit den Nachbarn bleibe ohne Falsch; es herrsche Auf=
richtigkeit und Treue; und ohne Lästern vollziehe sich der Umgang. —
Freilich schreiten diese Anschauungen nicht wesentlich weiter als die
Schäfereien des 17. Jahrhunderts.

Wichtiger ist, daß sich die dichterische Produktion der Zieglerin im
religiösen Lied wesentlich über das Niveau Gottschedscher Nüchternheit
erhebt. Nicht nur dem Stoffe nach fühlt man sich in eine andere
Welt versetzt, wenn ihr „Versuch in gebundener Schreib=Art" nach
2½ hundert Seiten voll Plattheit zu „Andächtigen Gedichten" über=
leitet. Da finden sich überwiegend gute Nummern, Innigkeit und
Wärme herrschen vor, und der Rhythmus fließt unwillkürlich in
musikalische Weise über. Meist handelt es sich um Kantaten: ihnen
ward, soweit es sich um Kirchentexte handelt, ausnahmslos die wahrlich
nicht geringe, aber auch nicht ganz unverdiente Ehre der Komposition
von Sebastian Bach zu teil. Mit Recht bemerkt Spitta[1]), daß oft im
17. und Anfang des 18. Jahrhunderts auch gering begabten Dichtern

---

1) Über die Beziehungen Seb. Bachs zu Ch. F. Hunold und Mariane v.
Ziegler, in den Histor. und philol. Aufsätzen Ernst Curtius gewidmet, S. 424.

im geistlichen Lied die Flügel wachsen. Hier wird die Empfindung vom erhabenen Stoffe emporgerissen und die Phantasie ganz anders herausgefordert als von der Kleinlichkeit des Alltagslebens. Wie wenig unabhängig ist die Poesie, die Kunst überhaupt, doch von ihrem Stoffe! Nun pocht der Schmerz des Abschieds für ewig an die sich sonst im Tand auslebende Menschenbrust:

> „Wer sollte nicht in Klagen untergehn?
> Wann uns das Liebste wird entrissen;
> Der Seelen Heil, die Zuflucht kranker Herzen
> Acht nicht auf unsre Schmerzen."

Nun wird die christliche Zuversicht zur Bewährung angeregt:

> „Ich fürchte nicht des Todes Schrecken
> Und scheue gar kein Ungemach;
> Denn Jesus' Schutz-Arm will mich decken,
> Drum folg' ich gern und willig nach."

Noch ertönen Nachklänge der religiösen Schäferpoesie des siebzehnten Jahrhunderts:

> „Komm, leite mich,
> Es sehnet sich
> Mein Geist auf grüne Weide.
> Mein Herze schmacht,
> Ächzt Tag und Nacht:
> Mein Hirte, meine Freude."

Auch sonst sieht sich hie und da der bildnerische Trieb der Poesie herausgefordert:

> „Ein rechter Christe muß des Mondes Bild und Schein,
> Dafern er redlich ist, vollkommen ähnlich sein.
> Denn ob der Mond gleich mit der Welt Gewerbe treibet,
> So sieht man doch, daß er dem Himmel treu verbleibet."

Ebenso fällt in den „Vermischeten Schriften" die darin enthaltene religiöse Ode durch Weihe der Gesinnung und Wärme der Empfindung auf:

> „Durch Schweigen und durch Hoffen
> Vermindert sich die Noth.
> Wenn dich ein Kreuz betroffen,
> So wünsch dir nicht den Tod.
> Durch Ungeduld und Zagen
> Verdoppelt sich die Pein.
> Was hilft dir alles Klagen;
> Dein mehr als ängstlich Klagen
> Kann nicht dein Retter sein."

Auch außerhalb der religiösen Poesie ist bei aller Plattheit einzelnes flott und sangbar gehalten. Die musikalische Begabung der Dichterin erweist sich somit zugleich als beste Mitgift für ihre Poesie:

„Seht nur alle raus,
Ich geh ins Nachbars Haus.
Das Mägbgen ist ein Herzens=Dieb,
Die Bursche hat sie gar zu lieb.
Seht nur alle raus."

Diesen Ton findet sie schon in ihrer ersten Sammlung. In den letzten „Vermischeten Schriften" läßt sich wieder an den Kantaten zum ehesten poetische Innigkeit und Gewandtheit erkennen. Sie bieten ebenfalls viel sangbares Material. In der That sind Kompositionen von zehn weltlichen Liedern der Zieglerin bekannt, von denen eins ihrer ersten, neun ihrer letzten Sammlung entstammen. Sechs dieser Kompositionen rühren von Hurlebusch her, zwei von Giovannini, je eine von Philipp Emanuel Bach und von Gräbe. Dieser veröffentlichte sie in seiner Odensammlung, deren ersten Teil er überdies Frau von Ziegler widmete.[1])

In ihrer Zeit nicht unrühmlich konnte diese Schriftstellerin ferner in ihren Reden und Briefen bestehen. Waren dies doch die beiden Gebiete, auf denen ihr Meister Gottsched — wie er überhaupt in der Rhetorik und Stilistik eine ehrenvollere Stellung als in der Poesie einnimmt — am meisten für die Ausbildung eines reinen, wohlanständigen, schwungvoll eleganten und doch immer natürlichen Stils geleistet hat. Der wohlthätige Einfluß dieses Mannes ist von Frau von Ziegler gerade nach den erwähnten Richtungen offen betont und macht sich in der That angenehm bemerkbar. Gewiß fehlt es nicht an den überflüssigen Zwischengliedern, welche sich die Pedanterie der Jünger des „zureichenden Grundes" nicht ersparen mochte, noch an sonstiger Umständlichkeit noch an Steifheit. Doch versteht Frau von Ziegler wie die andern Gottschedschen Schüler einen Diskurs mit Anstand durchzuführen und ihm einen gewissen Gehalt zu bewahren: sowohl der geschmacklose Schwulst wie der unförmige Satzbau des vorangehenden Jahrhunderts ist geschwunden. Die Rhetorik der Zieglerin ist neben poetischen Proben in den „Vermischeten Schriften" stark vertreten, während ein besonderer Sammelband „Moralische und vermischte Send=Schreiben" (1731) enthält. Selbst individuelle Züge können wir aus ihren Briefen erschließen, — für jene Zeit ein besonders seltener Fund: wir haben es denn auch thatsächlich nicht mit Schulexerzitien zu thun, sondern mit wirklich abgesandten Briefen „an einige ihrer vertrauten und guten Freunde" oder doch diesen zugedacht — nur in Überarbeitung für den Druck.

Schließlich zahlte die Zieglerin auch durch Übersetzungen aus dem Französischen der litterarischen Mode ihren Tribut: 1735 erschienen von

---

1) Vergl. Spitta a. a. O. S. 423 flg.

ihr der Mad. Scudery „Unterredungen von Dingen, die zu einer wohl
anständigen Aufführung gehören"; ferner unternahm sie eine Übertragung
der „Essais de Littérature et Morale" vom Abbé Trublet.

So machte Frau von Ziegler gar keine besonders üble Figur inner=
halb der Gottschedschen Schule.

Daß von einer solchen gesprochen werden kann und sich diese Schrift=
stellerin ausdrücklich innerhalb derselben fühlte, bekräftigen Verse, die
unter den „Vermischeten Schriften" der Ziegler stehen. In einem
Scherzgedicht „An einen guten Freund, als sie entfernet war," kündigt
sie ihre Heimkehr also an (S. 168):

> „Wie würd' es um die Schule stehn,
> Wollt ich noch länger müßig gehn?
> Was spräch der Musenorden?
> Der Herr Schulmeister Phoebus rief:
> Ich wär', wenn ich die Zeit verschlief,
> Zur Mameluckin worden."

Gottsched als Schulmeister ist nicht übel; bedenklicher — auch in
Gottscheds Sinn — war es, daß ihn die Schülerschar zum Phoebus
ernannte, da doch die üble Nebenbedeutung der von ihm so zäh ver=
folgten Verstiegenheit sich mit diesem Namen verbunden hatte.

Wie rege und vertraut der Gottschedsche Kreis im Hause der
Zieglerin verkehrte, deutet andererseits ein Brief an, den Steinwehr,
später ihr dritter Gemahl, an Gottsched während einer kurzen Reise
desselben nach Dresden unterm 9. Januar 1734 richtet: „Bei der Frau
Collegin haben wir den gestrigen Abend gar vergnügt zugebracht und
hoffen noch ein und den andern zurückzulegen. Sie fraget sehr angelegent=
lich, wie es Ihnen gehe, und hoffet davon bald Nachricht." Daß Frau
von Ziegler dem engsten Freundeskreise Gottscheds angehörte, wird schon
dadurch offen bekundet, daß zu ihrem Geburtstag, dem 29. Juni 1734,
ein Stück (das zehnte) der „Neufränkischen Zeitungen" ausgegeben wird,
mit denen sich die Verfasser gegenseitig ein scherzhaftes Geburtstags=
angebinde bereiteten. So parodiert das der Zieglerin gewidmete Stück
— wie wir schon erfuhren — diejenigen, die da fordern, „daß das
Frauenzimmer nichts lernen solle, was über den Horizont ihrer Küche
oder ihres Putzwesens stiege."

Dem gemeinsamen Verkehr gehörte kein Geringerer als Sebastian
Bach an, der seit 1723 in Leipzig als Kantor an der Thomas=
schule wirkte.[1] Er ist es, der einigen Gedichten der Ziegler (neun
geistlichen Kantaten) ein Fortleben sicherte, indem er sie in Musik setzte.

---

1) Vergl. Philipp Spitta in oben citierter Schrift.

Schon 1727 komponierte Bach eine Ode, die Gottsched für die Trauerfeier zu Ehren der verstorbenen Königin Christiane Eberhardine abgefaßt hatte. Die Gottschedianer Birnbaum und Pitschel hängen mit Verehrung an Bach. Dieser empfiehlt 1736 seinen Schüler Krebs als Musiklehrer der Gottschedin.

Frau von Ziegler hielt überhaupt offenes Haus für alles, was mit der Poesie und der Musik zusammenhing.

Insbesondere verkehren bei ihr die in Leipzig wohnhaften, wie die durchreisenden Virtuosen. Spielt sie doch selbst außer den Mode=Instrumenten Klavier und Laute noch die Flöte. So veranstaltet sie in ihrer Wohnung musikalische Aufführungen. Und mit den Kunstgenüssen vereint sich die sächsisch heitere Liebenswürdigkeit der Wirtin. Sie selbst nennt ihr Wesen wiederholt trotz schwerer Schicksalsschläge von Natur „aufgeräumt und munter" (Send=Schreiben S. 151 und Vermischete Schriften S. 294). Frau von Breßler hörte sie als „schön und galant" rühmen (vergl. das Antwortschreiben der Frau v. Breßler in dem „Ver=such" der Zieglerin S. 58).

Gesellschaftliche Zerstreuung fehlte in ihrem Heim neben den künstlerischen und wissenschaftlichen Anregungen ersichtlich nicht. Liscow erzählt in seinen Anmerkungen zu Philippis „Sottises galantes", ein Zeitvertreib im Hause der Zieglerin, wo er wie Philippi verkehrten, be=stehe darin, „daß ieder etl. End=Reime ex tempore aufgiebt, worauf die ganze Gesellschaft (doch ieder vor sich) die Zeile suppliren muß. Die Lust dieser Übung besteht in der Verschiedenheit der Materien, die auf einerley Reim ausgeführt werden. Ehe die Gesellschaft aus einander geht, wird alles zusammen in ein großes Buch in fol. getragen, welches Archiv die Fr. v. Ziegler bey sich hat." Es handelt sich um das bekannte Spiel des bout-rimé. — Während einer Reise scherzt sie (Vermischete Schriften S. 166 flg.), daß sie noch immer nicht zurückkehre, weil sie sich in der Ferne die Zeit so gut wie in Leipzig vertreiben könne:

> „Ich find' auch gute Freunde hier,
> Daneben Kaffee, Wein und Bier,
> Und was man nur will haben.
> Die Lomberkarte neu und frisch
> Liegt täglich richtig auf dem Tisch,
> Uns Aug' und Herz zu laben."

Trotzdem man also der Zeitsitte den Tribut nicht gänzlich ver=weigerte, wurden Kaffee, Klatsch und Kartenspiel — wie sonst wohl besonders in Sachsen — doch nie zu Beherrschern der Zieglerschen Ge=sellschaften. Führt ja die junge Witwe unter den Gründen ihrer zeit=weiligen Zurückhaltung von der Poesie auf, daß gerade Frauen am wenigsten Verständnis und Urteilsfähigkeit in Sachen der Poesie zeigten: „weswegen auch ihrer viele oftermals ihr aufrichtiges Geständniß gethan, daß sie mehr von einem Schälgen Kaffee und Karten-Spiel, als von der Versmacher-Kunst hielten" (Send-Schreiben S. 113). Als Frau von Ziegler ein andermal den Nutzen und Schaden des Zeitungslesens für Frauen bespricht, erklärt sie es jedenfalls für besser als gemeinen Klatsch zu pflegen oder bloß zu nähen und stricken (ebenda S. 272 flg.).

Ihre Auffassung der häuslichen Pflichten scheint derjenigen von Frau Gottsched ähnlich gewesen zu sein: sie verrichtete dieselben, ohne sich dadurch in ihren schriftstellerischen, wissenschaftlichen und künstlerischen Neigungen beeinträchtigen zu lassen. Höher aber als ihre Talente standen ihr angeblich die Charaktereigenschaften. Der Biograph ihres dritten Mannes Steinwehr (Crichton S. 26) behauptet geradezu: „Fuerunt Lipsiae, qui eam ceteris omnibus anteponerent, quas superare re alia quam humanitate ac virtute noluit." Bei aller Ungezwungenheit wußte sie jedenfalls ihre Tugend zu wahren.

In solchen geistig und gesellschaftlich anregenden Kreisen von ungezwungenen, heiteren Umgangsformen haben wir uns den Verkehr des jungen Magister und Extraordinarius Gottsched zu denken.

Auch Gottscheds erste größere litterarische Unternehmung zog aus der Teilnahme der Zieglerin Gewinn. Eine Mitwirkung dieser Frau an der moralischen Wochenschrift „Die vernünftigen Tadlerinnen" ist von jeher behauptet worden, zuerst und in gewissem Sinne authentisch in der Vorrede zu Lamprechts „Sammlung der Schriften und Gedichte, welche auf die poetische Krönung der ... Ziegler ... verfertiget worden" (1734). Art und Umfang dieser Mitarbeit haben wir bereits bei Besprechung der „Tadlerinnen" annähernd zu bestimmen gesucht. Ja, die Annahme liegt nahe, daß Gottsched die Zieglerin zuerst in dieser ihrer Eigenschaft als gelegentliche Korrespondentin der „Tadlerinnen" kennen lernte. Er weilte noch nicht ein Jahr in Leipzig, als er diese Wochenschrift begann; und die Art, in der ihrer ersten anonymen Zuschrift im 34. Stück des ersten Teils gedacht wird, spricht nicht für eine persönliche Bekanntschaft. Bis zum 6. Dezember 1726, dem Erscheinen des 49. Stückes im II. Teil, welches ein Motto von der Zieglerin führt, muß die Annäherung aber ziemlich weit gediehen sein. Auch steht Frau von Ziegler in einem poetischen Briefwechsel mit Frau von Breßler, die ebenfalls gelegentlich als Korrespondentin der „Vernünftigen Tadlerinnen" auftritt. — Crichton (Steinwehri memoria p. 24) huldigt nach alledem einer, allerdings ziemlich weit verbreiteten, schiefen Auffassung, wenn er über die Zieglerin meint: „Fuit etiam in iis, qui

cum Gottschedio hujusque uxore singulis hebdomadibus de emendan-
dis moribus admonitiones scriberent, easque attribuerent praeditis
polito judicio matronis." Gottſcheds Frau arbeitete erſt an der zweiten
Auflage mit: beim Erſcheinen der Wochenſchrift als ſolcher ſtand ſie
überhaupt noch in keinen Beziehungen zum Herausgeber. Und Frau
von Ziegler wirkte als Correſpondentin der Tablerinnen, nicht als eine
von dieſen ſelbſt.

Unter Gottſcheds Anregung nahm die litterariſche Thätigkeit der
jungen Wittwe regen Aufſchwung: wußte er doch alles, was in ſeinen
Bannkreis trat, mit ſeiner Schreibwut anzuſtecken! 1728 ließ ſie ihren erſten
„Verſuch in gebundener Schreib=Art", das Jahr darauf eine Fortſetzung
dieſer Sammlung drucken; und ſchon im Herbſt 1730 (mit der Jahres=
zahl 1731) kommen „Moraliſche und vermiſchete Sendſchreiben" heraus.

Aber ſolcher Betriebſamkeit folgte auch der Lohn: die „Deutſche
Geſellſchaft" in Leipzig ernannte ſie als erſte Frau zum Mitglied! Da=
mit ſprach ihr Lehrmeiſter ſie los und nahm ſie feierlich als Genoſſin
in die Zunft auf. Am 15. November 1730 ward ihre eingeſandte An=
trittsrede vorgeleſen, welche von durchaus zutreffender Auffaſſung der
„Deutſchen Geſellſchaft" zeugt, indem ſie die ſprachliche Miſſion der=
ſelben beſonders ſtark betont (abgedruckt in den „Vermiſchten Schriften"
S. 381 flg.). Im Namen der Geſellſchaft antwortet ihr Baron von Seher=
thoß. Pflichtgemäß verſprach das neue Mitglied ein Geſchenk für die
Bibliothek, nämlich Bünaus deutſche Reichs=Hiſtorie. Ferner liefert
ſie für die Sitzungen eine „Abhandlung, ob es dem Frauenzimmer er=
laubt ſei, ſich nach Wiſſenſchaften zu beſtreben?" (ſ. ebenda S. 394 flg.).
Ein ſpäteres „Antwortſchreiben an einen gelehrten Mann" (ebenda
S. 450 flg.) beſtärkt dieſen in dem Entſchluß, an ſeinem Wohnort eine
„Deutſche Geſellſchaft" zu ſtiften, die dabei wiederum ausdrücklich als
„Sprachgeſellſchaft" bezeichnet wird.

Nicht allerſeits fand dieſe Wahl im Mitgliederkreiſe der Geſellſchaft
Beifall. So ſchreibt Ch. G. Wolff den 29. Dezember 1730 aus Straß=
burg an Gottſched: „Der Frau von Ziegler ihre Verſe und ihre Briefe
ſind doch nicht ſchön, wenn ſie gleich in den [Leipziger] Gelehrten
Zeitungen gelobet wird, und wenn ſie gleich des Herrn von Bünaus
Reichs=Hiſtorie in die Bibliothek unſerer Geſellſchaft ſchenket. O tem-
pora, o mores! Wahrhaftig der jüngſte Tag muß nun bald kommen.
Dieſes alles im Vertrauen. Die Nachricht, die in die Gelehrten
Zeitungen [über ihre Wahl] eingerückt worden, iſt an einem hohen Orte
in Straßburg alſo belachet und geridicult worden, daß ich wahrlich
immer gedacht habe, ob die Leute wohl wiſſen, daß Du auch ein
membrum von der Deutſchen Geſellſchaft biſt. Und Ihr Herren in

Leipzig denkt, Ihr habt es no[ch schlau] angefangen. Ein Schelm, der nicht gut patriotisch schreibt. Wir sollten etwas weniger prahlen, so würden es viele passiren lassen." — Ähnlich schreibt J. G. Hamann, der eigentliche Begründer der „Vernünftigen Tadlerinnen", unterm 20. September 1731 aus Hamburg sarkastisch an Gottsched: „Die Frau von Ziegler haben Sie einmal in die Gesellschaft aufgenommen. Ja! Ja! Doch man muß das Beste denken. Sie wird sich vielleicht bessern sollen."[1]) Nichtsdestoweniger ward die „Frau Collegin" zweimal durch Preise der Gesellschaft noch besonders ausgezeichnet.

Aber noch höherer Ehren konnte teilhaft werden, wer getreu zu Gottsched hielt. Insbesondere für weibliche und für adlige Schüler hielt der Meister — unter richtiger Schätzung der Bedeutung geistiger Interessen in diesen Kreisen — nicht leicht eine Auszeichnung für zu hoch. Beide Vorzüge der Geburt vereinte aber in sich die Zieglerin: wie hätte er sie nicht hätscheln sollen! Ein glücklicher Zufall führte ihm eine Anfrage von J. G. Krause, dem Dekan der philosophischen Fakultät in Wittenberg, zu (23. August 1733)[2]): „Vielleicht fänden Ew. HochEdlen auch etwan jemanden, der die Lauream Poeticam annähme, wozu wir doch hier noch dann und wann Liebhaber gefunden, zumal sich die Kosten nur auf 14 Thaler belaufen." Die Kosten hat Frau von Ziegler nicht gescheut. Bereits am 17. Oktober 1733 wurde sie zur kaiserlichen gekrönten Poetin erhoben, am 29. desselben Monats ihr das Diplom nebst den Lorberzweigen und dem Epheukranz vom Dekan nach Leipzig überbracht. Damit derjenige, welcher das erste Wort in dieser Angelegenheit gesprochen, auch das letzte behalte, besang Gottsched das feierliche Ereignis im Namen der „Deutschen Gesellschaft": und am 31. Oktober wurde sein Gedicht „bei ansehnlicher Versammlung des damaligen Herrn Rectoris Magnifici, Herrn D. Müllers, und verschiedener vornehmen Glieder der hasigen Universität ausgetheilet" (s. Zedlers Universal=Lexikon). Doch damit nicht genug: die ganze Freundesschar hatte ihre Leier gestimmt: nicht weniger als 39 Glückwünsche konnte Lamprecht zusammenfassen: „Sammlung der Schriften und Gedichte welche auf die Poetische Krönung der Hochwohlgebohrnen Frauen, Frauen Christianen Marianen von Ziegler gebohrnen Romanus verfertiget worden" (Leipzig 1734). Lamprechts Vorrede rühmt zunächst in den höchsten Tönen ausführlich die „Ehre", von ihrem „berühmten Vater, dem gepriesenen Romanus" abzustammen! Ebenso singt der Reichsgräflich Solmsche Amtsrat Karl Christian Schramm:

„Des Großen Vaters Ruhm wird durch die Tochter steigen."

---

1) Vergl. Litzmann: Liscow S. 86.
2) Vergl. bereits Litzmann: Liscow S. 85.

Der weiteren Öffentlichkeit galt — wenigstens jetzt, ein Menschen=
alter nach Beginn seiner Haft — Romanus offenbar als Märtyrer.
Viel bescheidener und sachgemäßer singt ein Mann aus Königstein selbst,
Samuel Gottfried Lochmann:

> „Wird dein Theurer Vater nicht
> Das Gerücht von deinen Ehren
> Mit bestürzter Freude hören,
> Weil ihm Glück und Zeit verspricht:
> Daß, wer einst die Tochter preiset,
> Auch auf ihn zurücke weiset." —

Die Vorrede hebt noch das Lob hervor, das die Zieglerin schon
bisher gefunden: wie sie Brockes die „tiefsinnige, gelehrte" nennt und
wie der Historiker Johann Friedrich von Meiern ihre „trefflichen
Proben" rühmt.

Den Reigen im poetischen Wettkampf eröffnen höchst stümperhafte
Verse des Rektors der Universität Wittenberg. Die „Deutsche Gesell=
schaft" in Leipzig gratuliert durch Gottsched zwar am gewandtesten, doch
immer rein handwerksmäßig. Die Jungfer Kulmus aus Danzig preist
die „große Frau", das „Wunder unsrer Zeit", wiederholt als „Muster
reiner — soll heißen: sprachlich reiner, dialektfreier und gewandter —
Lieder". Frau Doktorin Volkmann geb. Wolfermann rühmt die Lorber=
gekrönte besonders auch als „vollkommnes Tugendbild" und ihre eigene
Freundin. Aus dem Gedicht von M. Johann Gottlob Hertel erfahren wir
schließlich, daß außer Gottsched bereits Mosheim, Winkler und Stübner die
Talente der Zieglerin längst gerühmt hätten. Genug, es regnete der Ehren
Fülle auf ihren Scheitel. Damit es auch die bildende Kunst nicht an
einer Verewigung des epochemachenden Ereignisses fehlen lasse, wurde
in Nürnberg eine besondere Medaille darauf geschlagen.[1] In der That
war der Vorgang einzig in seiner Art. Zwar konnte die Antrittsrede,
welche die Zieglerin der „Deutschen Gesellschaft" gesandt hatte, eine
Reihe von Frauen aufzählen, die von den Sprachgesellschaften des sieb=
zehnten Jahrhunderts zu Mitgliedern erkoren waren: die Baronesse von
Greiffenberg, die Mollerin aus Königsberg, die Limburgerin, die Langin
und die Müllerin aus Nürnberg. Unter diesen hatte aber den poetischen
Lorber nur die Mollerin erhalten, und auch diese nicht von einer
Fakultät, sondern von der Gesellschaft der Pegnitzschäfer.

Begreiflich genug, daß Mißgunst, Schmähsucht, natürlicher Witz
und — besserer Geschmack sich durch so übermäßige Ehren heraus=
gefordert fühlten.

---

1) Vergl. Köhlers Historische Münz=Belustigung, Teil IX, S. 137 flg.

So gesellten sich zu der Ehre von Glückwünschen zwei „Parodien auf Christianen Marianen von Ziegler von der philosophischen Facultät zu Wittenberg zur kaiserlichen Poetin beschehene Krönung," — Lamprecht weist schon in der Vorrede seiner Sammlung darauf hin. Da der Verdacht der Autorschaft auf vier Leipziger Studenten fiel, wurde die Sache beim Kirchenrat anhängig gemacht, und dieser erkannte mit Mißbilligung an, daß der Zieglerin hier „harte Verbrechen öffentlich vorgeworfen" würden, riet aber, es bei „einem ernstlichen Verweis und Abstattung der Kosten" in der Sache bewenden zu lassen, „zumal da durch die fernere Untersuchung dieselbe und derselben Umstände je mehr und mehr bekannt werden würde und zur Decreditirung beider Universitäten bei den exteris gar leicht Anlaß geben könnte." Das Geheime Konsilium genehmigt nicht nur diese Vorsichtsmaßregel, sondern erteilt dem Kirchenrat zugleich für beide Universitäten die nicht mißzuverstehende Weisung, „daß führohin in solcherlei außerordentlichen Fällen zuvörderst auch gebührend Anzeige geschehe und ohne darein erfolgte Einwilligung . . . nichts unternommen werden solle".[1]) So war der Wittenberger Fakultät für künftig das Geschäft verdorben. —

Noch andere Verstimmungen blieben der gekrönten Dichterin von Gottscheds Gnaden nicht erspart. Ein Jahr nach diesem mäßigen Ausgange ihrer Sache heiratete Gottsched seine Kulmus. Wohl lag seine Werbung sechs Jahre zurück, doch erst im letzten Jahr scheint er seine Leipziger Verkehrskreise in sein Verlöbnis eingeweiht zu haben. Singt doch die Volkmannin dem „klugen Bräutigam" zur Hochzeitsfeier:

„Hab' ich dir nicht oft gewünscht ein solch englisch Kind zu küssen?
Aber niemals wolltest du etwas von der Liebe wissen:
Da sie doch in deinem Herzen, wie dein Kiel mir selbst bekennt,
Vor dein angenehmes Bräutel schon sechs ganzer Jahre brennt."

Die junge Gottschedin stand nicht nur äußerlich an der Seite des Leipziger Phoebus: sie ragte über die bisherige Muse des Leipziger Parnasses an Geist und Gemüt wie an poetischem Talent hinaus; auch ihre musikalischen Neigungen waren stark ausgeprägt, wennschon sie nach dieser Richtung nicht an Frau von Ziegler heranreichen mochte. Mit der Anziehungskraft der jungen Frau vereinte sich das wachsende Ansehen ihres Mannes, der nun seinen Kreisen im eigenen Heim einen Sammelplatz bieten konnte. So war schon äußerlich eine Konkurrenz der beiden Salons gegeben, in welcher die Zieglerin, deren vorrückendes Alter auch ein Hagedorn bereits zu bespötteln begann, erheblich verlieren mußte. Dazu kam — wie wir schon erfuhren —, daß Frau Gottsched die Rivalin offenbar bald poetisch

---

1) Vergl. K. v. Webers Archiv für die Sächsische Geschichte V, 430 flg.

zu leicht befand, daneben wohl auch an ihrem freien Auftreten Anstoß nahm.

Den letzten Stoß aber mußte der persönlichen Freundschaft die neue Verbindung der Witwe mit Mag. von Steinwehr versetzen. Gegen Ende der dreißiger Jahre muß ihr Verkehr schon eng gewesen sein; als Steinwehr 1739 außerordentlicher Professor in Göttingen wird, wechseln sie bereits beziehungsreiche Briefe, und 1741 folgt sie ihm als Gattin nach Frankfurt a. d. Oder, wo er eben in ein Ordinariat berufen war. Während seiner Göttinger Thätigkeit benahm sich aber Steinwehr nicht, wie es das Gottschedsche Paar von einem langjährigen Klienten erwartete. Noch am 21. Juni 1739 spricht Frau Gottsched sich gegen Manteuffel günstig über Steinwehr aus. Die von ihm geleitete „Göttinger Gelehrte Zeitung" gedenkt nun zwar mit voller Anerkennung der Schriften des Gottschedschen Ehepaares, rühmt aber nicht minder warm die theoretischen Konkurrenz= schriften der Züricher Kunstrichter. Nur gegen Bodmers Milton=Über= setzung sind einige Bedenken vorgetragen.

Möglich auch, daß man schon 1738 die kalte Verabschiedung Gottscheds aus der Leipziger „Deutschen Gesellschaft" Steinwehr und der Zieglerin verübelte: mit dem anderen führenden Geist Mag. May blieb man dagegen in vertrautem Verkehr. Daraus, daß 1742 in den „Belustigungen" (S. 480) Frau von Ziegler von dritter Seite gelegentlich erwähnt wird, läßt sich eine Fortdauer der freundschaftlichen Beziehungen (wie sie Spitta a. a. O. S 421 flg. annimmt) nicht folgern. Der Gottschedsche Briefwechsel be= wahrt kein Schreiben der nunmehrigen Frau Professor von Steinwehr, und auch ihr (dritter) Gemahl stand nicht mehr in Verkehr mit Gottsched. In der Ausgabe der „Kleineren Gedichte" seiner Frau erwähnt dieser die inzwischen 1760 verstorbene Zieglerin weder unter den zahlreichen Hoch= zeitsgratulanten, noch unter den Verkehrskreisen seiner Frau.

Übrigens schloß die schriftstellerische Thätigkeit der Zieglerin 1739 ab: veröffentlicht hat sie jedenfalls nichts mehr. Wie die Bekanntschaft mit Gottsched ihre poetische Betriebsamkeit, die sich bis dahin nur matt geäußert hatte, erst reger herausforderte, so erlosch mit diesem anfeuernden Verkehr auch ihr Produktionseifer. —

Schon früh beginnen auch Gottscheds Beziehungen zu Friederike Karoline Neuber. Dreißig Jahre zählte die Schauspielerin, als sie 1727 nach Auflösung der Hoffmannschen Truppe mit ihrem Manne eine eigene Bande zusammenbringt und alsbald mit dem aufstrebenden Geschmacks= richter, dem um drei Jahre jüngeren Magister Gottsched, Fühlung ge= winnt. In demselben Jahre wählt die „Deutsche Gesellschaft" in Leipzig den hochaufgeschossenen Jüngling zu ihrem Senior und läßt jenes von ihm verfaßte Programm ausgehen, durch welches sie die

Führung der litterarischen Bewegung übernimmt. In demselben Jahre beginnt auch Gottscheds Briefwechsel mit Jungfer Kulmus in Danzig.

An dieser Stelle handelt es sich nicht um den Verlauf und die litterarische Bedeutung des Verkehrs, der sich da zwischen dem jungen Gelehrten und der schönen Schauspielerin angesponnen. Hier ist zunächst das Wesen der persönlichen Beziehungen beider festzustellen und zu fragen, welcher Art der Einfluß war, den Gottsched auf die Neuberin ausübte. War es doch noch in unseren Tagen möglich, daß ein Biograph der Gottschedin[1]) darüber schrieb: „Dem Streben, welches den jungen hochgewachsenen Gelehrten mit der wenig älteren schönen Schauspielerin verband, legte die Skandalsucht jener Tage selbstverständlich galante Gründe unter. Schon damals ließ sich nichts beweisen und jetzt ist es erst recht unmöglich, dieser heimlichen Fährte nachzuschleichen. Wäre jener Klatsch begründet, so würde sich für die phänomenale Thatsache, daß eine Schauspielerin damals Gottscheds Pläne begriff und würdigte, die natürlichste Erklärung finden." — In der That, nur zu natürlich! und diese Natürlichkeit mag an der Mode sein, auch feuilletonistisch blenden, — wissenschaftlich ist sie nicht. Waren doch nicht einmal den Zeitgenossen die galanten Gründe geläufig oder gar selbstverständlich; mit einer solchen Andeutung gar über das geschichtliche Ereignis der Theaterreform zur Tagesordnung überzugehen, ist weniger als unzulänglich, ist — bequem.

Selbst Rost, der doch wahrhaftig nicht zaghaft war, wenn es galt, den Schmutz vor Gottscheds Thür zu fegen, der z. B. auch dreist genug war, den von Gottsched seit Beginn seiner kritischen Thätigkeit geführten Kampf gegen die Oper auf eine Abweisung zurückzuführen, die des Professors Liebe fünfundzwanzig Jahre später von der Frau des Schauspielprinzipals Koch erfahren haben sollte,[2]) — selbst Rost wagt nicht, dem Verhältnis zur Neuberin unsaubere Gründe unterzulegen. Im Gegenteil, sein „Vorspiel" (von 1743) bezeichnet eine bei Frau Gottsched vorausgesetzte Eifersucht sogar als Ausfluß von Trug, vom Zerrbild des Vergrößerungsglases herrührend; wir müssen diese Worte sorgsam abwägen:

> „Drum hielt die Eifersucht, eh' sich der Zorn verlor,
> Ihr das Vergrößrungsglas zur rechten Stunde vor.
> Hierwieder konnte sich die Neuberin nicht schützen.
> Die wilde Göttin will Victorien erhitzen,

---

1) Paul Schlenther: Frau Gottsched und die bürgerliche Komödie (1886) S. 105.

2) In Rosts satirischem Sendschreiben: Der Teufel an Herrn Prof. Gottsched (1754).

Und da die Wahrheit nicht hierzu behülflich ist,
So greift sie zum Kryſtall, und wählt Betrug und Liſt.
So hilft die Möglichkeit, ſo hilft der Schein betrügen;
So malt die Eiferſucht ein Bild mit falſchen Zügen
Ihr Spiegel bildet nie die Wahrheit blos und rein;
Was klein iſt, macht er groß; was groß iſt, macht er klein.
Drum konnt' er leicht auch hier ein Blendwerk zubereiten,
Es ſah Viktoria Gottſcheds Magiſter = Zeiten;
Bei Ihm die Neuberin, weit reizender geſchmückt,
Als für ein häuslich Weib ſich's ſonſt im Hauſe ſchickt.
Es gieng, und wer? genug, es gieng jemand nach Weine;
Mit dem Magiſter blieb die Neuberin alleine.
Kurz, durch das falſche Bild von der Magiſter = Zeit
Verlor Viktoria Kraft und Gelaſſenheit."

Nun geht freilich die im ſelben Jahre erſchienene „Probe eines
Heldengedichtes: Leben und Thaten der . . . Neuberin" in erſter Linie
darauf aus, der allbekannten Prinzipalin die ſchamloſeſten Ausſchweifungen
und Verbrechen anzudichten. Aber auch dies Pamphlet ſchweigt von
einer Vergehung der Schauſpielerin mit ihrem gelehrten Freund. Auch
die übrigen Beſchuldigungen lauten durchgehends unbeſtimmt und tragen
zum teil den Stempel feiger, ſchmutziger Verleumdungen an der Stirn.

Ob Friederikchen — wie ihr Mann ſie nennt — ein Tugendbold
war, wiſſen wir nicht; uns kümmert aber allerdings die Frage, ob mit
ihrem Eingreifen in die Entwickelung des deutſchen Bühnenweſens eine
Hebung ſeines ſittlichen Niveaus verbunden war oder ob ihr ganzer
Reformeifer jenen nur zu „natürlichen" Urſachen entſprang.

Das Neuberſche Ehepaar rühmt ſich in einer Eingabe an den
neuen Kurfürſten aus Dresden vom 25. September 1733, worin ſie um
Beſtätigung des ihnen von Auguſt dem Starken verliehenen Privilegs
bitten: „Wir dulden keine Perſon, weder männlichen noch weiblichen
Geſchlechts, die ſich nicht wohl aufführet!"[1] Thatſächlich hielt ſie auf
ehrbares Betragen ihrer Truppe und ſuchte leichtſinnige Liebſchaften nach
Möglichkeit zu verhindern.[2] An zahlreichen Orten ertönen denn auch
Stimmen, das Auftreten der Neuberſchen Truppe beginne das Mißtrauen
wohlanſtändiger Kreiſe gegen das Theater zu zerſtreuen. So ſchreibt
L. F. Hudemann aus Schleswig den 22. Juni 1735 an Gottſched: „Ich
muß der Neuberiſchen Bande zum Ruhme bezeugen, daß ſie, ſo viel an
ihr iſt, alles was in den tragiſchen und komiſchen Spielen unanſtändig
ſcheinen möge, auf das ſorgfältigſte vermeidet, ſo daß ich ein nicht ge=
ringes Vergnügen bei meinem jüngſten Aufenthalt in Hamburg an ihren
theatraliſchen Vorſtellungen gefunden habe. Daher habe ich mich auch

---

1) Vergl. v. Reden: Caroline Neuber, S. 121 flg.
2) Vergl. ebenda S. 75.

auf Anmahnen einiger guten Freunde zur Überſetzung der Phädra des
Racine verſtanden; und zwar um deſto lieber, als die in dieſer Tragödie
befindliche Moral meines Erachtens ganz untadelig iſt.“

Kurz vorher, am 15. Februar 1735, berührt die gewandte Frau
ſelbſt von Braunſchweig aus gegenüber ihrem Leipziger Gönner das
gemeinſame Programm, das ganz erſichtlich auf Gottſcheds Einfluß
zurückweiſt. Da dieſer ihr mitteilt, ſein Freundeskreis habe einen neuen
Schauplatz für ſie in Leipzig gefunden, ruft das temperamentvolle
Friederikchen: „Ei, es hat ſich ein Haus gefunden, das iſt vortrefflich . . .
Mein Mann, der mehr von Häuſern bauen und einreiſen verſtehet als
ich, kennet das Haus auch . . . Noch zur Zeit hab ich mir ſelbſt noch
wenig gut machen können; ich verſichere aber, daß ich bei dieſer Gelegen=
heit in allen Stücken, ſie mögen Namen haben wie ſie wollen, auf den
rühmlichſten und beſten Nutzen der geſamten Deutſchen Geſellſchaft ſehn
und ohne derſelben etwas Gutes zu ſtiften meinen eigenen Vortheil nicht
einmal annehmen noch ſuchen werde, zumal da mir, obgleich im ſchwachen
Licht, eine Gelegenheit gezeigt wird, daß ich der Ehre werth geſchätzt
werden könnte, etwas Nützliches und Rühmliches aus zu richten. Leipzig
und mein Vortheil alleine ſoll nichts vor mich ſein, wo ferne nicht auch
eine feſte Grundſtufe vor die Deutſche Geſellſchaft mit kann gebauet
werden.“[1] Das mag nun manchem Modeforſcher ſehr unnatürlich vor=
kommen, es iſt aber ſo: das Liebesband zwiſchen Gottſched und der
Neuberin iſt die Deutſche Geſellſchaft, es iſt auf nichts geringeres ab=
geſehen als auf einheitliche Organiſation der Sprach=, Litteratur= und
Theaterreform.

Freilich hält nun auch vor den Thatſachen jene idealiſtiſche Ge=
ſchichtsauffaſſung nicht ſtand, wonach bewußte Ideen=Konſtruktionen die
geſchichtliche Entwicklung herbeigeführt haben. Gottſched ſelbſt zeigt ſich
bemüht, eine realiſtiſche, will ſagen thatſächliche Auffaſſung der Theater=
reform in die Wege zu leiten, — eine Auffaſſung, welche ſich freilich
vom materialiſtiſchen Naturalismus gleich fern hält wie von blutloſen
Abſtraktionen. Die ausführlichſte und verhältnismäßig zuverläſſigſte In=
formation gewähren die gegen Leſſing gerichteten „Briefe, die Einführung
des Engliſchen Geſchmacks in Schauſpielen betreffend“, welche durch=
gehends von Gottſched inſpiriert ſind, an der entſcheidenden Stelle[2]
wohl ſogar direkt auf ihn zurückgehen. Er ſtellt hier die Vertreibung
des Hanswurſt voran: Schon Hoffmann, dem Prinzipal der Neuberin,
hatten Gottſched und andere Leipziger Gelehrte ſeit 1725 wiederholt

---

1) Vergl. ſchon v. Reden a. a. O. S. 170 flg.
2) Briefe, die Einführung des Engl. Geſchmacks betr., S. 60 flg.

geraten, etwas zur Verbesserung seiner Bühne zu unternehmen. Warum er nicht Gryph, Lohenstein und Hallmann spiele? Hoffmanns Bedenken richteten sich namentlich gegen die Möglichkeit, von neuem Verse auf die Bühne zu bringen und ohne die lustige Person auszukommen. Als nun Neuber seine Truppe bildete, fehlte ihm ein Harlekin. Da er aus Erfahrung wußte, daß der Inhaber dieses Rollenfaches immer die Herr=schaft an sich reiße, machte er aus der Not eine Tugend und übernahm selbst die Rolle, obgleich seine lange starkknochige Figur[1]) wie sein Temperament das leibhafte Gegenteil vom kleinen, gewandten Harlekin war. So war der Schritt bis zur gänzlichen Abschaffung der lustigen Person in der Neuberschen Truppe nicht schwer. Wenn Gottsched in diesem Zusammenhang behauptet oder behaupten läßt: „Er und andre Freunde des guten Geschmacks wünschten diesen kühnen Schritt mehr, als daß sie ihn hofften"; er habe nur „längst dazu geraten": so ist die Sachlage dahin geklärt, daß — um an unsere frühere Bezeichnung an=zuknüpfen — Neuber in fortdauernder Not um einen Harlekin war und in seiner Not sich schließlich entsann, daß Gottsched und dessen Freunde den gänzlichen Mangel der lustigen Figur als eine Tugend an=priesen, vor allem aber auch der Erfolg der ernsten Stücke erprobt war; ohne solchen Ansporn und Rückhalt hätte Neuber nie gewagt, den professionsmäßigen Spaßmacher zu verabschieden, wie freilich auch ohne Neubers Verlegenheit die Freunde einer Reinigung des Schauplatzes von den Hanswurstiaden sich auf die Erfüllung ihrer Wünsche hätten gedulden müssen. Dies geschah indes erst 1737 und — wie nochmals betont sei — nach Erprobung der hanswurstlosen Stücke, die allmählich immer breiteren Raum im Repertoire gewonnen hatten.

Ähnlich waren nämlich äußere Verhältnisse der Aufnahme des Versluftspiels entgegengekommen. Die Neubersche Truppe wurde als=bald nach ihrer Begründung an den Braunschweigischen Hof berufen. Bressand, der Hofpoet des als Dichter bekannten Herzog Anton Ulrich, hatte bereits französische Stücke in deutsche Verse übertragen. Diese gelangten auf Befehl des regierenden Herzogs zur Aufführung; es folgte ein Versuch mit der Cid=Übersetzung des Leipziger Bürgermeister Lange. Der Erfolg machte das Neubersche Ehepaar einem gleichen Wagnis in Leipzig geneigt. Gottsched hatte ihm, wie früher dem Hoffmann, längst dazu geraten. Jetzt empfahl er ihm zunächst Führers Übersetzung des Corneilleschen Cinna, übersetzte dann selbst Racines Iphigenia und er=munterte zwei andere Mitglieder der Deutschen Gesellschaft in Leipzig zur Übersetzung der Racineschen Berenice und von Chimenens Trauer=

---

1) Vergl. auch die Probe eines Heldengedichts, S. 12.

jahr, der Fortsetzung des Cid. 1730 folgte in Gottscheds „Cato" sogar
ein als deutsches Original bezeichnetes Versdrama, das doch wenigstens
eine selbständige Überarbeitung und Ineinanderarbeitung von Addisons
und Deschamps Stücken darstellte. Wie er weiter fortgesetzt der Neuberschen Truppe neue Bestandteile des Repertoires im gleichen Stil, von
ihm, seiner Frau und seinen Schülern teils aus dem Französischen übersetzt, teils mehr oder minder selbständig verfaßt, lieferte, ist bekannt.

So stellten andauernd praktische Bedürfnisse und praktische Erfahrungen einen Ausgleich mit den Ratschlägen des Mentor her. Daß
dessen Ideen von Neubers keineswegs doktrinär durchgesetzt, sondern
immer vor die Schranken der Praxis gefordert werden, um an ihnen
unter Umständen zu zerschellen, beweist am schlagendsten gerade das
Schicksal des erwähnten Plans, durch die Neubersche Bühne „eine feste
Grundstufe vor die Deutsche Gesellschaft" zu erbauen: man hat von
seiner Ausführung nichts gehört.

Nicht minder charakteristisch wie die Art der Anknüpfung sind die
Ursachen des Bruches zwischen Gottsched und der Neuberin. Zunächst
behauptet Gottsched in den „Briefen die Einführung des Englischen Geschmacks betreffend": „bis die Neuberin endlich über ihren Mann den
Meister spielte, und die Bühne unter ihrer Herrschaft blühte . . . damals
war die Verbesserung, wovon die Rede ist, längst unternommen und
ausgeführet worden; sie hergegen hub eifrig an, durch allerley wildes
Zeug, durch Singen und Tanzen, das Gute zu verderben." Schon die
bekannte Verstimmung wegen der „Alzire"-Übersetzung zeigt alsbann
das typische Bild: Gottscheds Verlangen, die Stübensche Übersetzung zu
Gunsten der von seiner Frau verfaßten zurückzustellen, scheitert an der
Weigerung der Schauspieler, die Rollen umzulernen, und der thatsäch-
lichen Schwierigkeit eines solchen Verfahrens.[1] Das war 1739. Viel
zugespitzter war von vornherein die Situation 1741. Während des
Aufenthalts der Neuberschen Truppe in Rußland hatte Gottsched seine
Gönnerschaft auf Schönemann übertragen; Material für ein gereinigtes
Repertoire ward durch das Erscheinen der „Deutschen Schaubühne"
allgemein zugänglich; überdies erfuhr durch die Litteraturfehde mit den
Schweizern nun thatsächlich Gottscheds Renommee eine ernste Erschütterung. Zu alledem kam schließlich die Ablehnung einer von Gottsched angeratenen Reform durch das Publikum. Die Neuberin that eben
dem Professor nichts „zu Liebe", auch zur Märtyrerin einer Idee hatte
Madame Hui nicht das Zeug. Sie dachte an ihren Vorteil, trotzdem

---

1) Vergl. v. Reden a. a. O., S. 239 flg. Doch ist Redens Vermutung, daß
„Gottscheds theatralischer Kredit seit einiger Zeit um vieles gesunken" war, für
1739 nicht zutreffend.

sie wie ihr Mann sich gelegentlich dem Mentor gegenüber aufspielen, als ob sie mit seinen Reformplänen zu stehen und fallen gewillt wären. Das alles war gar nicht anders von ihnen zu verlangen; ihr Verdienst ist trotzdem unbestreitbar. Interessant und lehrreich besonders für diejenigen, die sich nicht abgewöhnen können, Gottsched in ironischem Lichte zu sehen, ist nun, daß in dem zum endgültigen Bruch führenden Streitfall das Recht auf Seiten des Professors war. Im Kostüm wie im Stil der Darstellung strebte Gottsched nach Annäherung an die historische Treue. Neue Kostüme kosteten Geld — wir fürchten, schon diese Rücksicht gab Anlaß zu Bedenken. Anderseits war das Publikum, dem zu Gefallen und Dank auch die Neubersche Bande in erster Linie spielte, für so viel historischen Sinn noch nicht reif, ja es mochte die antike Simplizität gegenüber den französischen Prachtgewändern als kahl, die ganze Neuerung als Rückschritt empfinden. Zudem karikierten[1]) die Schauspieler, auch Neuber selbst, als man sich endlich an einen Versuch mit dem dritten Aufzug des „Sterbenden Cato" wagt. Genug, der Versuch wird ausgelacht, Gottsched und seine Freundesschar beginnen gegen die Neuberin zu intriguieren[2]), sie parodiert den einstigen Herausgeber der „Vernünftigen Tadlerinnen" in ihrem Vorspiel „Der allerkostbarste Schatz" direkt als „Tadler" — der Bruch ist unheilbar. —

Noch nicht beachtet ist, daß die Neuberin, deren Glück bald von Stufe zu Stufe sinkt, in ihrer höchsten Not bei Gottscheds grimmigstem Gegner Bodmer anpocht, um sich als Organ seiner litterarischen Bestrebungen anzubieten. Aber sein Interesse war mehr auf das Epos als das Drama, am wenigsten auf die praktische Bühne gerichtet. Mit kräftiger, männlicher Hand schreibt die nun Vierundfünfzigjährige, die ein besseres Los wahrlich verdient hatte[3]):

Magnifice!
HochEdelgebohrner, Hochgelahrter
    Insonders Höchstzuverehrender Herr

Ew. Magnif. werden hoffentlich höchstgeneigt verzeihen, daß ich mich als eine Unbekante, und so gar als eine Comoediantin erkühne Dieselben durch diese Zuschrifft zu beläst gen. In der Hoffnung faße das Herz mich bey Denenselben eines Rahts zu erhohlen, und einen Vorschlag zu thun, das wohlgesittete Theaterwesen betreffend. Zum voraus muß ich melden, daß ich in meinem Vaterlande alles mögliche gethan habe, die

---

1) Vergl. v. Reden, S. 267 flg.
2) Vergl. Rosts „Vorspiel", S. 11 flg., dann S. 30.
3) Wir geben diesen Brief buchstabengetreu.

Comoedien von allen Arleqvins und Hanß Wursten rein zu machen, und die Comoedianten als vernünftige und wohlgesittete Leuthe wohl zu ziehen und zu beßern. Ich habe aber viele Verfolgungen, Schaden und Verleumbung zum Lohne erhalten, dazu auch Sr. Magnific. der H. Prof. Gottsched ein merkliches bey getragen. Nun da mir Gott noch Gesund= heit, Kräfte und ziemliche Erfahrung in dieser Kunst übrig gelaßen, ist mir beygefallen, ob es nicht möglich wäre, durch E. M. gut befinden, in den Gegenden Ihrer Republic eine ordentliche Schaubühne und Theatr. aufzurichten, nach Arth, wie es in Holland eingeführt ist: daß der Magistrat jedes Orts die Einnahme des Geldes selbst erhielte, und die Comoedianten, jeden nach Verdienst jährlich besoldet, der Uberschuß könte hernach entweder zur Allmosen Casse, oder zu andern Dingen, nach ihren Umständen angewendet werden. Und da ich und mein Mann viele Personen zu dirigiren in Übung haben, uns dieses überliese, dabey wir zugleich auch beyde zum Agiren gebrauchet werden könten. Mein Mann verstehet das zum Theatr. gehörige Bauwesen auf das vortheil= hafteste, und ich habe nach weiblichen Vermögen, alle Kräfte angewendet, was zum Kleidern, und andern Gründen zu der Kunst gehöret, in ziemliche Übung zu bringen. Ich habe auch, die Sache zum Anfange zu erleichtern, alle Kleider, die besten Comoedien, und etliche gute Theatr. Auszierung noch gegenwärtig in meinem Vermögen, welche ich gerne dazu überlaßen wolte. Die besten Personen sind mir auch bekannt, die sich dazu schicken, daß also die ganzen Kosten sich zum Anfange nicht höher als etwan auf 600 rthl. erstrecken würden, ohne den Transport der Leuthe und Comoedien Sachen. Ist nun dieser mein Vorschlag so beschaffen, daß er von E. M. gütigst Beyfall erhalten kan, so bitte auf das gehorsamste, mir Dero Gutbefinden, Meynung und Raht aus, wie und wo, und an wem ich mich desfals weiter zu wenden habe, oder welches mir am liebsten wäre, ob E. M. als ein verehrungswürdigster großer Mann von Einsicht, Selbst ein solches Werk gründen, und ein= richten wolten. Ich habe so viel weises, nützliches, und rühmliches in der Schauspielkunst gefunden, daß ich kein Bedenken trage das Gute davon weiter auszubreiten, so wie ich gegen allen Mißbrauch und schlechte Handlungen Zeitlebens eyfrigst gestritten habe, daher ich auch so viele Gegenverhinderungen gefunden, es hat mich aber gleichwohl nichts ab= geschrecket alles vor das Gute zu thun, was nur möglich ist. Ob ich, als eine Frau, gefehlet habe, einer solchen schweren Kunst so durch= bringend nachzugehen, kan ich noch nicht einsehen. Mein Grund ist gewesen: da doch einmahl Comoedien seyn werden, daß sie gut, so wohl nach Christl. als sittl. Regeln seyn sollen, sonst sind sie gar nichts nütze. Schlüßlich bitte E. M. so wohl der Sache als weitläuftigen Schreibarth

halben, auf das allergehorsamste um gütigste Vergebung, und verharre
mit der wahrhaftesten Verehrung unausgesetzt

E. M. u. H. E. Herrl.

Zerbst, d. 10. April. 1751.

Bey dem H. Barbier
Götzen am Markte. —

gehorsamst ergebenste
Friederica Carolina Neuberin.

Auch Gottscheds Stern war im Verlöschen, auch um ihn ward es
einsam. Unersetzlich war der Verlust der treuen Gattin und Helferin.

Schon drei Jahre früher, 1759, war Gottscheds jüngster Bruder
gestorben. Bei diesem, dem Hofgerichtsadvokaten Johann Reinhold
Gottsched in Königsberg, hatte die Mutter seit dem fünf Jahre früher
erfolgten Tode seiner Frau gewohnt. Nun aber waren die eigenen
Töchter des Mannes verwaist. Der Leipziger Litteraturdiktator hatte
schon vorher seine alte Mutter andauernd unterstützt und wird natürlich
seine Beihilfe bis zu ihrem 1763 erfolgten Tode fortgesetzt haben; das
Haupt seiner Königsberger Parteigänger, Cölestin Christian Flottwell,
hatte ihm auch in dieser persönlichen Angelegenheit als Mittelsmann gedient, so lange er lebte, — das war freilich ebenfalls nur bis 1759.
Den Töchtern des Advokaten scheint bei Lebzeiten des Vaters nichts
abgegangen zu sein — so hielt er ihnen zu sorgfältiger Erziehung einen
Hofmeister. Vermögen hat er aber offenbar nicht hinterlassen. Gottsched,
dem man in seinem verwandtschaftlichen Bezeigen überhaupt nichts vorwerfen kann, nahm deshalb beide Nichten, Victoria Eleonora und
Wilhelmina Albertina, nach Leipzig in sein Haus, wo sie sich um
so nützlicher machen konnten, als seine Frau bereits kränkelte. Nach
deren Tod leiteten sie die Wirtschaft selbständig; daß sie Gottsched aber
keineswegs zu Hausbedienten herabwürdigte — wie es doch oft in
solchen Fällen geschieht —, geht daraus hervor, daß er ständig eine
Köchin, ein Hausmädchen und einen Diener hielt. Auch scheint er den
Nichten kaum seine Wohlthaten als solche fühlbar gemacht zu haben —
was er sonst wohl liebte. Wenigstens wehrt er nach Victorias Ver-
heiratung brieflich[1]) ihre Danksagungen ab und stellt sein liebreiches
Benehmen als selbstverständliche Pflicht hin.

Unterm 11. August 1764 schreibt er: „Sie machen gar zu viel
Complimente und treiben Ihre Dankbarkeit auf[s] höchste, da Sie mir
Dinge als Wohlthaten anrechnen, die ich als meine angenehmste Pflichten

---

1) Der Briefwechsel mit dieser Nichte befindet sich handschriftlich auf der
Universitätsbibliothek in Leipzig.

angesehen habe und vernünftiger Weise nicht anders habe machen können."
In gleichem Sinne am 29. August 1764: „Was ich Ihnen irgend
Gutes erwiesen habe, brauchet so viele und wiederholte Danksagungen
nicht. Theils war es meine Schuldigkeit, Sie nicht Noth leiden zu
lassen, da Sie meine nächste Blutsfreundin waren; theils verdienten Sie
es durch Ihre gute Eigenschaften und tugendhafte Aufführung, die mir
bei jedermann Ehre machete." So zeigt er sich auch erfreut, daß sie
sich seine Tochter nenne. Als er sie vor fünftehalb Jahren zu sich
nahm, wollte er den Namen Vater und seine Frau den Namen Mutter
erst verdienen (Brief vom 24. Oktober 1764). Ja, Gottsched ergeht
sich seinerseits wiederholt in dankbarer Anerkennung ihrer Tüchtigkeit;
unter anderm äußert er am 20. November 1764: „Als mir die Vorsicht
meine Gattin entzog, haben Sie auf eine willige und vernünftige Art
die Führung meiner Haushaltung mit ihrer Schwester getheilet, und
derselben so wohl vorgestanden, daß ich allemal damit zufrieden ge=
wesen." In einer an diesem Manne sonst ungewohnten Bescheiden=
heit lehnt er selbst das Verdienst ihrer Ausbildung zum guten Teil
ab: „Ein dummes Mädchen", schreibt er am 21. des Heumonds 1764,
„sind Sie weder vor vier Jahren noch jemals gewesen: aber mehr
Übung und Aufmerksamkeit haben Sie seitdem erlanget. Meine Er=
innerungen haben's nicht allein gemachet, denn sonst müßte es die
Schwester eben so gut können . . . Hätten Sie nur die Gabe so deut=
lich zu reden, als Sie schreiben, so zweifelte ich keineswegs an einem
allgemeinen Ruhme" — setzt er im Hinblick auf die Zwickauer Kreise
hinzu, in welche die junge Frau soeben eingetreten war. Auch sonst
rühmt er ihr „gefälliges und leutseliges Bezeugen" (schon im ersten
Brief vom 7. desselben Monats). Nicht nur sucht er sie geistig fort=
zubilden, sondern ist zugleich bestrebt, sie zu litterarischen Handlanger=
diensten heranzuziehen. Freilich war diese Victoria keine Kulmus, aber
von den Hilfeleistungen, welche die Tante dem betriebsamen Gemahl
geboten hatte, konnte der Nichte wenigstens eine höchst wünschenswerte
Arbeit anvertraut werden. Gottsched stand im Herbst seines Lebens und
war bemüht, die Ernte seiner reichen litterarischen Beziehungen in
Sicherheit zu bringen. So hatte er seine „geschickte Helferin" veranlaßt,
eine Abschrift seines Briefwechsels zu beginnen; von der Wichtigkeit
desselben für die Nachwelt mit vollem Recht durchdrungen, wollte er
den Inhalt vor zufälligem Verlorengehen bewahren. Für die Verstorbene
tritt nun die Nichte, Victoria Gottsched die jüngere, ein. Selbst nach
ihrer Vermählung setzt sie dieses Zeichen von Dienstfertigkeit zu Gott=
scheds Zufriedenheit fort. „Sie werden aus diesen Briefen viel Vor=
theil ziehen, auch mich selbst und mein Leben besser kennen lernen" —

betont er am 10. des Windmonds 1764 gegenüber der „liebsten Frau Tochter und Nichte".

Was Wunder, daß der heiratslustige Wittwer noch ganz andere Pläne mit der geschickten und gefälligen Pflegetochter vorhat? Ersichtlich ist es zu einer ausgesprochenen Werbung des Vierundsechzigjährigen gekommen, die aber von dem jungen Mädchen Abweisung erfuhr. Gleich im ersten Brief an die bald anderweit Vermählte beantwortet Gottsched ihre Klage über die Enge der Wohnung nicht eben zartfühlend mit dem Seitenhieb: „Sie wissen ja, daß Sie eine weitläuftigere hätten haben können", um sich weiterhin deutlicher auszulassen: „Sie fragen mich, ob ich Sie noch liebe? und bitten, daß ich's ferner thun solle. Aufs erste dächte ich, daß Sie nach allem dem, was ich für Sie gethan habe, wohl keinen Augenblick daran zweifeln könnten: und wissen wohl, daß ich noch viel mehr gethan haben würde, wenn pp. Itzo, da Sie mich verlassen haben, könnte ich wohl auch kaltsinnig werden. Allein . . . ."

Im gleichen Sinne schreibt er, für den alten Rationalisten höchst charakteristisch und noch weniger mißverständlich, acht Wochen später, am 4. August 1764: „Wenn ich gleich nicht alle Augenblicke davon rede, so thue ich doch allemal, was die gesunde Vernunft anräth und gebeut. Die heftigsten Leidenschaften wirken oft bei andern Menschen so viel nicht, als die Betrachtung der Billigkeit und meiner Pflicht bei mir thut. Sie wissen, wie weit diese schon gegangen ist, indem ich mehr gethan habe als unzählige viel reichere Vättern zu thun pflegen, und blos aus solchen reinen und guten Absichten gegen Ihr wahres und dauerhaftes Bestes würde ich noch viel mehr gethan haben, wenn Sie es recht überleget und erkannt hätten. Allein es ist Ihr eigener Wille gewesen, daß es so kommen sollen, wie es gekommen ist. Und gleichwohl werde ich nicht müde werden, meine Neigung gegen Sie zu zeigen . . . Eines vernünftigen Menschen Handlungen müssen mit sich selbst eins sein und übereinstimmen: und man muß sich die Schande nicht anthun, dasjenige zu beklagen, was man vorher mit Vorbedacht und freiwillig gethan hat."

Was Gottsched trotz der noch nicht verwundenen Abweisung weiterhin „für sie gethan", meldet er am 18. des Windmonds 1764 seinem ostpreußischen Landsmann, dem Feldprediger Borowski in Bartenstein[1]): Er hat sie an einen jungen Geistlichen Magister Christian Friedrich Grohmann, Pastor an St. Moritz in Zwickau, verheirathet und ihr „außer einer anständigen Hochzeit und Ausstattung tausend Thaler baar mitgegeben."

---

1) Handschriftlich im Kestner-Archiv (Universitäts-Bibliothek in Leipzig).

Der neunzehnjährigen jüngeren Nichte verspricht er eine gleiche Mitgift. „Sie will aber keinen Geistlichen haben ... Ich suche sie durchs Bücherlesen und Übungen im Schreiben geschickter zu machen, als manches Frauenzimmer ist: ob sie gleich auch alle Frauenzimmerarbeiten und Haushaltungssachen vollkommen versteht.“

Wie beide Nichten beim Absterben der Tante an der in Gottscheds Zeit noch üblichen poetischen Totenfeier mit ihren schwachen Kräften teilnehmen[1]), so sendet Wilhelmine mit Gottscheds Brief an Borowski eine neue Probe „von ihrer Schülerpoesie“. Ja, Gottsched veranlaßt sie, für die Kochsche Schauspieltruppe „Die stolze Schöne“ von Destouches ins Deutsche zu übersetzen, allerdings wesentlich um ihr als Entgelt freien Eintritt in alle Vorstellungen der Truppe zu verschaffen.[2]) Wir sehen, Gottsched bleibt bis an sein Lebensende von der Manie besessen, alles, was in seinen Bannkreis tritt, gleichviel ob Berufene oder Unberufene, litterarisch zu beschäftigen — wie er denn einmal von sich selbst gesteht: „Ist es eine Thorheit, Bücher zu schreiben, so weiß ich schon, wer der größte Thor in Deutschland ist. Wer hat nämlich mehr Ballen Papier verderbt als eben ich?“[3])

Wenn die Ausbrüche von Eifersucht des verschmähten alten Freiers halb komisch, halb peinlich berühren, so bleibt sein Verhalten gegen die anderweit Vermählte in der That sehr ehrenwert. Er läßt es an der Hochzeitsfeier, Aussteuer und Mitgift nicht genug sein, sondern unterstützt die junge Frau des jämmerlich besoldeten Zwickauer Pastors andauernd weiter. Von vornherein gewährt er ihr eine monatliche „Nadelbesoldung“ und schon nach wenigen Monaten beginnt er freiwillig ihr einen erhöhten dauernden Zuschuß zu übersenden.[4]) Als er Wilhelmine nach Zwickau auf Besuch schickt, giebt er ihr Geld mit, „davon sie ihr Kostgeld bezahlen kann, daß sie Ihnen nicht zur Last falle“ — wie er am 7. des Heumonds 1764 betont. Ebenso äußert er nach seinem eigenen kurzen Aufenthalt in Zwickau (am 5. September 1764): Seine Börse sei leer gewesen, als daß er sofort für die freundliche Aufnahme

---

1) a) „Bey der Ruhekammer ihrer theuresten Tante und Pathe stimmte diese Klage an Victoria Eleonora Gottschedinn“, b) „Gerechte Klagen einer höchst bekümmerten leidtragenden Nichte, über den frühzeitigen Hintritt ihrer geliebten Frau Tante, womit ihre Pflicht und schuldige Dankbarkeit bezeigen wollte Wilhelmina Albertina Gottschedinn“ — abgedruckt S. 426 flg. bezw. S. 431 flg. der Sammlung: „Der Frau L. A. V. Gottschedinn ... sämmtliche Kleinere Gedichte, nebst dem ... Ihr gestifteten Ehrenmaale.“

2) Nach dem Brief an Victoria Grohmann vom 29. September 1764.

3) An Frau Dr. Heck in Dresden 17. des Ostermonds 1765, abgedruckt im „Gesellschafter“ 1821, Bl. 23.

4) Aus den Briefen vom 29. August und 24. Oktober 1764 ersichtlich.

hätte erkenntlich sein können. „Diesen Mangel zu ersetzen, bitte ich mit
dem inliegenden wenigen fürlieb zu nehmen, bis ich itzo gegen Michael
etwas neue Einnahme haben werde. Gott wird mir helfen, daß ich Sie
nicht werde dörfen Noth leiden lassen."

Der litterarisch wie auch persönlich Vielgeschmähte und Vielbelachte
zeigt sich hier doch von einer ernstlich achtbaren Seite. Um so ärger-
licher mußte ihm ein Brief seines einzigen noch lebenden Bruders, des
Kasseler Steuerrats, an die Nichte sein, worin sich dieser etwas spitz
über die „prächtige Hochzeit", die „besonderen Umstände" und die
„Freundin", die sie dem Leipziger Oheim sei, ausläßt.[1]

Übrigens scheint es der jüngeren Nichte ebensowenig an einem
Bewerber gefehlt zu haben. Wenigstens erwähnt Gottsched bald nach
der Hochzeit Victorias (unterm 21. des Heumonds 1764), er wisse noch
nicht, was Wilhelmine dem Professor Borz geantwortet habe, und fügt
am 4. August seiner Ankündigung, daß er mit Wilhelmine in der polnischen Nation schmausen werde, die Bemerkung bei: „Prof. Borz bat
mich zwar sehr, ihm dieselbe zur Moitié zu erlauben. Allein ich stellte
ihm vor, daß solches den bisherigen Ruf von einer Brautschaft nur
bestärken würde." Wilhelmine verblieb in Gottscheds Haus auch noch
nachdem eine neue Gattin in dasselbe eingezogen. Borz heiratete überhaupt nicht. In bescheidensten Verhältnissen verbrachte er sein Leben,
jahrzehntelang sogar höchst kümmerlich. Gottsched hatte sich seines
preußischen Landsmannes und Wolfianischen Gesinnungsgenossen schon
seit 1742 angenommen, als Georg Heinrich Borz zur Beendigung seiner
Studien nach Leipzig kam.[2] Erst 1763 war dieser nun zum außerordentlichen Professor der Mathematik aufgerückt, ohne daß seine äußeren
Verhältnisse dadurch eine wesentliche Aufbesserung erfahren hatten.
Ordentlicher Professor ward er aber nicht vor 1769. Seine Kenntnisse
wie sein Charakter verschafften ihm allgemeine Achtung; sein enger Verkehr mit dem Gottschedschen Hause gereicht beiden Teilen zur Ehre. Auch
litterarisch hatten ihre Beziehungen bereits 1747 eine Frucht gezeitigt:
die unter Gottscheds Namen laufende deutsche Übersetzung von Musschenbroeks „Grundlehren der Naturwissenschaft" rührt nur am Anfang, am
Ende, in der Vorrede und einigen Anmerkungen von ihm selbst her,
das meiste ist von Borz übersetzt, der sich gelegentlich noch der Unterstützung eines andern Freundes bedient.[3] Der Verleger hatte sich aus
Stockholm an Gottsched um Besorgung der deutschen Ausgabe gewandt.

---

1) Vergl. J. Ch. Gottscheds Brief an die Nichte vom 17. des Windmonds 1764
2) Vergl. Leipziger gelehrtes Tagebuch 1799, S. 3 flg.
3) Vergl. Alton. gelehrte Zeitung 1747, Bd. III, St. 4, S. 326.

Ebensowenig konnte Gottsched der Versuchung widerstehen, den Gatten seiner älteren Nichte als Schriftsteller einzuführen. 1765 er=
schienen: „J. Newtons Beobachtungen über die Weissagungen Daniels, aus dem Lateinischen Wilhelm Südermanns verdeutschet und mit einigen Anmerkungen begleitet von M. Christian Friedrich Grohmannen, Pastorn zu St. Moritz in Zwickau und der Gesellschaft der schönen Wissenschaften in Leipzig Mitgliede." Wiederum hatte der Verleger (Siegert in Lieg=
nitz) Gottsched um „Besorgung" der „Sache" ersucht. „So ist denn", wie Grohmann in der Vorrede weiter bemerkt, „der Auftrag hierzu, durch meinen werthesten Gönner, Herrn Prof. Gottscheden in Leipzig, . . . an mich ergangen." Grohmann übernahm den Auftrag zum guten Teil, „um dadurch meinen kindlichen Gehorsam gegen meinen hoch=
zuverehrenden Gönner zu bezeugen." Gleichzeitig sucht er sich durch die Widmung der Übersetzung dem Kirchenrat und Oberkonsistorium in Dresden zu empfehlen, indem er auf seine „bedrängten Umstände" hinweist und sich offen als „Fürbitter" unterzeichnet. Bald erhielt er denn auch eine anständiger besoldete Pfarre in Großcorbetha bei Weißenfels. 1780 wird er als Superintendent nach Querfurt berufen, nachdem er sich inzwischen durch weitere Übersetzungen und eigene Schriften hervor=
gethan. Er starb 1801. Sein Sohn und damit ein Großneffe Gott=
scheds ist der hervorragende Psychologe Johann Christian August Groh=
mann (1769—1847), dessen wissenschaftliche Physiognomie viel moderne Züge, namentlich naturwissenschaftliche und soziale, aufweist; ausgegangen war er von Kant. Höchst merkwürdig ist, daß er sich in die Wissen=
schaft durch eine „Ästhetische Beurteilung der Klopstock'schen Messiade" einführte, womit er die goldene Medaille der Akademie der Dichtkunst und schönen Wissenschaften in Amsterdam erwarb.[1] Gottsched hätte an dieser Verherrlichung seines großen Widersachers aus der Feder des Sohnes seiner Lieblingsnichte und Pflegetochter, die er selbst umworben, wenig Freude erlebt. —

Seit der Hochzeit der älteren Nichte steht Gottsched mit ihr im engsten, von Woche zu Woche gehenden Briefwechsel. Erhalten sind die Briefe von ihm aus der Zeit vom 7. Juni 1764 bis zum 6. März 1765. Unmittelbar darauf erfolgte die Entbindung der jungen Frau, bald auch Gottscheds Verlobung. Es ist nur natürlich, daß wir aus einem so vertrauten Meinungsaustausch manche Aufschlüsse über des Mannes Charakter gewinnen. Wie weit entfernt er, entsprechend seiner Zeit,

---

1) Vergl. den Neuen Nekrolog der Deutschen, 1847, S. 491 flg. — In der Allg. Deutsch. Biographie wird seine Mutter fälschlich als „eine Tochter Gottscheds" bezeichnet.

von Mannesmut und Charaktergröße war, zeigen Aussprüche wie:
„Wenn man die Leute brauchet, muß man's nicht so genau nehmen"
(am 11. August 1764); elf Tage später empfiehlt er gegenüber den
Zwickauer Ratsherren und — Ratsfrauen den Grundsatz: „Contra
Abbas ne loquas!" Mehr Achtung flößt seine Anhänglichkeit an die
ostpreußische Heimat ein. Namentlich klagt er beweglich über den großen
Brand, der seine „Vaterstadt" Königsberg betroffen — die Bezeichnung
ist bekanntlich nicht ganz genau, da er in dem benachbarten Juditten
geboren war. Bei dieser Gelegenheit kann er sich sogar einer abfälligen
Bemerkung über Friedrich den Großen nicht enthalten, von dessen
wiederholten Unterredungen er sich im übrigen nicht wenig geschmeichelt
fühlte: „Der König ist ein Barbar", klagt er am 28. des Windmonds
1764; „der wird ihnen höchstens Freijahre geben, und sie noch wohl
gar nöthigen, auch seine sechs Speicher aufzubauen." Wie äußerlich
Gottsched bis an sein Lebensende die Dichtkunst auffaßte, beweist von
neuem sein Geständnis vom 30. Januar 1765: „Mich nöthigen gewisse
Umstände noch immer bisweilen zu dichten, so wenig ich Lust habe.
Z. E. beikommendes Schreiben der ältesten Gräfin Sandratzki hat mich dieser
Tage wieder poetisch zu antworten genöthiget." Das bekundet ganz den
Charakter der Gelegenheitsversmacherei schlimmsten Sinnes, welche die
Poesie als Dienerin der kleinen Ereignisse und Zwecke des äußeren
Lebens betrachtete.

Auch über das körperliche Befinden des alternden Schriftstellers
erfahren wir: „Ich befinde mich Gottlob sehr wohl und bin bei guten
Kräften", rühmt er am 4. August 1764. Eine Woche später läßt er
einen erheiternden Einblick in die Grundsätze seiner materiellen Lebens=
führung gewinnen: „Sie wissen wohl, mit was für mäßiger, ja schlechter
Kost ich zufrieden bin, wenn ich nicht ehrenhalber andern etwas vor=
setzen muß ... Was man im Leibe hat, sieht niemand; aber wohl,
was man auf demselben trägt." —

Vor allem aber ist der Briefwechsel mit der Nichte deshalb von
Wichtigkeit, weil sich an seiner Hand der gesamte Verkehr Gottscheds
während seiner Spätzeit überblicken läßt. Wir geraten damit hart an
die Zeit von Goethes Aufenthalt in Leipzig, der Michaeli 1765 beginnt.
In seinen Briefen und später in „Dichtung und Wahrheit" rückt der
führende Dichter der Zukunft den litterarischen Chorführer der Ver=
gangenheit mit Vorliebe in komisches Licht und erweckt den Anschein,
als ob Gottsched damals in Leipzig verachtet gewesen.

Um so erstaunlicher ist es zu ersehen, daß Gottsched vor allen
anderen im freundschaftlichsten Verkehr gerade mit demjenigen Professoren=
paar stand, an welches sich Studiosus Goethe aufs engste anschloß.

Johann Gottlob Böhme hatte seit 1741 in Leipzig studiert und, wenn er sich auch vorzugsweise an den Historiker Mascou angeschlossen, doch namentlich in der Beredsamkeit zu Gottscheds Schülern gezählt. Seit 1751 außerordentlicher, nach Jöchers Tod 1758 ordentlicher Professor der Geschichte und des Staatsrechtes, hatte er 1756 zu Gottscheds Gunsten auf die Bewerbung um die durch Christs Tod erledigte ordentliche Professur der Poesie verzichtet, mit der Begründung: „weil ich wußte, daß Ew. Magnificenz die Metaphysische Professur gern vertauschen wollte: aber ich glaubte nicht, daß die Würfel so fallen sollten. Von nun an bin ich entschlossen, den Musen gute Nacht zu sagen, wenn ich das, was ich unter der Presse bereits gehabt, vollends werde vollbracht haben."[1]) Die Stellung erhielt nämlich Karl Andreas Bel. Böhmes Gedichte sind lateinisch abgefaßt.

Auch seinen wissenschaftlichen Schriften wurde gutes Latein, eleganter Stil nachgerühmt, unter andern von Gottsched, der sie im „Neuesten aus der anmuthigen Gelehrsamkeit" wiederholt empfehlend anzeigt. Gehörte doch Böhme der Gottschedschen „Gesellschaft der schönen Wissenschaften und freien Künste" als Mitglied an.

Weiterhin schreibt Frau Gottsched unterm 8. Juni 1758 an Frau von Runckel: „Ein Freund aus Kassel und großer Künstler in der Malerei" — ersichtlich ist von Reifstein die Rede — „erbot sich bey seinem Hiersein, mich zu malen ... Statt meiner hat er eine meiner liebsten Freundinnen allhier, die Prof. B**min, durch ein wohlgetroffenes Bild der Vergessenheit entrissen. Gleich nach der Abreise des Malers schickte ich dasselbe ihrem Gatten; und ich rechne mir diese Höflichkeit zu keiner geringen verdienstlichen Handlung an, diesem würdigen Manne, der nach einer vierjährigen Ehe noch immer der vernünftige Liebhaber bleibt, ein so unverhoftes Vergnügen verschafft zu haben. Soll ich Ihnen das Original schildern? Das beste Herz, sehr viel Eifer für ihre Freunde, viel Bereitwilligkeit diese zu verbinden, viel Gelassenheit in allen Fällen besitzt diese gefällige Frau, die durch ihr angenehmes stilles Wesen eben so gefällt, wie eine andre meiner Freundinnen durch ihre reizende Leb=haftigkeit ... Erfüllen Sie meine Wünsche und besuchen Sie mich, ich will Ihre Neugier befriedigen und Ihnen diese angenehme Frau bekant machen, die viele Vorzüge besitzt, und eine bessere Gesundheit verdiente. Doch vielleicht kennen sie solche nur unter einem andern Namen (Görz). „Ein vernünftiger Umgang ist das Gewürz des Lebens": sagt ein Weiser, dessen Schriften ich sehr hoch schätze. Wie unschmackhaft würde das meinige seyn, und wie einsam würde ich mitten in der volkreichsten Stadt

---

1) Nach Brief Böhmes an Gottsched vom 30. November 1756 aus Dresden.

leben, wenn ich nicht den Umgang dieses guten redlichen Paares hätte, dadurch der Geist, der so oft und auf mancherley Weise beunruhiget wird, sich wieder erholet."[1]

Ein Zeugnis der andern Seite für die Freundschaft beider Familien dürfen wir in dem Gedicht sehen, durch welches Böhme im folgenden Jahre den Geburtstag der Gottschedin feiert.[2] Es schließt mit ehrenden Wünschen für sie wie ihren Mann:

„At vos Pieridesque, tuque Phoebe,
Vestrum delicium, decusque vestrum,
Uxorem simul, et simul Maritum,
Multos incolumes jubete in annos,
Sic vobis simul, et sibi, valere."

Nun verfolge man den engen Verkehr in Gottscheds Schilderungen gegenüber der Nichte: Gleich im ersten Schreiben (vom 7. des Heumondes 1764) berichtet er, wie er zur Zerstreuung seiner Einsamkeit Frau Prof. Böhmin besucht habe. Drei Tage später erwähnt er einen Brief, den diese von der jungen Frau aus Zwickau erhalten, meldet auch, daß er am Sonntag mit der Frau Kammerherr von Plotho bei Böhmes zu Abend gespeist habe. Auf einen neuen Brief aus Zwickau läßt die Bemerkung vom 21. desselben Monats schließen: „Die Frau Prof. Böhmin wird wohl diesmal selbst antworten."

Unterm 14. Juli heißt es dann: „Gestern, Freitags, ging ich zu Prof. Böhms[3], um 3 Uhr, und trank da Thee bis 5 Uhr, und las Ihren Brief vor, der viel Beifall wegen der schönen, ordentlichen Schreibart fand."

Schon elf Tage später meldet er wieder, daß er Sonntags bei Böhmes den Kaffee nahm; am 14. August kann er abermals von einem Thee berichten, den er in dem befreundeten Hause eingenommen. So trifft er auch weiterhin häufig mit dem Böhmeschen Paar zusammen. Am 1. des Christmonds schreibt er: „Der Frau Prof. Böhmin habe ich gestern in Gegenwart ihrer Jungfer Schwester und des Herrn Commissions-Rath Steinbrücks etwas aus Ihrem Briefe vorgelesen."

Unter anderm kann Gottsched auch am 6. Februar 1765 erwähnen, daß er den letzten Abend bei der Frau Prof. Böhmin gegessen. Schließlich unterm 6. März 1765: „Herrn Prof. Böhmen habe ich am Sonntag und gestern das Compliment aus Ihrem Briefe vorgelesen, so daß dort die Frau Protonotariussin, Madem. Görzin und die Frau Professorin,

---

1) Siehe Briefe der Frau Gottsched, III. T., S. 116 flg.
2) Im Anhang ihrer „Kleineren Gedichte" S. 345.
3) Die apokopierte Form des Namens war zu jener Zeit gebräuchlicher. Ähnlich schrieb bekanntlich Lessing Weiß für Weiße.

gestern aber auch Herr D. Neuhaus und Madem. Schwester pp. zugegen
waren . . ." Dann fährt Gottsched fort: „Hier ist nämlich zu wissen,
daß ich diesen Winter durch bei D. Pohls, bei Böhms, bei D. Thomasius
und bei Neuhausens zu Gaste gewesen, und also überall in Schulden
war. Diese Schuld nun vor meiner Abreise nach Zwickau auf einmal
abzuthun, hatte ich den Friedrichstag unsers Churfürsten gewählet, und
bath auch den jungen Graf Bose aus Dresden, des Ober-Kammerherrn
Sohn, mit seinem Hofmeister dazu: weil er auch Friedrich heißt. So
hatte ich eine Gesellschaft von dreizehn Personen (uns mitgerechnet).
Wir spielten erst in zwei Zimmern Tresette und Quadrille, bis acht.
Hernach speiseten wir bis elf, und ehe alles weg war, ward es zwölf,
weil wir nur eine Sänfte kriegen konnten. Man war sehr vergnügt,
zumal Prof. Böhm über den Bischof. Das ist die Historie des gestrigen
Tages."

Wenn wir bedenken, daß Goethe im Böhmeschen Hause ein und
aus ging, gewinnt jener vertraute Verkehr Gottscheds in derselben Familie
an Interesse und Bedeutung Freilich fällt unmittelbar vor den Beginn
von Goethes Studienzeit die zweite Heirat Gottscheds, und es ist —
zumal im Hinblick auf den Charakter seiner jungen Frau, den wir bald
werden näher beobachten können — nicht ganz unmöglich, daß sich gerade damals die jahrzehntelangen Beziehungen beider Professoren-
familien in etwas lockerten. Wenigstens erwähnen Goethes Briefe kein
Zusammentreffen mit Gottsched im Böhmeschen Hause. In jedem Falle
unterliegen Goethes Äußerungen einerseits über das Böhmesche Paar,
andererseits über Gottsched nach dem Vorangegangenen manchen kritischen
Bedenken. Äußerlich sei zunächst nebenher bemerkt, daß Böhme in „Dichtung
und Wahrheit"[1] schon unter dem Jahre 1765 immer als Hofrat erscheint,
obgleich ihm dieser Titel erst im folgenden Jahre verliehen wurde, nachdem er einen Ruf nach Utrecht abgelehnt hatte. Mehr überrascht ebenda
schon die Behauptung: „Als Historiker und Staatsrechtler hatte er einen
erklärten Haß gegen alles was nach schönen Wissenschaften schmeckte."
Doch mag sich wohl mit der Abwendung von der früher gern ge-
pflegten Poesie allmählich eine Abneigung gegen dieselbe eingestellt haben.
Weiter aber meint Goethe: „Unglücklicherweise stand er mit denen, welche
sie cultivirten, nicht im besten Vernehmen, und Gellerten besonders, für
den ich, ungeschickt genug, viel Zutrauen geäußert hatte, konnte er nun
gar nicht leiden." Gellerten wohl, und überhaupt vielleicht das jüngere
Geschlecht — aber auch Gottscheden? So ist denn auch die fernere Bemerkung mit Vorsicht aufzunehmen: „Er verunglimpfte . . . leidenschaftlich

---

1) Werke, Weimarer Sophien-Ausg., 1. Abt., Bd. XXVII, S. 50 flg. u. 63 flg.

Philologie und Sprachstudien, noch mehr aber die poetischen Übungen, die ich freilich im Hintergrunde hatte durchblicken lassen." Offenbar waren diese Ausbrüche Böhmes nur auf den nächsten Zweck berechnet: den jungen Goethe bei dem vom Vater vorgeschriebenen juristischen Studium zu erhalten.

Mit dem von uns gewonnenen Eindruck stimmt die Darstellung überein, daß Frau Böhme den Hauptanziehungspunkt des Hauses bildete sowie daß sie andauernd kränkelte. Wichtig ist nun namentlich der litterarische Einfluß, den Goethe ihr zuschreibt. Rufen wir uns seine bekannte Bemerkung ins Gedächtnis zurück! „Worauf aber Madame Böhme," sagt er, „den größten Einfluß bei mir hatte, war auf meinen Geschmack, freilich auf eine negative Weise, worin sie jedoch mit den Kritikern vollkommen übereintraf." Goethe schildert dann die zersetzende Kritik, die sie an so ziemlich allen litterarischen Erscheinungen übte. „Madame Böhme war eine gebildete Frau, welcher das Unbedeutende, Schwache und Gemeine widerstand; sie war noch überdieß Gattin eines Mannes, der mit der Poesie überhaupt in Unfrieden lebte und das= jenige nicht gelten ließ, was sie allenfalls noch gebilligt hätte. Nun hörte sie mir zwar einige Zeit mit Geduld zu, wenn ich ihr Verse oder Prose von namhaften, schon in gutem Ansehen stehenden Dichtern zu recitiren mir herausnahm . . .; allein ihre Nachgiebigkeit war nicht von langer Dauer. Das Erste, was sie mir ganz entsetzlich herunter machte, waren die Poeten nach der Mode von Weiße, welche so eben mit großem Beifall öfters wiederholt wurden, und mich ganz besonders ergötzt hatten. Besah ich nun freilich die Sache näher, so könnte ich ihr nicht Unrecht geben. Auch einigemal hatte ich gewagt, ihr etwas von meinen eigenen Gedichten, jedoch anonym vorzutragen, denen es dann nicht besser ging als der übrigen Gesellschaft. Und so waren mir in kurzer Zeit die schönen bunten Wiesen in den Gründen des deutschen Parnasses, wo ich so gerne lustwandelte, unbarmherzig niedergemäht und ich sogar ge= nöthigt, das trocknende Heu selbst mit umzuwenden und dasjenige als todt zu verspotten, was mir kurz vorher eine so lebendige Freude ge= macht hatte."

Zwei Fragen drängen sich hier auf: Welche litterarische Periode war es also, gegen die sich der Spott des Böhmeschen Ehepaares richtete? und wie stellte man sich denn in Gottscheds Hause zu eben jenen Dichter= gruppen? Weisen doch die beiden einzigen Beispiele, die Goethe nennt, Christian Felix Weißes Leipziger Modestück und seine eigenen Leipziger Versuche, auf die singspielartige anakreontische Richtung hin, und auch die allgemeinen Andeutungen lenken unsern Blick auf das Nachgottschedsche Geschlecht und den Leipziger Modegeschmack der fünfziger und sechziger

Jahre, gegen den auch Gottſched und ſeine erſte Frau ſich oft genug wenden. Freilich flicht Goethe ein: „Das Gottſchediſche Gewäſſer hatte die deutſche Welt mit einer wahren Sündfluth überſchwemmt, welche ſogar über die höchſten Berge hinaufzuſteigen drohte.“ Aber hierin haben wir eine nachträgliche Erläuterung des alternden Goethe, nicht die unmittelbare Wiedergabe des Thatbeſtandes im Böhmeſchen Hauſe zu ſehen. Bequemte er ſich doch zu dem Zugeſtändnis: „Man gab uns Gottſcheds kritiſche Dichtkunſt in die Hände; ſie war brauchbar und belehrend genug: denn ſie überlieferte von allen Dichtungsarten eine hiſtoriſche Kenntniß, ſowie vom Rhythmus und den verſchiedenen Bewegungen desſelben; das poetiſche Genie ward vorausgeſetzt! Übrigens aber ſollte der Dichter Kenntniſſe haben, ja gelehrt ſein, er ſollte Geſchmack beſitzen, und was dergleichen mehr war.“[1] Natürlich wäre es abſurd, anzunehmen, Goethe hätte ſich ſelbſt als blutjunger Leipziger Student nur einen Augenblick von Gottſcheds ſogenannten Dichtungen imponieren laſſen: was ſich aus unſern Wahrnehmungen ergiebt, iſt die Feſtſtellung, daß der aufſtrebende Genius den ehemaligen Diktator des litterariſchen Deutſchland in ſeinem engeren Wirkungskreiſe Leipzig ſelbſt keineswegs allgemeiner Verachtung preisgegeben fand, und am wenigſten in dem Hauſe, wo Goethe zunächſt ſeine entſcheidenden litterariſchen Eindrücke empfing. Daß ſich der unglückliche Mann noch bis an ſein Lebensende innerhalb wie außerhalb Leipzigs eines gewiſſen geachteten Rufes erfreute, beweiſt ja ſchließlich auch Goethes bekannter Beſuch in ſeiner Behauſung, deſſen humoriſtiſche Schilderung in „Dichtung und Wahrheit“ neben den — wie heute feſtſteht — erheblich zu weit gehenden Angriffen Leſſings die Hauptſchuld an der ſchiefen, ernſtloſen Auffaſſung trägt, die über den betriebſamen und nach mehr als einer Richtung verdienten Mann lange genug verbreitet war. Man las über den Eingang und den Ausklang jener Goetheſchen Darſtellung hinweg. „Schloſſer“, ſein Frankfurter Landsmann, betont er zunächſt, „wollte nicht Leipzig verlaſſen, ohne die Männer, welche Namen hatten, von Angeſicht zu Angeſicht geſehen zu haben.“ Und in dieſem Zuſammenhang beſchreibt er die Unterredung mit Gottſched, die — ſo komiſch ihre äußerliche Einleitung geweſen ſein mag — inhaltlich den Berichterſtatter doch zu dem Geſtändnis nötigt, daß „der anſehnliche Altvater“ den „ziemlich langen Discurs mit gutem Anſtand durchführte.“[2] —

Unter den zahlreichen Männern und Frauen von Anſehen, mit denen wir Gottſched bis an ſein Lebensende in freundſchaftlichem Ver=

---

1) A. a. O. S. 77.
2) A. a. O. S. 85 flg.

kehr sehen, interessiert nächst dem Böhmeschen das Reiskesche Ehepaar am meisten. Wiederum eines jener gelehrten Paare, an benen das vorige Jahrhundert überhaupt nicht arm war. Auch dieser hervorragendste Arabist seiner Zeit, zugleich als Gräcist von Ruf, gehörte Gottscheds „Gesellschaft der schönen Wissenschaften und freien Künste" als thätiges Mitglied an; er wie seine Frau sind später in warme Freundschaft zu Lessing gelangt. Viele Jahre auf litterarische Lohn- und Handlangerarbeit angewiesen, war er unter anderm auch als Hilfskraft für den 1757 erschienenen elften Teil von Frau Gottscheds Übersetzung der „Geschichte der k. Akademie der schönen Wissenschaften zu Paris" gewonnen und fertigte das Register an. Sowohl in den Schriften der Gottschedschen Gesellschaft[1]) wie im „Neuesten aus der anmuthigen Gelehrsamkeit" finden sich Veröffentlichungen Reiskes, namentlich hatte ihm Gottsched in dieser seiner letzten Zeitschrift auch Rezensionen übertragen.

Am 10. des Heumonds 1764 schreibt Gottsched nun an Victoria Grohmann: „Sonntags ließ sich Herr D. Reiske, Rector an der Niklasschule, mit seiner Braut, Mademois. Müllerinn, des Probst Müllers aus Kemberg Schwester, bei mir melden. Die Höflichkeit erforderte es, diesem Frauenzimmer zuerst bei ihr aufzuwarten, da ich sie nebst ihrem Bruder schon vor acht Jahren gekannt und bei mir bewirthet hatte, wo sie auch Herr D. Reiske zuerst kennen lernen. Ich gieng also hin, und nach dem Caffee mit beiden in groß Bosens Garten spazieren ... Dienstag kam das Brautpaar mir die Gegenvisite zu machen. Ich ließ Herrn Prof. Borzen dazu holen und behielt sie den Abend bei mir auf eine Erdbeerkalteschale u. s. w."

Fünf Wochen später, am 14. Juli 1764, berichtet Gottsched ferner: „Am Donnerstage habe ich des D. Reiske Braut ins Concert geführet; weil er selbst nicht Bescheid wußte, aber doch mitkam." Ebenso meldet er nach elf weiteren Tagen, daß er an Reiskes Hochzeit teilgenommen. Andererseits erwähnt er am 9. Januar 1765, daß Reiske mit drei weiteren befreundeten Gästen bei ihm zu Abend gespeist. Auch in dieser Lebensbeziehung Gottscheds finden wir also wieder alle Zeichen eines vertrauten Verkehrs. Wie eigen berührt es, wenn wir der späteren Liebe der gelehrten Frau zu Gottscheds vernichtendem Gegner Lessing gedenken! —

Noch zahlreiche angesehene Männer und Frauen aus gelehrten und abligen Kreisen sehen wir übrigens während der sechziger Jahre in freund-

---

1) Abdruck von Vorträgen Reiskes in der Gesellschaft s. „Sammlung einiger ausgesuchten Stücke der Ges. d. fr. Künste zu Leipzig", III. Bb., S. 1 flg. u. S. 453 flg.

schaftlichen Beziehungen zu dem Gottschedschen Hause. Besonders häufig erwähnt Gottsched gegenüber der Nichte seinen Verkehr mit D. Neuhaus, der an der Universität juristische Vorlesungen hielt, außerdem aber als Stadtrichter und Oberaufseher der Stadtbibliothek, auch als Baumeister thätig war. Sonst begegnen bunt durch einander Frau Appell-Rätin Trierin, Graf Orloff, Frau Hofrätin Mencken (Witwe des 1754 ge= storbenen Friedrich Otto Mencke, der als Erbe seines Vaters Burkhard Mencke die „Acta Eruditorum" und die „Neuen Leipziger Zeitungen von gelehrten Sachen" herausgab), Frau D. Gehlerin (die Gemahlin des bedeutenden Arztes und Naturforschers), Frau Hofrätin Hommelin (des hervorragenden Juristen Frau), Hofrat Lange, Frl. v. Hohenthal, Frau Buchhändler Gleditschin, Ober=Postamtsdirektor Hofrat Welke, der Chirurg und Anatom Prof. Pohl, Hofrat Schubert, die Familie des Juristen Traugott Thomasius, ferner der Lehrer der Philosophie und später auch der Dichtkunst Prof. Clodius und natürlich Gottscheds alter Schildknappe Prof. Schwabe, schließlich viele Cavaliere. Auffallen mag allenfalls das Vorwalten der fernerliegenden Fakultäten.

Dazu gesellt sich ein nicht minder reger Verkehr mit auswärtigen Gelehrten und Standespersonen. Unter diesen steht Geheimrat Jakob Friedrich Freiherr von Bielfeld voran. Der bekannte Vertraute Fried= richs des Großen und Kurator der preußischen Universitäten hatte sich 1755 auf sein Gut Treben bei Altenburg zurückgezogen; nachdem er der Kriegsunruhen wegen 1757—1763 in seiner Vaterstadt Hamburg verweilt hatte, kehrte er nach Treben zurück. Auf seine Einladung weilt Gottsched wiederholt bei ihm zum Besuch.[1]) Übrigens hatte unser Leipziger Litterat gemeinsam mit seinem getreuen Schwabe Bielfelds „Institutions politiques" ins Deutsche übersetzt.

Häufig erwähnt Gottsched in Briefen an seine Nichte auswärtige Besucher, die in seinem Hause vorsprachen. Am 18. des Herbstmonds 1764 führt er einen fremden Professor und etliche Danziger umher. Alsbald setzt er hinzu: „Morgen werde ich den Greifswaldischen Prof. Overkamp auf ein Schälchen Caffe und ein Glas Wein bei mir haben." Der Orientalist Georg Wilhelm Overkamp wirkte bereits seit 1739 in Greifswald, vorher war er Adjunkt an der philosophischen Fakultät in Jena; auch menschlich zeichnete er sich durch sein warmes Interesse für die ärmeren Klassen des Volkes aus. Am 29. desselben Monats meldet Gottsched an dieselbe Adresse, am nächsten Tage würde er den Generalsuperintendenten Herrnschmiedt und so auch „die beiden hiesigen

---

1) Vergl. Gottscheds Briefe an Viktoria Grohmann vom 22. August und 28. des Windmonds 1764.

Theologen" — gemeint sind offenbar Teller und Ernesti — mittags als Gäste in seinem Hause sehen. Am 9. Januar 1765 kann er mitteilen, daß Rektor Clodius aus Zwickau nebst seinem Leipziger Sohn, Schwabe und Reiske bei ihm zu Abend gespeist. Der ältere Clodius war einer der ersten Leipziger Bekannten Gottscheds, der Verfasser der 1722 ausgegebenen Nachricht von der „Deutschen Gesellschaft": „Commentatio de instituto Societatis Philo-Teutonico-Poeticae". — Inzwischen hatte Gottsched Gelegenheit, Frau von Runckel, die alte Freundin seiner verstorbenen Gattin, auf der Durchreise in seinem Hause zu beherbergen.[1])

Von einheimischen Gästen redet Gottsched um die Wende der Jahre 1764 und 1765 außer der schon erwähnten Gesellschaft vom 5. März 1765 noch am 17. November 1764 und am 6. Februar 1765: im ersteren Falle hat er Sonntag eine kleine Gesellschaft zur Erwiderung von Einladungen, die ihm zuteil geworden, gegeben; es waren meist Adlige zugegen. Dann sah er an seinem Geburtstag, dem 2. Februar, Gäste bei sich; es wurde sogar getanzt! Man sieht, Gottsched ließ es sich auch im Alter wohl sein!

Daß die fortdauernde Achtung für Gottsched — im Gegensatz zu der Ächtung, von der man gefabelt hat — nicht bloß gesellschaftlicher Natur war, beweist in dem Briefwechsel mit Viktoria Grohmann wenigstens ein Zeugnis: nach dem Schreiben vom 29. September 1764 ist er beauftragt, den Herzog von Kurland bei dessen Aufenthalt in Leipzig öffentlich zu bewillkommnen.

Andere Gelegenheit zur Musterung der Freunde, die dem Gottschedschen Hause bis in die sechziger Jahre treu blieben, bieten die prosaischen und poetischen Beileidsausdrücke beim Tode der Frau, die Gottsched im Anhang zu den „Kleineren Gedichten" derselben gesammelt hat. Da treffen wir die Fürstin Trautson, welche das gelehrte Paar 1749 bei seinem Aufenthalte in Wien als Erzieherin der Kinder Maria Theresias angetroffen; ferner den greisen Feldmarschall Friedrich Heinrich Graf von Seckendorf, auf dessen Gut Meuselwitz es wiederholt gastlich empfangen war, alsdann die Gräfin von Bentink, die gemeinsame Freundin der Fürsten-Witwe von Zerbst, der Fürstin Trautson und der Gottschedin. Nicht nur Geheimrat v. Bielfeld kondoliert seinem „höchstgeschätzten Freund", auch der kursächsische Ober-Konsistorial-Präsident von Globig unterzeichnet sein Beileidsschreiben als „aufrichtiger Freund". Bei gleicher Gelegenheit sendet der Fabeldichter M. G. Lichtwer aus Halberstadt ein Trauergedicht „seiner theuresten Freundin zu Ehren".

---

1) S. Brief an die Nichte vom 18. des Herbstmonds 1764.

Ebensowenig fehlt der Gothaische Bibliothekar Freyesleben, der ja schon bei Lebzeiten der Gottschedin sie oder vielmehr ihren — Wachtelhund besungen hatte! Der Sekretär der Berliner Akademie, Formey, Gott= scheds langjähriger rationalistischer Gesinnungsgenosse, mit dem dieser bis in sein Todesjahr in Briefwechsel stand, stellt sich mit einem fran= zösischen Gedicht ein. Auch Abraham Kästner, der Dichter und Gelehrte, bekundet seine Teilnahme, wie er denn von Gottscheds hervorragenden Schülern dem Meister am längsten eine gewisse Pietät bewahrte — man vergleiche auch seine Gedächtnisrede in der Göttinger Deutschen Gesell= schaft: Betrachtungen über Gottscheds Charakter. Nicht minder lebhafte Anteilnahme fanden Gottscheds Geschicke bis zuletzt in gar manchen regierenden Häusern. Herzog Georg Ludwig von Holstein hatte das berühmte Paar noch ein Jahr vor dem Tode der Frau aufgesucht. Als das Hinscheiden bekannt geworden, empfängt Gottsched nacheinander persönlich die Tröstungen des Prinzen von Preußen und des Prinzen Heinrich, obersten Befehlshabers des in Sachsen stehenden preußischen Kriegsheeres.[1]

Zu all diesen teils wissenschaftlich teils sozial ausgezeichneten Per= sönlichkeiten vergegenwärtige man sich den ganzen, über alle Gauen des deutschen Sprachgebietes ausgedehnten Mitgliederkreis der von Gottsched gestifteten und bis an sein Lebensende geleiteten „Gesellschaft der schönen Wissenschaften und freien Künste" — und man wird nicht sagen können, Gottsched sei isoliert gestorben. Durchaus gegen eine solche Annahme spricht auch die Gedächtnisrede, die ihm Ernesti an der Leipziger Uni= versität hielt — ein Denkmal unbefangener Würdigung, das sehr er= heblich von der leidenschaftlichen Verachtung absticht, in der sich das junge litterarische Geschlecht gefiel. Wie so oft in ähnlichen Fällen, sah es nur, worin es über ihn hinausschritt, nicht aber, inwieweit es von ihm den Boden geebnet fand. —

Was an Gottscheds Namen den Fluch der Lächerlichkeit heftete, war indes nicht nur die Beschränktheit seines litterarischen Horizontes, der über äußerliche Korrektheit nicht hinausging und keinerlei Rücksicht auf das Empfindungsleben in sich schloß: eine Mischung von Galanterie und Begehrlichkeit stand dem gravitätischen Gelehrten gar zu närrisch. Zwischen dem uns bekannten Briefwechsel mit seiner Nichte und seiner zweiten Heirat setzt ein neuer schriftlicher Gefühlsaustausch mit einer Dame ein, der uns einen ergötzlichen Einblick in die Herzensschwingungen des alten Schwärmers gewährt.

---

1) Mitgeteilt in der den „Kleineren Gedichten" der Gottschedin beigegebenen Lebensbeschreibung.

Seine neue Korrespondentin schildert er selbst[1]) als „une dame française, . . . native de Halle, ou du Brandebourg, dont feue la mère a été fille du fameux Prof. Sperlette, et le père un officier français refugié, au service de Prusse." Es ist eine „Madame Heck, veuve d'un feu docteur médecin, de Halle, et élève de feu Mr. Galafré." Diese Frau Dr. Heck lebte in Dresden. Auf Veranlassung von Mademoiselle Godefroy, mit deren Familie Gottsched längst bekannt war, wendet sie sich an ihn. Einmal handelt es sich um die Anfrage, ob die „Charactères" des La Bruyère noch nicht ins Deutsche übertragen seien. Er ermuntert sie dazu, selbst eine Übersetzung zu unternehmen; ebenso wie sie später auf seine Anregung den „Triumph der Weltweisheit" von seiner Frau in einer französischen Fassung veröffentlicht. Andererseits bittet sie Gottsched um Empfehlung als Erzieherin. Da in Leipzig gerade ein Erziehungsinstitut eingegangen war, ermuntert er sie zur Übersiedelung, die denn auch Anfang Oktober 1765 erfolgt. Damit erreicht der Briefwechsel beider, der am 17. April 1765 begonnen, sein Ende; nur am 23. Oktober 1765 schreibt ihr Gönner ihr noch einmal nach Halle, wo sie vorübergehend weilt.[2])

Die fortdauernd lebhafte Empfindung des Fünfundsechzigjährigen für das schöne Geschlecht kann sich in keinem dieser Schreiben verleugnen. Gleich am 17. des Ostermonds hebt er an: „Unempfindlich bin ich nicht, wie Ihnen die lose Madem. G[odefroy] wohl gesagt haben wird. In diesem Stücke hat sie recht."

Am 21. Mai läßt er sich in einer Nachschrift über „der Mademoif. Godefroy Feindschaft gegen die platonische Liebe" aus; er habe freilich nicht von ihr Abschied genommen, als er von Dresden abgereist: „gleichwohl hatte dieses eine Vorsicht zum Grunde: weil ich mir nicht getrauete, platonisch genug gegen sie zu thun"! Auch am 12. Juni geht der unzeitige Freier mit umständlicher Wichtigkeit auf Erörterungen seiner Korrespondentin über die Liebe ein. Da entschuldigt er Homers Darstellung von der Liebe Achills zu Briseis mit den für seine Vor-Rousseausche Geschichtsauffassung bezeichnenden Wendungen: „Das ganze menschliche Geschlecht war noch rauh, und so zu sagen roh. Die bloße Natur bildete die Leute." Die Auffassung des Plato vom Zusammen-

1) Im Brief an Formey vom 8. März 1766 (handschriftlich auf der Königl. Bibliothek in Berlin).

2) Einen Auszug dieses Briefwechsels veröffentlichte „Der Gesellschafter", herausgegeben von F. W. Gubitz, 1821, Blatt 23 flg. Gottscheds Brief vom 12. Juni, von dem im „Gesellschafter" einige für uns interessante Stellen fehlen, ist handschriftlich im Besitz des Herrn Geheimrat Prof Dr. Karl Weinhold in Berlin, der ihn mir freundlichst zur Verfügung stellte.

hang schöner Körper mit schönen Seelen verleitet ihn alsdann zu der
verfänglichen Frage: „Irre ich denn, wenn ich aus Dero schönen Seele
. . . auch zum Vortheil Ihrer Leibesgestalt einen Schluß mache?"

Doppelt unvorsichtig gegenüber einer ihm persönlich Unbekannten
zitiert er das Sprichwort: „man solle sich vor Leuten hüten, die Gott
und die Natur schon gezeichnet hat." Auf Vorhalten der Dame muß
er denn auch einlenken (am 2. Juli), obgleich er hinzusetzt: „Dero
Drohung, mich zu überreden, Sie selbst wären gebrechlich, würde ge=
wiß zu spät kommen; ich glaube den Personen nicht, die was Böses
von sich selber sagen." Daneben treibt er ein galantes Spiel mit
Mademoiselle Godefroy, freilich um auch dort eine Entgleisung zu er=
leiden. Am 12. Juni erwähnt er den Fall gegen Frau Heck: „Ich
hatte es nicht geglaubt, daß unsere aufgeweckte Freundin über den Spaß
von der americanischen Reise soviel Feuer fassen würde. Es ist mir
leid: denn ich muß wohl meine Ausdrücke in einer Sprache, die ich
nur halb verstehe, unglücklich gewählet haben. Böse machen will ich
sie gleichwohl nicht. Helfen Sie mir, theuerste Gönnerin, dieselbe
wieder besänftigen; da Sie selbst die, wiewohl unschuldige Veranlassung
ihres Zornes gewesen sind. Das ist die ganze Strafpredigt, die ich
Ihnen darüber halten kann.

Den Sign. V. habe ich von der Bühne abtreten lassen und den
geistlichen Mann dafür an die Stelle gesetzet. Ich hoffe es fein genug
gemachet zu haben, daß sie es auf keine fremde Eingebung wird schieben
können."

Der alte Schäfer muß sich denn auch gefallen lassen, daß seine
galanten Briefe den Spott herausfordern. Schon am 12. Juni erwähnt
er: „Ich habe einen wunderlichen Brief aus Dresden bekommen, der
meinen Briefwechsel mit Ihnen, theure Gönnerin, spöttisch durchzieht
und andere nachdenkliche Sachen enthält." Das Schreiben trug die
Unterschrift Myrtill. Zunächst faßt er Madem. Godefroy ins Auge:
ist es etwa „ein Streich von unserer losen rachgierigen Freundin?"
Doch Frau Heck kennt den wahren Verfasser, sodaß Gottsched am
15. Juli schreibt: „Gewiß, in Jena ist die Schule der Artigkeit und
des feinen Scherzes nicht, so wie die Grazien nicht die Begleiterinnen
des Bachus sind[1]) . . . Beleidigte Personen sind oft desto gefährlicher, je
einfältiger sie sind. Ich suchte einen plumpen Hund durch das Streicheln
zu gewinnen, daß er mich nicht unversehens beißen solle. Hatte ich
denn so gar Unrecht?" Das ist allerdings echt Gottschedsche Politik. —

---

1) Vergl. Goethes gleiche Ansicht in Dichtung und Wahrheit, Buch VI
(Werke, 1. Abt., Bd. XXVII, S. 60).

Dabei wird der greise Kurschreiber nicht müde, sich in seiner Mischung von pedantischer Förmlichkeit und sehr weit gehender Galanterie auszulassen. Noch am 15. Juli 1765 seufzt der verliebte Narr: „O mon dieu! Les belles séductrices ont beau faire, quand elles nous accusent de faiblesse! Pourquoi le bon dieu a-t-il fait nos cœurs si sensibles et si tendres?... Hélas! voici l'origine de bien des folies que nous commettons!" Vierzehn Tage später heiratet er zum zweiten Mal. Nach weiteren vierzehn Tagen schreibt er an Frau Heck: „Wie hätte es anders möglich sein können, als daß ein Übersetzer, Schüler und Nachahmer des berühmten Fontenelle, dessen Namen mir die Schmeichler in Deutschland schon vor mehr als dreißig Jahren beigelegt haben, auch etwas weniges von der Artigkeit dieses großen Gelehrten gegen das schöne Geschlecht abgelernt haben müsse. Vielleicht hätte ich es in jüngeren Jahren weiter darin bringen können, wenn ich so eine auserlesene Zahl witziger und scharfsinniger Damen zum Umgang gehabt hätte, als mein Muster zu Paris finden können."

Eine solche Verbeugung steht Gottsched um so weniger zu Gesicht, als sein ganzes Wirken darauf ausging, Deutschland geistig dem Ausland ebenbürtig zu machen. Aber freilich, es kam bei ihm fast immer mehr auf äußere Konkurrenzfähigkeit als auf Selbständigkeit hinaus.

Von seiner Stimmung entwirft Gottsched um diese Zeit (am 29. September 1765) folgendes Selbstporträt: „Sie haben einen ganz unrechten Begriff von mir, werteste Freundin, wenn Sie einen stets tiefsinnigen Cato an mir zu finden glauben. Nein, so finster und speculativisch ich auch mehrenteils aussehe: so lächelnd sind meine Gedanken und Empfindungen. Die Schwermuth und Tiefsinnigkeit ist meine Neigung und Krankheit gar nicht. Ich bin ein Menschenfreund, der Umgang und Geselligkeit liebt; sonderlich die Annehmlichkeiten des schönen Geschlechts zu schätzen weiß." Schon 1753 beschreibt seine erste Frau die Art, wie er sich in Kassel malen ließ: „Etliche Kinder schwärmen um ihn herum wie kleine Liebesgötter, damit die Langeweile in seinen Gesichtszügen nicht Wurzel fasse[1]".

Gottsched zählte 65½ Jahr, als er am 1. August 1765 in Camburg seine zweite Ehe einging. Seine Auserkorene, Ernestine Susanne Katharine von Neunes, feierte mit ihm am gleichen Tage ihren Geburtstag, nur leider war er um 46 Jahre früher zur Welt gekommen. Sie war die Tochter eines ehemaligen Herzoglich Gothaischen Oberstlieutenants Johann von Neunes in Altenburg, der ein „Regiment zu Fuß" befehligt hatte. Als ihm Ernestine geboren ward, zählte er gerade soviel

---

[1] Briefe der Frau Gottsched, II. Teil, S. 126.

Jahre wie jetzt ihr Bräutigam. Im 84. Jahre war inzwischen der Vater gestorben. Ernesti[1]) nennt das junge Mädchen „animi corporisque dotibus ornatissima". Gottsched selbst hat ihre äußere Erscheinung gegen Mademois. Godefroy gleichfalls vorteilhaft beschrieben. Nach acht=wöchentlicher Ehe (am 29. September 1765) äußert er dann zu Frau Heck, deren Übersiedelung nach Leipzig bevorstand: „So viel werden Sie verhoffentlich wissen, daß das Abnehmen und Blaßwerden neuvermählter Schönen für ein gutes Merkmal gehalten wird; dieses werden Sie an meiner Freundin bemerken, und sie also vielleicht dem Gemälde nicht ganz ähnlich finden, welches ich an Mademois. Godefroy von ihr gemacht habe." Ja, er kann seine Ehefreuden so wenig verbergen, daß er (schon am 12. September) in der ungenierten Weise der Zeit tändelt: „Was die Dresdener Frauenzimmer von einem unter Händen habenden neuen Werke muthmaßen, davon meine Freundin die Verlegerin sein oder werden soll, mag nicht so gar ungegründet sein; viele wollen gar sagen, das Werk werde Hände und Füße haben."

Indessen solche voreiligen Hoffnungen erwiesen sich als trügerisch: Gottsched starb kinderlos. Ob seine junge Schöne sonst den Erwartungen des Ehemanns entsprach, muß leider ebenfalls in Zweifel gezogen wer=den. Zwar behauptet Ernesti[2]), daß Gottsched mit ihr ein ganzes Jahr „jucunde" lebte: doch denkt er dabei offenbar nur an die körperliche Gesundheit des Ehegatten. Eine weniger erfreuliche Perspektive eröffnet nachstehender Brief Gottscheds an seine Schwägerin vom 28. Hornung 1766.[3])

Wohlgebohrne, insonders hochzuehrende Mademoiselle Schwester, theureste Gönnerinn.

Eure Wohlgebohrne sind mir auf eine sehr beschämende Art zuvor=gekommen. Da es meine Schuldigkeit gewesen wäre, denenselben, wie auch dero ganzem Hause zuerst den verbindlichsten Dank für alle er=wiesene Güte und Höflichkeit zu sagen und die gemachte viele Ungelegen=heit bestens zu entschuldigen: so läuft dero eigenes sehr höfliches Schreiben ein, darinn Sie mir meinen Fehler stillschweigend, aber sehr verständ=lich zu verstehen geben. Ich bin ganz niedergeschlagen darüber; und wenn ich nicht soviele Arbeit hier angetroffen hätte, die sich seit meiner Abwesenheit gesammlet; so würde ich nicht wissen, womit ich mich ent=schuldigen wollte. Allein dießmal ist diese meine Entschuldigung keine

---

1) In seiner Gedächtnisrede auf Gottsched — Opusculorum oratoriorum novum volumen, S. 119.

2) A. a. O.

3) Die Originalhandschrift besitzt Herr Rudolf Brockhaus in Leipzig. Eine Abschrift derselben übermittelte mir Herr Prof. Dr. Wilhelm Arndt † in Leipzig.

leere Ausflucht; und hoffet auch bey benenselben einigen Eingang zu finden: zumal da meine kleine lose Schreiberinn sich einmal angegriffen, und einen langen Brief auch mit für mich geschrieben hatte.

Gleichwohl ist es meine Schuldigkeit nunmehr alles nachzuholen. Ich wende mich also zuvörderst zu unserer hochgeschätzten und liebsten Mama, und küsse derselben ergebenst die Hände, für alle die Unordnung und Mühe, so ich Ihr bey meinem Aufenthalte verursachet habe. Ich bin dabey desto mehr verwirret, da meine garstige, und geizige kleine Frau, mich weder von hier etwas mitbringen, noch dort etwas anschaffen lassen, dieselbe damit zu erfreuen. Noch bey der Abreise hat sie mir das wenige Porcellan so verleibet und beschmählet, daß es eine rechte Sünde und Schande war, und ein schlechtes Vorspiel von einer Besserung abgab. Aber, beyläufig zu gestehen, so ist das auch das letzte Mal gewesen, daß sie unartig gethan. Sie hat sich nun ganz gebessert, und ich habe diese glückliche Veränderung dieser altenburgischen Reise zu danken. Sobald sie also wieder böse thun wird, so bringe ich sie wieder unsrer lieben Mama in die Cur. Indessen bin ich derselben schon für die bisherigen guten Ermahnungen und Lehren unendlich verbunden. Sie ist bisher ganz frisch und gesund; und also ist ihr die Reise unvergleichlich bekommen: sie blüht wie eine Rose, und wird rund und fett: ob sie gleich wieder eine paar Tage nach einander Übelkeiten gehabt hat: die vermuthlich etwas gutes bedeuten. Kurz, sie schmählet gar nicht mehr, sondern ist ein recht frommes Frauchen; welches ich einzig unsrer lieben Mama zuschreibe.

Nun trifft die Reihe unsere angenehme und sehr wertheste Madem. Schwester Minchen, der ich gleichfalls die Hände küsse, und sie brüderlich umarme. Sie hat ihren großen Theil von Ungelegenheiten empfunden, und hat mir ungemein viel Höflichkeiten erwiesen. Ich bin ihr dafür sehr viel schuldig geworden, und denke noch auf einige Erkenntlichkeit: dazu sich schon Gelegenheit finden soll. Am liebsten wird mirs seyn, wenn wir sie nächsten Frühling mit der liebsten Mama, oder auch allein, auf ein vier Wochen zu uns bekommen. Helfen Sie, liebste Madem. Schwester, ihr nur Lust dazu machen, und lügen Sie immer ein wenig zu unserm Leipzig hinzu, daß sie begierig wird uns zu besuchen. Übrigens empfehle ich mich Ihr bestens.

Was soll ich Ihnen aber sagen, allerwertheste Madem. Schwester? Sie haben uns ein paar Monathe den bösen Winter verkürzen helfen und uns hundert Merkmale Ihrer Freundschaft gegeben. Sie haben uns auch in Altenburg wieder auf das artigste bedienet; und selbst auf der Reise böses und gutes mit uns ausgestanden. Für alles dieses bin ich noch Ihr großer Schuldner; weitgefehlt, daß ich den überflüssigen

Dank annehmen könnte, den Sie mir zu ertheilen beliebet haben. So=
bald ich ein wenig über das erste Jahr meiner Heyrath weg seyn, und
wieder in Ordnung kommen werde, will ich schon zeigen, daß ich nicht
unempfindlich bin.

Den Brief an den H. Oberstl. will ich vielleicht morgen schreiben
und ihm zu Gemüthe führen, wie wenig er damals an der Gültigkeit
seiner Verlobung gezweifelt. Ich will ihm noch die vidimirte Abschrift
seines Briefes beylegen: und es ihm anheim stellen, ob er vor einem
Consistorio fortkommen würde, wenn er die neuliche Ausflucht machen
wollte.

Der lieben Fr. Lieutnant Alsleben, bin ich für die gütige Zu=
neigung zu meiner Liebsten, und mir, ungemein verbunden. Es war
mir nur leid, daß meine Liebste beym Abschiede, wegen ihres Zornes
über das Porcellan, so unartig war, und nicht ihrer Zärtlichkeit recht
den Ausbruch verstatten konnte. Ich habe hingegen ihren schätzbaren
Charakter, und ihre freundschaftliche Gesinnung gegen uns beyde recht
deutlich eingesehen; schätze sie so hoch, als ich soll, und empfehle uns
in Ihr gütiges Andenken. Gott erhalte Sie noch viele Jahre gesund,
und bey allem Vergnügen. Wenn Sie uns nur auch einmal in Leipzig
besuchen wollte!

Allen andern Gönnern und Freunden, denen ich in Altenburg auf=
gewartet habe, bitte ich nochmals meinen ergebensten und gehorsamsten
Gruß zu vermelden. Ich schätze sie allerseits sehr hoch; und schätze mich
glücklich in die Verwandtschaft und Bekanntschaft so wackerer Personen
beydes Geschlechtes, gekommen zu seyn. Ich nenne kein Haus, meyne
Sie aber alle; und hoffe von allen in Leipzig Gegenbesuche zu bekommen;
die uns viel Freude machen werden...

Meine Liebste wird schon nächstens antworten. Hier kömmt ein
Zettelchen. Meine Jgfr. Muhme und Mr. Meyerl. empfehlen sich; ich
aber beharre mit aller schuldigen Verehrung

Euer Wohlgebohren,
Meiner hochgeschätzten Mademoiselle Schwester,
aufricht. ergebenster Diener
Gottsched.

Auf ein heftiges, unsanftes Wesen der jungen Frau, die Goethe
als klein und mager wie einen Hering bezeichnet, läßt auch ein kurz
vorher fallendes Gedicht schließen, das ihrem Ehegatten zugeschrieben
wird: „Johann Christoph Gottscheds poetisches Sendschreiben an seine
Gehülfin und Freundin aus seiner Studierstube in ihre Wohnstube, nebst
einer didactischen Fabel zum Angebinde auf ihren Geburtstag." Diese

Fabel handelt von dem Wettstreit zwischen Wind und Sonne, wenn es früher gelänge, den Wanderer seines Mantels zu entledigen. Hier lautet die Moral:

> „So ward der Sieg bestimmt. Und wer hat ihn erlangt?
> Gewiß nicht die Gewalt, womit der Wind geprangt.
> Nein Glimpf und Freundlichkeit, womit die Sonne kämpfet,
> Die mehr vermag als Wuth und die den Hochmuth dämpfet."

Allerdings ist uns kein authentischer Originaldruck dieses Gedichtes bekannt. Es findet sich vielmehr in einer mindestens teilweise parodistischen Sammlung, würde ja aber auch dann, wenn es untergeschoben wäre, wenigstens von dem Ruf Zeugnis ablegen, in welchem die „Jungfer Oberstleutnantin" (wie sie Goethe bezeichnet) stand.

Doch auch weiterhin haben wir uns mit dem erwähnten Sammelheft zu beschäftigen. Es führt den geflissentlich feierlichen Titel[1]): „Sr. Hochedelgebohren Magnificenz Herrn Johann Christoph Gottscheds, der Weltweisheit ordentlichen Lehrers in Leipzig, der philosophischen Facultät Seniors, der Universität Decemvirs und Subseniors, der Churfürstlichen Stipendiaten Ephori, des grossen Fürstencollegii Collegiatens, der Königlich Preußischen, Churmainzischen, Churbayerischen, auch bononischen Academien der Wissenschaften Mitgliedes und Rathes, ingleichen der deutschen Gesellschaften zu Jena, Greifswalde, Königsberg, Erlangen, Altdorf, Halle, Duisburg, Zerbst u. a. m. Ehrenmitgliedes und der Gesellschaft der freyen Künste in Leipzig Vorstehers u. s. w. Neueste Versuche in verliebten Gedichten mit einer kritischen Vorrede geharnischt und herausgegeben von einem Säuglinge der Gottschedischen Muse. Frange puer calamos & inanes desere Musas! Frankfurt und Leipzig, 1766." Auf der Rückseite dieses pomphaften Titelblattes, welches in Gottscheds Manier seine sämtlichen Ämter und Ehrenstellungen auftischt, wird die Tendenz der Ausgabe bereits weiter angedeutet:

> „Fort, Musen, reißt den Blitz aus eures Christophs Hand,
> Es ist die höchste Zeit. Nehmt Donner, Keil und Brand
> Und kommt und seht und siegt und schlagt die Feinde nieder,
> Und schätzt den lieben Reim, das Hauptwerk deutscher Lieder!"

Dem entsprechend führt denn auch die Vorrede parodistisch gegen die Reimlosigkeit Fehde, die Gottsched ja anfangs empfohlen und selbst ausgeübt, seit ihrer Überhandnahme im Klopstockschen Lager aber bitter bekämpft hatte. Im übrigen ist das Thema der Vorrede schon durch ihre Überschrift bezeichnet: „Kritische Vorrede vom Werthe der Gedanken

---

1) Ein Exemplar in „Det store kongelige Bibliothek" zu Kopenhagen.

in einem Gedichte. Aesthetischer Beweis von der Verwerflichkeit der Gedanken." Gleich am Anfang heißt es: „Mein poetischer Mentor, der Herr Professor Gottscheb, . . . fähret im Singen fort und er hat sich durch die Liebe der Deutschen zu den Gedanken nicht abhalten lassen, in seinen gegenwärtigen Gedichten die Gedanken völlig wegzulassen." Weiterhin wird darüber Klage geführt, daß Gottscheds Feinde alle öffent= lichen Blätter in Beschlag genommen hätten. „Einige unter ihnen ver= ehren einen unbekannten Gott: Genie . . . Andere verstehen keinen Para= graphen der kritischen Dichtkunst und richten uns blos nach einem Jenesaiquoi, das sie den Geschmack nennen." Unter den Feinden werden wiederholt die Berliner Journalisten besonders hervorgehoben. Unter= zeichnet ist die Vorrede „C. N. N.", das charakteristische, aber der Zeit nach ungefähr zutreffende Datum lautet: „Leipzig, den 1. April 1766."

Die Vorrede der posthumen Ausgabe des Scherzgedichtes „Der Proceß" beruft sich zweimal auf diese im gleichen Stil herausgegebenen „Neuesten Versuche in verliebten Gedichten."

Den eigentlichen Inhalt machen zunächst drei Oden aus: 1. „Ode an die unvergleichliche Ernestine am 31. des Heumonds 1765, dem Tage vor ihrer Hochzeit", hier mit dem frechen Motto versehen: „Felix, quem faciunt aliorum cornua cautum!" 2. „Seiner theuresten Ge= hülfin und Freundin, der holdseligen Ernestine widmete am 25. November 1765 als an Ihrem erfreulichsten Nahmensfeste folgende wohlgemeinte Ode Ihr treuester und zärtlichster Gatte Gottscheb", wozu hier als Motto Hallers Ausspruch gesetzt ist: „Was man geliebt, das bleibt auch nach der Hochzeit schön." 3. „Das Labsal meiner letzten Zeit. Eine Ode an Ernestinen an Ihrem Namenstage von Ihrem treuen Corydon" — Motto: „O Corydon! Corydon! — — — (Virgilius)."

Die erste Ode ist stark erotisch gefärbt, wobei sie sich in der Manier der Zeit und insbesondere Gottschebs hält. So kann das Gedicht gar wohl im Ernst von ihm herrühren. Nur eine Stelle erweckt Zweifel: bei Aufzählung der von ihren Männern besungenen Frauen berühmter Dichter heißt es:

> „Vor allem lebt durch mein Bestreben
> Victoriens verdienter Ruhm:
> Ihr hohes Lob wird ewig leben;
> Warum? Sie war mein Eigenthum.
> Folg ihrer Spur, du junge Schöne! . . ."

Die zweite Ode ist von verdächtigen Stellen ganz frei. Die dritte beginnt zwar süßlich:

> „Labsal meiner letzten Zeit!
> Ernestine, liebstes Leben!"

Im übrigen aber giebt sie eine b.r Auffassung Gottscheds wohl entsprechende Darlegung der Gründe, die ihn zu einem neuen Ehebund bestimmten:

> „Einsamkeit verfolgte mich
> Mit der Schwermuth düstern Schatten . . .
> O wie bange ward mir oft
> Nach vollbrachten Arbeitsstunden! . . .
> Einsamkeit! Verhaßtes Joch!
> Das kein wahrer Freund versüßet,
> Seit ich vor drei Jahren noch
> Meine Kulmus eingebüßet,
> Die, obwohl mit kranker Hand,
> Manches Leiden abgewandt . . .
> Spiele, Pfeifen und Toback
> Labten niemals meine Sinne.
> Nur Gespräche von Geschmack
> Wurden meines Beifalls inne.“

Eine Satire würde hier wohl stärker erotische Gründe untergeschoben haben, überhaupt allenthalben den üblichen Ton Gottscheds schärfer zugespitzt und überboten haben. So möchten wir annehmen, daß die Gedichte echt sind und sich die Laune des Herausgebers auf die satirischen Fußnoten und die Nachschrift beschränkt.

Letztere bietet „Proben von Versuchen, auf die Schönheit der Gedichte aufmerksam zu machen.“ Da werden aus den Oden einige Wendungen herausgehoben, die, so fatal sie klingen, thatsächlich in Gottscheds beglaubigten Gedichten ihres Gleichen finden. So: „eine erlaßne — d. h. ehemalige, nun zur Gattin gewordene — Braut mit tausend feuerreichen Küssen begrüßen,“ wozu der Herausgeber bemerkt: „Welch ein Gedanke! und — 24 Monate nach dem großen Stufenjahre — welch ein kühner!“ Ferner: „Mein Aschenkrug verehrt dich noch gewiß!“ Anmerkung: „Das heißt lieben! ad cineres usque lieben! Und welch ein Glück, von dem Aschenkruge des Herrn Prof. Gottscheds verehrt zu sein!“

Den Beschluß des 54 Seiten Oktav umfassenden Heftes machen drei Anhänge, deren erster den Ausgangspunkt unserer Beschäftigung mit dem Pamphlet bildete. Die Moral, die Fabel überhaupt ist dem nüchternen Ganzen so unaufdringlich eingeflochten, wie sie ein Parodist kaum gehalten hätte. Die beiden übrigen Anhänge bieten — vielleicht im Titel vom Herausgeber gemodelt: „Gegenseitiges Angebinde der Frau Prof. Gottschedin für Ihren lieben Alten“ und schließlich „Auf das zwiefache Geburtsfest meines werthgeschätzten Herrn Vätters und theuersten Frau Muhme. Leipzig, den 2. des Hornungs 1766“, unterzeichnet: Wilhelmina Albertina Gottschedin. Diese beiden letzten Gedichte sind nichtssagend konventionell; sie entbehren selbst der matten Versuche zu

höherem Flug, die sich in Gottscheds Versen finden, bleiben deshalb
allerdings auch frei von dem geschmack= und sinnlosen Phöbus, in den
seine derartigen Ansätze — trotz seines theoretischen Kampfes gegen
Verstiegenheit — gewöhnlich ausmünden. —

Daß es bei Gelegenheit von Gottscheds zweiter Eheschließung nicht
an rhetorischen und poetischen Glückwünschen seiner Schüler gefehlt hat,
braucht kaum versichert zu werden.

Uns liegen fünf solche Elaborate vor.[1]) Das erste ist eine Rede,
welche Friedrich Johann Opitz im Namen der Gottschedischen Deutschen
Rednergesellschaft drucken ließ. Nach allen Schulregeln der Rhetorik
handelt Opitz die beziehungsreiche Frage ab: „Ob es erlaubt sei, in
höhern Jahren zu heurathen?" Besonders gerühmt wird dabei des
alten Freiers Wohlthätigkeit: wie er zwei Nichten nach dem Tode ihres
Vaters zu sich genommen und sich schon ehedem „über zwanzig Jahre
lang, als einen treuen Versorger" seiner Mutter bewiesen habe; nachdem
er die ältere Nichte ausgestattet, stehe er nun im Begriff, auch die
jüngere zu versorgen — eine Anspielung, die im dritten gedruckten
Glückwünsch wiederkehrt. Im Februar des folgenden Jahres weilt die
Nichte indes — wie wir sahen — noch bei ihm. Nummer zwei ist ein
Gedicht von M. Johann Salomon Schenkel in Leipzig. Dann folgt ein
prosaisches Schreiben, verfaßt von Christian August Thomae, Beider
Rechte Beflissenem. Es ist der schon erwähnte neue „Vetter". Genauer
bezeichnet er seine Verwandtschaft mit dem Vater der Braut, dem
Oberstlieutenant von Neunes, dahin: „Ich habe ihn gekannt, weil mein
Vater" (ein Gothaisch=Altenburgischer Rath und Amtmann) „seine älteste
Tochter zur zweiten Gemahlin gehabt." Er fügt an: „Zu gleicher Zeit,
da Ew. Magnificenz sich mit derselben" (b. i. seiner Stiefmutter) „jüngsten
Mademoiselle Tochter verbinden, wird die ältere an den in hessendarm=
städtischen Diensten stehenden vortrefflichen Herrn Oberstlieutenant
von Glöckner vermählet." Auf Schwierigkeiten, die sich der Verwirk=
lichung letzterer Absicht entgegenstellten, scheint Gottscheds Brief an seine
Schwägerin vom 28. Hornung 1766 hinzudeuten.

Als vierter Gratulant stellt sich der später bekannt gewordene Dichter
Johann Benjamin Michaelis, der Arzneikunst Beflissener, „ein Sr. Magni=
ficenz für viele Wohlthaten höchstverbundener Diener", mit einem Gedicht
ein. Noch deutlicher bezeichnen seine Stellung zu Gottsched die Verse:

> „Wie ruft der Jüngling dir entgegen,
> Dem du sein andrer Vater bist,
> Und freut sich, daß Gott seinen Segen,
> Wie du sein Elend, nicht vergißt."

---

1) Ein Sammelband der Ponickauschen Bibliothek in Halle.

So ist er denn panegyrisch genug gestimmt, um zu behaupten, die Kulmus segne den neuen Bund ihres Gottsched.

In welcher Weise dieser den Klienten versorgt, deutet ein Brief Sr. Magnificenz an, den das Gleim=Archiv in Halberstadt handschriftlich bewahrt:[1]) er dankt ihm für einen poetischen Glückwunsch zu seinem Geburtstag und verspricht ihm „eine Stelle im churfl. Convictorio, und eine Stube im Pauliner Collegio" (25. des Hornungs 1764). Gottsched hat all diese Versprechungen gehalten.[2])

Den Beschluß der Flugblattsammlung macht eine poetische Kompagnie= Arbeit zweier Freunde von Michaelis, der Beider Rechte Beflissenen Johann Theophil Walz und Heinrich Carl Gottlieb Walz. — Das Titelblatt jedes Beitrags zählt sämtliche Charaktere Gottscheds, Ehren= mitgliedschaften u. s. w. auf und fordert so die Parodie heraus.

Der Gefeierte theilt seiner Korrespondentin Frau Heck diese Elabo= rate mit. Sie haben umständliche gelehrte Anspielungen und großspurige Vergleiche nicht gespart. Namentlich den ersten Hochzeitsredner muß Gottsched gegen den Spott der Dame, in der sich das französische Blut regte, mehrmals verteidigen, weil er — wie Gottsched es harmlos ausdrückt — „einige Belesenheit und Kenntnis von Alterthümern und Geschichten gewiesen." „Ich weiß wohl," setzt er, der in seinen Schülern sich selbst getroffen fühlt (am 29. September 1765), grollend hinzu, „daß die heutigen bloß witzigen, aber nicht gelehrten französischen Schriftsteller alles, was nach Gelehrsamkeit schmeckt, für Pedanterei erklären; aber es geht ihnen, wie dem Fuchse in der Fabel, der die Trauben für unreif erklärte, weil er sie nicht erlangen konnte."

Wieviel von all den frommen und gelehrten Wünschen in Erfüllung ging, haben wir ja gesehen. Wenigstens scheint sich die junge Frau in der bald hereinbrechenden letzten Krankheit ihres alten Corydon bewährt zu haben. Nach einjähriger Dauer der neuen Ehe wird Gottsched um die Mitte des Sommers 1766 von Wassersucht ergriffen, die ihn am 12. Dezember desselben Jahres dahinrafft. In dieser so langwierigen schweren Krankheit hielten ihn aufrecht und stärkten ihn vor allem der tröstende Zuspruch seiner treuen Gattin sowie ihre und ihrer Mutter unermüdliche sorgsame Pflege — wie Ernestis Gedächtnisrede mit Nach= druck rühmt. Das mag uns denn auch mit der vormaligen „Jungfer Oberstleutnantin" versöhnen.

----

1) Nach gefälliger Abschrift von Herrn Dr. Carl Schüddekopf.
2) Vergl. Erich Schmidt in der Allg. Deutschen Biographie über Michaelis.

Briefwechsel Gottscheds

mit Bodmer und Breitinger.

——— —— ———

S. T.

Hochedler ꝛc.

Hochgelahrter Herr!

Ueberbringer dieses Mr. Heidegger ein junger mensch von gutem
hause und artigen qualitäten vermeinte desto leichter einen Zutritt bey
Denselben zu erhalten, wenn er Ihnen einige Zeilen von mir über=
brächte; nachdem er aus der verbindlichen manier, mit der Sie in der
vorrede zu Ihrer Critischen Dichtkunst meiner gedenken, geschlossen, daß
ich bey Denselben in einiger Hochachtung stühnde. Ich habe Ihm desto
fertiger hierinne willfahret, weil ich mich dieses Anlases bedienen wollen,
Ew. HochEdl. ein Exemplar von meiner übersetzung des verlohrnen
paradieses zu übersenden. Ich bitte daß Sie dieses werd gütig auf=
nehmen, und glauben, daß ich die unvollkommenheit desselben wol er=
kenne. Dieselbige war schon 1724 verfertiget, aber bliebe biß auf letztern
Herbst liegen, da ich sie einigen hiesigen Freunden zu gefallen wieder
übersehen und an das Licht gegeben.

Ich werde mit Vergnügen den ersten besten anlaß ergreiffen Ew.
HochEdl. zu erkennen zu geben, daß ich mit vieler Hochachtung bin

Zürich d. 5 Febr. 1732.   Ew. HochEdel
                                                                  Ergebenster
                                                          Joh. Jacob Bodmer.

———————

Hochedler und Hochgelahrter
        insonders Hochzuehrender Herr Professor
                hochgeschätzter Gönner

Ich bin Eurer Hochedlen die Antwort auf Dero geehrte Zuschrift,
die mir Hr. Heidegger eingehändiget, und die Danksagung vor den zu=
gleich überschickten D[eutschen] Milton, etwas lange schuldig geblieben.
Die Ur[sache] meines Verzugs aber ist keine andre gewesen, al[s] daß
ich zugleich den Theil von unsern Beyträgen zur Critischen Historie der
deutschen Sprache mitschicken wollte, darinn von Dero Übersetzung Meldung
geschehen wäre. Dieses hat sich nicht eher als itzo thun lassen, da das andre
Stück davon fertig geworden; welches ich hiermit Dero gründlichen Be=

14*

urtheilung unterwerfe. Vermuthlich wird der Verfasser des Auszuges aus Dero Miltonischen Übersetzung genugsame Spuren seiner Hochachtung, vor die Verdienste Eurer Hochedlen, und eine wohlgesitteten Leuten anständige Bescheidenheit haben blicken lassen. Hat er sich indessen auch einiger critischen Freyheit in Entdeckung seines Urtheiles bedienet: So werden E. Hochedl. solches der Absicht des ganzen Werkes geneigt zuschreiben, und ihn selbst dergestalt vor entschuldigt halten.

Was mich selbst betrifft, so schätze ich mirs vor eine Ehre in E. Hochedl. Bekanntschaft, und Briefwechsel gerathen zu seyn. Es ist mir lieb, daß Selbige die Proben meiner Hochachtung gegen Dero Schriften, in den meinigen hin und wieder wahrgenommen. Haben meine Tablerinnen aber zuweilen mit dem Patrioten zugleich leiden müssen: So erkenne ich zwar in gewissen Stücken, daß ihnen zu viel geschehen; in andern aber habe ich auch ihre Unvollkommenheit erkannt, und werde nicht ermangeln bey einer neuen Auflage manches zu bessern. Gleichwohl ist es mir lieb gewesen zu sehen, daß selbige E. Hochedl. nicht überall mißfallen haben.

Es wird E. H schon bekannt seyn daß D. Hudemann ein Hamburger das Capitel von Opern in meiner Critischen Dichtkunst angegriffen und seine musicalisch-poetische Misgeburten einer regelmässigen Tragödie vorgezogen. Ich habe zu dem Ende meinen sterbenden Cato drucken lassen, der ihm einiger massen dienen soll die Falschheit mancher Beschuldigungen einzusehen, womit er die Trauerspiele verhaßt zu machen sucht. Ehestens werde ich ihm in unsern Critischen Beyträgen gerade zu antworten und seinen Theodosium nach den Regeln der Schaubühne untersuchen. Ich überschicke itzo auch meinen Cato zu geneigter Durchblätterung, und bitte mir Dero vernünftiges Urtheil davon aus, sonderlich, wo ich von dem [Eng]lischen und Französischen Cato abgegangen bi[n.]

Übrigens wünsche ich ehestens das versprochene Werk zu Vertheidigung des Miltons zu sehen. Ich gestehe, daß ich begierig bin die Regeln zu wissen, nach welchen eine so regellose Einbildungskraft, als des Miltons seine war, entschuldiget werden kan.

Ich bin übrigens mit aller Hochachtung

Eurer Hochedlen

Meines hochgeschätzten Gönners

ergebenster und gehorsamster Diener

Gottsched.

Leipzig d 7 October
1732.

HochEdler und Hochgelahrter ꝛc.

Infonders Hochzuehrender Herr;

Ich finde in Dero neulichen Zuschrift und beygeschloffenen Büchern neue Spuhren sowohl von Ihrem glücklichen Fleiße in der verbefferung des geschmackes, als auch von Ihrer Gefälligkeit gegen Ihre Freunde: Und ich werde mich befleißigen in diesen beyden Stüken mit Ihnen zu eifern; und Ihnen sowohl meine begierde den regierenden übeln Ge= schmak zu bestreiten, als auch meine aufrichtige Freundschaft zu bewähren.

Der Auszug aus der Miltonischen überfetzung ist sehr höfflich und günstig; Ich wünsche, daß er eben so unpartheiisch sey. Ich hatte absonderliche Exempel von glüklich oder unglüklich überfetzten Stellen erwartet, und bekenne gern, daß ich im überfetzen viele Stellen an= getroffen habe, in welchen ich hinter dem Englischen zurück geblieben und die gehörige Redens=Art im teutschen nicht finden können, wiewohl ich versichert ware, daß sie in dieser Sprache nicht mangelte. Aber ich muß glauben, daß man mir zum besten keine solche genaue Ver= gleichung des Originales und der Copie hat anstellen wollen. Ew. HochEdl. bezeugen ein Verlangen die Regeln zu sehen, nach welchen eine so regellose Einbildungskraft, wie Miltons war, entschuldiget werden kan. Nachdem mir die Zeit, so ich auf dergleichen Arbeit mit Ver= gnügen anwendete, von minder angenehmen Geschäften weggeraubet wird, daß ich sobald mit der Ausfertigung derselben nicht zu stande kommen werde, habe ich nur die vornehmsten Grund=Sätze, nach welchen ich die Vertheidigung des verlohrnen Par. einzurichten gedenke, obenhin zu papier gebracht und Hrn. Clauder meinem wertheften Freunde übersandt, der sie Ew. HochEdl. gerne mittheilen wird. Ich bitte diesen großen Poeten so lange nicht zu verurtheilen, biß ich die Rettung deffelben werde aus= gearbeitet haben.

Ew. HochEdl. können die Opern nicht beffer wiederlegen, als mit Trauer=Spielen von der vollkommenen Art. Was ich eine vollkommene Tragödie heiße, können sie aus dem Paragone della Poesia Tragica wahrgenommen haben; denn der Verfaffer dieser Critik hat mich zu einem Proselyten von seiner Lehre gemacht, statt daß ich von dem Exempel des Corneille und anderer verführt, zuvor gantz andere Gedanken von dieser Art Gedichte gehabt hatte. Als ich ihm einst Abbisons Cato als ein Muster der vollkommenen Tragödie angepriesen, gab er mir Folgendes zur Antwort: Jo non saprei affermare che il Catone dell' Addison sortisca pienamente il suo effetto o riguardisi il terrore, o la pietà; il primo è inutile, perche patisce un innocente; e rispetto alla seconda quanto il merito della persona e la gravezza della calamità vagliono a muoverla, tanto la reprime l'intrepidezza del suo animo: avvegnache non desti perfettamente l'altrui dolore, chi non lo mostra. Nondimeno s'io paragono il Catone dell' Addison col Catone di M. Deschamps trovo appresso l'Inglese maggiore artifizio nel render compassionevole la calamità di si grande uomo, che appres·o il Francese; percioche quegli nel dar maggior luogho all' esercizio della sua costanza lascia apparir meglio il peso della calamità. Ein Grundsatz meines vornehmen Freundes ist, daß das Trauerspiel poema populare und vor die Bürgerschaft ge= wiedmet sey; zumahlen die Zuhörer aus allerley Leuten bestehen. Übrigens, weil ich höre daß Master Popes Dunciade in Hamburg aufgeleget worden, so ersuche E. HE. mir ein Exemplar davon in billigem preise zu ver= schaffen, und hingegen zu befehlen, der ich mit sehr vieler Hochachtung verbleibe Ew. HochEdlen schuldig gehorsamer

Joh. Jacob Bodmer.

Sub finem 1732.

P. S. Nuper reddita mihi est Tabula Peutingeriana, munus Cl. viri J. G. Lotteri, cui plurimum me hoc nomine debere profiteor — Raptim.

Hochedler und Hochgelahrter
    insonders hochzuehrender Herr Professor
        Hochgeschätzter Gönner

Ich habe meine Antwort auf das letztere Schreiben damit mich E. H. beehret fast gar zu lange ausgesetzet. Ich bin den ganzen Winter durch, wegen der Veränderung die mit mir vorgegangen, mit allerley Reisen und Geschäften so überhäufet gewesen, daß ich fast an meine auswärtige Gönner und Freunde nicht habe denken können. Zu dem kam noch, daß ich den andern Theil meiner Weltweisheit diese Oster Messe fertig liefern muste, welches mir denn alle noch übrige Zeit wegnahm. Ich schweige andrer zufälligen Arbeiten, davon beyliegende Proben ein Zeugniß ab= legen werden. Dieses alles wird mich verhoffentlich bey einem billigen Richter von dem Laster der Unachtsamkeit frey sprechen können: Zumal wenn ich itzo die Versicherung hinzufüge, daß E. H. unter derjenigen kleinen Anzahl gewesen, an die ich am öftesten gedacht, und derenthalben mir mein Stillschweigen am sträflichsten geschienen. Indessen habe ich mich vergnüget, daß mir Herr Clauder zuweilen einige mündliche Nach= richten von E. H. zu geben gewust, auch das noch fortwährende gute Andenken meiner Wenigkeit zu verschiedenen malen bezeuget hat. Wo mir recht ist; so hat er mir einmal den Beyfall E. H. wegen meiner Ode auf unsern hochseligen König, und den itztregierenden Herrn, zu verstehen gegeben, und mich in Dero Namen aufgemuntert lieber bey der

Dichtkunst zu bleiben als mich in die Philosophie zu vertiefen. Ist dieses
alles auf Dero Befehl geschehen: So danke ich vor die gute Meynung
von meinen Gedichten. Das Lob solcher Kenner kan niemanden, und
am wenigsten mir gleichgültig seyn. Allein ein Poet und weiter nichts
zu seyn nährt bey uns seinen Mann nicht. Wir können nicht alle
Professoren der Poesie werden; und der Ausgang hat es letzlich gewiesen,
daß ich die Logick und Metaphysick zu lehren bestimmet gewesen. Ich
habe also nicht vergeblich mein philosophisches Buch herausgegeben:
Denn hält es gleich viel besonderes in sich, so hat es doch bey Hofe seine
Wirkung gehabt, wo man auf solche Proben sieht. Doch kan ich nicht
leugnen, daß die freyen Künste mir allezeit sehr nahe am Herzen liegen
werden, weswegen ich denn auch den Titel eines Prof. Poeseos nicht
habe fahren lassen, wie ich wohl hätte thun können. Die Erhaltung
der Deutschen Gesellschaft schien solches auch einiger massen zu fordern,
als welche mir grossentheils oblieget, und um derentwillen es mir sonder=
lich lieb ist, daß ich hier endlich einen festen Fuß bekommen habe. Ferner
hat mir Herr Clauder im Namen E. H. zugemuthet, des Hn. Mura o i i
Tractat della perfetta Poesia zu übersetzen. Vors erste kenne ich das
Buch noch nicht, denn in ganz Leizig hat es niemand. Könnte ich es
aber auch irgend durch Vermittelung E. H. bekommen: So sehe ich doch
noch keine Zeit dazu übrig. Ich muß itzo meine Redekunst neu auf=
legen lassen, und da denke ich das ganze Buch auf den Fuß meiner Critischen
Dichtkunst zu setzen. Haben nun E. H. an meinen oratorischen Begriffen
etwas auszusetzen: So bitte mir solches je eher je lieber zu melden:
Denn ich versichere, daß ich mich gern darnach richten will. Wir haben
hier mit vielen Leuten zu fechten, die die Beredsamkeit in schönen
Ciceronischen Redensarten und gültigen lateinischen Wörtern suchen: Daher
in den neufränkischen Zeitungen auch vielmals solche Artikel mit unter=
gelaufen, die solchen Irrthum bestreiten. Ein gutes Lexicon würde also
die fruchtbarste Rednerquelle dieser Leute werden. Wie E. H. an einem
Orte ihrer Schriften sehr wohl erinnert haben. In soweit dächte ich
also wohl, daß unsre Begriffe mit einander übereinkommen. Doch ich
wünschte, daß es überall so seyn möchte. Indessen wollte ich zur Über=
setzung des Italieners, schon durch andre Mittel Anstalt machen. Es
fehlt uns hier an Leuten nicht, die beyder Sprachen mächtig genug sind,
und die man nur wegen der Sachen in einiger Aufsicht haben muß.
Itzo wird hier des Abts von Aubignac Pratique du Theatre durch den
Hn. von Steinwehr, ein Mitglied unsrer Gesellschaft, übersetzt: Denn
wir wollten gern daß die Deutsche Schaubühne ins Geschicke käme. Hr.
M. May übersetzt auch des Riccoboni Dissertation sur la Tragedie
moderne, und die Briefe an und von den Hn. Rousseau dazu. Die

Italienische Critic des französischen Theaters Paragone della Poesia tragica etc. hat auch einen Uberseßer gefunden, der meinen Anfang den ich dazu gemacht, fortseßen wird. Ich hatte auch einmal angefangen die Reisen des Cyrus in Verse zu übersetzen, aber ißo ist mir ein ander zuvorgekommen: Doch soll das Buch auf Michael mit meiner Vorrede heraus= kommen. Was Eurer Hochedl. von dieser neuen Ausgabe des Svifts dünket, das bitte ich mir zu melden, imgleichen wie Ihnen beygelegte Ode gefällt. Ich hatte sie anfänglich ohne Reime gemacht; auf viel= fältiges Wiedersprechen meiner Freunde aber muste ich sie wieder damit verbrämen. Ich will aber jene doch einmal drucken lassen. Ich wünsche bald die andre Hälfte Miltons von E. H. zu sehen darauf wir schon so lange hoffen. Ubrigens verharre ich mit aller Hochachtung

E. H.

ergebenster und gehorsamster Diener

Leipzig b 3 Jun. 1734.   Joh. Chr. Gottsched.

HochEdler und Hochgelahrter
Hochgeehrtester Herr und Freund.

Ich hoffe die Menge von nüßlichen Arbeiten womit Ew. HochEdl. zum Aufnehmen der Wohlredenheit und Poesie auf eine so ruhmwürdige Weise überhäufet sind, werde mich bei Ihnen so wohl entschuldigen, daß anstatt sich über mein langes Stillschweigen zu beklagen, sie mir vielmehr Dank davor wissen werden. Indessen muß ich gestehen, daß ich sie mit meiner Zuschrift öftere wohl beunruhigen würde, wenn die Entlegenheit des Ohrtes einen fleißigen und schleunigen Briefwechsel zwischen uns gestattete. Diesen Mangel müssen mir inzwischen die artigen und gründ= lichen Schrifften ersetzen, womit sie das publicum zu bereichern niemahls müde werden. Ihnen haben wir etliche vollkommen=gute grammaticalische Untersuchungen und Critische Aufsäße in den Beyträgen ꝛc. zu danken; von Ihnen hat die teutsche Gesellschaft ihr Wesen und Leben; von Ihnen dörfen wir die Einführung der teutschen Tragödie hoffen. Haben wir einmahl diese, so wird die Oper von sich selbst fallen Ew. HochEdl. lassen sich nur die Widerspenstigkeit derjenigen nicht erschrecken, welche die Oper nicht vertheidigen würden, wenn sie in ihrer Jugend nicht selbst dergleichen verfertiget hätten. Bey dieser Gelegenheit kan ich mich nicht enthalten, Ihnen zu sagen, daß nach meinem Urtheile die Trauerspiele, welche nach den Grundsätzen des paragone della poesia tragica verfasset sind, einen weit schnellern und gewissern Eindruck auf die Zuseher thun werden, als solche, welche nach dem Muster des Corneille eingerichtet sind. Jedermann aus dem vornehmen und schlechten Pöbel ist fähig durch den Schrecken und das Mitleiden in heftige Bewegungen gesetzt zu werden; hingegen braucht es schon hohen Verstand und Großmuth dazu die erhabenen und oft mehr als menschlich scheinenden Entschlüsse und Gedanken von Sertorius, Nicomedes, Antiochus u. a. nur zu begreiffen. Jüngst ist mir Lazzarini Ulysses il giovane vor Augen gekommen. Man lasse dieses Trauerspiel nebenst Corneille Horatii aufführen; die Zuhörer von Ulysses werden von der Traurigkeit überwältiget sich gezwungen ergeben müssen: hingegen werden die meisten, so den Horatiis zusehen werden, nicht wissen, was sie gedencken, noch was sie fühlen sollen. Zudem ist es vor den Poeten ein leichteres Werck, die Bewegungen von Leid und Schreken nach ihrem Anfang, Mittel und Ende in gehörigen Graden durch fünf Handlungen aus einander zu legen, als ein Werck von dieser Größe mit erhabenen Reden und Meynungen allezeit empor zu halten, also daß es von der Höhe niemahls herunterfalle. Die Exempel von Traurigen und Nothleidenden sind auch weniger rar, als Exempel von Helden, welche sich über die Sphäre der Menschen hinaufschwingen.

Ew. HochEdl. begehren mein Urtheil von der Ode auf den Doctor-Hut des Herrn Grafen von Oetingen. Diese Ode, sowohl als die Ode, der wahre Held August, gefällt mir so wohl, daß ich in mein Exemplar von dem Character der Teutschen Gedichte, nach Heräus und Pietschen, diese Zeilen eingeschoben habe:

> Mit ihnen im Begleit seh ich auch Gottsched gehen
> Der mir nicht kleiner daucht, und nicht darf schamrot sehen
> Wann er bey ihnen sitzt, wiewohl er sie verehrt
> Sein wahrer Held August ist Opitz Schreibart wehrt
> Ist alles dessen wehrt, was Gottsched sonst gesungen
> Soweit ists ihm durch Fleiß und Biegsamkeit gelungen.

Ich sah mich jüngst genöthigt, auf eine hiesige Wahl ein Gedicht zu schreiben, von diesem sende Ihnen hierbey einige Exemplare. Das Blättgen von Nachtheiligkeit des Geistes hat Herrn D. Haller zum Verfasser; ein ganzes Werck von dieser Art würde uns keine Ursache übrig lassen, den Engl. Spectator mit mißgünstigen Augen anzusehen. Ich habe vor Ew. HochEdl. auch ein Exemplar der Helvetischen Bibliotheck beygelegt.

Neulich ist mir ein zerrissenes Blatt von Pergament in die Hände gefallen, auf welchem ich hier beygelegte Zeilen gelesen habe. Ich setze es über Friederich des II. Zeiten hinaus. Man siehet leicht, daß es ein Stück von einem Romanze ist, mit welchem Nahmen man die poemata Epica derselben Zeit belegte. Ich wünschte, daß ich ein ganzes Werck von dieser Art zu sehen bekäme; damit ich die Regeln eines solchen daraus erkennen könte. Ist nichts dergleichen in Sachsen dem Untergange entronnen? Ich entsinne mich, daß in der königlichen Bibliotheck zu Paris

etliche Codices Mssc. von dergleichen poetischen Ritterbüchern noch vor=
handen sind; und zweifle nicht, daß die Erlaubniß leicht zu erhalten wäre,
eine Abschrift davon am Ohrte selbst zu nehmen. Vielleicht könten Ew.
HochEdl. einen geschickten jungen Menschen, der seiner Lust halben nach
Paris gienge, schon dazu bereden, daß er sich Mühe gäbe, einen von
diesen Codicibus abzuschreiben. Dadurch würde gewiß dem studio Ety-
mologico, Grammatico, und insgemein der Teutschen Sprache und Poesie
ein vielfältiger Nutzen zuwachsen. Mit diesem verbleibe in stets wachsender
Hochachtung Ew. HochEdl. 2c. gehorsamst=ergebenster Diener

Joh. Jacob Bodmer.

Zürich den 28. Martij 1735.

P. S. In dem Exemplar von Herrn Schwaben Antilongin, womit
Ew. HochEdl. mich beschencket haben, ist mir der Bogen b von der Vorrede
verlohren gegangen. Ists möglich, daß sie mir diesen Defect ersetzen
können, so bitte solches mit Gelegenheit nicht aus der Acht zu lassen

HochEdler

Hochgeschätzter Hr. und Freund.

Ich habe die Zeitung von Dero Verheirathung mit Mlle Kulmus
mit empfindlicher Freude vernommen: Ich wünsche daß Ihnen aus dieser
Verbindung eben dasjenige Vergnügen zufließe, und auf eine lange
Reyhe Jahre beständig bleibe, welches ich noch vor einem halben Jahre
in Besitz hatte, und nach einem kurtzen Genuß durch den frühzeitigen
Tod eines einzig geliebt. Sohnes unwiderbringlich verloren habe!
Die Verbindung eines so gleich gesinneten Paares scheint mir lauter
Glückliches vor die Verbesserung der Poesie und des Geschmackes zu
prophezeyhen. So oft denn etwas von Ew. HochEdl geschickten Muse
sowohl als Me. Gottsched an das Tageslicht kommen wird, bitte mich
damit zu beehren. Ich habe eine ziemliche Zeit rechten Mangel an neuen
Gedichten, so etwas erhebliches wären, leiden müssen; es sey daß die
besten Köpfe allbar unfruchtbar geworden, oder daß ihre Geburten von
kurtzem Leben seynd, oder daß sie sich scheuen die gräntzen ihrer geburts=
statt zu verlassen. Von unserm schweitzerischen Poeten Hrn. D. Haller
haben wir weiters nichts bekommen, als beygelegte Ode. Indessen
arbeitet er an einem großen Gedicht, wovon ich Ew. HochEdlen Nach=
richt ertheilen werde, wann es erst etwas weiter ausgeführt seyn wird.

Beyliegende Critische Schrift ist mir durch einen Unbekannten auf
der Bernerischen Post zugeschickt worden. Dabey waren etliche Zeilen
geleget, worinne Er mich bittet, dieselben an Ew. HochEdlen zu über=
senden, nachdem ihm bekannt sey, daß ich mit Ihnen einigen Brief=

Wechſel unterhalte. Ich machte mir zwar einiges Bedenken, dieſem Un=
bekannten Folge zu leiſten. Ich fürchtete, ſo fern Hr. Geh. Rath König
innen würde, daß Ew. HochEdlen dieſe Crit. Unterſuchung durch meinen
Canal bekommen hätten, würde er mirs verargen, und mir vielleicht auf=
bürden, daß ich belieben trüge, den Feinden ſeiner poetiſchen Verdienſte
Vorſchub zu thun. Ich wollte mich nicht gerne ſeinem Zorn bloß geben,
von welchem ich ſchon vordem öffentliche, wiewohl nicht geſuchte Proben
empfangen hatte. Jedennoch weil die Criticá mit aller gelindigkeit ge=
ſchrieben iſt, und der Verfaſſer die gebührende Hochachtung gegen den
H. König nicht aus Augen ſetzet, habe ich beſchloſſen, ſie nach ſeinem
Begehren an Ew. HochEdlen zu überſenden und aber dieſelben zu er=
ſuchen, daß ſie gegen H. König verborgen halten, daß ſie ſolche durch
mich erhalten haben. Eine wohl ausgeführte Critiſche ſchrifft, welche
nicht nur tadelt, ſondern auch lobet, iſt nach meinem Sinn bequemer
den Ruhm eines Poeten zu vermehren, als ein nackendes uner=
wieſenes Lob.

Zugleich ſende E. HE. Gravinen Trauerſpiele zu einem anſtändigen
Geſchenck vor Sie. Sie werden in der Vorrede zu Maffei Italieniſchen
Theatro die geſchicht von dieſen Tragödien finden. Das Werck iſt ſo rar,
daß ich allerdings beglaubet bin, es finde ſich daſelbſt kein Exemplar davon.

Ich erinnere mich, gehört zu haben, daß daſelbſt Hrn. Priors Ge=
dichte Alma oder Progress of the Mind genannt, von jemanden überſetzt
werde; deßgleichen daß Popes Dunciade zu Hamburg nachgedruckt
worden; Bitte mir darüber gewißere Nachricht mitzutheilen. Und mit
dieſem, nächſt Göttl. Empfehlung und gehorſ. Gruß habe die Ehre zu
verbleiben

E. HE.

gehorſamſt Ergebenſter
Joh. Jacob Bodmer.

Zürich den 28. Auguſt 1735.

Postscriptum.

Das Angedencken der geliebten perſon, mit welcher Abſterben mir der
beſte Theil von meinem irdiſchen Vergnügen entzogen worden, daucht
mir etwas ſo wichtiges und theures, daß ich jede Gelegenheit ergreiffe,
daſſelbe zu unterhalten und fortzupflanzen. Dieſerwegen habe nicht um=
hin gekont, E. HE. das gedicht: die Trauer eines Vaters; im Beyſchluß
zu überſenden; welches der väterlichen zärtlichkeit zu verzeyhen bitte.

Es haben ſich orthographiſche Fehler im Abſchreiben eingeſchlichen,
welche mir nicht beyzumeſſen bitte. Diejenige Fehler, welche aus hie=
ſiger provincial=Sprachart übrig geblieben, gebe Ew. HochEdl. volle Macht,
nach Dero Einſicht zu verbeſſern, ſofern es Ihnen der Mühe wehrt zu
ſeyn dünckt.

Hochedler ꝛc.

Hochgeſchätzter Herr und Gönner.

Ich hoffe E. HE. werden auf der Oſtermeſſe des vergangenen
Jahres das Blättgen von Nachtheiligkeit des Geiſtes; das Gedicht:
Die Wohlthäter der Stadt Zürich; und die Helvetiſche Bibliotheck; dann
ferner auf der Michaelis=Meſſe die Halleriſche Ode; die Critiſche Unter=
ſuchung des Gedichtes: Auguſt im Lager; die Elegie: Trauer eines
Vaters; und Gravinen Trauerſpiele; wohl empfangen haben; welches
mich durch Überbringer dieſes zu vergewiſſern bitte. Dieſer iſt ein
nicht ungelehrter junger menſch, welcher vor E. HE. eine ungemeine
Hochachtung heget, und mich etlichemahl erſucht hat, ihm mittelſt meiner
Zuſchrift bei Ihnen einen freyern Zutritt zu verſchaffen. Ich wünſchte,
daß E. HE. die mühe nehmen möchten, ihm die geſchickteſten von den
neuern poet. Schrifften, ſowohl einzeln Stücken, als Sammlungen, wie
auch die beſten proſaiſchen bekannt zu machen, weil ich ihm aufgetragen
habe, mir einen guten Vorrath von dgl. aufzukauffen. Die Bemühung,
welche hiermit verurſache, bitte fleißigſt ab, und verbleibe mit ſonder=
bahrer Hochachtung

E. HE. gehorſamſt ergebenſter Diener

Zürich den 3. April 1736.   Joh. Jac. Bodmer.

Überbringer dieſes wird ihnen einige Curioſe Nachrichten von einer
allhier verfertigten Überſetzung der Wercke von Flavius Joſephus, und einer
andern, ſo zu Tübingen zu einer Zeit gemacht worden, mittheilen. Er
hat eine Vergleichung beyder geſchrieben, und ſähe gern, daß ſolcher in
den Beyträgen ein Platz eingeräumt würde. E. HE. werden auch mich
verbinden, wenn ſie ihm hierinn williahren werden.

Hochedler und Hochgelahrter
inſonders hochzuehrender Herr
hochgeſchätzter Gönner

Ich bin ganz beſchämt, da E. H. mich abermal einer Zuſchrift
würdigen, da ich doch höre, daß Denenſelben meine letzte Antwort, die
ich an der vorigen Michaelmeſſe, durch den Cottiſchen Buchhandlungs=
diener aus Tübingen beſtellet habe, nicht eingelaufen iſt. Am meiſten
verdrüßt mich die üble Meynung, die E. H. von meiner Grobheit und
Unempfindlichkeit bekommen müſſen, wenn ich ſoviele ſchöne Sachen, ſo
ich von Denſelben zu erhalten das Glück gehabt, mit einem froſtigen
Stillſchweigen angenommen zu haben ſcheine. Allein ich bitte mir das
Recht wiederfahren zu laſſen, daß ich gelehrter Männer, ſonderlich von

der Art E. H., Briefwechsel nach Werthe zu schätzen, und ihre Gewogenheit gegen mich zu erkennen wisse. Dieses zu bezeugen habe ich damals ein ganzes Päckchen neuer Sachen, darunter der von meiner Liebsten über=setzte Cato war, an Dieselben beygelegt; auch an des Hn. D. Hallers Hochedl. gleichfalls ein Päckchen geschickt. Bey dem allen weis ich nicht wie es zugeht, daß beydes nicht abgegeben worden, da ich von dem letztern auch noch keine Antwort erhalten habe: und gleichwohl von dem obgedachten Factor des Hn. Cotta diese Messe noch versichert worden, daß beydes richtig nach Zürch und Bern bestellet worden. Vielleicht ist es noch möglich dort auf die Spur zu kommen, und dadurch von meiner Unschuld überzeugt zu werden.

Indessen wiederhole ich nochmals meinen Dank für alle mir zu=gefertigte Sachen überhaupt und ins besondre: Und versichere, daß ich die Schweiz glücklich schätze, indem sie itzo solche Geister besitzt, die ganz Deutschland trotzen können. Mir sind diese Messe die Caractere deutscher Gedichte von E. H. zu Handen gekommen, darinn ich die scharfsinnige Art der Beurtheilung, sowohl als die critische Einsicht loben muß, daraus sie geflossen. Ich bin dabey sehr verbunden, daß E. H. mich, da ich keinen rühmlichen Caracter haben konnte, auch keines verwerflichen werth geschätzt haben Es ist mir leid, daß ich die neuliche Untersuchung des Werkes, August im Lager, nicht habe in die Beyträge der D. G bringen können. Mein Censor D. Jöcher, ist ein Freund des Hn. Königs und wollte diese Schrift nicht drucken lassen. In der Schweiz würde dieses nicht zu besorgen seyn, und es wäre gut, daß der Welt die Augen aufgethan würden. Vielleicht kan ich sie noch in Hamburg, wo dieser Dichter zum Könige der Poeten gekrönet worden, an jemanden befördern, der sie ans Licht stellet.

Was den Josephus betrifft, so habe ich mit Vergnügen die An=merkungen angehöret, die Dero gelehrter Freund mir darüber gemacht hat. Ich will in dem nächsten Stücke, dem Hn. Prof. Cotta, der sonst mein Freund ist, zwar sein Lob nicht entziehen; aber doch auch die Wahrheit nicht verhelen, die mir lieber als alles ist.

Vor itzo bitte ich mit den Kleinigkeiten vorlieb zu nehmen, die ich Dero Freunde mitgegeben habe. Es ist meine ausführl. Redekunst und mein Carl der Friedensstifter, darüber ich mir Dero Urtheil ausbitte. Hernach sind es einige poetische u. prosaische Stücke von andern, so diesen Winter mir in die Hände gefallen, darunter auch einige von meinen Zuhörern vorkommen Hier möchte es mit H Hallern heißen:

Ganz Leipzig quillt von nüchtern Schreyern,
Die Gasse thönt von feilen Leyern,
Davon der beste Name stinkt

Mehr kan ich itzo der Eil halber nicht schreiben, bitte aber schlüßlich nochmals, fest zu glauben, daß ich mit besondrer Hochachtung sey

E. H.

Leipzig d 10 May 1736.

Meines hochgeschätzten Gönners verbundenster und ergebenster Diener

Gottsched.

P. S. Die beyden Stücke unsrer Beyträge, die zum vierten Bande gehören, habe ich auch mit beygelegt. Ich bitte zu vergeben, daß ich den gestäupten Leipziger Spectateur mit eingerücket: Wozu ich mir in dem neulichen Schreiben die Erlaubniß ausgebethen hatte.

HochEdler, Hochgeschätzter Hr. Prof.

Herr Teubner wird E. HE. ein Exemplar des Tractätgens von der Natur des Geschmackes übergeben haben. Ich wünschete, daß ich für so viele artige mir überschickte sachen mit etwas tüchtigern hingegen aufwarten könnte. Den Anlaß zu diesem Werckgen gab das Vorhaben alle Theile der Wohlredenheit nach den verschiedenen Kräfften der Seele, auf welchen sie beruhet, zu durchgehen. Eine solche Arbeit wäre allerdings vergeblich, wenn das schöne nur geschmecket und nicht erkennet würde. Dieses Vorhaben ist seither gantz ins stecken gerathen, nachdem ich nebst meinem Mitarbeiter dem Hn. Profeß. Breitinger in hundert andere Geschäffte verwickelt worden, welche uns des stillen und müssigen lebens beraubet haben, wovon die Anklage des falschen Geschmacks und das Werckgen von dem Einfluß der Einbildungskraft etc. entsprungen sind. Die Haupt=Wahrheiten, so in diesen Plan gehören, sind zwar würcklich erfunden, und in ein kurtzes Systema verfasset, aber zu der critischen Ausführung wird mehr Zeit erfodert, als wir übrig haben.

Der H. Füßlein, der nicht müde wird, die Höflichkeit zu rühmen, welche er von E. HE. und Dero geschickten Frau liebsten empfangen hat, hat ein Exemplar von seinen Nachrichten über die Josephischen Über= setzungen beygeleget, er wünschet, daß die Kenner beyder Sprachen den von ihm angewendeten Fleiß nicht vor überall unglücklich ansehen.

Daß die Critische Untersuchung des Gedichtes von August unterdrücket wird, ist mir mehr lieb als leid um Hn. Königs willen, den ich alle= zeit als einen der größten ietztlebenden poeten hochschätze, und dessen Zärtlichkeit in dem punct des poetischen Nachruhmes mir aus unangenehmen Proben schon bekannt ist. Der unbekannte Verfasser davon mag sie selbst bekannt machen, wenn ers gut findet.

Ich war willens, dem Hn. Verfasser dasiger gelehrten Zeitungen, welchem auch ein Exemplar des geschmackes und der Nachrichten habe zustellen laffen, einige Zeilen deßwegen zuzuschreiben, weil es mir dießmahls an der Zeit gebricht, so nehme die Freyheit E. HE. zu bitten, daß Sie ihm in meinem Nahmen ein höfliches Compliment machen. E. HE. haben dem geständten Leipziger Diogenes mehr Ehre angethan, als er verdienete; das war eine unzeitige geburt, welche von den Verfaffern weggeworfen und ihrem eigenen Stern überlaffen worden. Ich verbleibe mit beständiger Hochachtung

E. HE.
gehorsamst und ergebenster

Zürich d. 6. Sept. 1736.   Joh. Jac. Bodmer.

Hochedler und Hochgelahrter,
     insonders Hochgeschäzter Herr Professor,
Dero mehrteste Zuschrift vom vierten Januar[1]) giebet mir durch so viele höffliche Ausdrücke neue Proben von Deroselben hochgeschäzten Freundschaft. Wiewohl mir nun diese an sich selbst überaus schäzbar ist, so wird sie mir doch dadurch noch schäzbarer gemachet, daß sie mir die Freundschaft und Wohlwollen vieler munterer Köpfe von Deroselben bekantschaft zuwege bringet. Das postscriptum ihres Schreibens scheinet mir zu sagen, daß ich unter diejenigen, die mich ihrer Freundschaft würdigen, die berühmte Deutsche Gesellschaft mitzehlen dörffe. Da ich mir nun keiner Verdienste bewußt bin, welche mir die gewogenheit so geschikter Männer hätte zuwege bringen können, und vielmehr in denen Schriften, welche mir den Beyfall derselben haben erhalten sollen, so viele unvollkommenheit wahrnehme, daß ich wünschete, dieselben biß zu mehrerer Zeitigung zurücke behalten zu haben; So muß ich daher abnehmen, daß ich solchen meistentheils dem Vorwort E. HE. zu dancken habe. Ich werde es vor ein Werck eben Deroselben anzusehen haben, wenn E. HE. verfügen wollen, daß ich mit obgedachter ruhmwürdiger Gesellschaft auf eine nähere Art verbunden werde.
Da ich dieses durch Einschluß zu übersenden gedencke, darff ichs nicht weitläuftiger machen. Ich schließe mit der Versicherung, daß ich mit aller Hochschäzung verbleibe

E. HE.
Meines Hochgeschäzten Herren Professoris
ergebenster Diener

Zürich den 5. Martius 1737.   Joh. Jac Bodmer.

---

1) Fehlt unter den in Zürich aufbewahrten Briefen Gottscheds an Bodmer.

HochEdelgebohrner,

  Hochgeschätztester, Hochgelahrter Herr.

  Ich zweifele nicht, Dieselben werden mein letzteres wohl empfangen haben; da iezo Hr. Conrad Orell, mein naher Anverwandter auf dasige Messe gehet, habe nicht umhin gehen können, ihm diese wenigen Zeilen an E. HE. mitzugeben, damit ich mich durch Ihn des Zustandes Ihrer Gesund= heit und Wohlergehens Dero wehrtesten Hauses erkundigte; sie werden mir vieles Vergnügen verursachen, wenn Dieselben mich bey der Rükreise be= sagten Herrn Orellen mit Ihren Befehlen beehren werden; derselbe wird Ihnen übrigen von Mund zu sagen wissen, was ich hier mit wenigen nicht ausdrücken könte, wie ich mit ausnehmender Hochschätzung verbleibe E. HE. Meines hochgeschätztesten Herren gehorsamst=Ergebenster Diener

  Zürich den 8. April 1737.   Johann Jacob Bodmer.

Hochedler und Hochgelahrter

  insonders hochzuehrender Herr Professor

    hochgeschätzter Gönner.

  Ich bin E. H. die Antwort auf ein paar angenehme Briefe schuldig, weil H. Orell, der mir von seiner Abreise Nachricht zu geben versprochen, nicht Wort gehalten. Da sich indessen itzo eine so bequeme Gelegenheit äußert, Dieselben schriftl. meiner Ergebenheit zu versichern: So kan ich dieselbe unmöglich vorüber lassen, ohne E. H. meine und der Deutschen Gesellschaft besondre Hochachtung zu verstehen zu geben. Denn nachdem mir Dieselben in Dero letztern geehrten Schreiben durch ein höfliches Compliment zu verstehen gegeben, daß mein neulicher Antrag Denenselben nicht misfallen hätte: So habe ich solches der sämmtlichen Gesellschaft neulich in einer zahlreichen Versammlung zu verstehen gegeben. Diese sah nun solches mit Vergnügen als eine Erlaubniß an, einen so gelehrten, Deutschliebenden und berühmten Mann unter die Zahl ihrer Freunde, Gehülfen und Mitglieder aufzunehmen. Dieses geschah nun mit ein= hälligen Stimmen, und ich habe hiermit die Ehre solches E. H. vorläufig zu berichten, bis die förmliche Erklärungsschrift von unserm Präsidenten unterschrieben seyn wird. Ich erfreue mich über diesen neuen Gewinst unsrer Gesellschaft um soviel mehr, je mehr ich allezeit die besondre Critische Einsicht E. H. hochgeschätzet habe. Zu gleicher Zeit bitte ich mir von Denenselben bey Gelegenheit einigen Beytrag zu unsrer critischen Monatschrift aus: In der vollkommenen Versicherung, daß dergleichen Aufsätze von einer so geschickten Feder unsrem Werke viel Ansehn und Stärke ertheilen werden.

Nebſt E. H. iſt noch ein geſchickter Doctor der Arzneykunſt aus
Schleſien zum Mitgliede aufgenommen worden, von dem ich beyliegendes
Gedichte beylege. Daß H. D. Haller neulich auch zum Mitgliede auf=
genommen worden, wird E. H. ohne Zweifel ſchon bekannt ſeyn, und
wir hoffen, daß unſre bevorſtehende neue Sammlung von eigenen
Schriften und Uberſetzungen mit den Schriften ſolcher Meiſter nicht
wenig prangen wird.

Nach gehorſamſter Empfehlung von den ſämmtlichen Mitgliedern
unſrer Geſellſchaft, habe ich die Ehre mit beſondrer Hochachtung zu ſeyn

Leipzig b 23 Jun.   E. H Meines hochgeſchätzten Gönners
      1737.   gehorſamſter und verbundenſter Diener
                                    Gottſched.

_____

HochEdler, Hochgelahrter Hr. Profeſſor
Inſonders hochgeſchätzter Hr. und vornehmer Gönner.

Sie mögen mir wohl glauben, daß ich die Nachricht von meiner
Aufnahme in die gelahrte Deutſche Geſellſchaft in ihrem geehrteſten vom
23.ſten Juni mit empfindlichem Vergnügen geleſen habe, ich erkenne
auch meine Schuldigkeit bey beſagter l. Geſellſchaft mit einem ehrerbiethigen
Danck=Schreiben einzukommen, und werde ſolches nicht unterlaſſen, wenn
erſt die förmliche Erklärungs=Schrift von dem Herren Präſidenten wird
eingelanget ſeyn. Inzwiſchen bitte E. HE. ſolches in meinem Nahmen
vorläufig auf das nachdrücklichſte zu bezeugen. Mithin bin ich beſorgt,
wie ich dem gütigen Urtheil, das E. HE. nebſt ihren hochgeſchätzteſten
H. Geſellſchaftern dadurch öffentlich von mir abgeleget haben, ein genügen
thun könne.

Hieſiger Hr. Profeſſ. Breitinger arbeitet an einem weitleuftigen Wercke
von den Quellen des Ergetzens in poetiſchen Schriften, er hat ungefehr
zween Drittel davon vollendet, es wird im gedruckten wenigſt 40 bogen
ausmachen. Da er mein vertrauteſter Freund iſt, pfleget er mir ſeine
Arbeit von ſtück zu ſtück vorzuleſen, ſo wie ſie nach und nach anwächſet;
wobey wir Anlas nehmen, uns über viele ſtücke genau und ausführlich
gegen einander zu erklären. Daneben erlaubet er mir ſeinem Werck
einige Aufſätze von meiner Arbeit beyzufügen. Ich hoffe daß ich E. HE.
auf künftige Oſtermeſſe die ſummarien von jedem Capitel nebſt
den erſten Bogen des Werckes gedruket werde überſchifen können.
Ohne Zweifel wird dieſes Werck viele Materien auf das Tapet ſtellen,
worüber dieſelben auch dero gedancken in einer neuen Auflage der
Critiſchen Dichtkunſt zu entdecken gelegenheit haben werden.

Ich bin gesonnen vornehmlich eine ausführliche Wiberlegung der Anklagen, welche von Le Magny, Voltaire und andren gegen Miltons Paradis gemachet worden, beydrucken zu lassen; auch soll Hrn. Heiniken auf etliche Sätze, die er in seinem Longin behaupten will, geantwortet werden. Ich wünsche, daß die Deutsche Gesellschaft, welche ich noch nicht unsere heißen darf, etwas darinn finden möge, welches ihre Wahl meiner Person bey der Critischen Welt einiger maßen rechtfertigen mag. Ich bitte meine gehorsame Empfehlung an die sämtlichen Mit-glieder derselben und verbleibe mit gebührender Hochachtung

E. H E. meines Hochgeschätzten Hrn. und Göners

gehorsamst=Ergebenster Diener

[O. O. u. J. — December 1737.]   Joh. Jac. Bodmer.

Hochedler Herr.

Wiewohl ich ohne Antwort von E. HE. bin, zweifle ich doch nicht, daß sie nicht mein Schreiben vom December vergangenen Jahres wohl werden bekommen haben; ich hatte damahls gehoffet, Ihnen auf diese bevorstehnde Leipziger Oster=Messe den Inhalt der Bücher und Capitel des poetisch=Critischen Werckes von den Quellen des Ergetzens iu poetischen Schriften überschiken zu können, alleine es ist nicht möglich gewesen; theils weil der Verfasser diese Arbeit wegen andrer Geschäfte allzu oft hat unterbrechen müssen, theils weil die Arbeit weitläuftiger geworden, als man sich anfänglich vorgestellet hatte. Ich glaube in=zwischen, daß das Publicum durch diesen Verzug mehr gewinnen, als verliehren werde. Der geschikte Freund, der das Vergnügen haben wird, E. HE. diese Zeilen zu übergeben, wird ihnen weitere Nachrichten davon mittheilen können. Mir bleibet nichts übrig, als mich Denselben in Dero fortwährende Freundschaft und Gewogenheit zu empfehlen, als

E. HE.

Ergebenster Diener

Johann Jacob Bodmer.

Zürich den 1. Mertz 1738.

P. S. Ich wünschte sehr durch ihre Vermittelung des Hrn. Wernike, ehmahligen dänischen Residenten, poetischen Versuch in einem Helden= und Schäfer=Gedichte zur Hand zu bringen; desgleichen wäre mir mit einigen Nachrichten zu einer Historie der Critik der deutschen Redner und Poeten trefflich wohl gedienet.

Hochedler und Hochgelahrter,
> insonders hochzuehrender Herr Professor,
> sehr werther Gönner,

Wenn ich bisher in meinen Antworten saumselig geschienen, so bitte ich dieses keiner strafbaren Nachläßigkeit, oder Geringschäßung so werther Zuschriften, sondern der Begierde zuzuschreiben, womit ich immer gewünscht habe die beygehende Versicherungsschrift von unsrer D. Gesellschaft mit=zusenden. Es war dieselbe schon im vorigen Jahre nach Helmstädt zur Unterschrift gesandt worden; wir haben sie aber ißo allererst wieder zurücke bekommen. Daher habe ich denn ißo das Vergnügen und die Ehre selbige als ein Zeugniß des Beyfalls zu überschicken, den die critischen Schriften E. H. sich bey einer ziemlichen Anzahl von Kennern erworben haben. Ich statte dazu meinen erfreuten Glückwunsch ab in der gewissen Hoffnung, daß E. H. so geschickte als gründliche Feder künftig um soviel weniger ruhen werde, die Ausbreitung des guten Geschmackes, und die Aufnahme unsrer Muttersprache, wie auch der freyen Künste zu be= fördern.

Derjenige gelehrte Freund, den mir E. H. gütigst zugewiesen, ist mir seiner Belesenheit und Einsicht wegen überaus angenehm gewesen. Ich habe gehofft, daß er mir noch einmal die Ehre seines Besuchs gönnen würde: Allein es ist nicht geschehen; und ich muß fürchten, daß er schon davon gereiset. Ich kan versichern daß ich mir dergleichen scharfsinnigen Umgang oft wünschen wollte. Wir haben viel von dem Milton, und von dem critischen Werke, darinn E. H. diesen Dichter rechtfertigen wer= den, gesprochen. Ich bin sehr begierig diese Vertheidigung zu sehen, und bin versichert, daß viele gleicher Meynung mit mir seyn werden. Wir haben den Pope mit seinen Erfindungen dagegen gehalten, sonderl. in dem lustigen Heldengedichte, so er die geraubte Haarlocke genannt hat. Wir waren beyde eins dieses Gedichte zu bewundern, und es sowohl dem Pulte des Boileau, als dem Hudibras des Buttlers vorzuziehen. Gleich= wohl wünschten wir auch beyde daß E. H. sich die Mühe nicht dauren ließen dieses leßtere Gedichte ganz zu verdeutschen. Es ist nicht zu hoffen, daß ein andrer Deutscher geschickter seyn werde diesen Poeten zu ver= dollmetschen, als eben Dieselben; und die ißigen Zeiten, da auch Religion und Philosophie wieder einander zu Felde liegen, könnte dieses Buch viel Nußen haben.

Wir geben nächsten Sommer einen neuen Band von eigenen Schriften und Ueberseßungen unserer Gesellschaft heraus. Ich wäre wohl willens E. H. Charactere Deutscher Gedichte mit einzurücken, wenn Dieselben es bewilligten, daß Dero Namen davorgeseßt werden dörfte. Wollten Die=

selben auch irgend etwas ändern oder auslassen, oder verbessern; so könnte es dadurch geschehen. Solche kleine Stücke verlieren sich, wenn sie nicht in größere Sammlungen kommen. Hätten E. H. auch sonst noch etwas an Dero Energeten zu ändern, so bitte ich mir solches in Zeiten aus. Denn auch dieses, und das Gedichte auf Dero verstorbenes Söhnchen werde ich mir zu Nutze machen. Ja ich ersuche Dieselben auch um einige kleine prosaische Aufsätze, die sich zu unsern Absichten schicken.

Dero Freund wird ein Exemplar von den Oden und Cantaten unsrer Gesellschaft, nebst einigen kleinen Schriften auf unsers Churprinzen Königl. Hoheit, überbringen, die E. H. zu gütiger Beurtheilung gewidmet sind. Ich höre H. D. Haller verbessert seine Gedichte, und will sie ver= mehrter ans Licht stellen. Ohne Zweifel werden sie in der Mundart etwas gelinder, zum Vorscheine kommen, und folglich mehr Beyfall er= halten als bisher. Man kan in unsern Gegenden über das Urtheil der Ohren schwerlich siegen, wenn man nicht über viel Vorurtheile weg ist. Die Zahl solcher Leser ist aber allemal sehr klein. Ein wohlklingendes Nichts findet also gemeiniglich mehr Beyfall, als ein rauhtönendes Or[iginal.]

Ich empfehle mich in fernere Gewogenheit und [Freund]schaft, und verharre mit aller Hochachtung und Aufrichtigkeit,

E. H.

Meines hochzuehrenden Herrn Professoris
und werthen Freundes
ergebenster und verbundenster
Diener

Leipzig b 9 May 1738.   Gottsched.

Hochedler und Hochgelahrter
Insonders Hochzuehrender Herr Professor.

Da ich meine Aufnahme in die deutsche Gesellschaft als eine Würckung Dero persönlichen Wohlgewogenheit gegen mir ansehen muß, so habe ich desto mehr Ursache, mir angelegen seyn zu lassen, daß ich mich dieser Wahl würdig mache. Ich erwarte von der Kraft, welche das Exempel geschickter Vorgänger auf die Gemüther hat, da ein Geist den andren mit seinem Feuer ansteket, daß die Ansicht und Nachfolge der muntern Köpfe in besagter Gesellschaft dasjenige bey mir ersezen werde, was mir an Gaben des Geistes und an Fleiß abgehet. Mithin ersuche E. HE. derselben meine schuldige Danksagung für diesen mir auf so höfliche Art vergönneten Platz bey ihr, in den verbindlichsten Worten zu erklären und mein Unvermögen etwas zur Verbesserung des Geschmakes ihren Absichten gemäß beyzutragen, mit der Begierde zu entschuldigen, die ich hierzu in mir empfinde.

Meine Vertheidigung des Miltonischen Paradieses ist zwar seit geraumer Zeit vollendet, weil sie aber so eingerichtet ist, daß sie gewisse Capitel in der Critischen Dichtkunst ausmachet, die hiesiger Professor Breitinger in Arbeit hat, so muß sie liegen bleiben, bis dieses Werck ausgearbeitet ist. Nun gehet es damit desto langsamer zu, weil dieser geschickte mann noch neulich den Plan von demselben in so weit geändert hat, daß ers in drey Theile eintheilen wird. Der erste soll eigentlich eine Critische Dichtkunst seyn, und von dem Wahrscheinlichen, der Fabel, dem Verwundersamen etc. handeln. Der andere wird von allen Arten der Beschreibungen, der dritte von den Gleichnissen auf das ausführlichste und aus dem Grund Unterricht geben. — Weil Ew. Hochedlen melden, daß sie gesonnen sind, den Charactern der deutschen Gedichte ꝛc. einen Platz in dem folgenden Bande der eigenen Schriften der Gesellschaft einzuräumen, so habe diese Stücke überlesen, und einige Sachen darinn geändert. Da ich aber wohl erkenne, daß sie einer weit mehrern Ausputzung vonnöthen haben, so werden dieselben mich verbinden, wenn sie in dieser Absicht einige Mühe darauf wenden wollen. Sie werden sehen, daß ich in vielen veränderten Stellen für die Befriedigung des Ohres gesorget habe. Ich hätte dieses noch an mehrern Orten gethan, wenn meine hartgewöhnten Ohren mich daran erinnert hätten. Ich wollte gerne eine solche Verbesserung mit der Übersetzung des Verlustes des paradieses vornehmen, worinn ich selbst viele rauhthönende Wörter und Wortfügungen erblike, alleine die Mühe der Arbeit schrecket mich davon ab und zum theil auch der Zweifel, der noch in ansehn vieler übrig bleibet, da einige lehren, daß sie weh in den Ohren thun, andere behaupten wollen, daß sie sanft flissen. Wenn ich unter andern betrachte, was für einen unterschied selbst benachbarte Nationen in dem Wohl- oder Übelklang ihrer eigenen und anderer Mundarten finden, da den Italiänern die französische, den Franzosen die Englische, den Engelländern die deutsche, den Sachsen die fränkische als hart und rauh vorkommen, so muß ich gedenken daß die Werkzeuge der Ohren bey diesen verschiedenen Nationen gantz verschiedene Faltungen und Biegungen gewonnen haben, welches macht, daß jede die Mundart, an welche sie gewöhnet ist, für die sanfteste hält. Zu entscheiden, welche ihre fibras ꝛc. die zu dem gehöre dienen, in der ersten und natürlichsten Conformation behalten habe, würde schwer fallen, wohl wird jede Nation sich selber dessen rühmen, wiewohl es keine anderst, als mit dem urtheil ihrer eigenen Ohren wird beweisen wollen. Wenn nun das Ohr fähig ist, unendlich verschiedene Faltungen an sich zu nehmen, wie ungleich und unb wie verändert muß sein Urtheil von dem harten und sanften seyn! Also ist man nicht sicher, daß das meißnische Ohr lange in der jezigen Conformation bleiben werde, folglich auch nicht, daß es noch lange bey seinem bißmahligen urteil von dem wohlklingenden verharren werde. Dieses ist fürwahr für einen Scribenten, der für das gegenwärtige Ohr wohlklingend schreibet, verdrüßlich zu gedenken. Ich wünschte dennoch daß ein geschikter mann sich die müh nehmen wollte, denen Ohre zum besten dgl. Verbesserung mit dem verlohrnen parabiß zu unternehmen. Ich erinnere mich hier daß der Titel Miltons verlust des parabises getadelt worden, weil er zu verstehen gebe, daß Milton das parabiß verloren habe. Mich dünkt dennoch daß dgl. kleine zwydeutigkeiten zu dulden sind, wo auch der kleinste verstand sich vor Betrug in acht zu nehmen weiß. Ich sage Boileaus Pult, Popes Haarlocke, Tassoni Siegel, Brockses Kindermord, wer wird sich aber so übel betriegen und diese Sachen für dieser poeten pult, Haar, Siegel und Kinder ansehen?

Ich überlasse Ew. HochEdl. in den Charactern die sechs Zeilen, darinn ich ihrer Muse Meldung thu,

> Mit ihnen in begleit seh ich auch Gottsched gehen,
> Der mir nicht kleiner daucht, und nicht darf schamroth stehen,
> Wenn er zu ihnen kömmt u. s. f.

nach der Zeile auf dem neunzehnten Blatte

> Mit bleiern Armen auf. Nun stockt sich sein Gesang

beyzusetzen.

Bl. 26. zweifele ich ob die Nahmen Ek, Wilkens, Richey, Zell, der Hoffnung, die da von ihnen erwecket wird, ein genügen thun werden. Wären mir andere von einer gründlichern Hoffnung bekannt gewesen, so hätte ich jene ausgelöschet. — Ich weiß nicht, ob E. HE. nicht nothwendig finden mögten, vor dem Gedichte, die Trauer eines Vaters betitelt, zu erinnern, daß es eine Klagschrift, und nicht ein Trostgedicht ist, daher darinn nur die Leidenschaft so vorgestellet worden, wie es dieselbe mit sich gebracht.

Weil dieselben es erlauben, dörfte wohl mit nächster Gelegenheit einige prosaische Aufsätze zu ihrer Beurtheilung übersenden. Für das Exemplar der Oden rc. bin sehr verbunden. Ich empfehle mich in der= selben und der gelehrten Gesellschaft freundschaft und gewogenheit und ver= harre mit aller hochachtung

E. HE. Meines Hochzuehrenden Hn. Professoris

Zürich den 30. Julius   ergebenster und verbundenster Diener

1738.   Bodmer.

Hochedler

Hochgeſchätzter Herr Profeſſor.

Wiewohl ich durch einen jungen Herren von Berlin, der im ver=
gangenen Winter hier durchgereiſet, ſchon etliche Stücke von dem Jnhalt
der Abhandlung von den Gleichniſſen an meinen hochgeſchätzten Herren
überſandt, ſo habe doch bey gelegenheit dieſer Oſtermeſſe noch etliche
überſchicken wollen, weil ich nicht verſichert bin, daß die erſtern ſicher
überbracht worden. Jch hätte zugleich etwas in proſaiſcher Rede von meiner
Arbeit für die deutſche Geſellſchaft hinzugeleget, wenn mich nicht hundert
kleine Geſchäfte an deſſen Ausarbeitung gehindert hätten. Jn der benach=
barten Stadt Bern hat ſich eine geſellſchaft von gar guten köpfen, unter
dem Titel einer deutſchen geſellſchaft, formirt, von der man künftig etwas
rechtſchaffenes hoffen kan. Jch verbleibe mit beſtändiger hochachtung
E. HE. meines hochgeſchätzten Herrn profeſſors gehorſamſt ergebener

Johann Jacob Bodmer.

Zürich den 1. April 1739.

P.S. Dieſen Augenblick kömmt mir ein Prob=Bogen meiner Schutz=
ſchrift für das verlohrne Paradiß, welchen ich aus mangel wichtigerer
Neuigkeiten habe beylegen wollen.

——— — -

Hochedler und Hochgelahrter
inſonders hochzuehrender Herr Professor
ſehr werther Gönner.

Dero Schreiben und die jedesmal beygelegten Sachen ſind mir zwar
allezeit richtig beſtellet worden; es iſt mir aber wegen des in dem ver=
floſſenen Winter geführten Academiſchen Rectorates nicht eher möglich
geweſen, mich dafür zu bedanken, als anitzo. Jch bin indeſſen für
die Fortſetzung einer mir ſo werthen Freundſchaft, E. H. von Herzen
verbunden, und werde meinestheils nichts unterlaſſen, wodurch dieſelbe
unterhalten werden kann. Die Charactere der Deutſchen Gedichte, ſind
nach den eingeſandten Verbeſſerungen in dem XX St. der Crit. Beyträge
eingerücket worden; und die übrigen Verbeſſerungen andrer Gedichte habe
ich dem itzigen Secr. der Deutſchen Geſellſchaft übergeben um ſich
derſelben zu bedienen. Seit dem ich die Aufſicht über dieſe Geſellſchaft,
als eine Laſt, die bey ihrer Beſchwerde keinen Dank ſondern Haß und
Verdruß nach ſich zog, niedergelegt habe, weis ich nicht mehr was darinn
vorgeht. Die Beyträge aber, als mein eigen Werk, werde ich fortſetzen.
Jn wenigen Wochen wird das XXI Stücke fertig ſeyn.

Für die Anfangsbogen ſowohl von der Vertheidigung Miltons, als
des Tractats von den Gleichniſſen bin ich gleichfalls ſehr verbunden;
zumal da ich aus beyden viel Gutes zu Beförderung des guten Geſchmackes

hoffe. Ich höre, daß in der Schweiz eine neue Ausgabe der Canißischen Gedichte herausgekommen, die man hier gar nicht bekommen kann. Dörfte ich mir aber von E. H. eins, durch bequeme Gelegenheit, und wenn es auch auf die Michaelmesse erst wäre, ausbitten; so wäre ich bereit auf andre Art zu dienen. Daß ich mit einer Ausgabe von Opißen schwanger gehe, das wird wohl bereits bekannt seyn. Wollten mir aber E. H. Dero Gutachten, was etwa zum Besten dieser Ausgabe gereichen könnte, ertheilen, so würden Sie mich sehr verbinden. In Dreßden hat jemand Popens Satiren über den Menschen zu übersetzen unternommen, und die etwas davon gesehen haben, loben das Werk. H. Hofr. Drollinger hat seinen Versuch über die Critick unterhänden. Und von diesem hoffe ich nichts gemeines. Es scheint als wenn die Engländer die Franzosen bald aus Deutschland verjagen wollten. Es möchte immer seyn, wenn nur nicht eine eben so blinde Hochachtung gegen sie einreißt, als gegen die ersten bey allen unsern Hofleuten und großen Herrn herrschet.

E. H. werden es nicht übel nehmen, daß ich in Dero Charactern die Namen junger Poeten, die noch berühmt werden sollen, nicht in andre verwandelt, wie mir Dieselben erlaubet hatten, sondern einen allgemeinen Ausdruck dafür gesetzet. Es schien mir schwer die Besten zu treffen. An H. Brocks und König sind die ihnen zugedachten Blätter bestellet worden. In unsern Gel. Zeitungen sollen beyde Werke verkündiget werden, und in den Beyträgen auch. Ich verharre übrigens mit ge= bührender Hochachtung

E. H.

Meines hochzuehrenden Herrn Professoris
und werthen Gönners
ergebenster Diener

Gottsched.

Leipz. d II May 1739.

Hochedler hochgelahrter
    Insonders Hochzuehrender Herr und wehrtester Freund.

Aus Ihrem wehrtesten vom 2ten Maji habe mit vielem Vergnügen erkannt, daß Sie in ihrer Freundschaft gegen mir fortfahren, wovon sie mir zugleich durch die beygelegten Sachen ein angenehmes Zeichen zugestellet haben. Die Character der deutschen Gedichte sind von E. HE. als von einem neuen Vater besorget worden, und ich zweifele nicht, daß nicht die an Sie übersandte Elegie, die Trauer eines Vaters betitelt, in eben so geschickte Hände werde gefallen seyn. Mithin bitte mir bey gelegenheit zu melden, ob nicht die Ursache daß sie den Vers

Bis sich die müden Füß' im Sternen=Estrich stellten

Bl. 628 in folgenden verändert haben:

Bis sie die müden Füß' im Sternenstriche stellten;

keine andere gewesen sey, als weil das Wort Estrich in Sachsen unbekannt oder ungewohnt ist. Wenn sonst das Wort Estrich so viel heißt als das französische Pavé, so dünkt mich nicht übel gesagt: die Füße haben sich endlich auf dem Sternen Estrich, das ist, auf dem gestirnten Boden gestellet. Hingegen scheinet etwas hart: die Flügel haben die Füsse im Sternenstriche gestellt. Allein ich unterwerfe dieses Ihrem Ausspruch. Bl. 656 sind ein paar Drukfehler eingeschlichen. Die vierte Zeile soll heissen: Die längst dem Meere hin und auf den Inseln wohnen und die ein und zwanzigste Zeile: Denn deine Muse liebt Vielfältigkeit und Menge. Ich höre gerne, daß E. HE. mit einer Ausgabe von Opitz umgehen. Ein hiesiger Gelehrter hat sich schon eine geraume Zeit mit gleichmässigen gedanken getragen, und weil mir bekannt worden, wie er seine Ausgabe einzurichten gedenket, habe Ihnen solches ohne Anstand überschreiben wollen, damit sie sich darnach verhalten können. Denn es wird niemand verdriessen, wenn wir gleich auf einmahl zwo Ausgaben von Opitz, die beyde durch so geschickte Kenner besorget werden, bekommen sollten. Erstlich ist er gesonnen, die Übersezungen von den eigenen Wercken des Poeten zu sondern. Unter den eigenen Wercken findet er zwo Classen, oder Abtheilungen, die Lobgedichte und die Lehrgedichte. Die poetischen Wälder will er stehen lassen wie sie stehen, und denselben noch diejenigen kleinen Gedichte beygesellen, welche noch keinen Plaz haben. In einer jeden Classe will er den ersten Rang dem besten Stücke geben, es mag von geistlichem oder weltlichen Inhalt seyn. Vor einem jeden Gedichte will er eine Beurtheilung setzen, da er die Natur und den eigentlichen Character desselben untersuchet, bestimmet, die Absicht des Poeten anzeiget, und die absonderlichen Mittel aussezet, welche er zu Beförderung derselben angewendet hat; also daß er uns die ganze Kunst des Poeten vor Augen legen will Vornehmlich will er anmercken, wie dem Poeten die Series seiner Erfindungen und gedanken nach und nach hat in den Sinn kommen müssen; ferner wird er entdecken, wo der poet etwa das Auge auf eine Stelle eines alten scribenten gerichtet hatte, und beides mit einander vergleichen. Er wird auch die Metaphoren, Tropen und andern lumina orationis, welche Opitz so geschickt aus der Römischen Sprache in die Deutsche eingeführet hat, und die von seinen Nachfolgern so übel nachgeahmet, und von einigen Kunstrichtern gar verworfen worden, zu retten trachten. Ich sage nichts von den ächten Lesarten, die er aus den ersten und besten Ausgaben herstellen will; da z. E. in dem Gedicht an den Freyherrn von Burghausen in den meisten Ausgaben die 3. Zeile mangelt. Der Rythmus Teutonicus, Commentarius in Catonis Disticha, liber variarum lectionum, Sylvae carminum lat. serm. Memoria Opitiana, Elogia amicorum, die prosobie, sollen sämtlich wegbleiben, hingegen die Überſezungen in der Argenis und der Arcadia unter Opizen übrige poetiſche Überſezungen geſtellet werden. Des Poeten Leben gedenkt er von neuen aufzuſezen. Er will nicht vergeſſen die Urſachen zu unterſuchen, warum Opiz, der in ſeinem Leben, und etliche lustra nach ſeinem Tod, jedermanns Bewunderung auf ſich gezogen, nachgehends ſo übel hintangeſezet, und von weit ſchlechtern, ja von abgeſchmackten Poeten verdrungen worden, bis er erſt zu unſern Zeiten den ihm ge= hörigen Rang wieder bekommen hat, und da wird er einige unzeitige Urtheile, die wider ihn gefället worden, wiederlegen.

Es iſt wahr, daß Caniz in dieſer Stadt wieder aufgeleget worden, doch hat dieſe Ausgabe nichts beſonderes, als die Eintheilung der Gedichte und die Vorrede, in welcher die Art derſelben entdecket, und der Grund ihrer Annehmlichkeit angezeiget wird. Sonſt hat der Aus= geber Königs Leſarten behalten, und auch ſeine hiſtoriſchen Anmerkungen, jedoch ganz abgekürzt, beydrucken laſſen. Jezo iſt er geſonnen, noch ein paar Bogen critiſche Anmerkungen hinzuzuſezen, da unter andern die neuen Leſarten, die König hat, gegen die Leſarten der erſten Ausgaben erwogen werden ſollen. Ich will mit erſter gelegenheit mit dieſem Werckgen aufwarten. Hier iſt vor etlichen Wochen von einigen jungen Herren euer HE. Cato mit groſſer Geſchicklichkeit und jedermanns Beyfall auf= geführet worden. Mir würde ein großer Gefallen geſchehen, wenn E. HE. jemand von ihren Untergebenen vermögen wollten, ein ausführliches Verzeichniß von allen denen moraliſchen Wochenſchriften, die ſeit dem Patrioten nach der Art des Zuſehers geſchrieben worden, zuſammen= zutragen, da die Haupt=Abſicht einer jeden, ihr Unterſchied von den übrigen, der Character, den der Verfaſſer angenommen, die Zeit da er geſchrieben, der Ort, die Anzahl ſeiner Blätter, der Beyfall, den er erhalten und dgl. ein wenig fleiſſig ausgeſezet wären. Ich habe dieſe Nach= richten für einen Freund nöthig, der geſonnen iſt, einen ſchweizeriſchen Zuſeher herauszugeben. Wenn ſie mir damit bedient ſeyn könnten, ſo dörfften ſie die Schrift nur an Hn. Gleditſch übergeben, der mit Orell in Briefwechſel ſteht, und öfters Anlas hat, Packe an diſen Buchhändler zu ſchicken; durch diſen Canal wird mir alles richtig beſtellet werden. Ich verharre übrigens mit vieler Hochachtung

E. HE.

Meines hochzuehrenden Herren und wehrteſten Freundes
Zürich d. 16. May 1739.　　gehorſamer und ergebenſter Diener

Bodmer.

Hochedler Herr

Nach meiner Zurükkunft von den Appenzelerischen Bergen, wo ich um der Schotten=Cur willen einige Wochen inter semivirosque boves, semibovesque viros zugebracht habe, sagte mir H prof. Breittinger, daß er durch eine gewisse gelegenheit sein Werck von den Gleichnissen an E. HE. überschickt habe, die letztern Bogen ausgenommen. Dise sende iezo den erstern nach, und zugleich ein vollständiges Exemplar für die Deutsche Gesellschaft, welches derselben nebst meinem höflichen Gruß zu übergeben bitte. Ich habe ferner ein Exemplar der Gedichte des Hn. Canitz von hiesiger Ausgabe für E. HE. beygeleget· Wie ich ver= nehme, wird dieses Werck in dasigen Buchläden schwerlich zu bekommen seyn, es wären denn Exemplare von Frankfurt dahin geführt worden, alldieweil dasige Buchhändler sich damit, als mit einem Nachdruk, nicht haben beladen wollen. Könten sie den Verleger mit jemand, der nicht so furchtsam wäre, bekannt machen, so würden sie ihm dadurch ein wichtigen Gefallen thun. Ich an meinem Ort verbleibe mit beständiger Hochachtung

E. HE.

gehorsamst=ergebenster Diener

Zürich d. 4.[1]) Jul. 1739.   Joh. Jac. Bodmer.

Hochedler und Hochgelahrter
Insonders hochzuehrender Herr
sehr werther Freund,

Sowohl Dero geehrtes vom 16 May, als das vom 14[2]) Jul. ist mir wohl eingehändiget worden. Ich bin aber auf allerley Art gehindert worden eher als izo zu antworten. Das erste hat mich hauptsächlich durch die Nachricht von der im Werke begriffenen opitzischen Auflage, das andre aber durch die letzten Bogen des Breitingerischen Werkes, und der Canitzischen Gedichte verbindlich gemacht. Doch ich will ordent= lich gehen.

Daß E. H. mit dem Nachdrucke der Charactere bis auf einige wenige Stellen zufrieden sind, ist mir sehr lieb. Was aber das Wort Estrich betrifft, so ist es mir sehr wohl bekannt, auch in Niedersachsen und Preußen ganz gewöhnlich. Allein hier in Meißen will man es theils für unbekannt, theils für niedrig halten; weil man dergleichen nur in schlechten Bauerhütten antrifft. Darum habe ich es geändert. Ein Estrich

---

1) So!
2) So!

heißt auch hier nicht ein jedes Pavé, sondern nur ein solches, das von Thone geschlagen, und ganz glatt geebnet worden, als ob es ein großer Stein aus einem Stücke wäre. Und ein Estrich von Stein oder Holz, das würde ein Sideroxylon scheinen. Pavé heißt hier ein Fußboden, oder Boden schlechtweg. Die beyden Druckfehler sind mir leid, und sollen mit unter die künftigen Verbesserungen kommen.

Der dasige Gelehrte der Opißen herausgeben will, wird ohne Zweifel H. Breitinger seyn, oder H. Prof. Bodmer selbst. Die ausführl. Nachricht von Einrichtung dieser Ausgabe überredet mich davon. Allein das gestehe ich, daß ich mir eine so weitläuftige Mühe mit Opißens Werken nicht gemacht haben würde, als ich höre, daß man sich in Zürich machen will. Zwar was das 1. nemlich die Absonderung der eigenen Schriften von den Uebersetzungen anlangt, so war dieses mein Vorsatz auch; nur, daß ich die geistlichen Sachen von den weltlichen absondern und die prosaischen beyder Sprachen, von allen poetischen auch noch in einen besondern Theil versparen wollte: Denn ich war willens, nichts, was wir von ihm haben, weg zu lassen; damit man keinen Vorwandt hätte die letzte Ausgabe von 1690 der ißigen vorzuziehen. In dem 1. Bande dachte ich die Lehrgedichte, nach ihrem Range voran, hernach die Lobgedichte auf den Kaiser, König Bladisla, p. sodann die poetischen Briefe an Zinkgräfen, Nüßlern p. hernach die Elegien, darauf die Oden, und endlich die Sinngedichte die er selbst gemacht, folgen zu lassen. In dem allen aber war ich willens die Poetischen Wälder, als ein verwirrtes Wesen nicht zu schonen, sondern alles in mein Systema umzuschmelzen. Im II. Bande dachte ich die Uebersetzungen weltlicher Gedichte, als die Antigone, die Trojanerinnen p. die Pibracischen und Catonischen Sinngedichte pp. Heinsii Gedichte pp. zu werfen. In den III. Band dachte ich die geistl. Gedichte und Uebersetzungen zu bringen und in den IV. die prosaischen Sachen nach ihren Sprachen: Nemlich die Deutschen zuerst, und die Lateinischen zuletzt, dahin auch der Rythmus de S. Annone gekommen wäre Ich schreibe dieses alles mit Bedacht, ob nicht vielleicht dieser mein Vorschlag noch bey dem dasigen Herausgeber, seiner natürlichen Einfalt wegen Beyfall finden möchte: Wo er nur nicht schon zu spät kömmt.

Allein was die übrigen gelehrten Zusätze anlangt, so gestehe ichs, daß ich mir so viele Mühe nicht genommen hätte, ob sie gleich zum Theil sehr nützlich werden kann. Die Schönheiten der Opißischen Gedichte müssen einem jeden Verständigen ins Auge fallen, wenn er halbigt einigen Geschmack hat. Und man weis es aus der Erfahrung, daß die großen Noten über alte Scribenten, den Lesern nur die Scribenten selbst aus den Augen und Händen gebracht haben. Die Allwissenheit traut man auch keinem Ausgeber fremder Gedichte zu, daß er es werde wissen können, wie der Poet auf diesen oder jenen Gedanken habe kommen können oder müssen; da er es oft selbst nicht weis, wie er darauf gekommen. Die Stellen aus alten Poeten die er nachgeahmet, oder übersetzet hat, sind für manchen Leser noch angenehmer. Das Leben des Poeten ist auch gut, wenn es nur nicht nach Art des Canitzischen oder Besserischen ge= macht wird, welches letztere seinen Helden mehr zu beschimpfen als zu beehren geschickt ist. Ich habe mir verschiedenes dahin gehöriges gesammlet, welches ich, wenn es begehrt wird, beytragen kann. Auch sein Bild und Wappen wird aus den Beylagen zu brauchen seyn. Sollte aber die schweizerische Ausgabe zu groß und theuer werden, so stehe ich nicht dafür, daß sie nicht bey uns eben das Schicksal habe, was Canitz in der Schweiz gehabt: daß man nemlich den bloßen Text aufs sauberste ab= drucke, und ihn desto mehr in die Hände junger Leute bringe. Solche critische Speculationen, wovon ich oben gedacht, gehören mehr in besondre Abhandlungen, und in critische Monatschriften, als in die Auflagen der Poeten. Zu dem so ist weder Homer, noch Virgil jemals auf die Art den Leuten angepriesen worden, und dennoch haben sie Beyfall gefunden. Doch ich sage dieses nicht, andre zu tadeln, oder etwas gutes zu stören. Der kleine Canitz hat mir auch wegen der neuen Eintheilung viel besser, als der hiesige gefallen. Es ist derselbe schon ganz aus der Nachfrage gekommen, würde auch vielleicht ganz vergessen werden, wenn die kleine Auflage hier verkaufet werden dörfte. Was die Königsche Lesart anlangt, so wäre es an manchen Stellen auch besser gewesen, wenn der Text nach der alten Art wieder wäre hergestellet worden; einige wenige glück= liche Versetzungen in der Satire vom Hofleben ausgenommen, welche der sel. Prof. Krause allhier erfunden hat. Ueberhaupt haben wir diesem alles gute an der Königschen Ausgabe, und sonderlich das zu danken, daß der Poet nicht öfter und schlimmer gemißhandelt worden; wovon ich oft ein lebendiger Zeuge gewesen. Ich muß abbrechen, und das übrige auf ein andermal sparen, damit ich nicht ein Buch zu schreiben scheinen möge. Ich bin mit aller Hochachtung

E. H. Meines sehr werthen Freundes
ergebenster Diener
Gottsched.

Leipz. d 30 Oct. 1739.

P.S. Es ist hier wohl jemand, der viele Nachrichten von den wöchentlichen Sittenschriften gesammlet hat; der aber auch selbst die Ehre haben will, selbige ans Licht zu stellen. Es ist M. Schwabe, einer meiner gewesenen Lehrlinge.

Von Breitinger.

Ueberbringer dieses hat mich veranlasset, an Ew. HochwohlEdl. ein
paar Zeilen Eigenhändig zu wagen, da ich sonst unter stiller Verehrung
Dero Verdienste, wie um die ganze Gelehrsamkeit, so vornehmlich um die
deutsche Beredsamkeit und Dicht=Kunst, die geschickte Feder und den
Nahmen meines wehrten Freundes Herrn Prof. Bodmers gebraucht habe,
einen beständigen Briefwechsel mit Ihnen zu unterhalten. Und da ich
Ihnen letzthin von der Geburth meines Crit. Werkes von den Gleichnissen
durch eben diesen verborgenen Canal die gewisse Zeitung einzusenden die
Ehre gehabt habe; So habe ich mich nicht entbrechen können, den Anlaß
zu ergreifen, und Ew. HochwohlEdl. das Werk selbst, welches bis auf
5 Bogen (die seiner Zeit nachfolgen werden) fertig ist, durch diesen Freund
einhändigen zu lassen und solches Dero freymüthigen Beurtheilung vor=
zulegen. Ich habe erachtet, daß mich dieses zugleich berechtigen werde,
Ew. HochwolEdl. diesen Freund Herrn Johannes Schad, der sich einige
Zeit in Leipzig niederzulassen gedenket, bestens zu empfehlen und Sie
angelegentlich zu bitten, Dero klugen Rath und gütige Beyhülfe Ihm in
keiner Vorfallenheit zu versagen. Ich zweifle keineswegs Er werde Sich
Dero Wolneigung auf alle Weise würdig zu machen befliessen, und da=
durch nicht alleine die herausnehmende Freiheit genugsam entschuldigen,
sondern auch meiner Empfehlung das beste gewicht und Nachdruck
geben. In welcher Zuversicht ich E. HwhlE. der göttlichen Gnaden=Leitung
erlasse, und die Ehre habe mich zu nennen

E. HwhlE. ganz ergebner Diener

den 1. Juni 1739.   Prof. J. Jac. Breitinger.

P. S. Herr Professor Bodmer ist für einige Wochen in secessu und
mit ihm Musae nostrae elegantiores.

An Breitinger.

Hochwohlehrwürdiger und Hochwohlgelahrter
insonders Hochzuehrender Herr,

Das durch den jungen Menschen mir übersandte Schreiben ist mir
nebst dem beygelegten Buche richtig eingehändigt worden. Der große
Fleiß der in dem letztern auf die Untersuchung eines einzigen poetischen
Zieraths verwandt worden, nebst der Einsicht womit solches geschehen
ist, verdient ohne Zweifel viel Aufmerksamkeit und Lob. Für den Bey=
fall und Tadel, dessen mich E. Hochwohlehrwürden wegen verschiedener
Stellen aus meinen Gedichten werth geachtet, bin ich Denenselben ver=
bunden, und werde mich bestreben des ersten immer würdiger zu werden.
Es ist eine Ehre und ein Vergnügen für mich gewesen, auch ohne mein

Wiſſen mit einem ſo patriotiſch geſinnten Manne in Briefwechſel zu ſtehen, und ich werde mir die Fortſetzung deſſelben, auch nach abgelegter Larve ausbitten. Darf ich aber vorläufig etwas von dem Inhalte des critiſchen Werkes melden, ſo wird es nur in dem beſtehen, was hier andre Kenner der Poeſie davon ſagen. Dieſe verwundern ſich faſt einhällig, daß H. Brockes und H. König, auch in den Augen E. Hochehrwürden, als eines ſo tiefſinnigen Kunſtrichters für die größten Dichter Deutſchlands gehalten werden: Da doch der erſte hier nur bey andächtigen Matronen, unſtudirten Bürgern und Landleuten; der letzte aber gar bey niemanden Beyfall findet. Sein Auguſt im Lager iſt ihm zu Maculatur geworden, und in Leipzig, wo doch zu vermuthen war, daß er aus allerhand Ur= ſachen am meiſten abgehen würde, ſind über 3 Exemplare nicht verkauft worden. Der H. Verfaſſer hat alſo auch aus dieſem Grunde ein Be= denken tragen müſſen, die angefangne Arbeit fortzuſetzen, da er ſchon bey dem erſten Geſange ſich in merklichen Schaden geſtürzet; und ſich noch kein Verleger finden wollen, der es auf ſeine Gefahr wagen wollen, die folgenden zu übernehmen. Doch was mich betrifft, ſo leugne ich es nicht, daß nicht der unangenehmen und rauhen Verſe ungeachtet, womit er ſeine Sachen ſchreibt, hin und wieder poetiſche Schönheiten vorkommen ſollten: Und ich hoffe, daß es ihm einmal, wie de la Motte und Perrault vom Chapelain geurtheilet, bey der Nachwelt gelingen kann, ein Homer der Deutſchen zu heißen; wozu gewiß Eure Hochehrwürden durch Dero Lob den Grund legen werden; wie Abbiſon den Milton den Engländern erträglich gemacht und in die Hände gebracht hat.

Der junge Menſch, der ſich nur ein einzig mal bey mir ſehen laſſen, iſt ſeit der Zeit nicht wiedergekommen, und ich habe ihm alſo mit nichts dienen können, welches mir leid iſt. Er wollte eine Information haben; und dieſe konnte ich ihm ſo augenblicklich nicht ſchaffen: zu geſchweigen daß ſeine Sprache hier ein großes Hinderniß geweſen ſeyn würde, wenn man ihn hätte anbringen wollen. Kann ich ſonſt angenehme Dienſte erweiſen, ſo ſoll es mir ein Vergnügen ſeyn. Beygehende Rede unter= werfe ich Dero geneigtem Urtheile, und verharre mit vieler Hochachtung

Eurer Hochwohlehrwürden
Meines hochzuehrenden Herrn
Dienſtverbundenſter
Diener
Gottſched.

Leipzig b 30 Oct. 1739.

Register.

CPSIA information can be obtained at www.ICGtesting.com
Printed in the USA
BVOW03s2332011013

332577BV00026B/331/A